Der Dokumentarfilm seit 1960

Wilhelm Roth

Der Dokumentarfilm seit 1960

Bucher Report Film

Für Bettina, Ulrike, Tobias und Andreas und die Mitarbeiter des Kinos «Arsenal»

Lektorat: Heribert Däschlein. Graphische Gestaltung: Bertram Schmidt

Dank
den Freunden der Deutschen Kinemathek, Berlin; dem Kommunalen Kino Frankfurt; dem Norddeutschen Rundfunk, Hamburg, Hauptabteilung Film und Theater; der Stiftung Deutsche Kinemathek, Berlin; den Westdeutschen Kurzfilmtagen Oberhausen; dem Westdeutschen Rundfunk, Köln, Redaktionsgruppe Film; dem Zweiten Deutschen Fernsehen, Mainz, Redaktion «Das kleine Fernsehspiel»;

an Sylvia Andresen, Hans Brecht, Rudolf Freund, Christel Gersch, Wolfgang Gersch, Martha-Anne Glantz, Erika Gregor, Ulrich Gregor, Ronny Loewy, Christa Maerker, Peter Magdowski, Käte Prippnow, Wolfgang Ruf, Hans-Joachim Schlegel, Walter Schobert, Gerhard Schoenberner, Peter B. Schumann, Martin Wiebel;

allen Regisseuren und Produzenten, die Auskünfte gegeben haben, Filmvorführungen ermöglichten, Filmographien und Fotos zur Verfügung stellten.

Autor und Verlag danken dem Kommunalen Kino Frankfurt für die finanzielle Unterstützung, die es im Zusammenhang mit einer Veranstaltungsreihe zum Dokumentarfilm (Beginn Herbst 1982) diesem Buch zukommen ließ.

Printed and bound in Germany
ISBN 3 7658 0397 9

Inhalt

Vorwort Seite 7

1. Direct Cinema und Cinéma Vérité Seite 8

Um 1960: ein Generationswechsel · USA: Direct Cinema · Frankreich: Cinéma Vérité · Kanada: Pierre Perrault · Die kritische Aneignung der neuen Technik in Osteuropa · Anfänge des Direct Cinema in der Schweiz und der Bundesrepublik

2. Lateinamerika – Von der kubanischen Revolution bis zum Putsch in Chile Seite 26

Kuba: Im Dienst der Revolution · Die kubanische Wochenschau und Santiago Alvarez · Argentinien: Der Kampf um ein authentisches Kino · Uruguay und Venezuela: Flugblattfilme · Kolumbien: Carlos Alvarez und Marta Rodríguez/Jorge Silva · Chile: Das Kino der Unidad Popular · Filme der Solidarität

3. Mai 68 und Vietnamkrieg – Gegenöffentlichkeit durch Dokumentarfilme Seite 46

Westberlin: Studentenbewegung und Film · USA: Vietnamfilme – Vom Protest zur Analyse · Dokumente aus Vietnam · Der Pariser Mai: Studenten und Arbeiter

4. Die Entdeckung des Alltags Seite 60

Klaus Wildenhahn · Peter Nestler · Methoden der Alltagsbeobachtung · Bundesrepublik: Eine Stimme für die Unterprivilegierten · Schweiz: Minderheiten und Randgruppen · DDR: Porträts und Lebensläufe · Polen, Ungarn, Jugoslawien · USA: Frederick Wiseman · Die Kamera · Die Montage

5. Politische Arbeit mit Dokumentarfilm Seite 90

Filmgruppen: Produzenten und Verleiher · Streiks, Fabrikbesetzungen · Filme von Frauen · Minderheiten – Randgruppen der Gesellschaft · Gegen Atomkraftwerke und die Zerstörung der Umwelt · Häuserkampf, Jugendprotest · Exkurs: ČSSR 1968, Polen 1980/81

6. Regionalismus der siebziger Jahre Seite 106

Filme ethnischer Minderheiten · Der ethnographische Film in Europa · Topographie der DDR · USA: Vermont People und Les Blank · Städte, Stadtlandschaften

7. Geschichte im Dokumentarfilm der sechziger und siebziger Jahre Seite 118

Faschismus und «Drittes Reich» · Zwischenbemerkung zur Methode · Erinnerung: Gruppen- und Einzelporträts · Schauplätze der Geschichte · Der spanische Bürgerkrieg · Gegengeschichtsschreibung und «Oral History» · Gegengeschichtsschreibung: Proletarische Tradition/Frauen in der Arbeiterbewegung · Exemplarische Biographien · Gegengeschichtsschreibung in den USA · Von der Momentaufnahme zur Chronik

8. Dokumentarfilm und Fernsehen Seite 144

Verfügbarkeit und Allgegenwart · Dokumentarfilm: Neue Impulse fürs Fernsehen? · Formen der TV-Dokumentation · Bundesrepublik siebziger Jahre: Restriktionen, neue Ansätze · Hans-Dieter Grabe · Die Wirkung des Dokumentarfilms im Fernsehen

9. Dokumentarfilme der Dritten Welt – die siebziger Jahre Seite 154

Lateinamerika: Exil und Solidarität · Palästinenser – Arabische Länder · Dokumentarfilm in Schwarzafrika · Südafrika · Asien: China, Indien, Iran · Indianer: Fremde im eigenen Land · Erste und Dritte Welt · Exkurs: Der ethnographische Film

10. Grenzüberschreitungen und Mischformen Seite 184

Der dokumentarische Essay · Johan van der Keuken · Experimentalfilme · Dokumentarfilme von Spielfilmregisseuren · Christian Rischert · Der dokumentarische Spielfilm · Autobiographisches – Der Mut zum Privaten

11. Super-8 und Video — die dokumentarischen Medien der Zukunft? Seite 198

Super-8: Vom Amateurfilm zum Mittel alternativer Medienarbeit · Video: Die Umfunktionierung eines Mediums · Video militant und People's Video · Die Jugendbewegung

Filmographien Seite 207

Bibliographie Seite 217

Verleiherverzeichnis Seite 218

Fotonachweis Seite 218

Register Seite 219

Personen und Arbeitsgruppen · Deutsche Filmtitel · Ausländische Filmtitel

Vorwort

Im Mai 1982, als dieses Vorwort geschrieben wurde, zeigten die Fernsehanstalten der Bundesrepublik, einschließlich der Dritten Programme, etwa 50 Filme, die man im weitesten Sinne des Wortes Dokumentarfilme nennen könnte, von den Sendern selbst oft als Dokumentationen oder Berichte angekündigt; nur wenige unter- oder überschritten die Regellänge von 45 Minuten. Rechnet man hoch, kommt man auf etwa 2500 dokumentarische Sendungen im Jahr. Die meisten mögen Eintagsfliegen sein, das Beispiel macht dennoch deutlich, mit welcher Materialfülle man zu tun hat, wenn man sich auf den Dokumentarfilm der letzten 20 Jahre einläßt, der sich ja hauptsächlich im Fernsehen abgespielt hat. Man kann auch nicht die «schlechten» Filme von vorneherein aus der Betrachtung ausschließen: der Dokumentarfilm reicht vom Autorenfilm über den Gebrauchsfilm, zum Beispiel für Bürgerinitiativen, oft hergestellt von Gruppen, bis zum Amateurfilm. Ästhetische Gesichtspunkte, obwohl sie hier wichtig genommen werden, können manchmal zurücktreten gegenüber zeitgeschichtlichen und politischen. Andererseits: Ein sehr einfacher Film, der sein (womöglich neues) Thema angemessen zur Sprache bringt, kann auch ästhetisch wegweisender sein als ein raffiniert komponierter Montagefilm – die Debatte über Qualität im Dokumentarfilm wird in der Bundesrepublik, etwa bei der Duisburger Filmwoche, seit einigen Jahren vehement geführt.

Angesichts der unüberschaubaren Fülle von Dokumentarfilmen (aller Längen und Formate) seit 1960, stellt sich die Frage nach Auswahl und Gliederung. Geschrieben habe ich das Buch als Kritiker, der in der Bundesrepublik lebt; im Mittelpunkt stehen Filme, die hier auf Festivals oder im Fernsehen liefen, die im Verleih waren oder sind, ergänzt vor allem um Filme aus der Schweiz oder der DDR, die ich auf Reisen sah. Insgesamt ist die Auswahl persönlich geprägt, etwa 90 Prozent der Filme habe ich gesehen. Einseitigkeiten und Zufälligkeiten lassen sich nicht ganz vermeiden. Mancher wird Filme, die ihm wichtig sind, vermissen, dafür andere finden, die ihm überflüssig erscheinen.

Bei der Gliederung des Bandes habe ich sehr schnell den Versuch aufgegeben, ein System, sei es von der Form oder dem Inhalt definiert, für alle Filme zu finden. Das Buch ist undogmatisch aufgebaut: Manche Kapitel gehen von technischen Entwicklungen aus, andere von zeitgeschichtlichen Ereignissen, bei einigen steht die Drehmethode im Mittelpunkt, bei anderen Inhalt und Verwendung. Obwohl der Dokumentarfilm nicht in erster Linie Autorenfilm ist, verdichtet sich der Text doch an einigen Stellen zu kleinen Regisseursmonographien, und obwohl er zum Teil längst länder- und kontinenteübergreifend produziert wird, war es doch sinnvoll, immer wieder die Entwicklung in einem Land oder sogar einer Region nachzuzeichnen. Manche Filme und Regisseure kommen mehrmals im Buch vor.

Abgesehen von den Kapiteln 1 bis 3 behandelt kein Abschnitt eine abgeschlossene Epoche der Filmgeschichte, alle sind zur Gegenwart hin offen. So ist dieses Buch noch keine Geschichte des Dokumentarfilms, auch keine Theorie, allerdings eine Vorstudie zu beidem. Die Lektüre kann im Grunde mit jedem Kapitel begonnen werden, Querverbindungen und Querverweise werden dann schnell erkennbar.

Obwohl das Buch zur Gegenwart hin dichter wird, es wurden auch noch einige Filme aus dem Frühjahr 1982 behandelt, geht es mir doch sehr darum, die fast schon wieder vergessenen, auch den jüngeren Dokumentaristen kaum bekannten Anfänge des heutigen Dokumentarfilms wieder in Erinnerung zu rufen.

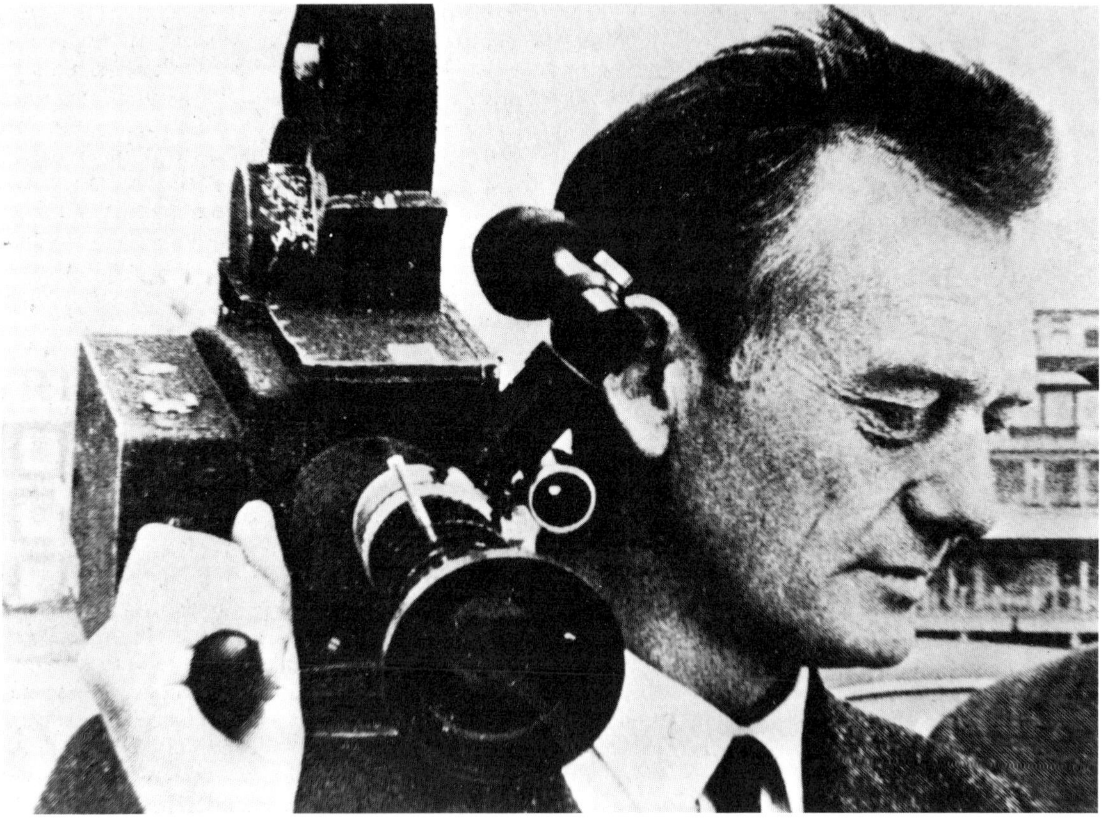
Richard Leacock (USA, geboren 1921)

1. Direct Cinema und Cinéma Vérité

Bis zum Beginn der sechziger Jahre herrschte im Dokumentarfilm die Ästhetik des Stummfilms. Der Bruch, der sich beim Spielfilm um 1930 vollzog, wurde im Dokumentarfilm erst dreißig Jahre später sichtbar. Zwar benützt auch der Dokumentarfilm der dreißiger, vierziger und fünfziger Jahre den Ton, da aber wegen der unhandlichen Technik Originalton in der Regel nicht möglich war (nur in Wochenschauen gab es häufiger Originaltonpassagen), dominierte der Kommentar. Geräusche und Stimmen wurden oft nachträglich hinzusynchronisiert. Die Folge: Unbehindert von einer Tonapparatur konnten sich die Kameraleute um schöne, wohlkomponierte Bilder bemühen. Viele Dokumentarfilme dieser drei Dekaden glichen eher Bildgedichten als Reportagen oder Dokumentationen im journalistischen Sinne. Dokumentarfilme der fünfziger Jahre wirken heute darum «älter» als Spielfilme derselben Zeit.

Eine weitere Folge der mangelhaften Tontechnik: Viele bedeutende Dokumentarfilme von 1930 bis 1960 waren ganz oder teilweise inszeniert. Joris Ivens hat das zum Beispiel für *Borinage* (1933) und *The Spanish Earth* (1937) begründet und beschrieben[1]; die unbewegliche technische Apparatur zwang zu Wiederholungen, natürlich am selben Platz mit denselben Akteuren. Kriegsszenen wurden vielfach arrangiert (wegen der Gefährlichkeit von Originalkampfaufnahmen, aber auch, um den Propagandaeffekt zu erhöhen) – erst Ende des Zweiten Weltkrieges war dafür keine Zeit mehr, wie sich an den Nummern 1 bis 10/1945 der «Deutschen Wochenschau» ablesen läßt. Viele berühmte Filme der britischen Dokumentarfilmschule, die ihren Höhepunkt während des deutschen Bombenkrieges gegen London hatte, waren ganz oder in wesentlichen Teilen inszeniert. Humphrey Jennings war, nach heutigen Maßstäben, nicht einer der größten Dokumentaristen, sondern Spielfilmregisseure seiner Zeit. *Fires Were Started* (1943), die Rekonstruktion eines Tages im Leben Londoner Feuerwehrleute während der deutschen Luftangriffe, war bis ins letzte Detail ausgefeilt, ein vollsynchronisierter Spielfilm. Wie groß die Begriffsverwirrung ist, zeigte sich etwa auch daran, daß die chronikartigen Spielfilme des italienischen Neorealismus (*Paisà, Roma – città aperta*) von einigen Filmhistorikern noch zwanzig Jahre später unter die Dokumentarfilme gerechnet wurden[2].

Um 1960 hat sich das radikal geändert. Eine neue Technik erlaubte nun synchrone Tonaufnahmen, die Kameraleute bemühten sich in der Regel nicht mehr um einen harmonischen Bildaufbau, sondern orientierten sich am sprechenden Menschen. Sie folgten ihm, wenn nötig, mit Hilfe des Zooms. Der journalistische Zugriff wurde, jedenfalls in den westlichen Ländern, in denen die 16-mm-Technik sich schnell durchsetzte, zum Erkennungszeichen des «neuen» Dokumentarfilms. Seitdem ist der Dokumentarfilm vom Spielfilm meist auch optisch auf Anhieb zu unterscheiden. In Osteuropa dagegen blieb man bis in die siebziger Jahre hinein beim 35-mm-Film, aus ökonomischen, aber auch aus ästhetischen Gründen. Die dadurch erhaltene oder vervollkommnete Bildkultur findet man im Westen höchstens noch in der Schweiz.

Seit 1960 ist die Frage des Inszenierens zu einem Prüfstein für den Dokumentaristen geworden. Während es bis dahin als Legitimation für einen Dokumentarfilmregisseur ausreichte – daß er seine Stoffe aus der Wirklichkeit nahm, daß er keine erfundenen Geschichten erzählte, sondern gefundene, daß er die Wirklichkeit so genau wie möglich aufnahm oder rekonstruierte, sie nie bewußt verfälschte –, genügte das nun nicht mehr. Die Dokumentaristen sind zugleich selbstsicherer und skrupulöser geworden. Sie glauben, daß sie mit ihrer Technik und ihrem Einfühlungsvermögen gegenüber Menschen und Situationen die Wirklichkeit so gut wie unverfälscht «packen» können, jedenfalls die sich in der Öffentlichkeit abspielende Wirklichkeit (das Privatleben ist weithin tabu). Sie glauben andererseits, daß jedes Eingreifen des Filmemachers die Situation verfälscht (auch hier gibt es – siehe Jean Rouch – Ausnahmen). Was vergangen ist oder sich nicht abbilden läßt, wird in Gesprächen rekonstruiert; das ist manchmal unattraktiv, aber ehrlich.

Parallel mit der neuen Technik und Methode kamen neue Inhalte: eine jüngere Generation von Filmemachern, zwar vor dem Krieg geboren, aber stark durch die Nachkriegszeit geprägt, begann sich für die Realität der eigenen Gesellschaft zu interessieren, sie ignorierte die Tabus ihrer Väter, die nach dem Zweiten Weltkrieg erst einmal Ruhe haben wollten. So wurde der Dokumentarfilm in den westlichen Ländern fast durchweg zum Instrument der Opposition, nur in Ausnahmefällen einer parteipolitischen. In den sozialistischen Ländern ist dessen politische Funktion weniger eindeutig festgelegt.

Der neue Dokumentarfilm entstand zunächst in zwei sehr typischen, in der Filmtechnik identischen, in ihrer Philosophie aber verschiedenen Ausprägungen. In den USA entwickelten Robert Drew, Richard Leacock, D. A. Pennebaker und Albert Maysles einen Stil, den sie Direct Cinema oder Uncontrolled Cinema nannten: Die Filmemacher beobachteten Vorgänge, ohne in sie einzugreifen. In Frankreich nannten Jean Rouch und Edgar Morin ihre Methode, erstmals technisch vollkommen angewendet in *Chronique d'un été* (1960), Cinéma Vérité: Sie versuchten, die Leute, die sie filmten, durch die Konfrontation mit der Kamera zu Bewußtseinssteigerungen oder -änderungen zu veranlassen.

Um 1960: ein Generationswechsel

Der neue Dokumentarfilm, auch wenn er zunächst vor allem durch die neue Technik definiert ist, steht doch in einem allgemeineren Zusammenhang. Ende der fünfziger Jahre haben junge Regisseure in vielen Ländern mit Deklarationen und Filmen gegen die Verkrustungen der Kommerzkinos oder des «Sozialistischen Realismus» protestiert. Das Manifest amerikanischer Filmemacher vom 30. September 1960 gilt in seinem grundsätzlichen Teil nicht nur für die USA: «Dem offiziellen Film in aller Welt geht der Atem aus. Er ist moralisch korrupt, ästhetisch überlebt, thematisch oberflächlich, in seinem Temperament langweilig. Selbst die Filme, die scheinbar der Mühe wert sind, die auf hohen moralischen und ästhetischen Standard Anspruch erheben und als solche sowohl von der Kritik als auch vom Publikum akzeptiert worden sind, offenbaren den Verfall des Produkts Film. Die große Glätte ihrer Ausführung ist zur Perversion entartet, die die Falschheit ihrer Themen, den Mangel an Empfindsamkeit, ihren Mangel an Stil verbirgt.»[3]

Die ersten eigenen Filme und die Erklärungen liefen in jenen Jahren parallel. Nur in der Bundesrepublik war das Oberhausener Manifest von 1962 den Filmen um einige Jahre voraus. In Frankreich machte die Nouvelle Vague der Godard, Truffaut und Chabrol – ebensosehr an der zeitgenössischen Realität wie an literarischen Erfindungen interessiert – dem überlebten «Kino der Qualität» den Garaus. In den USA, wo sogar Hollywood nach dem Krieg gewisse Anzeichen der Erneuerung gezeigt hatte (Kazan, Dassin, manche B-Pictures), interessierte sich Morris Engel für den Alltag (*The Little Fugitive*, 1953: die Odyssee eines kleinen Jungen durch den Vergnügungspark von Coney Island) und experimentierte in *Weddings and Babies* (1958) mit dem Ton («Der erste Spielfilm, bei dessen Herstellung ein vollbewegliches Synchronaufnahmegerät für Ton und Bild verwendet wurde», berichtet Leacock)[4]. John Cassavetes brachte 1959 seinen Erstling *Shadows* heraus, der durch seine Technik der Improvisation eine dem Jazz verwandte Stimmung und Direktheit vermittelte. Im Dokumentarfilm zeigte Lionel Rogosin 1956 ein Elendsviertel in Manhattan (*On the Bowery*) und 1958 die Auswirkungen der Apartheidpolitik in Südafrika (*Come Back, Africa*).

Die englische Free-Cinema-Bewegung war bemerkenswert vor allem durch die Verbindung von Filmproduktion (meist mit Hilfe des British Film Institute) und Filmvorführung: Im National Film Theatre wurden von 1956 bis 1959 sechs Free-Cinema-Programme gezeigt, mit englischen Filmen unter anderem von Lindsay Anderson (*O Dreamland*, 1953; *Every Day Except Christmas*, 1957) und Karel Reisz (*Momma Don't Allow*, 1956, zusammen mit Tony Richardson; *We Are the Lambeth Boys*, 1959), aber auch mit *On the Bowery*, mit Filmen der «Schwarzen Serie» in Polen, mit *Les Mistons* von Truffaut (1957) und *Le Beau Serge* (1958) von Chabrol.

hoch rein !!

Festzustellen ist allerdings, daß sich die Dokumentarfilme des Free Cinema, die sich der englischen Wirklichkeit nähern, ohne Herablassung mit Alltag und Freizeit junger Leute und Arbeiter beschäftigen und die Dokumentarfilme der Schwarzen Serie (Karabasz, Slesicki, Hoffman, Skórzewski u.a.) die Rückständigkeiten und Fehlentwicklungen in der polnischen Gesellschaft heftig attackieren, nur inhaltlich Vorläufer des Direct Cinema und des Cinéma Vérité sind, formal aber ganz in der Tradition des klassischen Dokumentarfilms stehen. Die Free-Cinema-Filme benutzen zum Beispiel Originalton (soweit vorhanden) ebenso als Kompositionselement wie die Musik; mit dem Direct Cinema, sagte Anderson 1974 in einem polemischen Interview[5], habe das nichts zu tun; *Every Day Except Christmas*, um diesen Film über den Markt in Covent Garden ging die Diskussion, sei ein poetischer, sehr subjektiver Film. Und die polnische Schwarze Serie, die parallel lief mit den ersten Spielfilmen von Wajda und Munk, arbeitete zum Teil mit versteckter Kamera, mit Inszenierung, sie bediente sich manchmal subtiler, manchmal aufdringlicher Symbole.

So begann also der neue Dokumentarfilm um 1960 trotz der inhaltlichen Vorgaben aus England und Polen von einem Nullpunkt aus. Das Direct Cinema und das Cinéma Vérité waren ohnehin so eigenständige Anstrengungen, daß Vorbilder, selbst nützliche, gar nicht oder nur partiell wahrgenommen wurden (so hat sich etwa Rouch mit Dsiga Wertow beschäftigt). Die Filme von Leacock/Drew/Pennebaker, von Rouch und Marker haben ihrerseits in kurzer Zeit so viel in Bewegung gebracht, daß sie fast überall in der Welt diskutiert wurden, vor allem bei europäischen Festivals (Mannheim, Leipzig, einem Kongreß in Lyon 1963, bei den «Freunden der Deutschen Kinemathek» in Berlin). Die «Antworten» auf die ersten Direct-Cinema-Filme aus den USA und Frankreich konnte man dann schon bald in Oberhausen bei den Westdeutschen Kurzfilmtagen sehen: Insbesondere die Polen und Jugoslawen haben diese Vorbilder sehr eigenständig verarbeitet.

USA: Direct Cinema

Der Durchbruch des neuen Dokumentarfilms erfolgte etwa zur gleichen Zeit auf ganz verschiedene Weise in den USA, in Frankreich und in Kanada. Voraussetzung war überall die neue Technik. Richard Leacock (geboren 1921), der sich am häufigsten und dezidiertesten zum Direct Cinema geäußert hat, beschrieb diese Entwicklung anhand seiner eigenen Filme. Er war Kameramann bei Flahertys *Louisiana Story* 1948. Er schwärmt von den stummen Teilen des Films, fand dagegen die Dialogpassagen «schauderhaft»: «Wir verwendeten große, schwere Schallplattenaufnahmegeräte, und die Technik war so schlecht, daß wir die Leute nicht davon abbringen konnten, sich verkrampft zu geben.»[6] Bald kamen die ersten Tonbandgeräte auf den Markt, die immer noch sehr schwer waren, aber schon neue Möglichkeiten eröffneten. Seinen ersten eigenen Film *Toby* drehte er 1955 mit einer Mitchell («eine gigantische Tonapparatur»); da sich in diesem Film – über die Tournee eines Zelttheaters durch den Mittleren Westen – die einzelnen Vorgänge Abend für Abend wiederholten, war es möglich, jeden Tag ein kleines Stück aufzunehmen. Ein Jahr später begleitete er Leonard Bernstein auf einer Konzerttournee (*Bernstein in Israel*), jetzt erstmals mit 16-mm-Tonkameras («verdammte, klotzige Apparate»): «Wir verpaßten immer wieder die interessantesten Ereignisse.» Leacock im Rückblick: «Es müßte doch schließlich im Jahr 1957 möglich sein, Geräte zu entwickeln, mit denen man eine solche Reportage anständig aufnehmen könnte. Ich machte mir einen genauen Plan von dem, was wir brauchten. Ich brauchte eine generelle Lösung, nicht eine spezielle. Ich brauchte drei oder vier vollkommen geräuschlose Kameras, die überallhin mitzunehmen waren und keine Kabel hatten. Weiterhin ein oder zwei ebenso geräuschlose Tonbandgeräte, gleichfalls beweglich und ohne Verbindungskabel; und alle Apparate müßten völlig synchron laufen.»

Um die Prototypen herzustellen, mußten zwei Dinge zusammenkommen: der Erfindungsgeist von Richard Leacock und D. A. Pennebaker, die gemeinsam eine Firma betrieben, und das Geld von Robert Drew, einem der Herausgeber von Time-Life, der eine neue Form des filmischen Journalismus kreieren wollte und deshalb an Leacock und Pennebaker herangetreten war. Nach einigen Versuchen brachte *Primary* (1960), ein Bericht über den Vorwahl-Kampf zwischen Humphrey und Kennedy in Wisconsin, den durchschlagenden Erfolg. Obwohl Kamera und Tonbandgerät noch mit einem Kabel verbunden waren, konnte sich das Team zum erstenmal ohne jede Beschränkung bewegen. Die Kamera konnte Kennedy, als dieser eine Versammlung von Wählern polnischer Herkunft besuchte, von der Straße durch einen langen Korridor bis in den Saal ohne Unterbrechung folgen. Eine andere Szene hat Leacock sogar allein, ohne Tonmann, gedreht: Kennedy wartet in seinem Hotelzimmer auf die Ergebnisse; ein Mikrophon steckt im Aschenbecher, ein anderes sitzt auf der Kamera.

Perfektioniert ist die Aufnahmetechnik schließlich in *The Children Were Watching* (1960; in diesem außerordentlich fruchtbaren Jahr drehten Drew/Leacock fünf Filme), einer Reportage aus New Orleans, wo sich weiße Eltern dagegen wehren, daß eine bisher ausschließlich von weißen Kindern besuchte Schule künftig auch schwarze aufnehmen soll. Von diesem Film an gab es für Drew/Leacock/Pennebaker und ihre Mitarbeiter keine technischen Probleme mehr; die Synchronität zwischen Kamera und Tonbandgerät stellte eine Uhr her, ein Kabel war nicht mehr nötig.

Durch hochempfindlichen Film und lichtstarke Objektive wurde man auch von zusätzlicher Beleuchtung weitgehend unabhängig. Wie groß zunächst der Vorsprung des Drew/Leacock-Teams gegenüber anderen Filmemachern war, hat Leacock sehr anschaulich am Beispiel des Films *Yanki No!* (1960), einer Reportage über das Verhältnis der USA zu Kuba, beschrieben: «Auf der Konferenz der lateinamerikanischen Staaten stand der Außenminister von Venezuela plötzlich auf und verließ mit seiner Delegation aus Protest den Konferenzsaal. Alle anderen Filmreporter, die ihre Kameras sorgfältig auf Stativen aufgebaut hatten, konnten sich nicht vom Fleck rühren. Wir dagegen konnten hinter der Delegation hergehen und sie filmen, während sie das Haus verließ.» Erst mit dieser Technik, die heute zur Selbstverständlichkeit geworden ist, wurde jener «unkontrollierte» Film möglich, wie ihn Leacock und seine Mitarbeiter verstanden. Sie filmten reale Personen in realen Situationen. Der Filmemacher ist kein Regisseur, der Anweisungen gibt, sondern ein Beobachter – im Idealfall sein eigener Kameramann –, der Ereignisse, die sich auch ohne ihn abgespielt hätten, aufzeichnet. Er läßt nichts wiederholen, er macht (in der Regel) keine Interviews.

Vieldiskutiertes Grundproblem dieser Filmmethode: Wie weit verändert die Anwesenheit eines auch noch so kleinen Filmteams die Ereignisse? Spielen die Gefilmten nicht für die Kamera? Auch Leacock weiß: «Alles, was wir tun können, ist, unsere Gegenwart auf ein Minimum zu reduzieren.» Dafür gibt es mehrere Verfahrensweisen: Man filmt Situationen, die so aufregend sind, daß die Beteiligten die Kamera mit der Zeit tatsächlich vergessen: Der Anwalt Dan Moore (in *The Chair*, 1962) kämpft darum, daß sein zum Tode verurteilter Mandant Paul Crump zu «lebenslänglich» begnadigt wird.

Man berichtet über Ereignisse, die sich ohnehin in der Öffentlichkeit abspielen – mit Protagonisten, die das Licht der Öffentlichkeit gewöhnt sind. Das gilt für Humphrey und Kennedy in *Primary* und für den Rennfahrer Eddie Sachs, der endlich das Rennen von Indianapolis gewinnen will, in den beiden Filmen *On the Pole* (1960) und *Eddie* (1961); das gilt für die Footballteams zweier High Schools aus Miami und ihre Trainer vor und während ihres jährlichen Prestigespiels (*Football*, 1961). Man filmt Personen in einer Entscheidungssituation, in einer Prüfung, in einer Krise, in der sie wiederum die Kamera vergessen und sich zudem ihr wahrer Charakter enthüllen soll. Das trifft auf alle eben genannten Filme zu, aber auch auf *The Children Were Watching* (1960) über die Rassenintegration an einer Schule in New Orleans, oder auf einen Film mit einem verwandten Thema (die Zulassung Schwarzer an die Universität von Alabama), *Crisis: Behind a Presidential Commitment* (1963); Protagonisten sind Robert Kennedy und Gouverneur Wallace.

Dazu kommen erlaubte und unerlaubte Tricks. «Wir verbrauchen ungeheure Mengen Film . . . Als wir *The Chair* drehten, brauchten wir beinahe 25 000 Meter und verwendeten siebenhundert» – also ein Drehverhältnis von etwa 1:35, das extremste, das Leacock je hatte. Die Folge ist jedenfalls: wenn fast ununterbrochen gefilmt wird, gewöhnen sich die Leute schneller an die Kamera. Zudem drehen Leacock und sein Team oft mit der Kamera unter dem Arm. «Die Leute wissen, daß ich da bin und daß ich sie aufnehmen kann. Ich möchte nur nicht, daß sie wissen, in welchem Moment ich sie aufnehme.»

Mir scheint ein weiterer Punkt wichtig, der dann zehn Jahre später, bei den Filmen von Frederick Wiseman, ganz entscheidend wird (siehe Kapitel 4, Seite 80). Wenn zum Beispiel in Wisemans *Law and Order* (1969), einem Film über die Polizei, gerade Verhaftete sich mit einer Selbstverständlichkeit vor der Kamera bewegen, die man nicht für möglich hält, scheint dahinter ein anderes Medienbewußtsein zu stecken als (jedenfalls zu jener Zeit) bei uns; wenn die lokalen Fernsehanstalten über jeden Zwischenfall in einer Stadt am Abend berichten, sind es die Leute gewöhnt, gefilmt zu werden. Mir scheint, daß diese Entwicklung bei den ersten Drew/Leacock/Pennebaker-Filmen beginnt.

Was dagegen in diesen amerikanischen Filmen noch fehlt, ist eine Vertrautheit zwischen den Filmemachern und den Menschen vor der Kamera. Dafür sind schon die Drehzeiten zu kurz. *On the Pole*, der erste Eddie-Sachs-Film, entstand an vier Tagen, *The Chair* an fünf. Größere Recherchen vorher gab es nicht. Die Filmemacher, die oft mit mehreren Teams anrücken (in *Football* waren es streckenweise bis zu acht), fühlten sich als Journalisten, die zwar eine gewisse Vorstellung davon haben, was sie erleben werden, die sich aber überraschen lassen wollen. Sie sind nicht die Verbündeten der Leute, über die sie ihre Filme drehen. Eine Solidarisierung geschieht im Dokumentarfilm erst einige Zeit später: während der Politisierung Ende der sechziger Jahre. Beispielhaft kann dafür das Werk von Klaus Wildenhahn stehen, der bei vielen Filmen lange recherchiert; der also die Leute, über die er berichtet, schon vorher kennt und dann Wochen oder sogar Monate dreht: So entsteht ein Kontakt mit den Personen vor der Kamera, der das Filmen erleichert, ja fast zur Selbstverständlichkeit macht.

Die Filme, die das Team Drew/Leacock/Pennebaker von 1960 bis 1963 drehte, haben im Prinzip alle dieselbe Grundstruktur. Es geht, wie schon angedeutet, um Personen in Entscheidungssituationen. Hier liegt ein neuralgischer Punkt dieser Filmarbeit. Wird nicht der Wirklichkeit, die angeblich «unkontrolliert» eingefangen werden soll, eine dramatische Struktur übergestülpt? Unterdrücken diese Reportagen nicht alles das, was nicht ins Schema paßt?

Zweifellos ist der entscheidende Mann bei der Arbeit dieser drei Jahre Robert Drew, und viel Kritik, die Leacock damals zum Beispiel in der bundesrepublikanischen Filmpublizistik (aber auch von Go-

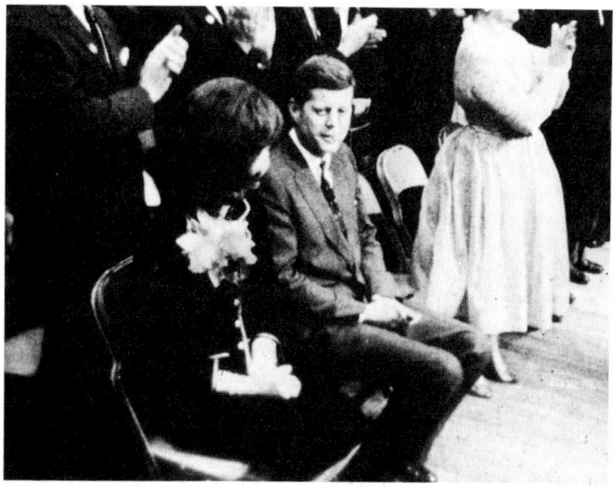
Primary (1960)

On the Pole (1960)

dard) einstecken mußte[7], müßte Drew gelten. Drew war nicht nur Geldgeber, sondern Produzent im umfassendsten Sinne des Wortes. Er kam vom Fotojournalismus; er wußte, wie man Geschichten wirksam erzählt – auch solche, die sich für eine Dramatisierung eigentlich nicht eignen. Es ging darum, das Interesse der Leser zu wecken, den Marktwert einer Zeitschrift zu steigern. Dieselben Prinzipien wandte er auf den Fernsehjournalismus an. Time-Life, woher Drew kam, finanzierte die Filme, Drew Associates produzierte sie. Er beschäftigte bis zu 75 Leute, darunter als wichtigste Filmemacher (und das heißt Kameraleute) Richard Leacock, D. A. Pennebaker, Albert Maysles (nur für kurze Zeit), James Lipscomb, Gregory Shuker, Hope Ryden. Auch wenn Leacock bei vielen Filmen nur einer von mehreren Kameraleuten war, stammen oft doch die besten Aufnahmen von ihm, etwa fast alle Originaltonpassagen in *Primary* (während Pennebaker und Maysles noch mit stummen Arriflex-Kameras arbeiteten) oder jene Einstellung in *The Chair* (den vor allem Shuker konzipiert hat), in der Crumps Anwalt Dan Moore weint, nachdem er am Telefon erfahren hat, daß der Bischof sein Gnadengesuch unterstützt: Die Kamera entfernt sich, aus einer Scheu heraus, die für die Drew-Filme sonst nicht üblich ist. (Am nächsten Tag hat der Bischof diese Zusage zurückgezogen.)

Die Dramatisierung der Filme findet in zwei Phasen der Arbeit statt: bei der Auswahl der Sujets und bei der Montage. Die Vorwahl zwischen Kennedy und Humphrey, das Footballmatch, das Autorennen: Das sind Themen, welche die dramatische Struktur schon in sich tragen; die Filme haben das, was sich ohnehin ereignete, kondensiert, konzentriert. Problematischer ist dagegen zum Beispiel *The Chair*. Hier ist aus einem komplizierteren Zusammenhang durch die Montage ein Vorgang herausdestilliert worden, der viele Widersprüche unter den Tisch kehrt. So war – wie Leacock berichtet[8] – der junge Anwalt Dan Moore gar nicht entzückt, daß er durch den berühmten Louis Nizer Unterstützung aus New York bekam. Und Moore fiebert während der ganzen Zeit, da er um das Leben Crumps kämpft, einem Pferderennen entgegen, das er im Film beiläufig am Ende besucht.

The Chair unterscheidet sich in Aufnahmetechnik und Montage oft nicht von einem Spielfilm. Die Verhandlung, in der Crumps Schicksal zur Diskussion steht, ist mit mehreren Kameras aufgenommen; es gibt kommentierende Schwenks und Schnitte. Wenn der Anwalt Nizer den Brief verliest, den Crump an den Gouverneur schrieb mit der Bitte um Begnadigung, sucht die Kamera Crumps Mutter und zeigt in Großaufnahme ihre gefalteten Hände. Solche Dramatisierungen sind im Foto- und Filmjournalismus nicht ohne Vorbild. *March of Time*, die monatliche Aktualitätenserie der dreißiger und vierziger Jahre, hat aus allen Sujets Geschichten gemacht, damals noch durch Inszenierung. Im Illustriertenjournalismus wurde diese Methode bis heute konserviert. Ungeachtet aller berechtigten Kritik an den Filmen der Drew Associates macht gerade der Vergleich mit *March of Time* die unbestreitbaren Qualitäten dieser Filme klar. Während das Monatsmagazin *March of Time* heute nur noch die politischen Ideen und Inszenierungsmethoden seiner Zeit transportiert, vermitteln die Drew-Filme über ihre Konstruktion hinaus immer einen Überschuß an zeitgenössischer Realität, der sich in vielen kleinen Details äußert. Je größer der Abstand zu diesen Filmen wird, desto spannender werden sie. Die Kritik, die sich Mitte der sechziger Jahre vehement äußerte – die Filme blieben an der Oberfläche der Erscheinungen hängen, ihnen fehle jedes Bewußtsein, nie gelänge der Schritt vom Besonderen zum Allgemeinen –, muß heute fast in ihr Gegenteil verkehrt werden.

The Chair (1962): Der Anwalt Dan Moore

Crisis: Behind a Presidential Commitment (1963)

Wir haben inzwischen so viele Filme gesehen, die sich mit dem Allgemeinen begnügen und darüber das Konkrete aus den Augen verlieren, daß wir die vielen Detailbeobachtungen in den Drew/Leacock-Filmen aufmerksam zur Kenntnis nehmen. Die Filme sind zudem – dank des durchgehenden Originaltons – die ersten der Filmgeschichte, die sich ganz von der Literatur, vom geschriebenen Dialog lösen. Zum erstenmal sprechen Menschen in einem Film so, wie sie wirklich sprechen, immer mit der Einschränkung, daß die Anwesenheit der Kamera gewisse Veränderungen bewirkt. Der Alltag wird zum erstenmal spürbar, fühlbar, authentischer noch als in Polens Schwarzer Serie und in Englands Free Cinema, weil der (manchmal zu aufdringliche) Gestalterwille der Polen und Engländer hier durch die Fortschritte der Filmtechnik gebremst ist. Mag manches bei Drew noch in den Ansätzen steckenbleiben, weil sensationelle Sujets immer wieder die Alltagsbeobachtungen unterlaufen – vor allem in seinen späteren Filmen, die er ohne Leacock drehte –, die Prinzipien einer neuen dokumentarischen Filmarbeit jedenfalls sind fixiert. Andere Filmemacher, zum Beispiel Klaus Wildenhahn in der Bundesrepublik, konnten darauf aufbauen.

Der Vorwurf, die Filme bildeten kritiklos nur die Oberfläche der Dinge ab, läßt sich zudem für die besseren Filme widerlegen. *Primary* etwa zeigt, auf welche doch eigentlich unwürdige Weise Politiker um Stimmen werben müssen, *Football* zeigt, zu welcher Massenhysterie Sport entarten kann. Das Entscheidende ist, und das hat zu den Mißverständnissen beigetragen: Diese Filme belehren den Zuschauer nicht, sondern geben ihm das Material zur eigenen Beurteilung. Man muß nicht – wie Louis Marcorelles – Leacock mit Brecht vergleichen[9], um darin eine besondere Qualität des nichtkontrollierten Films zu sehen. Leacock bemüht sich als Kameramann deshalb auch, diffamierende Einstellungen, etwa auf Details, zu vermeiden: «Die Pressefotografen machen das. Sie können einen Mann nicht leiden, also warten sie, bis er ein dummes Gesicht macht und fotografieren ihn. Wir können so etwas nicht, es würde sofort auffallen.» Trotzdem ist Kritik an Personen möglich: «Wir sind grundsätzlich Beobachter, kritische Beobachter. Das heißt, daß wir nicht sagen, die Leute sind böse oder dumm, sondern daß wir zu allen Leuten, die wir filmen, eine Beziehung fundamentaler Gleichberechtigung herstellen.» Als Leacock für den Film *Kenya, Africa* (1961) einen besonders reaktionären weißen Farmer filmte, erwies sich der zunächst «als ein bezaubernder Mensch. Wir mochten uns sofort. Als er uns aber seine Farm zeigte, beobachtete und filmte ich Dinge, die ihn als einen Menschen erwiesen, mit dessen Charakter, wie ich glaube, etwas nicht stimmt. Er verriet sich von selbst.»

Diese Haltung, die Wirklichkeit für den Zuschauer transparent zu machen, zeigt sich noch deutlicher an Filmen, die Leacock nach der Trennung von Drew allein drehte. Der erste von ihnen, *Happy Mother's Day* (1963, ursprünglicher Titel *Quint City, U.S.A.*), zeigt die Betriebsamkeit in dem Städtchen Aberdeen, South Dakota, nachdem Mrs. Fisher dort Fünflinge zur Welt gebracht hat.

Da Leacock Streit mit seinem Auftraggeber, der «Saturday Evening Post» bekam, gab es schließlich zwei Versionen des Films: eine, die Leacock aus dem zurückgekauften Material selbst schnitt, eine, die von der Fernsehanstalt ABC aus demselben Material angefertigt wurde. Der Vergleich ist lohnend.[10]

Leacocks Film zeigt die Familie und das Städtchen, die privaten Auswirkungen und den Werberummel, ein Essen zu Ehren der Familie Fisher und eine Parade, die durch einen plötzlichen Regen beendet wird. Leacock zeigt ausführlich die Absurdi-

Happy Mother's Day (Leacock 1963)

täten des Ereignisses, sein Film ist voller Ironie, aber ohne Diffamierung. Ihm und seiner Mitarbeiterin Joyce Chopra ist bei den dreiwöchigen Dreharbeiten klargeworden, daß sie selbst «ein Teil der Sache waren, die wir kritisierten. Mir war es äußert unangenehm, den Leuten zu nahe zu treten, in ihr Privatleben einzudringen. Und ich sagte es ihnen.» Als Folge dieser Ehrlichkeit, «glaube ich, behandelten sie uns anders».

Der ABC-Film dagegen, von Beech-Nut gesponsert, sah aus «wie ein halbstündiger Werbefilm für Baby-Nahrung»[11]. Es gab viel mehr Szenen mit den Babys; Passagen, die in beiden Versionen vorkommen, sind bei Leacock immer sehr viel länger. Bei ihm werden die Konflikte sichtbar, Unerwartetes geschieht, «während die ABC-Version nur zu bestätigen suchte, was man wahrscheinlich schon vorher wußte»[12]. Was das Ergebnis geduldiger Beobachtung war, wird von ABC routiniert auf den Gag heruntergeschnitten.

Patricia Jaffe, Cutterin vieler Filme, schrieb 1965: «Wenn die Aufnahmen wunderbar sind, wie die Leacocks in diesem Film, kann man den Film oft so zeigen, wie er aus der Kamera kommt. [...] Er hat die Qualität und den Rhythmus eines Balletts, und ganze Sequenzen können so gelassen werden wie sie sind.»[13] *Happy Mother's Day*, obwohl auch hier sehr viel Material verbraucht wurde, kommt in vielen Passagen dem Ideal der Montage in der Kamera sehr nahe.

Den zweiten wichtigen Film nach der Trennung von Drew drehte Leacock für den Norddeutschen Rundfunk, *A Stravinsky Portrait* (1964). Hier ist zum erstenmal eine Vertrautheit mit den Personen vor der Kamera zu spüren, die beim amerikanischen Direct Cinema nicht üblich war – mit Strawinsky und seinem Freundeskreis: Rolf Liebermann, der den Film auch produzierte, Pierre Boulez, George Balanchine oder Robert Craft. Leacock erzählt, daß er und Sarah Hudson, die den Ton aufnahm, für einige Zeit Mitglieder des Strawinsky-Haushalts in Beverly Hills wurden, daß sie alles mitmachten. «Das Filmen, in gewisser Weise, wurde sekundär.»[14] Leacock vermeidet indes jeden Blick auf das Privatleben Strawinskys; er zeigt den Komponisten fast ausschließlich in Gesprächen, zum Beispiel mit Boulez über eine vielleicht falsche Einzelheit in der «Les Noces»-Partitur, und bei einer Orchesterprobe in Hamburg.

Wenn *Primary* demonstrierte, daß durch eine perfekte Aufnahmetechnik ein Blick hinter die Kulissen politischer Entscheidungsprozesse möglich wurde, der jeder filmischen Berichterstattung bis dahin verschlossen war, wenn *Happy Mother's Day* deutlich machte, daß die Direct-Cinema-Reportage, ohne je belehrend oder diffamierend zu werden, kritische Akzente setzen kann, dann bewies *A Stravinsky Portrait*, daß die Direct-Cinema-Methode auch nichtspektakuläre, nicht auf einen Konflikt zusteuernde, intime Situationen schildern kann, wenn es ein Vertrauensverhältnis zwischen den Leuten hinter und vor der Kamera gibt. Soweit ein solches Urteil legitim ist: Dies sind wohl die drei Schlüsselfilme für die Geschichte des Direct Cinema in den USA in der ersten Hälfte der sechziger Jahre.

Nicht nur Leacock und mit ihm Pennebaker haben sich von Drew getrennt: Albert Maysles hat schon vor ihnen Drew Associates verlassen und bereits 1962 zusammen mit seinem Bruder David den ersten eigenen Film gedreht, *Showman*, ein Porträt des Produzenten Joseph Levine. Bei diesem und allen folgenden Filmen der Maysles Brothers machte Albert die Kamera, David den Ton. Es sind Filme, die wie Leacocks *Stravinsy* die dramatische Struktur aufgeben, aber weiterhin an einzelne Personen gebunden sind – etwa *Meet Marlon Brando* (1965), eine Folge von Interviews mit dem Schauspieler. Albert und David Maysles auf der einen Seite, D. A. Pennebaker auf der anderen (der zwar mit Leacock zusammen eine Firma hatte, aber seine Filme allein drehte), begannen die Serie der Rockmusikfilme, die dann vor allem in den siebziger Jahren Mode wurden. Die beiden Maysles drehten *What's Happening! The Beatles in the U.S.A.* (1964) und *Gimme Shelter* (1970), über das Altamont-Konzert der Rolling Stones, Pennebaker *Don't Look Back* (1966), über die Englandtournee von Bob Dylan, *Monterey Pop* (1968) und *Keep On Rockin'* (1970). Damit hatten die Maysles Brothers und Pennebaker das amerikanische Direct Cinema wenigstens tendenziell ins Kommerzkino überführt.

Die frühen Direct-Cinema-Filme, von *Primary* angefangen, die Drew ans Fernsehen verkaufen wollte und zum Teil, meist mit einer gewissen Verzögerung, verkauft hat, waren insgesamt weit weniger erfolgreich, als man das bei der Neuartigkeit dieser dokumentarischen Arbeiten eigentlich erwarten würde. Noch 1964 konnte Leacock sagen: «Bis jetzt haben wir noch keine amerikanischen Zuschauer für unsere Filme. Amerikaner wissen weniger über diese Art, Filme zu machen, als irgend jemand sonst in der Welt.» Mag das auch eine Übertreibung sein, offensichtlich ist, daß europäische Fernsehanstalten zum Teil mehr an diesen Filmen interessiert waren als amerikanische. So hat der Norddeutsche Rundfunk nicht nur einige Filme von Drew und Leacock gekauft, sondern auch in Auftrag gegeben, wie *A Stravinsky Portrait.* Auch Wildenhahn oder Seiler (*Musikwettbewerb*, 1967) haben für den NDR gearbeitet.

Auch Pennebaker hat einen Film in der Bundesrepublik gedreht, *Hier Strauß* (1965), ein kurzes Porträt des bayerischen Politikers, am 12. April 1965 im Magazin «Report» gesendet, «Augenblicke aus der politischen Alltagsarbeit»[15], deren letzten – Strauß sitzt müde und apathisch zu Hause in einem Sessel, während seine Frau Marianne Pläne macht – Schlöndorff, Kluge, von Eschwege und Aust in ihren Film *Der Kandidat* (1980) aufgenommen haben. Ernst Wendt, der den Film seinerzeit besprochen hat, erläutert an einer Sequenz das methodische Vorgehen Pennebakers: «In der Landesgruppensitzung fixiert er (P.) ihn (S.) über ein paar Tische hinweg, nimmt die Perspektive ein eines an seinen Platz verdonnerten Parteifreunds. Und verläßt sie dann plötzlich: mit dem Teleobjektiv saugt er sich blitzschnell an Straußens Gesicht fest, faßt es ganz groß auf dem Höhepunkt seiner Tirade. Mitten im Satz stellt sich die Physiognomie des Redners vor seine Worte, und was er sagt, wird durch unkontrollierte Bewegungen der Gesichtsmuskel denuziert.»[16]

Leacock hat nach *Happy Mother's Day* und *A Stravinsky Portrait* einige weitere Filme in den USA gedreht, unter anderen das Porträt eines Barry-Goldwater-Wahlmanagers (*Campaign Manager*, anderer Titel *Republicans – The New Breed*, 1964). «In den siebziger Jahren übte Leacock eine Lehrtätigkeit am »Massachusetts Institute of Technology« aus und widmete sich besonders der Entwicklung neuartiger 8-mm-Kameras.»[17]

Frankreich: Cinéma Vérité.

Das französische Cinéma Vérité, dessen Hauptvertreter Anfang der sechziger Jahre Jean Rouch ist, hat mit dem amerikanischen Direct Cinema wenig zu tun. Selbst die neue Technik des Synchrontons verbindet sie nur zum Teil. Es bringt auch nicht sehr viel, wenn man – Rouchs Ableitung des Begriffs Cinéma Vérité von Wertows Kino-Prawda folgend –, seine Filme in Beziehung setzt zum sowjetischen Kinopionier. Denn auch Leacock könnte sich, was er expressis verbis nie tat, auf Wertow berufen. Die «Überrumpelung des Lebens», die Wertow propagiert und vor allem in seiner aktuellen Serie *Kino-Prawda* (23 Nummern von 1922 bis 1925) praktiziert, will nicht eine Wahrheit ans Tageslicht bringen, sondern Authentizität vermitteln. Die Gefilmten sollten sich der Anwesenheit der Kamera nicht bewußt werden oder zumindest ihr Verhalten dadurch nicht ändern. Der Filmemacher hat sich bei den Aufnahmen nicht einzumischen. Die Wertowsche «Film-Wahrheit» so verstanden, meint Mario Ruspoli[18], finde sich am ehesten in den Filmen von Drew/Leacock wieder, in *Showman* von Albert und David Maysles oder in seinem eigenen Film *Les Inconnus de la terre* (1961), einer Reportage aus der französischen Provinz.

Rouch, der mit seinen Filmen eingreift, die Kamera bewußt macht, zitiert deshalb auch andere Sätze aus dem reichen Schatz Wertowscher Schriften: «*Kino-Prawda* ist eine neuartige Kunst, die Kunst des *Lebens selbst.* Das *Kino-Auge* schließt ein: alle Filmtechniken; alle sich bewegenden Bilder, alle Methoden ohne Ausnahme, die erlauben, sich der REALITÄT zu nähern und sie aufzunehmen: eine Realität in Bewegung» (1923)[19]. Neben diesem Plädoyer für einen Methoden-Pluralismus interessiert Rouch Wertows Definition der Montage, da Rouch, oft sein eigener Kameramann, die Montage in der Kamera anstrebt (wie Leacock). Wertow schrieb 1929: «Das *Kino-Auge*, das ist: Ich montiere, wenn ich den zu filmenden Gegenstand auswähle (von tausend möglichen Gegenständen). Ich montiere, wenn ich den Gegenstand beobachte (um die beste Wahl von tausend möglichen Beobachtungen zu treffen.»[20] Diese Debatte, an ihr hat sich unter anderen Georges Sadoul beteiligt[21], kann hier nur angedeutet werden.

Jean Rouch, geboren 1917, hatte schon dreizehn ethnographische Filme in Afrika gedreht, bevor er 1957 mit *Moi, un noir* jenen Film herstellte, der im Rückblick als erste Ausprägung des Cinéma Vérité in seinem Werk gelten kann. Er schildert Arbeit und Wochenende einiger junger Männer und Frauen in Treichville, einem Vorort von Abidjan an der Elfenbeinküste. Die drei Männer stammen aus Niger; sie haben sich in der Stadt, wo sie – trotz ständigen Geldmangels – Bars und Tanzlokale besuchen, vom traditionellen Leben ihrer Heimat entfernt. Der Film ist stumm gedreht, improvisiert; Rouch, der selbst die Kamera führt, wird manchmal von Aktionen überrascht. Die Laiendarsteller sind sich der Anwesenheit der Kamera durchaus bewußt. Die Tatsache, daß sie in einem Film mitspielen, regt ihre Phantasie an. Wie filmbewußt sie sind, machen schon die Namen deutlich, die sie sich selbst gegeben haben: Edward G. Robinson, Tarzan, Eddie Constantine, Dorothy Lamour. Sie spielen ihren Alltag, mehr die Freizeit als die Arbeit, aber auch ihre Träume. Wenn Robinson vom Ruhm als Boxer träumt, wird ein Meisterschaftskampf inszeniert.

Der Ton wurde ein halbes Jahr nach den Dreharbeiten gemacht, Geräusche und einzelne Dialogfetzen sind nachsynchronisiert. Rouch spricht – recht literarisch – einige kommentierende Passagen. Der durchgehende Kommentar aber ist von Oumarou Ganda, der den Edward G. Robinson spielt, später ein bekannter Filmregisseur in Niger – gestorben am 1. 1. 1981. Er improvisiert seinen Text spontan bei einer Vorführung des Films, inszeniert sich dabei selbst, hat Humor und Charme, gewinnt ein

Bewußtsein seiner Lage, seiner Armut als Gelegenheitsarbeiter. Auch der Darsteller des Eddie Constantine (Petit Touré) beteiligt sich in einigen Sequenzen am Kommentar.

Moi, un noir steht an der Grenze zwischen Dokumentar- und Spielfilm. Durch die Technik der Handkamera entsteht der «Eindruck unverstellter Wirklichkeitswiedergabe» (Gregor)[22], durch das bewußte Spiel der Darsteller, mögen sie auch Laien sein, durch die Einbeziehung von Träumen, durch die Bild-Ton-Montage bekommt der Film eine irritierende Künstlichkeit, die Godard bewunderte, die ihn auch beeinflußte.[23] Das getrennte Aufnehmen von Bild und Ton, zunächst eine Notlösung, weil 1957/1958 die Möglichkeiten für den Direktton noch sehr beschränkt waren, gibt *Moi, un noir* sein Faszinosum.

Das Gleichgewicht zwischen Inszenierung und Dokument wird im nächsten Film *La Pyramide humaine* (1959/60) zur Fiktion hin verschoben. Nadine kommt aus Frankreich nach Abidjan; sie will an einer höheren Schule, wo bisher schwarz und weiß streng getrennt waren, schwarze Schüler kennenlernen. Das geschieht: Es kommen Kontakte zustande, die es in Wirklichkeit in Abidjan nicht gab; sie wurden für den Film arrangiert. Der Film geht dabei über eine politische Diskussion zwischen beiden Schülergruppen weit hinaus. Es entwickeln sich persönliche Beziehungen, auch Liebesbeziehungen. Bei einem Schiffswrack, wo sich die Schüler zum Baden treffen, ertrinkt ein weißer Junge unter ungeklärten Umständen. Am Ende des Schuljahres fliegt Nadine nach Paris zurück.

La Pyramide humaine ist schon mit Synchronton gedreht, aber noch mit einer fünfzig Kilogramm schweren Kamera, die auf dem Stativ stehen muß. Dadurch wirkt der Film sehr viel akademischer als *Moi, un noir.* Auch eine nachträgliche Synchronisation kam hier nicht in Frage; es hatten sich unter den Personen intensive Beziehungen hergestellt, deshalb war beispielsweise die Rekonstruktion des ursprünglichen Zustands nicht mehr möglich.

Nach dem Nebenwerk *La Pyramide humaine* das vieldiskutierte Hauptwerk *Chronique d'un été* (1960), das Rouch zusammen mit dem Soziologen Edgar Morin gedreht hat. Dominierend sind Interviews und Gespräche, wie sie Leacock völlig ablehnt. Es gibt Straßeninterviews: «Wie leben Sie?» – «Sind Sie glücklich?» – Die ausführlicheren Gespräche finden in einem Kreis von Personen statt, die fast alle Freunde von Edgar Morin sind. Zum erstenmal hat Rouch hier eine perfekte Technik zur Verfügung,

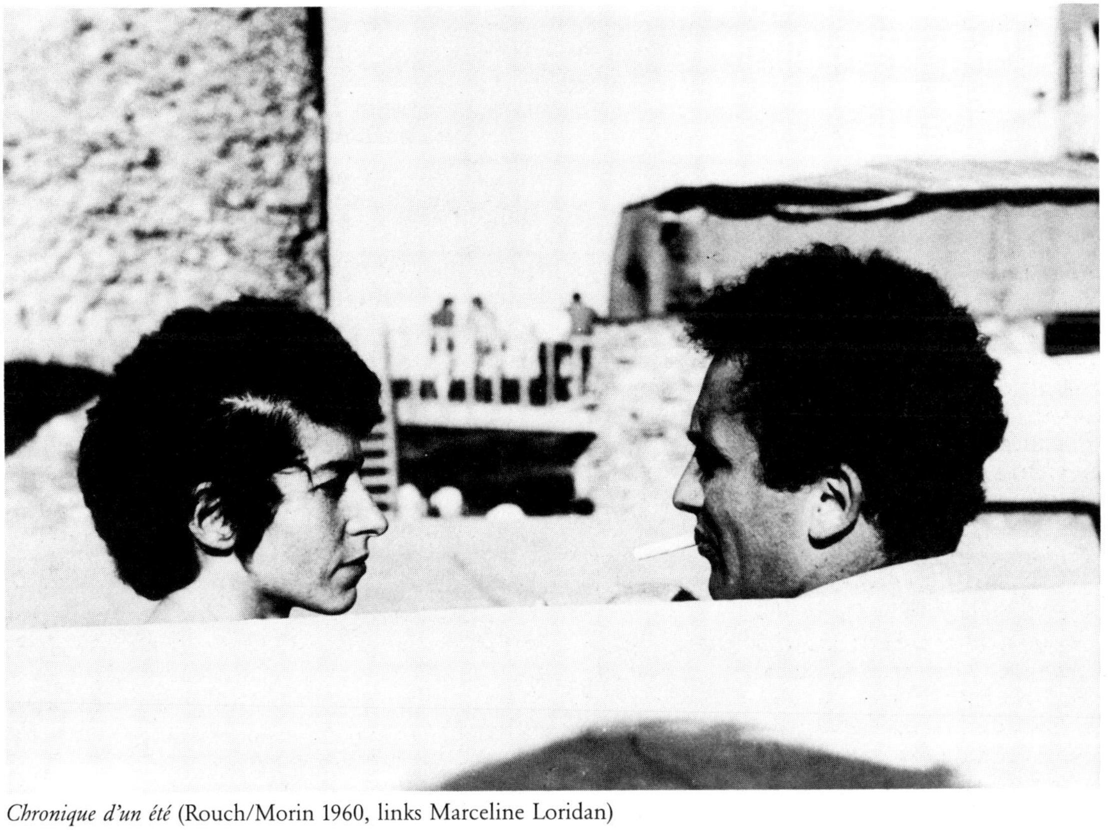

Chronique d'un été (Rouch/Morin 1960, links Marceline Loridan)

indem er den Prototyp der nur sechs Kilogramm schweren Eclair benutzt. Sein Kameramann ist der Kanadier Michel Brault, in einigen Passagen auch Raoul Coutard, der sonst für Godard arbeitete. Die Kameraleute gehen offensiv mit ihrem Instrument um, gezielter als ihre amerikanischen Kollegen.

Die Idee zu dem Film ging von Morin aus, er wollte ein «soziologisches Fresko» von Paris im Sommer 1960 geben. Grundidee war wiederum, die Personen vor der Kamera zu Äußerungen zu provozieren, die sie normalerweise unterdrücken würden. Dies gelang am eindrucksvollsten und bewegendsten in einer Sequenz, in der Marceline Loridan, später Mitarbeiterin von Joris Ivens, über ihre Zeit in deutschen Konzentrationslagern spricht. Sie geht mit einem Tonbandgerät über den Place de la Concorde; sie erzählt, niemand kann sie während der Aufnahme hören. Später wird der Monolog – jetzt über ihre Rückkehr aus der KZ-Haft – bei den «Hallen» fortgesetzt; sie hatten Marceline wegen ihrer Architektur an einen Bahnhof erinnert. Auch die Kamera «monologisiert» in dieser Szene. Sie beginnt mit einer Großaufnahme von Marceline, die zu sich selber spricht; dann bewegt sie sich nach rückwärts, erfaßt die Hallen in ihrer phantastischen Architektur, und Marceline wird immer kleiner.

Diese Szene ist ein Hauptbeleg für die Verteidiger von Rouch (die meist zugleich Verächter von Leacock sind), daß die inszenatorischen Möglichkeiten des Cinéma Vérité Wahrheiten offenbaren, die den Vertretern des «unkontrollierten Films» verschlossen bleiben. So schreibt die amerikanische Kritikerin Ellen Freyer: «Während Marceline kleiner und kleiner wird, drückt der sie umgebende Raum mit sich verdichtender Poesie die Einsamkeit und Isolation aus, in die sie ihre Erinnerungen bringen.»[24]

Die Kritiker Rouchs wiederum sagen, Marceline hätte in dieser Sequenz ja nur geschauspielert, und sie selbst hat sich entsprechend geäußert. «Aber Rouch und Morin», schreibt Ellen Freyer weiter, «die Marceline schon lange kannten und schon früher über ihre Erfahrungen hatten sprechen hören, nehmen für sich in Anspruch, daß dies das erstemal war, daß sie völlig offen und ehrlich gesprochen und Dinge gesagt hat, die sie in all den Jahren vorher, in denen sie sich kannten, nie erwähnt hatte.»

Rouch und Morin konnten sich angesichts von 21 Stunden Material nicht über die Prinzipien des Schnitts einigen. Wie daraus 90 Minuten machen? Rouch wollte eine chronologische Montage, «die die Entwicklung der einzelnen Personen darstellte, Morin dagegen [. . .] eine vom Stoff her orientierte [. . .], eine Art sozialen Querschnitts. Schließlich wurde der Film weder in dem einen noch in dem anderen Sinne montiert und blieb daher recht uneinheitlich» (Gregor)[25].

Seinen historischen Rang hat dies aber nicht beeinträchtigen können. *Chronique d'un été* gehört bis heute, trotz mancher Geschwätzigkeiten, zu den anregendsten Filmen des neuen Dokumentarfilms.

Le joli Mai (1962), der zweite große Cinéma-Vérité-Film über Paris, versucht wie *Chronique* ein Gesamtbild – Paris im Mai 1962 –, bedient sich dabei aber einer ganz anderen Interview- und Montagetechnik. Chris Marker, geboren 1921, kommen die Erfahrungen mit seinen früheren Filmen zugute. In *Dimanche à Pekin* (1955), *Lettre de Sibérie* (1958), *Description d'un combat* (1960) und *Cuba Si* (1961) hatte Marker die konventionelle Form des Reiseberichts (über China, Sibirien, Israel und Kuba) durch eine kalkulierte, poetische Dialektik zwischen Bild und Kommentar aufgebrochen.[26] Auch in *Le joli Mai* gibt es Kommentare, die den Interviews eine Dimension hinzufügen, ohne indes den Zuschauer auf eine Interpretation festzulegen.

Ausgangspunkt der Untersuchung ist die Beendigung des Algerienkrieges, Paris hat seinen ersten Friedensfrühling. Was bedeutet das für die Menschen? Im ersten Teil dominieren Straßeninterviews, oft mit Leuten, die Marker gerade erst kennenlernt. Skepsis herrscht vor: Die Menschen wohnen in unwürdigen Behausungen; sie hetzen nach Geld und Geschäften; das Glück – auch bei einer Hochzeit – scheint fern. Der zweite Teil integriert die Interviews in die Zeitgeschichte. Demonstrationen im Februar, bei denen acht Menschen ums Leben kommen – hier ist in der Art, wie die Polizei vorgeht, schon eine Vorahnung des Mai 1968. Ein Eisenbahnerstreik, ein Streik bei Renault. Die Arbeits- und Wohnbedingungen von Algeriern in Paris. Die Interviews werden länger: ein Neger, der sein Leben in Paris beschreibt, ein algerischer Arbeiter, ein Arbeiterpriester, der zum Kommunisten wurde. Der Kommentar zieht seine Schlüsse, indem er Fragen stellt: «Vielleicht ahnt ihr verworren, daß euer Schicksal mit dem der anderen verbunden ist, daß Glück und Unglück zwei Geheimbünde sind, so geheim, daß ihr ihnen angehört, ohne es zu wissen? Und daß eine Stimme, die ihr nicht einmal hört, in euch verborgen ist: Solang es Armut gibt, seid ihr nicht reich, solang es Angst gibt, seid ihr nicht glücklich, solang es Gefängnisse gibt, seid ihr nicht frei.»[27]

Auch Marker hält nichts vom «unkontrollierten Film», obwohl er in den sehr lebendigen Interviews dessen technische Mittel virtuos handhabt. Aber sein Eingreifen unterscheidet sich vom Intervenieren Rouchs. Er vermeidet jedes Inszenieren oder jede Provokation in diese Richtung. Er benutzt seine Materialien: Wochenschaubilder von Zeitereignissen, selbstgedrehte Paris-Ansichten, Interviews mit – gemessen an Rouch – präzisen Fragen, Scherze (immer wieder tauchen Katzen auf, und Kollegen der Nouvelle Vague laufen unvermutet durchs Bild), um daraus am Schneidetisch seine «Wahrheit», die aus Bild, Originalton und Kommentar besteht, zu artikulieren. Sein Dokumentarfilm ist Autorenkino, vielleicht mehr der Nouvelle Vague zugehörig als der Dokumentarfilmbewegung.

Marker blieb eine Zentralfigur des französischen Films bis in die Gegenwart; zum Anreger und Koordinator politischer Filmarbeit wurde er vor allem während des Vietnamkrieges und im Mai 1968.

Kanada: Pierre Perrault

Der kanadische Dokumentarfilm hat eine lange Tradition. Als die kanadische Regierung 1939 das «National Film Board of Canada» in Ottawa gründete, eine staatliche Produktionsgesellschaft, wurde John Grierson, einer der Initiatoren der englischen Dokumentarfilmschule, sein erster Direktor. Es entstanden, vor allem auch während des Krieges, zahlreiche Dokumentarfilme. In den fünfziger Jahren kam das kanadische Fernsehen (Canadian Broadcasting Corporation) als zweiter Dokumentarfilmproduzent dazu. 1954 zog das National Film Board (oder «Office National du Film Canadien») nach Montreal um: Von da an wurden die wichtigsten Filme im französisch sprechenden Teil Kanadas, in der Provinz Quebec, gedreht.

Der erste Film indes, der sich international durchsetzte, war *Lonely Boy* (1962) von Roman Kroitor (geboren 1926 in Saskatchewan) und Wolf Koenig (geboren 1927 in Dresden), eine Darstellung der Massenhysterie, die der junge Schlagersänger Paul Anka vor allem bei seinen weiblichen Fans auslöste. Kroitor und Koenig gehörten zum Team der «Candid Eye»-Filme (Aufrichtiges Auge) des NFB, einer Vorform des Direct Cinema, die – auch wenn mit Synchronton gearbeitet wurde – mehr Aufmerksamkeit dem Bild als dem Ton widmeten. Auch *Lonely Boy,* obwohl mit der inzwischen perfektionierten Originaltontechnik hergestellt, argumentiert vor allem optisch. Wenn der Film zum Beispiel das Mißverhältnis zwischen Anlaß und Reaktion – hier der eher unscheinbare Paul Anka, dort die kreischende Menge – demonstrieren will, nimmt er für einige Zeit den Musik-Originalton weg, legt ein Interview über das Bild; losgelöst von der Arbeit des Singens wirkt das Gehabe Ankas nun besonders grotesk. Manche Großaufnahmen schreiender, weinender Teenager – aufdringlich in ihrer bewußten Bildkomposition – gleichen mehr Belegstücken in einem Beweisverfahren als Beobachtungen. Auch der Höhepunkt des Films ist durch Großaufnahmen strukturiert: Paul Anka scheint die Masse der Teenager zu segnen, einige dürfen zu ihm nach vorne kommen und ihn berühren. Der Vorgang wirkt wie die Parodie einer Taufzeremonie.

Engagierte Verfechter des Direct Cinema, zum Beispiel Louis Marcorelles, lehnen die Arbeit von Kroitor/Koenig ab. Ihren *Stravinsky*-Film (1965) nennt Marcorelles geschwätzig: «Sichtlich gibt es keine Kommunikation zwischen den Filmemachern und ihrem Gegenstand.»[28] Das gilt auch für *Lonely Boy,* in dem Kroitor/Koenig den Sänger ironisieren und sein Publikum dem Gelächter preisgeben. Andererseits kann man fragen, ob bestimmte Themen nicht eine agitatorische Machart rechtfertigen. Hilmar Hoffmann schrieb, als der Film 1963 in Oberhausen lief: «Insgesamt ist *Lonely Boy* ein erschreckendes, schonungslos gewisse neuralgische Punkte aufdeckendes Dokument unseres Massenzeitalters. Ein Dokument darüber, wie wenig Kunst es bedarf, Massen zu faszinieren, zu hypnotisieren. Parallelen im politischen Feld bieten sich an.»[29]

Zur gleichen Zeit entstand in Kanada der französischsprachige Dokumentarfilm. Filmemacher der Provinz Quebec sahen im Film, besonders im Dokumentarfilm, eine Möglichkeit, ihre Lebensbedingungen in einem von einer englischen Majorität geprägten Land darzustellen – ihre eigenständige Kultur, ihre Wünsche zu artikulieren, auch ihre Forderungen. Zum erstenmal nach 1960 wird hier der Dokumentarfilm, was ihn in der Folgezeit zunehmend charakterisiert, zum Sprachrohr einer Minderheit, zum Ausdruck eines politischen Willens.

Die Geburtsstunde des frankokanadischen Films war *Les Raquetteurs* (1958) von Michel Brault und Gilles Groulx, ein 15-Minuten-Bericht, noch in 35 mm gedreht, über ein Treffen von Musikern in alten Kostümen in einem kleinen Ort der Provinz Quebec. Brault und Groulx identifizieren sich mit den Leuten, die sie zeigen; sie begeben sich in die Aktion mit hinein. Brault wurde dann einer der Kameraleute von *Chronique d'un été,* später arbeitete er unter anderem auch mit Perrault. Groulx machte einen eigenen Dokumentarfilm über das Amateurboxen, *Golden Gloves* (1961): Meist sind es frankophone Kanadier, die sich durch den Sport einen Aufstieg aus ihrem sozialen Milieu erhoffen. Sein erster Spielfilm *Le Chat dans le sac* (1964) wurde zu einem Schlüsselwerk des neuen Kinos von Quebec; gedreht mit den Methoden des Dokumentarfilms, erzählt er die Geschichte einer Paarbeziehung, die scheitert, obwohl beide zu einer Minorität gehören: Der Journalist Claude ist Frankokanadier, die Schauspielerin Barbara eine englisch sprechende Jüdin. Marcorelles vergleicht den Film mit einem Monolog für zwei Stimmen, einem Gedicht.[30]

Das zentrale Werk des Dokumentarfilms der Provinz Quebec in den sechziger Jahren ist aber die Trilogie, die Pierre Perrault über Menschen auf der Insel

Ile-aux-Coudres im Sankt-Lorenz-Strom 50 Meilen von Quebec entfernt gedreht hat: *Pour la suite du monde* (1963; Fernsehtitel in der BRD: *Die Mondfalle*), *La règne du jour* (1967) und *Les voitures d'eau* (1968). Pierre Perrault (geboren 1927) war mit den Menschen und ihrer Landschaft sehr vertraut, als er mit seiner Arbeit begann, besonders mit Alexis Tremblay, dem Protagonisten der beiden ersten Filme. In *Pour la suite du monde* läßt Perrault, ganz in der Tradition von Flaherty, die Fischer noch einmal so den Tümmler jagen, wie sie es bis vor 25 Jahren getan hatten. In *La règne du jour* arrangiert er eine Reise Alexis Tremblays und seiner Familie in das Land ihrer Vorfahren, nach Westfrankreich. In *Les voitures d'eau* bauen Schiffer auf Ile-aux-Coudres noch einmal ihre hölzernen Küstenschiffe, die mit den Metallschiffen der von Engländern betriebenen Gesellschaften nicht mehr konkurrieren können.

In allen drei Filmen geht es um die Besinnung auf die eigene Vergangenheit, um die Rekonstruktion von Geschichte. Es sind kollektive Erinnerungen, die Perrault evoziert, die er in Aktionen umsetzen läßt. Er registriert Übergänge, wie Frieda Grafe schrieb, als *La règne du jour* 1967 in Cannes lief: «Man sieht die Bilder der Franko-Kanadier auf der Suche nach ihrer Geschichte; aber was Franzosen dazu hören, ist die lebendige Vergangenheit ihrer Sprache: ein manchmal nur schwer verständliches, sehr schönes altes Französisch.»[31]

Perrault, der *Pour la suite du monde* zusammen mit Michel Brault als Kameramann und Co-Regisseur gemacht hat, steht durch seine Methode der Rekonstruktion zwischen Dokumentarfilm und Spielfilm. Andererseits vertraut er mehr als Leacock oder Rouch den Erzählungen (es sind keine Interviews!) seiner Protagonisten, an welchen ihn vor allem die nichtliterarische Sprache fasziniert. Nach *Pour la suite du monde* sagte er 1965: «Nichts ist wirklicher als ein alter Mann, der ein Ereignis erzählt, das er erlebt hat. Oft mögen die Fakten selbst keinen Wert haben, aber das Erzählen davon hat einen Wert.»[32] Perrault, der die Drehsituationen provoziert (Fischfang, Reise, Bau von Schiffen), aber im Sinne Flahertys, nicht Rouchs, greift, wenn das Grundarrangement feststeht, nicht mehr ein: Er beobachtet, hört zu, wie es zehn Jahre später Arthur Lamothe tat in seiner Serie über die Indianer Nordkanadas, *Chronique des Indiens du Nord-Est du Québec* (1973 ff.). So ist Perrault selbst ein Regisseur des Übergangs.

Eine Sonderstellung, nicht nur unter den kanadischen Dokumentaristen, nimmt Allan King ein. Geboren 1930 in Vancouver, drehte er zahlreiche Filme für Canadian Broadcasting Corporation, darunter *Skid Row* (1956), thematisch Rogosins *On the Bowery* verwandt. Mit zwei Filmen hat er die Grenzen des Direct Cinema erreicht, wenn nicht überschritten. *Warrendale* (1966) und *A Married Couple* (1969) drangen in Bereiche ein, die bis dahin dem Dokumentarfilm verschlossen schienen. In *Warrendale* werden verhaltensgestörte Kinder in einem Heim am Stadtrand von Toronto beobachtet, in *A Married Couple* ein Ehepaar in der Krise. Während der erste Film aber trotz des Schocks vieler Szenen eine therapeutische Wirkung hat, Verständnis erwecken kann, kommt der zweite über einen gewissen Voyeurismus nicht hinaus. Die Realität selbst und die virtuose Kunstfertigkeit, sie abzubilden (ohne Inszenieren oder Eingreifen, ohne Kommentar), gehen in beiden Filmen eine untrennbare Einheit ein. Die Fragwürdigkeit beider Filme ist Ergeb-

Die Trilogie von Pierre Perrault: *Pour la suite du monde* (1963)

La règne du jour (1967)

nis der Schneidetischarbeit. King hat das Material dramaturgischen Mustern unterworfen, über das von Drew praktizierte Verfahren weit hinausgehend.

Bei *Warrendale* starb während der Dreharbeiten die Köchin Dorothy, die von allen Kindern sehr geliebt wurde. «In Dorothys Tod glaubte er (King) nun, einen Vorfall gefunden zu haben, der eine dramaturgische Struktur seines Films legitim erscheinen ließ. Die verlockende Möglichkeit bot sich an, einen zeitlichen Ablauf mit den Äußerungen der Patienten zu koordinieren. Dadurch aber begibt sich der Film in die Nähe des Inszenierens und läßt leise Zweifel an seiner Lauterkeit aufkommen.» (Klaus Hellwig)[33]

Noch problematischer ist die Montage von *A Married Couple.* Aus 70 Stunden Material wurde schließlich eine 97-Minuten-Version geschnitten. Bei einer so rigorosen Konzentrierung (Drehverhältnis von mehr als 1:40) kommt es schon beinahe nicht mehr darauf an, daß King die Chronologie nicht einhält, daß er Höhepunkte und Krisen ausschließlich nach dramaturgischen Gesichtspunkten über den Film verteilt. Da zudem das Paar, das schon immer gern in einem Film spielen wollte, die Kamera nie zu vergessen scheint, ist der Erkenntniswert des Films nicht sehr hoch.

Die kritische Aneignung der neuen Technik in Osteuropa

Die neue Technik der synchronen Bild-Ton-Aufnahme hat sich in den sechziger Jahren weltweit durchgesetzt, wenn auch zum Teil mit erheblichen Zeitverzögerungen. Am schnellsten ging es, wenn wirtschaftliche Interessen dahinterstanden, etwa bei Kon Ichikawas Film über die Olympischen Spiele in Tokio (*Tokyo Olympiades,* 1964). Für ihn arbeiteten 164 Kameraleute mit 104 Kameras und 57 Tontechniker. Die Richtmikrophontechnik war schon so weit perfektioniert, daß man zum Beispiel eine Läuferin vor dem Start ein Liedchen pfeifen hören kann.

Am längsten dauerte die Einführung der neuen Technik, jedenfalls unter den Ländern mit regelmäßiger Filmproduktion, in Osteuropa. Daran war allerdings nicht nur der Devisenmangel schuld, sondern auch das bewußte Festhalten am 35-mm-Format. Im Gegensatz zu Westeuropa und den USA produziert man in den sozialistischen Ländern noch bis heute kurze Dokumentarfilme fürs Kino, obwohl zur eigentlichen Abspielstätte auch dort längst das Fernsehen geworden ist. In den siebziger Jahren dreht man auch in der DDR, in Polen oder in Ungarn weitgehend in 16 mm; für die große Leinwand wird der Film auf 35 mm aufgeblasen. Zu Beginn der sechziger Jahre, als die Dokumentaristen anfingen, mit Originalton zu arbeiten, mußten sie noch oft improvisieren. So etwa erzählt Jürgen Böttcher, der in der DDR als einer der ersten Originalton verwendete, daß sein Kameramann Christian Lehmann bei *Stars* (1963), einem Film über Arbeiterinnen einer Berliner Glühlampenfabrik, die Arriflex-Handkamera mit einer Decke umhüllte[34]. Bei *Ofenbauer* – ein Jahr zuvor – war das Hauptereignis, die Versetzung eines Hochofens um achtzehn Meter innerhalb von drei Stunden, von so viel Lärm begleitet, daß das Team von fünf Kameraleuten ungestört arbeiten konnte. Bei der Besprechung zu Beginn des Films, in der die einzelnen Schritte der Aktion noch

Les voitures d'eau (1968)

einmal durchgegangen werden, ist der Originalton schwer verständlich; die Beweglichkeit der Kamera gibt der Szene aber auch hier ihre Spannung. Man spürt die Nervosität hinter der Ruhe und Sicherheit der Arbeiter.

Eine andere Methode beschreibt der polnische Regisseur Janusz Majewski. Als er 1963 seinen Film *Opus Jazz* drehte, fühlte er sich zehn Tage lang gezwungen, «meine Akteure an der Nase herumzuführen, um sie künstlich aufzulockern, indem ich die Kamera immer gerade dann einschaltete, wenn sie glaubten, die Aufnahmen seien bereits beendet. Zehn Stunden habe ich auf diese Momente gelauert, in denen sie trotz zweier gewaltiger Kameras, trotz fünf Mikrophonen, trotz pausenlos mit höchster Kilowattstärke brennender Lampen vergaßen, wo sie sich befanden und begannen, sie selbst zu sein.»[35]

Die Kamera steht in Originaltonpassagen in der Regel auf einem Stativ, sie kann fahren und schwenken, sich aber nicht frei im Raum bewegen. Daß dies nicht auffällt, verhindert ein schneller Schnitt, zum Beispiel in Jaworskis *Zródlo* (*Die Quelle*, 1963), in dem die Bewohner eines Dorfes sich um den Zugang zum einzigen Brunnen streiten. Die Großaufnahmen der Gesichter, dann der Münder, steigern sich zu einem Furioso, so daß «der Wahnsinn optisch Ereignis wird».[36] Hier schlägt der technische Mangel an Qualität um; Jaworski zeigt mit rein optischen Mitteln, ohne Kommentar, daß es so in dem Dorf nicht weitergehen kann, daß beide Parteien im Unrecht sind. Ein Nachspann kann schließlich mitteilen, daß die Vorführung des Films den jahrelangen Streit beendet hat.

Einen «klassischen» Direct-Cinema-Film drehte 1963 Marian Marzyńszki. Er beobachtete die *Heimkehr eines Schiffes* (*Powrót statku*): Einige hundert Polen, meist vor Jahrzenten nach Amerika ausgewandert, kommen mit der «Batory» zurück, zu Besuch oder für immer. Mit zwei Tonkameras, eine auf dem Schiff, eine auf dem Kai, wird die Spannung, die Rührung, die Ungewißheit unter den USA-Polen eingefangen, anderthalb Stunden werden auf fünfzehn Minuten kondensiert. Es gibt keinen Kommentar.

In den sozialistischen Ländern begegnete man dem neuen Dokumentarfilm mit großem Interesse, zugleich mit großen Reserven. Den unmittelbareren Zugang zur Wirklichkeit, den die Dokumentaristen damals suchten, erleichterte ihnen die neue Technik. Sie mußten nicht mehr zu all den Notlösungen wie in der Schwarzen Serie in Polen greifen. «Wir haben ihnen (den Arbeitern) nicht vorgeschrieben, was sie sagen, wie sie sich vor der Kamera bewegen sollen; wir haben ihnen ihre Hüte auf den Köpfen gelassen, wir haben nicht von ihnen verlangt, etwas zu tun, was ihnen fremd ist. Sie merkten, daß wir ihre Wirklichkeit nicht verfälschen würden, daß wir sie so sehen, wie sie sind. Bei den Dreharbeiten versuchten wir, mit einem Minimalaufwand an Technik auszukommen. Wir waren unaufdringlich, zurückhaltend, bescheiden, geduldig.»[37] So schrieb Karl Gass, einer der ersten Verfechter des neuen Dokumentarfilms in der DDR (neben Böttcher, Junge, Gitta Nickel), zu seinem Film *Feierabend* (1963/64). Aber auch die Skepsis eines sozialistischen Filmemachers ist schon bald definiert worden. So etwa hat Kazimierz Karabasz, der von *Muzykanci* (*Musikanten*, 1960) bis *Rok Franka W.* (*Das Jahr des Frantisek W.*, 1967) einige der wichtigsten polnischen Filme drehte, bei großer Achtung vor den Möglichkeiten des neuen Dokumentarfilms schon 1965 gewarnt, wobei er zwischen dem französischen und dem amerikanischen Film unterschied: Beim Cinéma Vérité hat er «Zweifel an der Aufrichtigkeit der interviewten Personen. Ich wittere eine Mystifikation.» Die Personen wären in der Gefahr, sich in den Vordergrund zu rücken. Beim Direct Cinema liege die größte Gefahr darin, «dem Stoff blindlings zu vertrauen». Er bekennt sich aber zu dieser Richtung, denn man kann «den Menschen und seine Probleme ohne vorgefaßte Hypothesen [. . .] betrachten»[38].

Gerade dieser letzte Punkt, der sich mit der Position von Karl Gass deckt, war für den sozialistischen Dokumentarfilm, der sich vom Dogmatismus der fünfziger Jahre befreien wollte, von großer Wichtigkeit. Vor allem in Jugoslawien, dessen Regime mehr Kritik erlaubte als die anderen sozialistischen Länder, wo die Konflikte offener ausgetragen werden konnten, erwiesen sich die Qualitäten des neuen Dokumentarfilms, gerade auch in der kurzen Form. Krsto Skanata (geboren 1925) und Zelimir Zilnik, eine Generation jünger (geboren 1942), die beiden rigorosesten Filmemacher dieser Jahre, gehen dabei ganz verschieden vor. Skanata montiert aus seinen Originalton-Recherchen Filme der Diskussion, die Fragen stellen, aber keine Antworten geben. *Prvi padez covek* (*Erster Fall – Der Mensch*, 1965) konfrontiert den Unterricht in einer Klasse, in der Gorkis Satz durchgenommen wird, «Mensch, wie stolz das klingt», mit der alltäglichen Wirklichkeit, mit Ungerechtigkeiten am Arbeitsplatz, mit Protektion und Korruption. In *Ratnice, Voljno!* (*Krieger, weggetreten!*, 1967) wird der Direktor einer Fabrik – im Krieg ein erfolgreicher Partisan – aus seinem Amt verjagt: Hat er sich wirklich etwas zuschulden kommen lassen oder ist Neid im Spiel? Zilniks Film sind heftige, von Leidenschaft bewegte Reportagen. *Nezaposleni Ljudi* (*Die Arbeitslosen*, 1968) sprechen mit einer Bitterkeit und Aufsässigkeit von ihrem (aufgezwungenen?) Außenseiterdasein, die neu ist, nicht nur im Film Jugoslawiens. *Lipanjska Gibanja* (*Studentenstreik*,

CRNI Film (*Der schwarze Film*) von Zelimir Zilnik (1971)

1969) gleicht einem Flugblattfilm: Berichte über Prügeleien zwischen Polizisten und Studenten, über die Zensur einer Studentenzeitschrift. Schließlich eine große Versammlung, in der gegen die Zensur, aber auch gegen den Luxus der neuen Oberschicht protestiert wird – das alles mitgeteilt von einer sehr vehementen Kamera, mit Reißschwenks vom Redner aufs Publikum und zurück.

Während Skanata die neue Technik nützt, um argumentierende, den Zuschauer zur Diskussion herausfordernde Filme von der Sterilität des Kommentars zu befreien, sie durch Spontaneität lebendig zu machen, überführt Zilnik das Direct Cinema in aggressive, parteiliche Pamphlete. Seine Dokumentarfilme, zu denen bespielsweise noch *CRNI Film* (*Der schwarze Film*, 1971) gehört (Zilnik nimmt Obdachlose in seine eigene Wohnung auf, versucht Unterkünfte für sie zu finden – ohne Erfolg), sind die avanciertesten Beispiele dafür, daß die von Leacock und Drew entwickelte Technik nicht bei der wertfreien Beobachtung stehenbleiben muß, daß Verdichtungen und Zuspitzungen möglich sind. Es sind «schmutzige kleine Filme», ohne Brillanz, ohne Schönheit. In den siebziger Jahren hat man Zilnik in Jugoslawien von der «Kinofront» abgezogen, ins Fernsehen gesteckt, domestiziert.

Anfänge des Direct Cinema in der Schweiz und der Bundesrepublik

Auch in Mitteleuropa geschah die Übernahme der neuen Dokumentarfilmtechnik nicht auf Anhieb und nicht problemlos, aber insgesamt schneller als in Osteuropa. Es gab in der Schweiz und in der Bundesrepublik, die hier als Beispiele stehen, um 1960 kaum einen ernst zu nehmenden Dokumentarfilm. In der Schweiz kam man über Werbefilme fürs schöne Heimatland nicht hinaus, und der einzige Dokumentarist von Rang – Henry Brandt – hat mehr im Ausland als zu Hause gedreht. In der Bundesrepublik durchbrachen nur Strobel/Tichawsky die Konventionen und erregten folgerichtig mit ihrer satirischen Kurzdokumentation *Notizen aus dem Altmühltal* (1961) Aufsehen. Die Filmbewertungsstelle hat dem Film damals jedes Prädikat verweigert, «aus Gründen der Verletzung des Taktes und der Menschlichkeit»[39]. In den folgenden Jahren haben Strobel/Tichawsky mehrmals in Italien gedreht, zum Beispiel *Notabene Mezzogiorno* über die Armut des Südens (1962). In Norditalien entstand kurz danach der schnell und zu Unrecht wieder vergessene Film *Bagnolo – Dorf zwischen Rot und Schwarz* (1964) von Bruno Jori, das Porträt eines kleinen Ortes in der Emilia Romagna, der von der KPI regiert wird[40].

Trotz dieser Ansätze, wenigstens in der Bundesrepublik: Insgesamt kann man von einer Tabula-rasa-Situation sprechen. Die Aufbruchsstimmung um 1960 hat auch beim Dokumentarfilm zu einer Erneuerung geführt. Die wichtigsten Pioniere, Alexander J. Seiler in der Schweiz und Klaus Wildenhahn in der Bundesrepublik, kamen auf Umwegen zu ihrem neuen Metier. Seiler (geboren 1928), promovierter Theaterwissenschaftler und Journalist, begann mit der Filmarbeit 1961. *Siamo Italiani* (*Die Italiener*, 1964) wurde dann zum entscheidenden, wegweisenden Film. Zum erstenmal wird eine (meist verachtete) Randgruppe einfühlsam und ohne Herablassung dargestellt: die italienischen Arbeiter in der Schweiz. Was zum Prinzip des Dokumentarfilms in vielen westlichen Ländern werden sollte, Sprachrohr zu sein für Minderheiten, Gegenöffentlichkeit zu schaffen, das ist in *Siamo Italiani* gleich auf Anhieb beispielhaft gelungen. Hier liegt der qualitative Sprung gegenüber dem amerikanischen Direct Cinema, das sonst durchaus Vorbild ist, wobei seine technische Perfektion noch nicht er-

Ein vergessener Film: *Bagnolo – Dorf zwischen Rot und Schwarz* (Bruno Jori 1964)

reicht wird. Als Seiler diesen Film drehte, gab es in der Schweiz noch keine geblimpte, also geräuscharme Kamera – sie kam erst 1965 nach Zürich. Seiler drehte mit einer normalen Arriflex, alle Synchrontonaufnahmen wurden mit langer Brennweite, zum Beispiel aus dem Nebenzimmer, aufgenommen[41]. Seiler und Böttcher oder die Regisseure in Polen mußten also in den ersten Jahren des Direct Cinema Meister der Improvisation, aber auch Erfinder und Bastler sein; vieles, was ihnen die Industrie später ganz selbstverständlich zur Verfügung stellte, mußten sie sich damals mühsam erobern. Sie haben vorhandene Geräte, etwa Mikrophone, verbessert oder ihnen ein Äußerstes an Qualität abgetrotzt.

Klaus Wildenhahn, geboren 1930, kam nach Auslandsaufenthalten in den USA und England über die Fernsehlotterie 1960 zu «Panorama», dem politischen Magazin des NDR mit dem damals wohl avanciertesten Fernsehjournalismus in der Bundesrepublik. Wildenhahn wurde Realisator für viele kurze Beiträge, aber auch für einige lange, *Der merkwürdige Tod des Herrn Hammarskjöld* (1961, Autor Gösta von Uexküll) und *Der Tod kam wie bestellt* (1962, die Lumumbaaffäre, Autor Gert von Paczensky). Das waren noch normale Fernsehfeatures; die Autoren «spielten immer die erste Geige, als Realisator war man wirklich nur derjenige, der den Bildstoff lieferte . . . Die Bilder waren oft beliebig, die man über den Kommentar legte.»[42]

Als Eugen Kogon «Panorama»-Chef war, konnte Wildenhahn 1964 drei kurze Filme über die Parteitage der CDU, CSU und SPD drehen, mit Originalton, fast oder ganz ohne Kommentar. Aus heutiger Sicht kleine Feuilletons, damals widerborstige Berichte; so wurden bei der CSU den offiziellen Reden Momentaufnahmen von Mißständen in Bayern gegenübergestellt.

Bei der SPD kam Wildenhahn zusammen mit seinem Kameramann Rudolf Körösi in einem Arbeitskreis einem interessanten typischen Konflikt auf die Spur: Hamburgs Altbürgermeister Max Brauer wehrte sich durch einen Antrag gegen eine neue Natowaffe, die heute vergessen ist. Sein Gegenspieler war Fritz Erler; Brauer drang nicht durch, auch nicht im Plenum. Als schließlich der Parteivorstand neu gewählt wurde, fiel Brauer durch. *Parteitag 64*, 18 Minuten lang, in «Panorama» nicht gesendet (dort lief nur ein 10-Minuten-Film mit anderen Beobachtungen), wurde für Oberhausen angemeldet und angenommen. Joachim C. Fest, inzwischen neuer «Panorama»-Chef, zog den Film zurück. Die erste öffentliche Aufführung war erst 1980. Dabei wurde klar: Auch *Parteitag 64* ist wie *Siamo Italiani* ein Schlüsselfilm. In einem öffentlichen Ereignis wird ein nichtoffizielles entdeckt, das aber typisch ist (hier für Abstimmungsmechanismen und «Abgänge» in der SPD). Gegenberichterstattung, Gegengeschichtsschreibung: hier haben sie eine ihrer Wurzeln – auch dies ein Neuansatz gegenüber dem amerikanischen Direct Cinema.

Wildenhahn hatte bei *Parteitag 64* zum erstenmal die Arri BL, die leise laufende Kamera, die für die Olympischen Spiele in Tokio entwickelt worden war. Körösi konnte Szenen «durchdrehen», zum Beispiel die Wiederwahl von Brandt, Erler und Wehner. Größere technische Schwierigkeiten bestanden für Wildenhahn von nun an nicht mehr, er hatte einen Standard wie die Amerikaner.

Wildenhahn war in jenen Jahren geprägt durch den kritischen Journalismus von «Panorama», fasziniert von der Technik von Drew und Leacock, angeregt aber vor allem durch die polnische Dokumentarfilmschule, nicht nur durch das Sehen der Filme in Oberhausen, sondern auch durch ein Seminar, das Jerzy Bossak im NDR veranstaltete. Dafür drehte Wildenhahn 1963 den kurzen Film *Zwischen drei und sieben Uhr morgens,* Beobachtungen in einer Musikkneipe in Sankt Pauli und in den ersten U-Bahnen, die morgens Menschen zur Arbeit bringen.

Wildenhahn war nach diesen Vorarbeiten prädestiniert für seinen Zyklus über deutsche Provinzen und Institutionen, der 1967 mit *In der Fremde* begann. Vorher aber machte Wildenhahn einen durchaus lohnenden «Umweg» über die Musikredaktion des NDR. Er drehte unter anderem Filme über Bayreuth (*Bayreuther Proben*, 1965), Jimmy Smith (*Smith, James O.*, USA, 1965), *John Cage* (1966), Merce Cunningham (*498, 3rd Avenue*, 1967).

Anmerkungen

1 Joris Ivens, Die Kamera und ich. Reinbek 1974, S. 68 ff.
2 Umfrage bei der Mannheimer Filmwoche 1964: Die zwölf besten Dokumentarfilme der Filmgeschichte. Am meisten genannt wurde Flahertys *Nanook* mit 44 Stimmen, *Rom – offene Stadt* kam auf den 22. Platz mit 13 Stimmen, *Paisà* erhielt 4 Stimmen.
3 Zit. nach Theodor Kotulla (Hg.), Der Film. Manifeste, Gespräche, Dokumente. Band 2: 1945 bis heute. München 1964, S. 318.
4 Zit. nach Kotulla, S. 325.
5 In: Eva Orbanz, Eine Reise in die Legende und zurück. Der realistische Film in Großbritannien. Berlin 1977, S. 46 f.
6 In: Ulrich Gregor, Wie sie filmen. Fünfzehn Gespräche mit Regisseuren der Gegenwart. Gütersloh 1966, S. 268. Da Leacock in den meisten Interviews zu zentralen Fragen weitgehend gleiche Aussagen macht, stütze ich mich vor allem auf dieses in Deutsch vorliegende ausführliche Gespräch. Alle nicht näher gekennzeichneten Zitate Leacocks stammen aus diesem Interview.
7 Uwe Nettelbeck, Richard Leacocks Vergötzung der Wirklichkeit in: Filmkritik, Frankfurt a. M., Heft 3/1964, S. 124 ff.; Peter M. Ladiges, Richard Leacocks Experiment mit der Wirklichkeit in: Film, München, 1. Jahrgang, Heft 3, August/September 1963, S. 10 f.; Jean-Luc Godard, in: Godard/Kritiker, München 1971, Auswahl und Übersetzung Frieda Grafe, S. 160.
8 In: Stephen Mamber, Cinema Verite in America: Studies in Uncontrolled Documentary, Cambrigde, Mass. 1974, S. 104.
9 Louis Marcorelles, Living Cinema. New Directions in Contemporary Film-making. London 1973, S. 51.
10 Ich stütze mich hier auf Mamber, S. 192 ff.; eine deutsche Übersetzung des Textes von *Happy Mother's Day* in: Film Wissenschaftliche Mitteilungen, Berlin (DDR), Heft 1/1965, S. 118 ff.
11 Mamber, S. 195.
12 Mamber, S. 196.
13 Zit. nach Marcorelles, S. 59.
14 Zit. nach Mamber, S. 201.
15 Ernst Wendt, film, Velber, Heft 5/1965, S. 2.
16 Wendt, a. a. O.
17 Ulrich Gregor, Geschichte des Films ab 1960, Gütersloh 1978, S. 487.
18 Mario Ruspoli, Wie filmt man Wahrheit, in: film, Heft 2/1965, S. 48.
19 Jean Rouch, in: Kinemathek, herausgegeben von den Freunden der Deutschen Kinemathek, Berlin, Heft 56, Juni 1978, S. 6.
20 Zit. nach Kinemathek, a. a. O., S. 12.
21 Siehe Kinemathek Nr. 29, November 1966, S. 6 ff.
22 Filmkritik, Heft 3/1964, S. 120.
23 Godard/Kritiker, S. 127 ff.
24 In: Lewis Jacobs (Hg.), The Documentary Tradition, New York 1971, S. 439.
25 Filmkritik, Heft 3/1964, S. 123.
26 Texte abgedruckt in: Chris Marker, Commentaires, Band 1, Paris 1961 (Ausschnitte in deutscher Übersetzung in: Kinemathek 18, Juni 1965), Band 2, Paris 1967.
27 Zit. nach Filmkritik, Heft 7/1965, S. 400.
28 Marcorelles, S. 68.
29 Hilmar Hoffmann, 9. Westdeutsche Kurzfilmtage, Oberhausen, Bericht 1963.
30 Marcorelles, S. 72.
31 Filmkritik, Heft 6/1967, S. 317.
32 Zitiert nach Marcorelles, S. 82.
33 Filmkritik, Heft 6/1967, S. 317.
34 Film Wissenschaftliche Mitteilungen, Heft 1/1964, S. 7.
35 In: Wolfgang Klaue/Manfred Lichtenstein/Eckart Jahnke, Dokumentarfilm in Polen, Berlin (DDR) 1968, S. 94.
36 Manfred Delling, Oberhausen 1964, Bericht S. 51.
37 Film Wissenschaftliche Mitteilungen, Heft 2/1964, S. 267.
38 Dokumentarfilm in Polen, S. 141 f.
39 Kommentar von Wilfried Berghahn, Filmkritik 6/1961, S. 274 ff.
40 Bruno Jori, geboren 21. 12. 1922 in Meran, gestorben am 6. 10. 1970, drehte vom Ende der vierziger Jahre an zahlreiche Kurz-, Werbe- und Dokumentarfilme, z. T. über ethnographische Themen. In seinen letzten Lebensjahren arbeitete er hauptsächlich für den RAI-Sender Bolzano (Bozen). *Bagnolo* – Preise in Mannheim und Leipzig 1964 – ist sein Hauptwerk. Jori gehört zu den großen Unbekannten der Dokumentarfilmgeschichte zwischen 1950 und 1970.
41 Brief Seilers an den Autor vom 6. 12. 1978; meine Angaben in dem Band «Film in der Schweiz», München 1978, S. 45, sind ungenau.
42 Klaus Wildenhahn, epd Kirche und Film, Frankfurt a. M., Heft 1/1981, S. 1 f.

Chircales (*Ziegeleiarbeiter*) von Rodríguez/Silva (Kolumbien 1972)

2. Lateinamerika – von der kubanischen Revolution bis zum Putsch in Chile

Abgesehen von einigen japanischen Filmen war es das Kino Lateinamerikas, das dem europäischen Zuschauer zum erstenmal einen Blick in eine fremde (und nicht von Hollywood geprägte) Filmkultur öffnete. Das geschah in zwei Schritten: Anfang und Mitte der sechziger Jahre erregten die Spielfilme des Argentiniers Leopoldo Torre-Nilsson und die ersten Zeugnisse des brasilianischen Cinema Novo (Nelson Pereira dos Santos, Glauber Rocha, Ruy Guerra u. a.) Aufsehen bei den Festivals; einige Filme kamen auch in die Kunstkinos. Um 1970 folgten dann die meist kurzen politischen Dokumentarfilme aus Kuba, Argentinien, Uruguay, Kolumbien oder Chile; wegen der allgemeinen Politisierung Ende der sechziger Jahre stießen sie auf großes Interesse, nicht nur bei den Festivals von Oberhausen, Leipzig, Mannheim oder dem Berliner Forum. Die sich damals etablierende nichtgewerbliche Filmszene (kommunale Kinos, Universitätsveranstaltungen) hat sich diesen neuen Filmen schnell geöffnet. Nach dem Staatsstreich in Chile, dem Ende der Unidad Popular, flaute das Interesse allmählich wieder ab; auch aus Lateinamerika selbst kamen in den siebziger Jahren nicht mehr so viele aufregende Filme – nicht weil den Regisseuren plötzlich das Talent ausging, sondern weil sie in vielen Fällen der künstlerischen, manchmal sogar der persönlichen Freiheit beraubt wurden und die politische Repression wuchs. Um 1980 herum hat dann das Engagement für Nicaragua und El Salvador das Interesse am lateinamerikanischen Film wieder verstärkt.

In Kuba war nach der Revolution von 1959 der Dokumentarfilm Chronik und Instrument der Revolution; in Argentinien, Uruguay, Venezuela und Kolumbien kämpften die Dokumentaristen gegen autoritäre Regierungen, in Argentinien zum Teil aus der Illegalität heraus; in Chile bereiteten sie die Volksfront mit vor, begleiteten sie in ihrer kurzen Regierungszeit, wurden durch den Putsch außer Landes getrieben. Der politische Spielfilm hatte in diesen Ländern eine untergeordnete Rolle, nur in Kuba stand er – nicht an Zahl, aber an Bedeutung – gleichrangig neben dem Dokumentarfilm.

In Brasilien und Bolivien indes dominierte der inszenierte Film. Zwar haben die Regisseure des Cinema Novo und andere Filmemacher in Brasilien auch Dokumentarfilme gedreht, diese blieben aber immer im Schatten der Spielfilme. In Bolivien konzentrierte sich der unabhängige Film in der Gruppe «Ukamau», benannt nach dem Spielfilm *Ukamau* (1966) von Jorge Sanjinés. Vorher hatte Sanjinés kurze Dokumentarfilme gedreht: 1963 *Revolución* (*Revolution*), 1965 *Aysa!* (*Bergrutsch!*). Nach weiteren Spielfilmen emigrierte Sanjinés Anfang der siebziger Jahre, eine freie Filmarbeit war in Bolivien nicht mehr möglich.

Der Dokumentarfilm bleibt in Lateinamerika in den sechziger Jahren hinter dem geschilderten technischen Standard des Direct Cinema zurück. In Kuba wird er weiterhin (und bis heute) in 35 mm für das Kino hergestellt; nur das Fernsehen arbeitet seit Ende der sechziger Jahre mit 16 mm und Originalton. Natürlich werden manche Wochenschauen in 16 mm gedreht, für den Vertrieb aber auf 35 mm aufgeblasen. Das bewußte Festhalten am alten, größeren Format bringt aber dem kubanischen Dokumentarfilm eine ungewöhnliche optische Brillanz.

Die oppositionellen Filmemacher Argentiniens, Uruguays, Venezuelas, Kolumbiens oder Chiles begannen ihre Arbeit erst Ende der sechziger Jahre, nun in dem billigeren 16-mm-Format, aber meist ohne Originalton. Wenn er doch vorhanden ist, dann aus Geldmangel fast immer in minderer Qualität. Die Interviews in *La Hora de los Hornos* sind mit einem Kassettenrecorder aufgenommen. Mit Patricio Guzmáns *El Primer Año* und seiner dreiteiligen Chronik *La Batalla de Chile*, im Sommer und Herbst 1973 gedreht, erreichte auch der militante Film Lateinamerikas in technischer Hinsicht den internationalen Standard.

Sowohl das Beharren auf dem 35-mm-Format in Kuba wie die Arbeit mit 16 mm beim unabhängigen Film sind letzten Endes politische Entscheidungen. Wichtig war, den Dokumentarfilm als Beiprogramm im Kino zu erhalten. In der Opposition so billig wie möglich zu drehen, so schnell und beweglich wie irgend möglich zu sein, dazu benötigte man andererseits eine 16-mm-Kamera.

Noch einen Schritt weiter ging man in Mexiko. Neben den 16-mm-Filmen *El Grito* (*Der Schrei*) und *Aquí México* (*Hier ist Mexiko*), kollektiv beziehungsweise anonym hergestellt über die blutigen Auseinandersetzungen des Jahres 1968, entstand eine Super-8-Filmbewegung, die sich in der Gruppe «Cine marginal» konzentrierte. Zwischen 1971 und 1973 hat die Gruppe etwa 20 *Comunicados* (*Mitteilungen*) herausgebracht, eine einzigartige Form des militanten Kinos in Lateinamerika.

Kuba: Im Dienst der Revolution

Schon am 24. März 1959 wurde durch ein Gesetz das «Instituto Cubano del Arte e Industria Cinematográficos» (ICAIC) gegründet (Kubanisches Institut für Filmkunst und Filmindustrie). Es entwickelte sich zum kulturpolitisch wichtigsten Filmproduzenten Lateinamerikas und gewährte später auch Filmemachern, die aus ihren Ländern vertrieben wurden, Unterschlupf. So hat Guzmán die drei Teile von *La Batalla de Chile* in Havanna fertiggestellt. Das Gesetz definiert Film als Kunst, berücksichtigt aber die wirtschaftliche Basis der Filmproduktion. Jährlich stellt Kuba etwa drei bis fünf lange Dokumentar- und Spielfilme her und etwa zehnmal so viele kurze Dokumentarfilme, dazu kommen 52 Wochenschauen und zahlreiche Trickfilme.

Der Film der Revolution begann ohne eigene Tradition, wenn man von einem 20-Minuten-Film des Jahres 1955 absieht: *El Mégano* (*Das Mégano*), Beobachtungen aus dem Leben von Köhlern und Holzarbeitern. Obwohl der Film direkte Anklagen unterließ, wurde er verboten; einige an ihm Beteiligte wurden verhaftet. Regie führten Julio García Espinosa und Tomás Gutiérrez Alea; am Drehbuch wirkten außerdem Alfredo Guevara und José Massip mit, sie alle sollten den kubanischen Film ab 1959 entscheidend mitprägen.

El Mégano ist dem italienischen Neoralismus verpflichtet, dessen Authentizität für viele der jungen kubanischen Filmemacher zum Vorbild wurde. Sie verstanden sie «als Opposition gegen das »Kunstwerk«, die Konvention, die Rhetorik – mit einem Wort, gegen die Lüge»[1], schrieb Jorge Fraga in seiner «Poetik des kubanischen Dokumentarfilms». Um aber nicht bei der Einmaligkeit der authentischen Augenblicke stehenzubleiben, um Symbole und Verallgemeinerungen zu finden, verbanden die Kubaner die neorealistische Tradition mit Eisensteins «Montage der Attraktionen». «Die visuellen Metaphern, die Verknüpfung durch Sprünge, die Kontrastmontage, der Bruch mit der herkömmlichen Verknüpfung von Raum und Zeit, das Pathos auf rationalem Fundament, das dazu dient, die Kausalzusammenhänge der Fakten deutlich zu machen, all diese konstanten Komponenten des kubanischen Dokumentarfilms sind Erbe des sowjetischen Films» (Fraga).[2] Dieses Erbe wird aber nicht mechanisch reproduziert, sondern zur eigenen Zeit in Verbindung gesetzt. Man sieht eine «Analogie der historischen Umstände» zwischen der sowjetischen und der kubanischen Revolution. Ziel dieser Filmarbeit ist die «Kommunikation mit dem Volk». Stolz postuliert Fraga: «Die Kommunikation ist nicht das Ergebnis einer trägen Übereinstimmung zwischen der Haltung des Filmemachers und der des Publikums. Im Gegenteil, die Kommunikation verlangt nach Spannungen und Brüchen. Wirksam ist nicht der Film, der nur die herkömmliche Haltung des normalen Zuschauers und seinen entsprechenden Sprachkodex bestätigt, sondern der, der seine Seh-Gewohnheiten, sein Fühlen und Denken erneuert und bereichert.» – «Die Wochenschau und das gesamte Werk von Santiago Alvarez», schreibt Fraga, haben «mit größter Gewalt zu den radikalsten Veränderungen der Sprache geführt [. . .], und Santiago Alvarez ist in Kuba der populärste Filmemacher.»

Nun gilt diese Selbstdarstellung, die 1974 geschrieben wurde, mehr für die sechziger als die siebziger Jahre. Ähnlich wie in der Sowjetunion in den dreißiger Jahren haben sich in Kuba – im Spielfilm und im Dokumentarfilm – wieder traditionellere ästhetische Formen durchgesetzt, die der Kommunikationserwartung der Zuschauer doch eher entgegenkamen. Diese «Normalisierung» entsprach auch der politischen Konsolidierung. Schumann urteilt über die Kurzfilmproduktion der siebziger Jahre: «Die meisten Beiträge haben wenig Relevanz für ein Publikum außerhalb der Insel. Es sind einfache Filme ohne besondere ästhetische Ambitionen, wichtig für den Spielplan, für »die ideologische Auseinandersetzung« und für das Selbstverständnis der Kubaner. Sie sollen das Kinopublikum zusammen mit der Wochenschau informieren über zentrale politische Ereignisse der Vergangenheit und Gegenwart, über Aufbauleistungen der Revolution, den solidarischen Kampf mit den Völkern der Dritten Welt oder über die Nationalkultur, die es zu entdecken, zu bewahren und weiterzuentwickeln gilt.»[3]

Die ersten Filme des neuen Kuba – 1959 waren es vier – galten der Sicherung der Revolution, und es spielte kaum eine Rolle, daß zum Beispiel *Esta Tierra nuestra* (*Das ist unser Land*) von Espinosa oder *La Vivienda* (*Die Wohnung*) von Gutiérrez Alea noch Amateurfilmen glichen; ihre Bedeutung liegt darin, «in der Öffentlichkeit auszusprechen, was vorher der Sprache der Illegalität angehörte»,[4] schrieb García Espinosa 1964. Sehr viel professioneller war ein Jahr später *Asamblea General* (*Generalversammlung*) von Gutiérrez Alea, Bericht über eine Massenversammlung, bei der die «Erste Deklaration von Havanna» verabschiedet wurde, welche die wirtschaftliche Unabhängigkeit und nationale Souveränität Kubas betonte – gegen eine Erklärung der OAS-Außenminister. Höhepunkt ist die Rede von Fidel Castro – bis heute die dominierende Figur der kubanischen Politik und wegen seiner rhetorischen Begabung, die Witz und Pathos zu vereinen weiß, wegen seiner Überzeugungskraft der unbestrittene Protagonist des kubanischen Dokumentarfilms. Selbst schwächere Filme leben von der Faszination seiner Auftritte.

Diese doppelte Stoßrichtung – nach innen: Konsolidierung und Ausbau der Revolution, manchmal verbunden mit Rückblicken in die Geschichte vor der Revolution; nach außen: Abwehr des Imperialismus, auch in Vietnam oder Afrika – bestimmt den kubanischen Dokumentarfilm der sechziger und siebziger Jahre. 1962 zum Beispiel begleitete Manuel Octavio Gómez die Alphabetisierungskampagne im ganzen Land (*Historia de una Batalla*/*Geschichte eines Kampfes*). Die früh verstorbene Sara Gómez (1943 bis 1974) hat sich 1965 mit der Tabakproduktion beschäftigt (*Excursión a Vueltabajo/Exkursion nach Vueltabajo*), 1972 mit der Gesundheitspolitik (*Atención Prenatal/Schwangerenfürsorge*), 1973 mit Gewerkschaftsfragen (*Sobre Horas Extras y Trabajo Voluntario/Von Überstunden und freiwilligem Arbeitseinsatz*). Ihr erster Spielfilm, *De Cierta Manera* (*In gewisser Hinsicht*) wurde von Gutiérrez Alea nach ihrem Tod fertiggestellt. Sara Gómez geht den Widersprüchen in der Gesellschaft nach; in dem Film *Von Überstunden* argumentiert sie, «daß die Akkumulation von unbezahlter Arbeit manchmal kein revolutionärer Akt, sondern bloße Zeitverschwendung ist. Daß es mehr nutzt, weniger und besser zu arbeiten als viel und schlecht» (Georg Alexander)[5].

Einen Höhepunkt erreichten die Gegenwartsfilme mit Jorge Fragas abendfüllendem Beitrag *La Nueva Escuela* (*Die neue Schule*, 1973), in dem das neue Mittelschulsystem vorgestellt wird. Man sieht den Fortschritt seit den Alphabetisierungskampagnen, an denen sich Fraga selbst 1961 mit *Y Me Hice Maestro* (*Und ich wurde Lehrer*) beteiligt hatte. *La Escuela Taller* (*Die Werkstattschule*) von Oscar Valdés (1973) zeigt, wie man Jugendlichen, welche die normale Schule vorzeitig verlassen haben, die Möglichkeit gibt, das Versäumte nachzuholen und gleichzeitig einen Beruf zu lernen.

Programmatisch für die Filme gegen den äußeren Gegner ist *Muerte al Invasor* (*Tod den Invasoren*) von Gutiérrez Alea und Santiago Alvarez (1961) über die Schweinebucht-Invasion der USA: Das ganze Volk leistet Widerstand; nach drei Tagen ist die Aggression zurückgeschlagen. Vor allem Santiago Alvarez hat in den folgenden Jahren in vielen Filmen den Imperialismus attackiert; Vietnam wurde zum Thema: in *La Muerte de Joe J. Jones* (*Der Tod des Joe J. Jones*) von Sergio Giral (1966); der Film endet mit dem Hitler-Zitat «Zum Heil unseres Volkes brauchen wir alle 15 oder 20 Jahre einen Krieg.» *Tercer Mundo, Tercera Guerra Mundial* (*Dritte Welt, Dritter Weltkrieg*), von sechs Regisseuren, unter ihnen García Espinosa, 1970 hergestellt, definiert den Vietnamkrieg als Teil eines weltweiten Krieges der USA gegen die Völker der Dritten Welt. 1972 schließlich hat Manuel Herrera noch einmal in einem Zwei-Stunden-Film die Schweinebucht-Invasion rekonstruiert; *Girón* steht mit Dokumentaraufnahmen, Interviews und inszenierten Szenen zwischen den Genres.

Der Dokumentarfilm ist in Kuba weit verbreitet. Die etwa fünfhundert stationären Kinos zeigen zu den Spielfilmen halb- bis dreiviertelstündige Vorprogramme. Mit der Hilfe der Kinomobile kommen die Dokumentarfilme, hier verkleinert auf 16 mm, auch in die entlegensten Gegenden. 1979 gab es 115 Lastwagen, 98 Wagen, die von Tieren gezogen werden und ein Boot, darüber hinaus 520 stationäre Freiluftkinos. Die Kubaner gehen im Schnitt jährlich (einschließlich der Besucher der Kinomobile) elfmal ins Kino; in der Bundesrepublik sind es beispielsweise in der gleichen Zeit nur noch etwa zwei Besuche. Welche Faszination das Kino auf Menschen hat, die mit den optischen Medien nicht vertraut sind, hat Octavio Cortázar 1967 in dem sehr einfühlsam aufgenommenen Kurzfilm *Por Primera Vez* (*Zum ersten Mal*) gezeigt. Als ein Kinomobil in ein Dorf kommt, sehen Kinder mit leuchtenden Augen ihren ersten Film: Chaplins *Modern Times*.

Die kubanische Wochenschau und Santiago Alvarez

Zu einem Zeitpunkt, als in der übrigen Welt die Wochenschau allmählich vom Fernsehen verdrängt wurde und oft nur noch jahrelang ein Kümmerdasein führte, ist die kubanische – «Noticiero ICAIC Latinoamericano» – überhaupt erst gegründet worden. Die erste Ausgabe erschien am 6. Juni 1960; von Anfang an wurde sie von Santiago Alvarez (geboren 1919) geleitet. Sie ist bis heute die wichtigste Wochenschau unter denen, die noch produziert werden und deshalb auch die einzige, die in diesem Buch behandelt wird.

Die kubanische Wochenschau leidet unter einem doppelten Handicap: Sie hinkt nicht nur hinter der Berichterstattung des Fernsehens her, auch wenn das in den sechziger Jahren noch keine so große Rolle spielte wie heute, sie erreicht auch die Kinos nur mit zunehmender Verzögerung. Es können – wegen des Mangels an Filmmaterial – nur etwa 60 Kopien pro Ausgabe gezogen werden; bei etwa 500 stationären und ähnlich vielen ambulanten Kinos ist jede Kopie zwei bis drei Monate unterwegs. Die Information, die eine Ausgabe enthält, muß also auch nach so langer Zeit noch immer wichtig sein. Aus dieser Not der Nicht-Aktualität hat die Wochenschau von Anfang an eine Tugend gemacht.

Der Tradition der *Kino-Prawda* Dsiga Wertows folgend, stellt sie nicht in erster Linie Ereignisse dar, sondern interpretiert sie. Die Montage verdichtet normales Wochenschau-Bildmaterial, «das arm ist an symbolischen Zusammenhängen»[6], und Material, das man von ausländischen, oft «feindlichen Agenturen»[7] übernimmt, zu Nachrichten, die über den Tag hinaus Bedeutung behalten; sie stiftet Zusammenhänge, schafft Symbole. Die Wochenschau ist nach Alvarez «eine militante und pamphletarische Waffe geworden – nicht plakativ – eine beständige Waffe in den Momenten, in denen unsere Revolution physisch, ökonomisch und militärisch von einem unversöhnlichen Feind angegriffen wurde».[8] Nach innen aber muß die Wochenschau wie die anderen Medien die Entwicklung der Gesellschaft kritisch begleiten. Alvarez im selben Interview 1969: «Ich glaube, daß die Informationsmedien mithelfen müssen, eine bessere Organisation zu stimulieren, Fehler aufzudecken, eine ständige Antenne zur Lokalisierung unserer Schwächen zu haben. Ich glaube, es ist wichtig, daß man die Leute nicht mit nichtssagenden, hochtönenden Phrasen langweilt.»[9]

Die einzelnen Nummern der Wochenschau sind etwa 10 Minuten lang, häufig nur einem Sujet gewidmet, bei besonderen Anlässen auch länger: die Ausgaben 625 und 627 am 20. 9. und 3. 10. 1973 – der Trauer um Allende und Chile gewidmet – dauern 16 und 26 Minuten. Vor allem solche Ausgaben, eigenständige Filme im Werk von Alvarez, kommen auch ins Ausland, sind als historische Dokumente noch nach Jahren interessant. Alvarez' Ziel war es ohnehin, mit den kubanischen Filmen, besonders mit der Wochenschau, ein Bildarchiv anzulegen, «das Bild der Gegenwart für die Nachwelt»[10] festzuhalten.

Zunächst aber dominiert der aktuelle Zweck, die Kommunikation mit dem eigenen Publikum, die Fähigkeit des Films, «sprachliche Barrieren, kulturelle und bildungsbedingte Grenzen zu überwinden»[11]. Diese filmische Alphabetisierung ist für Kuba ähnlich wichtig wie das Erlernen der Schrift.

Die Filme, die Santiago Alvarez berühmt gemacht haben, sind unmittelbar aus seiner Wochenschauarbeit heraus gewachsen. Das gilt für die Methode, aber auch für einzelne Filme. Vor *Now* (1965) gab es bereits eine Wochenschau über die Rassendiskriminierung in den USA. *Now* wurde zu einem Klassiker, einem Lehrbeispiel für Montage. Alvarez schneidet Fotos und einige wenige Dokumentaraufnahmen auf den sechsminütigen Protestsong «Now» der amerikanischen Sängerin Lena Horne. So wird etwa den Rassenunruhen in Kalifornien ironisch ein Foto von einem Treffen zwischen Präsident Lyndon B. Johnson und Führern der schwarzen Bürgerrechtsbewegung, unter ihnen Martin Luther King, entgegengesetzt. Bilder der Unterdrückung der Schwarzen in den USA und ihres Widerstands sind aggressiv mit der unaufhaltsam vorwärtstreibenden Musik verbunden. Zuletzt wird das Wort NOW wie von einem Maschinengewehr auf die Leinwand gefeuert.

Ironie, Satire, Hohn, Schock – Ergebnis spannungsvoller Kontrastmontagen – konstituieren die Filme Alvarez', die den US-Imperialismus auf brillante Weise attackieren. So rechnet *L. B. J.* (1968) nicht nur mit Lyndon B. Johnson ab, sondern mit der US-amerikanischen Politik, deren im Prinzip auswechselbare Gallionsfigur Johnson ist. Zwar wird er als Mörder von John F. Kennedy, Martin Luther King und Robert Kennedy vorgestellt, aber die Repräsentanten einer Reform werden selbst kritisiert; sie mußten «an ihren eigenen Illusionen scheitern, an ihrer Unfähigkeit, die barbarischen Mechanismen ihrer eigenen Gesellschaft richtig einzuschätzen und zu bewältigen» (Peter Kress).[12] Die einzige Alternative ist die Revolution. «Schon im Prolog des Films wird nach Orffschen Halleluja-Chören zu bewegten Hochzeitsphotos aus LIFE [von Johnsons Tochter Lucy, WR] die im Rotfilm der Schlußeinstellung ausformulierte Lösung der Widersprüche antizipiert: der Hochzeitstorte entsteigt, monochrom rot eingefärbt, ein Revolutionär und spielt mit einer MP zur Feier auf.» (Kress)[13]

Alvarez arbeitet gerne mit Symbolbildern, auch mit pathetischen: *La Guerra Olvidada* (1967), über den «vergessenen Krieg» in Laos, endet mit einer Geburt, Ausdruck der ungebrochenen Kraft des laotischen Volkes im Kampf gegen die nordamerikanische Aggression. In *79 Primaveras* (*79 Lenze*) zum Tod von Ho Chi Minh 1969 warnt Alvarez, «daß nicht die Zerrissenheit des kommunistischen Lagers die Zukunft zerstöre» –, und er macht diese Bedrohung anschaulich: Das Schriftinsert zerreißt, das Bild schmilzt, der Film scheint zu brennen, sich selbst zu zerstören, doch dann baut Alvarez den warnenden Satz langsam wieder zusammen.

Alvarez hat sich immer schon zum Journalismus bekannt, doch ist sein filmischer Journalismus nicht-verbaler Art. Analogien ergeben sich eher zu den Montagen von John Heartfield. Alvarez nutzt virtuos alle Möglichkeiten: Positiv- und Negativbild, Stehkader, Inserts, Wiederholungen, dokumentarische Bilder, gezeichnete, eingefärbte. Die Sprache hat fast ausschließlich Ausrufcharakter, oft auf grafisch gestalteten Zwischentiteln. Alvarez erweitert den Begriff «Dokumentarfilm». Wenn man zum Beispiel seinen Vietnamfilm *Hanoi, Martens 13* (*Hanoi, Dienstag, der 13.*, 1967) an den Vietnamdokumentationen von Ivens mißt, wird man enttäuscht sein, denn er ist unruhig fotografiert, hastig geschnitten. Das Alltagsleben in Hanoi, das im Kontrast gegen die Fliegerangriffe gesetzt ist, wird nicht deutlich genug sichtbar gemacht. Was erkennbar wird, emotional und rational, ist die Kriegsmaschinerie der Amerikaner auf der einen, der Widerstandsgeist der Vietnamesen auf der anderen Seite, sind geschichtliche Kräfte, die sich der unmittelbaren dokumentarischen Abbildung entziehen. So erlaubt der Vietnam-Reisebericht des kubanischen Dichters José Martí aus dem 19. Jahrhundert, der den Film einrahmt, die Schlußfolgerung: Vietnam mußte sich schon immer gegen ausländische Okkupanten wehren, aber es hat sich immer durchgesetzt und wird auch die Amerikaner vertreiben.

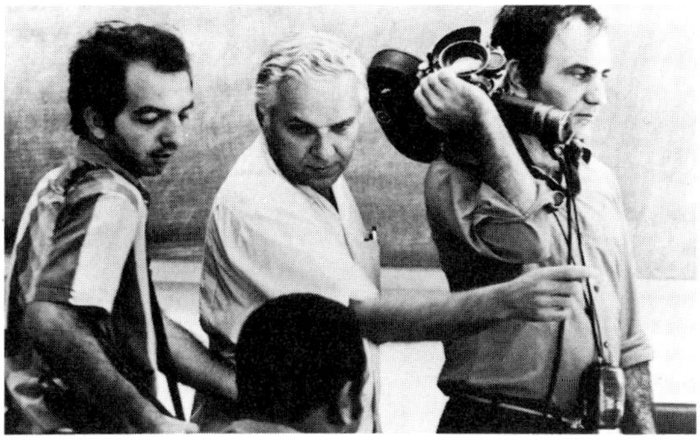

Santiago Alvarez (Mitte)

In den siebziger Jahren hat Alvarez einen neuen Filmtypus geschaffen, das «Dokumentarfilm-Epos» (Schumann). Ausgangspunkt waren jeweils Reisen von Fidel Castro, doch gehen die Filme über Reisereportagen weit hinaus, auch wenn sie mehr beobachtende Passagen (in der Technik des Direct Cinema) enthalten als die kurzen Alvarez-Filme. Prototypen dieses Genres waren *De América Soy Hijo ... y a'Ella Me Debo* (*Ich bin ein Sohn Amerikas ... und ihm bin ich verpflichtet,* 1972) über Fidels Reise nach Chile (im Original 195 Minuten, in der Exportfassung, die in der Bundesrepublik zu sehen war, 128 Minuten lang) und *... Y el Cielo Fue Tomado por Asalto* (*... Und der Himmel wurde im Sturm genommen,* 1973) über seine Reise durch einige sozialistische Länder Afrikas und Osteuropas (128 Minuten). Weitere, wieder kürzere Filme dieses Zyklus: *Los Cuatro Puentes* (*Die vier Brücken,* 1974) über Fidels Reise nach Vietnam und Guinea (74 Minuten), *El Octubre de Todos* (*Der Oktober aller,* 1977) über Afrika (80 Minuten) *... Y la Noche se Hizo Arcoiris* (*... Und die Nacht wurde zum Regenbogen,* 1978) über Äthiopien (41 Minuten). Diese Filme sind großräumiger komponiert als die Kurzfilme, sie können sich für die einzelnen «Strophen» mehr Zeit lassen. In *Ich bin ein Sohn Amerikas* baut Alvarez aus Rückgriffen in die Geschichte (Texte von José Martí, die Oktoberrevolution in Aufnahmen aus Eisensteins *Oktober* und Erinnerungen an Che Guevara) und den Eindrücken aus dem Chile der Volksfront das Bild eines Amerika, das eigenständig ist, dem Sozialismus verbunden, im harten Abwehrkampf gegen fremde Kultur und den Imperialismus. So wird der Film zu einem Manifest eines Amerika, das sich auf seine eigene Kraft besinnt. Die aktuellen Themen fließen in diese geschichtsphilosophische Betrachtung ein: beispielsweise Konflikte in Chile – ist die Volksfrontregierung reformistisch oder revolutionär? Auf diese Frage bei einer Diskussion sagt Fidel, er könne nicht über die chilenische Regierung urteilen, aber er sehe überall, daß Chile einen revolutionären Prozeß durchmache. Allende selbst hebt den Widerspruch zwischen Legalität und bewaffnetem Kampf auf: «Nur wenn sie mich mit Kugeln zerfetzen, können sie mich aus dem Amt verjagen, das mir das Volk aufgetragen hat.» Ein prophetischer Satz, ein Jahr vor dem Putsch.

In *Und der Himmel wurde im Sturm genommen* fragt Alvarez: Was ist Marxismus, was ist Imperialismus? «Alvarez kommt zu den Schlußfolgerungen: Der Marxismus ist das Leben, ist die Wissenschaft, die Wissenschaft für das Leben; der Imperialismus ist der Tod, die Wissenschaft für den Tod.»[14] Er fragt außerdem: Was ist Nationalismus, den er als egoistisch ablehnt, was ist Internationalismus? «Santiago Alvarez beginnt seinen Dokumentarfilm mit wissenschaftlichen Fotos, die die materialistische Konzeption der Geburt illustrieren. In dem Augenblick, als das menschliche Wesen das Licht erblickt, kommt ein Schnitt auf Bilder vom Sturm auf das Winterpalais durch die Bolschewiken. Der Zuschauer erlebt ein einleuchtendes filmisches Gleichnis: das Leben ist Revolution. Von diesem Augenblick an ist der Film eine »dynamische Satire«, wie Alvarez es nennt, die mit dem Mittel des Kontrapunkts dem Idealismus den Materialismus entgegenstellt. Dahinter steht das Prinzip: alles verändert sich.»[15]

Argentinien: Der Kampf um ein authentisches Kino

Der neue Film Argentiniens, soweit er sich um ein wahrheitsgetreues Bild der eigenen Kultur, der Zustände im eigenen Land bemühte, stand in den sechziger und siebziger Jahren in einer doppelten Auseinandersetzung: Auf der einen Seite gehörte er fast immer zur Opposition gegen die schnell wechselnden Regierungen und Regime, mußte er ab 1966 sogar aus einer Halbillegalität heraus agieren, auf der anderen Seite kämpfte er für ein eigenständiges, authentisches Kino, gegen die Überfremdung durch Hollywood und die durch die USA gesteuerten

... Und der Himmel wurde im Sturm genommen (Alvarez 1973)

Massenmedien. Der Dokumentarfilm, besonders *La Hora de los Hornos*, stand dabei im Zentrum theoretischer und filmpolitischer Diskussionen.

Die auf den Sturz Perons 1955 folgenden Regierungen Aramburu (bis 1958), Frondizi (bis 1963) und Illia (bis 1966) waren gekennzeichnet – wie Octavio Getino über Frondizi schrieb – durch einen «liberalen Wortschwall» und «nie erfüllte Versprechungen»[16]. Das zu dieser Zeit entstehende und durch ein nationales Filminstitut gefördertc «Neue Kino» (Rodolfo Kuhn, Simón Feldman u. a.) war ein Kino des bürgerlichen Überbaus; die wenigen realistisch orientierten Regisseure spielten eine Außenseiterrolle. Den wichtigsten Versuch eines eigenständigen Kinos leistete in dieser Zeit die Dokumentarfilmschule an der Universität von Santa Fe, inspiriert und geleitet von Fernando Birri, der bis 1956 in Rom studiert und dort den Neorealismus kennengelernt hatte. Zusammen mit Studenten drehte er den Film *Tire Dié* (*Einen Groschen!*), der 1958 herauskam. Birri erzählt von den in Armut lebenden Kindern am Stadtrand von Santa Fe. Zentrale Szene des in seiner endgültigen Fassung 33minütigen Films ist die von bettelnden Kindern begleitete Fahrt eines Zuges über eine zwei Kilometer lange Eisenbahnbrücke. Der Zug verringert dabei seine Geschwindigkeit. In den Jahren 1956, 1957 und 1958 hat Birri, jeweils an den Nachmittagen zwischen vier und fünf Uhr, diese Fahrt immer wieder gedreht. Mal ist die Kamera im Zug, dann auf der Brücke, mal hat sie nur eines der rennenden und rufenden Kinder im Visier, dann viele. Gedreht wie in einem Spielfilm, ist diese synthetisch hergestellte Sequenz doch völlig authentisch; hätte Leacock diese Szene bei einer einzigen Fahrt über die Brücke aufgenommen, hätte er – um einen ähnlich umfassenden Eindruck herzustellen – wie bei *Football* mit mehreren Kamerateams arbeiten müssen, einige im Zug, einige auf der Brücke. Entscheidender aber als diese technischen und inszenatorischen Kunstgriffe ist die Haltung von *Tire Dié:* Der Film ist ein soziales Dokument und «der Beginn der Geschichte des politisch orientierten argentinischen Dokumentarfilms» und «der Vorläufer, die realistische Wurzel des militanten Kinos der späten sechziger Jahre».[17] Birri bekam mit seinem nächsten Film, dem Spielfilm *Los Inundados* (*Die Überschwemmten*, 1961) Schwierigkeiten, mit der Regierung und mit der Zensur. Nach dem Staatsstreich von Illia gegen Frondizi wurde er 1962 aus der Universität Santa Fe entlassen, seine Gruppe zerstreute sich.

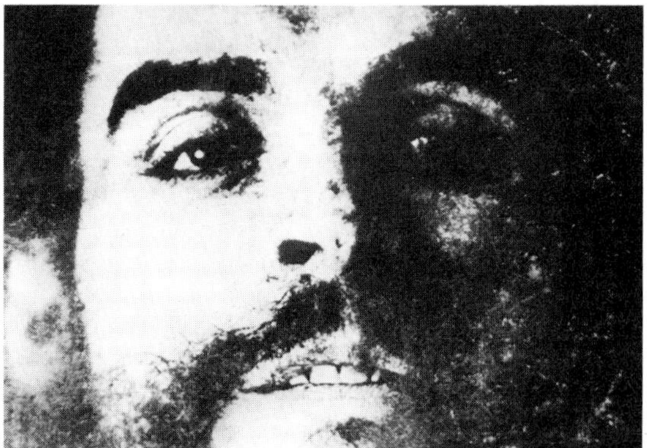

La Hora de los Hornos (Solanas/Getino 1968) – Zweites Bild von unten: Evita Peron, letztes Bild: Che Guevara – Schlußeinstellung von Teil I

«Der Militärputsch Onganías gegen den auf Frondizi folgenden Präsidenten Illia im Juni 1966 leitete in Argentinien eine der härtesten Etappen der Repression ein.»[18] Die politischen Parteien wurden verboten, die Gewerkschaften kontrolliert, die Universitäten «gesäubert». Diese Unterdrückung führte aber als Gegenreaktion zu einer Solidarisierung zwischen der Intelligenz – vor allem den Studenten – und den Arbeitern, die für Argentinien neu war.

Auch der Film radikalisierte sich in dieser Situation. In die Illegalität gedrängt, entwickelte er militant-agitatorische Formen, die – ähnlich wie bei Santiago Alvarez – den dokumentarischen Blick mit der «Montage der Attraktionen» verbanden. Die wichtigsten Filme dieser Jahre drehte die Gruppe «Cine Liberación» (Kino Befreiung), zu der sich Fernando Solanas, Octavio Getino und eine Reihe anderer Filmemacher zusammengefunden hatten. Ihr Hauptwerk ist *La Hora de los Hornos* (*Die Stunde der Feuer*, 1968)[19], ein dreiteiliger Film von insgesamt vier Stunden und 15 Minuten Dauer. Er wurde zum Manifest des lateinamerikanischen Kinos, auch wenn er, wegen seines strikten Eintretens für den Peronismus, außerhalb Argentiniens nicht in allen Details akzeptiert wurde. Richtungsweisend aber sind seine Form, eine Verbindung von Agitation und Didaktik, und seine Tendenz, jede Art des Kolonialismus in Politik, Wirtschaft und Kultur zu bekämpfen. Der Film, der «von Militanten für Militante»[20] gemacht wurde, will sein Publikum aktivieren, denn, so wird im Film Frantz Fanon zitiert: «Jeder bloße Zuschauer ist ein Feigling oder ein Verräter.» Tatsächlich war das Sehen von *La Hora de los Hornos* bis 1973 ein Bekenntnis und eine Aktion. Die Aufführungen fanden im kleinen Kreis, vor zwanzig oder dreißig Zuschauern statt, getragen von oppositionellen Gruppen, manchmal aber auch im größeren Kreis, bei Gewerkschaften oder in Universitäten. Bis zur ersten legalen Vorführung des ersten Teils 1973 hatten schon etwa 100000 Argentinier den Film gesehen. Die Aufführungen waren mit Diskussionen verbunden, die im Aufbau des Films angelegt sind. Die Uraufführung fand allerdings beim Festival von Pesaro 1968 statt; von hier und von Berlin aus, wo die «Freunde der Deutschen Kinemathek» ihn in den Verleih brachten, begann der Siegeszug des Films in Europa.

Der erste Teil, «Neokolonialismus und Gewalt» (90 Minuten), häufig auch allein gezeigt, am populärsten von den drei Teilen – weil formal besonders brillant und zudem am wenigsten durch das Bekenntnis zum Peronismus belastet –, stellt in dreizehn «Notizen» unterschiedlicher Länge die Geschichte und Gegenwart Argentiniens dar und die Mechanismen der Repression und des Kolonialismus stellvertretend für den ganzen Subkontinent. Der Film schlägt einen großen Bogen: von der Hektik zur Ruhe und gesammelten Kraft. Er beginnt in äußerster Nervosität – Schlagzeugrhythmen zu schwarzer Leinwand, Bilder flackern kurz auf, schließlich eine Fackel. In den ersten etwa zwanzig Minuten steht *La Hora* unter einem kaum erträglichen Überdruck, in ununterbrochener Bewegung – Fahrten durch Landschaften und Städte – wird Argentinien vorgestellt, schnelle Zooms holen einzelne Menschen heran. Dann eine allmähliche Beruhigung: Klassen und Schichten der Bevölkerung werden vorgestellt, die am Kolonialismus partizipieren oder von ihm ausgebeutet werden. Immer wieder aggressive Kontrastmontagen, aber die Agitation geht nicht auf Kosten der Information. Spektakulärste Montage: Vieh wird geschlachtet, Konsumgüter werden angepriesen – die Lateinamerikaner sind das Schlachtvieh des Kolonialismus – eine Hommage an die Schlachthaus-Sequenz in Eisensteins *Streik* und sicher auch beeinflußt durch Santiago Alvarez. Von außerordentlicher Disziplin und Kraft die Schlußsequenz: das Gesicht des toten Che Guevara, vier Minuten in Großaufnahme.

Umfassend und wirkungsvoll wie kein Film zuvor analysierte dieser erste Teil von *La Hora de los Hornos* das System des Kolonialismus in der Dritten Welt. Voll Verachtung attackiert er die nordamerikanische und europäische Kultur, stellt ihr eine eigenständige lateinamerikanische entgegen. Paradoxerweise aber ist die Form, die Solanas und Getino ihrem Film gegeben haben, nicht frei von europäischen Einflüssen. Nicht nur Eisenstein, sondern auch der Werbefilm gehört zu den Vorbildern dieses Stils. Das hat *La Hora* auch manche Kritik eingetragen: «Die Form wird bei Solanas zur verkaufsfördernden Verpackung degradiert. Sie ist ablösbar vom Inhalt, Mittel zum Zweck.»[21] Vergleicht man *La Hora* zum Beispiel mit *79 Primaveras*, einem der Meisterwerke von Alvarez, so ist der Ablauf bei Solanas/Getino sicher mechanischer, weniger erfindungsreich, obwohl die Vorbilder und Grundelemente bei Alvarez und Solanas/Getino weithin identisch sind. Alvarez findet in den besten seiner Filme immer ein paar noch nie gesehene Bilder; Solanas und Getino organisieren die oft gesehenen Bilder nur neu, aber sie setzen kaum je eigene Bilder dagegen. Zu bedenken ist dabei, daß Alvarez aus einer gesicherten Position heraus arbeitet, von der Plattform einer siegreichen Revolution, zu der Solanas und Getino – aus der Illegalität heraus – erst aufrufen. Das Publikum, an das *La Hora* sich wendet, ist in seinen Rezeptionsgewohnheiten von jahrzehntelanger Hollywoodkost und jahrelanger Fernsehberieselung geprägt; wenn Solanas und Getino daran anknüpfen, die Bilder dann aber auf den Kopf stellen, gegen den Strich lesen, scheint das Verfahren vernünftig. *La Hora de los Hornos* ist also ein Kampf um ein authentisches Kino, nicht schon dieses Kino selbst. Die Berichte von den illegalen Vorführungen scheinen die Konzeption der Regisseure zu bestätigen: Der Film ist heftig diskutiert worden, selbst wenn es aus Sicherheitsgründen ratsam gewesen wäre, sich nach der Vorstellung gleich zu zerstreuen.[22]

Der zweite Teil von *La Hora*, «Akt für die Befreiung» (120 Minuten), enthält eine «Chronik des Peronismus» (1945–1955), die nach allen Regeln des Kompilationsfilms die Geschichte dieses Zeitalters rekapituliert, und eine «Chronik des Widerstandes» (1955–1966). Der Peronismus ist für Solanas und Getino eine nationale und eine soziale Bewegung; daß diese beiden Strömungen auseinandertrieben, sei die Ursache für die Niederlage gewesen. Nach 1955 haben die Gewerkschaften den Widerstand getragen, vor allem durch Streiks und Fabrikbesetzungen, aber der Peronismus sei noch immer das Bindemittel zwischen den Oppositionsgruppen, zu denen auch die Studenten gehören. Da es von vielen Aktionen des Widerstandes keine Dokumente gibt, erzählen die Beteiligten: Es geht dabei nicht um individuelle Haltungen, sondern um prinzipielle Erkenntnisse.

Der dritte Teil, «Gewalt und Befreiung» (45 Minuten), zieht die Folgerungen aus dem zweiten: Der neue Mensch wird sich gegen den Imperialismus erheben, die revolutionäre Gewalt gegen die Gewalt der Unterdrückung. Der Film polemisiert gegen die «Falle der Legalität», denn mit ihr akzeptiere man auch die Gewalt des Staates. Aus Briefen von Revolutionären, Reportagen und Porträts entsteht das Bild dieses neuen Menschen, des Guerilleros. Der Sieg Kubas und der Befreiungskampf Vietnams sind die Vorbilder für Lateinamerika.

Konventioneller in der Machart als Teil 1, aber auch ruhiger, meditativer, geben die Teile 2 und 3 dem Zuschauer Fakten und Überlegungen an die Hand, provozieren sein Denken. Das Publikum soll den Film ergänzen, durch eigene Erfahrungen; seine Notizen oder Briefe können nach der Vorführung vorgelesen werden.

Die Gruppe «Cine Liberación» hat neben ihrer Arbeit an *La Hora de los Hornos* 1968 zwei Fünf-Minuten-Filme hergestellt, die auf den Prinzipien des Kontrastes und der Ironie beruhen. In *Ollas Populares* (*Volksküchen*, Regie: Gerardo Vallejo) werden Aufnahmen von Kindern und alten Menschen, die eine dünne Suppe schlürfen, auf den pathetischen Text der argentinischen Nationalhymne geschnitten. Was zunächst wie blanker Hohn wirkt («Freiheit! Freiheit! Freiheit!», «Möge der Lorbeerkranz ewig sein»), wandelt sich, nimmt man die Worte ernst, in einen Aufruf zu Widerstand und Revolution: «Höret den Lärm der zerbrochenen Ketten/Die Musik der edlen Gleichheit . . .». In *La Paz* (*Der Frieden*) wird eine vollmundige Rede des durch die Militärs an die Macht gebrachten Staatspräsidenten Onganía («Die Revolution ist eine Haltung des Geistes») gegen Bilder der staatlichen Repression gesetzt: Soldaten und Polizisten gegen Arbeiter. Der Frieden, den Onganía verkündet, ist der Tod.[23]

Ollas Populares und *La Paz* könnten Sequenzen aus *La Hora* sein, aber auch aus *Argentina – Mayo 69* (*Argentinien – Mai 69*), anonym hergestellt von den «Realizadores de Mayo», «was im doppelten Wortsinn zu verstehen ist: Macher = Teilnehmer des Mai, also des »Cordobazo« und der ihm folgenden Kämpfe, und Macher = Realisatoren des Films über den »Mai« [. . .]. Der »Cordobazo«, die Massenkämpfe gegen das Militärregime in Cordoba am 29./30. Mai 1969, brachten zum erstenmal ein Bündnis zwischen der Arbeiterklasse und der Studentenbewegung zustande und zeigte die Radikalisierung des Kleinbürgertums, das sich dieser Front anschloß.»[24] *Argentina – Mayo 69* ist so etwas wie eine Fort-

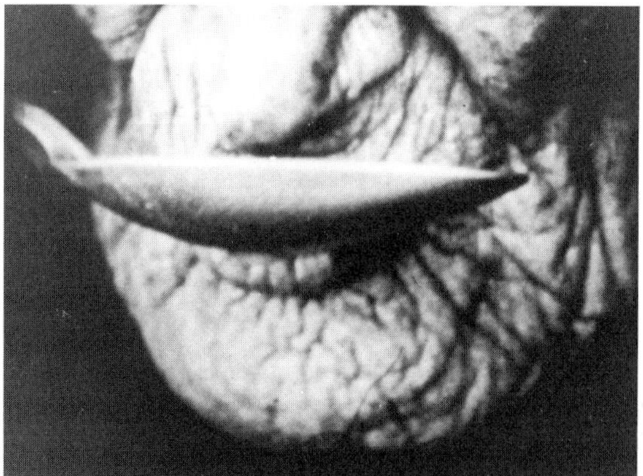

Ollas Populares (*Volksküchen*) von Gerardo Vallejo (1968)

setzung von *La Hora,* hier konzentriert auf die Ereignisse einiger weniger Wochen. Das Bildmaterial wirkt inhomogen, Wochenschauaufnahmen, Selbstgedrehtes: Manches wird erst durch den beschwörend agitatorischen Text verlebendigt. Die Reaktion auf die staatliche Gewalt ist die revolutionäre Gewalt. Das Volk braucht Waffen: In einer Sequenz wird mit allen Details die Herstellung von Molotowcocktails gelehrt. In Interviews am Ende des Films sind es vor allem Frauen, die zur militärischen Aktion aufrufen. Wie *La Hora* ist *Argentina – Mayo 69* auf den Dialog mit dem Zuschauer ausgerichtet; der Film fordert ihn zur unmittelbaren Aktion heraus.

Beide Filme sind vollkommenster Ausdruck jenes «Dritten Kinos», das Solanas und Getino vom «Ersten Kino», dem kommerziellen, und dem «Zweiten Kino», dem Autorenkino, unterscheiden: «Das «Dritte Kino», das Kino der Revolution, ist gleichzeitig ein Kino der Zerstörung und des Aufbaus: Zerstörung des Bildes, das der Neokolonialismus sich von sich selbst und von uns gemacht hat, Aufbau einer pulsierenden, lebendigen Wirklichkeit, Wiedergabe einer Realität in allen Ausdrucksformen.»[25]

Dieses «Dritte Kino», das immer nur in der Illegalität oder Halbillegalität aufgeführt werden konnte, richtete sich an Gleichgesinnte, an Militante, an die revolutionäre Avantgarde. Auf die Dauer konnte das nicht genügen. Gebraucht wurde ein populäres Kino. Gerardo Vallejo (geboren 1942), Mitglied der Gruppe «Cine Liberación», schrieb während der Arbeit an seinem ersten abendfüllenden Film *El Camino Hacia la Muerte del Viejo Reales* (*Der Weg des alten Reales bis zu seinem Tod*, 1971): «Wir glauben, daß es nicht ausreicht, mit Hilfe des Films [. . .] zu sagen: »Wir müssen Gewalt mit Gewalt beantworten« oder von «Sozialismus» und »bewaffnetem Kampf« zu reden. Jede solche Äußerung bleibt vage, solange sie nicht auf einen konkreten Kontext bezogen wird. Es ist jetzt Zeit, daß wir zusammen mit dem Volk konkrete und spezifische Formen entwikkeln, die uns helfen, aus dieser Situation herauszukommen [. . .]. Jetzt, da wir konkret werden müssen, geht unser Film vom Konkretesten und Realsten aus: dem lebendigen Menschen.»[26]

Der Weg des alten Reales ist ein Spielfilm, dem man anmerkt, daß Vallejo durch die Dokumentarfilmschule von Fernando Birri ging. Die Familie Reales in Tucumán spielt sich selbst, jede Person steht für eine bestimmte Position innerhalb der Gesellschaft. Dem Publikum werden Entscheidungen abverlangt, Identifikationsmöglichkeiten gegeben. Der alte Reales verkörpert die Vergangenheit, der Sohn Angel einen Bauern, der resigniert hat, der Sohn Mariano einen Polizisten, der zwangsläufig in Konflikt mit der eigenen Familie gerät, der Sohn Pibe einen Gewerkschafter, der gegen die Ungerechtigkeiten in der Gesellschaft kämpft. Die Personen sind mit ihren Rollen nicht völlig identisch (Pibe war noch kein Gewerkschafter), aber sie geben in ihrer Gesamtheit ein authentisches Bild des Volkes, nicht nur der Provinz Tucumán.

Nach dem Erfolg des Films, zuerst wiederum in Europa, bekam Vallejo die ungewöhnliche Chance, alle vierzehn Tage im Fernsehen der Universität einen Dokumentarfilm zu zeigen; die Serie, auf achtzehn Teile angelegt, hieß *Testimonios de Tucumán* (*Zeugnisse aus Tucumán*, 1972 f.). 1973 – die Peronisten hatten wiederum die Macht übernommen – bekam Vallejo den Auftrag der Gewerkschaft der Zuckerarbeiter zur Serie *Testimonios de la Reconstrucción* (*Zeugnisse des Wiederaufbaus*). «Vallejo wurde mit diesen beiden Serien zu einer populären Figur [. . .]. Gedreht wurde auf Umkehrfilm, weshalb heute von all diesen Arbeiten nichts mehr erhalten ist. Aber Gerardo Vallejo kam es nicht auf Ruhm in der Filmgeschichte an, sondern auf das unmittelbare Einwirken auf die politischen Kämpfe. Wie kein anderer militanter Filmemacher Lateinamerikas verfügte er über den Massenkommunikationskanal, von dem alle nur träumen können: das Fernsehen, das jeden seiner Filme unter 500 000 Zuschauern verbreitete. Und es war auch das einzige Mal, daß eine lateinamerikanische Gewerkschaft ganz gezielt ein Filmprogramm herstellen ließ, das auf die Bedürfnisse des Volkes einging.»[27]

Als die Rückkehr Perons bevorstand und dieser ab 1973 noch einmal die Macht übernahm, spalteten sich die argentinische Linke und der politische Film Argentiniens. Die Links-Peronisten Solanas und Getino hatten 1971/1972 noch in Spanien stundenlange Interviews mit Peron gemacht: *Perón, la Revolución Justicialista* (*Peron, die Justizialistische Revolution*), das Marcel Martin «eine ziemlich esoterische Fantasmagorie» nannte[28], und *Actualización Politica y Doctrinaria para la Toma del Poder* (*Aktualisierung der Politik und Doktrin für die Machtübernahme*), beide in Argentinien außerordentlich erfolgreich.

Auf der anderen Seite agitierte die marxistische Gruppe «Cine de la Base» in einigen Kurzfilmen und vor allem in dem Spielfilm *Los Traidores* (*Die Verräter,* 1973) gegen den Peronismus, dem sie Bürokratismus und Korruption vorwarf. Eine Guerillaorganisation, die Revolutionäre Armee des Volkes (ERP), gab sogenannte Filmkommuniqués heraus (*Communicados Cinematográficos*), in denen bewaffnete Überfälle oder Entführungen, gegen die peronistische Regierung gerichtet, politisch legitimiert werden sollten. Trotz dieser inneren Fehden – ab 1973 erlebte das argentinische Kino eine kurze Zeit relativer Freiheit. Auch *La Hora de los Hornos* konnte nun öffentlich aufgeführt werden. Aber diese Periode endete rasch. Der Tod Perons am 1. Juli 1974, vor allem aber der Militärputsch vom 24. März 1976, beseitigten nicht nur jede Opposition, sondern zerstörten auch das militante Kino. Da die Unterdrükkung noch rigoroser war als von 1955 bis 1966, wurden die meisten Filmemacher, unter ihnen Solanas und Getino, ins Exil gezwungen, andere wie Raymundo Gleyzer ermordet.

Uruguay und Venezuela: Flugblattfilme

Uruguay und Venezuela waren in den sechziger Jahren ohne Filmindustrie und -tradition, Uruguay ist es heute noch. Trotzdem fanden sich auch hier Ende der sechziger Jahre junge Leute zusammen, die im Film eine Waffe im politischen Kampf sahen. Die meist sehr kurzen Filme, mit wenig Geld und ohne aufwendige Technik hergestellt (in Uruguay gab es zu dieser Zeit nicht einmal einen Schneidetisch), gleichen Flugblättern, die zu aktuellen Ereignissen und Fragen Stellung nehmen. Es geht ihnen nicht um Kunst, sondern um Kommunikation, unmittelbare Wirkung. Diese Filme haben indes eine ganz eigene Ästhetik der Armut entwickelt, die ihnen einen Platz in der Geschichte des Dokumentarfilms sichert, obwohl die «maximal zwei oder drei Jahre»[29] Wirkungskraft, die ihnen Mario Handler, der wichtigste Filmemacher Uruguays, zubilligen wollte, längst überschritten sind. Doch die typischen Situationen – die Armut der Massen, die Heuchelei der Regierenden, die Unterdrückung der Andersdenkenden, die Abhängigkeit von den USA – haben sich bis heute nicht geändert, eher verschärft, so daß die Filme eine traurige Aktualität behielten.

Mario Handler (geboren 1935) drehte ab 1965 fünf kurze Filme in Uruguay, zuerst zwei im Auftrag des Instituts für den wissenschaftlichen Film an der Universität Montevideo, dann zwei in unabhängiger Produktion, *El Problema de la Carne* (1969) schließlich innerhalb der «Cinemateca del Tercer Mundo», die er zusammen mit Freunden gegründet hatte. Diese Kinemathek der Dritten Welt war Verleih- und Produktionsstätte, sie machte Filme aus Kuba oder *La Hora de los Hornos* in Uruguay bekannt, aber auch Spielfilme von Glauber Rocha. Als sich die politische Lage in Uruguay verschärfte, war die Kinemathek ab 1971 Ziel von Razzien; 1972 wurden die Mitarbeiter Eduardo Terra und Walter Achúgar verhaftet und erst nach Monaten (Terra

Me Gustan los Estudiantes (*Mir gefallen die Studenten*) von Mario Handler (Uruguay 1968)

nach Jahren) wieder freigelassen. Nach dem Militärputsch von 1973 verließen alle unabhängigen Dokumentaristen das Land und gingen ins Exil.

Handlers *Carlos* (1965) ist ein Film über einen Bettler, der sein Leben satirisch kommentiert, *Elecciones* (*Wahlen*, 1967), zusammen mit Ugo Ulive gedreht, der schon bald nach Venezuela ging, ironisiert den Wahlkampf am Beispiel zweier Hinterbänkler. Beide Filme sind technisch erstaunlich perfekt, *Elecciones* hat sogar Originalton. Handler konnte sie in Buenos Aires montieren und kopieren. Wie armselig der filmische Standard in Uruguay selbst war, demonstrieren die beiden nächsten Filme, aber gerade sie gehören zu Handlers stärksten. *Me Gustan los Estudiantes* (*Mir gefallen die Studenten*, 1968), nur sechs Minuten lang, konfrontiert Bilder der Punta-del-Este-Konferenz von 1967 (mit den lateinamerikanischen Staatschefs und Lyndon B. Johnson) und von Protesten der Studenten gegen dieses Treffen mit Liedern von Violetta Para und Daniel Viglietti. Montiert mit Hilfe eines Projektors, einer Schere und einer Rasierklinge, die die Klebestellen aufrauhte, gibt es keine Synchronität zwischen Musik und Bild. Aber gerade diese Verschiebungen, Ungleichzeitigkeiten machen *Me Gustan los Estudiantes* aggressiv, sperrig. Die Bilder des brutalen Polizeieinsatzes und die vorwärtstreibende Musik verbinden sich zu einem Schrei des Protestes. Nur 100 Dollar, ohne die Arbeitskraft, hat dieses wirkungsvolle filmische Flugblatt gekostet; *Liber Arce – Liberarse* (1969), gedreht zusammen mit Mario Jacob und Marcos Banchero, dürfte nicht viel teurer gewesen sein. Die Regisseure filmten den Trauerzug für den von der Polizei erschossenen Studenten Liber Arce, der zu einer der größten Demonstrationen in Montevideo wurde. Sie lassen den Film stumm, verwenden nur einige Zwischentitel und intensivieren damit den Ausdruck des Schmerzes. Mehrmals fügen sie Bilder aus Vietnam ein, sie verstehen Uruguay also auch als ein von außen bekämpftes oder sogar besetztes Land. Es gilt, sich zu befreien = liberarse. Auch *El Problema de la Carne* (*Das Problem des Fleisches*, 1969) attackiert den Kolonialismus, hier den Ausverkauf der einheimischen Fleischindustrie an nordamerikanische Konzerne. Die Zwischentitel spitzt Handler manchmal satirisch-absurd zu: «500 Uruguayer beherrschen 2 ½ Millionen Uruguayer, 500 Yankees beherrschen 1500 Millionen Menschen. Das heißt: 5/6 Yankee beherrscht 2½ Millionen Uruguayer.»[30] Der Film berichtet über Streiks in den Fleischfabriken gegen den staatlich verordneten Lohnstopp.

Die letzte Produktion der «Cinemateca del Tercer Mundo» war *La Bandera que Levantamos* (*Die Fahne, die wir erheben*, 1971), ein recht konventioneller Film über den Wahlkampf von 1971, von Mario Jacob und Eduardo Terra; aufschlußreich wieder der Verweis auf Vietnam: die Dritte Welt fühlt sich als eine Einheit.

Der neben *Me Gustan los Estudiantes* wichtigste Flugblattfilm, *Santa Teresa*, kam aus Venezuela. Alfredo J. Anzola drang mit einer Gruppe junger Christen am 15. Juni 1969 in die Kirche Santa Teresa in Caracas ein, die eine Erkärung über die fatale Zusammenarbeit zwischen staatlichen und kirchlichen Stellen verlesen und diskutieren wollte. Der Priester aber alarmierte mit einer Trillerpfeife die Polizei, die Demonstranten wurden abgeführt. Das Kamerateam blieb unentdeckt. Das Bild ist fast immer unscharf, Bild und Ton sind getrennt aufgenommen, asynchron. Die Armut, Unfertigkeit des Films, die Heftigkeit in der Bildführung entspricht der Situation der Demonstranten, ihrer Wut und ihrer Hilflosigkeit. Mit dem Film aber, wie schlecht er auch immer ist im technischen Sinne, tragen die Filmemacher den zufälligen Konflikt, der ein prinzipieller ist (wo steht die Kirche in Lateinamerika?) in alle Welt. Der Film setzt die Demonstration fort und provoziert die Diskussion, die in der Kirche verweigert wurde.

In Venezuela haben um 1970 eine Reihe von Dokumentaristen gearbeitet, die in Europa aber weniger bekannt wurden als ihre Kollegen aus anderen lateinamerikanischen Ländern. Das hat auch mit den Filmen zu tun. Die Gruppe «Cine Urgente» in Caracas zum Beispiel, geleitet und zum Teil finanziert von dem Maler Jacobo Borges, leistete Basisarbeit in den Barrios, den Elendsvierteln. «Das Gefilmte wird so, wie es aus dem Kopierwerk kommt, also ohne jegliche Schnitte und mit allen Wiederholungen, jungen Leuten in den Barrios vorgeführt, wird diskutiert, korrigiert, danach erst wird weitergedreht. Ton wird nicht aufgenommen [. . .]. Es geht nicht darum, irgendwann einen »richtigen« Film herzustellen, der irgendwo »richtig« gezeigt wird. Es geht nicht um »Kunst«, sondern um Kommunikation» (Schumann)[31]. Bekannt wurde der Film *22 de Mayo* (*22. Mai*) über die studentischen Demonstrationen an diesem Tag des Jahres 1969.

An der Anden-Universität existierte ab 1969 ein Dokumentarfilmzentrum, das sich wegen persönlicher Konflikte zwischen den Beteiligten 1971 wieder auflöste. Ugo Ulive, der aus Uruguay gekommen war, Carlos Rebolledo und Jorge Solé, der 1969 *TVENEZUELA* gedreht hat, eine satirisch wirkende Zitaten-Montage aus Fernsehsendungen, arbeiteten selbständig weiter, aber sie hatten neben dem wie kaum anderswo in Lateinamerika staatlich geförderten Kommerzkino keine Chance.

Kolumbien: Carlos Alvarez und Marta Rodríguez/Jorge Silva

Auch der kolumbianische Dokumentarfilm, in Europa besser bekannt als derjenige der meisten anderen lateinamerikanischen Länder, ist ein Kino der Armut und des Kampfes. Obwohl Kolumbien auf dem Papier eine Demokratie ist, hat es den politisch radikalen Film immer verfolgt; Carlos Alvarez, seine Frau Julia de Alvarez und das Filmteam wurden nach *Que es la Democracia?* (*Was ist Demokratie?*, 1971) am 5. Juli 1972 verhaftet und, obwohl kein Urteil erging, erst nach vielen Protesten, auch aus der Bundesrepublik, 1974 wieder «bedingt» freigelassen – nach 19 Monaten Gefängnis.

Carlos Alvarez (geboren 1943), der sich vor allem in didaktischen Filmen mit den Problemen Kolumbiens auseinandersetzt, und das Ehepaar Marta Rodríguez (geboren 1938) und Jorge Silva (geboren 1945), das für die Indios Partei ergreift, sind die zentralen Gestalten des kolumbianischen Dokumentarfilms. Alvarez, früher Filmkritiker, ist zudem ein kenntnisreicher Theoretiker und Historiker des kolumbianischen Films. Er hat die Ideen des «Dritten Kinos», des revolutionär-militanten, von Solanas/Getino für Argentinien entwickelt, auf Kolumbien übertragen.

Carlos Alvarez forderte, «von einem Kino der Beobachtung und der Sozialkritik zu einem Kino politischer Militanz, zu einer aktiven Einflußnahme auf die Entwicklung des revolutionären Prozesses» zu kommen.[32] Er will sich dabei «gegen jene Bourgeoisie abgrenzen, die die Rebellion bewundert und aufkauft».[33] Er macht bewußt Filme für sein Land – nicht für den Export; aber gerade seine Arbeiten, die uns manchmal spröde und fremd erscheinen, geben einen sehr genauen Einblick in den Zustand Lateinamerikas.

Das didaktische Moment ist am stärksten ausgeprägt in *Que es la Democracia?* und in *Los Hijos del Subdesarrollo* (*Die Kinder der Unterentwicklung*, 1975). Beide Filme sind – in jeweils fünf Kapitel – klar gegliedert; der erste analysiert am Beispiel der Wahl von 1970 die Farce der bürgerlichen Demokratie in Kolumbien, die Scheingefechte zwischen Liberalen und Konservativen; der zweite untersucht die Unterernährung der Kinder Lateinamerikas, wie sie sich in Kolumbien manifestiert. Es sind aggressive Pamphlete, aber alle Thesen, vor allem über die Abhängigkeit Kolumbiens von den USA, werden gut belegt. Was europäische Zuschauer stören mag, daß bei der Argumentation häufig das Wort dominiert, ist in den Augen von Alvarez gerade eine Qualität: Zu *Los Hijos del Subdesarrollo* hat er angemerkt, er habe sich bemüht, «eine einfache Sprache zu benutzen, eine langsame Erzählweise, oft ein Übermaß an Text, der größtmöglichen Verständlichkeit wegen, natürlich nicht für den informierten Intellektuellen, sondern für den, der fast noch Analphabet ist».[34]

Verwirrender noch ist für den europäischen Betrachter, daß Alvarez die angesichts der Armut in seinem Land offiziell propagierte Geburtenkontrolle und Sterilisation empört ablehnt. Für ihn sind die Kinder die Zukunft des Landes und die zukünftigen Revolutionäre; sie schon vor der Geburt zu töten, hieße die Herrschaft der Reichen, die ja ihre Kinder zur Welt bringen, für immer zu sichern.

Alvarez begegnet auch dem Einwand, es sei sinnlos, den Armen in einem Film ihre Lebensumstände zu zeigen, die sie ja doch kennen; er argumentiert, daß die herrschende Klasse die Ursachen für die Misere – und damit ihre Beseitigung – verschleiere. Deshalb sind seine analytischen Filme, denen in Lateinamerika wenig an die Seite gestellt werden kann, so wichtig. Die regierende Bourgeoisie sah folgerichtig nicht nur bei *Que es la Democracia?*, den Alvarez in einem halben Jahr gut hundertmal vorgeführt hat, die Toleranzschwelle überschritten; auch nach *Los Hijos* wurde er wieder für kurze Zeit verhaftet.

Alvarez hat daneben auch den anderen Filmtyp, den Flugblattfilm, zur Vollendung gebracht. Der «Vier-Minuten-Film», wie er ihn nennt, der schnell und ohne Aufwand auf aktuelle Themen reagieren kann, ist für ihn ein «provokativer» Film, der erst durch den Dialog mit dem Zuschauer fertiggestellt wird. *Colombia 70* (1970) zeigt in langen Einstellungen eine alte Frau, die vor einer Mauer sitzt; es geschieht nichts, sie sitzt einfach nur da – ein menschliches Wrack. Einmal zieht die Kamera nach oben und man erkennt, daß sie vor einem Kodak-Gebäude sitzt – kurz eingeschnitten wird ein Werbefilm für Kodak («Farbfilme sind dazu da, die glücklichen Stunden Ihres Lebens festzuhalten»). In seiner lakonischen Kürze von fünf Minuten ist dieser «ironische Aufschrei», wie Alvarez ihn nennt, ein Meisterwerk. Eigentlich war es aber nur ein Nebenprodukt zu einem «Vier-Minuten-Film» seiner Frau Julia de Alvarez, *Un Día yo Pregunté . . .* (*Und eines Tages fragte ich . . .*, 1970), der die Religion als Herrschaftsform attackiert, in religiöse Lieder kurz die amerikanische Nationalhymne einmontiert, der als Beispiel für menschliches Elend die alte Frau vor dem Kodak-Gebäude, als Beispiel für den US-Imperialismus Aufnahmen aus Vietnam zitiert.

Marta Rodríguez, von Beruf Anthropologin (sie hat von 1962 bis 1964 am Musée de l'Homme in Paris gearbeitet) und Jorge Silva, Fotograf, haben in ihren Filmen einen ethnographischen Ansatz. Sie beschreiben das Leben der Indios, aber sie wenden ihn ins Politische, suchen die Ursachen hinter den

Los Hijos del Subdesarrollo (*Die Kinder der Unterentwicklung*) von Carlos Alvarez (1975)

Nuestra Voz de Tierra, Memoria y Futuro (*Unsere Stimme von Erde, Erinnerung und Zukunft, 1981*)

augenblicklichen Zuständen. In *Planas – Testimonio de un Etnocidio* (*Planas – Dokument einer Ausrottung*, 1970) wird dargestellt, wie (in Vergangenheit und Gegenwart) die Kultur der Indianer zerstört wird. An die Stelle der Spanier, die einst die Indios mordeten, sind nur die Großgrundbesitzer, die Erdölgesellschaften und – in ihrem Dienst – die Armee getreten. In *Chircales* (*Ziegeleiarbeiter*, 1972) sehen wir, wie Indios am Stadtrand von Bogotá bei der Herstellung von Ziegeln ausgebeutet werden; wir erfahren auch die Gründe der Abhängigkeit (im Kommentar, der die Bilder des Elends für politische Überlegungen aufbricht): Es fehlt an einer Sozialgesetzgebung (so ist es völlig legal, daß auch kleine Kinder schon Ziegel schleppen); die Arbeiter dürfen sich nicht organisieren; sie werden gezwungen, zur Wahl zu gehen und – im Sinne des Grundbesitzers – richtig zu wählen. Als der Film dann vorgeführt wurde, hauptsächlich in der Gewerkschaft, hat er dazu beigetragen, daß die Arbeiter endlich Forderungen stellten. *Campesinos* (*Landarbeiter*, 1975) zeigt in ausdrucksstarken Bildern den Kampf der Bauern um ihre Rechte von 1925 bis zur Gegenwart, verknüpft mit der Geschichte Kolumbiens in dieser Zeit. *Nuestra Voz de Tierra, Memoria y Futuro* (*Unsere Stimme von Erde, Erinnerung und Zukunft*, 1981) schließlich verbindet die gegenwärtige Lage der Indios mit einer Beschwörung ihrer Tradition und ihrer magischen Welt. Die eigenwillige Mischung aus Dokumentation und Inszenierung gibt dem Film im lateinamerikanischen Kontext einen besonderen Stellenwert: Die politische Aussage wird auf artifizielle, fast experimentelle Weise formuliert.

Die Filme von Rodríguez/Silva überwinden die Abstraktheit vieler lateinamerikanischer Dokumentarfilme, die ja oft nur Signale setzen. Notwendigerweise erfahren wir dabei über den einzelnen Menschen sehr wenig. Rodríguez/Silva dagegen interessieren sich, zumindest in den frühen Filmen, für den einzelnen, sie leben längere Zeit mit ihm (bei der Familie Castaneda in *Chircales* verbrachten sie ein Jahr), beobachteten ihn bei seiner Arbeit, verachten ihn nicht, selbst wenn er politisch falsch handelt. Und sie sind fähig, das was sie sehen, eindringlich, aber nie effektsüchtig zu fotografieren und in einen fast musikalischen, aber nie sentimentalen Rhythmus zu bringen. In den Großaufnahmen von *Planas* haben die Indios jene Würde, die ihnen die Großgrundbesitzer verweigern. In der letzten Sequenz von *Chircales* verwandeln Rodríguez/Silva die Alltagsbeschreibung in eine Vision des Todes, Buñuels *Las Hurdes* ebenbürtig. Wie im großen Vorbild sind aber auch hier die poetischen Verdichtungen immer auf die sozialen Ursachen bezogen.

In einer kritischen Bilanz des «Dritten Kinos» in Kolumbien, zu dem alle genannten Filme gehören, hat Carlos Alvarez 1976 festgestellt, «daß unsere Arbeit zwar unserem Volk zugute gekommen ist, aber auf das kolumbianische Kino insgesamt keinerlei Auswirkungen gehabt hat».[35] Die Filme würden zuwenig vorgeführt, und die Filmemacher hätten es nicht verstanden, gemeinsam einen alternativen Verleih zu organisieren. Dagegen überschwemmten seit dem Filmgesetz von 1973 (das die Kinos zwingt, vor einem ausländischen Spielfilm einen kolumbianischen Kurzfilm zu zeigen, für den sie einen Aufpreis verlangen dürfen) kurze kommerzielle Filme den Markt, zu denen auch *Corralejas de Sincelejo* (*Stiertreiben in Sincelejo*, 1974) von Ciro Durán und Mario Mitrotti gehört, der sogar in Leipzig und Oberhausen Furore machte. Mit effekthascherischer Kamera führen die Regisseure vor, wie sich junge Männer aus Armut oder Lust an der Gefahr in der Arena von den Stieren jagen lassen – nur um Geld oder Schnapsflaschen zu erhaschen, die Tribünenbesucher hinunterwerfen. «Es sind verlogene Filme», schreibt Alvarez, «die mit der »sozialen« Anklage ihr Spiel treiben, deren wirkliche Absichten der Spielfilm bestimmt, dem sie vorangeschickt werden: Filme, die auf Kasse zielen, nicht auf Veränderung.»[36] *Corralejas de Sincelejo* lief vor dem *Exorzist.*

Chile: Das Kino der Unidad Popular

Chile war das einzige Land Lateinamerikas (abgesehen von Kuba), in dem der politische Film in seiner Stoßrichtung eine gewisse Zeit mit der Regierung übereinstimmte: in den Jahren 1970 bis 1973. Trotzdem blieb der Film auch in der Epoche der Unidad Popular ein Kampfinstrument: Allende regierte ja gegen die Oberschicht und das Bürgertum sowie die von ihnen weiterhin beherrschten Medien Fernsehen, Rundfunk und Presse. So gehörten die Filmleute, die schon vor 1970 mit sozialkritischen Filmen hervorgetreten waren, zu den wichtigsten Verbündeten Allendes im Medienbereich. Die Filme blieben so kämpferisch, wie sie es zur Regierungszeit des Staatspräsidenten Frei (1964–1970) waren, ja sie wurden fast noch militanter, denn die Lage spitzte sich ständig zu, bis es schließlich zum Militärputsch am 11. September 1973 kam, der auch das politische Kino zerstörte.

Schon Ende der sechziger Jahre lassen sich zwei Hauptrichtungen des chilenischen Dokumentarfilms erkennen, die sachlich dokumentierende und die militante – Mißstände in der Gesellschaft klagen sie beide an. *Testimonio* (*Zeugnis*, 1968) von Pedro Chaskel (geboren 1932), eine Reportage über die erbärmlichen Verhältnisse in der psychiatrischen Abteilung eines Krankenhauses im Elendsgebiet Nordchiles, und *Desnutrición Infantil* (*Unterernährung bei Kindern*, 1969) von Alvaro Ramírez (geboren 1941), eine Beschreibung des Elends der Kinder in Familien, die am Rande der Großstädte arbeitslos dahinvegetieren, sind Filme der Beobachtung. *Herminda de la Victoria* (1969) von Douglas Hübner (geboren 1942) ruft dagegen zu Widerstand und Kampf auf; die Militanz liegt allerdings weniger in der Form des Films als im Ereignis, das er schildert. Obdachlose hatten am Rande von Santiago einen Platz besetzt, Zelte errichtet und die chilenische Fahne aufgepflanzt, die als unantastbar gilt. Trotzdem versuchte die Polizei die Menschen zu vertreiben. Dabei kam die kleine Herminda ums Leben; die Polizei zog ab. Die Leute nannten daraufhin das Lager «Herminda de la Victoria».

Diese drei Filme wurden von «Cine Experimental de la Universidad de Chile» in Santiago produziert, das auch nach dem Wahlsieg der Unidad Popular eine wichtige Produktionsstätte blieb. Die Basis aber verbreiterte sich; Gewerkschaften gaben Filme in Auftrag, der kommunistische Jugendverband, das Komitee der Filmschaffenden der Unidad Popular, die linksradikale MIR (Movimiento Izquierda Revolucionario – Bewegung der Revolutionären Linken), die vor allem 1973, als sich der Klassenkampf verschärfte, eine von Allende abweichende Haltung einnahm; sie wollte das Volk bewaffnen. Auch Chile-Films, die staatliche Filmfirma, vorher in den Händen der Rechten, konnte nun von der Volksfront-Regierung übernommen werden; aber hier zeigten sich die «ideologischen Widersprüche, die ihre Ursachen im politischen Pluralismus der Volksfront hatten»[37], besonders kraß, so daß die Arbeit von Chile-Films relativ uneffektiv blieb. Insgesamt aber erhöhte sich nach dem Wahlsieg der Unidad Popular die Filmproduktion auf erstaunliche Weise: «Statt vier langen Spiel- und etwa zehn kurzen Dokumentarfilmen der Jahre 1968 bis 1970 entstanden von 1970 bis 1973 auf dem politischen Kinosektor 18 lange Spiel- und Dokumentarfilme und 69 kurze Dokumentarfilme sowie 44 Wochenschauen. Ein Boom ohne Beispiel in der Geschichte des chilenischen Kinos und sogar in der Geschichte des politischen Kinos in Lateinamerika.»[38] 1971 war das fruchtbarste Jahr, während im Wahlkampf 1970 die Wirkung des Films noch «weit hinter jener des politischen Theaters, des politischen Liedes und der Straßenmalerei» zurückblieb.[39]

Im Dezember 1970 haben die Filmemacher der Unidad Popular, und das heißt alle wichtigen, ein Manifest verfaßt, das «Für ein Kino des Volkes» überschrieben ist[40]. Die Filmemacher postulieren, daß revolutionäre Kunst «nur in der Zusammenarbeit zwischen Künstler und Volk» entsteht, «auf der Basis des gemeinsamen Ziels: der Befreiung. Auf der einen Seite steht das Volk als Träger der Handlung, ihr eigentlicher Urheber, auf der anderen Seite der Filmemacher als Mittel der Kommunikation.» Die Regisseure lehnen aber einen formalen Dogmatismus ab, sie wollen sich «von keiner offiziellen Instanz formale Kriterien für unsere Filmarbeit vorschreiben lassen». Andererseits wollen sie den Zugang zu den Produktionsmitteln für alle Filmemacher. Es darf «keine Vorrechte geben.» – «Unter einer Volksregierung wird der künstlerische Ausdruck nicht mehr das Privileg weniger sein, sondern das unverzichtbare Recht eines Volkes, das den Weg zu seiner endgültigen Unabhängigkeit eingeschlagen hat.»

Für den Dokumentarfilm war gerade dieser letzte Punkt wichtig, denn stärker als im Spielfilm kann sich in ihm das Volk direkt ausdrücken. Der prototypische Film aus dem ersten Regierungsjahr Allendes 1970 ist *Venceremos!* von Pedro Chaskel und Héctor Ríos, eine Kontrastmontage über Armut und Reichtum in Chile, beendet durch den Zwischentitel «Basta!» und den Jubel über den Wahlsieg.

Die militante Linie des chilenischen Dokumentarfilms setzt sich fort in Filmen wie *Casa o Mierda* (*Wohnung oder Scheiße*, 1970) von Guillermo Cahn und Carlos Flores (geboren 1944), der zeigt, wie Bewohner einer von ihnen besetzten Siedlung mit Knüppeln für ihre Rechte kämpfen, ein von der MIR unterstützter Film; *Reportaje a Lota* (*Reportage über Lota*, 1970), gedreht von einem Kollektiv, über den Kampf der Minenarbeiter um bessere Arbeitsbedingungen, mit atmosphärisch dichter Fotografie; *Miguel Angel Aguilera* (1970) von Alvaro Ramírez, Samuel Carvajal, Leonardo Cespedes, ein Flugblattfilm über einen von der Polizei ermordeten sechzehnjährigen Jungen. Zwei Filme beschäftigen sich mit der Lage der Mapuche-Indianer, die während der früheren Regierungen besonders unter der Rassendiskriminierung zu leiden hatten: *Amuhuelai – mi* (*Du wirst nicht mehr auszuwandern brauchen*, 1971) von María Luisa Mallet und einem Kollektiv zeigt die Bemühungen der Unidad Popular, den Stamm wieder in die Gesellschaft zu integrieren; *Nutuayin Mapu* (*Wir erobern unser Land*, 1971) von Carlos Flores und Guillermo Cahn demonstriert die Kampfbereitschaft der Indianer: «Wir sind die ersten Einwohner Chiles», sagen sie, «wir wollen selbst Gesetze machen!« – Andere Filme rekonstruieren Geschichte, um eine Aussage zur Gegenwart zu machen: In *El Sueldo de Chile* (*Der Preis, den Chile zahlen mußte*, 1971) von Fernando Balmaceda und einem Kollektiv wird die Geschichte des Kupfers in Chile erzählt, die Ausbeutung durch ausländische Gesellschaften; der Film endet mit der Verstaatlichung der Bergwerke durch Allende am 11. Juli 1971. *Escuela Santa María de Iquique* (1971) von Claudio Sapiaín (geboren 1948) schlägt denselben zeitlichen Bogen für die Gewinnung des Salpeters, erinnert an den Streik von 1907 und das Massaker, bei dem 3500 Arbeiter ermordet wurden. Aus Aufnahmen der Ruinen des alten Salpeterwerkes, Geräuschen, Liedern, Fotos und einem Interview mit einem Überlebenden entsteht ein suggestives Bild der Zeit um die Jahrhundertwende. Aufnahmen des Jubels signalisieren den Sieg des Volkes heute.

Andere Filme, die mehr dem beobachtenden Typus angehören, berichten über Aktivitäten der Volksfront, werben für neue Entwicklungen oder warnen vor alten Lastern. *Entre Ponerle y no Ponerle* (*Trinken und nicht trinken*, 1972) von Héctor Ríos klärt über die Folgen des Alkoholismus auf; *Pintando con el Pueblo* (*Mit dem Volke malen*, 1971) von Leonardo Cespedes propagiert das Anfertigen von Wandmalereien: Kultur mit und für das Volk. Am Ende spricht Allende bei einer Kundgebung; *Unos Pocos Caracoles* (*Zum Beispiel Caracoles*, 1973) von Luis Alberto Sanz berichtet über eine Nachbarschaftsvereinigung, wie sie nach dem Sieg der Volksfront in den Randsiedlungen der Großstädte entstanden. In Selbstverwaltung kämpfen die Bewohner gegen Preistreibereien, richten Sport- und Kindertagesstätten ein, überwachen die Verteilung von Lebensmitteln.

Blickt man heute auf all diese Filme zurück, so überzeugen sie durch ihren spontanen Zugriff auf die Wirklichkeit; es sind Flugblattfilme wie die genannten Beispiele aus Uruguay, Venezuela und Kolumbien. Ästhetisches Raffinement ist nicht möglich und nicht angestrebt. Auch technisch sind die Filme unvollkommen; es gibt kaum Originalton, höchstens aus dem Off, manche Szenen sind nachgestellt, beispielsweise in *Casa o Mierda.* Aber die offensichtliche Armut sowie die technische und künstlerische Unbekümmertheit (nur *Venceremos!*, *Reportaje a Lota* und *Escuela Santa María de Iquique* verraten ein stärkeres ästhetisches Kalkül) stören nicht, im Gegenteil: Die Roheit der Filme ist eine eigene Qualität und entspricht der dargestellten Situation. Aus den aktuellen Pamphleten wurden durch den Zeitabstand historische Dokumente.

Sehr viel professioneller sind die langen Dokumentarfilme; sie verbinden Beobachtung mit Analyse, sie können umfassendere Themen und längere Zeiträume darstellen. Auch der technische Standard ist höher, sie verwenden in der Regel Originalton.

Den Anfang machte Miguel Littin (geboren 1942), sonst als Spielfilmregisseur hervorgetreten, mit *Compañero Presidente* (*Genosse Präsident*, 1971). «Dieser Film war eine schnelle Reaktion auf den Wahlsieg, ein eindrucksvolles Dokument über die

Veränderungen in Chile und den Präsidenten des Volkes [. . .]. Littin zeigte ihn in den ersten Tagen nach der Aufnahme der Regierungsgeschäfte, zeigte die ersten Handlungen der sozialistischen Regierung. In einem ausführlichen Gespräch zwischen Allende und dem kurz zuvor aus bolivianischer Haft entlassenen französischen Journalisten Régis Debray – dem Hauptteil des Films – erläutert der Präsident sein Programm, seine Vorstellung vom chilenischen Weg zum Sozialismus.»[41] Die erste Bilanz dieses Programms zog dann ein Jahr später Patricio Guzmán (geboren 1941) mit *El Primer Año* (*Das erste Jahr*). Fast täglich hatten Guzmán und sein Team gefilmt, orientiert jeweils an den Morgenzeitungen. Sie zeigten die Entwicklung aus der Sicht des Volkes, die Verstaatlichungen, aber auch die Furcht und schließlich den aggressiven Widerstand der Bourgeoisie. Ihre bis dahin schärfste Waffe setzte die Rechte im Oktober 1972 mit dem Streik der Lastwagenbesitzer ein; Einzelhändler, Ärzte, Ingenieure oder Bankangestellte schlossen sich dem Ausstand an, der nicht nur die Versorgung gefährden, sondern das ganze Land lähmen sollte. Das Volk ließ sich nicht einschüchtern; Guzmán befragte seine Meinung in *La Respuesta de Octubre* (*Die Antwort des Oktober*, 1973); er fragte nicht nur, er «ließ die Arbeiter selbst Fragen stellen, die im Film beantwortet werden. So ergab sich ein dialektischer Prozeß gegenseitigen Fragens und Antwortens.»[42] Zur gleichen Zeit drehte Carlos Flores einen Film über die Gegensätze innerhalb der chilenischen Jugend (*Descomedidos y Chascones/Rabauken und Narren*, 1973) und ein Kollektiv zusammen mit dem New Yorker Tricontinental Film Center *Cuando despierta el pueblo* (*Wenn das Volk erwacht*, 1973), eine zusammenfassende Beschreibung und Analyse der Regierung Allende bis zum Sommer 1973.

Das Hauptwerk des chilenischen Films wurde vom Winter 1972/73 bis zum Sommer 1973 gedreht, aber erst im kubanischen Exil fertiggestellt, Guzmáns *La Batalla de Chile* (*Die Schlacht um Chile*) in drei Teilen: *La Lucha de un Pueblo sin Armas* (*Der Kampf eines unbewaffneten Volkes*, 1975), *El Golpe de Estado* (*Der Staatsstreich*, 1976) und *El Poder Popular* (*Die Volksmacht*, 1979). Wahrscheinlich ist noch nie vorher ein kurzer Abschnitt der Geschichte eines Landes so gründlich dokumentiert und so kritisch durchleuchtet worden. Guzmán verliert sich nicht in der Fülle des Materials, er ordnet es einigen Grundlinien der Entwicklung zu: auf der einen Seite die Versuche der Bourgeoisie, mit «legalen» und gewalttätigen Mitteln die Volksfrontregierung zu stürzen, auf der anderen die zum Teil heftigen Diskussionen innerhalb der Volksfront, wie diesen permanenten Putschversuchen zu begegnen sei – mit parlamentarischen Mitteln, was Allende befürwortete, oder mit Waffen, wie die MIR es forderte. Guzmán und seine Kameraleute halten sich dabei an das öffentlich Zugängliche, an Demonstrationen und Parlamentsdebatten, Reden Allendes und seiner Gegner, Fernsehansprachen und Diskussionen – in Ausnahmesituationen wie diesen findet ja viel weniger hinter verschlossenen Türen statt als bei einem ruhigen Gang der Politik.

Die drei Teile überlagern sich zeitlich: Der erste, der vor allem die Aktionen der Rechten darstellt, umfaßt den Zeitraum von März bis Juni 1973; der zweite, der zeigt, wie sich die Linke gegen den erwarteten Staatsstreich wappnet, der in Beobachtung und Argumentation intensivste, reicht von Juni bis Oktober 1973 (es gelang auch noch nach dem 11. September, Aufnahmen zu drehen, obwohl Guzmán zwei Tage nach dem Putsch verhaftet wurde; einiges stammt aus anderen Filmen, zum Beispiel von Heynowski und Scheumann); der dritte, der die Selbstorganisation des Volkes an der Basis vor Augen führt, der relativ schwächste Teil der Trilogie, setzt im Januar 1973 ein und endet mit dem Staatsstreich im September 1973.

Der Eindruck der Filme ist heute anders als bei der Premiere von Teil 1 und 2 vor einigen Jahren: Damals las man vor allem die Hoffnung aus dem Film heraus, man sah die Alternativen, war bereit, aus den Fehlern der Volksfront zu lernen. «Geschichte ist kein unausweichliches Schicksal, sondern etwas, das von Menschen gemacht wird. Darum umkehrbar. So ist dieser Film auch Bericht, Analyse, Requiem, Anlaß zum Nachdenken und Hoffnung in einem», schrieb ich 1977 in der «Süddeutschen Zeitung» (22./23. 1. 1977). Das gilt zwar weiterhin, aber eine schnelle Umdrehung der Entwicklung scheint inzwischen ausgeschlossen. Guzmán selbst weiß es, darum ist der dritte Teil so blaß geblieben, auf dem doch (nach der Dramaturgie der Trilogie) der Hauptakzent liegen müßte. Jetzt ist *La Batalla de Chile* vor allem ein historisches Dokument. Und wenn man lernt, dann vor allem, um ähnliche Entwicklungen in anderen Ländern rechtzeitig zu erkennen.

Filme der Solidarität

Lateinamerikanische Filmemacher beschäftigten sich nicht nur mit dem eigenen Land, sondern immer wieder mit Problemen anderer lateinamerikanischer Länder. Sie taten es aus Solidarität, stellvertretend für Kollegen, die nicht die Freiheit hatten, all das, was sie bedrängte, selbst darzustellen. Vor allem kubanische Dokumentaristen hatten die Möglichkeit, und sie nutzten sie zu einer solchen «Nachbarschaftshilfe»; sie galt in erster Linie Chile. Diese Soli-

La Bataille des dix millions (Marker 1970)

daritätsaktionen reichten indes bald über Lateinamerika hinaus. Insbesondere nordamerikanische und französische Filmemacher haben – ähnlich engagiert wie im Fall Vietnam – die Entwicklung in den lateinamerikanischen Ländern mit solidarischem Interesse verfolgt. Nach dem Sturz der Unidad Popular hat sich diese Bewegung noch verstärkt, vor allem in den sozialistischen Ländern.

1971 kam in Kuba ein Film von Santiago Alvarez heraus, der darstellt, wie der CIA noch in letzter Minute versuchte, die Wahl Allendes zu verhindern. *Cómo, por qué y para qué se Asesina a un General?* (*Wie, warum und wozu ermordete man einen General?*) analysierte die Umstände der Ermordung General René Schneiders, des Oberbefehlshabers der chilenischen Armee, am 22. 10. 1970. Wichtigster Ausdruck der Freundschaft zwischen Kuba und Chile war der schon erwähnte Film *Ich bin ein Sohn Amerikas* (1972) über Castros Reise durch Chile. Nach der Ermordung Allendes entstanden Filme der Trauer, so etwa die Noticieros No. 625 und 627, oder *El Tigre Saltó y Mató, pero Morira . . . Morira . . .* (*Der Tiger sprang und tötete, aber er wird sterben . . . er wird sterben . . .*, 1973), der an Victor Jara erinnert.

In Chile berichteten Pedro Chaskel und Luis Alberto Sanz in dem Film *No es Hora de Llorar* (*Es ist nicht die Stunde zu weinen*, 1971) über die Folterungen in Brasilien. In Argentinien beschäftigte sich Raymundo Gleyzer mit der Geschichte Mexikos (*México, la Revolución Congelada/Mexiko, die eingefrorene Revolution*, 1970) und Humberto Ríos mit der Geschichte Boliviens (*Al Grito de este Pueblo/Der Schrei dieses Volkes*, 1972). In Mexiko entstand Ende 1973 eine der besten Reportagen über den Staatsstreich in Chile, *Contra la Razón y por la Fuerza* (*Gegen die Vernunft und durch die Gewalt*), von Carlos Ortíz Tejeda, die auch schon Aufnahmen von den politischen Gefangenen im Nationalstadion oder von dem zerstörten Haus Nerudas enthielt. In den USA drehten 1970 David C. Stone, Barbara Stone und Adolfas Mekas ein Porträt der kubanischen Jugend (*Compagneras and Compagneros/Genossinnen und Genossen*). 1971 beschäftigte sich die New York Newsreel-Gruppe in einem weithin inszenierten Film mit der Lage in Guatemala und zeigte, wie aus normalen Menschen Guerilleros werden (*My Country Occupied*). 1974 porträtierte Danny Lyon Kinder in Kolumbien in dem Ein-Stunden-Film *The Abandoned Children*. Die schon erwähnte Co-Produktion zwischen einem chilenischen Kollektiv und dem Tricontinental Film Center, *Cuando despierta el pueblo* (*Wenn das Volk erwacht*, 1973), ist seinem Charakter nach ein chilenischer Film.

Wenn unabhängige Filmemacher der USA lateinamerikanische Themen aufgreifen, steckt als Antrieb hinter dieser Arbeit nicht nur Solidarität mit den Betroffenen, sondern auch Kritik an der eigenen Regierung in Washington, vor allem an der wirtschaftlichen Ausbeutung Lateinamerikas und den Aktivitäten des CIA. Wenn linke französische Filmemacher sich dem Subkontinent zuwenden, fehlt für sie dieses Motiv – Frankreich hat dort, abgesehen von einigen Firmen, keine speziellen Interessen. Man tut es aus Neugierde wie jeder gute Dokumentarist – und in Übereinstimmung mit den politischen Überzeugungen der Linken in Lateinamerika. Ihre Solidarität macht sie aber nicht blind: So hat Chris Marker in *La Bataille des dix millions* (1970) jene verlorene «Schlacht» Fidel Castros um eine Rekordernte von zehn Millionen Tonnen Zuckerrohr nicht unkritisch dargestellt; er konnte dies aber ohne Schwierigkeiten tun, weil Fidel selbst am Ende in einer großen Rede (die ein Drittel des Sechzig-Minuten-Films einnimmt) seine Fehler zugab und dabei aus der ökonomischen Niederlage einen ideologischen Sieg machte: das revolutionäre Bewußtsein sei dadurch gefestigt worden. Marker hatte schon 1961 in *Cuba si* die kubanische Revolution unterstützt. Chris Marker gehörte auch zur «Gruppe Iskra», die sich mehrmals mit Chile beschäftigte. Er hat die französische Fassung von Guzmáns *El Primer Año* hergestellt; die «Gruppe Iskra» hat Teile des Interviews zwischen Debray und Allende für Littins Film *Compañero Presidente* zu dem Kurzfilm *Ce que disait Allende* (1973) zusammengestellt. Aus Fotos der «Agence Gamma» entstand 1974 *Chili,* ein Bericht über den Staatsstreich vom 11. 9. 1973.

Unter den Filmen aus den sozialistischen Ländern wurde der chilenische Zyklus von Heynowski und Scheumann (DDR) am bekanntesten. In ihren kurzen Filmen *Mitbürger* (1973), mit der letzten Rede Allendes, *Psalm 18* (1974) und *Geldsorgen* (1975) funktioniert ihre Methode der emotionalen oder satirischen Zuspitzung am besten, das treffende Detail steht «stellvertretend für die Totalität der Wirklichkeit» [43]. Die drei langen Filme, *Der Krieg der Mumien* (1974, über den Kampf der internationalen Konzerne gegen die Unidad Popular), *Ich war, ich bin, ich werde sein* (1974, über politische Gefangene der Junta) und *El Golpo Blanco/Der weiße Putsch* (1975, über die Kampfmaßnahmen des chilenischen Bürgertums gegen Allende) überzeugen weniger, vor allem im Vergleich mit *La Batalla de Chile.* Während Guzmán sehr offen die Widersprüche innerhalb der Linken dokumentiert und diskutiert, verschweigen Heynowski und Scheumann diese Schwierigkeiten, der offiziellen Meinung der sozialistischen Länder folgend. Zudem stört bei den langen Filmen der betont manipulative Umgang mit dem Bildmaterial. Auch die detektivische Kaltschnäuzigkeit, mit deren Hilfe es ihnen gelang, in das Lager Chacabuco vorzudringen (in *Ich war, ich bin, ich werde sein*), um dort mit den Gefangenen Interviews zu machen, denen sie selbst sich nicht als Genossen zu erkennen geben durften, wirkt eher brillant als bewegend. Daß ein schlichter, uneitler Film sehr viel betroffener machen kann, haben Jürgen Böttcher und Rolf Liebmann (DDR) 1974 mit *Erinnere dich in Liebe und Haß* gezeigt, in dem sie vor allem die Funktion der populären Musik zur Zeit der Unidad Popular darstellten; die meisten Musiker kannten sie selbst als Gäste des Zweiten Festivals des politischen Liedes in Berlin 1971 (über das Böttcher den Film *Song International* drehte). Der sehr persönliche Ausdruck des Films, gemischt aus Trauer und Zorn, überträgt sich auf die Zuschauer.

Anmerkungen

1 In: Eckart Jahnke/Manfred Lichtenstein (Hg.), Kubanischer Dokumentarfilm, Berlin (DDR) 1974, S. 7; auch abgedruckt in: Peter B. Schumann, Kino in Cuba 1959 bis 1979, Frankfurt/M., Oberhausen 1980, S. 117.
2 Alle Fraga-Zitate aus dem angegebenen Aufsatz.
3 Kino in Cuba, S. 19.
4 Zit. nach Jahnke/Lichtenstein, a. a. O., S. 71.
5 Zit. nach Internationales Forum des jungen Films, Berlin 1977, Informationsblatt Nr. 35.
6 Fraga, zit. nach Jahnke/Lichtenstein a. a. O., S. 68 und Kino in Cuba, S. 139.
7 Santiago Alvarez, zit. nach Möglichkeiten des Dokumentarfilms, Oberhausen 1979, S. 140.
8 Alvarez, zit. nach Jahnke/Lichtenstein a. a. O., S. 94.
9 Alvarez, a. a. O., S. 97.
10 Alvarez, zit. nach Möglichkeiten, S. 141.
11 Alvarez, zit. nach Möglichkeiten, S. 138.
12 Peter Kress in: XV. Westdeutsche Kurzfilmtage Oberhausen, Bericht 1969, S. 54.
13 Kress, a. a. O., S. 53.
14 Maria Rodriguez Alemán, zit. nach Jahnke/Lichtenstein, a. a. O., S. 138.
15 Alemán, a. a. O., S. 139.
16 Zit. nach Der Film Lateinamerikas. Eine Dokumentation. Mannheimer Filmwoche 1980, S. 18.
17 Jorge Hönig/Jorge Olmos, in: P. B. Schumann (Hg.), Kino und Kampf in Lateinamerika, München 1976, S. 75.
18 Hönig/Olmos, a. a. O., S. 76.
19 Erklärung des Titels in Kino und Kampf, S. 94.
20 Solanas, zit. nach Kinemathek, Freunde der Deutschen Kinemathek (Hg.), Heft 50, Februar 1974, S. 11.
21 Klaus Bädekerl, Filmkritik, Ffm., Nr. 3/1969, S. 170.
22 Darüber Solanas/Getino, zit. nach Kino und Kampf, S. 17.
23 Text der Nationalhymne und Rede von Ongania in: Peter B. Schumann (Hg.), Film und Revolution in Lateinamerika, Oberhausen 1971, S. 21 und 23.
24 Hönig/Olmos, a. a. O., S. 82.
25 Das Manifest in Kino und Kampf, S. 9 ff., das Zitat S. 14.
26 Zit. nach Film und Revolution, S. 28.
27 Hönig/Olmos, a. a. O., S. 86.
28 Zit. nach Kinemathek, Heft 50, S. 4.
29 Zit. nach Eckart Jahnke (Hg.), Film im Freiheitskampf der Völker, Potsdam 1972, Lateinamerika, Band 2., S. 92.
30 Vollständiger Text der Zwischentitel und des Kommentars in Film und Revolution, S. 157 ff.
31 Film und Revolution S. 161.
32 Zit. nach Film und Revolution S. 129.
33 A. a. O., S. 128.
34 Zit. nach Möglichkeiten, S. 118.
35 Zit. nach Kino und Kampf, S. 178.
36 A. a. O., S. 180.
37 Douglas Hübner/Edgardo Recabarren, Das Kino der Unidad Popular, in Kino und Kampf, S. 44.
38 Hübner/Recabarren, a. a. O., S. 41.
39 A. a. O., S. 56.
40 Veröffentlicht in Film und Revolution, S. 88, und Kino und Kampf, S. 39 f.
41 Hübner/Recabarren, a. a. O., S. 60.
42 Kinemathek, Heft 50, S. 68.
43 Wolfgang Ruf, medium, Ffm., Heft 9/1976, S. 24

Singt Euren Zorn von Yoshio Miyajima (Japan 1969)

3. Mai 68 und Vietnamkrieg – Gegenöffentlichkeit durch Dokumentarfilme

Die «Neue Linke», die im Protest gegen das «Establishment» Ende der sechziger Jahre in allen westlichen Metropolen entstand, war die erste oppositionelle Bewegung, der es gelang, international eine eigene Öffentlichkeit zu schaffen. Auch wenn Hans Magnus Enzensberger 1970 über die Studenten des Pariser Mai spotten konnte: «Nicht das Rundfunkhaus, sondern das traditionsreiche Odéon-Theater wurde von den Aufständischen besetzt»[1], so hat es die Studentenbewegung doch verstanden, den vom Kapital oder Staat kontrollierten Medien eigene Informationen entgegenzusetzen – in Form von Flugblättern, Zeitschriften, Büchern, Filmen. Eine wichtige Waffe in dieser publizistischen Auseinandersetzung war der Dokumentarfilm, durch das 16-mm-Format vergleichsweise billig und durch Originalton überzeugungskräftig geworden. Schwieriger aber als das Filmen selbst war das Verbreiten der Filme: Die herkömmlichen Filmclubs waren nicht genügend politisiert, die kommunalen Spielstellen entstanden meist erst einige Jahre später, auch Universitäten und Gewerkschaften waren damals noch nicht im selben Maß wie heute auf Filmvorführungen eingerichtet, abgesehen vielleicht von den USA. Dennoch war die Resonanz einiger Filme, etwa des *17. Breitengrad* von Joris Ivens, erstaunlich groß.

Die Protestbewegung hat aus dieser Verzögerung gelernt und die von Enzensberger glossierte Berührungsangst vor den Medien längst überwunden; die neue Jugendbewegung um 1980 bedient sich des schnellen und billigen Video, zeigt Bänder über aktuelle Anlässe schon einen Tag nach dem Ereignis, hat über alternative Kneipen ein eigenes Vertriebsnetz aufgebaut, das die inzwischen weithin etablierten kommunalen Kinos und Programmkinos (fast) nicht mehr braucht. Festzuhalten aber bleibt, daß das alles um 1968 begann.

Der Protest der jungen Generation Ende der sechziger Jahre entzündete sich nicht nur an Fehlentwicklungen in der eigenen Gesellschaft oder der Universität, sondern in starkem Maß am Vietnamkrieg, den die USA nach dem angeblichen Tonking-Zwischenfall ab 1965 mit rabiatem Einsatz führten. Daß der Vietnamkrieg zum Kristallisationspunkt der «Neuen Linken» werden konnte, war auch die Folge eines Medienereignisses: Kein anderer Krieg zuvor war den Menschen überall in der Welt so direkt vor Augen geführt worden wie dieser Kampf in Asien: durch die täglichen Fernsehberichte, die bald durch ausführliche Direct-Cinema-Reportagen ergänzt wurden, beispielsweise *The Anderson Platoon* von Pierre Schoendorffer (USA 1967), das kommentarlose, zwischen Glorifizierung und Kritik pendelnde Tagebuch einer amerikanischen Kompanie im Dschungel von Vietnam. Natürlich hat der Krieg im Fernsehen durch Gewöhnung auch abgestumpft, aber er bereitete doch den Boden für die kritischen Berichte und Analysen, die dann bald gedreht wurden.

So haben sich Innen- und Außenpolitik bei den Protesten der späten sechziger Jahre durchdrungen, und auch die meisten Filme gewinnen ihre Stoßkraft aus dem doppelten Engagement: gegen die als verbrecherisch erkannte US-Politik in Vietnam und gegen die Repression im eigenen Land.

Die Filme des Vietnam- und Jugendprotestes waren ein weltweites Phänomen. In Japan zum Beispiel entstanden in den sechziger Jahren zahlreiche Filme; international am bekanntesten wurde *Ikari O Utae* (*Singt Euren Zorn*) von Yoshio Miyajima (1969), eine Chronik vom Oktober 1968 bis zum Mai 1969. Spektakulärste Ereignisse: die Besetzung eines Bahnhofs in Tokio am 21. 10. 1968, um Transportzüge der US-Armee zu blockieren und die Auseinandersetzungen in der Universität im Januar 1969, jeweils getragen vom Studentenverband Zengakuren. Der Film, der sich selbst als Instrument des politischen Kampfes verstand, hat die militanten Aktionen der Studenten und das ungewöhnlich brutale Eingreifen der Polizei zu großen theatralischen Inszenierungen stilisiert. In Italien produzierte ein Kollektiv unter Leitung von Alessandra Bocchetti in *Della Conoscenza* (1968) eine authentische, durchreflektierte Selbstdarstellung der Studentenbewegung; der Film spielt mit dokumentarischem und fiktivem Material, mischt agitatorische und essayistische Stilmittel, ist «der Prototyp eines politischen Films von morgen, der dem Zuschauer Zusammenhänge bewußt macht . . . Emotionen in den Dienst von Erkenntnis stellt» (Gregor)[2]. In der Schweiz hat Jürg Hassler in *Krawall* (1970) den heißen Züricher Sommer 1970 dokumentiert, den Kampf um ein autonomes Jugendzentrum, an dem sich später auch die Konflikte des Jahres 1980 entzündeten. Aus dem Einzelfall präparierte Hassler typische Elemente heraus: Statt zu diskutieren schickt der Staat die Polizei, den festgenommenen Demonstranten werden die Grundrechte verweigert, und die Kritiker dieses staatlichen Vorgehens, die Liberalen, passen sich im entscheidenden Augenblick doch ängstlich an. Hat für uns *Singt Euren Zorn* eher exotischen Reiz, so sind *Della Conoscenza* und *Krawall* bis heute gültig gebliebene Modelle politischer Filmarbeit, in welchen das Aktuelle ins Grundsätzliche überführt wird.

Westberlin: Studentenbewegung und Film

Zentrum der Studentenbewegung in der Bundesrepublik war Ende der sechziger Jahre Westberlin. Der

Kampf um eine neue Hochschulpolitik an der Freien Universität – der Vietnamprotest der «Neuen Linken», der bei den Bürgern der «Frontstadt» und der Springer-Presse, die unvermindert den «kalten Krieg» predigte, Empörung auslöste –, die isolierte Lage der Stadt, in der Konflikte besonders vehement aufbrachen –, schließlich Ereignisse, die sich nicht zufällig in Westberlin abspielten –, der Todesschuß auf Benno Ohnesorg nach den Anti-Schah-Demonstrationen am 2. Juni 1967 –, der Vietnamkongreß am 17./18. 2. 1968, der die Bevölkerung polarisierte –, die Schüsse auf Rudi Dutschke am 11. 4. 1968 –, der Versuch, die Auslieferung der Springer-Presse daraufhin an Ostern 1968 zu verhindern –, durch all dies wurde Westberlin zum Brennspiegel der gesellschaftlichen Auseinandersetzungen. Wie in keiner anderen Stadt wurden diese Ereignisse auch im Film festgehalten: Studenten der Deutschen Film- und Fernsehakademie (DFFB), die 1966 in Berlin gegründet worden war, hatten daran einen beträchtlichen Anteil. Aber auch die Filmabteilung der Ulmer Hochschule für Gestaltung (Leitung Alexander Kluge und Edgar Reitz) hat 1967/1968 in Berlin sehr viel dokumentarisches Material aufgenommen.

Natürlich drehten Filmemacher der außerparlamentarischen Opposition auch in anderen Städten Filme, so Dietrich Schubert über die Notstandsdemonstrationen in Köln und Bonn (*Wir sind stärker geworden*, 1968) und Kurt Rosenthal über Anti-Springer- und Anti-Notstandsaktionen in Hamburg (*Von der Revolte zur Revolution*, 1969) – beide Filme dokumentieren auf einfache Weise Ereignisse, die damals für die Öffentlichkeit ja noch relativ neu waren. Ähnlich der Ansatz der ersten Berliner Filme. Besonders wichtig der vom AStA der FU produzierte Report *Berlin, 2. Juni 1967* (1967) von Hans Rüdiger Minow und Thomas Giefer. Giefer hat die Funktion des Films elf Jahre später so beschrieben: «Am 2. Juni 1967, bei dem Schahbesuch, da war es so, daß die Filmaufnahmen, die fast aus Versehen gemacht wurden, und die Fotoaufnahmen von irgendwelchen Amateuren zusammengefaßt wurden von einem Untersuchungsausschuß des AStA. Da wurde jedes Bild wirklich ausgewertet. Einmal, um Demonstranten, die angeklagt und eingebuchtet worden waren wie der Fritz Teufel usw., um die mit diesen Bilddokumenten zu entlasten und andererseits, um die Polizeiführung und einzelne Polizisten zu belasten.»[3] In der Folgezeit fächerten sich die Drehmethoden auf. Auf der einen Seite zur ausführlichen, betont sachlichen Dokumentation, schon im Hinblick auf die künftige Forschung aufgenommen (die Ulmer Filme), auf der anderen zur Agitation oder zum Lehrstück, formal oft brillant, zum Teil an Godard orientiert (einige Filme der DFFB).

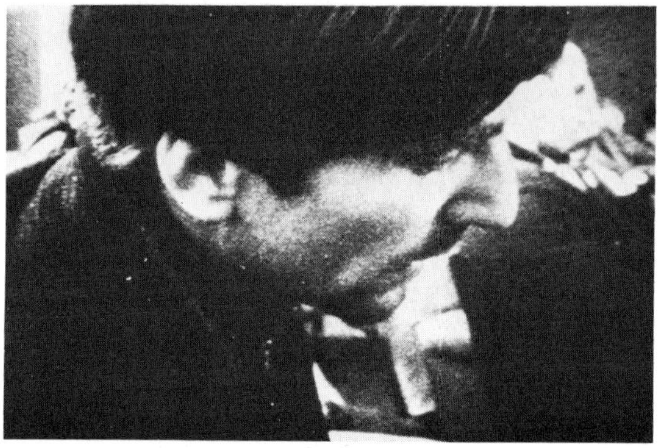

Ruhestörung – Ereignisse in Berlin 1967 (Müller/Hörmann 1968) – links und rechts: Das Teach-in in Hannover nach der Beerdigung von Benno Ohnesorg

In den Ulmer Filmen *Ruhestörung – Ereignisse in Berlin 1967* von Hans Dieter Müller und Günther Hörmann (1968) und *Was tun? Ereignisse in Berlin 1968* von Hans Dieter Müller (1969) wird fast ununterbrochen diskutiert, sowohl öffentlich bei Teachins oder auf der Straße (sogar noch mit Polizisten) als auch intern, innerhalb des SDS: Welche Strategien soll man für nichtgenehmigte Demonstrationen entwickeln? Der erste Film setzt nach dem Tod Benno Ohnesorgs ein und endet mit der großen Diskussion, vor allem zwischen Habermas und Dutschke anläßlich der Beisetzung Ohnesorgs in Hannover; der zweite Film – gedreht im Februar/März 1968, noch vor dem Attentat auf Dutschke – berichtet über ein Springer-Hearing und enthält ein langes selbstkritisches Interview mit dem SDS-Vorstandsmitglied Wolfgang Lefèvre.

Die Filme haben einen deutlichen Standpunkt, bemühen sich in ihrer Machart aber um Objektivität; sie gliedern das Material nur durch wenige Zwischentitel und Texte. Sie lassen die Protagonisten ausreden, zerteilen ihre Aussagen nicht in die üblichen Fernsehhäppchen. Das Bild ist dem Text untergeordnet; als am Ende des Teach-ins in Hannover dem Kameramann das Material ausgeht, nimmt der Tonmann trotzdem weiter auf und gewinnt so die spannendste Szene des Films. Habermas, der schon gesprochen hatte, kehrt ans Pult zurück, um Dutschke zu antworten. Er wendet sich gegen den Aktionismus der Studenten, die sich ihr Handeln von der Gegenseite, der (zum Teil verdeckten) Gewalt des Staates aufdrängen ließen. Obwohl der Film sich jeder weitergehenden Perspektive rigoros enthält, trifft er hier ins Zentrum: Wesentliche Streitpunkte, die zur Aufsplitterung der Linken nach der Euphorie des Jahres 1968 geführt haben, sind in dieser Szene wie in einer Keimzelle enthalten.

Die Ulmer haben aus Solidarität mit der «Neuen Linken» diese Filme über die beginnende Selbstzerstörung der APO damals nur intern gezeigt – erst zehn Jahre später kamen sie an die Öffentlichkeit. Diese Zurückhaltung galt vor allem den beiden *DK-Filmen 1 und 2* von Müller/Hörmann (1969) über die Delegiertenkonferenz des SDS im November 1968 in Hannover, bei der die Genossen beginnen, ihre Solidarität in dogmatischen Debatten zu ersticken, und dem Film *Aktiver Streik an der Universität Frankfurt* (Hörmann 1970), der berichtet, wie die Soziologiestudenten sich mit Habermas auf recht unfruchtbare Weise streiten. Die letzten Filme des Ulmer Zyklus sind *Grundordnungsdebatte 1 und 2* an der Universität Freiburg von Müller (1970).

Hörmanns und Müllers Aufnahmen strahlen ein hohes Maß an Authentizität aus. Die spürbare Zurückhaltung der Filmemacher scheint den Gang der Auseinandersetzungen kaum beeinflußt zu haben, auch wenn Harun Farocki später meinte, die SDS-«Dorfgrößten» hätten sich in Szene gesetzt, «irgendwas für die Ewigkeit gesagt»[4]. Die Diskussionen, ob öffentlich oder hinter geschlossenen Türen, hatten ja immer etwas von Schaukämpfen – auch wenn keine Kamera dabei war. Deutlich wird in den Filmen, daß die führenden Köpfe der Studentenbewegung allmählich statt inhaltlicher Fragen immer mehr Fragen der Taktik (gegenüber der Polizei) und der Organisation (gegenüber den eigenen Genossen) diskutierten. Die Filme wirken heute merkwürdig fremd, scheinen von entfernten Vorgängen zu berichten: Engagierte junge Leute, in der Regel ordentlich gekleidet und frisiert, die sich oft mit «Sie» ansprechen, streiten sich in einer von Ideologie bestimmten Diktion. Die Männer sind unter sich. Eine Resolution des «Weiberrates» des SDS wird in einer im *DK-Film 1* gezeigten Versammlung verspottet. Helke Sander hat diese Dominanz der Männer im SDS, die zur Initialzündung der autonomen Frauenbewegung wurde, 1981 in ihrem zahlreiche Dokumente zitierenden Spielfilm *Der subjektive Faktor* im Rückblick ironisiert und analysiert.

Die besten der DFFB-Filme jener Jahre wirken weniger veraltet, weil sie, dokumentarische Aufnahmen als Ausgangsmaterial benutzend, eigenständige filmische Formen gefunden haben. *Terror auch im Westen* von Thomas Giefer (1968) zeigt den Vietnamkongreß und die am 21. Februar folgende, vom Senat initiierte Gegendemonstration für die US-Politik vor dem Rathaus Schöneberg, bei der eine Pogromstimmung gegen kritische Studenten erzeugt wurde. Der 30-Minuten-Film ist formal so frech, wie er in seiner politischen Aussage radikal ist: Der im Titel apostrophierte Terror wird nicht in Ostberlin verübt oder von den Demonstranten, sondern von Westberliner Bürgern, die sich von Politikern und Springer-Journalisten aufhetzen lassen. Diese argumentativ untermauerte These formuliert Giefer in einer Form, die alle Genreeinordnungen souverän mißachtet: Dokumentation, Agitation, Reflexion wechseln jäh, Synchronton wird von asynchronem Ton abgelöst, die dokumentarische Aufnahme durch Schriften unterbrochen, unkommentierte Zitate aus Springer-Zeitungen sprechen für sich selbst. Lebendigkeit und Rationalität, die besten Eigenschaften der Studentenbewegung, kommen in diesem Film zur Deckung.

Mehr didaktisch angelegt andere Berliner Filme: *Unsere Steine* von Ulrich Knaudt (1968), mit starken inhaltlichen Parallelen zu Giefer, unverkennbar unter dem Einfluß von Godard, mit vielen inszenierten Szenen, und *Brecht die Macht der Manipulateure,* ein Anti-Springer-Film von Helke Sander, Harun Farocki und Ulrich Knaudt (1969), der – sehr logisch aufgebaut – zu der Schlußfolgerung kommt, daß eine Kampagne gegen den Pressekonzern für sich sinnlos sei, daß nur eine breite politische Bewegung mit dem Ziel, die Bevölkerung politisch wacher zu machen, Distanz zur Springer-Presse schaffen könne. Höhepunkt: Helke Sander, Harun Farocki und der Kameramann schleichen sich – in Abendkleid und Smoking – beim Presseball ein, attackieren Springer dort direkt persönlich, werden hinausgedrängt und berichten dann darüber.

Das radikale politische und ästhetische Engagement der Studenten der DFFB hing auch mit ihrer eigenen Situation zusammen. An der DFFB kam es zu Konflikten über Studieninhalte und -ziele zwischen Studenten einerseits sowie dem aufsichtsführenden Kuratorium (mit Politikern besetzt) und der Direktion (Erwin Leiser und Heinz Rathsack) andererseits; die Dozenten standen zum Teil zwischen den Fronten. Der Streit wurde zunächst administrativ aus der Welt geschafft, 18 Studenten wurden am 27. 11. 1968 relegiert – später allerdings finanziell abgefunden –, unter ihnen Gerd Conradt, Harun Farocki, Thomas Giefer, Ulrich Knaudt, Holger Meins, Max Willutzki und Christian Ziewer.[5] Auch der künstlerische Direktor Erwin Leiser verließ die Akademie, Rathsack blieb und leitete die Neuorganisation der DFFB in die Wege. Viele Forderungen der Studenten, vor allem nach Selbstverwaltung, sind 1969/1970 verwirklicht worden. Manche der Relegierten sind später als Dozenten zurückgekehrt, darunter Farocki und Conradt.

Die Relegation der 18 war für die DFFB dennoch ein großer Einschnitt. «Unsere filmische Tradition», sagte Giefer im Rückblick, «hat sich außerhalb der Akademie fortgesetzt» oder ist «abgestorben»[6], während sich die in der Akademie verbliebenen Studenten, vor allem unter dem Einfluß von Klaus Wildenhahn, der Dozent wurde, einen im strengeren Sinne dokumentarischen Stil erarbeiteten; in den Themen blieben sie der Studentenbewegung verpflichtet. Unmittelbarer Ausdruck der neuen Haltung zum eigenen Handwerk war die Gründung der «Wochenschau-Gruppe» unter Leitung von Wildenhahn, die in ihrer ersten Arbeit den Rausschmiß der 18 aufs gründlichste dokumentierte: *Requiem für eine Firma,* 1969, von Horst Schwaab und Gisela Tuchtenhagen fertiggestellt. *Wochenschau II* (1969) und *Wochenschau III* (1970), nun von größeren Teams gedreht, ließen jeweils zwei aktuelle Themen aufeinanderprallen: in Nr. 2 noch einmal die Vorgänge an der Akademie und den Nixonbesuch in Westberlin im Februar 1969, in Nr. 3 die Besetzung eines katholischen Studentenheims durch seine Bewohner aus Protest gegen die kirchliche Ordnungsmacht und Beobachtungen von Arbeit und Freizeit eines Busfahrers und Schaffners.

Konsequent auf dieser Linie lagen dann einige «Schülerfilme», die von Studenten der DFFB zusammen mit Schülern in Berlin (*Schülerfilm 1* und *Schülerfilm 2/Maulwürfe der Revolution*, beide 1969), Itzehoe (*Schülerfilm 3*, 1970) und wieder in Berlin (*Schülerfilm 4: Ich oder wir*, 1970) gedreht wurden.[7] Wichtig sind diese teils mißglückten, von ihren Autoren selbst kritisch gesehenen Filme, weil sie zum erstenmal versuchen, diejenigen, über die sie berichten, an der Filmarbeit zu beteiligen. Film als Sprachrohr für Betroffene – dieses Programm vieler Dokumentarfilme bis heute hat hier eine seiner Keimzellen. Es ist ein Erbe der 68er Bewegung.

USA: Vietnamfilme – Vom Protest zur Analyse

Auch in den USA artikulierte sich der Protest gegen den Vietnamkrieg vornehmlich in der jungen Generation; Filme verbreiteten diesen Protest. Auch in den USA ging es darum, mit den Filmen eine Gegenöffentlichkeit zu schaffen, weil die großen, meinungsbildenden Fernsehsysteme jede kritische oder auch nur analysierende Darstellung des Krieges verhinderten. «Wir sahen den Krieg jeden Tag, ... aber nie eine Sendung über die Ursachen; nie eine Sendung über die historischen Wurzeln; nie eine Sendung, die versuchte, den Krieg in einen Kontext zu stellen» (de Antonio)[8]. Zudem mußten sich die kritischen Filme auch gegen die offizielle Propaganda zur Wehr setzen, wie sie sich etwa in dem Film *Why Vietnam?* (1965), vom amerikanischen Verteidigungsministerium in Auftrag gegeben, äußerte, in dem der Krieg gegen Nordvietnam mit dem Krieg gegen Nazideutschland auf eine Stufe gestellt wurde.

Die Proteste gegen den Vietnamkrieg speisten sich vor allem aus zwei Quellen: Erstens aus der Überzeugung, ein Staat, der eigene Minderheiten unterdrückt, hat nicht das Recht, sich als Heilsbringer für fremde Völker aufzuspielen. Zweitens aus den Berichten von Soldaten, die aus Vietnam zurückkehrten: Sie machten deutlich, daß die US-Armee dort nur ein korruptes Regime stützte, daß sie im Chaos des Krieges die Bevölkerung terrorisierte, statt sie zu schützen.

In dem Zweieinhalb-Stunden-Film *Sons and Daughters* hat Jerry Stoll schon 1967 die innenpolitische mit der außenpolitischen Situation verknüpft. Er kombinierte die Studentenproteste in San Francisco mit Aufnahmen von der Ausbildung der Rekruten und vom Krieg selbst. 1968 setzte David Loeb Weiss in *No Vietnamese Ever Called Me Nigger* die rechtlose Lage der Schwarzen in den USA in Beziehung zur Aggression der amerikanischen Regierung in Südostasien. Hauptpersonen sind vier Schwarze, die in Vietnam gekämpft haben. Wie tief die Kluft zwischen den Rassen geworden ist, zeigt sich bei einer Demonstration von Schwarzen in New York gegen den Vietnamkrieg: Als ein Weißer mitmarschieren will, akzeptieren sie ihn nicht. Die Intensität des Protestes gegen die Vietnampolitik hat am besten Chris Marker in der halbstündigen Reportage *La sixième face du Pentagone* (1967) eingefangen. Hunderttausend junge Menschen marschieren gewaltlos gegen das Symbol der amerikanischen Militärmacht, sie werden brutal niedergeknüppelt; Marker und sein Team (darunter François Reichenbach) filmen solidarisch aus der Position der Demonstranten.

Immer wieder bezweifeln Filme die Ehrlichkeit des amerikanischen Vietnamengagements. *Time of the Locust* von Peter Gessner (1966) konfrontiert Friedensäußerungen amerikanischer Politiker mit der schrecklichen Realität in Vietnam. Diese kurze Schockmontage ist eine Ausnahme unter den wichtigen Filmen zum Krieg. In der Regel dominiert der lange, beobachtende Film, meist mit vielen Interviews – die Direct-Cinema-Technik hatte sich Ende der sechziger Jahre endgültig durchgesetzt. Es war notwendig, der Gegeninformation durch die neue Drehmethode jene Glaubwürdigkeit zu geben, die sie brauchte, um der Regierungspropaganda Widerpart leisten zu können.

Das Element des Schocks ist allerdings auch in den Direct-Cinema-Filmen häufig zu finden, es resultiert aus dem Erlebnis amerikanischer GIs in Vietnam. In *Only the Beginning*, einer Produktion von New York Newsreel (1971), werfen Soldaten vor dem Capitol in Washington ihre Medaillen weg; sie waren als Idealisten nach Vietnam gegangen, der Krieg dort hat ihnen die Augen geöffnet. In zwei aufwühlenden Filmen berichten junge Amerikaner von ihren Verbrechen in Vietnam. In *Interviews with My Lai Veterans* (Joseph Strick, 1971) erzählen sie «mit einem in der Defensive bleibenden Lächeln, falscher Gleichgültigkeit und heimlichen Gewissensbissen, wie und warum sie zum Mörder wurden. Von ihren Taten abgespalten, vom Krieg gebrochen, lebende Tote, keiner Schuld bewußt, erscheinen sie nicht nur als Henker, sondern auch als Opfer» (Amos Vogel).[9] In *Winter Soldier* (Winterfilm-Kollektiv, 1972) gestehen während eines Hearings 1971 in Detroit viele ehemalige Vietnamkämpfer ihre Verbrechen. Sie haben weit mehr als nur getötet: Sie

Peter Davis: *Hearts and Minds* (1974)

haben Gefangene aus dem Hubschrauber geschleudert; es ging darum, möglichst weit zu werfen. Eine Frau wurde aufgeschlitzt, ein kleines Kind gesteinigt. Der scheinbar kunstlose Film verläßt sich ganz auf die Gesichter der jungen Männer, auf einige Fotos und Amateuraufnahmen von unvorstellbaren Grausamkeiten. Trotzdem wird er nie zur Horrorshow. Er erschüttert – auch noch Jahre nach den Ereignissen – durch den Kontrast zwischen den Taten und dem Bewußtsein dieser Soldaten. Von ihren Ausbildern zur äußersten Grausamkeit erzogen (Frederick Wiseman hat das in *Basic Training* festgehalten, siehe Kapitel 4, Seite 80), töten sie teils mechanisch, teils mit Lust. Erst bei den Tränen während ihrer Aussagen scheint ihnen bewußt zu werden, was sie taten. Juristisch kaum zu belangen, weil sie in der Regel auf Befehl handelten, müssen sie mit ihrer Schuld nun ein Leben lang fertigwerden.

War *Only a Beginning* noch ein eher naiver Protestfilm, so rühren *Interviews* und *Winter Soldier* an Tiefenschichten, die den Zuschauer über den aktuellen Anlaß hinaus betroffen machen. Hier wird «die Fähigkeit eines jeden Menschen zum absolut Bösen» (Vogel)[10] diskutiert; die Filme führen Überlegungen fort, die Romm in *Gewöhnlicher Faschismus* (siehe Kapitel 7, Seite 122) anstellt. Nicht nur ein faschistischer, sondern auch ein demokratisch organisierter Staat kann Menschen in Situationen bringen, die sie zum Verbrecher werden lassen. «Unausgesprochen stellt er (der Film) die dringliche Frage nach dem irreversiblen Schaden, den dieser Krieg der amerikanischen Zivilisation bereits zugefügt hat» (Vogel, 1972)[11].

Je länger der Krieg in Vietnam dauerte, desto größer wurde die Notwendigkeit, von der Empörung, dem Protest und dem Schock zur Analyse überzugehen. In den USA gilt *In the Year of the Pig* von Emile de Antonio (1969) als der wichtigste Film zur politischen Interpretation des amerikanischen Eingreifens in Vietnam. Aus Wochenschaumaterial, das bis zum Zweiten Weltkrieg zurückgeht, und aus langen Interviews mit Experten entsteht – ohne Kommentar – das Bild einer völlig verfehlten amerikanischen wie vorher schon französischen Vietnampolitik. Alan Rosenthal hat moniert, daß der Film einseitig für Nordvietnam Partei ergreife, daß er sein Material manipuliere, daß Aussagen aus dem Zusammenhang gerissen und in einen neuen Kontext gestellt werden, wodurch die Politiker «wie totale Narren wenn nicht Verbrecher»[12] erscheinen. Trotzdem kommt Rosenthal zu dem Ergebnis, es sei eine «wesentliche Wahrheit und Einsicht in dem Film»[13]. De Antonio selbst unterscheidet zwischen einem leidenschaftlichen Engagement für eine Sache, an die man glaubt, und einer Lüge. «Es gibt keine Lügen in dem Film – es gibt Vorurteile.»[14]

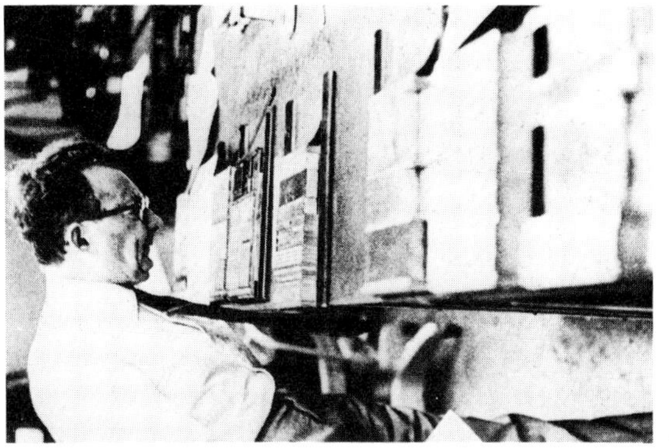

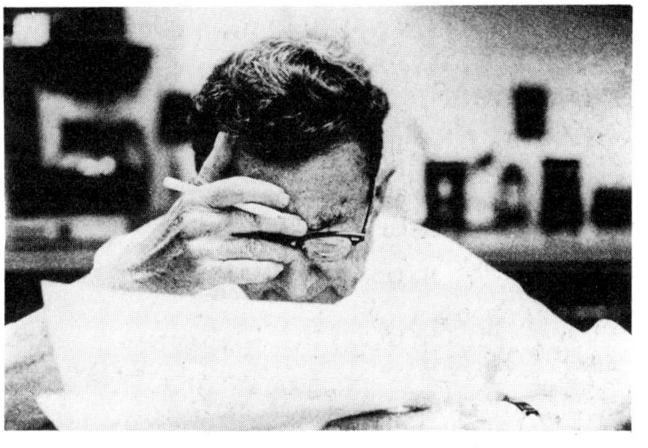

Jerry Bruck: *I. F. Stone's Weekly* (USA 1974)

1971 drehte Peter Davis *The Selling of the Pentagon* für CBS, einen der wenigen Filme zur Vietnampolitik, den eine Fernsehanstalt in Auftrag gab; Davis analysiert darin die Manipulationstechniken des Verteidigungsministeriums, die darauf abzielten, Unterstützung für den Krieg zu erhalten. Im selben Jahr kam ein Film heraus, der eine Wende innerhalb der Vietnamkritik signalisierte: In *The Pentagon Papers and the American Revolution* von Jerry Stoll und David Castro protestiert mit Daniel Ellsberg erstmals ein Mann, der als hoher Beamter im Verteidigungsministerium den Krieg lange mitgetragen hatte. Nach seinem Sinneswandel brachte er die «Pentagon Papers» an die Öffentlichkeit; im Film erklärt er sein Hauptargument: der vietnamesische Befreiungskampf weise Parallelen zum amerikanischen Unabhängigkeitskrieg vor zweihundert Jahren auf. Immer wieder stellt der Film Menschen und Landschaften in Vietnam und in den USA nebeneinander, bis sie in der großartigen Schlußmontage ununterscheidbar miteinander verschmelzen.

Daniel Ellsberg ist auch einer der Hauptzeugen in Peter Davis' *Hearts and Minds* (1974), einer großen Bilanz am Ende des Krieges. Ursprünglich von Columbia Pictures für 900 000 Dollar produziert, landete auch dieser Film schließlich im alternativen Verleih, ging seinen Weg durch die amerikanischen Universitäten. *Hearts and Minds* ist der umfassendste Film über den Vietnamkrieg, schon aus einem gewissen Abstand heraus gemacht. Davis sprach in den USA mit Gegnern und Befürwortern des Krieges; er filmte in Vietnam 1972, noch bevor die amerikanischen Truppen abzogen; er sprach auch mit französischen Politikern, die den Amerikanern das Problem Vietnam vermacht hatten. Es geht Davis um eine Innenansicht der USA während des Krieges, um Friedensliebe und Aggression, um falschen und wahren Patriotismus. Der Film entbehrt nicht spektakulärer Züge, und man sieht ihm an, daß er ursprünglich fürs Kino gemacht war. De Antonio, der meinte, Davis verstünde weder die USA noch Vietnam, nannte *Hearts and Minds* den «*Godfather* der Dokumentarfilme»[15]. Richtig ist, daß der Film aus einer Distanz heraus auf die Ereignisse blickt, die aber durch die starke Emotionalität der Bilder und Aussagen durchbrochen wird.

Während der Zeit des Vietnamkriegs entstand ein Porträtfilm, der dieser Epoche auf ganz eigene Weise einen Spiegel vorhält. Von 1970 bis 1973 arbeitete Jerry Bruck jr. an einem Film über I. F. Stone und sein Ein-Mann-Blatt *I. F. Stone's Weekly,* das sein Gründer von 1953 bis 1971 herausgegeben hat: eine Publikation, die Hintergründe aufdeckte, die amerikanische Politik durchleuchtete und hart kritisierte, ein Organ für unterdrückte Nachrichten; die Auflage stieg von 5000 auf 70 000. Stone, der längere Zeit fast taub war, hat seinen Sprengstoff in anderen allgemein zugänglichen Publikationen gefunden und seine Nachrichten nach dem Mosaiksystem aus verschiedenen Quellen zusammengebaut. Einer seiner größten Erfolge war es, die offizielle Version des Zwischenfalls im Golf von Tonking als Lüge Johnsons zu entlarven. Stone war aber nicht nur ein glänzender Rechercheur, sondern auch ein treffsicherer Schreiber, ein Nachfahre von Karl Kraus. Der junge Jerry Bruck hat mehrere Jahre lang I. F. Stone beim Zeitungslesen, in der Druckerei, bei Gesprächen und Reden beobachtet und daraus das Porträt eines mutigen Mannes komprimiert.

Was für Stone als Einzelperson bezeichnend ist, gilt für die amerikanischen Vietnamfilme insgesamt: sie schufen Gegenöffentlichkeit. Und das gilt über die USA hinaus: Die Filme über den Vietnamkrieg und den Protest dagegen, auch die aus anderen Ländern, haben zum erstenmal international in größerem Umfang die offiziellen Standpunkte der Regierungen von Washington bis Bonn unterlaufen. Die Filme erreichten natürlich nicht oder nur in Ausnahmefällen das große Publikum – das blieb weiterhin von der Fernsehberichterstattung abhängig – aber sie dienten zur Verständigung innerhalb der ständig anwachsenden Protestgruppen; sie konnten Zögernde zu Sympathisanten machen.

Dokumente aus Vietnam

Der Vietnamprotest war angewiesen auf authentische Dokumente aus Südostasien. Schon vor den Aussagen der ehemaligen US-Soldaten in *Interviews with My Lai Veterans* und *Winter Soldier* fanden drei Filme in den USA eine relativ weite Verbreitung, teilweise sogar im Fernsehen; zwei von ihnen kamen aus Kanada. So wurde *Mills of Gods: Viet Nam* (1965) der Kanadierin Beryl Fox im Public Television NET gezeigt, nicht ohne daß die Anstalt sich in einem Vorwort von dem Film distanzierte, der ohne direkte politische Stellungnahme die Schrecken des Krieges schonungslos schilderte, gerade auch für die Zivilbevölkerung. 1967 reiste der in den USA lebende Engländer Felix Greene im Auftrag der Fernsehanstalt CBS nach Nordvietnam; seine sachliche Reportage *Inside North Vietnam* (1968) wollte CBS dann allerdings nicht senden, sie brachte nur einige Ausschnitte in den Nachrichtensendungen. Das Public Television hat schließlich 49 der 84 Minuten ausgestrahlt und setzte sich dabei über einen Protest von 33 Mitgliedern des Kongresses hinweg, die den Film gar nicht kannten. Die vollständige Fassung lief mit großem Erfolg in den Kinos. *Sad Song of Yellow Skin* (1971), eine National Filmboard of Canada-Produktion von Michael Rubbo mit eindringlichen Bildern aus dem vietnamesischen Alltag (zum Beispiel von Kindern in Saigon) wurde auf dem nichtkommerziellen Markt gespielt, obwohl der Film den radikalen Organisationen zuwenig politisch war.

Die amerikanischen Behörden führten Ende der sechziger Jahre den Kampf gegen unliebsame Vietnamfilme mit allen Mitteln. US-Regisseure durften nicht nach Nordvietnam reisen, man entzog ihnen die Pässe. Greene konnte fahren, weil er Engländer war. Der Zoll stoppte die Einfuhr ausländischer Filme, viele mußten deshalb ins Land geschmuggelt werden. Die Behörden konnten auch die Verbreitung von Ivens' *Le dix-septième parallèle* nicht verhindern.

Ivens' Trilogie *Le ciel, la terre* (1965), *Le dix-septième parallèle* (1967) und *Le peuple et ses fusils* (1969) hat ganz wesentlich zum Verständnis der Lage in Südostasien beigetragen. Den 30-Minuten-Film *Le ciel, la terre* nennt Ivens einen Agitationsfilm: «Der Film zeigt, daß das vietnamesische Volk sich mit heroischer Kraft gegen die verbrecherische Aggression der Amerikaner zur Wehr setzt; es ist sicher, daß es gewinnen wird, denn der Kampf ist ein echter Volkskrieg.»[16] In dichten Montagen wird der Begriff «Volkskrieg» mit rein optischen Mitteln definiert. «Die Bilder stellen den Menschen gegen die ferngesteuerte Technologie und sie geben dem Zuschauer bewußt nicht die Möglichkeit, zwischen beiden Seiten zu wählen, weil auch dem vietnamesischen Volk keine Wahl bleibt. Eine exakt durchdachte Parallelmontage – Kinder, die Fliegerabwehr pantomimisch spielen und Befreiungskämpfer, die eine wirkliche Abwehrkanone bedienen – bagatellisiert nicht den Kontrast, sondern verschärft ihn bis ins Unerträgliche: der Schluß der Sequenz stellt die spielenden Kinder und ein angreifendes amerikanisches Flugzeug unmittelbar gegeneinander.» (Kreimeier)[17]

Der folgende abendfüllende Film über den 17. Breitengrad bedeutet im Werk von Ivens eine gewisse Wendung, die schon die Drehmethode der Chinafilme vorwegnimmt. Zum erstenmal benutzt Ivens fast durchweg Originalton; die Vietnamesen haben Zeit sich auszusprechen, ihre Arbeit, ihre Kriegsanstrengungen ausführlich zu zeigen. Aus den Zeichen und Symbolen von *Le ciel, la terre* wird in *Le dix-septième parallèle* Beobachtung des Alltags. Großen Einfluß auf diese Entwicklung hatte Marceline Loridan, die hier erstmals mit Ivens zusammenarbeitete; sie nahm den Ton auf und war Co-Regisseurin, zwei vietnamesische Kameraleute gehörten zum Team und eine Ärztin, die zugleich Übersetzerin war. Der Film beschreibt sehr konkret das Leben in einem Dorf an der Demarkationslinie, immer bedroht von amerikanischen Bombenangriffen. Vieles findet unter der Erde statt: Schule, ärztliche Versorgung, Druck der Zeitung. Der Film hat – vor allem zu Beginn – einen langsamen Rhythmus, den des Dorfes. Auch hier wieder Kinder, die Krieg spielen, aber daraus wird Ernst. Ein Neunjähriger hat seine Mutter verloren, er bringt bei Angriffen seine Großmutter in den Keller; dann geht er nach oben, um – wenn nötig – Verwundeten zu helfen. Sollte er von den Amerikanern gefangengenommen werden, sagt er, dann würde er nichts verraten. Die – absurde – Heroisierung eines Kindes, von der Realität erzwungen.

Marceline Loridan und Joris Ivens waren im Rückblick nicht mehr durchweg zufrieden mit dem

Joris Ivens: *Der 17. Breitengrad* (1967)

17. Breitengrad, der Film verlasse sich zu sehr auf die Faszination. Die Leute kämen aus dem Kino und sagten: was für außerordentliche Menschen.[18] Ergebnis dieser Selbstkritik ist *Le peuple et ses fusils,* ein Film über den «vergessenen Krieg» in Laos, der von den Amerikanern kaum weniger heftig geführt wurde als der im benachbarten Vietnam. Jean-Pierre Sergent, der Ivens und Loridan für «Cinema 70» interviewte, kennzeichnete *Le ciel, la terre* als Plakat, den *17. Breitengrad* als Erzählung, *Das Volk und seine Gewehre* als einen Essay über Theorie[19]. Das Bildmaterial ähnelt dem im *17. Breitengrad,* ist aber anders montiert. Als Ivens und Loridan nach Paris zurückkamen, hatten dort inzwischen die Studentenrevolte und der Generalstreik stattgefunden, die Bereitschaft war vorhanden, Prinzipien der Revolution, aber auch künstlerische Methoden zu diskutieren. So haben die Filmemacher für die Montage einige junge Linke in das Team aufgenommen. Das Ergebnis ist ein didaktischer Film. «Die »emotionalisierenden« Faktoren sind fast ganz zurückgenommen; die bildliche Konkretisierung politischer Begriffe und politischer Prinzipien steht im Mittelpunkt, und dort, wo die Gegenständlichkeit der filmischen Ikonographie der Ergänzung bedarf, greifen gliedernd und erklärend Zwischentitel ein – ein Konstruktionsprinzip, das den Zeige-Gestus, die pädagogische Intention nicht verbirgt, weil der Volkskrieg selbst ein kollektiver, von Stufe zu Stufe fortschreitender Lernprozeß ist.» (Kreimeier)[20]

Sieht man die «Trilogie» im Zusammenhang, dann fällt auf, worin Kreimeier die Vorwegnahme des China-Zyklus sieht, «daß die Arbeiter und Bauern nicht nur in den Kommuniqués, sondern faktisch die politische Macht innehaben»[21] – das unterscheidet diese Filme sowohl von bürgerlichen Filmen, für die die Massen «stets nur als Objekt figurieren»[22], aber auch von Filmen sozialistischer Länder und aus Vietnam selbst, in denen eine Verlautbarungssprache, die Sprache der Führungskader, die Volksmassen ebenfalls zu Objekten degradiert. Die Direct-Cinema-Drehmethode ist hier – ähnlich wie bei Wildenhahn oder in den besten Filmen der Bürgerinitiativen – zum Politikum geworden.

Vergleicht man die Indochinafilme von Ivens mit Filmen, die Vietnamesen, aus Nordvietnam oder von der Befreiungsfront, selbst über ihren Kampf gedreht haben, dann erscheinen die Beobachtungen des Fremden authentischer, vietnamesischer, schon durch die Verwendung des Originaltons. Die vietnamesischen Filme, aus Haß geboren, gleichen – von wenigen Ausnahmen abgesehen – Gesängen mit stereotypen Formeln, sie schließen die Kämpfenden zusammen. Natürlich sind die Filme auch viel ärmer als die von Ivens; stumm gedreht, mit Musik und Kommentar versehen, entwickeln sie ein – absolut verständliches – Pathos, das dem europäischen Zuschauer fremd bleiben muß, auch bei grundsätzlicher Solidarität mit dem vietnamesischen Volk während dieses Krieges.

Zu den wenigen mir bekannten Ausnahmen gehört *Mo duong Truong Son* (*Der Bau des Pfades Truong Son*, 1973) von Thuy Son aus dem Dokumentarfilmstudio Hanoi. Der Film schildert, wie eine Straße über vier Jahre immer wieder ausgebessert wird, zeigt also den Kampfesmut der Vietnamesen nicht abstrakt wie viele andere Filme, sondern ganz konkret.

Unter den zahlreichen, nicht mehr überschaubaren Filmen zum Thema Vietnam aus den sozialistischen Ländern ragen die schon im zweiten Kapitel erwähnten Arbeiten von Santiago Alvarez und zwei Zyklen des DDR-Teams Heynowski und Scheumann (H & S) hervor. Alvarez hat sich in *Hanoi, Martes 13* (1967) und *79 Primaveras* (1969) mit dem Vietnamkrieg, in *La guerra olvidada* (1967) und *La estampida* (1971) auch mit Laos beschäftigt. H & S haben zwei Filmserien über Vietnam gedreht: während des Krieges 1967/1968 *Piloten im Pyjama* in vier Teilen, Interviews mit abgeschossenen US-Fliegern in vietnamesischer Gefangenschaft, nach dem Krieg (ab 1976) eine Folge von vier etwa einstündigen Filmen; dazu kommen einige Kurzfilme.

Piloten im Pyjama mit seinen vier Teilen *Yes, Sir, Hilton Hanoi, Der Job* und *Die Donnergötter* erregten Ende der sechziger Jahre großes Aufsehen, waren es doch die ersten im Film festgehaltenen Äußerungen amerikanischer Soldaten in Vietnam. H & S haben den Zyklus als Gruppenporträt angelegt, sie sprechen mit Piloten verschiedenen Alters, verschiedener Erfahrung, verschiedener Bildungsstufen; die Auswahl sei nicht nach ideologischen Gesichtspunkten erfolgt, sie soll «bereits statistischen Wert»[23] gewinnen. Die Befragung erbringe «in der Summe die Selbstoffenbarung eines mörderischen Fachidiotismus»[24], wie es in einem Text des Studios H & S heißt.

Wenn es in *Winter Soldier* und *Interviews with My Lai Veterans* um existentielle Fragen geht (wie sind Menschen zu solchen Verbrechen fähig?), so bei *Piloten* um ideologische (wie ist das System beschaffen, das Menschen zu Verbrechern macht?). Diese zweite Frage interessiert natürlich die amerikanischen Filme auch, aber sie gehen tiefer, treffen damit jeden Zuschauer. H & S dagegen führen ihre Piloten als Beweisstücke vor, «sie offerieren eine zurechtgemachte Version der Wirklichkeit mit einer fertig formulierten politischen Moral, die der Zuschauer nur zu übernehmen braucht» (Gregor)[25]. Der Unterschied ergibt sich schon aus den Befragungsmethoden: Für die Soldaten in den amerikanischen Filmen ist die Aussage vor der Kamera eine Beichte, eine Art Selbstreinigung, bei H & S bleibt es beim nur notdürftig getarnten Verhör. «Vor der Kamera sieht man offensichtlich nervöse, unter psychischem Druck stehende Amerikaner, die eine Befragung über sich ergehen lassen, die mehr den Charakter einer Gerichtsverhandlung trägt; unablässig müssen sie bekunden, wie gut es ihnen in nordvietnamesischer Gefangenschaft gehe.» (Gregor)[26] Amos Vogel kommt zum Ergebnis, daß «ein solcher Film ein besonders heimtückisches (weil nicht anerkanntes) Verhör ist, bei dem der Gefangene bereits hinter Schloß und Riegel sitzt und sich dabei einredet, mit gutem Verhalten vor der Kamera könne er auf irgendeine Art seine Lage verbessern»[27].

Sachlicher, aber auch konventioneller der Zyklus, der nach dem Krieg entstand, *Die Teufelsinsel* (1976), *Der erste Reis danach* (1977), *«Ich bereue aufrichtig»* (1977) und *Die eiserne Festung* (1977) – Filme über Freunde oder Gegner von gestern, die aus dem Krieg gelernt haben, Filme über den Neuanfang –, H & S können ihr polemisches Talent nicht im gewohnten Maß entfalten. Eine herzliche Beziehung andererseits zu Menschen vor der Kamera, die man hier erwarten könnte, gelingt ihnen kaum.

Ein später Nachläufer ihres Vietnamzyklus ist *Phoenix* aus dem Jahre 1979; er enthält hauptsächlich zwei ineinander verschränkte Interviews: mit dem ehemaligen Chef der südvietnamesischen Polizei, General Bui Van Nhu, und mit K. Barton Osborn, einem ehemaligen CIA-Agenten, der in Da Nang Agentenführer für vierzig einheimische Spitzel war. Beide Gespräche bestätigen unglaubliche Grausamkeiten beim Verhör von Angehörigen des Vietcong. Der Film bekundet Abscheu vor diesen Verbrechen, er will eine Mahnung auch für die Gegenwart sein, weil sich diese Geheimdienstpraktiken ja nicht geändert haben. Aber die Betroffenheit äußert sich bestenfalls verbal; H & S präsentieren ihr Material kaltschnäuzig, Trauer will sich nie einstellen. In einer Sequenz werden amerikanische Rundfunknachrichten über die tägliche «Abschußquote» zitiert. In den von ihnen dazumontierten Aufnahmen aber häufen H & S selbst die Leichen, die Bilder des Grauens werden fast mit Lust gesammelt. Das Plädoyer für die Humanität schlägt um in Sensationsjournalismus.

Der Pariser Mai: Studenten und Arbeiter

Auf den ersten Blick scheint die Verbindung zwischen Studentenrevolte und Vietnamkrieg in den französischen Filmen weniger ausgeprägt als in den Filmen anderer Länder. Frankreich ist von einer Konstellation fasziniert, die anderswo kaum eine Rolle spielte: der Koalition zwischen Studenten und

Arbeitern – in den Filmen schlägt sich vor allem dieser Aspekt nieder. Dennoch war das Vietnam-Thema nicht unwichtig. Joris Ivens hat über die Wechselwirkung zwischen militanten Filmen und dem Protest berichtet: «Ich weiß mit Sicherheit, daß *Le dix-septième parallèle* und andere Filme über Vietnam dazu beigetragen haben, der französischen Jugend zu dem Bewußtsein zu verhelfen, daß sie zwar eine kleine Gruppe in dem wirtschaftlichen und sozialen Ganzen sind, aber daß sie, wie klein auch immer, durch Vertrauen auf ihre eigenen Kräfte demonstrieren, protestieren, besetzen, streiken und ihre Forderungen durchsetzen können.»[28]

In Frankreich entstand in dieser Zeit unter Mitwirkung von Ivens einer der reflektiertesten Vietnamfilme, *Loin du Vietnam* (1967), mit Episoden von Alain Resnais, William Klein, Joris Ivens, Agnès Varda, Claude Lelouch und Jean-Luc Godard; die Montage des umfangreichen Materials aus Vietnam (es stammte vor allem von Ivens), den USA, Kuba, Bolivien und Paris besorgte Chris Marker, *Loin du Vietnam* ist von ihm geprägt. Der Film bezieht den Zuschauer in seinen Diskurs mit ein. Es geht nicht so sehr um Vietnam als um das Bewußtsein der Europäer von diesem Krieg, um die Ohnmacht wirklich helfen zu können; vor allem Godard macht in seinem Monolog diese Diskrepanz bewußt. Die leidenschaftliche Teilnahme für Vietnam wird dabei nie in Frage gestellt, *Loin du Vietnam* ist nur ehrlicher und selbstkritischer als die meisten anderen Filme.

In den Filmen des Jahres 1968 spielt Vietnam an der Oberfläche keine Rolle mehr, aber der Vietnamprotest ist als Motiv für die Studentenrevolte immer mitzudenken. Auch die Methode von *Loin du Vietnam* (und der Nouvelle Vague) wirkt weiter: Einige französische Filme dieser Zeit neigen zum Essay – und sei es in noch so knapper Form wie in den *Ciné tracts* –, kurzen, stummen Flugblattfilmen, die 1968 unter Mitwirkung von Godard, Marker und Resnais entstanden. Daneben gibt es eine Unzahl kurzer und längerer Reportagen.

Die *Ciné tracts* sind Fotofilme, die in verschiedenen Ausgaben oft dasselbe Material immer wieder neu zusammensetzen: Studenten in der Universität und auf der Straße, die Polizei im Einsatz, brennende Autos, Straßensperren, Arbeiter in der Fabrik, bei Streiks und Demonstrationen. Dazwischengeschnitten Wandinschriften und Titel voller Wortspiele und Wiederholungen. Die Fotos sind meist in einem ruhigen Rhythmus aneinandergehängt, manchmal aber quasi filmisch geschnitten: zum Beispiel bei Steinwürfen. So sehr die oft nur drei Minuten langen Filme an der Realität des Mai ansetzen, sie fügen das Material immer wieder zu essayistischen Kurzformen zusammen, wenn sie die Maidemonstrationen und die schöne Reklamewelt ineinandermontieren oder das Jahr 68 mit dem Volksfrontjahr 36 vergleichen.

Das militante Kino hat in Frankreich Tradition, von der Volksfront her, aus der Zeit des Algerienkrieges. 1968 hat sich diese Bewegung radikalisiert. Der Studentenprotest, das brutale Vorgehen der Polizei, der daraufhin erfolgte Generalstreik vom 13. Mai (750000 Arbeiter und Studenten allein in Paris auf der Straße), wilde Streiks und Fabrikbesetzungen in den folgenden Tagen in Nantes, Cleon, Flins, Le Mans und Boulogne-Billancourt, die Konflikte innerhalb der Linken: Die KPF und ihre Gewerkschaft CGT entschieden sich für den legalen Weg und retteten damit den gaullistischen Staat, der an der Schwelle des Bürgerkriegs stand – all das mußte die Filmemacher herausfordern. Die Bewegung hat aber auch auf den Film selbst übergegriffen; das Festival von Cannes wurde am 17. Mai abgebrochen, in Paris wurden die «Generalstände des französischen Films» gegründet, die sich am 26. Mai in Suresne zu ihrer ersten Generalversammlung treffen. Dann wieder am 28. Mai und 5. Juni. Sie verabschieden eine Resolution, die der Regierung vorgelegt wird, in der insbesondere die Abschaffung der Zensur, sämtlicher Monopole der Filmwirtschaft und eine strikte Selbstverwaltung gefordert wird[29]. 1336 Filmschaffende hatten an der Schlußdiskussion teilgenommen, darunter viele Prominente – diese Revolte war also kein Aufstand der Jugend und der Außenseiter.

70000 Meter Film sind innerhalb von zwei Monaten in Frankreich gedreht und von den Generalständen gesammelt worden; der gemeinsame Vertrieb klappte aber nicht lange, die Gruppen spalteten sich wieder auf und betrieben ihre Arbeit allein weiter – auch in den «Etats Généraux du Cinéma Francais» waren alle politischen Richtungen innerhalb der Linken mit ihren oft scharfen ideologischen Gegensätzen vertreten.

Die besten Filme reflektierten diese Konflikte. Das konnte auch mit den Mitteln der Direct-Cinema-Reportage geschehen: In *La reprise du travail aux usines Wonder* (1968, anonym, von den Generalständen produziert) sieht man in einer einzigen ungeschnittenen Zehn-Minuten-Einstellung, die von 13.30 bis 13.40 Uhr gedreht wurde, wie Arbeiter vor der Fabrik Wonder das Ergebnis des Streiks diskutieren; die CGT-Funktionäre sind zufrieden, die meisten Arbeiter aber nicht, vor allem eine Frau wendet sich heftig gegen die Kompromisse. Doch als zur Mittagsschicht gerufen wird, betreten fast alle das Werk. Ob nun die Frau, die zu Beginn des Films von rechts ins Bild tritt, die Kontroverse in Absprache mit dem Kameramann ausgelöst hat oder ob das Filmteam Glück hatte oder geistesgegenwärtig war, oder ob es in diesen Tagen so viel gedreht hat, daß

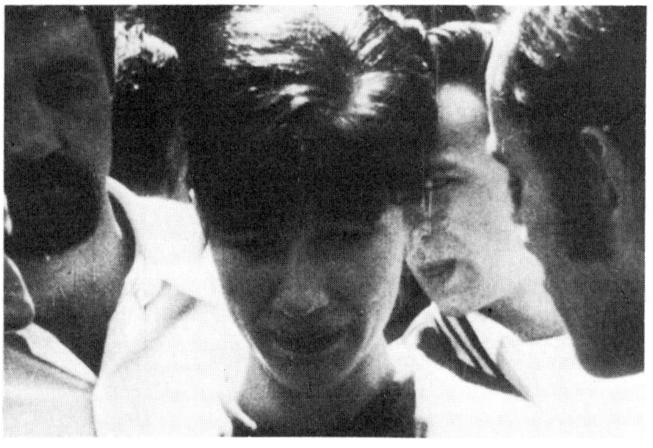

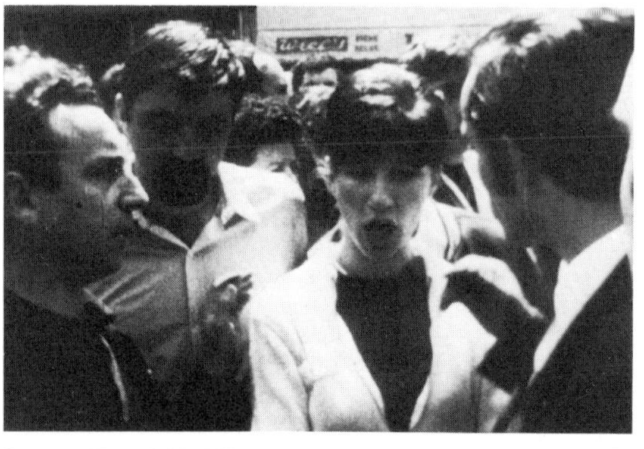

solche Szenen zwangsläufig darunter sein mußten: knapper und konzentrierter ist kaum je ein komplexer Vorgang im Dokumentarfilm dargestellt worden.

Die wesentlichen Filme aus dem Frankreich des Jahres 68 stellen Probleme der Arbeiter dar, in der Bundesrepublik beginnt das erst zwei, drei Jahre später. In *Flins 68/69,* hergestellt von einem Kollektiv (1969), werden Streik und Besetzung bei Renault im Mai 68 und die Auseinandersetzungen des Jahres 1969 in 33 Minuten protokolliert; da die Belegschaft den Streik politisch definierte, wurde sie von der CGT und der KPF im Stich gelassen. Die Arbeiter wirkten im Film mit. Dieselben Ereignisse schildert, diesmal ausführlich, *Oser lutter – oser vaincre* (1970), wiederum von einem Kollektiv gedreht; die Arbeiter müssen ihren Alleingang (ohne die Gewerkschaft) den Kollegen anderer Betriebe klarmachen, sie werden auch vom Fabrikbesitzer unter Druck gesetzt. Aber Studenten aus Paris solidarisieren sich mit ihnen; schließlich schlägt die Polizei den Streik nieder – es gibt einen Toten, den Schüler Gille Tautin.

Die Kollektive, die diese Filme drehten, bestanden jeweils aus Streikenden und Filmemachern. Die Tendenz ging dahin, die Arbeiter ihre Filme selbst machen zu lassen, das Privileg des Professionalismus aufzuheben. Die Thesen lauteten: die Betroffenen kennen ihre Probleme am besten; mit einer Kamera umzugehen kann jeder lernen; es kommt auf den Inhalt und nicht die Form an. So haben Arbeiter den Streik in Sochaux gefilmt (*Sochaux, 11 juin 68,* 1968), Jungarbeiter der Peugeotwerke ihre eigenen Probleme dargestellt (*Les trois quarts de la vie,* 1970) – Geburtshelfer war jeweils die Kooperative SLON, die von Chris Marker geleitet wurde. SLON und Chris Marker initiierten schließlich auch den Film, der zum Programm der Bewegung wurde: *Die Kamera in der Fabrik* (1970, Co-Produzent war der Norddeutsche Rundfunk), eine Anthologie von Filmen, die Arbeiter in Besançon, bei Renault und bei Simca hergestellt haben – schlichte Streifen mit redenden Köpfen, Streikaufnahmen und Bilder aus Versammlungen. Nur einer der Filme sprengt diesen Rahmen: Beobachtet wird von 1967 bis 1969 die Entwicklung einer zuerst verschüchterten jungen Frau zur Gewerkschaftsfunktionärin, die Ausstrahlung und Selbstbewußtsein gewinnt.

Sieht man *Die Kamera in der Fabrik* nach zehn Jahren, so leuchtet nicht ein, daß Arbeiter ihre Filme selbst machen müssen. Notwendig dagegen ist das Zusammenwirken von Filmemachern und Arbeitern, ein Vertrauensverhältnis zwischen den Men-

La reprise du travail aux usines Wonder (Frankreich 1968): Eine Frau protestiert gegen die Wiederaufnahme der Arbeit

schen vor und hinter der Kamera. Versteht man den Film als Appell dazu, dann ist er und nicht die außerordentlich materialreiche und spannende Drei-Stunden-Kompilation *Mai 68* von Gudie Lawaetz aus dem Jahr 1974 das eigentliche filmische Vermächtnis des Mai.

Anmerkungen

1 In: Baukasten zu einer Theorie der Medien, Kursbuch 20, Frankfurt 1970, S. 165.
2 In: Westdeutsche Kurzfilmtage, Oberhausen, Bericht 1969, S. 26.
3 Bei einer Diskussion an der Deutschen Film- und Fernsehakademie Berlin am 4. und 5. 12. 1978, dokumentiert in: Manfred Wilhelms (Hg.), Datur vacuum, Studentenbewegung 1968 / Akademiegeschichte / Fernseherfahrungen und Filmbewußtsein, Berlin 1980, zitronengelbe Seiten, S. 34.
4 Datur vacuum, a. a. O., S. 5.
5 Siehe Filmkritik, Frankfurt a. M., Heft 8/1968, S. 529 ff., Heft 9/1968, S. 617 ff., Heft 1/1969, S. 11 ff.
6 Datur vacuum, a. a. O., S. 2.
7 Siehe Filmkritik, Heft 8/1970, S. 426 ff.
8 In: Alan Rosenthal, The Documentary Conscience, Berkeley 1980, S. 214.
9 Amos Vogel, Kino wider die Tabus, Luzern/Frankfurt a. M., 1979, S. 272.
10 Zit. nach Internationales Forum des jungen Films, Berlin 1972, Informationsblatt 28.
11 Zit. nach Forum 72/Blatt 28.
12 Rosenthal, a. a. O., S. 205.
13 Rosenthal, a. a. O., S. 205.
14 Zit. nach Rosenthal, S. 216.
15 Zit. nach Rosenthal, S. 218.
16 Joris Ivens, Die Kamera und ich, Reinbek 1974. S. 177.
17 Klaus Kreimeier, Joris Ivens. Ein Filmer an den Fronten der Weltrevolution. Berlin 1976, S. 83.
18 Interview mit Ivens/Loridan, Cinema 70, Paris 1970, Nr. 143, zit. nach Rosalind Delmar, Joris Ivens, 50 Years of Film-Making, London 1979, S. 66.
19 Zit. nach Delmar, S. 66.
20 Kreimeier, a. a. O., S. 91.
21 Kreimeier, a. a. O., S. 90.
22 Kreimeier, a. a. O., S. 90.
23 Heynowski/Scheumann, zit. nach Robert Michel, Werkstatt Studio H & S, Berlin (DDR), 1976, S. 18 f.
24 A. a. O., S. 16.
25 Filmkritik, Heft 5/1968, S. 318.
26 A. a. O., S. 318.
27 Vogel, Kino wider die Tabus, S. 171.
28 Ivens, Die Kamera und ich, S. 181.
29 Siehe Filmkritik, Heft 8/1968, Film, Velber, Heft 7/1968 und Filmfaust, Frankfurt a. M., Heft 6/Dezember 1977.

Wäscherinnen (Jürgen Böttcher, DDR 1972)

4. Die Entdeckung des Alltags

Die Entdeckung des Alltags als Thema, die Alltagsbeobachtung als Methode: dies sind die beiden wesentlichen Merkmale des Dokumentarfilms der letzten zwanzig Jahre. In der Bundesrepublik hat dieser neue Dokumentarfilm zwei Wurzeln, die Berichterstattung der politischen Magazine (Beispiel: Wildenhahns *Parteitag 64*) und die Direct-Cinema-Reportagen der Kulturredaktionen (Beispiel: die Musikredaktion des NDR). Neben dem NDR, für den Wildenhahn, Seiler und Leacock arbeiteten (siehe erstes Kapitel), haben auch andere Sender ähnliche Filme in Auftrag gegeben. So hat das Team Rolf Schübel/Theo Gallehr, das später einige der wichtigsten politischen Dokumentarfilme in der Bundesrepublik drehte (*Rote Fahnen sieht man besser*, 1971), 1966 für den WDR die *Probenarbeit beim Living-Theatre* und 1967 für das ZDF die *Theaterarbeit am Berliner Ensemble* beobachtet.

Für den Bayerischen Rundfunk hat Hans-Jürgen Syberberg schon 1965 die Inszenierungskunst von Fritz Kortner dokumentiert. *Fünfter Akt, Siebte Szene. Fritz Kortner probt Kabale und Liebe* ist unter den Musik- und Theaterfilmen, die Mitte der sechziger Jahre entstanden, wohl der konsequenteste: Syberberg konzentriert sich bei seiner drei Tage dauernden Probenbeobachtung in den Münchener Kammerspielen auf jene einzige Szene, in der Ferdinand die Limonade vergiftet und Luise stirbt. 16 Stunden Film hat er mit drei Kameras aufgenommen; zwei Kameras liefen immer, während bei der dritten die Kassette gewechselt wurde. So ging nichts verloren; bei manchen Sequenzen ist das Drehverhältnis 1:1, insgesamt dauert der Film 118 Minuten. Man sieht, wie wohl bei keinem anderen Film über Theaterproben, tatsächlich Entwicklungen – den fast verzweifelten Versuch von Helmut Lohner und Christiane Hörbiger, dem unerreichbaren Vorbild Kortner, der immer wieder vorspricht und vorspielt, näherzukommen. Auch die Pausengespräche, etwa mit dem Dramaturgen Ivan Nagel, oder Geschichten über Gustaf Gründgens sind festgehalten. *Fünfter Akt, Siebte Szene* ist ein Glücksfall für die Theatergeschichtsschreibung, zugleich durch seine spürbare Anspannung und Konzentration ein beispielhafter Cinéma-Vérité-Film, der ohne ein Wort Kommentar eine Extremsituation – nichts anderes ist eine Probe mit Kortner – dokumentiert und durchleuchtet. Syberbergs zweiter Kortner-Film *Fritz Kortner spricht Monologe für eine Schallplatte* (1966) leidet daran, daß die Voraussetzung des Films, Kortner spreche für eine Schallplatte, nicht glaubwürdig wird; tatsächlich ist die Platte auch nicht entstanden. Die Gespräche mit August Everding sind gestelzt, gemessen an den spontanen Äußerungen während der Schiller-Proben, beeindruckend aber Kortners Shylock-Monolog. Auch im Ausland ist die neue Technik zuerst mit Vorliebe bei kulturellen Themen angewandt worden. Berühmt wurde *Wholly Communion* (1965) von Peter Whitehead über eine Dichterlesung in London mit (unter anderen) Allen Ginsberg und Ernst Jandl: trotz mancher zu hektischer Zooms eine mitreißende Hommage auf die Dichter der Beatgeneration.

Es waren also wie bei Drew/Leacock vergleichsweise faszinierende Vorgänge, die mit der neuen Technik zuerst dokumentiert wurden. Nötig war eine Sensibilisierung der Macher und Auftraggeber für die Sensationen des Alltags, um auch scheinbar kleine Ereignisse für aufzeichnungswürdig zu halten. Diese Sensibilisierung, Ergebnis einer Politisierung, erschloß dem Dokumentarfilm neue Themen.

Klaus Wildenhahn

Klaus Wildenhahn hat schon in seinen Musik- und Theaterfilmen Beobachtung und Gesellschaftsanalyse miteinander verbunden. *Eine Woche Avantgarde für Sizilien* (1965) konfrontiert in Kontrastmontagen, oft auch durch Trennung von Bild und Ton, das von einem Mäzen getragene Festival mit der Armut der Menschen auf dieser Insel. In *498, Third Avenue* (1967), einer Langzeitbeobachtung der Arbeit des Merce-Cunningham-Balletts in New York, wird auch die schlechte finanzielle Lage dieser weltberühmten Truppe dargestellt und in *Harlem Theater* (1968) die Theaterarbeit aus dem politischen Bewußtsein der Schwarzen abgeleitet. Kunst wird in diesen Filmen vom Sockel geholt, im Besonderen wird das Alltägliche erkannt. Nie indes verlieren sich die Filme bei ihrer Beweisführung in eine Ideologie, an ein Thema, die Beobachtung steht immer im Vordergrund.

Diese Unvoreingenommenheit ist es vor allem, die Wildenhahns ersten großen Film über die Bundesrepublik prägt, *In der Fremde* (1967, gesendet 1968). Zehn Wochen lang haben Wildenhahn, der Kameramann Rudolf Körösi und der Tonmann Herbert Selk den Bau eines Silos in der norddeutschen Provinz beobachtet. Ihr Kontakt zu den Arbeitern ist so gut, daß sie nicht nur die normalen Tätigkeiten filmen können, sondern auch die Konflikte. Zentralfigur ist der Polier, der zwischen dem Unternehmer, dessen Interessen er zu vertreten hat, und den Arbeitern steht, die, wenn sie schon fern von der Familie «in der Fremde» schuften, möglichst viele Stunden am Tag arbeiten wollen, damit sich diese Streßperiode finanziell lohnt. Dieser Konflikt bekommt seine Schärfe durch den genauen Blick auf die Arbeitsbedingungen: die Abstumpfung im täglich gleichen, auf ein Produktionsziel gerichteten Rhythmus, den öden Feierabend.

In der Politisierung des Jahres 1968 wurde die politische Sprengkraft dieses Films nicht sofort erkannt: daß hier durch die unmittelbare Anschauung jene Gesetze der kapitalistischen Wirtschaft verständlich werden, über die sonst nur theoretisiert wird. In Oberhausen wurde *In der Fremde,* wie Klaus Kreimeier schrieb[1], richtiggehend «niedergemacht». Das Publikum, auf die Protestbewegung der Studenten fixiert, setzte sich über die Interessen der Arbeiter mit Hohn hinweg. Es war aber sicher auch beunruhigt durch die neuartige formale Methode.

Neuartig war auch die dramaturgische Konzeption des Films, die von da an fast alle Filme Wildenhahns prägt, ihnen einen Teil ihrer Unverwechselbarkeit gibt. Während sehr viele Dokumentarfilme im Direct-Cinema-Stil statischen Charakter haben, Interviews und Beobachtungen nur nebeneinanderstellen, gelingt Wildenhahn eine Dynamisierung, Dramatisierung, die trotz dokumentarischer Drehmethode Berührungen mit dem Spielfilm hat. Bei Drew/Leacock/Pennebaker war eine solche Dramatisierung durch die (oft sensationellen) Sujets schon vorgegeben, Wildenhahn dagegen erzählt alltägliche, unsensationelle Geschichten: *Institutssommer* (1969) beschreibt Konflikte in einer Forschungsgruppe am Robert-Koch-Institut in Berlin; *Der Tagesspiegel* (zwei Teile, 1970/71) Auseinandersetzungen innerhalb einer Redaktion und mit dem Verleger; *Harburg bis Ostern* (1972) Probleme der Kirche in der Industriegesellschaft; *Die Liebe zum Land,* (zwei Teile, 1973/74) die alltäglichen Schwierigkeiten eines selbständigen Bauern und von Landarbeitern; *Emden geht nach USA* (vier Teile, 1975/76) Ängste der VW-Arbeiter in Emden, weil ihr Werk in die USA verlegt werden soll, ihre Diskussionen, ihre kleine Demonstration. Auch *Sing, Iris, Sing* (1978), ein selbständiger Film seiner wichtigsten Mitarbeiterin Gisela Tuchtenhagen, hat ein ähnlich kleines Sujet: Frauen lernen Männerberufe.

Wildenhahn nennt diese Dramatisierung «eine Chronologie finden». «Man muß einen Ablauf finden, der überschaubar ist, zum Beispiel den Ablauf eines Monats. Diese Abläufe müssen deutlich werden am Beispiel von bestimmten Personen.»[2] Seine Filme beginnen mit einer Exposition, «in der die Personen deutlichgemacht, aber auch erst einmal relativ lakonisch nebeneinandergestellt werden». Bei *In der Fremde* «werden die verschiedenen Berufssparten vorgeführt, natürlich der Polier, aber auch die anderen, die mit auf den Bau kommen, auch die Kolonne, die nachher das Gleiten bewerkstelligen wird. Es wird eine Art Umfeld hergestellt. Und dann beginnt eine wirkliche Chronologie, ein Ablauf, bei dem wir nur noch dranbleiben.» Die Chronologie ergibt sich aus dem Vorgang, dem Hochziehen des Silos, dem Gleiten. *Harburg bis Ostern* läuft auf eine Konfirmation zu. *Institutssommer* beobachtet einen kleinen Zeitabschnitt aus einer siebenjährigen Forschungstätigkeit: Es entsteht eine Krise, weil die Versuchstiere vielleicht nicht weiterbezahlt werden. «Also ganz unspektakulär. Es ist immer ein Teilausschnitt aus einer Chronologie, die wiederum in einer größeren Chronologie steht.» Wildenhahn sucht und findet das bezeichnende Detail.

So einfach sich dies anhört – es bedeutet doch eine große Qualität. «In *Emden* zum Beispiel war klar, es würde eine Chronologie geben, von der Demonstration wußten wir nichts, aber wir wußten von der Ankündigung der vielen Entlassungen, daß irgend etwas – was auch immer – sich weiterbewegen müßte. Das ist ein Zutrauen, das man als Dokumentarist haben muß, zu sich selber haben muß, diese Chronologie zu finden. Aber nicht die sensationelle. Sensationell wäre gewesen, man wäre bei den Entlassungen dabeigewesen. Sondern: zwei Monate nach den Entlassungen und die Nachwirkungen. Da ist dann viel mehr Alltag drin.»

Trotz dieser Dramaturgie: In diesen Filmen ist

Klaus Wildenhahn: *498, Third Avenue* (1967)

nichts arrangiert oder gar inszeniert; sie folgen streng den Prinzipien des Direct Cinema; Wildenhahn arbeitet mit einem kleinen Team, Kamera (ohne Kunstlicht), Ton und als dritter Wildenhahn selbst (manchmal als Fragesteller). Die Filme mit Gisela Tuchtenhagen sind sogar zu zweit realisiert: Wildenhahn macht dabei den Ton. Dieses am Drehort Fast-Verschwinden, Sich-in-die-Ecke-Drücken soll es den Menschen erleichtern, möglichst unbefangen aufzutreten und zu sprechen. Andererseits kann es auch wichtig sein, daß das Team erkennbar anwesend ist, als Gesprächspartner, und sei es nur, wie es Gisela Tuchtenhagen einmal beschrieben hat[3], durch ein Lächeln hinter der Kamera hervor.

Wildenhahn hat durch dieses System von Zurückhaltung und Teilnahme (je nach Situation) – wie kaum ein anderer Dokumentarist – Menschen, die sich sonst in den Medien nicht äußern können, eine Sprache gegeben. Nicht sogenannte Experten werden befragt, wie in fast allen sich «dokumentarisch» nennenden Fernsehsendungen, den sogenannten Features, sondern Menschen, die sonst nur Objekt der Berichterstattung (und der politischen Verhältnisse) sind; bei Wildenhahn werden sie zum Subjekt – Arbeiter, Bauern, aber auch Angehörige des Mittelstandes. Das ist die wohl wichtigste politische Funktion seiner Filme. Voraussetzung dafür sind eine Kameraarbeit und eine Montage, die diese Menschen ernst nehmen, sie ausreden lassen. Die Perspektive, mit der man ihnen gegenübertritt, muß die der Solidarität sein.

Gegner lassen sich in diesen Filmen kaum darstellen. Wie der DDR-Dokumentarist Jürgen Böttcher einmal sagte[4], kann man mit dieser Drehmethode nur Menschen porträtieren, die man mag. Wenn es aber doch nötig ist, Personen zu filmen, deren Position man ablehnt, darf dies nicht in diffamierenden Kameraeinstellungen oder Montagen geschehen, wirken dürfen allein die Argumente dieser Personen – wie es Wildenhahn im *Tagesspiegel*-Film am Beispiel des Verlegers Franz Karl Maier gezeigt hat (den zweiten Teil des Films, der sich vor allem mit seiner Person und seiner Verlegerkarriere beschäftigte, hat Meier trotzdem verbieten lassen).

Ziel von Wildenhahns Filmarbeit ist es aber keineswegs, eine harmonische, widerspruchsfreie Welt zu zeichnen. Gerade seine Solidarität gibt ihm die Möglichkeit, auch zu kritisieren: die Wissenschaftler in *Institutssommer,* die mit ihren Problemen nicht fertig werden, die Gewerkschafter in *Emden geht nach USA,* die kleinmütig und konfliktscheu sind, oder den Polier in dem Film *In der Fremde,* der unter dem Widerspruch, das Unternehmen vertreten und die Arbeiter motivieren zu müssen, sichtbar leidet. Ob die Konflikte nun von außen an die Personen herangetragen werden oder aus ihrer eigenen Situation stammen (meist bedingt eines das andere): Wildenhahn will diese Konflikte erkennbar machen, damit sie beseitigt werden können.

Bei seiner Filmarbeit wandert Wildenhahn durch die Provinzen West- und Norddeutschlands, ein früher Vertreter jenes Regionalismus, der den Dokumentarfilm der siebziger Jahre weithin bestimmt (siehe Kapitel 6). Er hat bald erkannt, daß nur ein sehr genaues Sicheinlassen auf einen eng begrenzten Raum Einsichten schafft, die über Allgemeinplätze hinausgehen.

Peter Nestler

Peter Nestler (geboren 1937) war in den sechziger Jahren in der Bundesrepublik der zweite bedeutende Filmemacher, der sich für den Alltag der Menschen interessierte, vor allem für das Leben von Bauern und Arbeitern. In *Aufsätze* (1963) zum Beispiel beobachtete er Kinder in einem Schweizer Dorf; in *Mülheim/Ruhr* (1964) zeigt er, wie sich der alte

Klaus Wildenhahn: *In der Fremde* (1967)

Kohlenpott allmählich verändert; auch in *Ödenwaldstetten* (1964), dem Porträt eines Dorfes im Schwäbischen, konfrontiert er das Alte mit dem Neuen; in *Ein Arbeiterclub in Sheffield* (1965) konstatiert er die Lebendigkeit der proletarischen Tradition in England. Trotz thematischer und politischer Verwandtschaft zu Klaus Wildenhahn markieren beide Regisseure doch gegensätzliche Positionen innerhalb der Geschichte des Dokumentarfilms. Nestlers Filme sind persönlicher, paradoxerweise aber auch anonymer als die Wildenhahns.

Nestler hat zu arbeiten begonnen (sein erster Film *Am Siel*, 1962), als die Möglichkeit, den Ton synchron mit dem Bild aufzunehmen, in Europa noch nicht entwickelt war. Er machte aus dieser Not eine Tugend, ein Prinzip – auch später, als ihm Originalton zur Verfügung stand. Seine Filme sind geprägt von Bildern, die zu Zeichen werden, und vom Kommentar, den in frühen Filmen Mitarbeiter und Freunde sprechen, vor allem Robert Wolfgang Schnell, ab 1965 Nestler selbst. Bilder und Texte, selbstaufgenommene und zitierte, verschmelzen bei Nestler zu einem Monolog. Der Autor Nestler steht hinter jeder Beobachtung, hinter jedem Wort, eine uneitle, spröde, karge Emotionalität durchdringt jedes Bild, jede Szene.

Menschen, die unterdrückt sind durch kapitalistische Unternehmer oder faschistische Politiker, Menschen, die sich wehren – das sind die Themen seiner Filme, die vom kleinen Widerstand künden. Persönliche Filme.

Da Nestler sich aber ständig zurücknimmt, Dinge sprechen läßt, Landschaften, Häuser, Handwerkszeuge oder Menschen, die mit den Gegenständen umgehen, durch sie geprägt sind, Arbeiter, Bauern, Kinder, verschwindet er hinter seinen Filmen. Sie werden anonym, die Geschichte selbst scheint ihr Autor zu sein. «Nestler montiert karg, immer eine Effekt-Dimension weniger als üblich und erwartet. Unter-Instrumentieren erreicht, daß Idee und Material sich reiner auseinander hervortreiben. Menschen, Bilder und Töne bleiben stehen, bekommen Zeit, sich mitzuteilen, wo sie sonst allenfalls als atmosphärisches Polster für Kommentar unterliegen. Die Kamera steht ruhig, in Distanz zum Gegenstand und Sprechenden, rückt ihm nicht auf die Poren. Betroffenheit wird nicht angedient, die kühle Montage bringt sie aus dem aufmerksamer beobachtbaren Material selbst hervor.» (Feldmann)[5].

Nestler wirkt wie ein Fremdling innerhalb der Entwicklung des Dokumentarfilms seit 1960; man kann seine Arbeit kaum mit der eines anderen Dokumentaristen vergleichen; Analogien werden höchstens zum Werk von Jean-Marie Straub gesehen, und Straub war auch einer der ersten, der auf ihn aufmerksam machte[6]. Wie Straub wird Nestler von den meisten nicht verstanden, oder gar nicht erst wahrgenommen – «Nestler-Rezeption ist die Geschichte von Mißverständnissen und Ungeduld», schrieb Feldmann 1972[7] –, wie Straub hat er aber so etwas wie eine Gemeinde, die sich etwa in der Zeitschrift «Filmkritik» äußert.

In der Bundesrepublik hat Nestler von 1962 bis 1965 sieben Filme gedreht, zwei davon für den Süddeutschen Rundfunk. Seinen letzten deutschen Film, *Von Griechenland* (1965), wollte niemand mehr zeigen, wegen der eindeutigen politischen Aussage (gegen den aufkommenden Faschismus in Griechenland, zwei Jahre später regierte dort die Junta), sicher aber auch wegen der rigorosen Form (ausgedörrte Bilder, die von einem intensiven, parteilichen Kommentar getragen werden, zum erstenmal von Nestler selbst gesprochen; keine Geräusche, keine Atmosphäre – ein Stummfilm, Zeugnis der Armut seines Herstellers).

Nestler wanderte nach Schweden aus, konnte dort aber auch erst 1967 seinen ersten Film herstellen, *I Ruhromradet* (*Im Ruhrgebiet*, siehe Kapitel 7). Von da an drehte er alle Filme für Sveriges Radio, nur *Spanien!* (Kapitel 7, Seite 131) entstand 1973 im Auftrag des WDR. Obwohl Nestler in Schweden insgesamt gute Produktionsverhältnisse vorfand, wurden zwei seiner Filme unmittelbar vor der Sendung abgesetzt, *Far de komma igen?* (*Dürfen sie wiederkommen?*, 1971), über Neonazismus in der Bundesrepublik, und ein 22minütiger titelloser Film über Chile (1974), gedreht für ein Jugendmagazin. Nestlers Beziehung zum Fernsehen wird in Kapitel 8 dargestellt.

Was von den Filmen Nestlers in Erinnerung bleibt, sind Bilder und Sätze, sind die Schulkinder in *Aufsätze*, etwa der Junge, der das Feuer im Ofen anzündet; oder das Kind, das selbstvergessen auf einer Straße spielt (*Mülheim/Ruhr*), sind die Eckkneipen, Kohlenhalden oder ein Friedhof im selben Film; ist ein Baum vor dem Meer (*Von Griechenland*), dazu im Ton: der Brief einer Mutter an ihren zum Tode verurteilten Sohn.

Wenn Menschen fotografiert werden, entstehen oft Porträts wie bei August Sander, in denen das Konkrete und das Typische eine unauflösbare Verbindung eingehen. Auch die Kommentarsätze sind von jedem feuilletonistisch schmückenden, auch von jedem statistischen Beiwerk gereinigt. «Tausende kämpften und starben. Es sollte ein freies Griechenland werden» – über den griechischen Widerstand während des Zweiten Weltkriegs. Oder: «Arbeit wird schlecht bezahlt in Spanien.» Nestlers Sätze klingen endgültig. Seine Filme haben etwas Statisches – während bei Wildenhahn die Bewegung dominiert.

Bei Nestler verschränken sich auch die Zeiten. In

Peter Nestler: *Von Griechenland* (1965)

«Seit ich angefangen habe Filme zu drehen, habe ich immer nur versucht, der Sache, die ich mir vorgenommen hatte, auf den Grund zu kommen. Ich habe versucht, den (für mich) kürzesten Weg zu finden und das Wichtigste der Sache zu zeigen: zum Erkennen, zum Wiedererkennen und um mit vielen zu sagen, dieses gehört geändert, oder jenes soll bewahrt werden oder nicht übersehen.» (Peter Nestler)

Upp för Donau (*Die Donau rauf*, 1969) wird nicht nur an den alten Nibelungenpfad erinnert, sondern auch an Mauthausen; zu Texten über den Bauernaufstand von 1626 sieht man Bilder aus Passau und Regensburg heute. In *Att vara zigenare* (*Zigeuner sein*, 1970) ist Birkenau so gegenwärtig, wie es die Stadtrandsiedlungen der Gegenwart sind, die Internierung – so scheint es – hat nie aufgehört. In *Spanien!* werden die Schützengräben des Bürgerkrieges abgetastet und den Neubauten des Touristen-Spanien gegenübergestellt. Die Kräfte der Unterdrückung haben sich, dies ist eine Grunderkenntnis aller Nestler-Filme, trotz verschiedener historischer Einkleidung nicht verändert, Widerstand ist weiterhin nötig. Aber dieser Kampf gegen Unterdrückung, für Freiheit, hat nichts Heroisches, er äußert sich in einfachen Sätzen, Aussagen über die Arbeit und das Leben. Oft liegt ein Hauch von Vergeblichkeit über diesen Anstrengungen. Deshalb sind Nestlers Filme für keine politische Kampagne zu gebrauchen, weder bei uns noch etwa in der DDR; sie schärfen aber Augen und Ohren, hinter dem Offensichtlichen die Bedeutung zu erkennen, also das Zeichen im Bild, sie stellen Zusammenhänge her.

Um Zusammenhänge geht es auch in den zahlreichen Filmen der siebziger Jahre, in denen Nestler der Geschichte bestimmte Produkte und Produktionsverfahren nachgeht, dem Glas oder dem Papier, dem Buchdruck oder dem Erzbergbau. Diese jeweils mehrteiligen, gründlichen Untersuchungen sind nicht frei von Stilmitteln des alten Kulturfilms, die hier allerdings aus der Sicht des Handwerkers und Arbeiters verwendet werden, nicht vom Standpunkt des Fabrikherrn.

Nestlers wohl «filmischster» Film, *Ein Arbeiterclub in Sheffield*, enthält Alltagsbeobachtungen, wie man sie auch sonst in Dokumentarfilmen findet, es ist vermutlich sein zugänglichster Film. Er wirkt wie ein später Nachkömmling der englischen Dokumentarfilmschule und des Free Cinema. Im Club, 1938 gegründet, verbringen die Menschen ihren Feierabend; sie können spielen, tanzen, singen, Shows ansehen. Der Film zeichnet diese alltäglichen Vergnügungen ohne jede Herablassung auf, auch ohne klassenkämpferisches Pathos; er macht aber deutlich, daß in dem Zusammengehörigkeitsgefühl dieser Menschen eine Kraft liegt. Der Originalton, obwohl in einigen Passagen verwendet, spielt nur eine untergeordnete Rolle; die Aussage teilt sich durch die Bilder mit, die auch in diesem so unscheinbar alltäglichen Film etwas Endgültiges haben. Immer wieder werden deshalb auch, wie häufig bei Nestler, Fotografien eingefügt. Eine Geschichte, eine Chronologie gibt es nicht, jede Form der Dramatisierung (wie bei Wildenhahn) unterbleibt.

Methoden der Alltagsbeobachtung

In der Fremde und *Ein Arbeiterclub in Sheffield* markieren zwei Punkte eines Spektrums, innerhalb dessen sich die Beobachtung des Alltags im Dokumentarfilm der beiden letzten Jahrzehnte abspielt. Während die Verdichtung und Reduzierung des Materials bei Nestler ein Extrem darstellt, von dem aus kaum Wege zu anderen Dokumentaristen führen, ist Wildenhahns Ästhetik, die ihrerseits an Leacock anknüpft, ein nach außen offenes Modell. Sie schließt den kurzen Film ein, in dem die Einzelbeobachtung für das Ganze stehen muß (wie in Wildenhahns *Parteitag 64*), aber auch die Langzeitbeobachtung und die Chronik (*Emden geht nach USA*). Entscheidend ist dabei, wie Wildenhahn es nennt, «ein Gefühl für Unebenheiten, für den verlagerten Rhythmus im offiziellen Ereignis, der diesem seine Werbewirkung nimmt»[8]. Exemplarisch gelungen ist diese Rhythmusverschiebung in Leacocks *Happy Mother's Day*, bei dem ja zum Vergleich auch eine TV-Version vorliegt (siehe Kapitel 1, Seite 14).

Der kurze Film muß ein Ereignis finden, das nicht nur für sich selbst spricht. Diese Fähigkeit zur Konzentration ist den Dokumentaristen in den siebziger Jahren unter dem Diktat des Fernsehens weithin abhanden gekommen. Was ein kurzer Film leisten kann, hat etwa Dan Drasin 1960 mit *Sunday* bewiesen. Er zeigt eine Auseinandersetzung zwischen Folksängern und einer borniert auf dem Verbot der Musik beharrenden Polizei auf dem New Yorker Washington Square, er zeigt das in rigoroser und virtuoser Ausnutzung der ihm damals zur Verfügung stehenden Technik: Mit Originalton und mehreren 35-mm-Kameras, teils vom Stativ mit Zoom operierend, teils sich ins Getümmel stürzend, verdichtet Drasin eine von Gewalt erfüllte Atmosphäre zu einem symbolischen Bild von der Entfremdung zwischen Staatsgewalt und Volk. Alles, was am Ende des Jahrzehnts zum Ausbruch kam, ist virulent in *Sunday* enthalten.

Zum dominierenden Filmtypus wurde aber, soweit finanzierbar, die Langzeitbeobachtung. Fast alle Filme Wildenhahns gehören hierher, ob nun Proben zu einer Ballettaufführung beobachtet werden (*498, Third Avenue*) oder die Errichtung eines Silos (*In der Fremde*). Wildenhahn hat später den Beobachtungszeitraum noch weiter ausgedehnt und ist zugleich in die Tiefe gestoßen. *Emden geht nach USA* ist nicht nur eine Chronik der Ereignisse in Emden, über ein paar Monate beobachtet, sondern auch eine Recherche nach den historischen Wurzeln des gegenwärtigen Lebens in diesem Gebiet. Wildenhahn trifft sich bei diesen Filmen mit ähnlichen Arbeiten von Ivens/Loridan über China (*Comment Yukong deplaca les montagnes*, 1973–1976) oder von

Arthur Lamothe (*Chronique des Indiens du nord-est du Quebec*, 1974 ff., einer auf zwanzig Stunden angelegten Serie über das Leben der Indianer im Nordosten Kanadas). Für Wildenhahn gleichen diese mehrteiligen Dokumentarfilme den Romanzyklen des 19. Jahrhunderts, von Zola oder Balzac, «die sich ein Zehnjahresprogramm vorgenommen haben und dabei an einer Familie sozusagen die ganze französische Geschichte in einer bestimmten Periode aufgeschlüsselt haben»[9]. Kaum ein anderer Film hat dieser Definition besser entsprochen als die Chronik einer Schulklasse in Golzow, die der damals 26jährige Winfried Junge, einer Anregung Karl Gass' folgend, 1961 mit dem Film *Wenn ich erst zur Schule geh'* begonnen hat. Die Geschichte der Klasse wurde zu einer Geschichte der DDR. Bis 1975 lagen sechs Filme vor mit einer Gesamtlänge von zwei Stunden und 20 Minuten, ein erster Zusammenschnitt erschien 1979 (*Anmut sparet nicht noch Mühe*, 106 Minuten), eine interpretierende Erzählung des Schicksals der ganzen Klasse. Eine zweite Zusammenfassung kam 1981 heraus (*Lebensläufe*, 4 Stunden, 15 Minuten): neun Einzelporträts von 25 möglichen.

Während Wildenhahn oder Ivens/Loridan in China in einem überschaubaren längeren Zeitraum an einem Ort anwesend sind und filmen, ist es das Prinzip von Junge, immer wieder an denselben Ort zurückzukehren; in seinem Fall ist denkbar, daß er selbst oder andere Filmemacher die Lebenswege der Schulkinder aus Golzow bis ins Alter verfolgen. Auch Volker Koepp (DDR) war inzwischen schon viermal in Wittstock, erstmals 1975 (*Mädchen in Wittstock*).

Häufig sind diese Filme nicht von vorneherein auf Fortsetzung angelegt. So hat Jean Eustache (1938–1981), der durch den Kultfilm *La Maman et la putain* (1973) bekannt wurde, 1968 das Fest der Rosenkönigin in seinem Heimatort Pessac, das auf einen mittelalterlichen Brauch zurückgeht, gefilmt (*La Rosière de Pessac*); erst elf Jahre später kehrte er zurück, machte er selbst ein Farb-Remake des Schwarzweißfilms. Während der Film von 1968 berühmt wurde, weil die kleinbürgerliche Gesellschaft eines Städtchens sich selbst feierte, nicht ohne eine gewisse Herzlichkeit, während in Paris die Studenten rebellierten, zeigt die Version von 1979, daß aus der Feier ein mechanisches Ritual geworden ist und daß in Pessac jetzt auch Hochhäuser stehen.

Das Interesse an einem oder mehreren Folgefilmen wird in der Regel durch den ersten Film ausgelöst. Daneben steht aber auch die geplante Langzeitbeobachtung, nicht nur über ein paar Monate, wie bei Wildenhahn, sondern sogar über Jahre, etwa beim *Rasen ihrer Träume* (1980) von Christian Weisenborn und Michael Wulfes.

Ein Problem in allen diesen Filmen sind die Interviews und Gespräche. Das Interview ist eine journalistische Methode, es kann inquisitorische Züge annehmen; bevorzugt wird es im Fernsehen angewandt oder in den Filmen von Heynowski und Scheumann (berühmt: *Der Lachende Mann,* DDR 1966). Das Gespräch ist lockerer, es entwickelt sich in der Regel aus Situationen heraus. Leacock hat Interviews abgelehnt, seine Personen äußern sich bei der Aktion oder bei Gesprächen im kleinen oder größeren Kreis (*A Stravinsky Portrait*). Auch Wildenhahn hat Interviews vermieden; die Personen unterhalten sich aber, oft auch mit Wildenhahn selbst.

Der Übergang zwischen Interview und Gespräch ist fließend, und zumindest ohne Gespräche kommt auch der beobachtende Film meist nicht aus. Gerade wenn unterprivilegierte Schichten in den Filmen porträtiert werden, gehören ihre Sprache, ihr Sprechgestus und die ungewohnten Inhalte ihrer Erzählungen in den Film hinein. Aber auch diese Gespräche müssen (behutsam) gelenkt werden. Der schlechte Ruf, den der Dokumentarfilm oft hat, kommt unter anderem von weitschweifigen, unkonzentrierten Redefilmen, den sogenannten «Radiofilmen», in denen fast alle Informationen durch die Sprache und nur wenige durch das Bild vermittelt werden. Dokumentaristen, die kein Geld oder keine Geduld für eine länger dauernde Beobachtung haben, flüchten sich in Gespräche vor der Kamera. Manchmal haben sie Glück mit Gesprächspartnern, die so spontan und lebendig erzählen, daß der Filmemacher nicht mehr viel zu tun hat; oft aber haben sie Pech – vor allem dann, wenn sie unfähig sind, den Kontakt zu den Menschen herzustellen.

Das Prinzip des Direct Cinema, wie es Leacock und Wildenhahn praktizieren und viele unbegabte Nachahmer strapazieren, ist in den siebziger Jahren auch bei den beobachtenden Filmen nicht mehr die allein dominierende Methode. Viele Filmemacher bemühen sich um eine Synthese von Beobachtung und Gespräch, von biographischem Material und politischer Aussage, von geradliniger Erzählung und Ruhepunkten, von journalistisch zupackender Kameraführung und optischer Verdichtung bis zum Symbol. Erste Ansätze zu derartigen dokumentarischen Essays, die aber immer auf der Beobachtung basieren, waren beispielsweise schon Wildenhahns Filme *Eine Woche Avantgarde für Sizilien* oder *498, Third Avenue*. Höhepunkte sind die (formal) auf Kontrapunktik und (inhaltlich) auf Dialektik angelegten Filme der Schweizer June Kovach und Alexander J. Seiler, *Wer einmal lügt ... oder Viktor und die Erziehung* (1973), über einen Jungen, der von Heim zu Heim gestoßen wird, und *Früchte der Arbeit* (1976), ein Essay über die Schweizer Arbeiterbewegung seit 1914, der in einem seiner Erzählstränge den

Tagesablauf einer Arbeiterfamilie im Bild festhält (siehe Kapitel 7).

Die dokumentarische Beobachtung allein ist schon eine außerordentliche Leistung, viele der großen Filme aber arbeiten mit einer Vielzahl einander ergänzender Gestaltungsmittel.

Bundesrepublik: Eine Stimme für die Unterprivilegierten

Gleichzeitig mit Wildenhahn hatten Ende der sechziger Jahre einige Filmemacher begonnen, sich dem bundesdeutschen Alltag zu nähern. Schon 1967 drehte Peter Fleischmann, der später fast nur noch Spielfilme herstellte, den *Herbst der Gammler,* eine von großer Sympathie zu den Aussteigern von damals getragene Reportage. Für den Süddeutschen Rundfunk beobachtete Wilhelm Bittorf 1967 den *Untergang der Graf Bismarck,* die Schließung einer Zeche in Gelsenkirchen; ein Film, den Bittorf ein Jahr später für den «Siedlungsverband Ruhrkohlenbezirk» herstellte, *Bringt eure Köpfe mit/Das Ruhrgebiet nach dem Ende der Steinkohlenzeit,* blieb zehn Jahre unaufgeführt, bis er endlich bei der Oberhausener Retrospektive «Das Ruhrgebiet im Film» 1978 gezeigt wurde – zu ungeschminkt hatte er die wirtschaftlichen Schwierigkeiten des Kohlenpotts dargestellt; Ministerpräsident Kühn hatte 1968 bei einer Privatvorführung wütend den Raum verlassen. Auch Lucas Maria Böhmer begann seine Arbeit in dieser Zeit: 1967 entstand für den WDR *Ende einer Straße/Kein Knappenchor singt,* einer der frühesten Filme zum Thema Abriß alter, gewachsener Wohngebiete. Auch die besten der späteren Filme Böhmers, vor allem *Kaputtgeschrieben/Ein Arbeiterjubiläum* (1976), untersuchten solche neuralgischen Punkte, stellten dem offiziellen Bild das tatsächliche (aus der Sicht der Betroffenen) entgegen. 1971 drehte Christian Rischert, damals spezialisiert auf 45-Minuten-Dokumentationen für den Bayerischen Rundfunk, den Film *Mittlere Reife,* das Porträt junger Mädchen, die über ihre Gegenwart und ihre Zukunft sprechen.

Das alles waren eher einzelne Filme, meist im Fernsehen gesendet, die allerdings, weil ungewohnt, Aufsehen erregten. Eine «Schule» bildete sich dann Anfang der siebziger Jahre an der Deutschen Film- und Fernsehakademie (DFFB) heraus: Die Filmemacher, die sich an der DFFB für den Alltag interessierten, waren durch die Studentenbewegung geprägt, aber auch durch den beharrlich auf dem Prinzip der Beobachtung insistierenden Stil des Dozenten Klaus Wildenhahn. Auch diejenigen, die Wildenhahn – er beendete 1972 seine Tätigkeit an der DFFB – nicht mehr selbst unterrichtet hatte, wurden doch eingebunden in die dokumentarische Arbeitsweise an der DFFB, die Wildenhahn einige Jahre vorher initiiert hatte. Die Studenten und Absolventen, unter ihnen Susanne Beyeler, Johannes Flütsch, Klaus Helle, Rainer März, Thomas Mitscherlich und Manfred Stelzer, hatten Leuten wie Bittorf oder Böhmer etwas Entscheidendes voraus: Sie mußten sich nicht an die starren Sendezeiten von 45 Minuten halten; sie konnten viel umfassender und genauer Sachverhalte klären; sie konnten – wie sie es bei Wildenhahn gelernt hatten – den Menschen, die von Politik betroffen waren, das Wort geben, konnten sie ausreden lassen; sie waren geduldig, mißtrauten Parolen, jeder Rhetorik. Sie verzichteten, und das war im deutschen Film damals neu, auch auf jede Autoreneitelkeit. In teils wechselnden Kombinationen, manchmal auch zusammen mit Dozenten oder mit Filmemachern von außerhalb der Akademie, drehten sie ihre Filme.

Michael Busse, Thomas Mitscherlich und Jü Peters beobachteten im November und Dezember 1971 die Konflikte zwischen Führung und Basis im

Johannes Flütsch, Klaus Helle, Marlis Kallweit: *Flöz Dickebank* (1975)

Arbeitskampf der IG Metall in Nordbaden/Nordwürttemberg, den *Kampf um 11%* (1972). Susanne Beyeler, Rainer März und Manfred Stelzer zeigten 1974 das Leben im besetzten, aber durch Nutzungsverträge legalisierten Georg-von-Rauch-Haus in Westberlin, einem Jugendzentrum (*Allein machen sie dich ein*). Johannes Flütsch, Klaus Helle und Marlis Kallweit ließen in *Flöz Dickebank* (1975) in einer Zechensiedlung in Gelsenkirchen Menschen zu Wort kommen, die sich gegen den Abriß der Kolonie wehrten. Susanne Beyeler, Rainer März und Manfred Stelzer dokumentierten 1975 den Kampf von 600 Arbeitern in Kalldorf gegen die Schließung ihrer Fabrik durch den Konzern Mannesmann, der das Werk kurz vorher gekauft hatte (*Kalldorf gegen Mannesmann*). Johannes Flütsch und Manfred Stelzer folgten 1976 Rummelplatzarbeitern (*Wir haben nie gespürt, was Freiheit ist*), 1977 (zusammen mit Marlis Kallweit) Fernfahrern (*Weiter Weg*). Das Team Beyeler/März/Stelzer wiederum beobachtete 1977 in *Eintracht Borbeck* die Fußballer eines kleinen Ruhrgebietsvereins und ihre Frauen. Klaus Helle, Florence Kraak und Bernd Segin zeigten 1978 in *Gegen Spekulanten* die energischen, letztlich erfolgreichen Bemühungen der Bewohner einer Arbeiterkolonie in Duisburg-Homberg, den Abriß ihrer Siedlung zu verhindern.

Einige dieser Filme, besonders *Flöz Dickebank*, *Kalldorf gegen Mannesmann* und *Gegen Spekulanten*, ließen sich auch in dem Kontext von Kapitel 5 («Politische Arbeit mit Film») einfügen, denn sie wurden zum Mittel in der politischen Auseinandersetzung, bei den unmittelbar Betroffenen, aber auch anderswo, als Beispiel, Anregung, Diskussionsgegenstand. Die Grenzen sind allerdings fließend: Jeder beobachtende Film, der sich genau auf Menschen, die sich sonst nicht äußern können, einläßt, ist ein politischer Film, ein Film der Gegeninformation, er kann nützlich sein für den politischen Kampf. In Kapitel 5 werden aber in erster Linie die Filme behandelt, die als Bestandteil einer Auseinandersetzung, einer Kampagne, geplant und gedreht wurden.

In der zweiten Hälfte der siebziger Jahre hat sich die Alltagsbeobachtung im bundesdeutschen Dokumentarfilm weit aufgefächert. Auf der einen Seite etwa Regine Heuser und Aribert Weis, die die eben geschilderten Tendenzen in *Die Leute von Lich-Steinstraß'* (1980) weiterführen, Dorfbewohner im Braunkohlengebiet zwischen Aachen und Köln, die umgesiedelt werden sollen, ihren von Resignation durchsetzten Protest aussprechen lassen. Auf der anderen Seite eine Hinwendung zu eher privaten Themen, die allerdings nie ohne gesellschaftlichen Bezug bleiben, zum Beispiel in Flütschs und Stelzers *Monarch* (1979), dem Porträt eines Spielautomatenprofis, oder in Peter Goedels *Talentprobe* (1980), der konzentrierten Reportage eines Amateur-Singwettbewerbs am Tanzbrunnen in Köln, gedreht an einem einzigen Tag mit vier Kamera- und drei Tonteams, das Dokument einer vom Veranstalter angeheizten Massenhysterie: die (meist wirklich talentlosen) Sänger werden vom Publikum erbarmungslos niedergemacht.

Christian Weisenborn und Michael Wulfes haben zwei Fußball-Langzeitbeobachtungen gedreht, besonders instruktive Beispiele dafür, daß selbst scheinbar entlegene Themen, genau genug beobachtet, Durchblicke auf gesellschaftliche Probleme und Mißstände erlauben. In *Profis* (1979) verfolgen sie am Beispiel von Paul Breitner und Uli Hoeneß die Spielzeit 1978/79 des FC Bayern München, eine Krisensaison, in der Trainer und Vereinspräsident abgelöst werden: Sichtbar wird der Konflikt zwischen den Demokratisierungswünschen einiger Spieler und den Managementinteressen des Großvereins – bis plötzlich in einem bestimmten Augenblick beide Tendenzen zur Deckung kommen, denn nur die Rebellion der Spieler, ihre dadurch neugewonnene Selbstachtung, führt zum Erfolg. *Der Rasen ihrer Träume* (1980) ist der erweiterte Zusammenschnitt dreier Fernsehbeiträge, eine Langzeitbeobachtung bei fünf jungen Fußballern von 1974 an, als sie in der bundesdeutschen Schülerauswahl gegen England spielten, bis 1979: Alle scheitern, keiner schafft den Sprung in die Bundesliga. «Eine Dokumentation, deren Pointe in der Paradoxie liegt», schrieb Momos (Walter Jens) in der «Zeit» vom 25. 1. 1980. «Als Aufsteiger, von Karrieren träumend, verwandelten sich ein paar junge Leute eines Tages in profitversprechende Waren; als Absteiger, desillusioniert, krank, heimgekehrt ins elterliche Dorf, verwandeln sie sich in Menschen zurück.»

Inmitten all der Filmemacher, die sich hinter die Personen, die sie aufnehmen, zurückziehen, haben sich zwei Dokumentaristen auf sehr unterschiedliche Weise als Autorenfilmer kenntlich gemacht: Dietrich Schubert und Hans Andreas Guttner.

Dietrich Schubert (geboren 1940), der auch eine Reihe wichtiger Filme zu historischen Themen gedreht hat (siehe Kapitel 7, Seite 135), in jüngster Zeit arbeitet er häufig mit seiner Frau Katharina zusammen, hat dreimal Umbruchssituationen im Leben eines Menschen über einen längeren Zeitraum beobachtet: *Bisher haben wir ja immer nur gearbeitet! Ein Arbeiter wird Rentner* (1976), *Da hab ich ja noch Glück gehabt. Eine Studentin wird Lehrerin* (1978), *Steck' lieber mal was ein. Ein Schüler wird Lehrling* (1980). Beim ersten Film gab es vier Drehphasen, verteilt auf gut ein Jahr, beim zweiten erstreckten sich die Dreharbeiten über zweieinhalb Jahre, beim

Zärtlichkeit und Zorn (Johannes Flütsch, Schweiz 1980)

dritten über fast drei Jahre. Zu beobachten ist jeweils, wie der Rentner, die Lehrerin, der Lehrling vor der Kamera immer selbstbewußter, sicherer werden – was zugleich bedeutet, daß sie ihren neuen Lebensabschnitt akzeptiert haben, obwohl die Erlebnisse in dieser Zeit nicht durchweg positiv sind (der Lehrling Gerd und die Lehrerin Dorothea lernen die Notwendigkeit der Anpassung) oder die Zukunftserwartungen schmal werden (der Rentner muß sich mit dem Gedanken an den Tod vertraut machen).

Schubert will bei diesen Filmen alle Zufälligkeiten der Kameraarbeit und der Montage vermeiden. Er benutzt in manchen Szenen ein Stativ und zusätzliches Licht, er sucht nach dem besten Bildausschnitt. Gelegentlich arrangiert er Szenen oder gibt die Initialzündung, indem er etwa das Stichwort für ein Gespräch liefert – *Steck' lieber mal was ein* gleicht deshalb auf weite Strecken fast einem Spielfilm. Das Bild ist für Schubert die erste Information; er will weg von einer Form des Films, die Themen und Probleme nur verbalisiert. Mit *365 Tage im Jahr* (1980) ist ihm dies besonders gut gelungen. Schubert, der auch selbst die Kamera führt, zeigt einen Tag auf einem Hof in der Eifel, der für die übrigen Tage im Jahr steht. Dank einer genauen Kenntnis der bäuerlichen Arbeitsvorgänge kann er in Kameraführung und Schnitt das Wesentliche jeder Tätigkeit vorführen, ohne zum Kommentar Zuflucht nehmen zu müssen[10].

Hans Andreas Guttner (geboren 1945) betont wie Schubert das Primat des – bewußt komponierten, mit einem sicheren Gespür für Timing aufgenommenen – Bildes. Seine beiden wichtigsten Filme beschäftigen sich mit Gastarbeitern in der Bundesrepublik; während sein Zwei-Stunden-Film *Familie Villano kehrt nicht zurück* (1981) über eine neunköpfige Familie aus der Nähe von Neapel, die jetzt in Fürth lebt, starr und statisch bleibt, weil er den Personen die Individualität austreibt, sie aufs Typische reduziert, führt die gleiche Methode im kurzen Film *Alamanya Alamanya – Germania Germania* (1979) zu einer Verdichtung ganz außerordentlicher Art: Das kollektive Grunderlebnis der Gastarbeiter in der Bundesrepublik (und sicher auch anderswo) wird nachvollziehbar, die Einsamkeit. Bilder der Isolation: Nachts allein im Zimmer; am Feierabend an einer Würstchenbude; als letzter Fahrgast im Bus; in einem ausgestorbenen U-Bahnhof; auf dem Arbeitsamt. Alle Bilder, so real sie sind, werden zu Symbolen. Auch die Texte, scheinbar naiv aus der Sicht ausländischer Arbeiter geschrieben, Belege der Trauer und der Anklage, mit Akzent gesprochen, sind komponiert wie die Bilder: poetische Gebilde. Der Film schafft eine eigene Welt, eine Welt des Dunkels, der Nacht, eine Unterwelt. Dennoch deutet er am Ende eine Hoffnung an: In der letzten Sequenz – Großaufnahmen von Arbeitergesichtern – erinnert der Text daran, daß Ausländer auch mit Deutschen zusammen gearbeitet, gestreikt, gekämpft haben. Die politische Perspektive, die in diesen Sätzen liegt, muß der Zuschauer selbst finden.

Schweiz: Minderheiten und Randgruppen

Als Henry Brandt, in den fünfziger Jahren mit ethnographischen Filmen hervorgetreten, bei der Landesausstellung 1964 in Lausanne mit fünf Vier-Minuten-Filmen – Gesamttitel *La Suisse s'interroge* – der Schweiz einen Spiegel vorhielt und darin nicht das offizielle, geschönte Bild des Wohlstandsparadieses sichtbar wurde, sondern die Not der Fremdarbeiter, Inflation und Wachstumskrisen, Überkonsum und Umweltverschmutzung, bedeutete diese Hinwendung zur Realität, dieser Verzicht auf eine verlogene Harmonisierung, wie sie bis dahin üblich war, den Beginn des neuen Schweizer Dokumentarfilms. Im gleichen Jahr kam Seilers *Siamo italiani* heraus, eine Beschreibung des Lebens italienischer Arbeiter in der Schweiz. Beide Filme schlagen den Ton an, der bis heute den Schweizer Dokumentarfilm bestimmt: Er leuchtet hinter den Kulissen eines der reichsten Länder der Erde; er interessiert sich vor allem für die Menschen, die auf den Schattenseiten des Wohlstands leben: für Ausländer, Kinder und alte Leute, also Menschen vor und nach ihrer Erwerbstätigkeit, für Behinderte. Er tut es mit leisen, unaufdringlichen Mitteln, nie beutet er, in den Filmen, die ich kenne, Gebrechlichkeit und Armut aus, er läßt den Menschen durch die Art der Fotografie ihre Würde – den journalistischen Schnellschuß eines besinnungslos eingesetzten Cinéma Vérité findet man in der Schweiz nicht. Behutsamkeit ist das Kennzeichen dieses beobachtenden Films.

Das Thema Fremdarbeiter (wie man die ausländischen Arbeiter in der Schweiz, brutaler und ehrlicher als bei uns, nennt) ist allerdings erst in den siebziger Jahren zu einem der Grundthemen des Schweizer Dokumentarfilms geworden – *Siamo italiani* war dem Bewußtseinsstand auch der meisten Filmemacher noch um Jahre voraus gewesen. 1970 drehte Peter Ammann *Braccia si, uomini no* (*Arbeitskräfte ja, Menschen nein*), zur Auseinandersetzung um die sogenannte Überfremdungsinitiative; 1972 beobachtete er, wie italienische Arbeiter im «roten Zug» zur Wahl nach Hause fahren (*Le train rouge*) – er stellt das italienische Menschen- und Politikverständnis dem schweizerischen Selbstverständnis gegenüber: die Schweizer, zu Zeiten Wilhelm Tells ein Rebellenvolk, sind inzwischen zu Herren geworden, die ihre Ursprünge vergessen haben. 1972 hat auch zum erstenmal ein Betroffener, der in der Schweiz lebende Italiener Alvaro Bizzarri, die Not der ausländischen Minderheit beklagt: *Lo stagionale* (*Der Saisonarbeiter*), auf Super-8 gedreht, erzählt die Geschichte eines italienischen Arbeiters, der nach dem Tod seiner Frau seinen Sohn in die Schweiz nachkommen lassen will, was er als Saisonarbeiter nicht darf. Die Inszenierung, kraftvoll gerade in ihrer Naivität, mündet in die dokumentarische Beobachtung, in eine Demonstration, die der Film mit ausgelöst hat. 1974 hat Villi Herman einen Film über italienische Grenzgänger im Tessin gedreht, die in der Schweiz arbeiten, aber in Italien wohnen. *Cerchiamo per subito operai, offriamo* (*Arbeitskräfte gesucht, wir bieten*) spielt vor allem auf den Straßen, in den Autos, an den Grenzübergängen: eine tägliche, sich ständig wiederholende Qual. Nino Jacusso, in Italien geboren, in der Schweiz aufgewachsen, hat das Leben seiner Eltern in der Schweiz, die statt geplanter fünf 20 Jahre geblieben sind und ihre Rückkehr in die Heimat 1979 und 1980 in zwei Filmen geschildert (*Emigration* und *Ritorno a casa/Rückkehr nach Hause*). Bezwingend dabei ist Jacussos Vertrautheit mit seinen Protagonisten. Gertrud Pinkus hat 1980 in *Il valore della donna è il suo silenzio* (*Das höchste Gut einer Frau ist ihr Schweigen*), einem Film, der zwischen Dokumentar- und Spielfilm steht, das Leben einer Italienerin in Frankfurt rekonstruiert: Die Frau selbst wollte nicht im Film auftreten, sie erzählt aus dem Off, eine andere übernimmt ihre Rolle. Daß die Ausländerproblematik ein Stachel im Fleisch der Schweiz ist, wird auch an Filmen deutlich, die andere Themen verarbeiten, dieses heiße Eisen aber immer wieder – fast zwanghaft – berühren, etwa in Seilers *Früchte der Arbeit.*

Nicht weniger intensiv hat sich der Schweizer Dokumentarfilm auf Behinderte eingelassen. Gleich der erste Film, *Ursula oder das unwerte Leben* (1966) von Walter Marti und Reni Mertens, der die geduldige Arbeit der Pädagogin Mimi Scheiblauer mit körperlich und seelisch schwer gestörten Kindern zeigt, machte betroffen, bewegte gerade durch seine Zurückhaltung in der Darstellung des Leides. Es dauerte bis 1979, bis ein anderer Film zum selben Thema ähnlich überwältigte, der allerdings keine Rücksicht mehr nahm auf das Schamgefühl seiner Zuschauer: Marlis Grafs *Behinderte Liebe.* Die vier jungen Menschen, die hier über ihre Sexualität, ihr Verlangen nach Zärtlichkeit in vorher nie gehörter Weise sprechen, ersparen dem Betrachter keines ihrer Gebrechen. Dennoch hat dieser Film (der in Kapitel 10, Seite 196 ausführlicher behandelt wird) eine kaum zu analysierende Keuschheit: die Selbstverständlichkeit, mit der die schwer Behinderten vor die Kamera treten, nimmt dem Film alles Peinliche, jeden Hauch von Sensation.

Zeitlich zwischen beiden Filmen liegen Arbeiten wie *Freut euch des Lebens* (1973) von Roman Hollenstein, ein Bericht über drei Männer (zwei sind Epileptiker, einer ist verkrüppelt), ihre Arbeit und ihre Träume, oder Iwan P. Schumachers *Verglichen mit früher* (1977), eine Reportage über ein Mädchen, das nach einem Unfall an den Rollstuhl gefesselt ist. Nach *Behinderte Liebe* entstanden *Ich möchte Bundesrat werden!* (1981) von Tula Roy und Christoph Wirsing, ein Film, der vor allem durch das dargestellte pädagogische Experiment überzeugt: Behinderte Kinder stellen sich einen Beruf vor, überprüfen dann diesen Wunsch an der Realität und kommen dabei zu dem Ergebnis, daß sie nur zusammen etwas tun können, so daß jeweils einer die Behinderung des anderen ausgleicht; und *Zur Besserung der Person* (1981) von Heinz Bütler, Beobachtungen in einem österreichischen Krankenhaus für psychisch Kranke.

Auffallend an all diesen Filmen: Die materielle

Versorgung der Behinderten scheint gesichert zu sein; die Heime, in denen sie leben, die technischen Möglichkeiten, die ihnen zur Verfügung stehen, mögen anderswo fast Neid erregen. Die Zahl der Filme und ihre bohrende Intensität scheint allerdings darauf hinzuweisen, daß die Schweizer Gesellschaft ein schlechtes Gewissen hat, weil sie in der Regel diese Außenseiter nur in ein goldenes Getto abschiebt.

So sind diese und andere Filme über Randgruppen und Minderheiten eminent politische Filme, weil sie fragen, wieviel Humanität in der perfekt durchorganisierten Schweiz eigentlich noch möglich ist. Nur ein Schritt trennt diese Filme von den explizit politischen der Bürgerinitiativen oder der Züricher Jugendbewegung.

Auch die Filme über Kinder oder alte Leute sind oft als Protest zu verstehen, etwa *Die Kinder von Furna* (1974) von Christian Schocher oder *Müde kehrt ein Wanderer zurück* (1974) von Friedrich Kappeler über die Vereinsamung eines alten Mannes, der in ein Heim umgesiedelt wird. Sprechen diese Filme eine sehr behutsame Sprache, so werden andere – vornehmlich zum Thema Erziehung – deutlicher, innerhalb einer komplizierteren filmischen Syntax. *Unser Lehrer* (1971) von Peter Bichsel und Alexander J. Seiler stellt einen autoritären Lehrer vor, der sich selbst für fortschrittlich hält. Beobachtungen in der Klasse (mit zwei Kameras aufgenommen), Reflexionen des Lehrers, Aufsätze der Kinder und ein nachträglicher Kommentar des Schriftstellers Peter Bichsel, der früher selbst Lehrer war, ergeben ein dichtes Geflecht von Beziehungen und Widersprüchen. Wird der Lehrer nicht zum hilflosen Demonstrationsobjekt, der als einzelner seinen Kopf hinhalten muß für ein ganzes System? In der Schweiz hat *Unser Lehrer* nach der Fernsehausstrahlung kontroverse Diskussionen ausgelöst.[11] Von ähnlicher (und genauerer) Mehrstimmigkeit ist *Wer einmal lügt ... oder Viktor und die Erziehung* (1973) von June Kovach und Seiler: Gezeigt wird, wie Erzieher, die hier stellvertretend stehen für die Schweizer Gesellschaft, einen schwierigen, kommunikationsscheuen jungen Menschen von einem Heim ins andere und immer mehr in die Isolation treiben. Max Frisch nannte «Viktor das Opfer unseres Pharisäertums ..., einer Haltung, die sich selber nicht in Frage stellt und von vorneherein über den anderen urteilt und ihn abwertet. Ich weiß nicht, wie ein Mensch das aushalten soll, ohne einen schlechten und traurigen Weg zu gehen.»[12] Der Film kommt ohne Didaktik, ohne einen eigenen Kommentar aus. Viktor erzählt aus dem Off, dazu Aussagen von Angehörigen, Erziehern und Leidensgenossen; Aufnahmen der Anstalten: Aus all diesen Partikeln entsteht ein Bild, das der Zuschauer sich selbst zusammensetzen muß, das ihn schließlich zu Schlußfolgerungen führt, wie sie Max Frisch gezogen hat.

Auch den bewußt «Asozialen» haben Schweizer Dokumentaristen immer wieder ein Denkmal gesetzt: Hans-Ulrich Schlumpf zum Beispiel einem verrückten und genialen Außenseiter, der alles sammelte, was man nur sammeln kann und es zu einem «Museum der Besessenheit» zusammenfügte (*Armand Schulthess – J'ai le telephone*, 1974) oder Johannes Flütsch einer Zigeunerfamilie, die das Ordnungsdenken der Schweizer Behörden immer wieder ad absurdum führt (*Zärtlichkeit und Zorn*, 1980).

Lange Zeit hat sich der Schweizer Dokumentarfilm mehr oder weniger auf Randgruppen und Minderheiten konzentriert, auch in den Filmen über Bergbauern oder Bandweber (siehe Kapitel 6); doch war dies nie eine Flucht aus der Wirklichkeit. Es waren Filme über Opfer und über die schweigende Mehrheit. Daß einige Menschen, in bestimmten Situationen auch viele, schließlich anfingen sich zu wehren, das wurde zum Antrieb aller jener Filme, die

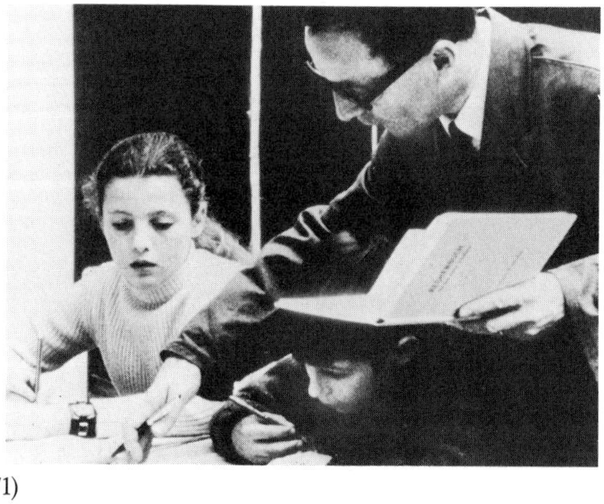

Alexander J. Seiler/Peter Bichsel: *Unser Lehrer* (Schweiz 1971)

in Zusammenarbeit mit Gewerkschaften und Bürgerinitiativen entstanden, Filme wie *Ein Streik ist keine Sonntagsschule* (1975) oder *Kaiseraugst* (1975) – dazu mehr im fünften Kapitel.

DDR: Porträts und Lebensläufe

Wohl in keinem anderen Land ist das Prinzip der dokumentarischen Beobachtung so konsequent und mit so guten Ergebnissen praktiziert worden wie in der DDR. Seit Anfang der sechziger Jahre, seitdem die jungen Filmemacher sich im Dokumentarfilm der eigenen Gesellschaft zuwandten, sind zahlreiche Porträts entstanden; neben einigen, die in die Geschichte zurückreichen, mehr und mehr aktuelle Einzel- und Gruppenporträts, die einen Einblick geben in den Aufbau der DDR, aber auch in ihre Schwierigkeiten und Probleme. Zu beobachten ist dabei eine zunehmende Ehrlichkeit, die Bereitschaft, auch Widersprüche auszutragen. Aus Jürgen Böttchers Film *Stars* (1963) mußte zum Beispiel noch eine Stelle entfernt werden, in der die profilierteste Arbeiterin einer Frauenbrigade bei einem Streit mit der Brigadierin, die Konsequenzen angedroht hatte, fragt: «Und wat wollt ihr da machen? Ick weeß schon. Jeld wird uns abgezogen, det find ick fein, fein find ick det.» Und Böttcher, der dies berichtet, fährt fort: «Und sie sagte es bitter, und alle waren sehr erregt... Mir schien, daß diese Szene, so hart sie war, durch den progressiven Gesamtcharakter des Films gebunden, möglich geworden wäre.»[13] Inzwischen sind Szenen wie diese nicht nur möglich, sondern alltäglich; man denke nur an Böttchers *Wäscherinnen* (1972) und Koepps *Wittstock*-Tetralogie (1975 bis 1981). Und es sind fast immer Frauen, die sich so selbstbewußt äußern, die kein Blatt mehr vor den Mund nehmen.

Zuerst waren es vornehmlich Gruppen, die porträtiert wurden. Karl Gass, geboren 1917, der «Vater» des neuen DDR-Dokumentarfilms, hat in seinen beiden wohl besten Filmen, *Feierabend* (1964) und *Asse* (1966), Bauarbeiter in Schwedt beobachtet: in der Freizeit und bei der Errichtung eines Erdölverarbeitungswerkes. *Ofenbauer* (1962) von Böttcher zeigt in 15 Minuten, wie eine Brigade einen Hochofen, der den ausrangierten Vorgänger ersetzen soll, in drei Stunden um 18 Meter vorwärtsbewegt: Der Anspannung der Arbeit entspricht die Konzentration des mit fünf Kameraleuten agierenden Filmteams. Die Verdichtung der Montage schafft ein Sinnbild, ohne die Konkretion aufzugeben. Im Gegensatz zu dem polnischen Parallelfilm *Narodziny statku* (*Geburt eines Schiffes*) von Jan Lomnicki (1961), den Böttcher «vordergründig poetisierend»[14] empfand, sprengt *Ofenbauer* nie den Rahmen der Reportage, einer Reportage, die die Schönheit einer Arbeit dokumentiert. Das blieb bei Böttcher so, ob in *Stars, Wäscherinnen* oder *Die Mamais* (1974), einem Bericht über eine Brigade: «Die Arbeit am Dokumentarfilm bedeutet, fruchtbare Begegnungen mit Menschen zu suchen – und die fruchtbarsten Begegnungen waren für mich bisher diejenigen mit Arbeitern. Das klingt nach einem bewußten Programm, das war nicht in dem Maße bewußt, aber immerhin folgerichtig», so Böttcher 1974[15].

«Die Entdeckung ursprünglicher Schönheit»[16] bei den Menschen, die eine Arbeit verrichten, kollidiert oft mit der Arbeit selbst, die etwa in *Stars* oder *Wäscherinnen* gleichförmig und abstumpfend ist – Böttcher verschweigt das nicht; wichtig ist ihm, daß die Frauen das selbst sagen können. Darum ist der Originalton, den er in *Ofenbauer* und *Stars* noch einer unvollkommenen Technik abgetrotzt hat (siehe Kapitel 1), für ihn unverzichtbar. Er tritt den Personen mit Offenheit und Freundlichkeit entgegen, sie antworten ihm auf gleiche Weise – das gilt ein paar Jahre später auch für Volker Koepp. Die Mädchen in *Wäscherinnen* sagen ohne jede Beschönigung, daß ihnen diese Arbeit nicht gefällt, und Böttcher verurteilt sie nicht deswegen.

Ähnlich ist es im *Wittstock*-Zyklus von Volker Koepp. In *Mädchen in Wittstock* (1975), *Wieder in Wittstock* (1976), *Wittstock III* (1978) und *Leben und Weben* (1981) verfolgt Koepp den Weg einiger Mädchen, die in der neugegründeten Textilfabrik im vorher ländlichen Wittstock zu arbeiten begonnen hatten; immer neue Mädchen kommen dazu, andere verschwinden: ein Zeichen der Fluktuation. Die Filme werden bestimmt von einem Kontrast: Hier das Selbstbewußtsein der Mädchen, das sich kritisch äußert gegenüber Mängeln in der Fabrik, den Leuten im Ort oder dem Wohnheim, in dem sie untergebracht sind; dort das offensichtliche Versagen der Leitung des Werkes, der es nach sechs Jahren immer noch nicht gelungen ist, die Verhältnisse zu stabilisieren. Koepp kommentiert die Aussagen der Mädchen nicht: «Autorenhaltung und Standpunkt, das muß im Material selbst stecken»[17], so Koepp – sein Standpunkt wird klar, er steht auf seiten der Mädchen, die ihre Lebensbedingungen und damit auch die Leistungsfähigkeit der Fabrik verbessern wollen.

Koepps vieldiskutierte und, vor allem beim letzten Film *Leben und Weben,* auch getadelte Interviewmethode, bei den Fragen scheinbar vage zu bleiben, bringt erstaunliche Ergebnisse: Die Gespräche werden nicht vorstrukturiert, die Antworten nicht suggeriert; zwar ist manche Äußerung der Mädchen ähnlich unbestimmt wie manche Frage, insgesamt aber sprechen die Mädchen ohne Rückversicherung, auch ohne Rücksicht darauf, was etwa von der Leitung des Werks gerne gehört würde.

Christian Lehmanns Kamera, er hat alle wichtigen Filme Koepps fotografiert, zeigt ähnlich unbeschönigt – aber auch unpolemisch – die Situation der Mädchen: den Arbeitsplatz, die eher triste Diskothek, das Heim. In *Leben und Weben* hat Koepp durch die Montage den engen Lebenskreis, in dem die Mädchen sich bewegen, spürbar gemacht: Oft, scheinbar unmotiviert, wiederholen sich bestimmte Bilder aus der Fabrikhalle, der Diskothek, der Eingangspforte des Heims, dem Treppenhaus, dem Korridor, dem Zimmer (das die Mädchen sehr individuell einrichten) – ein Kreislauf, aus dem kaum auszubrechen ist.

Auch bei den Einzelporträts halten Bestätigung und Kritik einander die Waage. Es gibt Vorbilder, die aber eher unscheinbar sind, ob nun Böttchers *Sekretär* (1967), Koepps *Gustav J.* (1973), Richard Cohn-Vossens *Monika* (1975), Böttchers *Martha* (1978) oder die Schweißerin in Koepps *Tag für Tag* (1979) – immer werden Menschen gezeigt, die freundlich sind und widerborstig. Der Parteisekretär Grimmer in der Kautschukfabrik Leuna verteidigt die Frauen des Werks gegen eine manchmal uneinsichtige Betriebsleitung; Gustav J., ein alter Arbeiter, erzählt unpathetisch und furchtlos aus seinem Leben im Grenzland zwischen Polen und Deutschland – ein exemplarisches Schicksal im 20. Jahrhundert; Monika, eine Neunzehnjährige aus einem Dorf in Thüringen, eher scheu und introvertiert, übernimmt gesellschaftliche Aufgaben, wird Kreistagsabgeordnete, hat unverwirklichte Träume; Martha, eine der Berliner Trümmerfrauen, die danach noch dreißig Jahre auf einer Baustelle arbeitete, geht in den Ruhestand, eine «Mutter Courage vom Tiefbau», wie Heinz Klunker sie nannte[18], eckig, unangepaßt, proletarisch; die Schweißerin Karin Reiher (in *Tag für Tag*) hat einen ungewöhnlichen Beruf und die Fähigkeit, mit schwierigen Menschen zu reden, mit Jugendlichen in einem sogenannten Jugendhof, also einem Jugendgefängnis mit Lehrwerkstatt. Dazu kommen viele Porträts von Künstlern; ich denke an Cohn-Vossens *Paul Dessau – Studie über die aufbauende Unzufriedenheit eines Komponisten* (1967), an Jürgen Böttchers Bildhauer-Film *Im Lohmgrund* (1976) oder an Eduard Schreibers *Wieland Förster, Dezember 1979* (1980), das Porträt des Bildhauers, das vor allem durch den körperlichen Umgang mit Kunst fasziniert: Man kann sehen, wie eine Plastik nach Berlin zu einer Ausstellung transportiert wird.

Ein Reichtum also an Porträts (es ließen sich weitere aufführen, etwa von Karlheinz Mund oder Gitta Nickel oder aus der Hochschule für Film und Fernsehen der DDR), der die Vielfalt einer Gesellschaft sichtbar macht, die sich nach außen oft so geschlossen präsentiert, aber auch die Spannungen, die Kon-

Volker Koepps Wittstock-Tetralogie:

Mädchen in Wittstock (1975)

Wieder in Wittstock (1976)

Wittstock III
(1978)

Leben und Weben
(1981)

troversen. Manche dieser Filme hatten Schwierigkeiten in der DDR, aber alle konnten gedreht, alle konnten aufgeführt werden.[19]

Eine Sonderstellung im DDR-Dokumentarfilm nimmt Winfried Junges Langzeitbeobachtung *Lebensläufe* (1981) ein, die er seit 1961 zusammen mit dem Kameramann Hans-Eberhard Leupold im Dorf Golzow im Oderbruch gedreht hat. Das umfangreiche Material ist in drei Versionen publiziert. In sechs Kurzfilmen: *Wenn ich erst zur Schule geh* (1961), *Nach einem Jahr – Beobachtungen in einer ersten Klasse* (1962), *Elf Jahre alt* (1966), *Wenn man vierzehn ist* (1969), *Die Prüfung* (1971), *Ich sprach mit einem Mädchen* (1975). Junge und Leupold haben auch danach weitergedreht. 1979 veröffentlichten sie eine Chronik der Klasse, *Anmut sparet nicht noch Mühe* (106 Minuten), die vor allem durch den pointierten, von ihm selbst gesprochenen Kommentar des Schriftstellers Uwe Kant geprägt war. Montiert aus demselben Material kam 1981 die Langzeitbeobachtung *Lebensläufe* heraus, neun Einzelporträts in vier Stunden und 15 Minuten, den Weg der ehemaligen Schüler vom sechsten bis etwa 23. Lebensjahr nachzeichnend. Junge und Leupold drehen auch jetzt weiter und wollen voraussichtlich in jedem Lebensjahrzehnt ihrer Protagonisten einen Film publizieren: «Über die Jahrzehnte dürfte so von jedem unserer zentralen Helden ein abendfüllender Film entstehen, der – wenn wir Dokumentaristen Fortsetzer finden – unsere Golzower im neuen Jahrtausend als Großeltern mit ihren Kindern und Enkeln zeigt. Die Frage ist nur: wann enden – und warum?»[20]

Bei den Einzelfilmen schien die Spontaneität und Lockerheit des Anfangs immer mehr einer gewissen Starrheit zu weichen, besonders in der *Prüfung:* Doch hat man wohl den Filmen angelastet, was abgebildete Realität ist, das ziemlich autoritäre Schulsystem. Auch in Junges langem Film *Keine Pause für Löffler* (1974), Untertitel: «Ein Lehrer und seine 6c», befremdete einen westlichen Betrachter mehr der Alltag der Schule als der Film selbst, der sich in seiner Wertung zurückhält nur der Kommentar, auch hier von Uwe Kant, drängt sich manchmal vor. Er dominiert auch in *Anmut sparet nicht noch Mühe,* degradiert die Beobachtungen in einigen Passagen zum Material für eine Beweisführung.

Offener und sperriger die *Lebensläufe,* obwohl auch sie vom Kommentar, diesmal von Junge geschrieben und gesprochen, getragen sind. Junge hat nur 20 bis 30 Minuten für jedes Porträt, da muß er raffen, zusammenfassen, interpretieren, Perspektiven andeuten. Er geht behutsam vor, ist selbstkritisch, überlegt, ob er hier nicht zu vorschnell gefragt, dort nicht zu schnell eine Antwort gefunden hat; er verweist auf Arrangements bei den Dreharbeiten –

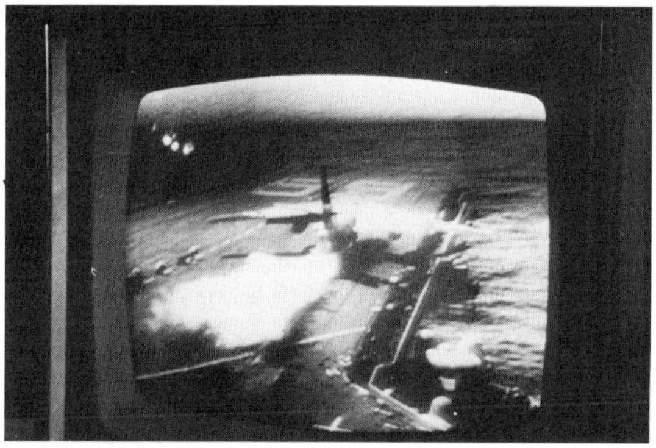

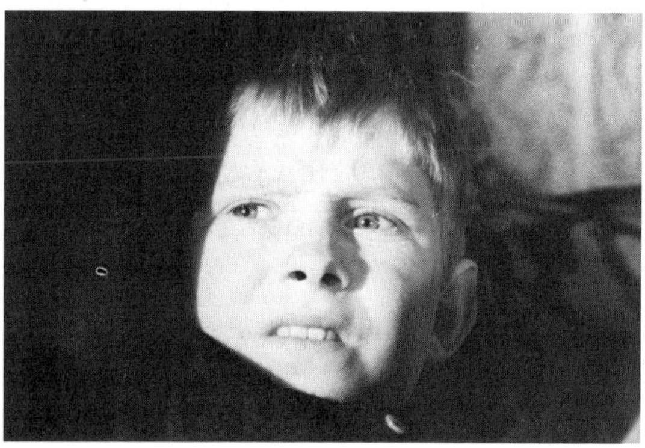

Junge/Leupold: *Lebensläufe* (1961–81); links: Dieter sieht Fernsehaufnahmen aus Vietnam (1966); Dieter ist Pioniertaucher bei der Armee (1975); rechts: Ilona von 1961 bis 1973 (unten mit Ehemann und Tochter)

er macht den Film, so sehr er ihn durch seine Autorenmeinung prägt, durchsichtig. Zum anderen aber machen sich auch Beobachtungen selbständig, setzen sich gegen das Harmoniebedürfnis von Junge durch: Es ist viel Melancholie, sogar Resignation in dem Film. Zwar ist keiner der neun arbeitslos, das gibt es in der DDR nicht, aber kaum einer hat einen Beruf ergreifen können, den er wirklich wollte, auch in der Liebe und der Ehe gibt es Probleme. Kaum ein Leben verläuft geradlinig, auch nicht im relativen Schutz der DDR-Provinz.

Die wichtigsten Themen des DDR-Dokumentarfilms, die auch das Werk von Böttcher und Koepp prägen, sind in *Lebensläufe* fast rein herauspräpariert: die Berufswahl – viele tun eine Arbeit, die zwar notwendig ist, aber den einzelnen nicht befriedigt (das gilt z.B. auch für Böttchers Wäscherinnen oder viele der Mädchen in Wittstock); das Wohnungsproblem – die meisten Wohnungen sind zu eng, vor allem, wenn Kinder da sind (auch die meisten Mädchen in Wittstock wollen, je schneller desto lieber, das Wohnheim wieder verlassen); das Selbstbewußtsein der Frauen – sie sind widerborstiger, kritischer als die jungen Männer, die viel angepaßter, oft auch unreifer wirken: Marieluise (7. Episode), deren Lebenslauf besonders bewegt ist, oder Ilona (9. Episode), Elektrofacharbeiter und FDJ-Sekretärin, machen auf ihr weiteres Leben neugierig. Marieluise und Ilona oder die Edith in *Wieder in Wittstock*, die als Bandleiterin abgesetzt wird, sich nicht unterwirft, sich aber am Ende zur Parteigruppenleiterin wählen läßt, um etwas zu verbessern, oder die alte Martha bei Böttcher – sie sind Leitfiguren des DDR-Dokumentarfilms.

Auffallend an *Lebensläufen*, daß das Dorf Golzow immer mehr aus dem Film verschwindet. Mit der Verlagerung in die Stadt, die wohl der DDR-Realität entspricht, steht *Lebensläufe* quer zu einer weiteren Grundtendenz des DDR-Dokumentarfilms, seiner Vorliebe für die Provinz, wie sie sich nicht nur in den «Landschaftsfilmen» von Volker Koepp äußert (siehe Kapitel 6).

Polen, Ungarn, Jugoslawien

Nicht nur in der DDR, auch in den meisten anderen sozialistischen Ländern Osteuropas ist der Alltag seit Beginn der sechziger Jahre zum wesentlichen Thema des Dokumentarfilms geworden. Die Faszination der neuen Technik des Direct Cinema gerade

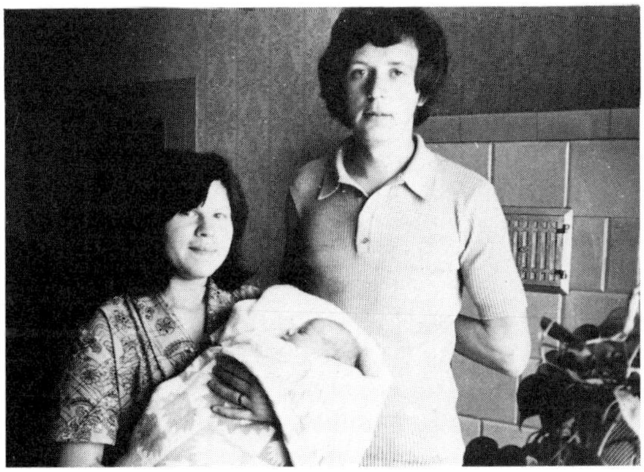

in diesen Ländern wurde schon beschrieben (Kapitel 1). Natürlich wurden weiterhin sehr viele konventionelle Filme gedreht, meist mit offiziellen Themen (Feiern, Gedenktage usw.); Bestand haben aber werden die Filme, die sich dem alltäglichen Leben der Menschen widmeten.

Da in den sozialistischen Ländern Dokumentarfilme bis heute in großer Zahl als Kurzfilme fürs Kino gedreht werden, ist für den westlichen Beobachter der Überblick über diese Produktion kaum zu gewinnen, denn es geht ja pro Land um einige hundert Filme. Abgesehen von Fernsehausstrahlungen (etwa im «Internationalen Kurzfilm» des ZDF), gelegentlichen nichtgewerblichen[21], noch selteneren gewerblichen Aufführungen (als Kinovorfilme), sind Festivals die einzige Informationsquelle, besonders die Kurzfilmtage in Oberhausen.

Ich beschränke mich hier auf Beispiele aus Polen, Ungarn und Jugoslawien und ein paar Verweise auf andere Länder; Filme aus der ČSSR im Zusammenhang mit dem «Prager Frühling» und polnische Filme über den Demokratisierungsprozeß der Jahre 1980/81 werden in Kapitel 6 beschrieben. Věra Chytilová, die wichtigste Filmemacherin der ČSSR, deren Arbeiten zwischen Spielfilm und Dokumentarfilm changieren, wird in Kapitel 10 dargestellt.

In Polen hat in den sechziger Jahren vor allem Kazimierz Karabasz (geboren 1930) die Alltagsbeobachtung zum Prinzip seiner Filmarbeit gemacht; berühmt wurde sein Zehn-Minuten-Film *Muzykanci* (*Musikanten*) aus dem Jahre 1960, das Porträt einer Gruppe von Straßenbahnschaffnern und Arbeitern aus den Depots und Werkstätten, die in ihrer Freizeit zusammen musizieren. Karabasz gehörte zu den ersten Dokumentaristen, die auch längere Filme fürs Fernsehen drehten; seine Hauptwerke sind die beiden knapp einstündigen Filme *Rok Franka W.* (*Ein Jahr des Frantisek W.*, 1967) und *Sobota Grazyny A. i Jerzego T.* (*Ihr Sonnabend*, 1969). Im ersten Film wird gezeigt, wie Frantisek, ein knapp zwanzigjähriger junger Mann, vom Land in eine Stadt kommt, in eine ihm fremde Umgebung: Er arbeitet in einer Gleisbaubrigade, leistet später seinen Wehrdienst ab. Im zweiten Film werden Arbeit und Freizeit eines jungen Mädchens und eines jungen Mannes, die sich nicht kennen, in einer Parallelmontage nebeneinandergestellt. Beide Filme verbinden Elemente des Direct Cinema mit Off-Kommentar und Verabredungen mit den Protagonisten im Stile des englischen Free Cinema; beide Filme sind leise, sie gehen den normalen Sorgen und Freuden junger Menschen nach; sie sind nicht konfliktscheu, wie man in Oberhausen seinerzeit meinte. Gerade der genaue, nie spekulative Blick auf die Personen hat die Filme bis heute lebendig erhalten. Einen konsequenten Cinéma-Vérité-Film drehte zur selben Zeit

Jerzy Bednarczyk. In *Nie Pozylem Dlugo* (*Ich hab' nicht lange gelebt*, 1966) berichten zwei junge Männer, die einen Taxifahrer ermordet haben, von den Motiven ihrer Tat: Der Film wird zu einer «Art Selbstbefreiung», außerdem dient er der «psychologischen Aufklärung gewisser zivilisatorischer Erscheinungen» unserer Zeit (Frauke Hanck)[22].

Ende der sechziger Jahre machte der junge Marek Piwowski auf sich aufmerksam, der einer der wichtigsten Regisseure des polnischen Dokumentarfilms werden sollte. *Szesnascie miec lat* (*Sechzehn müßte man sein*, 1967) zeigt in ironischen Kontrastmontagen polnische Jugend des Jahres 1966 in der Provinz – sie ist unpolitisch, oberflächlich – und Männer, die in den dreißiger Jahren in diesem Alter waren, Greise heute, die aus ihrem Leben anscheinend nichts gelernt haben. *Psychodrama*, 1969 gedreht, aber erst 1972 aufgeführt, porträtiert junge Mädchen in einer Erziehungsanstalt; *Zanim doszlo do śmierci* (*Kurz vor dem Tode*, 1973) beschäftigt sich mit Triebtätern in der schlesischen Provinz. Piwowski, der mehrfach Schwierigkeiten mit der Zensur hatte, «zeigt den Menschen, den ratlosen, zerstörten, unbehausten, verlorenen Menschen hinter der kriminellen Fassade» – was Frauke Hanck hier über *Kurz vor dem Tode* schreibt,[23] gilt auch für *Psychodrama*. Selbst der Titel ist ironisch gemeint: «Mein Film zeigt die Mädchen nicht als Schuldige, sondern als Zeugen in einem Prozeß, in dem die Gesellschaft angeklagt wird. Es ist kein Psychodrama, sondern ein Soziodrama». (Piwowski)[24] Ähnlich der Ansatz von Krzysztof Gradowski in dem Film *Zanik Serca* (*Herzensschwund*, 1972): Eine alte Frau ist in ihrer Großstadtwohnung verhungert, Verwandte und Nachbarn haben sich nicht um sie gekümmert.

Piwowski und Gradowski sind keine Puristen; sie arrangieren und rekonstruieren, wo es nötig ist; sie schneiden Gespräche zum Teil sehr kurz, nicht auf den Effekt, aber auf die Aussage hin, die sie brauchen: In den 20 bis 30 Minuten, die sie jeweils zur Verfügung haben, müssen sie kondensieren.

Zu den wichtigsten jüngeren polnischen Regisseuren gehört Krzysztof Kieślowski (geboren 1941), der Dokumentarfilme (seit 1968) und Spielfilme dreht und auch nach seinen erfolgreichen Spielfilmen *Blizna* (*Die Narbe*, 1967) oder *Amator* (*Der Amateur*, 1980) immer wieder zum Dokumentarfilm zurückkehrte. Für ihn sind beide Genres gleichrangig: Seine Fiktionsfilme lassen die Praxis des Dokumentaristen deutlich erkennen. Beim Dokumentarfilm genügen ihm oft ganz unscheinbare Themen: So wird in *Dworzec* (*Der Bahnhof*, 1980) in 13 Minuten der neue Warschauer Hauptbahnhof gezeigt, der unter der Erde liegt; vorgeführt wird das Funktionieren eines so großen Apparats (einschließlich der gespenstischen Fernsehüberwachung). Beobachtet werden die kleinen Aktionen der Menschen, die sich abplagen mit Gepäck, auf verspätete Züge warten, um Auskünfte bitten, erfolglos eine Fahrkarte zurückgeben wollen («Warum sind die Vorschriften nur günstig für die Bahn, nicht für die Reisenden?»). Der Film verteidigt – ohne jedes Pathos – das Individuum gegen den Apparat. Aus dem abgenutzten Sujet der sprechenden Köpfe schließlich macht Kieślowski eine radikale Enquete über die Glücksvorstellungen von Menschen jeden Alters (*Gadajace Glowny/Redende Köpfe*, 1981).

Wie in Polen beschäftigen sich auch in Ungarn einige der wesentlichen Filme mit alten Leuten und mit Jugendlichen. Judit Elek (geboren 1937) hat beispielsweise in dem kurzen Film *Meddig El Az Ember* (*Was gilt der Mensch?*, 1968) einen Arbeiter porträtiert, der nach vierzigjähriger Tätigkeit im selben Betrieb zum Rentner wird; in dem 80-Minuten-Film *Istenmezejen 1972–73* (1974) beobachtet sie zwei Jahre lang drei Mädchen in dem abgelegenen Bergdorf Istenmezejen, die mit ihrem Leben unzufrieden sind, entweder früh heiraten oder wegziehen.

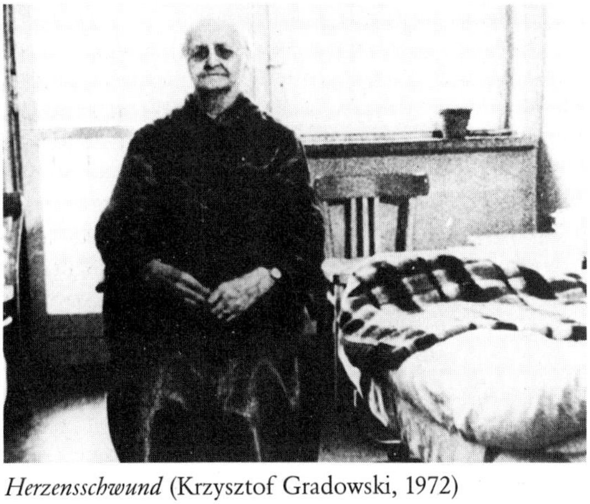

Herzensschwund (Krzysztof Gradowski, 1972)

Miklós Csányi zeigt in *Boldogság* (*Glückselig*, 1968) die kleinbürgerlichen Glücksvorstellungen eines jungen Paares, Vince Lakatos läßt in *Magány* (*Allein*, 1969) eine alte Kleinbäuerin zu Wort kommen, die – trotz ihrer Einsamkeit und Armut – nicht zu ihren Kindern in die Stadt ziehen will. Ein Parallelfilm entstand 1967 in der ČSSR, Jan Spátas *Respice finem*. Er berichtet an konkreten Beispielen über Witwen auf dem Lande, von denen es 500000 zu dieser Zeit allein in der ČSSR gab.

Die ungarischen Dokumentaristen befragen einzelne Menschen, stellen Einzelschicksale dar, um an ihnen gesellschaftliche Prozesse in ihrem Land deutlich zu machen; das gilt für alle schon genannten Filme, besonders aber für die beiden Abschlußarbeiten István Dárdays an der Akademie für Bühnen- und Filmkunst in Budapest, *Nyugodtan meghalni* (*In Ruhe sterben*, 1971) und *Miheztartás végett* (*Den Umständen entsprechend*, 1972). Dárday (geboren 1940) konstatiert im ersten Film die Kontinuität einer Spießermoral in Ungarn – dennoch sind seine präzise und unnachsichtig geführten Interviews nicht indiskret; im zweiten konfrontiert er in einer Folge sarkastischer Montagen die ungarische Jugend mit dem Lebensstil der Erwachsenen, «mit einem System erstarrter Rituale, das im Grunde immerfort menschliche Leichname produziert» (Gregor)[25]. 1978 schließlich hat Livia Gyarmathy in *Kilencedik Emelet* (*Neunte Etage*) auf behutsame Weise die Doppelbelastung einer Frau vorgeführt, als Arbeiterin und Hausfrau, auf der – nach der Scheidung – auch noch die Bürde der alleinigen Erziehung der Kinder liegt.

Es ist sicher kein Zufall, daß ein großer Teil dieser ebenso kritischen wie sensiblen Filme von Frauen gedreht ist, und das zu einer Zeit, als sich auch im Westen der Frauenfilm noch keineswegs durchgesetzt hat. Außer Judit Elek und Livia Gyarmathy sind die früh verstorbene Judit Vas (1932–1971), die sich vor allem mit Kinderpsychologie und Erziehung beschäftigte (z. B. in *Módszerek/Methoden*, 1969) und Márta Mészáros (geboren 1931) zu nennen, die bedeutendste ungarische Regisseurin der Gegenwart, die neben mehreren Spielfilmen (u. a. *Örokbefogadás/Die Adoption*, 1975 und *Kilenc honap/Neun Monate*, 1976) seit Ende der fünfziger Jahre etwa 25 Dokumentarfilme gedreht hat, darunter als bekanntesten *A Lörenci fonóban* (*In der Spinnerei von Lörinc*, 1972), einen Bericht über drei Frauen in einem Textilwerk, über ihr Leben, ihre Arbeit, ihre Familien.

Nimmt man die wichtigsten polnischen und ungarischen Dokumentarfilme zusammen, so fällt auf: Sie untersuchen häufiger und genauer die Schicksale von Außenseitern (auch von skurrilen Originalen, da ließen sich viele Titel nennen) als von Arbeitern. Wenn sie sich aber auf «normale» Menschen einlassen, dann mit Vorliebe auf junge oder alte, zu Beginn oder am Ende des Produktionsprozesses. Viele der Filme könnten auch Zustände in der westlichen Gesellschaft beschreiben; ihre Provokation liegt darin, daß die Unmenschlichkeit oder Spießbürgerlichkeit, die sie anklagen, in der eigenen, sozialistischen Gesellschaft zu finden sind. Trotzdem scheinen solche Filme eher toleriert zu werden als Darstellungen von schlechten Arbeitsbedingungen und Produktionsproblemen, wie sie dann etwa in den polnischen Filmen der Jahre 1980/81 dominieren. Vor diesem Hintergrund ist die Leistung der DDR-Regisseure Böttcher oder Koepp bemerkenswert, die immer wieder, ob in *Stars* oder *Wäscherinnen* oder in der Wittstock-Tetralogie, Theorie und Praxis der Arbeitswelt aneinander gemessen haben. Allein vor diesem Hintergrund ist auch der außerordentliche Erfolg des bulgarischen 45-Minuten-Films *Stroiteli* (*Erbauer*, 1974) von Christo Kovatschev in den sozialistischen Ländern verständlich: Bauarbeiter, «Könige der Großbaustellen», wie sie sich selbst nennen, sprechen mit großer Offenheit und bemerkenswertem Selbstbewußsein über ihre Probleme, führen sie vor. Die Kritik des Films allerdings ist eingebunden in einen vorwärtsstürmenden Optimismus und (formal) in eine fast unverschämte Effektsicherheit.

Erbauer hatte in Leipzig und Oberhausen Erfolg; von diesem Sonderfall abgesehen, konnte man über Jahre eine gewisse «Arbeitsteilung» zwischen beiden Festivals feststellen: Während die sozialistischen Länder nach Leipzig vornehmlich ihre konventionellen, harmonisierenden Filme zum Thema Produktion schickten, brachten sie nach Oberhausen, schon wegen der potentiellen westlichen Käufer, die kritischen Alltagsbeobachtungen mit – Filme also, wie sie eben kurz charakterisiert wurden. Das gilt auch für Produktionen aus Jugoslawien – deren oft pessimistische Düsterkeit hätte in Leipzig nur befremden können.

Die jugoslawischen Dokumentaristen haben sich viel nachdrücklicher als ihre Kollegen in den orthodox sozialistischen Ländern für den arbeitenden Menschen interessiert, für seine Probleme, für die wirkliche Plackerei. (Auf die Filme von Zilnik und Skanata wurde in Kapitel 1 schon hingewiesen). In *Od 3 do 22* (*Von 3 bis 22*, 1967) gelingt Kreso Golik exemplarisch die Beschreibung des 19-Stunden-Tages einer Frau in Kroatien, deren Arbeitsplatz in der Stadt zwei Stunden entfernt ist. Krsto Papić beobachtet arme, heruntergekommene Menschen in einem Bahnhof (*Cvor/Der Knotenpunkt*, 1969). Der Bahnhofsvorsteher fordert das Kamerateam vergeblich auf, das Schöne zu filmen. Ausgangspunkt für Papićs *Specijalni Vlakovi* (*Sonderzüge*, 1971) und

Vefik Hadzismajlovićs *Na Objedu* (*Bei der Mahlzeit*, 1971) ist die Tatsache, daß jugoslawische Arbeiter sich in der Fremde verdingen müssen. Papić sieht in den «Transporten» (das Wort weckt erschreckende Assoziationen) eine neue Form des Menschenhandels, perfekt organisiert: Schon in der Heimat werden die Arbeitsuchenden von deutschen Ärzten untersucht; in München tragen sie dann in unterirdischen Wartesälen keine Namen mehr, sondern nur noch Nummern. Helma Sanders hat in ihrem Film *Die industrielle Reservearmee* (1971) der Wirklichkeit ähnliche Bildsymbole entnommen. Vorher, auf der Fahrt, können sie der Kamera und dem Mikrofon noch einmal ihre individuellen Sorgen anvertrauen, die längst allgemeine geworden sind. Papić enthält sich einer Analyse des Gastarbeiterproblems (Helma Sanders leistet sie): Er protestiert nur mit sehr einfachen Mitteln gegen die Entwürdigung von Menschen. Wie sehr die Zurückgebliebenen leiden, zeigt Hadzismajlović: Die Frauen und Kinder beten vor dem Mittagsmahl für ihre Männer und Väter in Deutschland.

In den folgenden Jahren hat der jugoslawische Dokumentarfilm einiges von seiner kritischen Schärfe verloren. «1971 gab es beim Belgrader Festival erregte Diskussionen zwischen »progressiven und narzissoiden« Filmemachern über die Priorität politischer oder ästhetischer Kriterien. Die Ästheten, Symbolisten und Metaphoriker machten das Rennen ...» (Sihler)[26]. Zum Star dieses neuen Dokumentarfilms wurde Vlatko Gilić mit *In Continuo* (1971), *Dan Vise* (*Ein Tag mehr*, 1971), *Juda* (*Judas*, 1972) und *Ljubav* (*Liebe*, 1972) – vier Parabeln über die immerwährende Qual des Menschen und seine Sehnsucht nach Erlösung. Eine Frau säubert ein Schlachthaus; Menschen baden in einem angeblich heilkräftigen Schlammbad; Menschen und Schlangen belauern einander in einer Karstlandschaft; eine Frau bringt ihrem Mann das Essen zu einer Baustelle: Es sind durchaus dokumentarische Beobachtungen, die Gilićs Filmen zugrunde liegen, aber ihr übersteigerter Symbolismus, der sie von realen gesellschaftlichen Bedingungen abhebt, hat sie schnell altern lassen.

Auch Dokumentaristen, die sich dem Alltag stärker verpflichtet fühlten, haben sich dem Trend zum geschönten Bild und zur aufdringlichen Bedeutsamkeit nicht ganz entziehen können; zum Beispiel Zivko Nikolić bei seinem Film *Prozor* (*Das Fenster*, 1975): Aus vielen Groß- und Detailaufnahmen montiert er das Porträt einer hart arbeitenden alten Frau, der Frau an sich im Leben an sich; zum Beispiel Stole Popov mit *Dae* (1978), einer Hommage an nicht angepaßte Zigeuner.

Ein Gegengewicht zu dieser Symbolik bilden unter anderen die Filme des Soziologen und «Praxis»-Marxisten Petar Ljubojev: In *CRNE BASTE* (*Schwarze Gärten*, 1971) schildert er den «wilden» Kohleabbau durch einige Grubenarbeiter, in *Stanarsko pravo lagumasa Safera* (*Schießmeister Safers Wohnrecht*, 1973) den Umzug eines Mannes in die Stadt. «Nicht Widerspiegelung der Wirklichkeit», sieht Heinz Klunker bei Ljubojev, «auch keine Anklage [...], sondern solidarische Analyse, um die Verhältnisse zu ändern – die sozialistischen Verhältnisse auf sozialistische Weise fortzuentwickeln.»[27]

USA: Frederick Wiseman

Der Amerikaner Frederick Wiseman, geboren 1930 in Boston, hat seit 1967 die wohl umfassendsten und komplexest beobachtenden Filme der Dokumentarfilmgeschichte gedreht, Filme über amerikanische Institutionen, die sich, fortschreitend von Film zu Film, zu einem Bild der USA runden.

Wiseman war Professor der Rechte, bevor er mit dem Filmemachen begann; er hat sich das Medium in kürzester Zeit erschlossen, schon beim ersten Film machte er den Ton und den Schnitt. Das Technische aber ist in seinen Filmen eine Selbstverständlichkeit; ihr Reichtum liegt in den genauen Kenntnissen der Institutionen, die er analysiert – Wiseman ist dem Nur-Filmemacher dadurch weit überlegen.

Die Filme folgten im Jahresabstand aufeinander: *Titicut Folies* (1967) spielt im Staatsgefängnis für psychisch erkrankte Kriminelle in Bridgewater, Mass.; *High School* (1968) beobachtet Schüler und Lehrer an einer städtischen Oberschule in Philadelphia; *Law and Order* (1969) dokumentiert die Alltagsarbeit einer Polizeistation in Kansas City, Missouri; *Hospital* (1970) zeigt die tägliche Routinearbeit in einem großen Krankenhaus in New York City; *Basic Training* (1971), gedreht in Fort Knox, Kentucky, folgt Rekruten bei ihrer achtwöchigen Grundausbildung (Hintergrund ist der Vietnamkrieg); *Essene* (1972) beobachtet das Leben in einem Benediktinerkloster; *Juvenile Court* (1973) zeigt – in Memphis, Tennessee – den Alltag eines Jugendgerichts; *Primate* (1974) berichtet von Wissenschaftlern an einem Institut in Atlanta, Georgia, die Experimente an Affen vornehmen; *Welfare* (1975) dokumentiert – nun wieder in New York – den Alltag eines Wohlfahrtsamtes; *Meat* (1976) registriert (in Greely, Colorado) alle Stationen beim Herstellungsprozeß von Fleisch, die Viehzucht, die Schlachtung und Verarbeitung, die Beschickung des Markts; *Canal Zone* (1977) handelt von den Amerikanern, die in der Panama-Kanal-Zone leben; *Sinai Field Mission* (1978) beschäftigt sich mit der amerikanischen Präsenz in der entmilitarisierten Zone zwischen Israel und Ägypten; *Maneuvers* (1979) mit Nato-Manövern in der Bundesrepublik Deutschland; *Model* (1980) gibt Einblick in die Welt der Mode in New York.

Wiseman dreht jeweils etwa vier bis sechs Wochen, die Montage dauert bis zu zehn Monate – erst durch sie entsteht die Struktur des Films; er verwendet nur etwa 4 Prozent des gedrehten Materials. Er arbeitet grundsätzlich mit Schwarzweißfilm; er will in jeder Situation, auch bei ungünstigem Licht, spontan reagieren können. Er verzichtet auf einen Kommentar (und natürlich auch auf eine kommentierende Musik): Der Zuschauer soll selbst seine Schlüsse ziehen. Er verzichtet auch – damit ist er ein Antipode zu Wildenhahn – auf eine Chronologie (Ausnahme: *Meat*) und auf durchgehende Charaktere: Seine Personen tauchen immer nur in einer oder vielleicht mehreren Sequenzen auf, sie tragen nie einen ganzen Film, sie haben eine Funktion, an ihnen wird das Funktionieren oder Nichtfunktionieren einer Institution vorgeführt. Die Personen in Wisemans Filmen zu sehen, bedeutet für den Zuschauer oft einen Schock, sie geben Rätsel auf: Wie können sie sich in diesen – häufig so entwürdigenden – Situationen filmen lassen? Sie sind ja keine Prominenten (wie bei Drew/Leacock), bei denen das Gefilmtwerden zur Publicity gehört; der Filmemacher Wiseman vertritt auch nicht unbedingt ihre Interessen (wie Wildenhahn in vielen Filmen) – warum stellen sie sich der Kamera?

Das andere Medienbewußtsein in den USA, wo die lokalen Fernsehsender über jeden Alltagskram berichten, wurde schon erwähnt (siehe Kapitel 1). Die Situationen, in denen Wisemans Personen gefilmt werden, sind fast immer halböffentlich: Wenn die Schüler von einem Lehrer oder die Rekruten von einem Ausbilder zusammengestaucht werden, ist eine Kompanie oder eine Klasse dabei; wenn Jugendliche, die geklaut haben, vor der Polizei, oder Mütter mit vielen Kindern, die kein Geld mehr haben, vor den Beamten der Wohlfahrtsbehörde um ihr Recht kämpfen oder es erbetteln, setzen sie sich ja auch in Szene, spielen sie auch ein Spiel – aller Verzweiflung zum Trotz. Die Kamera, so der Augenschein beim Betrachten der Filme, scheint da nichts mehr zu verändern. Wenn Polizisten sich gegenüber Festgenommenen vor einer Kamera säuisch benehmen, so zeigt das ihr gutes Gewissen, sie finden das ganz normal. (Die Frage bleibt: Wie führen sie sich auf, wenn keine Kamera dabei ist?) Ärzte und Wissenschaftler schließlich finden es richtig, daß ihre Arbeit einmal an die Öffentlichkeit kommt, die ja schließlich durch Steuern den Unterhalt dieser Institutionen ermöglicht. Daß ein Blick ins Innere solcher Organisationen abschreckend wirken kann, werden selbstbewußte Leute wie sie nicht für möglich halten. Die Machart der Filme gibt ihnen dabei sogar recht, denn Wiseman suggeriert dem Zuschauer keine Interpretation der Vorgänge; jeder Betrachter muß aufgrund seiner Kenntnisse und Erfahrungen den Film selbst zu Ende führen.

«Meine Filme untersuchen die Beziehungen zwischen Individuum und Obrigkeit, also die Kluft zwischen der demokratischen Theorie und der Praxis am Beispiel der Behörden. Dafür suche ich immer eine Institution aus, die einen guten Ruf hat und daher als beispielhaft gelten kann», sagte Wiseman 1979[28]. Die Offenheit dieser Filme, die nichts beschönigt, gibt keine Antworten, sondern provoziert Fragen. Ist es ein Erfolg der Schule, wenn am Ende von *High School* ein ehemaliger Zögling in einem Brief mitteilt, daß er freiwillig nach Vietnam geht? Ist es vertretbar, daß die Rekruten in *Basic Training* zu Killern ausgebildet werden, auch mit Hilfe patriotischer Sprüche? Warum sind die Verhafteten in *Law and Order* fast ausschließlich Schwarze, die Schüler in *High School* fast ausschließlich Weiße? Sind die Metzger in *Meat* für die Unternehmer nicht genauso nur Nummern wie die Tiere, die sie schlachten, Zahlen in der Bilanz? Werden die Wissenschaftler die grausamen, «unmenschlichen» Experimente, die sie jetzt an Affen vornehmen, einmal auf Menschen übertragen?

Keine dieser Fragen wird im Film direkt gestellt, aber sie stellen sich – neben vielen anderen –, wenn man die Filme aufmerksam sieht. In ihrer Gesamtheit bieten sie ein ernüchterndes, für manche Zuschauer sicher auch niederschmetterndes Bild der USA in den sechziger und siebziger Jahren. Wer aber den Konservatismus der Institutionen, die vorgestellt werden, akzeptiert, wird die Filme vermutlich affirmativ finden.

Wiseman hat den kalten Blick eines Wissenschaftlers, der Material sammelt und ordnet, der einen Versuch durchführt, der aber viel zu skrupulös ist, eindeutige Ergebnisse zu präsentieren.

Dieses Vorgehen, das man Unentschlossenheit, aber auch Genauigkeit nennen kann, ermöglicht ihm ein sehr freies Arbeiten. Er hat schon zum zweitenmal einen Fünf-Jahres-/Fünf-Filme-Vertrag mit PBS geschlossen, dem Public Broadcasting System, dem nichtkommerziellen Fernsehen der USA: PBS darf die von Wiseman vorgeschlagenen Themen ablehnen, hat es aber noch nie getan; es akzeptiert sogar, daß Wiseman die festgelegten Längen (zwischen 90 und 120 Minuten) zum Teil weit überschreitet. Für 75 000 Dollar bekommt PBS die amerikanischen TV-Rechte für vier Jahre, Wiseman behält alle anderen Rechte. Er ist wie wohl kein anderer Dokumentarfilmer der USA wirtschaftlich abgesichert.

Nachahmer und Nachfolger hat Wiseman nicht gefunden; kaum jemand hat seine Professionalität

Frederick Wiseman: *Law and Order* (1969)

«Meine Filme untersuchen die Beziehungen zwischen Individuum und Obrigkeit, also die Kluft zwischen

Alltag einer Polizeistation in Kansas-City

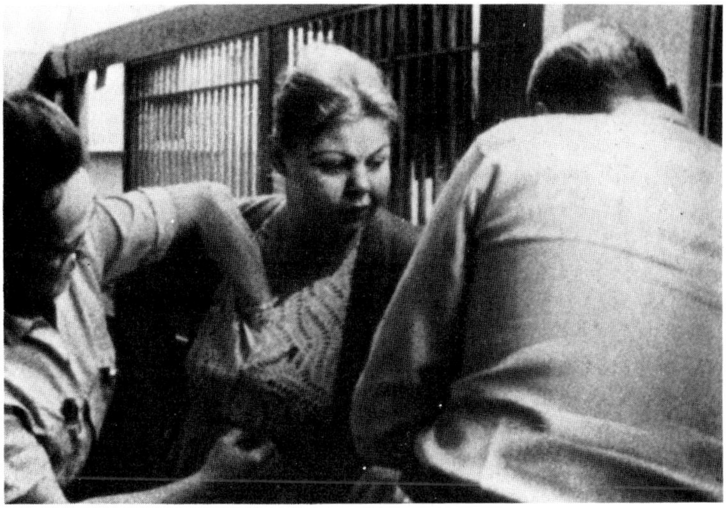

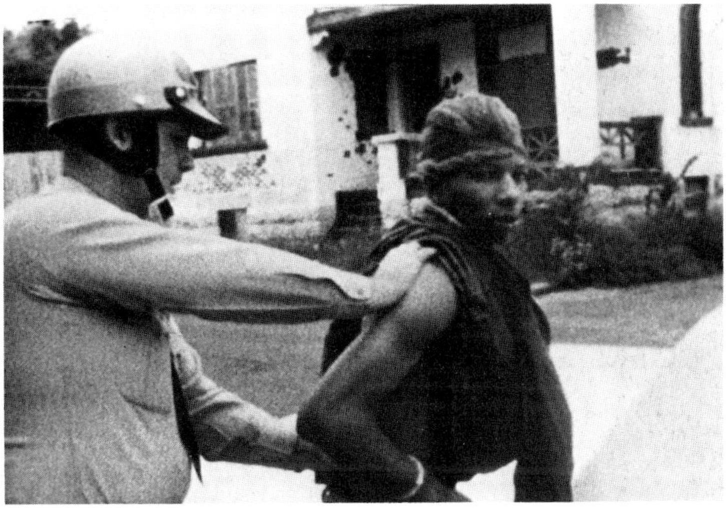

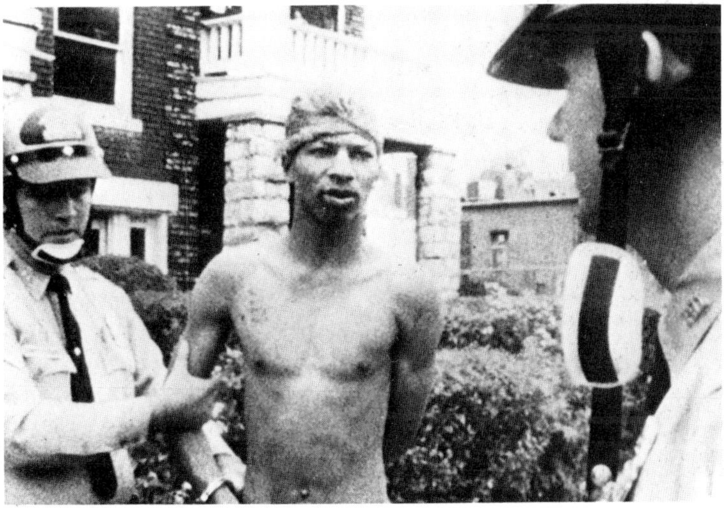

der demokratischen Theorie und der Praxis am Beispiel der Behörden.» (Frederick Wiseman)

Frederick Wiseman: *Juvenile Court* (1973)

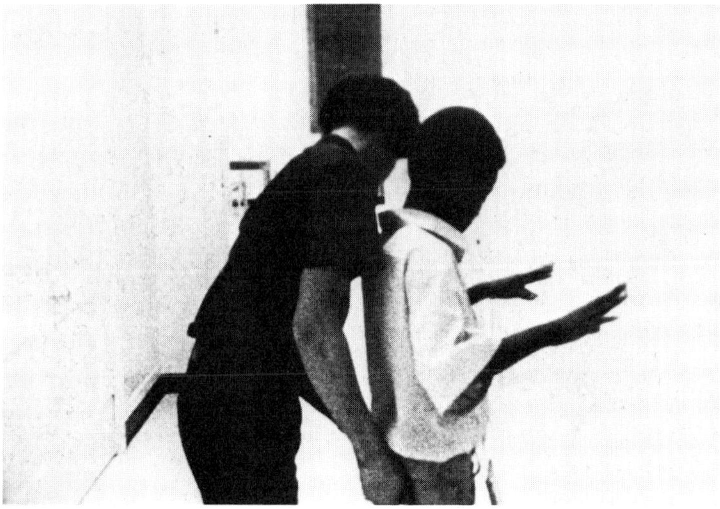

«Ich will auf keinen Fall dem Zuschauer dieses oder jenes aufzwingen. Das einzige, was ich erhoffen kann, ist, daß er sich, wenn er eine

Das Jugendgericht in Memphis, Tennessee

Entscheidung innerhalb einer Institution zu treffen hat, an den Film erinnert. Mehr kann ich nicht verlangen.» (Frederick Wiseman)

oder seinen finanziellen Rückhalt, nötig für derartig große Produktionen. Zudem sind die meisten amerikanischen Dokumentaristen viel direkter als Wiseman politisch engagiert.

Die Kamera

Die Qualität einer Beobachtung, ihre Authentizität, entscheidet sich zuerst an der Kameraarbeit. Der schnelle journalistische Zugriff auf die Wirklichkeit, den die neue Technik ab 1960 ermöglichte, hat unverkennbare Vorzüge, der besinnungslose Gebrauch aber hat diese neuen Möglichkeiten auch wieder entwertet.

Was leisten die neuen Kameras? Sie geben dem Kameramann (der Kamerafrau) eine vorher nie gekannte Beweglichkeit: Albert Maysles folgt in *Primary* John F. Kennedy durch Korridore und über Treppen in den Saal, in dem polnisch-gebürtige Amerikaner auf ihn warten. Rudolf Körösi, Wildenhahns Kameramann in den sieben Filmen von 1964 bis 1967, filmt die Wiederwahl des SPD-Parteivorstands in einer einzigen Zwei- oder Drei-Minuten-Einstellung (*Parteitag 64*); in *Sing, Iris, Sing* (1978) stellt Gisela Tuchtenhagen zwei ihrer Protagonistinnen in einer Fünfeinhalb-Minuten-Einstellung vor: in einem langen Gang durch eine Fabrikhalle zur Garderobe und zurück. In solchen Sequenzen erleben wir Zeit, häufig aber auch Raum (durch die Bewegung der Kamera), wir empfinden diese Einstellungen als authentisch (auch durch den Originalton). Natürlich treffen auch diese Aufnahmen eine Auswahl: In denselben Minuten hätten sich in denselben Räumen andere Bilder filmen lassen, die uns genauso authentisch, unverfälscht erschienen wären.

Die dokumentarische Kamera des Direct Cinema ermöglicht Spontaneität, erfordert Improvisationsgabe, sie kann sich an den Ereignissen festsaugen, sie kann auf überraschende Entwicklungen reagieren – sie kann, ja sie muß auch auswählen, sie gibt den Ereignissen ihren Rhythmus, sie muß Entscheidungen treffen, die unwiderruflich sind, die beim Drehen selbst mit dem Regisseur nicht mehr diskutiert werden können. Es muß also eine Grundübereinstimmung zwischen Regisseur und Kameramann geben.

Darum haben sich auch viele feste Teams herausgebildet: Wildenhahn hat in den sechziger Jahren vor allem mit Rudolf Körösi, in den Siebzigern mit Gisela Tuchtenhagen zusammengearbeitet, Frederick Wiseman hat (mit wenigen Ausnahmen) alle Filme mit William Brayne gemacht, Jürgen Böttcher hat meist mit Christian Lehmann oder Werner Kohlert gedreht, Volker Koepp fast immer mit Christian Lehmann, bei der Golzow-Serie und den *Lebensläufen* Winfried Junges zeichnet der Kameramann Hans-Eberhard Leupold als Co-Regisseur. Gerade der DDR-Dokumentarfilm ist von einer intensiven Zusammenarbeit zwischen Regisseuren und Kameraleuten geprägt.

Daß der Anteil der Kamera am Dokumentarfilm oft nicht erkannt wird, liegt daran, daß gerade eine gute Kamera sich nicht vordrängt: Unauffälligkeit kann ihre größte Qualität sein. Es geht nicht um das schöne Einzelbild, sondern um Bewegung, Abläufe, Zusammenhänge. Der persönliche Stil eines Dokumentarfilm-Kameramanns ist deshalb auch kaum exakt zu beschreiben, während beim Spielfilm beispielsweise eine bestimmte Art Licht zu setzen oder Kranfahrten zu benutzen, für einen Kameramann charakteristisch sein können. Bei den Dokumentarfilm-Kameraleuten kann man eher von einer Haltung zu dem, was sie filmen, als von einem Stil sprechen. Werner Kohlert: «An der Kamera-Einstellung kann man wirklich etwas Moralisches, nämlich das Verhältnis zu den aufzunehmenden Menschen, ablesen. Ich liebe die Großaufnahme nicht und bevorzuge die totalere Sicht. Einmal deshalb, weil dann der Mensch in seiner konkreten Umgebung und in seinem sozialen Gestus erlebbar wird. Aber auch darum, weil ich es als Indiskretion empfinde, jemandem zu nahe auf den Leib zu rücken. Die Regisseure, die von der Journalistik kommen, lieben eigenartigerweise gerade die extremen Großaufnahmen. Mir mißfallen auch die der normalen Sicht – Augenhöhe – extrem widersprechende Blickpunkte, wenn ich einen Menschen aufnehme, den ich nicht karikieren will. Ich bevorzuge immer die einfachste Bildlösung.»[29]

Ein Gegenbeispiel, Gisela Tuchtenhagen: «Ich hatte mir eigentlich vorgenommen, bei *Emden geht nach USA* nicht soviel mit dem Zoom zu arbeiten und totaler zu sein. Aber bei den ersten Mustern habe ich festgestellt, daß es bei den Totalen zu große Probleme mit der Tiefenschärfe gibt, da man nicht sehr viel Licht hat. Wir arbeiten, außer wir sind draußen, fast immer mit offener Blende. Um mein Bild wirklich scharf zu kriegen, muß ich ranzoomen, ich kann die Schärfe nur in der Großaufnahme ziehen. Und dann mag ich nicht so schnell wieder weggehen von der Großaufnahme. Ich muß einen Rhythmus, auch in der Sprache, abwarten, bis ich mir wieder mein Bild suchen kann, was ich eigentlich haben möchte.»[30]

Obwohl Kohlert 1968 vom Kino-Dokumentarfilm spricht, in 35 mm gedreht, zum Teil vom Stativ aus, ist seine Forderung an die dokumentarische Kamera auf den 16-mm-Film übertragbar. Was Gisela Tuchtenhagen Ende der siebziger Jahre formuliert, das Bekenntnis zur Großaufnahme, beschreibt auch eine Gefahr: So gut ihr Großaufnahmen gelungen sind, etwa in *Emden geht nach USA* die Gesichter der schlafenden Menschen morgens im Bus, bei weniger genau arbeitenden Kameraleuten, die zu häufig und wahllos in die Groß- oder Detailaufnahme zoomen, verliert der Zuschauer das Raumgefühl; er erfährt nichts mehr oder zuwenig über das Umfeld, in dem die Personen leben; er bekommt die Reaktionen auf einen, der spricht, bei den anderen Personen nicht mehr mit. Neben technischen Zwängen, die allerdings durch das lichtstarke Four-X-Material jetzt gemildert sind, steht hinter der Vorliebe für Großaufnahmen auch die Berücksichtigung einer vermeintlichen Fernsehästhetik.

Klaus Wildenhahn hat immer mit der Handkamera gedreht; auch da, wo andere ein Stativ nehmen würden, etwa in *Der Nachwelt eine Botschaft* (1980), bei Inserts (Gedichte aus einem Buch abgefilmt) oder Totalen in der Landschaft. Wildenhahn sagt, die Handkamera atme. Andere Filmemacher haben sich gegen die Verabsolutierung dieser Drehmethode gewehrt. Dietrich Schubert benutzt zum Beispiel in *Steck' lieber mal was ein* zusätzliches Licht und ein Stativ, und er arrangiert bestimmte Szenen, läßt wiederholen. So hat er in diesem Lehrlingsfilm die Diskussionen zwischen Vater und Sohn über den 1. Mai und über die Lautstärke des Plattenspielers initiiert. Das Ergebnis nähert sich dem Spielfilm an, ohne an Wahrhaftigkeit zu verlieren, denn die Personen spielen und sagen nur das, was sie auch sonst ohne eine beobachtende Kamera tun.

Diese Art von Kameraarbeit, die auch in der DDR und in der Schweiz praktiziert wird, ist eine Reaktion auf eine inflationäre Handhabung der Cinéma-Vérité-Kamera. Der Streit, der aber mancherorten geführt wird, scheint mir müßig: Es gibt Filme, etwa von Leacock, Wiseman oder Wildenhahn, die nur in der Direct-Cinema-Methode denkbar sind; es gibt andere, etwa Seilers *Früchte der Arbeit,* die wegen ihres essayistischen Charakters eine künstlichere Kameraarbeit erfordern.

Immer wieder diskutiert wird auch die Frage, ob die dokumentarische Kamera Poesie schaffen, Symbole formen kann. Beides scheint dem Prinzip des Dokumentarischen zu widersprechen, weil es Stilisierung voraussetzt. Trotzdem kann der dokumentaristische Film, wie jede Kunst, wenn er die Nur-Reportage überwinden will, auf Poesie und Symbolik nicht verzichten. Das einzelne, bewußt schöne, «poetische» Bild allerdings ist in der Regel ein Greuel; Poesie ist eher ein Ergebnis der Montage, der poetisch-musikalischen Verdichtung, sie setzt aber

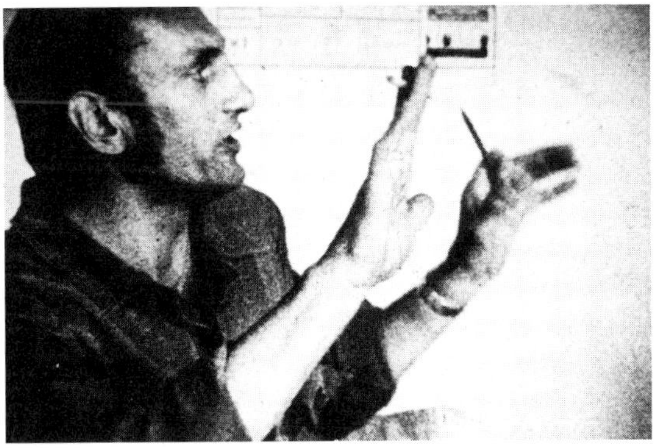

Die Ästhetik der Großaufnahme, Reagieren auf Gesichter: *Emden geht nach USA* (Kamera: Gisela Tuchtenhagen)

intensive Bilder voraus, die weder beliebig sein dürfen, noch kunstgewerblich.

Symbolik dagegen kann durchaus aus einzelnen Einstellungen erwachsen: Der Baum in Nestlers *Von Griechenland;* die Bilder der Einsamkeit in Guttners *Alamanya Alamanya;* die Science-fiction-Landschaft in Jürgen Böttchers *Martha* am Rande von Berlin, die Schuttkippe, fotografiert von dem Kameramann Wolfgang Dietzel: «Es sind nächtliche Beschwörungen eines harten Tagewerks, jene Zwischentöne von Tag und Traum, die der Realität verschärften Ausdruck verleihen und die sich im Porträt der Titelheldin als unverwechselbare Farben individuellen Verhaltens niederschlagen.» (Klunker)[31]

Insgesamt aber ist dem Dokumentarfilm der letzten 20 Jahre die Empfindung für Poesie und die Kraft für symbolische Bilder eher abhanden gekommen, während der Hunger nach Wirklichkeit viel stärker als früher befriedigt wurde.

Die Montage

Die Montage des beobachtenden Films ist nicht nur vom Bild, sondern auch vom Originalton bestimmt. Da es zu den Prinzipien der Alltagsbeobachtung gehört, die Menschen ausreden zu lassen, ist der Montagerhythmus in der Regel ruhig; jene Unaufdringlichkeit, die die Kameraarbeit kennzeichnet, gilt auch für den Schnitt.

«Der Verlauf von Gesprächen hat eigene Gesetze und ist kaum mit der herkömmlichen Montage in Einklang zu bringen. Der eigene Rhythmus der Gespräche ist wichtiger geworden.» (Leupold)[32] Wenn ein Dokumentarist längere Zeit mit denselben Leuten dreht, wenn er ein zunehmend gutes Verhältnis zu den Menschen vor der Kamera findet, wenn ihm die Chronologie der Ereignisse klargeworden ist, wenn er also das Wichtige vom Unwichtigen unterscheiden kann, dann ist er in der Lage, fast im Verhältnis 1 zu 1 zu drehen, also schon während der Aufnahme zu «montieren» – wie das Leacock oder Wildenhahn immer wieder gelungen ist. Montage, so verstanden, ist es also schon, wenn die Dokumentaristen «das Richtige aufnehmen und nicht das Falsche, und das dann in der anschließenden Montage am Schneidetisch betonen, indem sie es raffen und aufeinanderprallen lassen». (Wildenhahn)[33]

Auch wenn die Montage in beobachtenden Filmen sehr einfach aussieht, es stecken mehr Autorenentscheidungen in ihr, als man auf den ersten Blick vermuten möchte. Allein das Drehverhältnis von 1 zu 15 bei Wildenhahn oder 1 zu 25 bei Wiseman zeigt, daß auch scheinbar geradlinige Abläufe und in sich schlüssig wirkende Szenen künstliche Gebilde sind. Gespräche unter Gewerkschaftsvertretern in *Emden geht nach USA* etwa, die im Film mehrere Minuten dauern, auf «Anschluß» geschnitten sind (wie im Spielfilm), so daß der Eindruck entsteht, man erlebe die ganze Diskussion, sind in Wirklichkeit nur Ausschnitte aus sehr viel längeren Gesprächen. Wenn man sich darüber hinaus klarmacht, worauf Wildenhahn immer wieder hinweist,[34] daß Filmemacher an einem Tag vielleicht zehn Minuten drehen, obwohl sie unter Umständen acht oder zehn Stunden an den Ereignissen, über die sie berichten, teilgenommen haben, so läßt sich nicht mehr leugnen, daß auch beobachtende Filme durch extreme Verdichtung entstehen. Aus dieser Erkenntnis heraus ist in den letzten Jahren in der Bundesrepublik unter Dokumentaristen und Kritikern ein Streit darüber entbrannt, ob es nur eine einzige Methode gäbe, die Wirklichkeit abzubilden, und – wenn es mehrere geben sollte – welches die richtige sei. Begonnen als Kontroverse zwischen Klaus Wildenhahn und Klaus Kreimeier, hat sie inzwischen weite Kreise gezogen[35].

Kern der Auseinandersetzung ist, daß Wildenhahn darauf beharrt, daß die genaue Beobachtung schon eine große Leistung sei, daß «genau» bedeute, die Widersprüche in einer Situation herauszupräparieren, den Zuschauer dadurch herauszufordern, während Kreimeier und andere betonen, daß unserer zersplitterten Welt mit der Beobachtung allein nicht beizukommen sei, daß zum Beispiel bewußt subjektive Montagen und Collagen nötig seien, um Erkenntnisse zu gewinnen. Gegenüber der Reinheit filmischer Methoden, wie sie Wildenhahn vertritt, plädiert etwa Peter Krieg (*Septemberweizen*, 1980) für einen Methodenpluralismus oder Gabriele Hübner-Voss vom RuhrFilmZentrum für Experimente und Grenzüberschreitungen des Dokumentarfilms zu anderen Genres hin. Sie schreibt: «Der Dokumentarfilm muß Formen entwickeln, die auch das Bedürfnis nach Opposition zur Realität und zum Realismus in sich aufnehmen.»[36]

Richtig ist, daß die Methode der reinen Beobachtung bei manchen Dokumentaristen in den letzten Jahren zum Oberflächenrealismus herabgekommen ist, daß aus der Behutsamkeit der Beobachtung oft Betulichkeit wurde – eine Entwicklung, die parallel lief mit dem Rückzug der Linken in der zweiten Hälfte der siebziger Jahre und mit den Restriktionen, die das Fernsehen, Hauptauftraggeber für Dokumentarfilme, durchsetzte.

Unbestreitbar ist andererseits, daß die großen Dokumentarfilme, etwa von Böttcher, Koepp, Seiler oder Wildenhahn (der in seiner Streitschrift von 1980 manches enger sieht, als er es selbst praktiziert), immer reicher gewesen sind als die ihnen zugeordneten Genredefinitionen. Auf unterschiedliche Weise gehen alle diese Filme über die reine Abbildung hinaus. In der Montage strukturieren die Dokumentaristen das Material quasi musikalisch, sie schaffen Schwerpunkte, Verdichtungen, manchmal gegen den Rhythmus der Ereignisse: Wildenhahn nennt das eine poetische Arbeit.

Die Übergänge zwischen dem «dokumentarischen» (beobachtenden) und dem «synthetischen» (poetischen) Film, um noch einmal Wildenhahn zu zitieren[37], sind fließend. Der synthetische Film basiert, nach Wildenhahns Definition, zwar auf dokumentarischem Material, der Regisseur greift aber viel stärker ein, unterwirft die Aufnahmen einer persönlichen (politischen oder poetischen) Vision: Das gilt für Wertow, manches von Ivens, die meisten Filme der englischen Dokumentarfilmschule, die essayistischen Filme von Chris Marker oder das Gesamtwerk von Peter Nestler. Der dokumentarische Film, bei dem der Macher sich zurückhält, eher die Menschen und die Fakten sprechen läßt, ist nicht minder, wie gezeigt wurde, das Ergebnis einer extremen und subjektiven Auswahl. Ob Filmemacher nun einen Kommentar verwenden oder nicht, Musik einsetzen oder nicht, ob sie Räume, Gebäude, Landschaften sprechen lassen oder sich ganz auf die Gesichter der Menschen verlassen, ob sie Abläufe in ihrer Chronologie übernehmen oder bewußt Collagen herstellen – Autoren sind sie alle, selbst wenn ihre Filme einfach wirken. Ein klug geführtes, sensibel aufgenommenes, im Sprechrhythmus geschnittenes Gespräch setzt ebensoviele (wenn auch andere) Autorenentscheidungen voraus wie ein artifiziell komponierter, mehrstimmiger Essay – beobachtende Filme können sie beide sein.

Anmerkungen

1 Film, Velber, Nr. 5/1968, S. 14.
2 Aus Gespräch mit Wildenhahn, in: epd Kirche und Film, Frankfurt, Nr. 1/1980; daraus auch die folgenden Zitate.
3 Gespräch zu *Sing, Iris, sing* in: Internationales Forum des jungen Films, Berlin 1978, Informationsblatt 8.
4 In Film 67, herausgegeben von der Arbeitsgemeinschaft Filmclubs der DDR, Berlin 1967, Heft 11, S. 22.
5 Sebastian Feldmann im bis heute wohl besten Aufsatz über Nestler, Filmkritik, München, Heft 6/1972, S. 305.
6 In einem Gespräch, Filmkritik, Nr. 10/68, S. 694.
7 Feldmann, a. a. O., S. 303.
8 Klaus Wildenhahn, Über synthetischen und dokumentarischen Film, Frankfurt a. M. 1975, S. 151.
9 Zit. nach Wilhelm Roth, Essay und Chronik, in: H. G. Pflaum (Hg.), Jahrbuch Film 77/78, München 1977, S. 35.
10 Schubert hat sich über seine Methode geäußert in *Bilder aus der Wirklichkeit,* 4. Duisburger Filmwoche '80, S. 99 ff. und S. 194 ff.
11 Siehe auch die Diskussion über den Film beim Symposium der Stiftung Deutsche Kinemathek in Berlin, 13. 6. 80, protokolliert in Filme, Berlin, Nr. 4/1980, Beilage, «Den Alltag entdecken», S. VII ff.
12 Max Frisch im Fernsehen DRS, zitiert nach Schweizer Filmkatalog, 4. Ausgabe 1975/76, Stichwort Kovach.
13 Jürgen Böttcher, Werkstatt-Bericht zu «Stars», Film Wissenschaftliche Mitteilungen, Berlin (DDR), Nr. 1/1974, S. 10.
14 Film 67, a. a. O., S. 27.
15 Interview mit Böttcher, Film und Fernsehen, Berlin (DDR), Nr. 11/1974, S. 24.
16 Böttcher, Werkstatt-Bericht, a. a. O., S. 4.
17 Gespräch mit Volker Koepp, medium, Frankfurt a. M., Nr. 10/80, S. 11.
18 XXV. Westdeutsche Kurzfilmtage, Oberhausen, Bericht 1979, S. 85.
19 Richard Cohn-Vossen, der den Biermann-Protest mitunterzeichnet hatte, lebt jetzt in der Bundesrepublik. Sein letzter DDR-Film, *Abgeordnete in Rostock* (1976), wurde zwar noch beim II. Leistungsvergleich des Dokumentar- und Kurzfilms 1976 in Berlin gezeigt, kam aber nicht mehr in den Verleih. Zu Cohn-Vossen siehe: Heinz Klunkers Porträt, in Deutsches Allgemeines Sonntagsblatt, Hamburg, Nr. 51/1977, S. 28.
20 Zit. nach Forum, Berlin 1982, Informationsblatt 14.
21 Die Kurzfilmliste 81/82., Frankfurt a. M. 1981, verzeichnet unter 130 Filmen aus Polen, Ungarn, der ČSSR und Jugoslawien nur ein Fünftel Dokumentarfilme, die übrigen sind Kurzspielfilme und vor allem Trickfilme.
22 Oberhausen, Bericht 1967, S. 79.
23 Oberhausen, Bericht 1974, S. 107.
24 Zit. nach Oberhausen, Bericht 1973, S. 56.
25 Oberhausen, Bericht 1972, S. 39.
26 Oberhausen, Bericht 1976, S. 210; dieser Aufsatz von Horst-Dieter Siehler ist eine kurzgefaßte Geschichte des jugoslawischen Dokumentarfilms in der ersten Hälfte der siebziger Jahre.
27 Oberhausen, Bericht 1972, S. 82.
28 Zit. nach Gespräch mit Wiseman in Filmfaust, Frankfurt a. M., Nr. 14, Juni/Juli 1979, S. 32.
29 Film Wissenschaftliche Mitteilungen, Berlin (DDR), Nr. 1/1968, S. 277 f.
30 Zit. nach Eva Orbanz, «Trotzdem, zum Lyrikschreiben komme ich nicht mehr so richtig». Der Dokumentarist Klaus Wildenhahn, Berlin 1980, Stiftung Deutsche Kinemathek, als Manuskript gedruckt, S. 25.
31 Oberhausen, Bericht 1979, S. 87.
32 Filmwissenschaftliche Mitteilungen, a. a. O., S. 270.
33 Gespräch m. Wildenhahn, Duisburg, Bericht '80, S. 83.
34 Duisburg, Bericht '80, S. 81.
35 Beiträge von Kreimeier, Wildenhahn, Alexander Kluge, Jutta Uhl, Jan Berg, Peter Krieg u.a. in Duisburg, Berichte 79 und '80.
36 Duisburg, Bericht '80, S. 96.
37 Über synthetischen und dokumentarischen Film, a. a. O.

Harlan County USA (Barbara Kopple, USA 1976)

5. Politische Arbeit mit Dokumentarfilm

In den siebziger Jahren ist der Dokumentarfilm häufig zum Mittel in der politischen Auseinandersetzung geworden: Streikkomitees und Bürgerinitiativen in Westeuropa und den USA haben mit Filmemachern zusammengearbeitet, manchmal haben sie selbst Filme gedreht. Die Filme halfen, das Selbstverständnis einer Gruppe zu definieren, dienten aber zugleich der Werbung nach außen.

Dieser bewußt politische Film schließt an die Erfahrungen des Mai 68 an, er übernimmt aber auch die Techniken und Methoden des neuen Dokumentarfilms seit 1960. Stilreinheit ist allerdings seine Sache nicht: Das ästhetische Spektrum reicht – im positiven Fall – von der Beobachtung bis zur Agitation (etwa in der Art der *Ciné tracts* oder von Giefers *Terror auch im Westen*). Häufig vertrauen die Filmemacher aber auch zu sehr dem Kommentar und dem Interview: Diese Wortgläubigkeit, die schnell in Monotonie umschlagen kann, spricht oft nur noch die ohnehin Überzeugten an, und manchmal nicht einmal die, Außenstehende aber langweilt sie.

Über zehn Jahre hat sich der politische Dokumentarfilm kaum geändert; erst die neue Jugendbewegung Ende der siebziger Jahre, die sich vor allem in Video und Super-8 äußert, hat mit ihrer Radikalität auch eine neue Radikalität in die Filme gebracht.

Filmgruppen: Produzenten und Verleiher

Der politische Dokumentarfilm ist in der Regel kein Autorenfilm, oft ist er von einem Kollektiv hergestellt, an dem häufig auch Nichtfilmer, Betroffene, beteiligt sind.

Politische Filmarbeit besteht nicht nur aus dem Drehen von Filmen, mindestens so wichtig sind Vorführung und Verleih: Fänden diese Filme keine Öffentlichkeit, so hätten sie keine Funktion, wären überflüssig. Das Feedback durch das Publikum wirkt zudem ein auf die Herstellung neuer Filme, Zuschauerkritik kann also produktiv werden.

Es ist schwer, einen verläßlichen Überblick über die politischen Filmgruppen nach 1968 zu gewinnen; viele bestanden nur kurz, auch die Mitgliederfluktuation war stark. Manche dienten der Unterstützung einer einzigen Kampagne, wurden oft nur für ein oder zwei Filme gegründet; andere, zum Teil angebunden an eine Partei, arbeiteten kontinuierlich über einen längeren Zeitraum, weil die Ziele, die sie sich gesteckt hatten, nicht in kurzer Zeit zu erreichen waren. Alle diese Gruppen sind kritisch gegenüber der Gesellschaft, in der sie wirken und gegenüber den Medien, die diese Gesellschaft prägen. Rechte Positionen sind im unabhängig produzierten Dokumentarfilm Westeuropas und der USA undenkbar: Konservative, auch reaktionäre Strömungen beherrschen ja schon einen Teil des Spielfilms und des Fernsehens, warum also sollten die Hersteller solcher Produktionen sich mit dem weit unpopuläreren Dokumentarfilm abgeben?

Besonders vielfältig ist die Bewegung des «cinéma militant», wie man den unabhängigen politischen Film dort nennt, in Frankreich. Es gibt Gruppen, die bestimmten Parteien oder Gewerkschaften nahestehen, Unicité beispielsweise der PCF (der KP); andere wehren sich gegen eine solche Abhängigkeit, etwa Cinelutte, gegründet 1973 von zehn Studenten verschiedener Filmhochschulen und zwei professionellen Filmemachern, mit dem Ziel, «die Bewegung der Jugend zu begleiten»[1].

Am bekanntesten und erfolgreichsten unter den etwa 15 Gruppen, die es Mitte der siebziger Jahre gab, ist SLON (Service de lancement des oeuvres nouvelles – Agentur zur Verbreitung neuer Werke), seit 1973/74 unter dem Namen Iskra arbeitend, in Anlehnung an Lenins Zeitung «Iskra» (Der Funke). Gegründet 1967, fühlt sich die Gruppe dem sowjetischen Kinopionier Alexander Medvedkin verpflichtet, der in den zwanziger Jahren mit einem Kinozug durch die Sowjetunion fuhr – der Film *Le Train en Marche* (1971) ist ihm gewidmet. Geprägt wird SLON/Iskra von ihrer Zentralfigur Chris Marker; die Gruppe hatte 1976 vier ständige Mitarbeiter, zu denen für einzelne Filme weitere Personen kamen. *Die Kamera in der Fabrik* (1970) kann man als das Manifest von SLON bezeichnen: Ziel ist es, die Arbeiter ihre Filme selbst machen zu lassen oder sie zumindest an den Filmen zu beteiligen. Auf der anderen Seite wendet man sich an ein möglichst großes Publikum; aus einem Interview 1976: «Wir sind davon überzeugt, daß, wenn wir uns dogmatisch gäben, wir uns selbst von einem Großteil des Publikums abschneiden würden, was völlig im Widerspruch zu dem stehen würde, was das engagierte Kino erreichen will, nämlich eine möglichst weitgehende Mobilisierung. Bei Iskra können die Leute Filme finden, die, ohne genau ihrer politischen Linie zu entsprechen, trotzdem einer bestimmten politischen Intervention dienlich sein können.»[2] Der Verleihkatalog enthielt zu dieser Zeit 80 Filme, die meisten im Stil des Direct Cinema gedreht, aber auch alle anderen Genres und Stile waren vertreten; drei Viertel der Filme sind Produktionen von SLON/Iskra; bei den Themen beschränkt man sich nicht auf Frankreich, viel Aufmerksamkeit gilt beispielsweise der Dritten Welt. Eine Pointe, die Richard Roud mitteilt[3]: 90 Prozent der Einnahmen kommen von ausländischen Fernsehanstalten, besonders auch der Bundesrepublik, so wurde etwa die *Kamera in der Fabrik* vom NDR mitproduziert.

Ähnlich erfolgreich, wenn auch mit entgegenge-

The Columbia Revolt (1968) – Plakat

setzter Konzeption, ist in Europa nur noch die Londoner Gruppe Cinema Action. Gegründet 1968, hat sie zunächst meist Flugblattfilme zur Unterstützung von Streiks und Kampagnen gedreht, erst in den siebziger Jahren auch längere Filme mit prinzipielleren Fragestellungen, vor allem *The Miner's Film* (1974), der die Bergarbeiterstreiks von 1972 und 1974 mit Erzählungen vom Generalstreik von 1926 verbindet. Cinema Action ist eine strikt proletarische Filmgruppe, die ihre Arbeit durch Spenden finanziert, ihre Filme weder kommerziellen Kinos noch gar dem Fernsehen überläßt; trotz des eindeutigen politischen Standpunkts ist sie an keine Institution oder Partei gebunden.

Politische Filmgruppen dieser Art gibt es in Westeuropa, Nord- und Südamerika; zum Teil halblegal (in einigen Ländern Lateinamerikas), zum Teil illegal (im frankistischen Spanien), zum Teil legal, aber im ständigen Konflikt mit Staat und Gesellschaft (beispielsweise in Italien). Besonders breit und aktiv war um 1970 herum die politische Filmszene in den USA. Dort wurde die Idee der Gegenwochenschau, ein alter Traum linker Filmemacher, über einen gewissen Zeitraum tatsächlich praktiziert. Die Newsreel-Bewegung war über das ganze Land verbreitet, hatte aber Zentren in New York und San Francisco. Während sich die militanten Gruppen in Frankreich hauptsächlich der Arbeiterklasse verbunden fühlten, entstanden die Newsreel-Gruppen «aus der Verschmelzung des »Underground« mit der Studentenbewegung gegen den Krieg in Vietnam»[4]. Ein prototypischer Film ist beispielsweise *The Columbia Revolt* (1968), ein kämpferisch effektvoller Bericht über die Besetzung der Columbia University. In vielen der Newsreel-Filme wird der Dokumentarismus, der in Frankreich und England dominiert, aufgebrochen durch Stilelemente des New American Cinema: «Popmusik, Mehrfachbelichtungen, Bilder statt einer erzählenden Struktur, Unschärfen, Bildschwankungen».[5] Auch die Newsreel-Gruppen produzieren und verleihen, schaffen Gegenöffentlichkeit.

Eine Entwicklung ist allen diesen Gruppen in Frankreich, England und den USA fast durchweg gemeinsam: Sie beginnen mit kurzen Reportagen, Flugblattfilmen, gefilmten Aufrufen und Protesten. Mit der Zeit werden die Filme länger und analytischer: Wo dieser qualitative Sprung nicht geschafft wird, erlahmen die Aktivitäten schnell wieder, brechen die Gruppen auseinander.

Streiks, Fabrikbesetzungen

Bei den politischen Filmemachern ist in den siebziger Jahren, mit unterschiedlicher Intensität in den verschiedenen Ländern, eine Interessenverschiebung festzustellen. Dominieren zunächst noch Filme über Arbeiter und Arbeitskämpfe, so stehen in den letzten Jahren Bürgerinitiativen im Mittelpunkt, die sich zum Beispiel gegen den Abriß alter Siedlungen, gegen die Zerstörung der Umwelt und die Errichtung von Atomkraftwerken engagieren. Diese filmische Entwicklung läuft parallel mit der politischen: Angesichts der Ölkrise und der Rezession sind Streiks weniger leicht durchzusetzen, andererseits ist das Bewußtsein für ökologische Fragen in allen Schichten der Bevölkerung gewachsen.

Die großen Streikfilme, selbst wenn sie nur fünf bis zehn Jahre alt sind, sind Anfang der achtziger Jahre schon mit einem Hauch von Nostalgie umgeben – wie die Filme des französischen Mai 68, die in Kapitel 3 beschrieben wurden.

Zum Vorbild, fast zum Mythos, wurde der zweijährige Kampf der Arbeiter der Uhrenfabrik Lip, die ihre Fabrik besetzten, Uhren produzierten und verkauften und zuletzt alle ihre Forderungen gegen den multinationalen Konzern Ebauche S.A. durchsetzten. Diese Auseinandersetzung ist in mehreren Filmen festgehalten: Ein französisches Kollektiv unter Mitwirkung von Lip-Arbeitern drehte zwei Filme von je 45 Minuten Dauer, *Lip* (Teil 1 und 2, 1974), authentische Dokumente, die vor allem die Schwierigkeiten und den Alltag eines so langen, auch so neuartigen Arbeitskampfes zeigen. Zwei Filme haben Deutsche in Lip hergestellt: *Lip – Die Fabrik ist da, wo die Arbeiter sind* von Monica Maurer und anderen (1974) verdeutlicht einige Schwerpunkte des Kampfes, *Der Kampf der Lip-Arbeiter* (1974) von Edith Schmidt und David Wittenberg, dem Mai-Kollektiv, arbeitet mehr theoretisch das Prinzipielle, auch auf andere Länder Übertragbare dieses Konflikts heraus. Angeregt durch Lip haben Arbeiterinnen der Fabrik Cousseau in Cérizay während ihres Streiks in improvisierten Werkstätten Hemdblusen genäht, um den Ausstand zu finanzieren. Diese Iskra-Produktion des Jahres 1973, *Scènes de grève en Vendée,* wird vor allem auch durch die Streiklieder der Frauen geprägt, die zum Teil zu alten Melodien neue Texte singen.

Vergleichbare Erfahrungen wie die der Lip-Arbeiter verarbeitet der Cinema-Action-Film *Upper Clyde Shipbuilders* (auch bekannt unter dem Titel *The U.C.S. Struggle,* 1971). Glasgower Arbeiter besetzen ihre Werft, die stillgelegt werden soll – die konservative Regierung propagierte Anfang der siebziger Jahre die Rationalisierung der Industrie durch Werkschließungen. Nach einem Jahr haben die Arbeiter Erfolg: Drei Werften kauft der Staat, eine wird von einer amerikanischen Firma übernommen. Der Film, schon zu Beginn der Aktion entstanden, wurde vor allem zur finanziellen Unterstützung der Streikenden eingesetzt; er analysiert die Lage der Werftbeschäftigten im Blick auf die Gesamtlage der Arbeiter in England.

Die meisten der Cinema-Action-Filme wurden aus einer Verteidigungsposition heraus gegen die Politik der Regierung Heath gedreht, vor allem gegen das Anti-Gewerkschaftsgesetz (Industrial Relations Act), das spontane Arbeitsniederlegungen verbot und das unmittelbare Vertrauensverhältnis zwischen den Arbeitern und den Shop Stewarts (entspricht etwa unseren Vertrauensleuten) beseitigen sollte. *Fighting the Bill* (1970), vor Verabschiedung des Gesetzes hergestellt, ist eine durch Ausführlichkeit (36 Minuten) und Klarheit überzeugende Analyse. Das Gesetz konnte nicht verhindert werden, wurde aber 1974 von der Labour-Regierung Wilson zurückgenommen. *Arise Ye Workers* (1973) protestiert gegen die Verhaftung von fünf Shop Stewarts der Hafenarbeiter: Nach Massendemonstrationen werden sie freigelassen.

Diese englischen Filme, Zeugnisse einer starken Solidarität zwischen klassenbewußten Arbeitern und einer kämpferischen Gewerkschaft, sind in den siebziger Jahren fast schon Ausnahmen. Häufiger sind Filme über Auseinandersetzungen zwischen Basis und Gewerkschaftsführung, als deren Vorläufer Günther Hörmanns *Wir waren vorbereitet . . . in den Streik zu treten* (1967) gelten kann: Der bereits beschlossene Streik der Bergarbeiter im Ruhrgebiet und an der Saar wird abgesagt, der Hauptvorstand will die Chancen der SPD bei der Landtagswahl in Nordrhein-Westfalen nicht gefährden. Ähnliche Konflikte dokumentieren *Der Kampf um 11%* von Busse/Mitscherlich/Peters (1971) oder der von Klaus Wildenhahn, Jutta Uhl, Rainer Komers, Gabriele Voss und Christoph Hübner in der Silvesternacht 1978/79 gedrehte Super-8-Film *Tor 2* (später von Helmut Herbst auf 16 mm aufgeblasen) über den Stahlarbeiterstreik, ein Film der Solidarität mit den Forderungen der Basis. Die Arbeiter, die die 35-Stunden-Woche anstrebten, wehren sich dann noch einmal in der Urabstimmung – vergebens.

In der Regel stehen die Filme auf seiten der Arbeiter, gegen die Funktionäre, die abwiegeln, sind also gewerkschaftskritisch. Einen sehr widersprüchlichen Bewußtwerdungsprozeß führt der Schweizer Film *Ein Streik ist keine Sonntagsschule* von Hans Stürm, Nina Stürm und Mathias Knauer (1975) vor.

Scènes de grève en Vendée (Iskra-Produktion, 1973)

Seit 1937 gibt es in der Schweiz eine Friedenspflicht der Gewerkschaften. Trotzdem unterstützte die Gewerkschaft Bau und Holz einen Streik von 43 Arbeitern der Piano-Fabrik Burger & Jacobi in Biel, die sich den zugesagten 13. Monatslohn erkämpfen wollten. Der Film, genau in der Beobachtung und der Analyse, folgt dem Streik, der fünf Wochen dauert; Schweizer Arbeiter und ihre italienischen Kollegen, die zu Beginn viel streikbereiter waren, kommen sich näher, aber nach dem Kompromiß gibt es – vier Monate nach Streikende – erneut Schwierigkeiten. Ganz aus der Position der Betroffenen gedreht, dennoch kritisch nach beiden Seiten (zur Gewerkschaft und zur Belegschaft hin), hatte der Film innerhalb der Schweizer Gewerkschaften eine wichtige Funktion: In nur sechs Monaten wurde er in über 100 Veranstaltungen gesehen und diskutiert[6].

Die Streikfilme der siebziger Jahre dokumentieren nur noch in Ausnahmefällen den klassischen Lohnkonflikt, meist geht es – wie an einigen Beispielen schon gezeigt – gegen Rationalisierungen (etwa die neue Drucktechnik) oder gegen Betriebsstillegungen, die oft von anonymen Firmenleitungen multinationaler Konzerne irgendwo im Ausland beschlossen wurden. Auch die Kampfmaßnahmen der Betroffenen mußten sich ändern; neben Betriebsbesetzungen gibt es zum Beispiel Versuche zu transnationalen Streiks.

Zu den ersten Filmen über eine Besetzung gehörte, neben den Berichten aus dem Frankreich des Jahres 1968, die zum Teil nachgespielte Reportage aus der Druckerei *Apollon* von Ugo Gregoretti (1969). Im siebten Monat des Streiks, der ein Jahr dauerte, fertiggestellt, konnte der Film noch zur Unterstützung der Belegschaft eingesetzt werden. In der Bundesrepublik sind eine ganze Reihe von Besetzungsfilmen gedreht worden, die aber nie die politische Militanz und ästhetische Radikalität einiger Filme aus Frankreich, England oder Italien erreichten. Die thematische Spannbreite ist groß: In *Nur gemeinsam sind wir stark* von Hannes Karnick und Wolfgang Richter (1971), einem Regieteam, das mehrere Filme über Arbeitskämpfe gedreht hat, werden zwar nur Fabriktore abgeriegelt, aber es muß schon die Polizei eingreifen, um ihre Freigabe zu erzwingen. In zwei DFFB-Produktionen, in *... sonst steht ja der Betrieb hier still* von Jörg Gförer, Wolfgang Jung und Walter Krieg (1973) und in *Süßmuth e.V.* von Gerhard Braun, Rainer Etz und Klaus Volkenborn (1973), werden Selbstverwaltungsmodelle durchgespielt und auch kritisiert.

Zwei Filme des Jahres 1975 berichten von Betriebsbesetzungen: *Kalldorf gegen Mannesmann* von Susanne Beyeler/Rainer März/Manfred Stelzer (DFFB) und *Wir halten den Betrieb besetzt,* eine Kollektivproduktion. Im ersten Film wehren sich die Arbeiter der Firma Demag-Kunststofftechnik in Kalldorf gegen den Mannesmannkonzern, der den Betrieb 1970 gekauft hat – sie unterliegen, die Firma wird geschlossen. Der zweite schildert den Arbeitskampf der Zementwerker bei Seibel und Söhne in Erwitte seit März 1975; sie besetzen ihren Betrieb, auch die Frauen sind sehr aktiv: die Vorführung des Films *Salt of the Earth* hatte sie ermutigt. Die Erwitter Arbeiter zeigten ihren Film auch überall im Bundesgebiet in Solidaritätsveranstaltungen; ihre Besetzung hatte Erfolg, aber erst lange nach Ende der Dreharbeiten. Als Film (und im Rückblick) ist allerdings *Kalldorf gegen Mannesmann* wichtiger, weil stärker durchreflektiert.

Zwei DFFB-Filme befassen sich mit internationalen Konflikten: *Betriebsschließung – Betriebsverlagerung* (Barbara Kasper/Lothar Schuster, 1973) zeigt, wie Voigtländer in Braunschweig 2000 Arbeiter entläßt, um künftig im «Billiglohn-Land» Singapore produzieren zu lassen, *Gegenmacht international* (1975), vom selben Team gedreht, dokumentiert dagegen den ersten erfolgreichen transnationalen Streik, an dem deutsche Arbeiter beteiligt waren. Durch Streiks und Betriebsbesetzungen in Breda (Holland) und in Wuppertal konnten Stillegungspläne des Akzo-Konzerns, zu dem Enka-Glanzstoff in Wuppertal gehört, vereitelt werden. Ein Parallelfilm zum selben Thema, in der Analyse ungenauer, emotional stärker, weil unter dem unmittelbaren Eindruck der Ereignisse entstanden, ist die Kollektivproduktion *Wir haben es geschafft* (1973).

Auch die minutiöse Beschreibung einer Niederlage entstand in der Bundesrepublik, *Rote Fahnen sieht man besser* von Theo Gallehr und Rolf Schübel (1971), und doch ein Film, der Mut macht, weil er Perspektiven aufzeigt. Zwei Linien, eine absteigende und eine aufsteigende, ziehen sich durch den Film: Die Arbeiter der Krefelder Phrix-Werke können 1970/71 die Schließung ihres Betriebs, der zu je 50 Prozent BASF und Dow Chemical gehört, nicht verhindern – auf der anderen Seite gewinnen die vier Protagonisten, zwei jüngere Männer, eine Frau und ein Mann vor der Pensionierung, durch die Ereignisse an politischem Bewußtsein, sie wissen am Ende, daß sie durch rechtzeitige, starke Organisation der Belegschaft das Schlimmste wohl hätten verhindern können. Ein kommentierendes, die Auseinandersetzung zwischen Kapital und Arbeit auf den Begriff bringendes Lied von Dieter Süverkrüp wurde für die Fernsehausstrahlung des WDR geschnitten. Das deprimierende Nachspiel lieferte der WDR zehn Jahre später: Er drehte ein *Wiedersehen mit Heinrich Goebel* (Werner Filmer und Dieter Storp, 1980) und anderen Protagonisten des ersten Films. Sie wirken sehr resignativ, von der Kampfbereitschaft von einst ist nichts mehr zu spüren, einer hat sogar Kehlkopfkrebs, hat also in jedem Sinne des Wortes die Sprache verloren.

Die insgesamt maßvollen, eher analytischen als militanten Filme der Bundesrepublik, sind – gemessen an Frankreich oder England – nur selten direkt bei politischen Aktionen eingesetzt worden, nützlich allerdings erwiesen sich viele von ihnen für die gewerkschaftliche Schulungsarbeit. Was ihnen fehlt, und auch den meisten anderen bisher genannten Streikfilmen, das hat auf überraschende und überwältigende Weise Barbara Kopple 1976 mit *Harlan County USA* gezeigt, der Chronik eines Bergarbeiterstreiks in Kentucky. Die Langzeitbeobachtung, die in Erzählungen auch in die dreißiger Jahre zurückgreift, war in den USA, wo unabhängig produzierte Filme so gut wie keine kommerzielle Chance haben, ein großer Kinoerfolg. 1977 bekam *Harlan County USA* sogar den Oscar für den besten Dokumentarfilm.

Im Film kreuzen sich zwei Handlungslinien: Die Reformbemühungen in der von Krisen geschüttelten Bergarbeitergewerkschaft United Mine Workers Union of America, (Jack Yablonski, der oppositionelle Gegenkandidat für den Vorsitz, war mit Frau und Tochter ermordet worden) und der dreizehn Monate dauernde Streik in Brookside (Kentucky), ausgelöst durch die Absicht der Bergarbeiter, endlich dieser Gewerkschaft beizutreten, was die Direktoren der Minengesellschaft ablehnten.

Barbara Kopple, die vorher unter anderem an *Winter Soldier*, *Hearts and Minds* und bei Erwin Leiser mitgearbeitet hatte und die 300000 Dollar Produktionskosten bei Stiftungen, Kirchen und privaten Geldgebern zusammenbrachte, hat *Harlan County* eine große, im Dokumentarfilm ungewohnte Kraft verliehen. Sie beobachtete die Menschen in ihrem Alltag, bei der Streikvorbereitung, beim Ausstand selbst, bei dem bewaffneten Überfall von Streikbrechern, der ein Todesopfer unter den Streikenden fordert; sie sieht und spürt ihre Angst, ihre Wut, ihre Stärke; sie hat vor allem eine Sensibilität für die Frauen, die den Sieg mit herbeiführen. Barbara Kopple identifiziert sich mit den Personen und dem Geschehen, «sie wirkt mehr als Figur im Film denn als der Künstler, der den Film konzipiert», wie Pauline Kael in ihrer sehr genauen Kritik im «New Yorker» vom 24. 1. 1977 schrieb[7]. Trotzdem ist Barbara Kopples Film, der auf einen Kommentar ganz verzichten kann, auch eine modellhafte Analyse eines Streiks, seiner Ursachen und seines Verlaufs. Das sichert ihm seinen Rang, jenseits aller Aktualität. Im Zusammenhang der amerikanischen Filmgeschichte bedeutet, wie Alan Rosenthal schrieb, «*Harlan County* nicht so sehr eine Revolution, sondern eine Wiedergeburt»[8], nämlich eines lange verschüttet gewesenen radikalen Films, wie ihn linke, unabhängige Dokumentaristen, Paul Strand, Leo Hurwitz und andere in den dreißiger Jahren in der Film und Photo League oder bei Frontier Films produziert haben. *Harlan County* gehört aber auch in einen anderen filmgeschichtlichen Kontext, als einer der wichtigsten Filme, den eine Frau gedreht hat; er steht dabei für eine Richtung, die politisch-gewerkschaftlich orientierte, dieses neuen Frauenfilms.

Filme von Frauen

Noch die Studentenbewegung war eine Sache der Männer, aber in ihr regte sich bereits der Widerstand der Frauen, die nicht länger Kaffee kochen wollten, während die Männer die Revolution diskutierten. So war die neue Frauenbewegung ab Anfang der siebziger Jahre auch ein Ergebnis des Mai 68. Wie die Männer zuvor haben auch die Frauen ihre Kritik und ihre Forderungen (aber auch ihre Frustrationen und Leiden, ihre Wünsche, Sehnsüchte, Träume) in Filmen formuliert. Zwar hat es auch vorher Filme von Frauen gegeben – die Amerikanerin Shirley Clarke hat alle ihre wesentlichen Filme in den sechziger Jahren gedreht (*The Connection* 1961, *The Cool World* 1963, *Portrait of Jason* 1967, *Lions Love* 1969), Ula Stöckl und Ingemo Engström haben in der Bundesrepublik mit Spielfilmen debütiert (*Neun Leben hat die Katze* 1968, *Dark Spring* 1970), Dore O. oder Valie Export haben seit 1967 Experimentalfilme hergestellt – einen Zusammenhang und damit Wirkung nach außen bekam diese Filmarbeit erst in den siebziger Jahren. Signalcharakter hatte zum Beispiel das Erste Internationale Frauenfilm-Seminar im Westberliner Arsenal im Herbst 1973, geleitet von Helke Sander und Claudia Alemann. 1974 hat Helke Sander dann die Zeitschrift «Frauen und Film» gegründet, die zum wichtigsten Diskussionsforum für Filmemacherinnen und Kritikerinnen in den folgenden Jahren werden sollte.

Zuerst artikulierten sich Frauen in Dokumentarfilmen. Sie stellten neue Fragen oder alte Fragen auf neue Weise: nach der Empfängnisverhütung (*Macht die Pille frei?*, Helke Sander und Sarah Schumann, BRD 1973) oder Abtreibung (*Abort*, Vibeke Løkkeberg, Norwegen 1972), nach der Rolle der Frau am Arbeitsplatz (*... es kommt darauf an, sie zu verändern*, Claudia Alemann, BRD 1973), nach Erfahrungen in Beruf und Familie (*L'aggetivo donna/Das Adjektiv Frau*, Rony Daopoulos und Collettivo Femminista di Cinema, Italien 1972), nach der Sozialisation der Frau in unserer Gesellschaft (*Growing Up Female: As Six Become One*, Julia Reichert und James Klein, USA 1971). Sie berichteten über die Anfänge der neuen Frauenbewegung (*Femö 1971*, Vibeke Pedersen, Dänemark 1973, oder *La lotta non e finita/Der Kampf ist nicht zu Ende*, Collettivo Femminista di Cinema, Italien 1973), sie fragten nach der Rolle der Frau in der Politik (*Angela Davis: Portrait of a Revolutionary*, Yolande du Luart, USA 1971), in den Gewerkschaften (*Frauen – Schlußlichter der Gewerkschaft*, Ingrid Oppermann, BRD 1975), sie mischten sich auch bei scheinbar entlegenen Themen ein, fragten also zum Beispiel nach dem Anteil der Frauen am vietnamesischen Befreiungskampf (*Tu Luc Van Doan – Aus eigener Kraft*, Claudia Alemann, BRD 1971, oder *Tay Ho – Das Dorf in der 4. Zone*, Gitta Nickel, DDR 1973). Sie untersuchten schließlich die Geschichte der Frauenbewegung, sprachen mit Frauen der bürgerlichen Emanzipationsbewegung (*Gertrud Baer*, Michaela Belger, BRD 1977) oder mit proletarischen Frauen (*Union Maids*, Julia Reichert/James Klein/Miles Mogulesco, USA 1976 oder *With Babies and Banners*, Lorraine Gray, USA 1978) – die drei letztgenannten Filme werden in Kapitel 7 ausführlicher beschrieben.

Es sind neue Themen, nicht etwa formale Kühnheiten, die diese Filme auszeichnen, auch sie leben von Alltagsbeobachtung und Interviews. Agitation, wenn überhaupt, findet vor der Kamera statt (etwa bei Demonstrationen), nicht mit ihr, dennoch sind viele der Filme von einer Spontaneität, die auch alte Mittel wie neu erscheinen lassen: Den Frauen, die in den Filmen auftreten, merkt man oft an, daß es für sie befreiend ist, sich vor der Kamera zu äußern. Die verschiedenen Richtungen der Frauenbewegung, die reformistische, die für die Frau dieselben Positionen in der Gesellschaft erreichen will, wie sie der Mann innehat, die feministische, die in der Unterdrückung der Frau durch den Mann, unabhängig von der Gesellschaftsordnung, das prinzipielle Übel sieht, und die marxistische, die eine Emanzipation der Frau von der Änderung der Gesellschaftsordnung abhängig macht, sind in den Filmen selten streng geschieden. Die Filme sind eher pragmatisch, sie wollen durch das Beispiel wirken.

Das gilt vor allem für den Frauenfilm der USA, dessen Stärke in den siebziger Jahren eine Reihe außerordentlicher Porträts ist. Alle diese Filme basieren auf dem Gespräch. Es gibt Gruppenporträts, bei denen sich die Erfahrungen und Ansichten der Frauen zu einer eindeutigen, radikalen Aussage summieren. Die Einzelporträts, so sehr sie Verallgemeinerung anstreben, beanspruchen doch in geringerem Maße Allgemeingültigkeit, sie wollen Individuen vorstellen, die der Film vorher nicht wahrgenommen hat.

In *The Woman's Film* von Judy Smith, Louise Alaimo und Ellen Sorrin (San Francisco Newsreel, 1970) erzählen arbeitende Frauen, darunter Schwarze und eine Chicano-Frau, aus ihrem Leben; sie sprechen über ihre Probleme, aber auch über Möglichkeiten der Veränderung. In *Three Lives*, gedreht von der Schriftstellerin Kate Millett (1971), sind es drei Frauen verschiedenen Alters aus der Mittelklasse, die ihre Erfahrungen mitteilen. Dem Film geht es nicht um gültige Wahrheiten: Die jüngste der drei, die freieste und unabhängigste, sagt zuletzt, wir haben dieses mein Porträt in zwei Tagen gedreht, ich war nur an diesen zwei Tagen so, ich will mich nicht festlegen lassen. In *Growing Up Female: As Six Become One*, der Titel ist programmatisch zu verstehen, die Rolle der Frau in der westlichen, kapitalistischen Gesellschaft auf den Begriff gebracht: Sechs Frauen verschiedener Klassen und Rassen werden durch Erziehung und Konditionierung zu einem Wesen, das nur die Wünsche hat, die die Gesellschaft duldet. Ein Film, der gerade wegen seiner zugespitzten These die Diskussion provozieren kann.

Auch in den Einzelporträts gibt es dieses Gegeneinander von Frauen aus der Mittelklasse und der Arbeiterklasse: In *Janie's Janie* von Geri Ashur (1971), einem Newsreel-Film, versucht eine 28jährige Frau, die ihren Mann verlassen hat, Arbeiterin mit fünf Kindern, ihre eigene Identität zu finden, nicht mehr die Janie ihres Vaters oder ihres Mannes zu sein, sondern Janie's Janie. In *Antonia: A Portrait of the Woman* (1974) beobachten Judy Collins und Jill Godmilow die dreiundsiebzigjährige Dirigentin Antonia Brico.

Frauen haben auch, früher als Männer, angefangen, Filme über sich selbst zu drehen oder über ihre Familie. *Joyce at 34* (1973) ist das Selbstporträt von Joyce Chopra (Co-Regie Claudia Weill), ein Film über ihre Schwangerschaft, über das erste Jahr ihres Kindes, über ihr Verhältnis zu ihrer Mutter: beide standen im Konflikt zwischen Arbeit und Mutterschaft. *Nana, Mom and Me* (1974) ist – gespiegelt im Bild der Mutter und der Großmutter – eine Selbsterforschung der Filmemacherin Amalie R. Rothschild (die die feministische Filmkooperative New Day Films mitbegründet hat). Geplant als Film über die Großmutter Nana, wurde der Film schließlich vor allem zu einem Porträt der Mutter, die beides ist, Mutter und Tochter.

Wie der Streikfilm ist der Film von Frauen ein Film, der nicht so sehr ästhetische als inhaltliche Diskussionen auslösen soll, ein Film, der informiert, Mut macht, Solidarität schafft, der gebraucht wird. Deshalb werden diese Filme, in der Regel unabhängig und unter großen finanziellen Opfern hergestellt, so gut wie nie in großen Kinos gezeigt. Eine Ausnahme war in den USA *Antonia*, Jill Godmilow hat ihre erfolgreiche Kampagne anschaulich beschrieben[9]. Normalerweise laufen sie in Frauenveranstaltungen (oft für Männer nicht zugänglich), in Filmclubs, in Seminaren.

Bei diesen nützlichen Filmen sind die Frauen-Regisseure aber nicht stehengeblieben; sie haben die Frage nach einer weiblichen Ästhetik gestellt, die sich aber eher im Experimental- und im Spielfilm beantworten läßt als im Dokumentarfilm. Aber auch hier ist oft der Mut der Frauen, Genredefinitionen anzuzweifeln oder radikal in private Bereiche, die dem Dokumentarfilm normalerweise verschlossen sind, vorzustoßen, größer als der der Männer. Einige Beispiele von Věra Chytilová, Elfi Mikesch, Marlies Graf oder Helga Reidemeister werden in Kapitel 10 diskutiert.

Minderheiten – Randgruppen der Gesellschaft

Frauen sind eine Minderheit – jedenfalls in der Politik, in gesellschaftlichen Schlüsselpositionen, in der Medien-Präsenz –, eine Minderheit aber, die in der Lage ist, sich in Filmen selbst zu artikulieren. Frauen drängen in die Öffentlichkeit, studieren, ergreifen Medienberufe; sie profitieren auch von den Möglichkeiten des billigeren 16-mm-Films, obwohl auch diese Filme noch immer teuer genug sind.

Es gibt andere Minderheiten, denen diese Wege nicht offenstehen, weil sie zu den absolut Unterprivilegierten gehören, weil sie nach Herkunft, Ausbildung oder Lebensumständen keinen Zugang zu den Medien bekommen, Minderheiten oft, die mit den Gesetzen der Gesellschaft in einen Konflikt geraten sind, die von der Mehrheit unterdrückt werden oder sich zumindest unterdrückt fühlen: Schwarze und Indianer in den USA, Gastarbeiter in vielen Ländern, Menschen auch, die in psychiatrische Kliniken abgeschoben werden, Gefangene. Schon durch die Art ihrer Existenz legen sie Probleme der Gesellschaft offen; oft erdulden sie als individuelle oder kollektive Sündenböcke, woran die Gesamtheit krankt. Weil das aber so ist, gibt es in der Gesellschaft immer auch Personen, die stellvertretend für diejenigen, die sich nicht äußern können, die Stimme erheben oder die diesen Unterdrückten eine Stimme geben. Das war, wie schon dargestellt, das Grundprinzip des Dokumentarfilms der letzten 20 Jahre. Oft wird aus dieser Stellvertretung eine politische Aktion: Diese Filme sind hier gemeint.

Dabei geht die Stoßrichtung der Filme nach außen, in die Gesellschaft hinein, die auf Mißstände hingewiesen, informiert werden soll, während etwa die Filme der Streikenden und der Frauenbewegung eher der Selbstbestätigung der eigenen Gruppe dienen, Solidarität schaffen, Mut machen sollen.

Gastarbeiterfilme wurden schon genannt. Information kann sich dabei in Aktion verwandeln: Der Schweizer Film *Lo Stagionale* von Alvaro Bizzarri (1972) hat eine Demonstration bewirkt, die schließlich zum Schlußteil des Films in seiner endgültigen Form wurde.

In den USA haben sich Filmemacher immer wieder mit der Lage der Indianer (siehe Kapitel 9) und der Schwarzen beschäftigt. In *No Vietnamese Ever Called Me Nigger* von David Loeb Weiss (1968) wollen Neger nicht länger die amerikanische Vietnampolitik unterstützen, aus Protest gegen ihre eigene Rechtlosigkeit in den USA. In Filmen von Frauen wird oft auch die Lage der schwarzen Frauen dargestellt. Unter den Filmen über die Black Panther ragt *The Murder of Fred Hampton* (1970) von Mike Grey heraus. Gedreht von einem völlig weißen Team, dem die Black Panther Party dennoch Vertrauen schenkte wegen seines vorherigen Films *American Revolution 2* (1969), einem Bericht über die Demonstrationen beim Demokratischen Parteikongreß 1968 in Chicago, war *Fred Hampton* zuerst als ein Film über radikale schwarze Politik geplant, doch nach der Ermordung dieses Black-Panther-Führers von Illinois in Chicago am 4. 12. 1969 mußte die Konzeption geändert werden. Einer Reihe von Redeausschnitten im ersten Teil des 90-Minuten-Films folgt im zweiten eine genaue Recherche der Mordumstände: die offiziellen Aussagen der Polizei werden widerlegt, das Komplott, von der Staatsanwaltschaft angezettelt, wird aufgedeckt. Die grandiose Rhetorik der Black-Panther-Führer und die hektische Handkamera zusammen geben dem Film eine Militanz, wie man sie sonst vielleicht nur noch aus *La Hora de los Hornos* und *Argentina Mayo 69* kennt.

Auch europäische Filmemacher haben sich in jenen Jahren dem schwarzen Amerika zugewandt, Klaus Wildenhahn etwa in *Harlem Theater* (1969), einem Bericht über eine schwarze Theatergruppe. Am Ende hält Bobby Seale, Vorsitzender der Black Panther Party, eine Rede an die weißen Liberalen: «Mit ein paar Sätzen weist Bobby Seale dem Harlem-Theater seinen Platz in der hinteren Ecke zu. Bobby Seales Auftritt ist das größte Harlem-Theater, das sich denken läßt.» (Werner Kließ)[10]

Die militanten Schwarzen der USA haben also die Filme, die über sie gedreht wurden, auf fast virtuose Weise zur Selbstdarstellung benutzt. Authentisches Schwarzes Kino, Filme von Schwarzen für Schwarze, entstand ein paar Jahre später; 1979 wurde die «Black American Filmmakers' Foundation» gegründet, eine nichtkommerzielle Stiftung. Ende der siebziger Jahre entstanden eine ganze Reihe kürzerer oder mittellanger Dokumentarfilme und einige Spielfilme, darunter *Killer of Sheep* (1977) von Charles Burnett. Der wichtigste und schönste

Film bisher ist aber wohl *Street Corner Stories* (1977) von Warrington Hudlin, der zwischen Fiktion und Dokumentation steht. Man könnte sagen, er dokumentiert Fiktion: Schwarze Männer, bevor sie zur Arbeit gehen, erzählen sich an Straßenecken Geschichten, lustige, traurige – authentische, in einer unverwechselbar eigenen Sprache. Die Gespräche, im Direct-Cinema-Stil aufgenommen, haben einen dem Blues verwandten Rhythmus. Im Gegensatz zu den Black-Panther-Filmen um 1970, die sich an die amerikanische (und auch europäische) Öffentlichkeit wandten, wendet sich dieses neue Schwarze Kino an die Schwarzen selbst, dient ihrem Selbstverständnis. Dennoch ist es auch auf Filmfestivals erfolgreich.

Als besonders ergiebig erwies sich die Methode der Beobachtung bei Filmen über psychiatrische Kliniken. Da diese Anstalten der Öffentlichkeit nicht zugänglich sind, muß – auch wer sie attackieren will – erst einmal gründlich über sie informieren. Das kann am Einzelfall geschehen, wie in dem dreiteiligen Film *Der Weg des Hans Monn* von Andreas Kettelhack (1973 und 1980) am Beispiel eines jungen Mannes, der in eine Westberliner Nervenklinik eingeliefert wird (er hatte 169 Fensterscheiben eingeworfen) und nach acht Jahren seinen ersten Urlaub bekommt; das kann auch durch den Bericht über eine Klinik und mehrere Patienten geschehen, wie in dem amerikanischen Film *Hurry Tomorrow* von Richard Cohen (1974). Beschreibung und Analyse kommen dabei immer zum selben Ergebnis: Die meisten Patienten sind unfreiwillig in der Klinik, man glaubt nie dem Kranken, sondern immer denen, die ihn eingeliefert haben: der Polizei oder den Angehörigen, die ihn loswerden wollten. Die Kliniken sind unfähig zur genauen Diagnose, meist «stellen» sie die Patienten nur «still», Drogen ersetzen die Therapie, wer sich widersetzt, dem begegnen die Wärter mit subtiler oder brutaler Gewalt, Aussicht auf Entlassung hat nur, wer sich fügt. Vor allem in *Hurry Tomorrow* wird dieses unmenschliche System am Beispiel einer Nervenklinik in Los Angeles, in der vor allem Patienten aus der Unterschicht behandelt werden, aufs genaueste durchleuchtet. Der Film hatte Folgen in Kalifornien: «Gouverneur Brown entließ die meisten Klinik-Direktoren und es begann eine Bewegung zur Einschränkung des Drogengebrauchs. Aber es gab keine Anzeichen für eine prinzipielle Neuorientierung.» (Cohen)[11]

Ob die Filme nun den jeweils aktuellen Zustand in den Kliniken zeigten oder ob sie Reformen forderten, sie wurden ein wichtiger, weil durch ihre Sinnlichkeit für die Allgemeinheit verständlicher Teil jener Bewegung der «Neuen Psychiatrie», die offene Kliniken propagiert und die Gleichberechtigung zwischen Patienten, Pflegern und Ärzten. Zwei Filme vor allem haben diese Bemühungen dokumentiert: *Asylum* von Peter Robinson (USA 1972) über die von dem berühmten Psychotherapeuten Ronald D. Laing geleitete Klinik Kingsley Hall in London, und *Nessuno o tutti* (*Keiner oder alle*, 1973) von dem italienischen Team Silvano Agosti, Marco Bellocchio, Sandro Petraglia und Stefano Rulli, der im ersten Teil *Tre storie* (*Drei Geschichten*) drei verhaltensgestörte Kinder beobachtet, im zweiten, *Matti da slegare* (*Irre, die loszubinden sind*), verschiedene Modelle psychiatrischer Behandlung einander gegenübergestellt. Hintergrund von *Nessuno o tutti* ist die gerade in Italien sehr breite und in einigen Provinzen erfolgreiche «Psichiatria Democratica», die vor allem vom Ärzteteam um Franco Basaglia getragen wird.

In *Asylum* und *Nessuno o tutti* hat das Filmteam jeweils lange mit den Patienten zusammengelebt; gegenseitige Achtung bestimmte das Verhältnis zwischen Filmern und Gefilmten – das wird spürbar, auch in schwierigen Situationen. Die Kranken werden von der Kamera nicht ausgebeutet, ihr Elend,

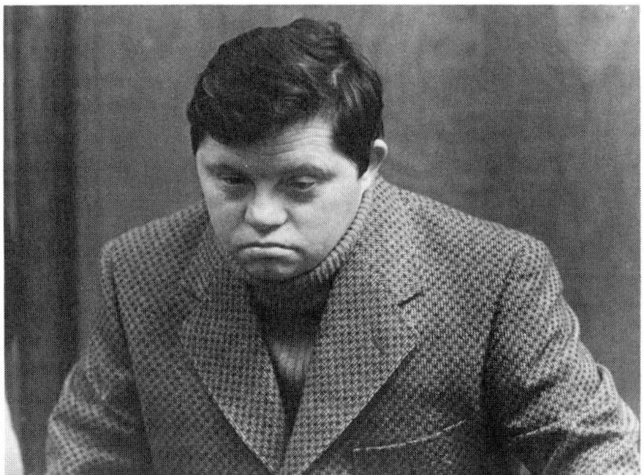

Die psychiatrische Klinik: *Nessuno o tutti* (Agosti, Bellocchio, Petraglia, Rulli, 1973)

das ja auch durch neue Behandlungsmethoden nicht sofort verschwindet, wird nicht dem Voyeurismus der Zuschauer preisgegeben. «Jede Großaufnahme eines dieser Gesichter; jede kurze Szene, in der einer der »Irren« sich stolz in seine Arbeit vertieft, stellt wieder eine Humanität her, die im wirklichen Leben nur allzu oft bedroht ist. Selten ist der Vergrößerungseffekt, den die Kinoleinwand nicht nur real, sondern auch ideal bewirkt, so sinnvoll ausgenutzt worden», schrieb Wilfried Wiegand in der Frankfurter Allgemeinen Zeitung vom 8. 7. 1975 über *Nessuno o tutti.*

In den üblichen Nervenkliniken werden die Patienten wie in einem Gefängnis behandelt; die Übergänge zwischen beiden Institutionen sind fließend. So ist auch der Schritt von *Hurry Tomorrow* zu *The Jail* (1972) von Michael Anderson, Saul Landau, Paul Jacobs und Bill Yarhaus nicht groß. Die vier Dokumentaristen haben neun Wochen in einem Gefängnis in San Francisco verbracht, sie zeigen die Rituale des Gefängnislebens, denen Gefangene und Wärter auf fast gleiche Weise ausgeliefert sind. Essen, Sexualität, Geschäfte – sie beherrschen den Alltag; die Aggressivität richtet sich gegen andere und gegen die eigene Person; der einzige Unterschied zum «Irrenhaus»: die Eingeschlossenen werden nicht «stillgestellt».

The Jail verstand sich auch als ein Beitrag zur Diskussion über eine mögliche Reform des Gefängniswesens. Die anderen bekannten amerikanischen Gefängnisfilme jener Jahre setzen beim Skandal von Attica an: Im September 1971 hatten die Häftlinge dieses Gefängnisses im Staat New York rebelliert, sie hatten 35 Geiseln genommen; sie forderten nicht Freiheit, sondern bessere Haftbedingungen. Die Behörden lehnten ab, stürmten das Gefängnis, erschossen dabei auch neun der Geiseln. *Attica* (1973) von Cinda Firestone dokumentiert diesen Fall durch eine Montage von Material verschiedener Herkunft: Interviews mit ehemaligen Gefangenen und Geiseln; Aufnahmen aus dem Gefängnis, vor allem dem riesigen Hof, durch einen TV-Kameramann; Bilder von der brutalen Niederschlagung des Aufstands, von der Polizei selbst aufgenommen; Ausschnitte aus einem Hearing im Fernsehen, das die Hintergründe aufdecken sollte. Entstanden ist ein erschreckender Film, ein Lehrstück über Law and Order. Vertreter des Gesetzes scheuen sich nicht, die Öffentlichkeit irrezuführen, Menschenleben, ob der Gefangenen oder der festgehaltenen Wärter, achten sie gering. *Teach Our Children* (1972) von Third World Newsreel New York geht davon aus, daß vor allem rassische Minderheiten in den Gefängnissen sitzen; die Aufstände in Attica und anderswo sind also Ausdruck des Befreiungskampfes der unterdrückten Minoritäten, die USA werden zu einem Teil der Dritten Welt. In New York, so *We Demand Freedom* (1973) von New York Newsreel (Regie Allan Siegel), sind 80 Prozent der Gefangenen Schwarze und Puertoricaner, die Gefängnisse dienen dazu, deren Widerstand zu brechen. Diese Gewalt erzeugt aber Gegengewalt. George Jackson: «Wir werden die Freiheit gewinnen, auch auf Kosten eines totalen Krieges.» Auch dieser in der Diktion aggressive, in der Form lockere, assoziative Essay-Film endet mit Attica.

Es gab Versuche, das Thema Gefängnis im Dokumentarfilm auch prinzipieller, mehr auf einer psychologischen Ebene abzuhandeln, unabhängig von der jeweiligen Gesellschaft. In der Schweiz hat Markus Imhoof 1968 eine kritische Studie über Strafvollzug und Rückfälligkeit gedreht: *Rondo,* auch eine formale Studie, montiert nach dem Rondo-Prinzip, blieb acht Jahre verboten. Urs Graf hat 1981 in *Wege und Mauern* einen jungen Häftling und einen menschlich lauteren, kritikfähigen Aufseher auf zurückhaltende Weise porträtiert: Beide sind in einem Kreislauf, aus dem sie nicht mehr herauskön-

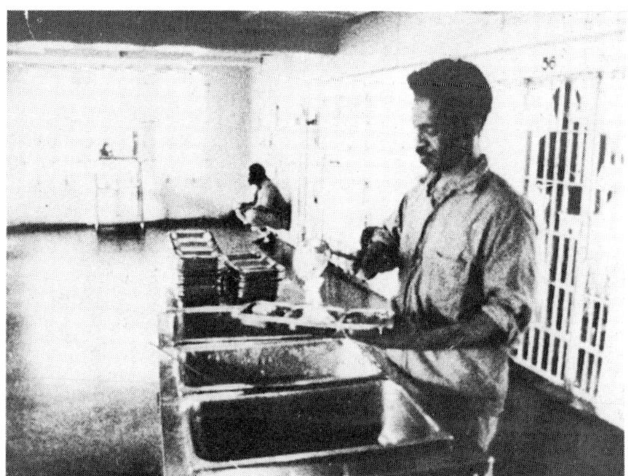

Das Gefängnis: *The Jail* (Anderson, Landau, Jacobs, Yahraus, 1972)

nen, der Junge, der sein ganzes Leben in Heimen war, und der Wärter, der gerade durch seinen Reformwillen das System stabilisiert.

Die gefängniskritischen Filme haben im Prinzip zwei Prämissen: Die Gesellschaft produziert ihre Verbrecher; Täter und Gefangene sind also Sündenböcke für die «Unbescholtenen»; Gefängnisse wenden nicht zum Guten; sie zerstören den, der einsitzt, vollends. Zu diesen radikalen Thesen kommt eine dritte, liberale, daß auch Gefangene ein Recht auf ein Mindestmaß an Würde haben.

Auch für Terroristen, zumal für nicht überführte, müßten diese Prinzipien gelten; dennoch ist dieses Tabuthema im Film kaum behandelt worden. Neben der Kollektivproduktion *Deutschland im Herbst* (1978), die aber insbesondere die Hetze gegen die «Sympathisanten» darstellte, kenne ich nur einen, in seiner Einfachheit und Exaktheit allerdings meisterhaften Film: *Zwei Protokolle,* eine Workshop-Produktion der DFFB Berlin (1978). Bild und Ton sind streng getrennt: Karl-Heinz Roth, unter Terrorismusverdacht über zwei Jahre in Untersuchungshaft, davon 20 Monate isoliert, dann freigesprochen, berichtet aus dem Off von seinen Erfahrungen, er spricht auch über die letzte Möglichkeit des völlig Isolierten, seine Würde zu bewahren, die Selbsttötung. Das Bildprotokoll, das die Aussage von Roth begleitet, zeigt ein neues, noch nicht benutztes Betongefängnis, beginnend mit der Innenansicht einer Zelle, die Kamera geht dann durch die Korridore, über den Hof, blickt schließlich von außen auf das Gebäude. Die absolute Sterilität des Baus korrespondiert mit der von Roth geschilderten Zerstörung der Persönlichkeit. Im Videoband *Über Holger Meins. 26. 10. 41 – 9. 11. 74 – ein Versuch, unsere Sicht heute* von Gerd Conradt und Hartmut Jahn (1982), einem Versuch über sein Leben vor der Zeit bei der «Roten Armee Fraktion», wird durch die Gegenüberstellung von Zeugenaussagen (hier die Statements der verantwortlichen Politiker im Fernsehen, dort die Erzählungen von Holger Meins' Vater) deutlich: Erstens, Holger Meins ist offensichtlich im Gefängnis mißhandelt worden; zweitens, man hat – zumindest fahrlässig – nicht alles unternommen, um ihn am Leben zu erhalten.

Gegen Atomkraftwerke und die Zerstörung der Umwelt

Auch Umweltschützer und Atomkraftgegner, politisch meist organisiert in Bürgerinitiativen und bei den «Grünen» aller Schattierungen, sind Minderheiten, in ihrer Region aber oft die Mehrheit. Die Filme spielen beim Prozeß der Solidarisierung eine große Rolle, vor allem vermitteln sie zwischen den Zentren des Widerstandes, Kaiseraugst, Wyhl, Brokdorf, Gorleben oder der Startbahn West. Folgerichtig dominieren auch Filme über politische Aktivitäten, Platzbesetzungen, dem Hauptkampfinstrument aller Umweltschützer, oder Demonstrationen. Unerreicht bis heute in ihrer dramatischen Schlagkraft die von einem Kollektiv unter Leitung von Shinsuke Ogawa (geboren 1933) hergestellte Serie über den jahrelangen Kampf gegen den neuen Großflughafen Narita bei Tokio. Bekannt geworden sind vor allem *Sanrizuka no natsu* (*Sommer in Narita*, 1968) und *Daini toride no hito-bito* (*Die Bauern der zweiten Festung*, 1971).

Filme zu technischen Fragen sind relativ selten, auch schwierig herzustellen. Wichtig sind etwa *Flere Atomkraftvaerker* (*Mehr Atomkraftwerke*) von Per Mannstaedt (Dänemark 1975), der das Funktionieren von Atomkraftwerken präzise beschreibt, *Condamnés a Réussier,* eine französische Kollektivproduktion aus dem Jahre 1977 über die Wiederaufbereitungsanlage in La Hague, *Strahlende Zukunft* von Susanne Beyeler und Andreas Soschynski (BRD 1979), der umfassendste Report über alle mit Atomkraftwerken zusammenhängenden Fragen, oder *Naturlig Energi* (*Natürliche Energie*), eine dänische Produktion (1976), welche die Alternativenergien Sonne und Wind vorstellt.

Hinter diesen Filmen, so analytisch sie angelegt sind, steckt immer die Emotion des Widerstandes, die Filme mit und über Bürgerinitiativen sind geprägt von Kampfeslust, sie künden auch von (vorläufigen) Siegen (wie die Wyhl-Filme), in den meisten Fällen aber äußert sich Wut, Ohnmacht, manchmal sogar Resignation: Die Betreiber der Anlagen und die Polizei setzen sich schließlich immer wieder durch, sie haben die Macht und den längeren Atem.

Die Filme sind wie Seismographen, sie reagieren recht genau auf die jeweiligen politischen Umstände: *Kaiseraugst* (1975), von der Filmkooperative Zürich hergestellt, zeigt die Kraft der Bürgerinitiative, zeigt vor allem, daß sie aus jung und alt, aus «Chaoten» und aus normalen Bürgern besteht, *Lieber heute aktiv als morgen radioaktiv* von Nina Gladitz (1976) registriert denselben Tatbestand am Beispiel Wyhl, spürbar wird auch die regionale, zugleich transnationale Solidarität zwischen Elsässern und Badensern. Die Gorlebenfilme andererseits der Wendländischen Filmkooperative (Niels-Christian Bolbrinker, Bernd G. Westphal, Roswitha Ziegler) sind Dokumente von Niederlagen: Am Ende ihres Films vom Marsch nach Hannover, *Die Herren machen das selber, daß ihnen der arme Mann feyndt wird/Gorleben 1977–1979* (1979), kreisen Polizeifahrzeuge durch die Landschaft, der Polizeistaat steht vor der Tür. In ihrem Film *Der Traum von einer Sache*

Strahlende Zukunft (Beyeler/Soschynski, 1979)

(1981) wird das Hüttendorf, genannt Freie Republik Wendland, für kurze Zeit Ort der Utopie, schließlich von der Polizei niedergerissen.

Einige Filme haben auch die Anstrengungen einzelner dokumentiert, die sich ohne Absicherung durch eine Gruppe gegen die atomare Bedrohung wehren. Der amerikanische Journalist und Filmemacher Paul Jacobs, an dem erwähnten Gefängnisfilm *The Jail* beteiligt, ist dem Schicksal der Menschen nachgegangen, die in den fünfziger Jahren Atomversuchen in der Wüste Nevadas ausgesetzt waren (*Paul Jacobs and the Nuclear Gang* von Jack Willis und Saul Landau 1979): Er ist selbst 1978 an Krebs gestorben, er war bei Recherchen extrem radioaktivem Material zu nahe gekommen. Der junge Amerikaner Samuel Holden Lovejoy sprengte am 22. Februar 1974 in Montague, Massachusetts, einen Meßturm, der die Voraussetzungen für ein Atomkraftwerk testen sollte. Lovejoy definierte seine Tat als zivilen Ungehorsam und wurde freigesprochen (*Lovejoy's Nuclear War,* Dan Keller, USA 1975).

Keiner dieser Streifen besticht durch eine besondere filmische Qualität, dennoch gehörten sie zu den wichtigsten der siebziger Jahre: Sie hatten eine Funktion, sie haben Menschen mobilisiert, in ihrem Widerstand bestärkt (auch Berichte von Niederlagen können ein trotziges «nun erst recht» auslösen). Es war auch konsequent, daß gerade bei diesem Thema frühzeitig Super-8-Filme (z. B. *Gösgen,* Filmkollektiv Zürich 1978) und Videobänder (z. B. von der Medienwerkstatt Freiburg) entstanden, die wesentlich billiger herzustellen sind als 16-mm-Filme, die das Medium demokratisieren.

Die Filmemacher haben sich auch bei diesem Thema nicht immer mit der reinen Beobachtung, der Voraussetzung jeglicher Information, begnügt. Nina Gladitz hat bei *Lieber heute aktiv* ihr Material in zwölf Kapitel, zwölf Lernschritte gegliedert; so ist ihr ein reflektierender Film gelungen, dem aber Kenner der Wyhler Verhältnisse vorwerfen, oft unpräzise in der Information zu sein und Konflikte innerhalb der AKW-Gegner unter den Tisch zu kehren[12]. Auch die wendländische Filmkooperative versucht in *Der Traum von einer Sache* poetische Verdichtungen, doch bleibt der Film zwischen Alltagsbeobachtung und Stilisierung oft unentschlossen stehen.

Die Gefahren, die von Nuklearkraftwerken drohen, haben die Augen geschärft auch für andere Umweltbelastungen, zum Beispiel die Vergiftungen von Seveso (*Das Leben nach der Wolke – Seveso,* Sabine Fröhlich 1980, eine Produktion der Münchener Hochschule für Fernsehen und Film), die Gefährdung von Arbeitern chemischer Betriebe (*Song of the Canary,* David Davis/Josh Hanig, 1979) oder die Zerstörung der Natur durch unnötige Großbauten wie die Startbahn 18 West in Frankfurt: Der Kampf dagegen ist festgehalten in einigen reportagehaften Kurzfilmen, die unter dem Titel *Keine Startbahn West/Trilogie des Widerstands* gesammelt sind (*Meint ihr, damit läßt sich der Fortschritt aufhalten,* 1979, *Bürger im Widerstand,* 1980, *Hessischer Herbst,* 1981, alle von Thomas Frickel, Gunter Oehme, Wolfgang Schneider). Eine erweiterte und aktualisierte Zusammenfassung vom selben Regieteam (verstärkt durch Regine Heuser, Rolf Silber, Michael Smeaton und Wilfried Voigt) kam 1982 heraus: *Keine Startbahn West – Eine Region wehrt sich.*

Auch die neue Jugendbewegung und ihre Filme sind von einer großen Sensibilität für die Zerstörung der Umwelt geprägt: Beton wird zum Schlüsselbegriff, Beton, der die Städte unbewohnbar macht und die Landschaft vernichtet.

Häuserkampf, Jugendprotest

Filme sind nicht nur Seismographen der Wirklichkeit, sie können auch Vorboten sein, können Menetekel an die Wand malen, wenn sie Probleme einer Gesellschaft, die auch anderswo drohen, aber dort noch nicht erkannt wurden, über das Ursprungsland hinaus bekanntmachen. Als zwei New Yorker Hausbesetzerfilme, *The Young Lords* und *Break and Enter*, beide 1971 von New York Newsreel gedreht, beim Forum des jungen Films 1972 in Berlin liefen, wirkten sie sehr exotisch, man nahm sie ernst nur als Filmform, als Gegenwochenschau, aber nicht in ihrem Inhalt. Ende des Jahrzehnts waren dann Hausbesetzungen in Berlin, in Amsterdam, aber auch in vielen Städten bis in die Provinz zu einem zentralen Thema geworden, die nun ihrerseits in Filmen dokumentiert, durch Filme propagiert wurden. Bei uns sind es allerdings andere Minderheiten, die Häuser besetzen, denn die Puertoricaner, deren Unterkünfte in New York wegsaniert wurden und die deshalb eine «Operation Move-In» organisierten, gleichen eher unseren Gastarbeitern. Während sich *Break and Enter* auf das Thema der Besetzung konzentriert, stellt *The Young Lords,* so nennt sich die Partei der Puertoricaner, die Wohnungsfrage in den größeren Zusammenhang des Selbstbehauptungskampfes einer Minderheit. Beide Filme mischen Beobachtung und Statement, sie springen unordentlich von Thema zu Thema. Dieser Spontaneität opfern sie manche Informationen, ihr verdanken sie aber auch ihre außerordentliche Lebendigkeit.

Der Kampf um eine menschenwürdige Wohnung ist damals überall geführt worden. Erinnert sei an Chile (*Casa o Mierda,* 1970), erwähnt sei Spanien (*El largo viaje hacia la ira/Der lange Weg zum Zorn,* Lorenzo Soler 1969, über andalusische Zuwanderer in Barcelona) oder Italien (*Lotta delle case/Häuserkämpfe,* Cinema Militante di Milano 1972). In der Schweiz diskutierten Hans und Nina Stürm im Film *Zur Wohnungsfrage* 1972, Friedrich Engels Aufsatz aus dem Jahre 1872 aufgreifend, an Beispielen aus dem Berliner Märkischen Viertel, aus dem Ruhrgebiet und der Schweiz selbst, die Wohnungsprobleme der Unterschicht; Erich Langjahr beobachtete 1973/74 die Besetzung leerstehender Häuser in Zürich und die Vertreibung der Besetzer und den Abriß der Häuser (*Sieg der Ordnung,* 1976).

Auch in der Bundesrepublik entstanden um 1970 die ersten Filme zum Thema Wohnen. Im Märkischen Viertel drehte Max Willutzki zwischen 1969 und 1972 zusammen mit anderen Filmemachern und Bewohnern des Neubauviertels sieben, meist kurze *Kinogramme;* Thomas Hartwig und Jean-Francois la Moign stellten einen abendfüllenden Film her, *Wir wollen Blumen und Märchen bauen* (1970), 1973 folgte Willutzkis *Der lange Jammer,* eine Mischung aus Spiel- und Dokumentarfilm. Die Unwirtlichkeit dieser Betonwüste im Norden Berlins und die Geschäftspraktiken der Wohnbaugesellschaften, die ständig die Mieten in die Höhe treiben, sind die Angriffspunkte in diesen Filmen. Die Dokumentaristen wohnten selbst im Märkischen Viertel, sie verhandelten also auch ihre Sache; Probleme gab es, wenn sie mit ihren Filmen überregionalen Erfolg hatten, sich also von ihrer Basis zu lösen begannen wie Willutzki nach dem *Langen Jammer*[13].

Ein zweites Zentrum des Wohnungskampfes wurde das Ruhrgebiet: Dort sollten alte Arbeitersiedlungen abgerissen werden und neuen Wohnblocks weichen. Bürgerinitiativen setzten sich zur Wehr, sie wollten den billigen Wohnraum erhalten, vor allem aber eine Wohnform, die der Kommunikation zwischen den Nachbarn förderlich ist, während die Hochhäuser den Kontakt zwischen den Menschen zerstören. In *Flöz Dickebank/Wir sind mittlerweile wachgeworden* (1975) lassen Johannes Flütsch, Klaus Helle und Marlis Kallweit Menschen aus dieser Arbeitersiedlung in Gelsenkirchen von ihrem Kampf gegen Spekulanten und Behörden berichten. In *Gegen Spekulanten* (1978) von Klaus Helle, Florence Kraak und Bernd Segin werden Querverbindungen zwischen Bürgerinitiativen verschiedener Art erkennbar: «Das wird noch doller, das wird genau wie in Wyhl. Da könnt ihr euch drauf verlassen. Die ganze Siedlung geht auf die Barrikaden», sagt eine Frau bei einem Straßenfest zu Beginn des Films.

Alle diese Filme aus verschiedenen Ländern zeugen von einem Bündnis: zwischen jungen Filmemachern, oft noch Studenten, und ganz normalen Bürgern von jung bis alt, die durch die Bauspekulation zu für sie vorher undenkbaren Handlungen getrieben werden. Alle Filme, wie die Bürgerinitiativen selbst, kämpfen für einzelne Häuser, Straßen, eine Siedlung oder einen Stadtteil. Im Gegensatz zu den politischen Filmen der späten sechziger Jahre mit ihren oft globalen Denkmodellen entwickeln diese Filme ihre Verallgemeinerungen aus der Beobachtung konkreter Details. Das gilt auch für *. . . und wenn wir nicht wollen? Oder: wer saniert hier wen?* (1981) von Udo Radek und Lothar Woite, zwei Architekten, die als Amateure einen gar nicht so unbeholfenen, vor allem aber sachkundigen Film über die Sanierungen in Berlin-Kreuzberg, speziell am Chamissoplatz gedreht haben, keinen Film über Instandbesetzer, aber einen, der ihnen Argumente liefert.

Wenige Wochen später, im Frühsommer 1981, hatte dann jener Film Premiere, der das eingegrenzte Thema Wohnen ins allgemeine Thema «alternatives Leben» überführte, *Schade, daß Beton nicht brennt* (1981) von der Gruppe Novemberfilm. Hier geht es nicht mehr nur um die Rettung und Instandsetzung von billigem Wohnraum, hier wird gefordert: ein

... und wenn wir nicht wollen? Oder: wer saniert hier wen? (Radek/Woite, Westberlin 1981)

Freiraum, der ein eigenes, von den Zwängen der Gesellschaft unabhängiges Leben ermöglicht. Beobachtet wird im Winter 1980/81 die Geschichte der Hausbesetzungen in Berlin und die Reaktion der offiziellen Politik darauf. Geplant war eine Dokumentation des Alltags der Besetzer (reparieren, zusammen leben, essen, träumen); das leistet der Film auch auf weite Strecken; er wird aber in seiner zweiten Hälfte immer mehr zur Chronik einer Eskalation. Einer Räumung, der oft gleich der Abriß folgt, antwortet eine Demonstration, die Demonstration wird niedergeknüppelt, Schaufenster gehen zu Bruch, eine neue Räumung, verschärfte Wut, Hausbesetzer werden der Bildung einer kriminellen Vereinigung bezichtigt – politische Lösungsmöglichkeiten scheinen in weite Ferne zu rücken. In den Häusern werden Nachtwachen eingerichtet, Kuriere sind mit Autos unterwegs, um Ansammlungen von «Bullen» zu melden, und ein Mädchen erzählt von ihrem Traum, daß das Haus schließlich von den Amerikanern geräumt wird, den eigentlich Mächtigen in Westberlin.

Innerhalb der Jugendbewegung ist dieser Film, der in 16 mm und für Kino gedreht wurde, eher eine Ausnahme, sonst hat sich die Bewegung vor allem in Video und Super-8 geäußert und damit auch neue Vertriebsformen kreiert (siehe Kapitel 11). Dennoch war *Schade, daß Beton nicht brennt* wichtig, denn abgesehen von der Filmfassung des Videobandes von *Züri brännt* (Videoladen Zürich 1980) war dies der einzige Streifen, der eine größere Öffentlichkeit erreichte.

Exkurs: ČSSR 1968, Polen 1980/81

Politische Filme, wie sie hier definiert sind, wie sie in diesem Kapitel beschrieben werden, Filme der Opposition, gedreht für Kampagnen, sind in den sozialistischen Ländern im Prinzip nicht denkbar. Wenn dort Kritik geübt wird, etwa in der *Wittstock*-Tetralogie von Volker Koepp (DDR), ist sie eingebunden in einen gesellschaftlichen Konsensus, sie mag bei manchen Funktionären verärgern, die Ziele der Filmemacher weisen letztlich doch in dieselbe Richtung wie die Grundsätze und Planungen der Politik. Wenn Filme tatsächlich Tabus verletzen, erblicken sie kaum das Licht der Öffentlichkeit, können also auch nicht Gegenstand kritischer Erörterungen sein, höchstens Anlaß für Spekulationen.

Zweimal aber ist diese Grundregel durchbrochen worden: im sogenannten Prager Frühling 1968 und zur Zeit der Entstehung und vorläufigen Durchsetzung der Gewerkschaft Solidarität in Polen vom August 1980 bis zum Dezember 1981. In beiden Fällen war es allerdings so, daß die Gesellschaft insgesamt in Bewegung geriet, daß Reformen nicht von Außenseitern gefordert wurden, sondern von fast der gesamten politischen Führung (in der ČSSR) oder zumindest von der Gewerkschaft und einem Teil der Politiker (in Polen), daß das Volk in seiner großen Mehrheit hinter den Neuerungen stand. Für die Politik bedeutete das unter anderem, Entscheidungsprozesse durchsichtig zu machen.

Es ist kein Zufall, daß der jeweils wichtigste Film von 1968 und 1980 genau dies zeigt, die Abkehr von einer Politik, die hinter geschlossenen Türen ausgehandelt wird. *Sprizneni volbou* (*Wahlverwandtschaften*) von Karel Vachek (1968) berichtet mit virtuoser Direct-Cinema-Technik von den Vorbereitungen der Präsidentschaftswahl in der ČSSR im Frühjahr 1968, die Reportage konzentriert sich dabei auf die zweite Märzhälfte. *Robotnicy '80* (*Arbeiter '80*) von Andrzej Chodakowski und Andrzej Zajaczkowski (1980) verfolgt die Verhandlungen zwischen dem Streikkomitee unter Lech Walesa und der Regierungsdelegation unter Jagielski in der zweiten Streikwoche auf der Danziger Lenin-Werft Ende August 1980.

«Bis zum Frühjahr 1968», schrieb Steffen Wolf[14], «hatte es nicht ein einziges sozialistisches Land gegeben, in dem Film-Dokumentaristen ohne äußere Einflußnahme oder Bevormundung an nichtöffentlichen Sitzungen, Arbeiterkonferenzen oder anderen Spitzengesprächen teilnehmen konnten.» Und für Peter H. Schröder riefen die in *Wahlverwandtschaften* gezeigten Gespräche zwischen den Reformpolitikern Smyrkovsky, Sik oder Dubcek den einer Familiarität hervor, «jener Familiarität, wie sie – für kurze Zeit nur, wie wir wissen – zwischen Beherrschten und Herrschenden waltete».[15] Die Politiker (und damit auch die Filmemacher) «nehmen einen Zustand von sozialistischer Demokratie vorweg, wie sie – vielleicht mit Ausnahme Cubas – nirgends im kommunistischen Lager intendiert worden war» (Schröder). Das könnte auch für *Arbeiter '80* gesagt sein, und der Satz Smyrkovskis: «Es ist ein großes Kapital, daß eine sozialistische Gesellschaft ihre Sache selbst in die Hand nimmt», gilt auch für die Verhandlungen auf der Lenin-Werft. In dem Film aus Gdansk überwältigt gerade diese Fähigkeit der Arbeiter und Politiker, miteinander offen und vorbehaltlos zu diskutieren. Daß beide Filme Redefilme sind, stört, weil wirklich etwas gesagt wird, überhaupt nicht – im Gegenteil, jedes Mehr an Gestaltung, etwa durch einen interpretierenden Kommentar, würde die Glaubwürdigkeit dieser Filme mindern. Die Direct-Cinema-Methode erweist sich hier noch einmal als demokratisches Verfahren: Auch der Zuschauer wird als Partner ernst genommen, er wird nicht gegängelt (abgesehen von den Raffungen, die aus zeitlichen Gründen nötig sind, *Wahlverwandtschaften* dauert 60 Minuten, *Arbeiter '80* 92 Minuten), er muß sich aus den Beobachtungen selbst eine Meinung zusammensetzen. Die polnischen Behörden haben die Sprengkraft dieser Methode erkannt: *Arbeiter '80* durfte nur ohne Ankündigung des Titels in den Kinos laufen, trotzdem haben etwa fünf Millionen Polen den Film in halboffiziellen Aufführungen gesehen.

Der Prager Frühling und die Gewerkschaftsbewegung in Polen waren das Ergebnis längerer Entwicklungsprozesse, die auch in Filmen sichtbar wurden. Der tschechoslowakische Film Mitte der sechziger Jahre, vor allem in Spielfilmen von Chytilová, Menzel, Schorm, Forman und anderen, der polnische, Ende der siebziger Jahre, nicht nur bei Wajda, sondern auch bei Kieslowski, Krauze, Falk oder Agnieszka Holland, überzeugten durch große Offenheit in der Themenwahl und stilistische Vielfalt. In Polen kamen einige dieser Arbeiten erst 1981 ins Kino; allein sieben vorher verbotene Spielfilme aus den Jahren 1967 (*Hands Up* von Skolimowski) bis 1978 liefen beim Nationalen Spielfilmfestival in Gdansk im Herbst 1981. Gleiches gilt für Dokumentarfilme, die im Juni 1981 in Krakau und zum Teil schon vorher in Oberhausen gezeigt wurden[16].

Bei den Dokumentarfilmen hatte in der ČSSR am deutlichsten Jan Spáta in dem Enquete-Film *Njevetsi Prani* (*Der größte Wunsch*) 1966 die Tendenzen des Jahres 1968 vorweggenommen: Jugendliche äußern sich ohne Scheu über ihre Lebenserwartungen, der Sozialismus spielt dabei kaum eine Rolle, dagegen wünscht man sich Reisen, beruflichen Erfolg, Liebe, auch Geld – die Wünsche sind in der Regel sehr unpolitisch, eine Antwort auf die Politik der ČSSR in jenen Jahren. Die letzte Einstellung zeigt das leere Stalindenkmal über der Moldau, das schon in Pavel Juráceks Kurzspielfilm *Josef Kilian* (1963) eine Rolle gespielt hatte.

Im polnischen Dokumentarfilm haben sich Ende der siebziger Jahre die kritischen Tendenzen, die schon in Kapitel 4 erwähnt wurden, noch verstärkt. In *Stolarz* (*Der Tischler*), 1976 gedreht, 1980 freigegeben, wird in symbolischer Verdichtung ein proletarischer polnischer Lebenslauf gezeigt; sein Regisseur Wojciech Wiszniewski, eine große Begabung, ist 1981, erst 34 Jahre alt, gestorben. Der Sargtischler ist ein polnischer Schwejk; wenn er plaudernd mitteilt, er habe den Sowieso überlebt, sieht man ein riesiges Stalinplakat mit Trauerflor.

In *Robotnice* (*Arbeiterinnen*) von Irena Kamieńska (1979) sprechen Frauen in einer Spinnerei so unverblümt von den erbärmlichen Arbeitsbedingungen, daß der Film zu einem Plädoyer für Solidarność wird, ohne daß die Forderung nach einer Gewerkschaft ausdrücklich gestellt würde. In zahlreichen Filmen der Jahre 1980 und 1981 werden die in *Arbeiter '80* formulierten Themen weiter aufgefächert: In *Godziny Szczytu* (*Stoßzeiten*) zeigen L. Klimas und J. Kwiek den Streik in einer Warschauer Gießerei, der das Ziel hat, auch dort die Gewerkschaft Solidarität durchzusetzen; in *Pierwszy egzamin* (*Die erste Prüfung*) berichtet Krzysztof Wierzbicki von der Entstehung des unabhängigen Studentenverbandes. Diese formal einfachen Direct-Cinema-Reportagen scherten sich nicht um jene Tabus, die vorher bei vielen Themen den polnischen Dokumentarfilm bestimmten – *Scinki 1970–1981* (*Filmreste*) heißt der Film des Fernsehcutters Zygmunt Dus, der über Jahre heimlich zensierte Passagen aus Filmen sammelte und nun zu einem Kurzfilm montierte: «In einer Sequenz z. B. wiederholt eine Arbeiterin für den Fernsehreporter so lange ihr Tun und Sprechen, bis sie, ermüdet und resigniert, der Kamera willig das präsentiert, was von ihr als vorbildlicher Bandarbeiterin zu sehen, zu hören erwartet wird», berichtet Peter Heller.[17]

Mit dem 21. August 1968 ging nicht nur das politische Experiment Prager Frühling zu Ende, sondern (als kleine Nebenerscheinung) auch die Blütezeit des tschechoslowakischen Films – viele Regisseure emigrierten. Der 13. Dezember 1981 dürfte eine ähnliche Wirkung für den polnischen Film haben.

Anmerkungen

1 Selbstdarstellung von Cinelutte, Cahiers du Cinéma, Nr. 250, deutsch in DFFB-Info, Berlin, Nr. 38, Dezember 1974, grüne Seiten 1 ff.

2 Zit. nach Internationales Forum des jungen Films, Berlin, 1976, Informationsblatt Nr. 18.

3 Zit. nach Möglichkeiten des Dokumentarfilms, Westdeutsche Kurzfilmtage, Oberhausen 1979, S. 127.

4 Simon Hartog, zit. nach Forum 1972, Infoblatt 27.

5 Simon Hartog, a. a. O.

6 Mitteilung von Karl Saurer in der Kritik des Films, Oberhausen, Bericht 1975, S. 137 ff.

7 Zit. nach Forum 1977, Infoblatt 19.

8 Alan Rosenthal, The Documentary Conscience, Berkeley 1980, S. 9.

9 Bei Rosenthal, a. a. O., S. 369; in diesem Band auch ausführliche Interviews mit Barbara Kopple, Julia Reichert und James Klein, Amalia Rothschild.

10 Film, Velber, Nr. 6/1969, S. 14.

11 Zit. nach Rosenthal, a. a. O., S. 345.

12 Siehe L. Mez/K. Tempel, Atomenergie im Film, Berlin 1977, S. 82 ff. Positiv äußerte sich zum Film Klaus Kreimeier, Kämpfende Kunst, Nr. 3/1977, abgedruckt in Filmkatalog 1980 der Verleihgenossenschaft, München, Abschnitt A 1.

13 Siehe Michael Drechsler, Selbstorganisierte Medienarbeit in basisdemokratischen Intitiativen. Die Filmprojekte im Märkischen Viertel Berlin, Berlin 1980.

14 Oberhausen, Bericht 1969, S. 31.

15 Oberhausen, Bericht 1969, S. 30.

16 Über Gdansk siehe Horst Dieter Sihler, epd Kirche und Film, Frankfurt a. M., Nr. 10/1981; über Krakau siehe Peter Heller, medium, Frankfurt a. M., Nr. 7/1981.

17 Peter Heller, a. a. O., S. 17.

Wir Bergler in den Bergen sind eigentlich nicht schuld, daß wir da sind (Fredi M. Murer, Schweiz 1974)

6. Regionalismus der siebziger Jahre

Viele wichtige Dokumentaristen – zum Beispiel Joris Ivens – waren ihr ganzes Leben auf Reisen. Sie waren, unabhängig von ihrer Drehmethode, immer auch Reporter, getrieben von ihrer politischen Überzeugung und von Aufträgen – im Idealfall kam es zur Deckung. Daneben gab es in bestimmten Epochen der Dokumentarfilmentwicklung Regisseure, die sich in einem eng begrenzten Raum bewegten, zum Beispiel die Filmemacher im England der dreißiger und vierziger Jahre, im Polen der sechziger und siebziger Jahre. Diese englische und polnische Dokumentarfilmschule, gesichert durch halbstaatliche oder staatliche Aufträge, war Ausdruck einer nationalen Identität oder der Suche nach ihr.

Die regionale Filmarbeit wurde in den siebziger Jahren für die Filmemacher zunehmend attraktiv. Das hat, so scheint mir, zwei Ursachen, die miteinander verbunden sind. Erstens: Man will gründlicher arbeiten, will die Leute, mit denen man die Filme macht, genauer kennenlernen, man will nicht bei der Gegenwart stehenbleiben, sondern die Geschichte als Voraussetzung des Heute miteinbeziehen. Zweitens: Man will nicht gezwungen sein, die Ergebnisse dieser längeren Beschäftigung mit einer Region in einen einzigen, womöglich noch vom Fernsehen in der Länge genormten Film zu zwängen. Man will statt dessen Filme verschiedener Machart und Länge – vielleicht auch Aktualität – drehen, sie zu einem Zyklus zusammenfassen.

Auch Reisedokumentaristen – Beispiel Joris Ivens in China – können genaue und ergiebige Einblicke in das Leben einer Region gewinnen. Begabung und Seßhaftigkeit müssen nicht identisch sein. Ein intensives Eingehen auf ein Thema, eine enge Wechselbeziehung zwischen Thema und Form, setzt im Idealfall aber doch voraus, daß man in der Region wohnt und arbeitet, über die man Filme dreht.

Die Filmemacher entdecken dabei die Landschaft, in der sie leben, das Dorf oder die Stadt – ja sogar eine Straße oder ein einzelnes Haus kann zum Thema werden. Hier liegt die politische Wurzel für das immer stärker werdende Interesse der Filmemacher für ihre Region: Menschen verteidigen ihre Siedlung gegen den Abriß, sie wollen ihren Fluß vor einem Atomkraftwerk, ihren Wald vor einem «Zwischenlager» oder einer Startbahn schützen, und die Filmemacher begleiten diesen Kampf, gehören in der Regel selbst zur Bürgerinitiative. Aber auch da, wo die Filmarbeit nicht direkt politisch motiviert ist, etwa bei dem Amerikaner Les Blank, bei dem Schweizer Luc Yersin oder bei Volker Koepp in der DDR, geht es darum, gewachsene Traditionen in Erinnerung zu halten, darauf aufmerksam zu machen, daß hier Berufe aussterben, Sitten und Gebräuche in Vergessenheit geraten, daß Landschaften langsam zerstört werden, daß – dies vor allem – eine bestimmte Art zu leben verlorengeht, ein Lebensrhythmus, der jahrhundertelang prägend war. Man übersieht nicht die Unterdrückung in der Vergangenheit, aber man entdeckt Werte, die Bestand haben sollten.

Auch dies sind also politische Filme, «grüne» Filme, wenn man so will. Dabei kommt es zu Umwertungen, die noch vor zehn oder fünfzehn Jahren absurd erschienen wären: Bergarbeitersiedlungen im Ruhrgebiet, hundert Jahre alt, werden nun Neubaublocks vorgezogen. Auch Städte, Stadtteile, der «Kiez», können zur Heimat werden, und Filme darüber gehören deshalb auch in dieses Kapitel. (Die Übergänge vom Kapitel 5 her sind fließend.)

Filme ethnischer Minderheiten

Besonders intensiv ist die Suche nach der eigenen Identität in Regionen und Provinzen, in denen ethnische und sprachliche Minderheiten leben, sich als Außenseiter fühlen. Das gilt zum Beispiel für die Bretonen in Frankreich, die Basken in Spanien (und Frankreich), die Tessiner in der Schweiz oder, auch wenn der Fall da etwas anders liegt, für die Sorben in der DDR.

Besonders gut organisiert ist die Filmarbeit in der Bretagne. Dort haben sich Filmemacher 1970 zur «Unité de Production Cinéma Bretagne» (U.P.C.B.) zusammengeschlossen, unter ihnen René Vautier (geboren 1928), der in den fünfziger und sechziger Jahren durch einige Filme in Algerien bekannt wurde. 1975 dreht er zusammen mit Nicole Le Garrec den zweieinhalbstündigen Dokumentarfilm *Quand tu disais Valery*, die Chronik des vergeblichen Kampfes der Arbeiter von Semm-Sotrimec in Trignac in der Bretagne gegen die Schließung ihres Betriebes. Der Unternehmer, ein Abschreibungsspezialist, setzt sich aus der Provinz ab, die Belegschaft bleibt ohne Arbeit zurück. Die erbärmliche Lage der bretonischen Landbevölkerung hat Philippe Cassard 1972 in *Ti – Pri* (*Die Lehmhütte*) im Bild festgehalten. In bretonischer Sprache, die aus dem Keltischen hervorging, berichtet ein Bauernehepaar über die Ausbeutung der Region durch Zentralfrankreich: Nur sie, die Alten, sind noch geblieben, sie verwalten Land, das Besitzern in der Stadt gehört. Die kleinen Bauern wurden verdrängt: nach dem Brüsseler Subventionsmodell wird der bevorzugt, der eine größere Menge liefert. Der ruhige, in langen Einstellungen gedrehte, mit Beethovens 6. Sinfonie unterlegte Film, der für seine Sache auf einfache Weise agitiert, war in Frankreich verboten, konnte aber 1973 in Oberhausen laufen. Auch sonst hatten die bretonischen Filmemacher mit der Zensur zu tun: Dagegen ist René Vautier 1973 für 31 Tage in einen Hungerstreik getreten – mit Erfolg: Die Zensurbehörde hat von da an auf Maßnahmen verzichtet.

Schwieriger noch ist der Selbstbehauptungskampf der baskischen Filmemacher. Auch nach der Franco-Ära, in der ihre Kultur 40 Jahre lang unterdrückt war, stehen sie vor großen Problemen: Es gibt keine baskische Filmtradition, keine baskische Filmindustrie; zudem müssen sich die Regisseure – wie anderswo – von internationalen Filmstandards emanzipieren, eine schwierige Aufgabe für Filmemacher, die ein regional-eigenständiges Idiom suchen. Ansätze fand Klaus Kreimeier beim Festival von Bilbao im Dezember 1981: Er konstatiert eine «Verbundenheit mit der Natur der Heimat, mit der Mühsal archaischer Arbeitsformen und mit den Menschen, die sich wie vor Jahrhunderten mit der Erde, den Wäldern und den Elementen plagen».[1] Als Beispiele nennt er *Nafarrako Ikaskiñak* (*Die Köhler von Navarra*) von Montxo Armendáriz, einen Film über die letzten Kohlenmeiler, *Oinkadak Denboran* (*Schritte in die Zeit*) von Imanol Méndez, ein «8-Minuten-Triptychon, das, nur in Bildern, den Eingriff der Industrie in den Naturzustand und die Apokalypse der Industrie in der globalen Katastrophe beschwört: ein kommentarloser Agitationsfilm von grandioser Pathetik».

Im Tessin, wo die Eigenständigkeit vor allem durch den Tourismus bedroht ist, haben Remo Legnazzi, Villi Herman und Giovanni Doffini regionale, nicht im Folkloristischen stehenbleibende Filme gedreht. Legnazzi schuf 1978 mit *Chronik von Prugiasco* die Langzeitbeobachtung eines Tessiner Bergdorfes, Herman drehte die Dokumentarfilme *24 su 24* (1970), in denen es um Schmuggler und Grenzwächter geht, *Cerchiamo per subito operai, offriamo ...* (*Arbeitskräfte gesucht, wir bieten ...*, 1974), der von Grenzgängern handelt, die täglich zwischen Italien und der Schweiz pendeln, und die Spielfilme *San Gottardo* (1977) über den Bau der Sankt-Gotthardbahn (mit Dokumentarsequenzen) und *Matlosa* (1981), der von der Suche eines kleinen Angestellten nach Kindheit und tessinischer Identität erzählt[2]. Doffini setzte dem Haus, in dem sein Vater 50 Jahre gelebt hat, bevor ihm von einer Kapitalgesellschaft gekündigt wurde, ein Denkmal (*Uramai*, 1980).

Eine Geschichte des Films ethnischer Minderheiten ließe sich nur schreiben unter Berücksichtigung des Spielfilms; auch bei den Dokumentarfilmen findet man häufig Mischformen, die Einbeziehung der Landschaft und kultureller Traditionen wie Musik und Literatur fordern solche «unreinen» Formen geradezu heraus. Die sorbischen, allerdings in deutscher Sprache gedrehten Filme von Konrad Herrmann sind dafür schöne Beispiele: *Struga – Bilder einer Landschaft* (1972) kombiniert Bilder sorbischer Kultur und Folklore mit Aufnahmen aus dem Kohlentagebau in der Lausitz, der die Landschaft notwendigerweise beschädigt. Die Dialektik zwischen Zerstörung und Erneuerung bestimmt den Film, der dokumentarische und inszenierte Bilder mischt, eine «ungewohnte, überhöhte, symbolhafte und sehr emotionale Sprache» spricht[3]. *Kontinent Hoffnung* (1979) erinnert auf ähnliche Weise an den sorbischen Künstler Heinrich Theodor Wehle, der von 1778 bis 1804 gelebt hat.

Der sorbische Film unterscheidet sich von den anderen bisher genannten regionalen Filmproduktionen, er opponiert nicht gegen den Staat, sondern entsteht im Einklang mit ihm: Schon 1949, im Jahr der Gründung der DDR, ist das «Gesetz zur Wahrung der Rechte der sorbischen Bevölkerung» erlassen worden. Eine Produktionsgruppe für sorbische Filme gibt es seit 1971, ein eigenes sorbisches Filmstudio seit 1980. Trotzdem sind diese Filme auch für die DDR eine Herausforderung. Sie wenden sich gegen eine «einseitige Zentralisierung» der Kultur, sie meinen, daß man für bewahrenswerte Traditionen «etwas tun muß, und sie entdecken Folklore als aufhebenswert – nicht nur für Museen, sondern auch für den Hausgebrauch junger Leute»[4] (Rother).

Andere regionale Filmproduktionen, die an dieser Stelle zu nennen wären, etwa die slowakische oder die der verschiedenen Sowjetrepubliken, können hier nicht behandelt werden: Es ist im Westen kaum möglich, einen Überblick über sie zu gewinnen, zudem scheinen die Spielfilme zu dominieren. In Kanada plädiert etwa die Hälfte der Filmproduktion, die der französisch sprechenden Provinz Quebec, für eine kulturelle, zum Teil auch politische Autonomie. Prägnant formuliert wurde dieser Anspruch vor allem in den frankokanadischen Direct-Cinema-Filmen (siehe Kapitel 1).

Der ethnographische Film in Europa

Auch Filme, die nicht von einer ethnischen Minderheit getragen sind, haben sich immer wieder erhaltenswerter oder aussterbender Traditionen angenommen, haben die teilnehmende Beobachtung, die den ethnographischen Film auszeichnet, auch auf Themen in Europa angewandt.

Oft ist es die Zerstörung der Landschaft, die die Zerstörung der Kultur nach sich zieht. In *Vilarinho das Furnas* (1971) muß das Dorf gleichen Namens in der nordostportugiesischen Provinz Trás-os-Montes einem Stausee weichen. Der Regiekameramann Antonio Campos (geboren 1922) hat die letzten 18

Monate im Dorf verbracht, er zeigt die letzten Arbeiten, die letzte Ernte, die letzte Prozession, die letzten Gottesdienste. Die Dorfbewohner, die in einer geradezu archaischen Gemeinschaft leben (wer gegen die Gesetze verstößt, wird ausgestoßen), haben Campos kaum akzeptiert. Nur einer, der alte, zahnlose Manuel Hanibal, stellte sich der Kamera für ein langes Gespräch, ihm verdankt der Film viele der Informationen. Campos hat einen ganz ungeglätteten Film gemacht. Oft springt die Kamera aus der Totale in eine Detailaufnahme oder umgekehrt. Dieser Verzicht auf alle Konventionen gibt *Vilarinho das Furnas* eine rauhe Schönheit. Schon ein Jahrzehnt vorher hat Campos einen noch stummen Film über Thunfischer gedreht, *Almadraba Atuneira* (1959).

Campos beschreibt in *Vilarinho* gewiß ein extremes Gesellschaftsmodell; trotzdem lassen sich Gemeinsamkeiten feststellen zwischen einem Dorf in der Bretagne, bei den Basken, in Portugal oder in Südtirol: «Es ist diese grenzenlose, vornationale und vorindustrielle bäuerliche Welt, die bis vor wenigen Jahren überlebt hat, der ich nachtrauere» – mit diesem Pasolini-Zitat endet Joseph Schwellensattls Film *Der Kumpf* (1980), eine Produktion der Münchener Hochschule für Fernsehen und Film. Schwellensattl, geboren 1954, vergegenwärtigt *Ein Jahr mit den Bergbauern am Waldberg* (so der Untertitel) in Südtirol. Zuerst wollte er auch eine der üblichen kritischen Fernsehdokumentationen machen, doch dann entdeckte er sein eigentliches Interesse: «In Wirklichkeit wollte ich das Märchen erzählen, das meine Kindheit war, mir wollte ich es erzählen und damit erhalten.»[5] Wenn das zusammenkommt, Kenntnis der Menschen und der Landschaft, Liebe zu ihnen, dann können Filme entstehen, die im Blick nach rückwärts noch einmal die Utopie entfalten. Filme wie *Der Kumpf* oder die Musikfilme von Les Blank, die dennoch das harte Leben nicht romantisieren, aber spürbar machen, daß das, was bevorsteht, die Mechanisierung der Arbeit, die Zerstörung der eigenen Kultur, nicht zuletzt durch den Tourismus, schlimmer ist als die Armut der Vergangenheit.

Auch in der Bundesrepublik sind seit Ende der siebziger Jahre einige Dokumentaristen diesen Fragen nachgegangen. Dietrich Schubert hat sich dreimal mit der Eifel beschäftigt: *Kronenberg, das stirbt ja doch* (1980) untersucht Probleme des Tourismus, *365 Tage im Jahr* (1980) stellt einen typischen Tagesablauf in einer Nebenerwerbslandwirtschaft vor, *So wie uns geht es tausend anderen* (1981) beobachtet die Situation der Pendler. Schubert macht die Konflikte deutlich: Eine Landschaft, in der zu leben sich lohnt (auch Schubert verbringt einen Teil des Jahres in der Eifel), ist zugleich eine Landschaft, die nicht mehr allen Arbeit geben kann. Am Beispiel einer Familie, die in der Eifel jahrhundertelang einen Hof betrieben hat, zeigt auch Thomas Giefer dieses Dilemma, in *Kellershof – Vom Ende einer Landwirtschaft* (1980). Der Staat zahlt Überbrückungshilfe nur, wenn der Betrieb modernisiert und vergrößert wird, die Kleinen sind zum Aussterben verurteilt. Peter Schubert und Maximiliane Mainka haben schwäbische Sprichwörter als Ausgangspunkt genommen für eine Filmcollage über Baden-Württemberg in der Art Alexander Kluges (*Klarem Himmel und lachendem Herrn ist nicht zu traun*, 1980). Edgar Reitz hat als Vorarbeit für eine längere Fernsehserie 1980 *Geschichten aus den Hunsrückdörfern* gedreht, einen Zwei-Stunden-Film, der noch einmal Landschaft und Tradition beschwört und deren allmähliche Zerstörung zeigt, zum Beispiel durch einen US-Militärflughafen.

Am systematischsten sind ethnographische Filme in der Schweiz hergestellt worden. Dabei ist sehr gut zu beobachten, wie aus dem zunächst volkskundlich-wissenschaftlichen Interesse bei den Filmemachern allmählich ein persönliches und politisches wird. Auftraggeber war ab Mitte der sechziger Jahre die Schweizerische Gesellschaft für Volkskunde in Basel, sie wollte aussterbende Berufe noch einmal im Bild festgehalten haben.

Yves Yersin (geboren 1942) hat von 1965 bis 1972 vierzehn dieser meist mittellangen und stummen Filme gedreht, einen machte Claude Champion (geboren 1942); die Beschäftigung mit diesem Thema hat beide einige Jahre später zu Filmen angeregt, die zu den Hauptwerken des Dokumentarfilms in den siebziger Jahren gehören, Champion zu *Le moulin Déveley sis à Quielle* (1971) und Yersin zu den *Letzten Heimposamentern* (1973).

Der Kontakt zwischen der Gesellschaft für Volkskunde und Yersin kam 1965 zustande bei *Le panier à viande*, einem kurzen Film über einen Schlachttag auf einem waadtländischen Bauernhof, den Yersin zusammen mit Jacqueline Veuve, einer Jean-Rouch-Schülerin, gedreht hat. Einen Parallelfilm machten einige Jahre später Jean Eustache und Jean-Michel Barjol: In 50 Minuten zeigen sie ohne Effekthascherei, wie in einem winterlichen Cévennendorf ein Schwein geschlachtet und verarbeitet wird (*Le Cochon*, 1970): Eustache: «Ich habe eine gleichbleibende Strenge und Kargheit gewählt. Man soll nicht einem Ereignis etwas anderes unterlegen, einzig das, was es selbst sagt.»[6]

Die Filme, die Yersin in den folgenden Jahren drehte, zeichnen sich durch eine große handwerkliche Sorgfalt aus, durch eine genaue, nie aufdringliche Kamera, durch einen Sinn für Zeitabläufe, wenn nötig, auch für Räume. Besonders eindringlich zwei Filme aus dem Jahre 1970: *Alpkäserei im*

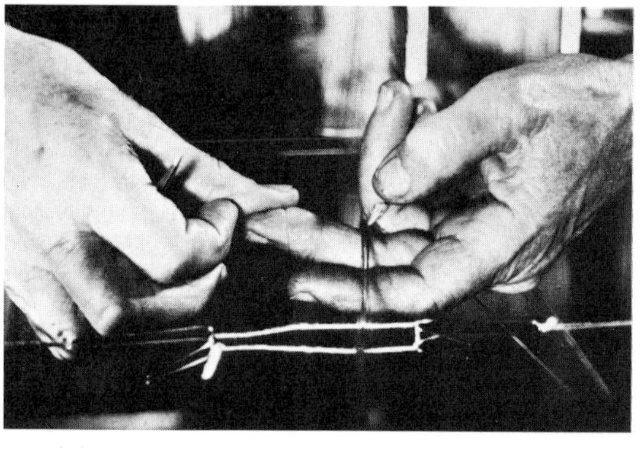

Die letzten Heimposamenter (Yersin/Winniger, 1973)

Jura und *Ein Gilsteinofen entsteht.* Der erste zeigt exemplarisch die Herstellung von Käse, vom Melken der Kühe bis zum Abtransport des fertigen Produkts. Spürbar wird: Das ist noch unentfremdete Arbeit. Im zweiten Film ist nur ein einziger Mann zu sehen, ein alter Ofenbauer. Fünfzig Minuten lang beobachtet man, wie er einen Stein aus dem Steinbruch holt, wie er ihn mit Säge und Meißel bearbeitet, ihn in die richtige Größe und Form bringt (es ist ein Eckstein), wie er ihn verziert. In den restlichen 38 Minuten wird man Zeuge, wie er den Ofen aus mehreren solchen Steinen zusammensetzt (dabei gibt es zeitraffende Überblendungen), wie er zuletzt ein Wappen und die Jahreszahl 1970 in einen der Steine schlägt. Ähnlich eindrucksvoll sind die kürzeren Filme *Les cloches de vaches* (1966, über das Gießen von Kuhglocken), *Chaines et clous* (1967, über die Herstellung von Ketten und Nägeln) oder Claude Champions *Der Tonschnitzer von Migola* (1968).

Diese Filme dürfen nicht als Zeugnisse der Nostalgie mißverstanden werden, dafür sind sie zu nüchtern und unspektakulär. Menschen und Gegenstände werden nicht zur Dekoration in einer malerischen Landschaft degradiert (wie das bis Mitte der sechziger Jahre im Schweizer Film oft geschah), sondern in ihrer Funktion erkennbar. Die Filme sind historische Dokumente, die noch einmal festhalten, was in einigen Jahrzehnten endgültig verloren sein dürfte. Die filmgeschichtliche Bedeutung der Serie, die in der Öffentlichkeit noch immer kaum bekannt ist, liegt aber in erster Linie darin, daß sie für die beteiligten Filmemacher Yersin und Champion zur Herausforderung wurde, auf dem eingeschlagenen Weg noch einen entscheidenden Schritt weiterzugehen, den Ursachen dieser Entwicklung nachzuspüren.

Notwendig dafür ist die Verwendung von Ton: Erst wenn die Menschen auch sprechen, können die Gründe des Wandels, der Zerstörung genannt werden, die Mechanisierung, die Industrialisierung, die Konzentration der Betriebe. Aus der unentfremdeten Arbeit wird entfremdete – der scheinbar nostalgische Rückblick der Filme erweist sich als Protest.

Claude Champion hat 1971 Louis Déveley in Quielle im Waadtländer Jura, dem letzten Müller der Region, Gelegenheit gegeben, noch einmal vorzuführen, wie er Mehl herstellt; wir beobachten ihn im Kreis der Familie am Mittagstisch, wir sehen, wie er an einigen Tagen der Woche als Kassierer am Schalter der Gemeindekasse von Vaulion sitzt. Am Ende erklärt er, daß der Ort in den letzten 50 Jahren zwei Drittel seiner Einwohner verloren hat, jetzt sind es noch 430 oder 440. Die Konzentration in Landwirtschaft und Industrie hat die Infrastruktur der Gegend zerstört. Der in langen, ruhigen, konzentrierten Einstellungen – die meisten Vorgänge dauern so lange wie in Wirklichkeit – gedrehte Einstundenfilm *Le moulin Déveley sis à Quielle* macht durch die Intensität seines Blicks den Verlust spürbar, der mit dem Fortschritt (oder «Fortschritt») verbunden ist.

Yersin hat die Beschränkungen der stummen Beobachtungsfilme erstmals in dem Film *Heimposamenterei* (1972) überwunden. In Ton gedreht, teils in Farbe, teils in Schwarzweiß, ist der 40-Minuten-Streifen in Ansätzen schon eine soziologische Studie: Untersucht wird vor allem das Visiteur-Prinzip, die Arbeit also der Männer, die die Seide bringen und später die fertigen Bänder abholen. Doch auch der Rahmen dieses Films war Yersin noch zu eng: Zusammen mit Edouard Winniger drehte er *Die letzten Heimposamenter* (1973, 105 Minuten), eine weit ausholende Recherche über eine aussterbende Arbeit, das Bandweben, und die Menschen, die diese Arbeit tun, ein Leben lang getan haben. Sichtbar und spürbar wird der Doppelcharakter dieser Tätigkeit: ihre Schönheit, aber auch die Abhängigkeit (von den Herren), die sie bewirkt. Die Interviewten, Leute von 70 oder 80 Jahren, werden vom Filmteam ganz ernst genommen, die Kamera läuft erst, wenn die Posamenter sich ihrer Sache sicher sind. Die Filmarbeit wird zum Katalysator: Diese alten Männer und Frauen, die stolz auf ihre Arbeit sind, sprechen plötzlich auch von ihrer Ausbeutung, von den Krisen ihres Berufs, daß sie, die Heimarbeiter, immer die ersten waren, die in Zeiten der Depression keine Aufträge mehr bekamen, daß sie die letzten ihres Berufs sind. Unentfremdete Arbeit kann gleichzeitig abhängige Arbeit sein. Diese Dialektik stellt der Film dar. Wie in *Le moulin Déveley,* wo die Kamera auf jede Aufdringlichkeit durch Bildausschnitt und Zoom verzichtet, muß auch hier der Betrachter den größten Teil der Erkenntnisarbeit selbst leisten. Die sehr bewußt gestaltete Montage (sie dauerte acht Monate, die Dreharbeiten für beide Posamenter-Filme zusammen nahmen nur 17 Tage in Anspruch) schafft vor allem ein sehr dichtes emotionales Erlebnis, auf jede didaktisch begründete Einengung des Zuschauerblicks verzichtet sie.

Der ethnographische Film in der Schweiz hat sich den verschiedensten Themen zugewandt: Richard Dindo porträtierte *Naive Maler in der Ostschweiz* (1973), Lucienne Lanaz in *Feu, fumée, saucisse* (1976) einen alten Mann im Jura, der Würste räuchert, Frédéric Gonseth in *La facture d'orgue* (1980) die Arbeit von Orgelbauern. Zum wichtigsten und schönsten Film neben denen von Champion und Yersin wurde aber Fredi M. Murers *Wir Bergler in den Bergen sind eigentlich nicht schuld, daß wir da sind* (1974), «ein Film mit Urnern in drei Sätzen», wie es im Vorspann heißt: «1. Göschener Tal: »Es muß eine ganz andere Änderung geben, im ganzen Dings da« – 2. Schächental: »Diese Kinder haben bereits die Leidenschaft vom Älplerwesen geerbt ... « – 3. Maderanertal: »Aber wir sagen uns manchmal hier oben, wir sind so Bürger 2. Klasse«.» Murer will diese Gliederung «wörtlich wie musikalisch» verstehen: «Sie, die Bergler stehen im Mittelpunkt des Films und ausschließlich sie haben das Wort. Der Film vermittelt also Rohmaterial, Informationen aus erster Hand.»[7] Auch Murer filmt einen Abschied: Die Arbeit in den Bergen, das Selbstverwaltungsmodell, das sich in Jahrhunderten ausgebildet hat, die Reste magischer Lebensformen, die die Existenz dieser Menschen an die Sagen der Urner Berge binden – das alles muß der Zivilisation weichen. Gotthardtunnel, Fremdenverkehr, Kraftwerkbau sind die äußeren Zeichen des Wandels. Murer beschwört ohne Nostalgie oder falsches Harmoniebedürfnis noch einmal die Schönheiten von gestern.

Topographie der DDR

Die jüngere Generation der DDR-Dokumentaristen, die nach 1960 zu filmen begann, hat sich, vor allem in den siebziger Jahren, zunehmend für die Kleinstadt und das Dorf interessiert, während die Großstadt als Thema eher zurücktrat. Natürlich hat es immer auch Berlin-Filme gegeben, die aber kaum die Hauptstadt als Ganzes porträtierten, sondern einzelne Straßen, Stadtteile, überschaubare, unverwechselbare Stadtlandschaften (Böttchers *Martha* spielt auf der Rummelsburger Kippe). Man zeigt, was man kennt, worauf man sich gründlich einlassen kann.

Unverkennbar aber der Zug aufs Land, bei Anfängern an der Filmhochschule und bei längst etablierten Regisseuren. So entstand eine Topographie der DDR, zunächst sicher ungeplant. Es gibt kaum mehr eine Landschaft, ob Ostsee, Mecklenburg oder Thüringen, die nicht in einem oder mehreren Filmen dargestellt wurde. Die Filmemacher leben zwar meist in Berlin, aber ihre Bindungen an Menschen und Landschaften der DDR sind so eng (die Entfernungen zudem so gering), daß die filmische Landkarte der DDR, die die Dokumentaristen allmählich herstellen, sehr persönlich geprägt ist: Ihre Filme schwärmen von der Kirchweih, vom Bierbrauen, sie porträtieren Dorfbürgermeisterinnen, Ausrufer und Heimatlyriker, sie beschwören die Einsamkeit der See, verlieren sich in den Nebel der herbstlichen Wälder. Ein Gefühl der Geborgenheit wird spürbar, und sei es als Sehnsucht. Hier unterscheiden sich DDR-Regisseure kaum von Filmemachern anderer Länder.

Allerdings wäre es falsch, nur einen Zug zur Idylle zu diagnostizieren; die Hinwendung zum Land hat auch politische Gründe: die Durchsetzung der landwirtschaftlichen Produktionsgenossenschaften (Filmbeispiel *Heuwetter* von Gitta Nickel, 1972), die Errichtung von Mittelpunktschulen (Golzow-Serie ab 1961), die Ansiedlung von Großbetrieben in ländlichen Gebieten (*Wittstock*-Tetralogie ab 1975) – das waren wichtige Projekte für die Entwicklung der DDR.

Die Filme entdecken die Landschaft, sehen Wechselbeziehungen zwischen den Menschen und ihrer Umgebung. Wenn Volker Koepp im Film *Das weite Feld* (1976) Bilder aus der Mark Brandenburg zeigt, im *Hütes-Film* (1977) aus der Rhön, im vorläufig letzten seiner Landschaftsfilme, *Am Fluß* (1979), aus dem Oderbruch, stellt er die Personen, die er porträtiert, in ein dichtes Beziehungsgeflecht aus Landschaft und Geschichte. Daß alte Traditionen nicht aussterben dürfen, etwa das Kochen besonders guter Thüringer Klöße (der Titel *Hütes* meint die Klöße, die so heißen, ist zugleich ein Imperativ: Hüte es, das Rezept, das Geheimnis!), gehört zu diesem Geschichtsverständnis; daß ein ehemaliger Gutsbesitzer jetzt in einer LPG mitarbeitet, ist die andere Seite dieser Sicht: Es geht also um Bewahren und Verändern, um Gestern und Heute. Diese Dialektik bestimmt auch andere Filme: *Heuwetter,* der Aufnahmen aus den Jahren 1963 und 1972 einander gegenüberstellen kann, *Struga – Bilder einer Landschaft* von Konrad Herrmann (1972) oder den Hochschulfilm *Dingslebener Bilderbogen* von Hans Jürgen Ender (1977), der ein kleines Dorf beschreibt, in dem das Vieh bereits industriell geschlachtet und verarbeitet wird.

Vorherrschend, auch optisch, ist aber immer die Faszination durch die Landschaft, das Interesse an den Menschen: *Theodor Fontane: Wanderungen durch die Mark* von Karlheinz Mund (1971), *Grüße aus Sarmatien,* über Johannes Bobrowski, von Volker Koepp (1972), schließlich *Das weite Feld, Hütes-Film* und *Am Fluß.* Alle diese Filme sind von Christian Lehmann fotografiert, der der Spontaneität der Gespräche mit einer bewußt komponierenden Kamera entgegentritt. Wolfgang Gersch schrieb über dieses Spannungsverhältnis in Koepps Filmen: Im Sinne der Fotografie August Sanders werde «im Individuum der Typ» erkannt, «wird die Sequenz zum Porträt». «Zumeist mehrfach im Film erscheinend, sagen die Leute jeweils über ein begrenztes Thema aus, so daß eine Folge kleiner, in sich geschlossener »Geschichten« entsteht. Sie werden durch die Montage gerahmt, die Motive der Landschaft anschließt. Und es ist von besonderem Reiz,

wenn die Kamera noch verweilt, nachdem das Erzählen beendet ist. Die spannungsvolle Ruhe gibt den Bildern etwas Eigentümliches, die über die Menschen assoziieren lassen und mehr Hintergründe ahnen machen, als es bei rundum befragten und viel redenden Personen geschieht. Diese verblassen schneller, hier bleiben Bilder.»[8]

USA: Vermont People und Les Blank

In den USA, wo die Gegensätze zwischen Stadt und Land, zwischen Zivilisation und gewachsener Tradition noch schärfer zutage treten als in Europa, haben Filme, die sich einer regionalen Kultur widmen, schon allein durch ihr Vorhandensein einen kritischen, polemischen Ton. Auch wenn sie Themen wie die Zerstörung der Natur und die Ausbeutung des Menschen nicht ausdrücklich verbalisieren – allein dadurch, daß sie regionale Traditionen beobachten und zeigen, machen sie deren Vernichtung anderswo deutlich. Allerdings gibt es auch in den großen Städten Enklaven einer nichtassimilierten Kultur, meist bei Einwanderern, ethnischen Minderheiten. So hat zum Beispiel Jill Godmilow

1978 *The Popovich Brothers of South Chicago* porträtiert, die in ihrer neuen Heimat die alte serbische Musik weiterhin pflegen.

Regionale Filmarbeit dieser Art leisten in den USA inzwischen viele Filmemacher und Gruppen, in Europa bekannt und zugänglich sind bisher nur der Zyklus *Vermont People* und die Arbeiten von Les Blank. Herbert Di Gioia (geboren 1934) und David Hancock (1946–1976) drehten 1971 *Chester Grimes,* das Porträt eines alten Waldarbeiters, ihren ersten Vermont-Film. 1972 entstand *Duwayne Masure,* über eine Familie auf einer alten Farm, 1975 *Peter Murray,* über einen jungen Mann, der jeden Monat einen Schaukelstuhl herstellt, im gleichen Jahr der einzige abendfüllende Film, *Peter and Jane Flint,* über ein junges Paar, das vor zwölf Monaten eine Milchfarm erworben hat und nun mit dem ungewohnten Leben fertig werden muß. Diese vier Filme sind 1981, von Di Gioia neu ediert, in dem Zyklus *Vermont People* zusammengefaßt worden. Zwei weitere Vermont-Filme blieben nach dem frühen Tod von Hancock unvollendet; Di Gioia will sie aber unter dem Titel *Vermont Conversation: The Politics of Survival* eines Tages doch noch herausbringen.

Der Staat Vermont, im Norden der USA, waldreich, eher unwirtlich, wird zunehmend von den Städtern entdeckt: Der 70jährige Chester Grimes ist der letzte Waldarbeiter weit und breit; viel Land ringsum wurde an Leute aus der Stadt verkauft, die hier den Sommer verbringen. So spricht er mit den Pferden oder mit sich selbst, aber beim Bäumefällen, beim Transport der Stämme, beim Verkaufen des Holzes wird spürbar, was – aller Armut zum Trotz – unentfremdete Arbeit ist, die es nicht mehr lange geben wird. Die Filmemacher kamen zu ihm, um bei ihm als Holzfäller für ihr Filmprojekt Geld zu verdienen; sie merkten aber bald, daß Grimes genau der richtige Mann für ihren Film war: «Wir arbeiteten buchstäblich mit der Kettensäge in der einen Hand und mit der Kamera in der anderen.»[9]

Die Leute vor der Kamera sind für Di Gioia und Hancock immer Partner, Mitarbeiter am Film, denn «wir sehen uns selbst als Teil des Prozesses, durch den der Film entsteht; wir sehen uns z. B. genau den gleichen Problemen gegenüber wie die Menschen im Film, beispielsweise hier unseren Lebensunterhalt zu verdienen».[10] Sie lassen sich auf den Rhythmus der Menschen ein. Sie beobachten Peter Murray, der einen Schaukelstuhl zusammenbaut, in aller Ruhe, mit größter handwerklicher Sorgfalt. Die Kamera zeigt immer wieder die Hände, die hobeln

Les Blank (links): *Always for Pleasure* (1978, *Professor Longhair*); rechte Seite oben: *Werner Herzog Eats His Shoe* (1980, die Zutaten), Les Blank kostet eine von ihm gekochte Suppe

oder flechten, in Großaufnahme. Am Ende betrachtet Peter Murray sein Werk minutenlang stumm, und der Film betrachtet ihn. «Diesen Prozeß festzuhalten», schrieb ein amerikanischer Kritiker, «was es heißt, in Vermont zu leben und zu arbeiten, bedeutet nicht nur, den kulturellen Wandel und die Wertvorstellungen der Menschen dort zu begreifen, sondern, indem man Vermont als Mikrokosmos versteht, die gesamten kulturellen Veränderungen überall in den USA.»[11]

Diesen Satz könnte man auch auf die Filmarbeit von Les Blank beziehen, der seit Ende der sechziger Jahre Filme über den Südwesten der USA dreht. New Orleans und sein Karneval (*Always for Pleasure*, 1978), Louisiana (*Spend It All*, 1971), Texas (*A Well-Spent Life*, 1971), das Tal des Rio Grande (*Chulas Fronteras*, 1976) oder das Land der Chicanos von Mexiko bis Kalifornien (*Del Mero Corazon/Direkt vom Herzen*, 1979) – das sind einige Schauplätze seiner Filme. Les Blank selbst lebt in El Cerrito (Kalifornien), aber er fühlt sich dem ganzen Südwesten verbunden, seiner Kultur, seinen Traditionen, seinem Essen, seiner Musik; er hat einen Sinn für Mischungen. Auch seine Dokumentarfilme sind nicht rein (in der Methode) oder gar reinlich (im Inhalt). Sie sind auf fröhliche Weise unordentlich, sprunghaft, das absolute Gegenteil eines sterilen Fernsehfeatures. Präzise und poetisch die Aufnahmen von Les Blank selbst, er ist sein eigener Kameramann. Den Ton macht seit 1973 Maureen Gosling.

Les Blank hat große, oft am Rande der «Szene» lebende Musiker porträtiert, die Bluessänger Sam «Lightnin'» Hopkins (*The Blues Accordin' to Lightnin' Hopkins* und *The Sun's Gonna Shine*, beide 1968) und Mance Lipscomb (*A Well-Spent Life*). Er erzählt aber auch von ganz unbekannten Leuten, französisch sprechenden Cajuns in Louisiana (*Dry Wood*, 1973) und deren schwarzen Nachbarn (*Hot Pepper*, 1973), von den Tejanos, den amerikanisch-mexikanischen Landarbeitern (*Chulas Fronteras*), von den Chicanos (*Del Mero Corazon*) – und es ist die Musik, die den Rhythmus aller dieser Filme bestimmt. Meist arbeitet Les Blank deshalb mit Chris Strachwitz zusammen, einem aus Deutschland stammenden Produzenten für Schallplatten mit Musik ethnischer Minderheiten (Arhoolie Records).

Die andere Grundkonstante seiner Filme ist das Kochen und Essen; kein anderer Film hat das so exzessiv dargestellt wie *Garlic is as Good as Ten Mothers* (1980); der Titel *Knoblauch ist so gut wie zehn Mütter* geht auf ein chinesisches Sprichwort zurück. Alle Arten des Zubereitens und Verzehrens der «stinkenden Rose» werden geradezu mit Wollust vorgeführt (etwa ganze Knoblauchzehen in Schokoladensauce). Les Blank, der von der gesundheitsfördernden Wirkung von Knoblauch überzeugt ist, sieht in dieser Knolle ein Gewürz des nichtbürgerlichen Teils der Gesellschaft; Knoblauchessen ist eine Art von politischem Bekenntnis.

Funktion und Wirkung von Les-Blank-Filmen hat ein amerikanischer Kritiker 1979 so beschrieben: «Ich vermute, daß man in nicht allzuferner Zukunft die Filme Les Blanks (und Maureen Goslings – denn schließlich arbeitet sie schon seit sechs Jahren mit Blank zusammen) als Zeugnisse verschwindender Sitten und Subkulturen schätzen wird . . . Im Grunde stellt ein Film wie *Always for Pleasure* die Frage: Warum ist in Amerika der Fortschritt so oft synonym mit dem Aufgeben des eigenen kulturellen Lebens und der Anpassung an die homogenisierten Sitten der weißen Mittelklasse? In diesem Sinne ist *Always for Pleasure* ein Loblied auf das Mißlingen der Assimilation.»[12]

Eine andere Gruppe von Kritikern hält Les Blank dagegen eine gewisse Blindheit gegenüber der Realität vor, zum Beispiel übersehe er den Rassismus, die Armut oder die Allgegenwart des Fernsehens auch im Leben seiner Protagonisten. Richtig ist, daß Les Blank jeden Zeigefinger-Hinweis auf diese Mißstände unterläßt, aber sie werden von ihm nicht vertuscht. Warum macht er denn Filme über Tejanos oder Chicanos? Weil sie Minderheiten sind, die verachtet werden. Unterdrückung wird bei ihm sichtbar im Gegenbild der Harmonie, des (kurzen und irdischen) Glücks. Er ist vielleicht der einzige Dokumentarist mit dem Mut zur Utopie, daß er sie eher in der Vergangenheit findet, ist nicht seine Schuld. Ich liebe ihn deshalb vielleicht am meisten von allen Filmemachern, die ich in diesem Buch vorstelle, diese persönliche Bemerkung sei mir gestattet. Les Blank ist übrigens neben Richard Leacock und dem österreichischen Avantgardisten Peter Kubelka vermutlich auch der beste Koch unter den heute lebenden Filmregisseuren.

Städte, Stadtlandschaften

Die Filme, die hier zu nennen sind, sind kaum scharf zu trennen von Filmen der Bürgerinitiativen zum Thema Wohnen (Kapitel 5) oder den Stadtteilaktivitäten von Super-8-Filmern und Videomachern (Kapitel 11). Erst wenn man die Informationen aus den beiden anderen Kapiteln mit diesem Abschnitt kombiniert, ergibt sich ein Eindruck von der Behandlung des Themas Städte und Stadtlandschaften im Dokumentarfilm der siebziger und achtziger Jahre. Hier stelle ich Filme vor, die (in der Regel) nicht zu direkten politischen Aktionen aufrufen; allerdings machen sie – durch ihre genauen Informationen – politische Aktionen oft überhaupt erst möglich.

Typisch dafür ist eine selbstkritische Äußerung des Chicagoer Kartemquin-Kollektivs, das ab 1972 Filme über Jugendprobleme, Streiks oder die Schließung des Chicagoer Mütterzentrums (*The Chicago Maternity Center Story*, 1976) gedreht hat: «Wir haben gelernt, daß Filme über Probleme wichtiger sind als Filme über Organisationen. Einer der Fehler, die »Newsreel« in der Vergangenheit machte, war, stets Filme über eine Organisation oder den Kampf selbst zu drehen, anstatt über die Probleme, um die es ging.»[13] Über das Amsterdamer Stadtjournal, 1974 gegründet und mit etwa 30 Filmen außerordentlich erfolgreich, schrieb 1980 der niederländische Journalist Hans Beerekamp: «Die permanente Diskussion im Kollektiv hat in den letzten Jahren dazu geführt, daß der pamphletistische oder selbst ein schlicht didaktischer Kurs verlassen wurde. Immer öfter beschränkt sich das »Stadsjournaal« darauf, gesellschaftliche Probleme zu signalisieren, vermeidet es den früher obligatorischen Aufruf zur Aktion.» Beerekamp sieht zu Recht darin «eine Tendenz in den linken Bewegungen überhaupt».[14] Die Amsterdamer zogen daraus Konsequenzen: Sie verwendeten zunehmend auch Schauspieler, ihr Jubiläumsfilm, der 25., *Fietsen* (*Radfahrer*, 1979), war sogar eine reine Komödie über einen Fahrradfahrer, der sich im Großstadtbetrieb zu behaupten versucht; immer stärker, dabei auf das Schicksal einzelner Menschen eingehend, orientierte sich das Stadtjournal am Vorbild des «klassischen» Dokumentarfilms. Wie beim Kartemquin-Kollektiv, das Ende der siebziger Jahre aus Geldmangel und wegen politischer Unklarheiten seine Arbeit einstellte, blieben aber auch für das Amsterdamer Stadtjournal Bürgerinitiativen die wichtigsten Partner.

Die alternativen Wochenschauen in Barcelona, nach dem Tode Francos ab 1977 produziert vom Katalanischen Filminstitut (Institut del Cinema Catalá), finanziert von der Stadtverwaltung, kamen dagegen in reguläre Kinos, nicht nur in Barcelona selbst, sondern bald in ganz Katalonien. Die *Noticiari de Barcelona* behandelten Probleme und Fragen, «die in den letzten 39 Jahren unterdrückt oder zum Schweigen gebracht worden sind».[15] Alle vierzehn Tage erscheinend, beschäftigten sie sich mit der katalanischen Tradition und Kultur, aber auch mit aktuellen Themen, dem Verkehr, dem Unterrichts- und dem Gesundheitswesen, der Presse, der Polizei, und sie gerieten in Konflikte, als sie zum Beispiel die Verhaftung des Autors und Regisseurs der Theatergruppe «Els Joglars», Albert Boadella, anprangerten; diese Ausgabe 15 (*La llibertat d'expresió/Freiheit des Ausdrucks*) wurde am 18. Januar 1978 beschlagnahmt. Die Filmemacher ließen sich aber nicht einschüchtern: Die Nummer 18 beispielsweise handelte von den Gefängnissen (*Les presons*).

Ist schon kaum ein Überblick zu gewinnen über Kollektive, die kontinuierlich wenigstens ein paar Jahre an einem Ort arbeiten, die einzelnen Filme, die sich in aller Welt auf lokale Fragen einlassen, sind nicht mehr zu zählen. Zwei Beispiele aus der Bundesrepublik sollen die stilistische Vielfalt solcher Filme wenigstens andeuten. Helma Sanders-Brahms hat 1979 im *Vringsveedeler Triptychon* der proletarisch-subversiven Tradition des Kölner Karnevals ein Denkmal gesetzt. In den drei Teilen (*Linker Flügel: Im Reich des Schokoladenkönigs; Mittelteil: Riefkooche-Madonna; Rechter Flügel: Joseph und die Gerechtigkeit*) porträtiert sie Leute aus dem Vringsveedel, vor allem alte Männer und Frauen, und sie interpretiert das Gesehene in einem Kommentar auf sehr persönliche Art und Weise. Die Beschreibung eines Stadtteils als Autorenfilm. Horst Königstein erforscht in dem zweiteiligen Film *Adolph-Passage* (1980) die Geschichte eines eng umgrenzten Altbauviertels in Hamburg, dem die «Sanierung» drohte. Obwohl auch Königstein, der unter anderem Wildenhahns *Emden geht nach USA* für den NDR produziert hat, mit der Einführung einer Sängerin ein synthetisches Element in den Film einbringt, läßt er sich doch genau und neugierig auf die Bewohner des Viertels ein – die Beschreibung eines Stadtteils als beobachtender Film.

Am gründlichsten hat sich in den letzten Jahren das RuhrFilmZentrum mit einer Stadtregion beschäftigt. Seit 1979 arbeiten Christoph Hübner (geboren 1948) und Gabriele Hübner-Voss (geboren 1948), zusammen mit Christa Donner, Theo Janßen und Werner Ružička an dem Zyklus *Prosper/Ebel – Chronik einer Zeche und ihrer Siedlung*. Vorausgegangen waren unter anderem 1974, als Produktion der Münchener Hochschule für Fernsehen und Film, der Spielfilm *Huckinger März*, in dem der Streik im Profilwalzwerk bei Mannesmann im Frühjahr 1973 nachgestellt wurde, und die *Lebensgeschichte des Bergarbeiters Alphons S.* (1977, siehe Kapitel 7), beide von Gabriele und Christoph Hübner. Die Folge: «Durch die intensive Filmarbeit mit den Menschen entstehen Beziehungen und Bedürfnisse nach Weiterarbeit, nach Kontinuität», schrieb Christoph Hübner 1979[16]. Die Hübners wollten wegkommen vom journalistischen Film, der sich auf ein Ereignis konzentriert, und dadurch «am Leben der Menschen vorbeigeht». Der Alltag, sagt Hübner, «läßt sich – jedenfalls im Dokumentarfilm – nur in langfristiger und kontinuierlicher Anwesenheit vor Ort erfassen».

Gabriele und Christoph Hübner zogen 1978 ins Ruhrgebiet um, an den Stadtrand zwischen Witten und Bochum; sie gründeten das RuhrFilmZentrum, das nicht nur produzieren, sondern auch Filme (zum Teil anderer Autoren) verleihen und vorführen sollte. Erste Veranstaltungen kamen zustande mit René Vautier und der Londoner Gruppe Cinema Action. Im Mittelpunkt der Arbeit aber stand der eigene Filmzyklus, der die Geschichte und Gegenwart der Zeche Prosper und der Siedlung Ebel aufzeichnen sollte. Die dafür erhoffte öffentliche Förderung aber blieb fürs erste aus, so entstand die Serie unter Zeit- und Finanzdruck (einzelne Folgen mußten für einzelne Sendetermine fertiggestellt werden). Die beiden ersten Teile, *Die Einführung – Jugendliche im Bergbau* (1979/80 – zusammen mit Theo Janßen) und *Hier ist ja auch ein Arbeitsleben der Frauen* (Gabriele Hübner-Voss, Christa Donner, 1980), werden deshalb nachträglich für die ab Herbst 1982 geplante komplette Präsentation des Zyklus noch einmal bearbeitet. *Die Einwanderer* (1981), eine Auftragsproduktion des ZDF, war der erste Film, der nicht unter solchen Beschränkungen litt, *Matte Wetter* (1981) von Gabriele und Christoph Hübner, Theo Janßen und Werner Ružička konnte ähnlich gründlich erarbeitet werden; Geld gab in diesem Fall auch die Landeszentrale für politische Bildungsarbeit in Düsseldorf. Ein fünfter, abschließender Film mit dem Arbeitstitel *Alltagsfilm Prosper/Ebel*, finanziert unter anderem vom Kuratorium Junger Deutscher Film und dem Kultusminister von Nordrhein-Westfalen, soll im Laufe des Jahres 1982 fertig werden.

Die beiden Grundelemente des Zyklus *Prosper/Ebel – Chronik einer Zeche und ihrer Siedlung* sind die Beobachtung und das Gespräch. Die Einkleidung der angehenden Bergleute in der Zeche (*Die Einführung*) oder die Arbeit unter Tage (*Matte Wetter*) einerseits, Erzählungen vor allem alter Leute über die Einwanderungswellen ins Ruhrgebiet (*Die Einwanderer*) oder über die Arbeitsmethoden früherer Jahrzehnte andererseits – aus solchen ruhig und geduldig aufgenommenen Passagen bauen die Filme ihre Montagen, die von Folge zu Folge an Intensität gewinnen, in den *Einwanderern* bisher wohl am dichtesten waren. Dieser Film konfrontiert die Nachkommen der ersten Immigrantengeneration, die ab etwa 1875 aus Polen und Schlesien zuwanderte, mit den Schlesiern, die in den fünfziger Jahren unseres Jahrhunderts kamen, und den oft schon ansässigen Gastarbeitern von heute, den Türken. Einen Parallelfilm hat Remo Legnazzi in Kalifornien gedreht: *Der zweite Anfang* (1980) zeigt, daß die Einwanderer aus dem Tessin nach dem Ersten Weltkrieg längst assimiliert sind, während die heutigen Zuwanderer, die Mexikaner, nach wie vor unterdrückt und ausgebeutet werden. Im Ruhrgebiet scheint – jedenfalls nach diesem Film zu urteilen – die Integration der verschiedenen Einwanderergruppen schneller und besser zu klappen.

Die Leute vom RuhrFilmZentrum haben inzwi-

Die Einwanderer (RuhrFilmZentrum, 1981)

Einstellungen 5–10 aus der Eingangsmontage: Eisenbahnfahrt – Porträts von Menschen aus dem Ruhrgebiet

schen ein freundschaftliches, ja geradezu herzliches Verhältnis zu den Menschen, über die sie Filme drehen. Diese öffnen sich vor der Kamera, man merkt es an der unverkrampften Art, sich zu bewegen, zu sprechen. Nicht zu übersehen ist allerdings eine Gefahr: daß Probleme ausgespart werden, Harmonie sich allzu schnell einstellt. In *Matte Wetter* zum Beispiel werden die sozialen Konflikte, die die Bergarbeiter in diesem Jahrhundert immer wieder zu bestehen hatten, bestenfalls angedeutet. Die Kumpel sind stolz auf ihr Tun, das zeigt der Film sehr deutlich. Seine Qualität liegt vor allem in seiner optischen Sinnlichkeit: Wie lange eine Fahrt mit dem Förderkorb dauert, wie dunkel und staubig es unter Tage ist, das kann der Zuschauer ganz unmittelbar nachvollziehen.

Das RuhrFilmZentrum will sich nicht in aktuelle Auseinandersetzungen einmischen, es will den Alltag einfangen, wie er nicht nur heute, sondern auch gestern und morgen sich abspielt. Soweit das gelingt, vor allem in den *Einwanderern* und in *Matte Wetter,* bekommen die Filme dadurch etwas Endgültiges, von Zufälligkeiten Befreites. Am Anfang gab es Protest der Betroffenen gegen manche Einzelheiten: Daß eine Wohnung nicht ordentlich aufgeräumt war oder einer mit den Fingern aß, da hat – so banal das klingt – manche Zuschauer in Ebel aufgeregt. Man muß aber einräumen, Filmaufnahmen, die sich nicht an Ereignissen orientieren, sondern den Alltag beobachten, sind – aus wie solidarischer Position auch immer gedreht – ein Eingriff in das Leben der Menschen. Zur Solidarität solcher Filmarbeit kann es gehören, Konflikte nicht zu schüren. Es gilt, einen Kompromiß zu finden zwischen völliger Aufrichtigkeit und einem Schutz der Personen, auf den sie Anspruch haben, vor allem wenn das Produkt im Fernsehen läuft. Mir ist dieser Balanceakt selten klarer geworden als bei diesem Zyklus.

Anmerkungen

1 In epd Kirche und Film, Frankfurt a. M., Nr. 1/2-1982, S. 43.
2 Siehe Federico Jolli, Die verschüttete tessinische Identität, und Martin Schaub, Hintergründe und Sprache von Villi Hermans *I matlosa,* Cinema, Zürich, Nr. 3/1981.
3 Toni Bruk, Die Sorben im Film. Filmwissenschaftliche Beiträge, Berlin (DDR), Heft 3/1980, S. 117.
4 H. J. Rother, Ist sozialistische Elegie erlaubt?, Forum, Berlin (DDR), Heft 1/1973, S. 13, zit. nach FWB, a. a. O., S. 122.
5 Zit. nach Duisburger Filmwoche, Bericht 1980, S. 97; siehe auch S. 162–166.
6 Zit. nach Mitteilungen des Österreichischen Filmmuseums, Wien, Jänner 1982.
7 Zit. nach Schweizer Filmkatalog, 4. Ausgabe 1975/76, Stichwort Murer.
8 Film und Fernsehen, Berlin (DDR), Nr. 5/1978, S. 17.
9 Di Gioia, zitiert nach Forum 1982, Infoblatt 40.
10 Di Gioia, a. a. O.
11 Roy Levin, zit. nach Forum 1982, Infoblatt 40.
12 Robert Di Matte, zit. nach Hamburger Filmfest 79, Infoblatt 13 – dieses Blatt ist bisher die wichtigste und umfassendste Literatur über Les Blank in deutscher Sprache.
13 Zit. nach Forum 1977, Infoblatt 18.
14 Zit. nach einem Informationsblatt, ausgegeben bei der Mannheimer Filmwoche 1980.
15 Marti Rom, zit. nach Forum 1979, Infoblatt 13.
16 Dieses und die folgenden Zitate, Christoph Hübner, Annähernde Verwirklichung einer kleinen Utopie, in: H. G. Pflaum (Hg.), Jahrbuch Film 79/80, S. 146 und S. 147.

With Babies and Banners (Lorraine Gray, USA 1978)

7. Geschichte im Dokumentarfilm der sechziger und siebziger Jahre

Seit der Mitte und dem Ende des 19. Jahrhunderts haben Fotografie und Film unseren Vorrat an historischen Bildern auf vorher nie gekannte Weise erweitert. Vor allem die äußeren Erscheinungsformen der menschlichen Kultur, die des Alltags, werden – im Dokumentarfilm und häufig auch im Spielfilm – für künftige Generationen konserviert. Bald schon war wenigstens den bewußteren Filmemachern klar, daß sie Chronisten ihrer Zeit geworden waren, Geschichtsschreiber für die Zukunft. Die ersten großangelegten, zusammenfassenden Geschichtsdarstellungen entstanden nach der Oktoberrevolution in der Sowjetunion. Esfir Schub, die 1927 den Zusammenbruch des Zarenreichs dokumentierte (*Padenije dinastii Romanowych/Der Fall der Dynastie Romanow*) und den Aufbau des Sozialismus in der Sowjetunion (*Welikij put/Der große Weg*), schrieb während der Arbeit an diesen Filmen: «Man muß unbedingt begreifen, daß jedes heute gedrehte Stück Chronik als Dokument für die Zukunft angesehen werden muß [. . .]. Ohne das Material aus unseren Tagen wird die zukünftige Zeit ihre Gegenwart nicht richtig verstehen und begreifen können.»[1]

Aufnahmen, die für einen aktuellen Zweck gedreht werden, sind schon nach Tagen oder Monaten historisches Material. Filmische Darstellungen der Geschichte basieren zum größten Teil auf Archivmaterial, zu dem allerdings – verstärkt in den letzten zwanzig Jahren – neugedrehte Aufnahmen kommen, seit der Durchsetzung des Originaltons im Dokumentarfilm vor allem Interviews.

Filme, die fremdes Material montieren (und vielleicht mit selbstgedrehtem kombinieren), sogenannte Kompilationsfilme, erlebten ihre erste Blütezeit während des Zweiten Weltkriegs. Beide Seiten benötigten derartige Filme zur Darstellung und Festigung der eigenen Position. Kompilationen wie *Feuertaufe* (Bertram 1939) oder *Sieg im Westen* (Noldan 1940) in Deutschland, die Serien *The World in Action* (Kanada 1942) und *Why We Fight* (USA 1943), der Film *Oswoboshdjonnaja Franzija* (*Befreites Frankreich*) von Sergej Jutkewitsch (UdSSR 1945) zeigen zugleich die grundsätzlichen Probleme der Gattung. Häufig sind Aufnahmen nicht mehr genau zu datieren oder einem bestimmten Ereignis zuzuschreiben. Oft benutzen die Cutter auch bewußt falsche Bilder, achten, wenn sie zum Beispiel einen Panzer brauchen, nur darauf, daß er von rechts nach links fährt, nicht, ob er nun im Polenfeldzug aufgenommen wurde oder in Frankreich. Kriegsszenen, die nur schwer zu drehen sind und nur unter Gefahr, werden häufig durch Manöverbilder ersetzt. Andere Sequenzen, die man nirgendwo – weder dokumentarisch noch inszeniert – in einem Stück gefunden hat, montiert man aus Aufnahmen verschiedener Filme. Helmut Regel hat 1977 «Die Authentizität dokumentarischer Filmaufnahmen» untersucht und dabei die «Methoden einer kritischen Prüfung» systematisiert[2]. Aufnahmen sind im Normalfall nicht authentisch, wenn sie Ereignisse zeigen, die nicht filmbar waren (weil geheimgehalten, unzugänglich oder unvorhergesehen); wenn sie mit einer Technik operieren, die zum angeblichen Zeitpunkt der Aufnahme noch nicht entwickelt war; wenn sie Kamerapositionen oder -fahrten benutzen, die nur in Spielfilmen möglich sind (etwa die langen Parallelfahrten aus *All Quiet on the Western Front* an den Schützengräben entlang, die in vielen Dokumentarfilmen als authentische Aufnahmen aus dem Ersten Weltkrieg ausgegeben werden).

Dennoch sind die Probleme der falschen Zuschreibung von Aufnahmen oder der ungeklärten Authentizität bei der heutigen Quellenlage zu lösen. Die Archive sind sehr viel besser geordnet und katalogisiert als vor 40 Jahren; sehr viel Filmmaterial ist neu aufgetaucht, auch Amateuraufnahmen. Schwerwiegender ist ein anderes Problem: die Ambivalenz von Filmaufnahmen. Die Nazis selbst haben sich gescheut, manche Bilder von der Verfolgung der Juden in Polen an die Öffentlichkeit zu bringen – sie hätten nicht Abscheu vor den Juden, sondern Mitleid hervorgerufen. Andererseits üben manche Aufnahmen der Nazis bis heute eine merkwürdige Faszination aus, vor allem die raffiniert fotografierten und montierten Sequenzen aus Leni Riefenstahls Parteitagsfilm *Triumph des Willens* (1935). Erst Michail Romm gelang es im *Gewöhnlichen Faschismus* (1965), die Nazi-Aura dieser Bilder nicht nur zu erkennen, sondern wirkungsvoll zu unterlaufen. Auch wenn Dokumentaristen durch einen neuen Kommentar, durch neue oder gar keine Musik, durch interpretierende Kontrastmontagen die Nazi-Apotheosen konterkarieren – manche Bilder behalten einen gewissen perversen Reiz.

Faschismus und «Drittes Reich»

Bis weit in die fünziger Jahre war dieses Thema für den Dokumentarfilm mehr oder weniger tabu; man verdrängte Schuld und Leid, nicht nur in Deutschland. Erst Alain Resnais stellte sich 1955 in dem außerordentlichen Film *Nuit et Brouillard* (*Nacht und Nebel*) dieser Herausforderung. Er konfrontierte das Auschwitz von 1955 (ausgestorben, in blassem Grün) mit dem Auschwitz von 1945; die Ungeheuerlichkeit der dokumentierten Vorgänge wird weder zur Sensation aufgebauscht noch verharmlost, sondern – vor allem durch die kühle Musik von Hanns Eisler – in eine Distanz gerückt, die ein Nachdenken ermöglicht.

Die systematische Beschäftigung mit dem Fa-

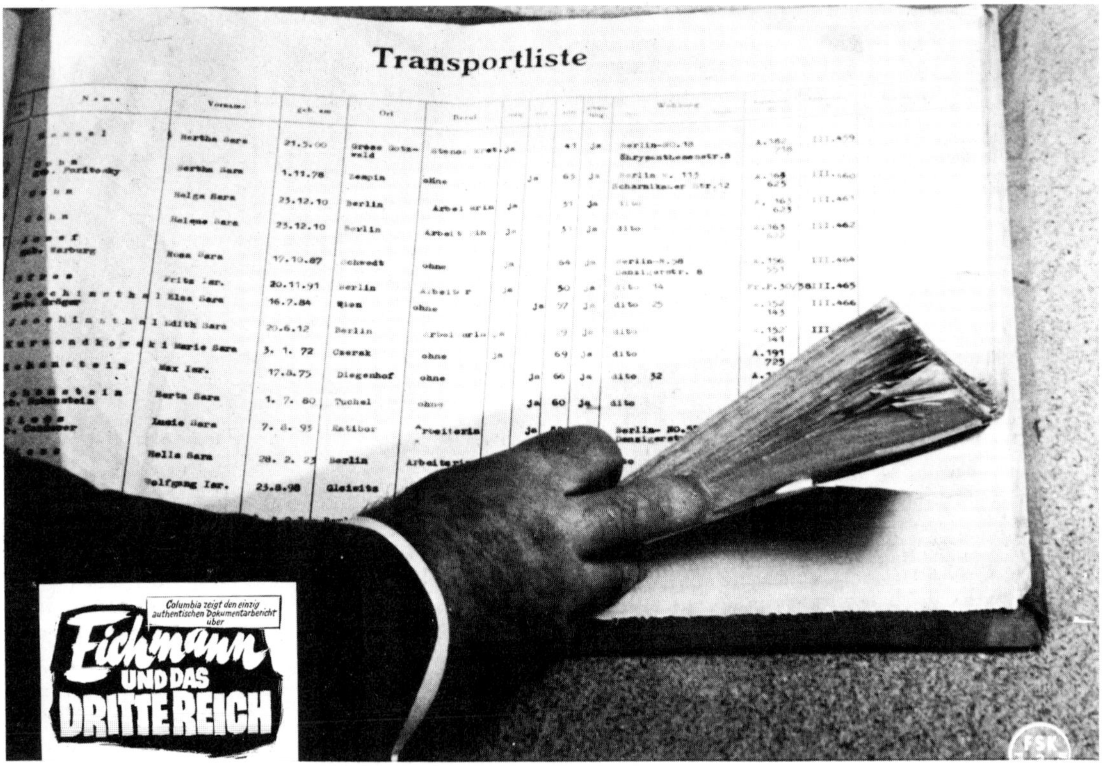

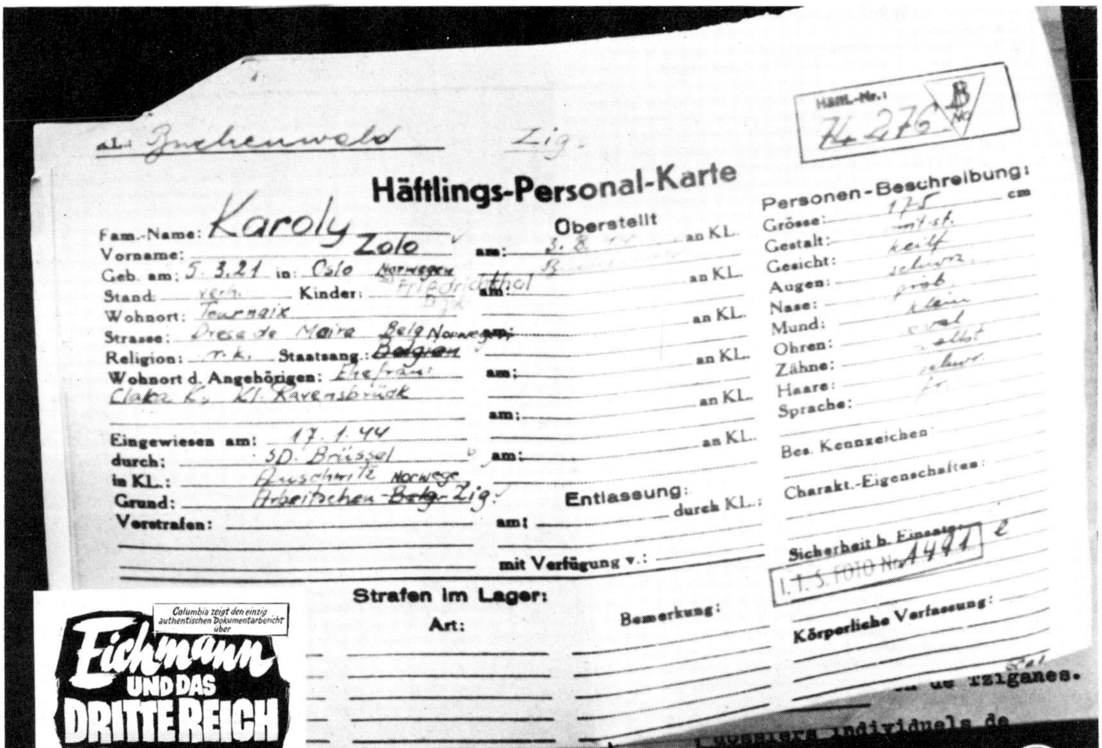

Erwin Leiser: *Eichmann und das Dritte Reich* (1961)

schismus begann um 1960 zugleich in mehreren Ländern. Vorausgegangen waren unter anderem einige Filme in der DDR, vor allem von Andrew und Annelie Thorndike (*Du und mancher Kamerad,* 1956; *Urlaub auf Sylt,* 1957; *Unternehmen Teutonenschwert,* 1958) und eine Reihe von Kompilationen zum Kriegsgeschehen. Erwin Leiser (geboren 1923) drehte 1960 in Schweden, dem Land seiner Emigration während des «Dritten Reiches», *Den blodiga tiden* (*Die blutige Zeit*/deutscher Titel *Mein Kampf*), ein Jahr später in der Schweiz *Eichmann und das Dritte Reich.* In der Bundesrepublik stellte Paul Rotha (geboren 1907), Mitbegründer der englischen Dokumentarfilmschule, den Kompilationsfilm *Das Leben Adolf Hitlers* (1961) her. Alle drei Filme sind sorgfältig recherchiert, enthalten auch – für damals – neues Material; in *Mein Kampf* vor allem aus dem Warschauer Getto, einige jener schon erwähnten Aufnahmen, die die Nazis selbst nicht zu verwenden wagten – sie zeigen kranke, ausgemergelte Gestalten, denen die Kamera ihre Würde nicht nehmen kann. Das Ende der Sequenz – Tote in den Straßen, Hinrichtungen – macht Leiser zum Requiem; als Musik verwendet er ein jüdisches Wiegenlied. In *Eichmann und das Dritte Reich* sind es insbesondere Aufnahmen aus parteiinternen «Lehrfilmen» über Euthanasie und die Vernichtung von Juden, die dem Film starke Wirkung geben.

Leisers Kommentar ist in beiden Fällen sehr sachlich, geht aber über eine moralische Wertung selten hinaus. Beide Filme sind, wie es im Vorspanntext der deutschen Fassung von *Mein Kampf* heißt, «eine Erinnerung an die Opfer» und «eine Warnung an die Lebenden»; beide machen nicht einzelne für die Verbrechen des «Dritten Reiches» verantwortlich, sie dämonisieren Hitler und Eichmann nicht. Während aber das Wechselverhältnis zwischen Diktator und Volk in *Mein Kampf* recht differenziert dargestellt ist, bleibt das Porträt des Schreibtischmörders Eichmann ungenau. Optisch argumentiert Leiser nur selten, dann aber zwingend. In *Mein Kampf* unterlegt er den Bildern deutscher Gefangener in Moskau noch einmal eine Tonpassage aus *Triumph des Willens:* «Kamerad, von wo kommst du?» – sie kommen aus allen deutschen Gauen. Und zu Goebbels' demagogischer Frage aus dem Sportpalast am 18. Februar 1943 («Wollt ihr den totalen Krieg?») sieht man nicht die bekannten Bilder der zum Jubeln befohlenen Massen, sondern Aufnahmen des Kriegselends und der Ruinen.

Auch Rotha, der seinen Film für die Hamburger Real-Film herstellte, verwendet zum Teil neues Material[3], die eigentliche Qualität aber liegt in dessen neuartiger Anordnung und der politisch konsequenten Kommentierung. «Ich wollte die Geschichte Hitlers und seiner Zeit und die Geschichte des deutschen Volkes in einer Reihe von Vignetten und nicht in chronologischer Folge schildern; etwa so: eine Szene mit Hitler als Person, eine zweite mit Hitler als Strategen, für den er sich hielt, eine dritte mit Hitler als Meister der Propaganda und so weiter.»[4] Der Kommentar nennt die politischen Ursachen der Nazi-Herrschaft deutlicher beim Namen als Leiser, er erinnert an «die Industriellen und Großgrundbesitzer, denen eine Aufrüstung zu Hilfe kommen sollte; das Bürgertum, das sich aus grauer Gegenwart in Preußens Glorie und Wagners Mythen flüchtet; Richter, Korporationsstudenten und Familienväter, deren Untertanenmentalität nicht in die Demokratie Weimars paßt; die Reichswehrgenerale, »die ihre Republik nie geliebt haben«»[5].

Leiser und Rotha bemühen sich um eine historische Bestandsaufnahme; bei Rotha fließen schon essayistische Elemente ein. In zwei Richtungen hat sich in den folgenden Jahren diese Methode aufgefächert; es entstanden – vor allem in Polen – Filme eines ganz unmittelbaren Betroffenseins, Zeugnisse der Trauer, aber auch der Anklage. Auf der anderen Seite verstärkte sich die Tendenz zum Essay, die in Romms *Gewöhnlichem Faschismus* ihren zwingendsten Ausdruck fand.

Die kurzen polnischen Filme verwenden Fotos, Filme und Gegenstände, die die Besatzer in Polen zurückließen. Zwei Filme stützen sich auf Fotoalben deutscher Soldaten, *Album Fleischera* (*Fleischers Album*) von Janusz Majewski (1962) und *Powszedni dzièn Gestapowca Schmidta* (*Der Alltag des Gestapomannes Schmidt*) von Jerzy Ziarnik (1964). In Fleischers Album sind fein säuberlich Familien- und Kriegsaufnahmen eingeklebt, der Gestapomann Schmidt dokumentiert sein Leben als Unteroffizier in Polen in entsetzlich sachlichen Fotos. Während Majewski die Bilder noch kommentiert, kann Ziarnik sich mit den bürokratisch-korrekten Bildunterschriften Schmidts begnügen. Gemeinsam ist beiden Alben und Filmen die Darstellung einer kleinbürgerlichen Untertanenmentalität, der auch die schlimmsten Verbrechen zur Selbstverständlichkeit werden. Schmidt hat Hinrichtungen fotografiert, an denen er beteiligt war, und nennt sie eine große Leistung. Er leidet an seiner Arbeit, ist aber auch stolz auf sie.

Die bekannten, von den Nazis hergestellten Fotos und Filme aus dem Warschauer Getto montierten Jerzy Bossak und Waclaw Kaźmierczak 1963 zum *Requiem dla 500 000* (*Requiem für 500 000*). Ein emotionsstarker Film, unterlegt mit Barockmusik, dem es nicht um eine politische Analyse ging (was man ihm manchmal vorwarf), sondern um den Ausdruck der Trauer. Betroffenheit und Trauer auch in zwei anderen Filmen, die ihren methodischen Ansatz schon durch ihre Titel deutlich machen: *Muzeum*

(*Museum*) von Jerzy Ziarnik (1966) und *Archeologia* (*Archäologie*) von Andrzej Brzozowski (1967) behandeln in Auschwitz gefundene Überreste mit zunächst scheinbar rein archäologischem Interesse. In *Museum* fährt die Kamera langsam über Berge von Haaren, Schuhen, Prothesen. Dazu werden Rechnungen und Briefe von Höss an Himmler vorgelesen. In *Archäologie* werden wir Zeuge einer Ausgrabung: ein Kamm, Spielzeug, ein Spiegel, eine Brotkarte. Jeder Kommentar erübrigt sich. Was diese fünf polnischen Filme so bewegend macht: Sie gehen an einer Stelle in die Tiefe, sie zeigen nur, was sich optisch belegen läßt, sie verzichten weitgehend auf Kommentar. Sie wählen aus der Fülle des historischen Materials Details aus, die der Zuschauer tatsächlich nachvollziehen kann, an denen er erleben kann, was Faschismus war.

Für Polen war ein anderer Film jener Jahre vielleicht noch wichtiger; er brachte zugleich einen neuen methodischen Ansatz: In *Bylem kapo* (*Ich war Kapo*) von Tadeusz Jaworski (1964) werden zum erstenmal mehrere ineinandermontierte Interviews zur Rekonstruktion von Geschichte benutzt. Der streng aufgebaute, ein wenig kunstgewerblich fotografierte Film zeigt einen Mann mittleren Alters in einem polnischen Zuchthaus, der sich seiner Vergangenheit als Kapo in Auschwitz erinnert. Seinen qualvollen Reflexionen sind Aussagen von ehemaligen Häftlingen gegenübergestellt. Es wird klar, daß der damals 17jährige Franek, um zu überleben, zum Schinder und Mörder seiner Landsleute wurde, daß er die deutschen Befehlshaber mit seiner Brutalität sogar noch zu übertreffen trachtete. Daß jemand, der selbst Opfer ist, zum Täter werden kann, ist die erschreckende Lehre dieses Films.

Als 1965, zuerst beim Festival von Moskau, dann in Leipzig *Obyknowennyj faschism* (*Der gewöhnliche Faschismus*) von Michail Romm herauskam, war allen Betrachtern auf Anhieb klar, daß Romm die filmische Diskussion über den Faschismus auf eine neue Ebene gehoben hatte. Michail Romm (1901–1971) war bis dahin nur als Spielfilmregisseur hervorgetreten, unter anderem mit *Lenin im Oktober* (1937), *Lenin im Jahr 1918* (1938) und *Neun Tage eines Jahres* (1962).

Romm untersucht in 16 Kapiteln die entscheidende Frage, «warum der einfache Deutsche Hitler gefolgt ist». Kann man das mit filmischen Mitteln erklären? Romm: «Das Dokumentarmaterial aus der Hitlerzeit ist von unglaublicher Monotonie. Unsere Arbeitsgruppe hatte ungefähr zwei Millionen Meter Dokumentarfilmmaterial durchgesehen [. . .]. Jedoch enthielt keiner dieser Filme auch nur eine einzige Aufnahme von einer gewöhnlichen Berliner Straße, falls nicht gerade Hitler oder eine Militärparade auf der Straße zu sehen waren. In den zwei Millionen Filmmetern sahen wir kein einziges Bild vom Mann auf der Straße.»[6] Romm kann also nicht das Individuum zeigen, bevor es zum Teil der gefügigen Masse wurde, er kann nur vom «Ergebnis» her argumentieren. In immer neuen Anläufen und Variationen führt Romm die äußeren Erscheinungsformen jener Gemeinschaftsideologie vor, die sich im Eintopfessen oder Marschieren äußerte, letzten Endes aber mystisch begründet wurde, etwa in den «Reichsparteitagen», deren gültiges Dokument Leni Riefenstahls *Triumph des Willens* ist.

Romm versucht dabei, hinter die Oberfläche der Bilder zu sehen, sie gegen den Strich zu bürsten. Hinter der banalen Fröhlichkeit des Schunkelns die Gefährlichkeit sichtbar zu machen und den Weg zu zeigen, der von den Massenornamenten der Parteitage in die Marschkolonnen des Krieges führt. Romm stützt sich bei dieser Desillusionierung vor allem auf den Kommentar, den er in der Originalfassung selbst spricht, einen leichten, gelegentlich ironischen, manchmal gefühlsintensiven, bei den schlimmsten Greueltaten verstummenden, ganz und gar persönlichen Kommentar; in der bundesdeutschen Version sprach ihn Martin Held. *Der gewöhnliche Faschismus* hat nichts von einer offiziellen Verlautbarung, wie sonst so viele Filme aus sozialistischen Ländern – gerade zu diesem Thema. Romm spricht jeden Zuschauer als einzelnen an, er vertraut der Vernunft und Empfindungsfähigkeit des Individuums. Das ist seine Methode und sein Programm: Dem Faschismus wirft er ja gerade vor, daß er den Menschen nicht als Individuum sehe, sondern als einen manipulierbaren Teil einer Masse.

Der «Heil» schreienden Masse setzt Romm die Unschuld der Kinder entgegen, die überall in der Welt zunächst gleich seien. Aber wie haben sie sich verändert, wenn sie – nach Kindergarten, Schule und «Hitlerjugend» – schließlich zu Soldaten werden. Romm zeigt die Konsequenzen: Er kontrastiert das zunächst noch ganz lustige Landserleben mit Pogromen, Erschießungen, Erhängungen. Wer dies noch für eine zu effektvolle Montage halten möchte, der verstummt, wenn aus dem Kontrast eine Einheit wird: wenn deutsche Soldaten sich lachend neben Erhängten fotografieren lassen – die Bilder gleichen jenen aus *Fleischers Album* und *Gestapomann Schmidt*.

Romms Beweisführung ist psychologischer Art, er hat eine gültige Typologie der Banalität des Bösen geschaffen. In seinem verzweifelten Bemühen zu verstehen, was mit dem einzelnen Deutschen vor sich ging, wagt er sich schließlich an kühne Interpretationen: Sein Film ist ein Traktat über das «Lesen» von Bildern. Romm will hinter die Gesichter sehen, will aus den meist flüchtig kurzen Wochenschaueinstellungen geradezu herauspressen, was hinter der

Stirn der schreienden, freudig erregten oder (bei Kriegsende) abgespannten Menschen sich wirklich abspielt. So ist *Der gewöhnliche Faschismus* vor allem ein Film über Gesichter. Ekstatische Frauen am Straßenrand, wenn Hitler vorbeifährt. Lachende Soldaten beim Vormarsch, unrasierte, erschöpfte im Winterkrieg, verschlossene Gesichter in der Gefangenschaft. Männer, die «ja» und «Heil» schreien auf Goebbels' Frage: «Wollt ihr den totalen Krieg?» – sieht man auch, daß diese Feier inszeniert war? Man sieht müde, resigniert scheinende Gesichter bei der letzten filmisch überlieferten Rede von Goebbels im Frühjahr 1945, wo er noch immer verkündet: «Wir gehen in diesen Krieg wie in einen Gottesdienst.» Romm meint von den Zuhörern: «Jetzt denken sie.» Kann man das aber den Bildern entnehmen? Interpretiert man das nicht hinein, weil man weiß, daß die Rede 1945 gehalten wurde und nicht 1935? Man sieht die bekannten letzten Filmaufnahmen von Hitler 1945, auf welchen er Hitlerjungen empfängt. Romm: Hitler überlege, wen er noch in den Krieg schicken könne. Überlegt er das wirklich? Ist dieses irritierende, seltsam verschlossene Bild so eindeutig zu interpretieren? Ist hier nicht vielmehr ein Wrack, das nur noch durch Drogen aufrechterhalten wurde, notdürftig für die Aufnahmen zurechtgemacht worden? Man sieht Fotos von Widerstandskämpfern, darunter die Geschwister Scholl. Romm ruft aus: «Was für schöne Gesichter!» Sind die Gesichter schön und kann man an ihnen ablesen, daß es sich um Gegner des Nazismus handelt? Man sieht Fotos von unbekannten Häftlingen aus «Konzentrationslagern». Die Kamera holt mit einem schnellen Zoom die Augen heran. Was liegt in diesen Augen? Anklage, Trauer, Angst, Verzweiflung oder im Moment des Fotografiertwerdens auch die Schreckreaktion auf das Blitzlicht?

Wie kein anderer begnügt Romm sich nicht mit den offensichtlichen Aussagen der Bilder, er wagt immer den zweiten und dritten Blick. Daß manche seiner Montagen und verbalen Interpretationen fragwürdig bleiben müssen, hängt mit der prinzipiellen Schwierigkeit zusammen, historisches Bildmaterial, Fotos und Filme, aufzuschließen. Was sagen die Bilder wirklich? Während die meisten anderen Regisseure dieses Problem zudecken, macht Romm es bewußt.

Zwischenbemerkung zur Methode

Kein Film ist nur identisch mit seiner Methode. Wenn ich Leisers Filme als historische Bestandsaufnahmen, die polnischen Kurzfilme als Filme der unmittelbaren Betroffenheit, den *Gewöhnlichen Faschismus* als Essay bezeichne, kann das immer nur dem Grundgestus der Filme gelten, ihre individuellen Besonderheiten reichen darüber hinaus. Zudem gibt es vieles, was die Filme verbindet.

Der sorglose Umgang mit vorgefundenem Material, der die Kompilationen der Kriegszeit kennzeichnet, ist im Prinzip überwunden. Die Archive sind besser geordnet, man kann sich für die Filme Zeit nehmen (Rotha z.B. zwei Jahre für das *Leben Adolf Hitlers*). Die Filme der sechziger Jahre berufen sich ausdrücklich darauf, daß ihre Bilder «authentisch» sind, so Leiser im Vorspruch zu *Mein Kampf*. Sich bewußt zu werden, daß diese Authentizität nicht mit Wahrheit gleichzusetzen ist, war einer der wesentlichen Erkenntnisprozesse jener Jahre. Nicht der filmisch aufgezeichnete Jubel ist Gegenstand der Darstellung, sondern die Frage: warum wurde gejubelt? Daß einzig die Aufnahmen des Schreckens und des Leidens, die die Nazis nicht zu verwenden wagten, wahrhaftig sind, weil sie sich dem propagandistischen Zweck widersetzten, wurde von Film zu Film klarer. Es gibt Bilder von anonymen Fotografen und Kameraleuten, die zum Symbol geworden sind: der kleine Junge im Warschauer Getto, der wie ein gestellter Verbrecher seine Arme hebt; das Gesicht des jungen Mädchens, das angstvoll aus dem letzten Spalt einer sich schließenden Waggontür blickt – der Zug fährt nach Auschwitz; eine Frau, die kurz vor der Erschießung ihre Blöße zu decken versucht – Romm nennt sie «eine Heilige des 20. Jahrhunderts». Diese Bilder und eine Reihe anderer ebenso sprechender gibt es fast in jedem Film, auch wenn diese sich sonst in Konzeption und Methode noch so sehr unterscheiden mögen. Schließlich verwenden die Filme immer häufiger jene Amateuraufnahmen, die deutsche Soldaten von ihrem Landserleben und ihren Verbrechen aufgenommen haben.

Im Laufe der sechziger Jahre hat sich sowohl ein Repertoire an Bildern als auch an Darstellungsmethoden herauskristallisiert, das in der Folgezeit nur noch variiert werden konnte. Die Tradition der Leiser-Filme hat in der Bundesrepublik die Firma Chronos-Film weitergeführt, die zahlreiche Dokumentationen für das Fernsehen, aber auch für das Kino herstellte. *Schlacht um Berlin* von Franz Baake und Jost von Morr (1969), *Geheime Reichssache* von Jochen Bauer und Karl-Heinz Janßen (1979) oder *Der gelbe Stern* (nach dem Buch von Gerhard Schoenberner) von Dieter Hildebrandt (1980) sind sorgfältig recherchierte Filme über das Kriegsende in Berlin, die Prozesse vor dem «Volksgerichtshof» gegen Männer des Widerstandes und über die Judenverfolgung in Deutschland. Die Kommentare sind sachlich, manchmal konservativ geprägt (*Geheime Reichssache*), manchmal liberal (*Der gelbe Stern*). Mögen die Filme in ihrer politischen Haltung weniger entschieden sein als *Mein Kampf* oder gar

Symbolbilder, die in fast jedem Film über das «Dritte Reich» verwendet werden: im Warschauer Getto 1943 (links); in Westerbork, dem holländischen Sammellager, bei der Abfahrt in ein Vernichtungslager 1942/43 (Mitte); in Lijepaja (Lettland) bei einer Massenexekution 1941 (rechts)

Rothas *Leben Adolf Hitlers,* sie unterscheiden sich durch ihre Ausgewogenheit noch immer vorteilhaft von Joachim C. Fests *Hitler – Eine Karriere* (1977). Fest, der 1973 mit einer weitverbreiteten Hitler-Biographie hervorgetreten war, vereinfacht in seinem Film (Co-Regie: Christian Herrendoerfer) die Lebensgeschichte Hitlers. Fests psychologische Deutung, die sich zu unkritisch auf die von den Nazis hergestellten Propagandabilder stützt, kann den Aufstieg Hitlers nur ungenügend erklären; sie verharmlost auch seine Herrschaft, weil deren fürchterlichste Ausprägung, die Verfolgung und Ermordung der Juden, nur ein Randereignis bleibt. Die Karriere Hitlers wird, in immerhin zweieinhalb Stunden, zu sehr nur von seiner Person her gesehen, nicht in das notwendige Umfeld hineingestellt. Dieser Filmessay ist eine partielle Verfälschung der Geschichte und nicht – wie Romms *Gewöhnlicher Faschismus* – eine die Augen öffnende neue Interpretation.

Die Filmemacher der sechziger Jahre begnügten sich noch weitgehend mit vorgefundenem Material. Jaworskis *Ich war Kapo* war wohl der erste Film, der die Chance nutzte, Überlebende des «Dritten Reiches», Täter und Opfer, zu befragen. In den siebziger Jahren wurde dies zur vorherrschenden Methode.

Erinnerung: Gruppen- und Einzelporträts

Marcel Ophüls (geboren 1927), Sohn von Max Ophüls, hat mit seinen beiden im Original jeweils viereinhalbstündigen Filmen *Le chagrin et la pitié* (1969) und *The Memory of Justice* (1975) in der Erforschung der Geschichte neue Wege beschritten. Er kombiniert eine Vielzahl aufschlußreicher Interviews mit Archivmaterial, das dadurch ein anderes Gewicht bekommt, und leitet daraus weitergehende Fragen ab. In *Le chagrin et la pitié:* Wie war es wirklich um die französische Résistance bestellt? Haben die Menschen aus ihren Erfahrungen gelernt? In *The Memory of Justice:* Sind die Nürnberger Urteile auf Kriegsverbrechen in Vietnam oder Algerien anzuwenden? Gibt es Gerechtigkeit? Mit beiden Filmen hatte Ophüls Schwierigkeiten; sie rührten an Tabus. *Le chagrin et la pitié,* eine deutschschweizerische Co-Produktion, im Entstehungsjahr 1969 in der Bundesrepublik im Fernsehen ausgestrahlt (Titel: *Das Haus nebenan*), wurde im französischen Fernsehen O.R.T.F. erst 1981 gesendet. Zunächst kam der Film 1971 in Paris ins Kino, mit großem Erfolg. *The Memory of Justice,* eine Co-Produktion Großbritannien/ BRD/USA, wollte das ZDF (als Käufer) in der um 73 Minuten gekürzten, verfälschten Bearbeitung von Lutz Becker ausstrahlen, was nach einem langen Rechtsstreit schließlich auch 1976 gelang. Titel: *Spuren der Gerechtigkeit.* Diese Bearbeitung war entstanden aufgrund eines Streits zwischen dem englischen Produzenten (Visual Programme Systems/BBC) und Ophüls, die

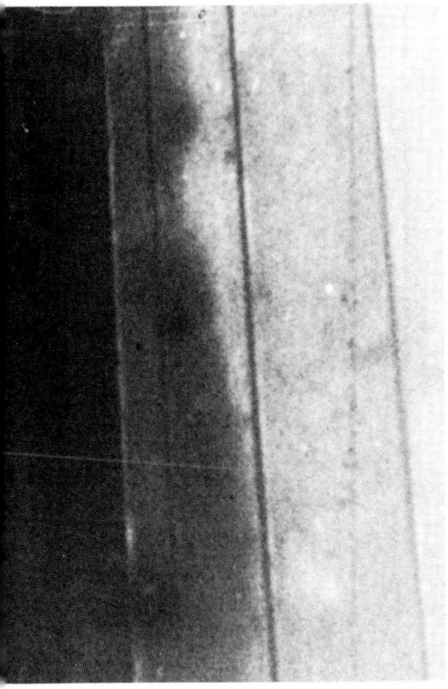

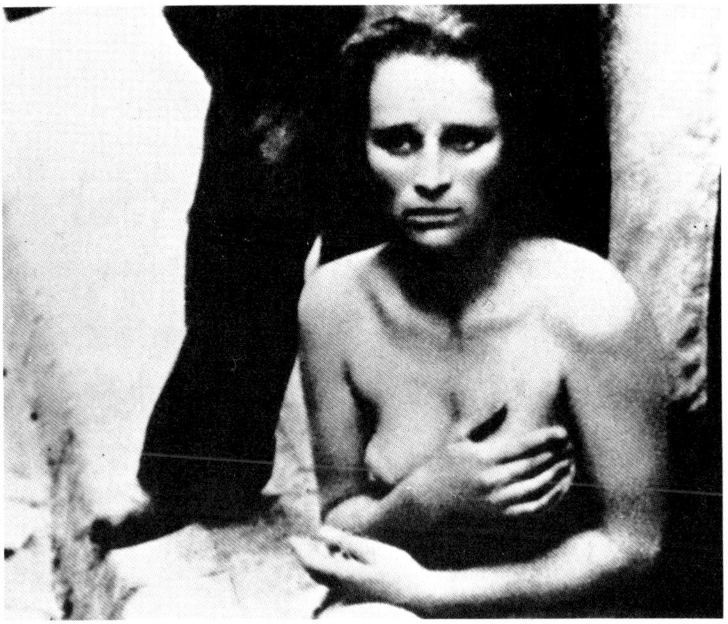

mit seiner 1974 vorgelegten Rohschnittfassung nicht einverstanden gewesen waren.

Becker hat eine wichtige Aussage des Films in ihr Gegenteil verkehrt: Ophüls argumentiert, daß das Massaker von My Lai trotz seiner Schrecklichkeit nicht mit dem von Staats wegen organisierten Genozid von Auschwitz vergleichbar sei; in Beckers Fassung dagegen erfolgt eine Aufrechnung, die letzten Endes einer Entschuldigung der Nazigreueltaten Vorschub leistet. Erst 1978 konnte die Originalfassung von Ophüls' Film unter dem Titel *Nicht schuldig?* im NDR und WDR (Drittes Fernsehprogramm) laufen. Im Ausland dagegen war die integrale Version schon seit 1975 zugänglich.

Le chagrin et la pitié ist eine Chronik der Stadt Clermont-Ferrand während des Zweiten Weltkrieges. Diese Stadt, nahe bei Vichy, zeigte bis 1942, bis sie von den Deutschen besetzt wurde, den Pétainismus in seiner authentischen Form; andererseits war die Region, die Auvergne, ein Zentrum der Résistance. Kollaboration und Widerstand, beides ließ sich am Modellfall Clermont-Ferrand darstellen, schließlich auch die Haltung der Durchschnittsfranzosen, die unentschlossen zwischen den Fronten lavierten. Ophüls spricht mit Widerstandskämpfern, mit einem Franzosen, der in der Waffen-SS war, mit normalen Bürgern, mit Politikern, unter ihnen Mendes-France, Bidault, Duclos. Er fragt sie nicht nur nach großen Ereignissen, sondern vor allem nach dem Alltag. Er polemisiert mit seinem Film unausgesprochen gegen «die schreckliche bourgeoise Haltung, die da glaubt, man könnte das, was »Politik« genannt wird, von den anderen menschlichen Tätigkeiten wie der Ausübung eines Berufes, dem Familienleben oder der Liebe trennen.»[7]

Kontrastfigur zu den Franzosen ist der ehemalige deutsche Offizier Tausend, der von 1942 bis 1944 in Clermont-Ferrand gewesen war. Bei der Hochzeit seiner Tochter mit einem Bundeswehroffizier 1969 trägt er noch immer seine militärischen Orden aus der Nazizeit; er nennt die Partisanen von damals Meuchelmörder, weil sie sich nicht – etwa durch Armbinden – gekennzeichnet hätten; im Gespräch meint Tausend, ein freundlicher Mann, daß Deutschland im Krieg leider nicht gesiegt habe.

In *Le chagrin et la pitié* bohrt Ophüls an einer Stelle in die Tiefe; am typischen Beispiel zeigt er, wie Frankreich während der deutschen Besetzung hilflos in Anpassung und Resignation versank, daß es nur einige waren, die ihr Leben für den Widerstand riskierten. In *The Memory of Justice* dagegen zieht er von einem Fixpunkt aus, dem Nürnberger Prozeß, Linien in verschiedene Richtungen: «Von diesem Punkt aus sind analytische Rückblenden möglich, hier können Betrachtungen zur Gegenwart und zur Zukunft ansetzen. Vietnam, Algerien, die Atombombe, der Stalinismus, CIA, Folter in Lateinamerika und anderswo. Hitler erscheint letztlich zugleich als der große Verlierer und der große Sieger des 20. Jahrhunderts.» (Ophüls)[8]

Ausgehend von Wochenschauaufnahmen aus Nürnberg und immer wieder zu ihnen zurückkehrend, spricht Ophüls mit Dönitz und Speer und mit Verurteilten aus Nürnberger Nachfolgeprozessen, mit Anklägern, in einer Sauna mit jungen Deutschen über jüdische Firmen; mit Eugen Kogon und Beate Klarsfeld; mit Vietnamveteranen oder Franzosen, die in Algerien waren; mit der eigenen Familie. Meisterhaft die Zusammenfügung. Man lernt die Leute kennen, auch ihre Wohnungen, sie sind nicht nur Stichwortgeber. Ophüls ist ein glänzender Fragesteller, oft scheinbar zu nachgiebig, bis dann ein Pfeil ins Schwarze trifft. Er lehrt uns Mißtrauen gegen allzu glatte Aussagen: Albert Speer, der seine Schuld zugibt, im Gegensatz zu allen anderen, macht dies so routiniert und selbstsicher, daß man zu fragen beginnt, ob hier nicht Selbstkritik zum Geschäft geworden ist. Ophüls findet die Risse im Bewußtsein der Beteiligten: Der englische Ankläger Lord Hartley Shawcross plaudert vor seinem Kamin ungerührt darüber, daß Bombenangriffe gegen die Zivilbevölkerung nötig sein können.

Die Verbrechen des «Dritten Reiches», der Franzosen in Algerien und der Amerikaner in Vietnam werden miteinander verglichen, aber nicht einander gleichgesetzt. Mit dem amerikanischen Ankläger Telford Taylor beharrt der Film darauf, daß man Rechtsprinzipien aufstellen muß, selbst wenn man später gegen sie verstößt, daß also das Nürnberger Urteil nicht sinnlos war. Der Mensch, so Ophüls, habe – nach der Vorstellung Platos – auch eine Erinnerung an die vollkommene Gerechtigkeit. Sie gelte es zu erhalten. So wird schließlich aus *The Memory of Justice* (der deutsche Titel *Nicht schuldig?* weist auf die Uneinsichtigkeit der Angeklagten von Nürnberg hin) ein Essay über Recht und Gerechtigkeit. Dennoch ist der Nürnberger Prozeß mehr als nur ein Beispiel; gründlicher und umfassender läßt sich dieses größte Gerichtsverfahren des 20. Jahrhunderts kaum darstellen.

Während Romm sehr konkret nach der Verführbarkeit des einzelnen Deutschen gefragt hat, hat Ophüls das Thema, ohne es zu relativieren oder zu verharmlosen, ausgeweitet; er fragt nach der Gefährdung jedes Menschen. Andere Filme der siebziger Jahre, die sich der Interviewmethode bedienen, grenzen die Fragestellung wieder ein, beschäftigen sich wieder ausschließlich mit dem «Dritten Reich».

Dabei lassen sich, mit vielen Zwischenstufen, zwei Filmtypen feststellen: das Einzel- und das Gruppenporträt. Wenn mehrere Personen befragt werden, verbindet sie meist ein gemeinsames Schicksal, so daß diese Filme auch oft ein Ereignis rekonstruieren. Beim Einzelporträt ist es wichtig, daß die Person, die ihre Biographie (möglichst lebendig) erzählt, entweder in exponierter Position war und dadurch ungewöhnliche Einblicke gewann oder ein so typisches Leben führte, daß sich an ihm allgemein interessierende Erkenntnisse gewinnen lassen.

Aufregendster Porträtfilm der siebziger Jahre ist wohl Hans Jürgen Syberbergs *Winifred Wagner und die Geschichte des Hauses Wahnfried von 1914–1975* (1975), Bestätigung und Weiterführung (mit ganz anderen Mitteln) von Romms *Gewöhnlichem Faschismus.* Winifred Wagner, aus England stammend, hatte nach Bayreuth in das Haus Wagner eingeheiratet, hat in den dreißiger und vierziger Jahren, nach dem Tod ihres Mannes Siegfried, die Festspiele geleitet, war Vertraute Hitlers. Mit einer Offenheit sondergleichen bekennt sie sich noch 1975 zum «Führer»; sie unterscheidet zwischen dem Privatmann Hitler, den sie kannte, und dem Politiker, den sie (angeblich) nicht kannte oder nicht kennen wollte. «Und ich meine, wenn der Hitler zum Beispiel heute hier zur Tür reinkäme, ich wäre genauso fröhlich und so glücklich ihn hier zu sehen und zu haben wie immer, und alles was also ins Dunkle geht bei ihm, ich weiß, daß das existiert, aber für mich existiert das nicht, weil ich diesen Teil nicht kenne. Wissen Sie, für mich existiert immer in einer Beziehung zu einem Menschen nur die persönliche Erfahrung, die ganz persönliche Erfahrung. Also, das wird vielleicht ewig unverständlich bleiben.»[9]

In fünf Stunden erzählt Winifred Wagner ihr Leben, die Geschichte des Hauses Wahnfried und der Bayreuther Festspiele – aus ihrer Sicht, die es ihr nicht erlaubt, die engen Verbindungen zur politischen Geschichte Deutschlands in dieser Zeit zu erkennen. Ihre Erzählweise, zuerst steif und offiziös, wie bei einer Presseerklärung, wird im Laufe der fünf Drehtage immer lockerer; auch die heikelsten Passagen schüchtern sie nicht ein. Den vollständigen Film, einschließlich mancher Indiskretionen und Aggressionen, zum Beispiel gegen Wieland, den «Liebling des Führers», hat Wolfgang Wagner abgenommen. Nach der Uraufführung allerdings hat sich die Familie vom Film und von Winifred Wagner distanziert.[10]

Syberbergs Leistung ist eine dreifache: Er hat die Symbolkraft dieser Biographie erkannt; er hat Winifred Wagner, die sich noch nie öffentlich geäußert hatte, zum Reden gebracht; er hat dem Film eine sehr strenge Form gegeben. Manche Tiefsinnigkeiten in seinen interpretierenden Zwischentiteln fallen demgegenüber kaum ins Gewicht.

Syberberg hat einen konsequenten Film gemacht. In fünf Stunden ist fast ausschließlich Winifred Wagner zu sehen; die Einstellungen bewegen sich zwischen Halbnah und Großaufnahme. Keine Zwischenschnitte, nur selten Fotos. Der Film ist chronologisch erzählt und montiert, meist in Zehn-Minuten-Sequenzen; Rückgriffe sind Rückgriffe von Winifred Wagner, nicht von Syberberg. Das Ergebnis: Man traut dem Film, weiß, daß nichts vertuscht, aber auch nichts aus dem Zusammenhang gerissen wird.

Es ist klar, daß Filmemacher sich für die Täter und die Mitläufer, für die bewußten und die unbewußten Nazis interessieren. Von ihnen erhoffen sie Antwort auf die Frage: «Wie konnte das geschehen?» Meist bekommen sie auch eine Antwort, aber sie liegt weniger in dem, was gesagt wird, als in der Art, wie es formuliert wird. In *Lagerstraße Auschwitz* etwa (1979, aus dem Südwestfunk – Reihe «Menschen und Straßen») befragte der Autor Ebbo Demant auch drei Massenmörder: Zwei von ihnen sprechen noch immer ungerührt die Technokratensprache von damals.

Es bedarf einer besonderen Anstrengung, Schuldige vor der Kamera zum Sprechen zu bringen. Was Demant über seine Arbeit an *Lagerstraße Auschwitz* schrieb, gilt im Prinzip auch für andere Interviewversuche: «Ich hatte noch nie Menschen gegenübergesessen, die andere Menschen getötet haben. Und hier sprach ich nun mit drei Männern, die wegen Mordes oder Beihilfe zum Mord an Dutzenden, teilweise Hunderten Unschuldiger verurteilt worden waren. Da ich von ihnen etwas wollte, mußte ich mich in ihre Sprache begeben, mußte sie klinisch über ihre Taten befragen, durfte keine Vorwürfe machen, konnte kaum widersprechen. Sie wären sonst aufgestanden und hätten sich in ihre Zellen zurückbringen lassen.»[11] Etwas einfacher ist es bei Menschen, deren Taten nicht justiziabel sind; ihr Selbstrechtfertigungsdrang ist meist größer als ihre Redehemmung. Hans Jürgen Syberberg hat bei Winifred Wagner davon profitiert, Marcel Ophüls in seinen beiden Filmen.

Sehr viel häufiger werden Opfer interviewt. Auch ihnen fällt es oft nicht leicht, über ihre Erlebnisse zu berichten; vieles läßt sich kaum in Worten wiedergeben. Es kann eine Erleichterung sein, wenn die Zeugen unsichtbar bleiben können wie in der israelisch-französischen Produktion *The 81st Blow* (französischer Titel: *Ne laissons pas les morts enterrer les morts*) von David Bergman, Haim Gouri, Jacques Ehrlich, Miriam Novitch und Zvi Shner. Der Film *Der 81. Schlag* konfrontiert Aufnahmen, die zum großen Teil die Nazis selbst hergestellt, aber nicht veröffentlicht haben, mit Berichten von Überlebenden, Juden aus Polen, Zeugen im Eichmann-Prozeß, die aus dem Off sprechen.

In Filmen aus der Bundesrepublik werden meist Widerstandskämpfer interviewt, häufig Menschen, die im Kleinen oder Verborgenen wirkten. In *Straße im Widerstand* (Gerhard Braun, Wolfgang Kroke, Rainer Ott, Klaus Volkenborn 1975) werden die Aktivitäten von Arbeitern in der Wallstraße in Ber-

Winifred Wagner (Syberberg 1975)

lin-Charlottenburg (heute Zillestraße) vor und nach 1933 geschildert; in *Widerstand und Verfolgung in Köln 1933–1945* (Dietrich Schubert 1976) sprechen Kölner Widerstandskämpfer; in den *Nachforschungen über die Edelweißpiraten* (1980) entreißt Schubert eine Widerstandsgruppe dem Vergessen, die noch 1980 von den Behörden der Bundesrepublik – den Akten der Gestapo folgend – als Vereinigung von Kriminellen bezeichnet wurde. Angehörige der dreizehn erhängten Jungen aus Köln-Ehrenfeld zeigen das Gefängnis und die Hinrichtungsstätte, berichten – oft stockend – von ihrem Kampf um Wiedergutmachung. In Filmen wie diesen, auch *Lagerstraße Auschwitz* gehört dazu, wird energisch der Bogen zur Gegenwart geschlagen, wird gefragt: Ob wir aus der Geschichte gelernt haben, ob die junge Generation genügend erfährt, ob die Verbrechen des «Dritten Reiches» hinreichend bestraft werden, ob man Widerstandskämpfer ehrt, selbst wenn sie noch heute Kommunisten sind wie die meisten Zeugen in *Straße im Widerstand* und *Widerstand und Verfolgung in Köln*?

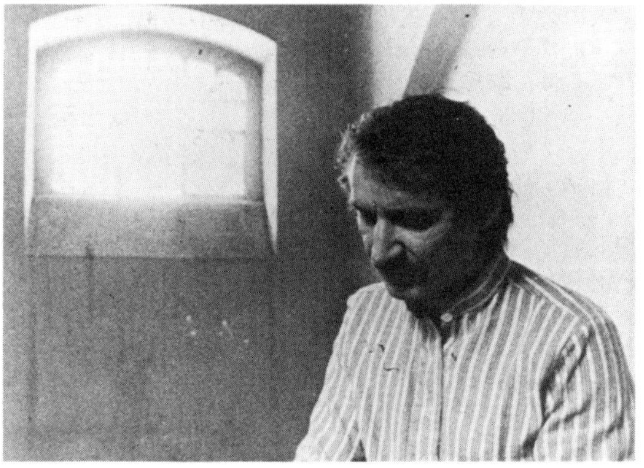

Villi Herman, Niklaus Meienberg, Hans Stürm: *Es ist kalt in Brandenburg* (1980). Roger Jendly als Maurice Bavaud (oben), Gefängnis in der BRD (Mitte), der Schweizer Botschafter Fröhlicher während des Zweiten Weltkrieges in Berlin (unten links)

Schauplätze der Geschichte

Vielen Filmen – wie *Lagerstraße Auschwitz* oder *Edelweißpiraten* – geht es nicht nur um Personen, Subjekte oder Objekte der Geschichte (meistens beides), sondern auch um die Orte, an denen Verbrechen geschahen oder Widerstand geleistet wurde, und um die Wechselbeziehung zwischen den Menschen und den Plätzen, an denen sie lebten. Örtlichkeiten, selbst wenn sie nach 1945 verändert wurden, bewahren etwas von den Ereignissen auf, die da einmal geschehen sind – das ist die Überzeugung dieser Filme.

Einige Filme haben diesen Ansatz noch entschieden weitergeführt, zum Beispiel *Fluchtweg nach Marseille* (BRD 1977) von Ingemo Engström und Gerhard Theuring und *Es ist kalt in Brandenburg* (*Hitler töten*) von Villi Herman, Niklaus Meienberg und Hans Stürm (Schweiz 1980). Beide Filme suchen Schauplätze der Geschichte auf, beide sind Reisen in die Zeit. Engström und Theuring folgen in ihrem Dreieinhalb-Stunden-Film – auf den Spuren von Anna Seghers' Roman «Transit» – den Fluchtwegen der deutschen Emigranten nach Marseille, von wo die Exilierten nach Übersee zu entkommen hofften; Herman, Meienberg und Stürm setzen sich auf die Fährte des Westschweizers Maurice Bavaud, der 1938 – wofür alle Indizien sprechen – Hitler töten wollte. Sie verfolgen seinen Weg von der Heimat bis Plötzensee, wo er am 14. Mai 1941 hingerichtet wurde. Engström/Theuring geht es um Trauer und Vergegenwärtigung, Herman/Meienberg/Stürm verknüpfen Vergangenheit und Gegenwart auf mehr journalistische und polemische Weise.

Fluchtweg nach Marseille heißt im Untertitel «Bilder aus einem Arbeitsjournal (1977) zu dem Roman Transit (1941) von Anna Seghers». Darin steckt der Verweis auf Brechts «Arbeitsjournal», auf dessen

Methode des Zitierens und Montierens. Ingemo Engström und Gerhard Theuring machen ihre Reise 1977, Recherchen schon ab 1974. Sie fotografieren und filmen. Sie zitieren aus dem Roman, Rüdiger Vogeler liest. Katharina Thalbach geht als die Hauptfigur des Romans, Marie, durch den Film. Bei einer langen Autofahrt reflektiert sie als Katharina Thalbach über Deutschland und den Faschismus. Die Filmemacher suchen Zeugen des Exodus auf: Alfred Kantorowicz, Ernst Erich Noth, Ida und Vladimir Pozner, Ruth Fabian, Peter Gingold. Sie setzen alte, meist stumme Wochenschauaufnahmen gegen die Zitate und die Erinnerung. Immer wieder aber lassen sie sich auf Schauplätze ein, die Straßen der Flucht und die Landschaften der Résistance. «Schauplätze haben eine eigene Sprache, die uns verstummen läßt. Sie wird bald verloren sein, wo niemand mehr zuhören mag. Sich auf nichts einlassen brauchen als auf die Topographie eines Ortes, jenseits aller Dramatisierung, hat etwas Wunderbares, Befreiendes.»[12] Da Engström und Theuring in den siebziger Jahren reisen, zeigen sie auch immer die Zerstörung der Landschaft in den dreißig Jahren seit jenen Ereignissen und das Vergessen. Trauerarbeit ist der erste Schritt beim Wiedererinnern. So geht ein Gefühl des Schmerzes und der Bestürzung von *Fluchtweg nach Marseille* aus; eine große, vielleicht die reinste Tradition, die Deutschland heute besitzt, scheint schon verloren und vergessen. Nicht der Hafen von Marseille ist der eigentliche Fluchtpunkt des Films, sondern der Friedhof von Port Bou, auf dem Walter Benjamin begraben ist.

In der Methode ähnelt *Es ist kalt in Brandenburg* dem Film von Engström und Theuring, auch wenn die Schweizer Film-Reise dem Leidensweg nur eines einzelnen Menschen folgt. Ein Schauspieler, Roger Jendly, liest aus Briefen Bavauds, er beteiligt sich auch als Gesprächspartner an den Recherchen. Die Autoren reisen von Neuenburg, woher Bavaud stammte und wo sie mit seiner Familie sprechen, durch Deutschland, sind in München, Berchtesgaden, Berlin (Ost und West), Plötzensee, am Wannsee; dazwischen lange Autobahnfahrten durch ein immer unwirtlicher werdendes Land, in Schwarzweiß gedreht. Jörg Huber schreibt in einer Analyse des Films: «Das Spurensuchen geht nicht von sicheren Erkenntnissen oder definierten Positionen aus, glaubt auch nicht, ein mehr oder weniger festumrissenes Kapitel Geschichte oder einen Ausschnitt Wirklichkeit »authentisch« sichern zu müssen. Wirklichkeit ist, was ihre politische Funktion anbelangt, in der Totalität gar nicht authentisch erfahrbar!»[13] Der Film vermittelt in seinen zweieinhalb Stunden vor allem Assoziationen zum Thema Faschismus. «Bewußt bleibt er im Vagen, im Unerklärbaren und Rudimentären, sucht das Ungeheure im Kleinen, im Normalen und Alltäglichen auf, befragt die »gewöhnlichen« Menschen und tastet sich in die Anonymität vor» (Huber).[14] Das gelingt manchmal vorzüglich: Wenn die Filmemacher in das Faschingstreiben im Münchener Bürgerbräukeller eindringen, der ehemaligen Hitler-Hochburg, weiß man nicht auf Anhieb, ob das alte oder neue Aufnahmen sind. Auch einige Interviews haben explosive Kraft, wenn sich etwa ein ehemaliger Häftling von Plötzensee an die Erniedrigungen im Zuchthaus erinnert, wenn er verzweifelt klagt, daß alte Nazis heute wieder hohe Positionen einnehmen – Karl Carstens zum Beispiel, der zum Zeitpunkt der Dreharbeiten gerade zum Bundespräsidenten gewählt wurde. Das ZDF hat bei seiner Ausstrahlung im Sommer 1981 diese Passage geschnitten.

Andere Verknüpfungen aber von Geschichte und Gegenwart wirken zu dünn: Straßenpassanten kann man wohl überall Äußerungen entlocken, die sie als potentielle Faschisten ausweisen; und eine brillant gefilmte Passage der Wachablösung vor dem Mahnmal gegen den Faschismus (Unter den Linden) setzt zu billige Assoziationen über mögliche Parallelen zwischen dem «Dritten Reich» und der DDR frei.

Es ist kalt in Brandenburg steht auch im Zusammenhang mit der filmischen Aufarbeitung Schweizer Geschichte, wie sie vorher Richard Dindo und Alexander J. Seiler (*Die Früchte der Arbeit*) geleistet haben. Richard Dindo (geboren 1944) hat 1976 zusammen mit Niklaus Meienberg die *Erschießung des Landesverräters Ernst S.* untersucht; Ernst S., aus proletarischen Verhältnissen stammend, hatte den Deutschen einige Granaten geliefert und wurde dafür 1942 hingerichtet; Schweizer Industrielle dagegen arbeiteten unangefochten mit Deutschland zusammen. Auch dieser Film sucht schon die Orte des Geschehens auf, er endet mit Bildern vom Erschießungsort, im Winter aufgenommen. Mit *Es ist kalt in Brandenburg* verbindet ihn, daß er eine vergessene, verdrängte Gestalt der Schweizer Geschichte wieder ins Bewußtsein hebt. Über Ernst S. haben die Filmautoren dabei mehr herausgefunden als über Maurice Bavaud, der – je länger der Film dauert – immer mehr aus dem Film verschwindet. Die Schweiz selbst verlieren Herman/Meienberg/Sturm dabei aber nicht aus dem Visier. Warum hat die Regierung sich nicht um die Auslieferung Bavauds bemüht? Wären dadurch die Beziehungen zwischen beiden Ländern belastet worden? – für Schweizer Zuschauer eine ganz wesentliche Frage des Films.

Einen ungewöhnlichen Beitrag zu einer historischen Topographie hat 1981 der in Argentinien geborene, in Frankreich arbeitende Edgardo Cozarinsky mit *La guerre d'un seul homme* geleistet; der

Film lief im April 1982 als «Kleines Fernsehspiel» auch im ZDF (*Der Krieg eines Einzelnen*). Cozarinsky vergegenwärtigt das Paris der Kriegszeit, während der deutschen Besatzung, allein aus Zitaten: aus Passagen der damaligen, von Deutschland gesteuerten Wochenschau, aus Texten der «Pariser Tagebücher» von Ernst Jünger, aus Musik von Pfitzner und Strauss einerseits (arisch), Schönberg und Schreker andererseits (damals verfemt). Es entstand ein Essay voller – nie ganz eindeutiger – Einsichten: Die Pariser passen sich an (Mode aus Papier), sie kollaborieren; Ernst Jünger, Besatzungsoffizier und Dichter, sieht die Schrecken des Krieges – und hält sich raus; die Musik schließlich, assoziativ eingesetzt, überführt die Stimmung des Films ins Geschichtsphilosophische, in «die Beschwörung des Untergangs» (Gertrud Koch).[15] Paris, im Film immer ganz authentisch anwesend, wird zum Sinnbild einer verwesenden Welt.

Der spanische Bürgerkrieg

Der spanische Bürgerkrieg (1936–1939) ist die erste große kriegerische Auseinandersetzung, von der umfangreiches dokumentarisches Filmmaterial vorhanden ist. Zwar wirken die Kampfaufnahmen heute oft merkwürdig blaß, häufig sind sie nachgestellt; dafür entschädigen die Aufnahmen, die hinter der Front gemacht wurden: vom Leid der Zivilbevölkerung bei Bombenangriffen, von der Arbeit in Fabriken, vom Unterricht in Schulen, von der Fürsorge in Krankenhäusern. Grund für diese reiche Überlieferung: Die Republikaner suchten während des Krieges – mit Hilfe solcher Filme – Verbündete; sie benötigten alles: Geld, Waffen, Medikamente. Unter den Filmberichterstattern waren die Russen Roman Karmen und Boris Makassejew, die 1936/37 zweiundzwanzig Folgen einer Wochenschau *K Sobytijam w Ispanii* (*Zu den Ereignissen in Spanien*) herstellten, Joris Ivens und John Ferno (*The Spanish Earth,* USA 1937), Paul Strand und Leo Hurwitz (*The Heart of Spain,* USA 1938). Vor allem die Aufnahmen aus den Karmen-Wochenschauen und aus *The Spanish Earth* werden immer wieder zitiert.

Trotz dieser guten Quellenlage hat es nach dem Ende des Bürgerkrieges über zwanzig Jahre gedauert, bis 1962 mit *Mourir à Madrid* (*Sterben für Madrid*) von Frédéric Rossif (geboren 1922) erstmals ein großer Kompilationsfilm über den spanischen Bürgerkrieg entstand. Zur gleichen Zeit begann auch die wissenschaftliche Beschäftigung mit dem Thema[16], die vorausgehenden fünfziger Jahre, geprägt vom «kalten Krieg», hatten den spanischen Bruderkampf, der weltpolitische Dimensionen annahm, in Westeuropa und den USA tabuisiert. Und noch Rossifs Film wurde von der französischen Zensur beschnitten[17], man wollte die Beziehungen zu Franco-Spanien nicht beeinträchtigen.

Rossif, der schon 1961 mit einem Film über das Warschauer Getto hervorgetreten war (*Le Temps du ghetto*), bemüht sich, trotz seiner Sympathie für die Republik beiden Seiten gerecht zu werden. Durch Montage, Kommentar (von Madeleine Chapsal) und Musik gelingt Rossif sowohl eine geraffte Darstellung der Ereignisse wie auch eine Emotionalisierung des Archivmaterials. Neue, unter einem Vorwand in Spanien aufgenommene Bilder, vor allem der unveränderbaren Landschaft, suggerieren ein «ewiges» Spanien, dessen Ausdruck der blutige Bürgerkrieg gewesen sei.

Ähnlich im Ansatz die erste spanische Chronik der Ereignisse: *Caudillo* von Basilio Martin Patino, noch zu Francos Lebzeiten 1975 im Untergrund begonnen, nach Francos Tod 1977 fertiggestellt. Patino, der auf weit reicheres Material als Rossif zurückgreifen konnte, erzählt parallel die Biographie Francos und die Geschichte Spaniens von 1926 bis 1939. Patino verwendet bekanntes und unbekanntes Bildmaterial, Lieder beider kriegführender Parteien, Gedichte von Neruda und spanischen Dichtern, vor allem aber all jene hagiographischen Broschüren und Traktate, in denen der gottähnliche Caudillo, der sich als zweiter El Cid oder Alexander sah, zu Lebzeiten gefeiert wurde. Augenzeugen, die aus dem Off sprechen, bringen den Zeitabstand, der uns von den Ereignissen trennt, in den Film ein.

Patino erreicht ein Maximum dessen, was im Kompilationsfilm möglich ist. Er kann auch die Konflikte innerhalb der Linken, vor allem zwischen den Kommunisten und Anarchisten, wenigstens andeuten. In einer Sequenz zeigt er zum Beispiel die Praxis von landwirtschaftlichen Kollektiven. Patino billigt Anarchisten, die eine lange Tradition in Spanien haben, die eigentlichen revolutionären Ideen zu; er hält ihnen aber vor, sie hätten den Sieg der Republik verhindert. Daß die Frage, ob während des Bürgerkrieges eine Revolution in Spanien möglich war, in *Mourir à Madrid* gar nicht und in *Caudillo* nur am Rande behandelt wird, hängt zum einen mit der für dieses Thema schlechteren Quellenlage zusammen: Der Kampf zwischen den Kommunisten einerseits, den Anarchisten und Trotzkisten andererseits, fand ja hinter verschlossenen Türen statt, schließlich in Gefängnissen und Zuchthäusern, wo die Agenten Stalins die unabhängige Linke folterten und töteten; zum anderen mit dem Trauma, das diese Ereignisse bei der Linken (jetzt wieder als Einheit gesehen) ausgelöst haben, den Verdrängungsmechanismen, die dadurch entstanden. Richard Dindo, der mit dem Film *Schweizer im Spanischen Bürgerkrieg* (1973) zum erstenmal den

Versuch machte, diese Traumata aufzulösen, berichtet von Reaktionen mancher Spanienkämpfer auf diesen Film: «Für sie ist der spanische Bürgerkrieg ein Jugendtraum, den sie wie eine Glaskugel hüten, als etwas rundes, abgeschliffenes, kristallines, fleckenloses, das sie nicht zerbrechen lassen wollen. Es ist nicht einfach für gewisse alte Genossen zu sehen, daß die Sowjetunion nicht mehr das »Vaterland der Arbeiter« ist, daß sie es schon 1936 nicht mehr war, oder: daß sie in jenen Jahren daran war, es nicht mehr zu sein . . .»[18]

Anfang der siebziger Jahre wurden ziemlich gleichzeitig zwei Filme gedreht, die durch Interviews das in die Rekonstruktion des spanischen Bürgerkriegs einfügten, was in den Bildern nicht überliefert ist: Hans Magnus Enzensbergers *Durruti – Biographie einer Legende* (1972), außer im 3. Fernsehprogramm des WDR kaum gezeigt, selbst schon wieder Legende geworden, und Dindos *Schweizer im Spanischen Bürgerkrieg.* Enzensberger spricht mit alten Anarchisten, die Durruti gekannt haben, die heute meist im Exil leben. Die Leute erzählen mit großer Unmittelbarkeit und Souveränität, oft auch Leidenschaft; aber sie waren die Verlierer, und so wird in ihren Worten und in ihrer Haltung auch «das Altern von Hoffnungen, das Altern von historischen Momenten, die als solche nicht wiederholbar sind» (Enzensberger),[19] spürbar. Die Schweizer Spanienkämpfer wirken vielleicht um eine Spur kämpferischer, weil sie ihre Erfahrungen mit der Demokratie in Spanien nun auf die Schweiz anwenden können, wo nur der regiere, der Geld hat, wo es keine Volksherrschaft gebe, sondern nur eine Demokratie für den Sonntag. Während Enzensberger selbst einige erläuternde Zwischentexte spricht, die im gleichzeitig erschienenen Buch «Der kurze Sommer der Anarchie – Buenaventura Durrutis Leben und Tod» sehr viel umfangreicher ausfielen, verzichtet Dindo auf jeden Kommentar und gliedert die Interviews in Blöcke, die «an den spanischen Bürgerkrieg erinnern, die anarchistische Bewegung hervorheben, die Heroisierung der Internationalen Brigaden kritisieren, auf die stalinistische Repression hinweisen und die Spanienkämpfer in die Geschichte der schweizerischen Arbeiterbewegung »eingliedern« . . .»[20]. Als historisches Belegmaterial dienen Dindo lange Passagen aus *The Spanish Earth.*

1978 schließlich stoßen dann in einem spanischen Film beide Seiten zusammen, in *La vieja memoria* (*Alte Erinnerungen*) von Jaime Camino. Sie sitzen nicht am selben Tisch, aber vor derselben Kamera: Dolores Ibarruri, die «Pasionaria», der kommunistische General Lister, Julian Gorkin und andere Führer der Poum, Katalanen, Anarchisten, Gil Robles und viele andere. Bis auf wenige Ausnahmen sprechen auch hier nur Besiegte, die als Selbstschutz ihre Erlebnisse und Erfahrungen verdrängt haben. Camino versucht, die Erinnerung wieder zu wecken, er versteht seinen Film als Psychoanalyse. Er akzeptiert bei seinen Gesprächspartnern keine Grundsatzerklärungen oder Abstraktionen, er verlangt die Beschreibung von Ereignissen, das konkrete Detail, die alten Erinnerungen. Für die heutigen Zuschauer sind immer wieder ausführliche Wochenschaupassagen eingefügt, die durch die Erzählungen an Intensität gewinnen. Viele Aussagen widersprechen sich, schon bei der einfachen Beschreibung von Fakten, mehr noch bei der Bewertung, die natürlich mit einfließt. *La vieja memoria* wird immer mehr zu einem Film über die Irrtümer der Republik, die den Krieg nicht nur wegen der Stärke Francos und seiner Verbündeten Deutschland und Italien verlor, sondern auch wegen ihrer eigenen Schwäche. «Ich glaube, daß 99% der Leute in Spanien keine Ahnung von den Ereignissen haben. Und der Film stellt Dinge in Frage, die für die Gegenwart sehr wichtig sind. Es ist vielleicht [. . .] ein trostloser Film, aber das ist gut! Und ich möchte gerne, daß gewisse »Revolutionäre« etwas zum Nachdenken kämen. Nicht, daß ich gegen sie wäre, aber sie wissen oft nicht, was geschehen ist.» (Camino)[21]

Dieser Aspekt der Verknüpfung von Vergangenheit und Gegenwart bestimmt auch drei weitere, sonst sehr unterschiedliche Filme. Schon 1967 kehrte Roman Karmen nach Spanien zurück, «um fragenden Auges das Spanien jener Tage wiederzufinden, Spuren der Erinnerung in den Gesichtern der spanischen Menschen seines Jahrgangs zu entdecken. Aus historischen Aufnahmen der Kämpfe, Archivmaterialien, die die politischen Zusammenhänge der damaligen Zeit klären helfen, Wiederbegegnung mit ehemaligen Spanienkämpfern, Vergleichen, die zur Prüfung der faschistischen Entwicklung in jenen Jahren und heute herausfordern, erwächst dieser gemeinsam mit Konstantin Simonow geschaffene Film»[22] *Grenada, Grenada, Grenada moja* (*Granada, Granada, o mein Granada*). Prinzip des Films ist die Assoziation, das Bildmaterial wird dem Kommentar unterworfen, der auf den persönlichen Erfahrungen von Karmen und Simonow basiert. «Der Film gibt nicht preis, inwiefern auch die Widersprüche der Bürokratisierung Sowjetrußlands und ihre Auswirkungen auf den Verlauf von Revolution und Krieg in Spanien Bestandteil dieser Erfahrung der Autoren waren.» (Peter Nau)[23]

Auch Peter Nestler rührt in seinem 1973 für den Westdeutschen Rundfunk in Köln gedrehten Film *Spanien!* nicht an diese Wunden; *Spanien!* ist noch einmal ein Hohelied auf die Internationalen Brigaden, vielleicht das letzte, das guten Gewissens gedreht werden konnte (ein halbes Jahr nach *Spa-*

nien! wurden die *Schweizer im Spanischen Bürgerkrieg* uraufgeführt). Zweifellos ist richtig, daß viele Interbrigadisten den Krieg so erlebt haben, wie sie ihn hier schildern, und dem stalinistischen Terror in Spanien nicht begegnet sind. Männern, die heute in Schweden, Finnland, der Bundesrepublik, Ungarn und Spanien leben, erinnern sich in einfachen Worten, die in ebenso einfachen Bildern wiedergegeben sind, dazwischen Aufnahmen von Karmen, die hier, wo sie vom ideologischen Ballast von *Granada* befreit sind, erst ihre ganze humane Wirkung entfalten, Postkarten, die die Männer der Kamera zeigen, Aufnahmen aus Spanien heute, dazu Äußerungen über die Opposition im Spanien der späten Franco-Ära. Nestler heroisiert die Interbrigadisten nie auf falsche Weise: Sie haben eine Arbeit getan, sie waren solidarisch – das ist alles. Nestler spricht selbst mit seiner schweren Stimme nicht nur den Kommentar, sondern auch die Übersetzung der finnischen oder schwedischen Zeugenaussagen: So wird der Film zu einem persönlichen Bekenntnis, dem man sich als Zuschauer kaum entziehen kann.

Ähnlich persönlich geprägt ist *Dreams and Nightmares* von Abe Osheroff (USA 1974), von einem Bürgerkriegsveteran gedreht, der von Beruf Zimmermann ist, Co-Regie Larry Klingman. Osheroff knüpft ein Netz von Erinnerungen von den zwanziger Jahren, als er in New York an der Lower Eastside lebte, über den Bürgerkrieg (mit zum Teil neuem Dokumentarmaterial) bis zur Gegenwart, festgehalten in Super-8-Aufnahmen aus dem spanischen Untergrund und Bildern amerikanischer Militärbasen in Spanien. Osheroff geht es nicht darum, ein weiteres Mal nur Bürgerkriegserinnerungen zu präsentieren; er will die Kontinuität einer antifaschistischen Haltung dokumentieren und im Gegensatz dazu eine falsche, bedrohliche US-Politik attackieren.

Gegengeschichtsschreibung und «Oral History»

In der Wochenschau und im Dokumentarfilm Westeuropas und der USA ist bis zum Beginn der sechziger Jahre fast ausschließlich die Geschichte der Herrschenden aufgezeichnet worden – und die Geschichte des «Mannes auf der Straße» (Romm)[24] nur aus dem Blickwinkel von oben. Es gab wenige Ausnahmen, vor allem im spanischen Bürgerkrieg, in der englischen Dokumentarfilmschule und dem Free Cinema. Gegen Ende der sechziger Jahre hat sich die Perspektive geändert: Eine junge Generation von Filmemachern, oft durch den Mai 68 geprägt, interessierte sich nun für eine Geschichtsschreibung von unten. Was in den Jahrzehnten davor versäumt worden war, wollte sie nachholen – in Interviews, aber auch durch Ortsbeschreibungen. Voraussetzung war die neue Dokumentarfilmtechnik seit 1960. An den Filmen über das «Dritte Reich» und auch über den spanischen Bürgerkrieg läßt sich dieser Perspektivwechsel ablesen. An die Stelle der umfassenden Analyse tritt das Interesse für den einzelnen; statt der großen Politik versucht man nun, den Alltag zu beschreiben. Die Folge ist, daß Legenden zerbrechen, daß auch Selbstkritik möglich wird, etwa bei der Darstellung der französischen Résistance oder der spanischen Linken.

Auffallend sind die Parallelen zur Geschichtswissenschaft. Auch hier begann in den sechziger Jahren ein Umdenkungsprozeß. Die Historiker interessierten sich nun vermehrt für bis dahin in der Forschung unterrepräsentierte Klassen und Schichten der Bevölkerung und für den Alltag. Auch hier versagten die klassischen Quellen weitgehend; für das 20. Jahrhundert bot sich ein Ausweg: «Interviews mit den Beteiligten und Betroffenen historischer Prozesse».[25] Diese neue Forschungstechnik, die sich zuerst in den USA und England ausbildete, nannte man «Oral History». Es handelt sich dabei nach Niethammer nicht «um einen neuen Gesamtzugriff zur Geschichte», sondern «zunächst nur um eine neue Dokumentationstechnik»[26], die gleichwohl die historische Forschung insgesamt demokratisieren kann. Daneben gab es auch «Eliten»-Interviews, um zum Beispiel das Entstehen politischer Entscheidungen oder die Praxis von Organisationen durchschaubar zu machen; im Film wäre hier unter anderem auf die Interviews mit Angeklagten (Speer, Dönitz) und Anklägern in *The Memory of Justice* zu verweisen. Vorherrschend aber sind in der historischen Forschung und im Film Interviews mit Arbeitern, Gewerkschaftsvertretern und neuerdings auch mit Frauen.

Vergleicht man Interviews, die für Filme gemacht werden, mit Interviews von Historikern, so gibt es einige spezifische Unterschiede: Die Film-Interviews sind in der Regel weit kürzer, haben mehr Beispielcharakter. Syberbergs *Winifred Wagner* mit fünf Stunden oder die *Lebensgeschichte des Bergarbeiters Alphons S.* von Gabriele Voss, Christoph Hübner und Alphons Stiller (1977) mit vier Stunden – das ursprüngliche Videoband ist 22 Stunden lang – gehören zu den seltenen Ausnahmen. Die Filmemacher drehen meist für einen aktuellen Zweck, die Geschichte soll die Gegenwart erhellen. In *Union Maids* von Julia Reichert, James Klein und Miles Mogulesco (USA 1976) dienen die Gespräche mit drei Gewerkschaftsfrauen aus den dreißiger Jahren dazu, an der kämpferischen Haltung von einst die kompromißbereitere von heute erkennbar zu machen.

Der wichtigste Unterschied aber besteht darin, daß ein Bild sehr viel mehr (und oft widersprüchliche) Informationen transportiert als die Niederschrift eines Interviews. Wir achten zum Beispiel auf das Gesicht und die Haltung des Interviewten, auf seine Sprechweise, wann er schnell spricht, wann er zögert, aber auch auf seine Kleidung, seine Wohnung. Oft ist es dabei schwer, die tatsächliche Aussage und Ausstrahlung eines Menschen von der Versuchsanordnung des Regisseurs zu trennen. In Peter Nestlers Film *Röster Fran Ruhr* (*Im Ruhrgebiet*, Schweden 1967) spricht Heinrich Rabbich, geboren 1888, ehemaliger Bergmann. Seine Erlebnisse als Kommandant in der Roten-Ruhr-Armee 1920 und bei der Niederschlagung des Kapp-Putsches liest er vor. Das scheint ganz logisch: Als alter Mann hat er sich vorbereitet. Er und die anderen Zeugen sitzen vor dem Nippes ihrer bürgerlich eingerichteten Wohnungen. Als man den Film Ende der sechziger Jahre sah, wirkte das Ambiente stärker als die Aussage selbst. Die einst revolutionäre Kraft schien erstorben, verschluckt von der historischen Entwicklung. Fünf Jahre später produzierte Radio Bremen den Film *Staatsfeinde? Deutsche Kommunisten aus fünf Generationen im Widerstand* (Constantin Pauli; Sendung 23. 3. 1973). Auch in diesem eher schlampig gedrehten Fernsehfilm tritt Heinrich Rabbich auf. Er wirkt jetzt freier, sogar jünger, jedenfalls optimistischer. Im Rückblick wird klar, daß die Erstarrung des Nestler-Films eher einem optischen und inszenatorischem Konzept entsprach und nicht unbedingt der Haltung der Befragten. Allerdings fällt zusätzlich ein außerfilmisches Ereignis in den Zeitraum zwischen beiden Filmen. 1968 war die DKP gegründet worden. Sprachen die Kommunisten in Nestlers Film noch halb aus der Illegalität heraus, so konnten sie sich 1972 weit offener äußern.

Grundsätzliches Problem für den Historiker und für den Filmemacher ist die Glaubwürdigkeit seiner Zeugen. Verdrängung, bewußte oder unbewußte Lüge, Selbststilisierung und Selbstinszenierung sind oft schwer zu durchschauen. Rolf Hochhut hat 1978 über seine Recherchen zu «Eine Liebe in Deutschland» berichtet: «... die vorsätzlich lügen, sprechen am überzeugendsten, weil sie nun schon seit Ende der Hitler-Zeit ihre Version erzählen; das übt nicht nur, das drängt sich sogar als Wahrheit auf – und zwar auch den Lügnern selbst.»[27] Am leichtesten ist es noch, die Relativität der Aussagen zu erkennen, wenn man verschiedene Zeugen zu einem Thema versammelt wie Camino in *La vieja memoria*. Überhaupt hat der Film durch seine Informationsdichte hier Vorteile gegenüber dem nur schriftlich fixierten Interview. Die routinierte Bußfertigkeit von Albert Speer in *The Memory of Justice* wäre in ihrer Ambivalenz beim Lesen allein wohl kaum aufgefallen.

Über die Lügen, die offensichtlichen oder kaum erkennbaren, hinaus gibt es Tabus, die der Filmemacher im Gegensatz zum Historiker, der sein Material meist nicht für eine größere Öffentlichkeit oder für eine aktuelle Veröffentlichung sammelt, achten muß. So ist es zum Beispiel Winifred Wagner zumutbar, über die enge Beziehung zwischen Hitler und Wieland Wagner zu sprechen, nicht aber über die Homosexualität ihres Mannes Siegfried; das hat Syberberg dann in seinem «Filmbuch» getan, das eine sehr viel geringere öffentliche Resonanz findet als der Film.[28]

In *Union Maids* wollten zwei der Frauen nicht darüber sprechen, daß sie früher Kommunisten waren; eine der beiden vor allem fürchtete um ihren neuen Job. Erst vier Jahre später haben die Filmemacher diese einzige Beschränkung ihres Films in einem Interview mitgeteilt.[29]

Auch für den Film gilt, was Niethammer für die Verwendung von Interviews in der historischen Forschung festgestellt hat: «daß es wenig sinnvoll ist, im engeren Sinne politische Ereignisse wie z.B. den Kapp-Putsch, die nationalsozialistische Machtergreifung oder den kalten Krieg zu thematisieren. Die Aussagen sind häufig ungenau oder falsch; sie sind stark von Rechtfertigungsversuchen geprägt, mit Angriffen auf gestrige oder heutige politische Gegner verbunden und in einem kaum entschlüsselbaren Maß mit später Gelesenem und Gehörtem durchsetzt.» Diese «vermeintliche Schwäche der Oral History, die subjektive Färbung der erhaltenen Aussagen», könne aber zur Stärke werden; manche Forschungsvorhaben vermieden es zum Beispiel, «die Aussagen der Befragten in rigider Verkürzung nur unter dem Gesichtspunkt »richtig« oder »falsch« zu sehen; sie analysieren sie vielmehr als das, was sie in einem wesentlichen Maße auch sind: als Wiedergabe subjektiv erlebter und verarbeiteter Ereignisse und Prozesse.»[30] Das ist etwa der Ansatz von Eberhard Fechner, der in Filmen wie *Klassenfoto* (1971) und *Unter Denkmalschutz* (1975) den Lebensläufen und Erinnerungen einer Berliner Schulklasse und der Bewohner eines Frankfurter Hauses nachgeht. Diese und ähnliche Filme untersuchen, auf welche Weise einzelne oder Gruppen ihre Erfahrungen verarbeiten, mit all den Beschädigungen, auch der Erinnerung, die ihnen ihr Leben zugefügt hat. Das kann so weit gehen wie in *Nachrede auf Klara Heydebreck* (1970), dem ersten Film des Fechner-Zyklus über das Leben einer Frau, die im Alter von 72 Jahren in ihrer Wohnung im Berliner Wedding Selbstmord begangen hat. Ergebnis der Recherche ist nicht so sehr die Biographie der Frau, die sich aus Mosaiksteinen allmählich zusammensetzt, sondern die Unfähigkeit der Verwandten und Nachbarn, etwas Konkretes über Klara Heydebreck mitzuteilen. Nicht ob die Aussagen über sie «richtig» oder «falsch» sind, ist von Bedeutung, sondern die Erkenntnis, daß eine offensichtlich schwierige Person durch ihre Umgebung in einem Prozeß, der Jahrzehnte dauerte, allmählich immer mehr in die Isolation getrieben wurde. Fechner betont diesen Aspekt noch dadurch, daß er die Interviews sehr kurz schneidet, ineinandermontiert (was im Sinne der Oral History natürlich ein unwissenschaftliches Vorgehen ist): Nicht die einzelnen Personen sind wichtig, sondern das Klima, das durch ihre Aussagen entsteht.

Wenn der Filmemacher Glück hat, wenn er ein Gespür für seine Gesprächspartner entwickelt, wenn er ihnen solidarisch entgegentritt, wird er in der Regel am meisten erfahren; das kann bis zur Selbstbefreiung oder Selbstreinigung des Interviewten gehen: daß er endlich über bestimmte Dinge sprechen kann. Das gilt – um zwei extrem unterschiedliche Beispiele zu nennen – für die alten Kommunisten, die im *Hamburger Aufstand Oktober 1923* (Etz/Tuchtenhagen/Wildenhahn 1971) fast fünfzig Jahre später über ihre politische Arbeit in den zwanziger Jahren und ihre Leidenszeit während des «Dritten Reiches» sprechen, freundliche alte Menschen, die sehr anschaulich erzählen. Das gilt auch für Winifred Wagner, deren Redefluß – allen Beteuerungen der politischen Uneinsichtigkeit zum Trotz – darauf schließen läßt, daß sie die kathartische Wirkung spürt, zu der ihr diese Bekenntnisse verhelfen.

Gegengeschichtsschreibung: Proletarische Tradition/Frauen in der Arbeiterbewegung

Nach Ansätzen in den sechziger Jahren, Nestlers in Schweden gedrehtem Film *Im Ruhrgebiet* (1967) und Erika Runges Porträt *Warum ist Frau B. glücklich?* (1968), das im nächsten Abschnitt behandelt wird, war *Der Hamburger Aufstand Oktober 1923* (1971) von Rainer Etz/Gisela Tuchtenhagen/Klaus Wildenhahn, eine Produktion der Deutschen Film- und Fernsehakademie Berlin (DFFB), der erste wesentliche Film der Bundesrepublik, der sich zur proletarischen Tradition bekannte. Der Zwei-Stunden-Film (in drei Teilen) kombinierte Aussagen der Beteiligten von 1923 mit schriftlichen Zeugnissen (vor allem von Larissa Raisner), mit Fotos aus dem Hamburg der zwanziger Jahre und Aufnahmen vom Hamburg des Jahres 1971. Obwohl der Film die Zeit nach 1945 ausspart, hat er einen deutlichen Bezug zur Gegenwart: Die Aussagen der alten Kommunisten reiben sich im Bewußtsein der Zuschauer von 1971 mit den Parolen der «neuen» Linken. Kommunismus als Erfahrung, nicht dogmatisch erstarrt: hinter der Resignation des Alters wird, herausgefordert durch die Fragen, noch einmal die frühere Kampfbereitschaft spürbar. Dagegen in der Studentenbewegung: ein Theorieüberhang. Diese Schlußfolgerung aber muß der Zuschauer ziehen, der Film provoziert sie nur durch den Zeitpunkt seiner Entstehung.

Der Hamburger Aufstand fand viele Nachfolger, aber seine Emotionsdichte und Reflexionshöhe haben in der Bundesrepublik danach nur noch wenige Filme erreicht. Meist wird die Suche nach der proletarischen Tradition mit dem Thema Antifaschismus verbunden. Daß es neben dem in den Medien gefeierten Widerstand der Offiziere, bürgerlichen Politiker und Kirchenleute auch einen Widerstandskampf der Arbeiter gab, wollen diese Filme am Beispiel oft namenloser Leute demonstrieren. Einige Filme wie *Straße im Widerstand*, *Widerstand und Verfolgung in Köln 1933–1945* oder *Nachforschungen über die Edelweißpiraten* wurden schon genannt.

Der Hamburger Aufstand Oktober 1923 (Tuchtenhagen mit Kamera, Wildenhahn links)

Union Maids (Julia Reichert, James Klein, Miles Mogulesco, USA 1976)

Dietrich Schubert ist durch die Arbeit am Film *Widerstand und Verfolgung in Köln* angeregt worden, sich weiter und intensiv für jene Menschen zu interessieren, «die aus ihren Erfahrungen, Erlebnissen und Erinnerungen ein Geschichtsbild entwarfen, das anders ist als das in den Schulen vermittelte. Es wurde mir auch klar, daß man für diese Art der »Geschichtsschreibung« nicht mehr allzulange Zeit hat, denn viele jener Zeitgenossen leben nicht mehr.»[31] Schubert stieß auf Arbeitslieder aus dem Ruhrgebiet; zwei Filme dokumentieren seine Recherchen: *... mein Vater war Bergmann/Auf der Suche nach alten Liedern im Ruhrgebiet* (1978) und *... Das ist des Arbeitsmannes Los/Auf der Suche nach alten Liedern im Ruhrgebiet 2* (1979). Beide Filme thematisieren die Suche selbst; im ersten (45 Minuten) erlebt man, wie ein Bergmann sich an eine Melodie erinnert, ein anderer an Bruchstücke des Textes, bis schließlich eine Kneipenrunde zusammen den Wortlaut findet. Manche Lieder sind im Film noch nicht vollständig. Diese Offenheit, der Mut zur Lücke, hat die Fernsehzuschauer auf ungewöhnliche Weise bewegt. Nach der Ausstrahlung kamen zahlreiche Briefe, «die den Filmemachern helfen wollten, Lieder, die im ersten Film nur bruchstückhaft zusammengekommen waren, zu vervollständigen».[32] Der WDR entschloß sich daraufhin zu einem zweiten, nun abendfüllenden Film. Schubert besuchte einige der Briefschreiber und ließ von der Haustür an die Kamera laufen, hat also die neue Suche unretuschiert aufgenommen. Schubert präsentiert keine fertigen Ergebnisse, sondern zeigt die filmische Geschichtsschreibung als Arbeit.

Die Filme über die Geschichte der Arbeiterbewegung und Arbeiterkultur betrachten nie Suche und Ergebnis als Selbstzweck; sie verbinden direkt oder indirekt die Historie mit der Gegenwart. Der vielleicht wichtigste europäische Film zum Thema, Alexander J. Seilers *Früchte der Arbeit* (1976), macht diese wechselseitige Erhellung von Geschichte und Gegenwart zum zentralen Punkt. Seiler bezieht vier Erzählstränge und Reflexionsebenen aufeinander: die Geschichte der Schweizer Arbeiterbewegung seit 1914; den typischen Tagesablauf einer Schweizer Arbeiterfamilie von heute; die Biographien der Mitglieder dieser Familie und einiger anderer Arbeiter; Blitzlichter auf die Geschichte einer Luzerner Architektenfamilie, als deren letzter Sproß sich gegen Ende des Films Seiler selbst erweist. Wie kleine Rinnsale fließen die vier Bewegungen zunächst nebeneinander her, bald aber verschlingen sie sich ineinander, werden zum reißenden Strom; die Didaktik verwandelt sich in Trauer, in Zorn: Der Film beschreibt den Weg der Schweizer Arbeiterschaft in die Anpassung; Unterschiede oder Parallelen zu anderen Ländern liegen auf der Hand.

Früchte der Arbeit (Alexander J. Seiler, Schweiz 1976)

Seiler ist kein unbeteiligter Chronist; er gibt zwar seinen Interviewpartnern breiten Raum zur Selbstdarstellung, er nimmt ihre Erzählungen ernst, aber er spitzt durch seine Montage ihre Aussagen zu; Äußerungen etwa über ihren bescheidenen Wohlstand, für sich allein Ausdruck einer gewissen Zufriedenheit, werden zum Indiz für Resignation und mangelnde Kampfbereitschaft. Seiler ist wie Romm und Ophüls Essayist. Er argumentiert vor allem mit Originaltönen und -bildern (die Montage besorgt seine Frau June Kovach); der knappe Kommentar beleuchtet einige Ereignisse aus der Weltgeschichte des 20. Jahrhunderts, in die die Geschichte der Schweizer Arbeiterbewegung eingebettet ist.

Ein wichtiger Strang innerhalb der filmischen Gegengeschichtsschreibung untersucht die Rolle der Frau in der Arbeiterbewegung. In Großbritannien haben 1973 Mary Capps, Mary Keller, Margaret Dickinson, Esther Ronay, Brigid Segrave und Haumphrey Trevelyan, ein Londoner Frauenfilmkollektiv, die Geschichte der Frauen aus dem Rhonddatal im Waliser Bergbaurevier aufgezeichnet (*Women of the Rhondda*). Vier Frauen berichten vor allem vom Generalstreik von 1926, der neun Monate dauerte. Mit ihrer Arbeit haben die Frauen den Streik überhaupt erst ermöglicht. Aus den Erfahrungen der Kampfzeit heraus haben sie eine Frauengilde gegründet, die im Rhonddatal zu einer politischen Kraft wurde.

Zwei Filme, die kurz nacheinander in den USA gedreht wurden, zeigen anschaulich und spannend, wie Frauen im Amerika der dreißiger Jahre Selbstvertrauen gewannen und wegen ihrer Energie und Einsatzbereitschaft allmählich auch in der Arbeiterbewegung anerkannt wurden. In *Union Maids* (Julia Reichert/James Klein/Miles Mogulesco 1976) erzählen drei *Gewerkschaftsfrauen* von ihrer Gewerkschaftsarbeit in Chicago, von Hungermärschen, Demonstrationen, Streiks, von ihrem eigenen Anteil an den Aktivitäten der CIO (Congress of Industrial Organizations). Am Ende des Films werden die Frauen befragt, wie sie ihr oft schweres Leben beurteilen, auch angesichts der rückläufigen Entwicklung der Gewerkschaft nach 1945. Sie bereuen nichts, sind stolz auf ihre Leistung und ihr Leben, sind optimistisch. Sie glauben «an einen ungeheuren Kampfgeist, der unter der Oberfläche ist und wachsen und zum Vorschein kommen wird».[33] In Lorraine Grays *With Babies and Banners* (*Mit Babys und Bannern*, 1978) erinnern sich neun Frauen der «Emergency Brigade» an den 44tägigen Streik der United Auto Workers bei General Motors in Flint (Michigan) im Jahre 1937. Diese Frauen-Notstands-Brigade half, wo immer sie konnte, organisierte Streikküchen, Kindertagesstätten, aber auch Streikposten. Als die Frauen einmal einen Polizeikordon von hinten durchbrachen, war das der Sieg der Arbeiter in einer Straßenschlacht. Wie die Zeuginnen in *Union Maids* erzählen auch die Frauen der «Emergency Brigade», wie schwer sie es hatten, innerhalb der Gewerkschaft anerkannt zu werden, und daß sie selbst heute noch Schwierigkeiten haben.

Beide Filme bestechen durch ein sorgfältig ausgewähltes, zum Teil noch nie öffentlich gezeigtes Filmmaterial. Lorraine Gray hat zum Beispiel in den Wochenschauarchiven Aufnahmen gefunden, die damals nicht verwendet wurden. Die Interviews in beiden Filmen sind temperamentvoll und herzlich. Von den Filmen geht ein Optimismus aus, besser: eine utopische Kraft, die damit zu tun hat, daß hier lange zurückgehaltene, in der Öffentlichkeit verdrängte Fakten endlich ans Tageslicht kommen dürfen. Die Vergewisserung der eigenen Stärke setzt Emotionen frei, wie sie in Dokumentarfilmen selten sind.

Ähnliches gilt für *The Life and Times of Rosie the Riveter* (*Rosie, die Schweißerin*) von Connie Fields (1980), in dem einige Frauen, die während des Zweiten Weltkrieges in der amerikanischen Rüstungsindustrie, zum Beispiel als Schweißerinnen, gearbeitet haben, von dem Selbstbewußtsein berichten, das diese Arbeit für sie brachte, obwohl sie andererseits ausgebeutet und nach dem Krieg – als ihre Männer zurückkamen – sofort wieder entlassen wurden.

Exemplarische Biographien

Alle Filme der Gegengeschichtsschreibung sind stark von biographischen Elementen durchsetzt. Den bisher behandelten Filmen ging es aber nicht darum, einzelne Lebensläufe nachzuzeichnen, sondern Ereignisse, Epochen oder Zeitströmungen der Vergangenheit zu rekonstruieren. In den folgenden Filmen ist dagegen die Biographie von zentralem Interesse. Die Filmemacher haben allerdings Lebensläufe ausgewählt, die prototypisch sind: für eine Klasse, ein Geschlecht, für die Menschen eines bestimmten Alters oder Berufs, einer bestimmten Herkunft.

Oral History im strengen Sinne ist allein die *Lebensgeschichte des Bergarbeiters Alphons S.* (*Ein Bio-Interview in 8 Filmen*) von Gabriele Voss, Christoph Hübner und dem Interviewten Alphons Stiller (1977). Aus dem 22-Stunden-Videoband wurden acht Halbstunden-Passagen ausgewählt, die dem Leben von Alphons S. folgen – von der frühen Kindheit im Saargebiet (1906–1910), über seine Arbeit im Bergbau im Ruhrgebiet, die Tippelei Mitte der zwanziger Jahre, die Zeit in Berlin (1928/29), die Arbeit auf mehreren Gütern, bis zur Machtübernahme der Nazis und dem alltäglichen Faschismus (bis 1939). Film 7 ist ein Exkurs: «Wie konnte der Faschismus so stark werden?» Das Material über die Zeit nach 1939 ist noch nicht ediert.

Es gibt nur wenige Fragen (meist als Inserts), nur wenige Fotoeinblendungen. Der Film zeigt fast ausschließlich Alphons Stiller, der erzählt, nachdenkt, aufschlußreiche Beispiele findet (daß schon 1923 ein Arbeiter von Kollegen als Jude beschimpft wurde), Vergleiche zieht (Hugenberg, der Axel Springer der zwanziger Jahre). Der Film ist in festen Einstellungen gedreht, innerhalb der Antworten oder Monologe nicht gekürzt, so daß etwa Erinnerungslücken nicht kaschiert werden. Entstanden ist ein Film über einen Menschen, «den wir gerne haben, bewundern und anderen empfehlen möchten».[34]

Filme, in denen ohne optische Abwechslung längere Zeit nur geredet wird, haben das dokumentarische Genre bei den Zuschauern in Mißkredit gebracht. *Alphons S.* gehört nicht dazu. Man merkt die klare Gliederung des umfangreichen Stoffs, man spürt – und das ist ein Glücksfall – an Stillers Art zu erzählen die reiche Lebenserfahrung des Mannes. Den Autoren ist zuzustimmen, wenn sie meinen, ihnen sei es darum gegangen, «diesem Leben eine Öffentlichkeit zu geben und die Möglichkeit einer kollektiven Rezeption; eine über die Qualitäten des Buches weit hinausgehende Erzählform erfahrbar zu machen».[35] Die Erfahrungen bei Vorführungen haben zudem gezeigt, daß die Zuschauer angeregt werden, selbst aus ihrem Leben zu berichten. So ist dies ein Film, der Kommunikation stiftet. Die Gliederung in acht Teile lädt ohnehin dazu ein, Kapitel auch einzeln zu sehen und sofort zu diskutieren. Allerdings gibt es ein System von Verweisen zwischen den Filmteilen. Fragen, die in einem Teil nicht beantwortet, nicht einmal gestellt werden (nach den Fehlentscheidungen von SPD und KPD vor Hitlers Machtübernahme, Film 6), werden in einem anderen Teil aufgenommen und geklärt (Film 7).

Dadurch entgeht *Alphons S.* der Gefahr einer «linken Hagiographie», der manche Filmemacher – in verständlicher Identifikationsbereitschaft mit ihren Protagonisten – gelegentlich verfallen. Das sonst eindrucksvolle Porträt *Du sollst Dich nie vor einem lebenden Menschen bücken! – Willi Bleicher* (1978) von Hannes Karnick und Wolfgang Richter ist zum Beispiel nicht frei von solchen Zügen. Bleicher, schon in den zwanziger Jahren politisch engagiert, von 1937 bis 1945 in Buchenwald inhaftiert, nach dem Krieg wieder in der Gewerkschaft tätig, schließlich Bezirksleiter der IG Metall in Baden-Württemberg, erzählt außerordentlich lebendig; Archivaufnahmen verdeutlichen das Gesagte. Aber der Film hat eine wesentliche Lücke: Wegen seiner KPD-Mitgliedschaft mußte Bleicher 1950 den IG Metall-Vorstand verlassen. Er tritt 1951 aus der KPD aus, wird 1953 SPD-Mitglied. Warum? Darüber gibt der Film keine Auskunft. Geschah es aus Überzeugung, unter Zwang, um sich anzupassen?

Einen besonderen Platz unter den Porträtfilmen nimmt Klaus Wildenhahns *Der Nachwelt eine Botschaft* (1980) ein, denn der Arbeiterdichter Günter Westerhoff erzählt nicht nur sein Leben, sondern er führt von Mülheim aus durchs Ruhrgebiet, deckt dabei verschiedene historische Schichten auf: Kindheit in den zwanziger Jahren, die Zechenstillegungen um 1960, die Gegenwart (Kontakt mit Liedermachern, die Lesungen), dann noch einmal ein Sprung zurück in die Kriegszeit und zum Neubeginn nach 1945. Leben und Umwelt werden ständig aufeinander bezogen, wie in nur wenigen biographischen Filmen.

Vergleicht man die Porträtfilme der beiden deutschen Staaten, dann fällt auf, daß man in der DDR mehr auf die Überzeugungskraft bekannter Namen setzt, auf Künstler und Wissenschaftler. Zwar hat Volker Koepp dem alten Arbeiter *Gustav J.* (1973) ein Denkmal gesetzt, zwar werden namenlose Arbeiter und Bauern in Landschaftsfilmen porträtiert (siehe Kapitel 6), aber die wesentlichen biographischen Filme, meist fürs Fernsehen gedreht, sind Persönlichkeiten der proletarischen deutschen Kultur gewidmet. Richard Cohn-Vossen drehte 1972 *Turek erzählt*, Karlheinz Mund ebenfalls 1972 *Die Mit-Arbeiterin* (Elisabeth Hauptmann), Christa Mühl und Werner Hecht erinnerten 1973 an *Helene Weigel*, Gitta Nickel 1974 an *Paul Dessau*. Die Reihe ließe sich fortsetzen.

Hervorzuheben sind zwei Filme von Peter Voigt (geboren 1933), der nach der Mitarbeit an einigen Heynowski/Scheumann-Filmen von 1969 bis 1977 selbständig im Studio H & S Filme drehen konnte. 1970 entstand *Ein Mann seltener Art*, ein Porträt des Schauspielers Hans Otto, den die Nazis im Herbst 1933 umgebracht haben (er ist das historische Vorbild für Hans Miklas, den Gegenspieler von Hendrik Höfgen in Ariane Mnouchkines «Mephisto»). Trotz optisch sehr dürftigen Materials – Voigt hatte nur ein paar Fotos – gelingt ihm ein plastisches Bild, zu dem viele noch lebende Kollegen Ottos beitragen, vom Bühnenarbeiter bis Elisabeth Bergner. Noch wichtiger wohl der Film *Ich bin ein Fritz* (1973), die Biographie eines Historikers, der während des «Dritten Reiches» als Kind in die UdSSR kam und 1945 als sowjetischer Offizier nach Deutschland zurückkehrte, eine intensive Reflexion über Heimat und Vaterland, die auch Tabus berührt: Der Historiker erzählt, er habe am 22. 6. 1941 beim Eintreffen der Kriegsnachricht gefragt: «Krieg, gegen wen?» Voigt ist ein sehr offener, neugieriger Fragesteller: «Ich muß etwas erfragen wollen, was ich nicht weiß. Das setzt übrigens voraus, daß ich keine unumstößliche Konzeption haben darf, die mich unempfindlich macht gegen Überraschungen.»[36] Voigt schneidet die Aussagen der Personen oft sehr kurz, montiert sie ineinander nach inhaltlichen Gesichtspunkten. So werden seine Filme zu Essays, die das Denken anregen.[37]

Biographische Filme werden fast nur über Menschen gemacht, die ein Regisseur mag. Das bringt die Gefahr mit sich, daß er kritiklos wird, daß er Selbstinszenierungen der Personen hinnimmt. Das hat aber den Vorteil, daß die Menschen vor der Kamera nicht ausgebeutet werden, daß sie Vertrauen haben, unbefangen bleiben. Sehr viel problematischer, aber auch notwendig, sind Filme über Figuren der Zeitgeschichte, mit denen man sich nicht identifizieren kann, bei denen man sich aber auch nicht anbiedern darf. Hier hilft nur eine objektivierende Distanz, wie sie etwa Syberberg bei *Winifred Wagner* an den Tag legt. Was machen aber Filmemacher, die eine Person vorführen wollen, die sie verabscheuen, wie etwa Klaus Volkenborn, Karl Siebig und Johann Feindt den General a. D. Henning Strümpell, der mit der Legion Condor im spanischen Bürgerkrieg war, als Jagdflieger im Zweiten Weltkrieg Oberleutnant wurde, es in der Bundeswehr bis zum General brachte, und wenn die Filmemacher zudem die Bedingung eingehen, daß Strümpells Aussagen unverändert und unkommentiert im Film erscheinen?

Sie kombinieren den Lebenslauf Strümpells – den spanischen Bürgerkrieg als Angelpunkt wählend – mit der Biographie des Maurers Ludwig Stillger, der 1933 aus Deutschland emigrieren mußte, 1936 auf seiten der Republik gegen Francos Putsch kämpft, im Zweiten Weltkrieg in Frankreich interniert wird, nach dem Krieg in der Bundesrepublik wieder in der Gewerkschaft arbeitet und sich gegen die Remilitarisierung engagiert. *Unversöhnliche Erinnerungen* (1979) heißt dieses Doppelporträt zweier extrem unterschiedlicher, sich in ihren Lebensläufen aber doch berührender Männer. Der Bundeswehrgeneral a. D., durch und durch Soldat, ein angeblich »unpolitischer» Experte und der für die Arbeiterbewegung engagierte Maurer stehen für bestimmte Richtungen innerhalb der deutschen Geschichte. Die reaktionäre Haltung des Militärs hat die Restauration in der Bundesrepublik mitbestimmt, die demokratische, antimilitaristische und natürlich linke Gesinnung des Maurers war – vor allem in den fünfziger Jahren – nicht gefragt. Der Soldat, obwohl Verlierer 1945, war schließlich doch Sieger, der Arbeiter, der auf der richtigen Seite gestanden hatte, war dennoch wieder bei den Verlierern – wie schon in Spanien.

Volkenborn, Siebig und Feindt können auf jeden Kommentar verzichten. Es genügt, die Interviews ineinanderzumontieren. Für sich allein genommen hätten die gewandt vorgetragenen, aber auch von Uneinsichtigkeit zeugenden Erzählungen und Reflexionen Strümpells eine schillernde Faszination; die Aussagen Stillgers aber, ruhig, manchmal fast schwerfällig vorgetragen, nehmen ihnen diesen Reiz: Der Arroganz des Generals wird die Lebenswirklichkeit des kleinen Mannes gegenübergestellt.

Der Schritt vom Einzel- zum Doppel- oder Gruppenporträt ist scheinbar nur kurz, dennoch wird er selten getan. Der Aufwand an Recherchen oder Material kann so groß sein, daß ein unabhängiger Filmemacher damit überfordert wäre. So ist es wohl ausschließlich das Fernsehen, das solche Filme in Auftrag gibt, das es sich leisten kann, einen Dokumentaristen beispielsweise nicht nur in Deutschland, sondern auch in Sofia, New York und Kalifornien insgesamt 65 Stunden Film drehen zu lassen, aus denen schließlich ein dreistündiger Zweiteiler wird: *Die Comedian Harmonists* (1976) von Eberhard Fechner. Als Fechner mit diesem Film begann, lebten noch vier der ursprünglich sechs Mitglieder des berühmtesten Gesangsensembles der späten Weimarer Republik, das dann durch das «Dritte Reich» in je eine «arische» und «jüdische» Nachfolgegruppe aufgespalten wurde. Fechner schneidet die Interviews mit den ehemaligen Mitgliedern der Comedian Harmonists oder Angehörigen von ihnen ineinander, oft sehr rasch; die Aussagen «spielen sich die Bälle zu», erhellen einander, auch wenn sie sich widersprechen. So entsteht ein Gruppenporträt, eingebettet in die Zeitgeschichte, das doch den einzelnen Lebensläufen ihr Eigengewicht läßt.

Unter Fechners Porträtfilmen ist *Comedian Harmonists* eher eine Ausnahme, weil er einer von vornherein feststehenden Gruppe von Personen gewidmet ist. Sonst arbeitet Fechner – auch bei den schon erwähnten Filmen – nach dem Prinzip des Zufalls. So hat er bei der *Nachrede auf Klara Heydebreck* unter den sechs Westberliner Selbstmordfällen eines Tages den undurchsichtigsten gewählt und sofort mit den Dreharbeiten begonnen. Er hatte «keine Ahnung, wer die Menschen auf dem zufällig bestimmten Berliner *Klassenfoto* waren; ebenso wurde das Haus aus dem Frankfurter Westend in *Unter Denkmalschutz* spontan auf einem Spaziergang ausgewählt» (Netenjakob).[38] Fechner will sich dadurch «beim Filmen die spontane Reaktion gegenüber dem Gegenstand [...] erhalten».[39] Diese Methode unterscheidet Fechners Filme von der Identifikations- und Betroffenheitsdokumentation, die sonst in der filmischen Geschichts-, vor allem Gegengeschichtsschreibung dominiert. Fechner geht von außen an die Personen heran, als nüchterner, zunächst unbeteiligter Chronist. Dennoch kann Betroffenheit, zuerst beim Filmemacher, dann auch beim Zuschauer, durchaus entstehen, weil Fechner den Personen ebenso neugierig wie behutsam entgegentritt. Das gilt besonders für *Lebensdaten* (1976), in dem Fechner – im Gegensatz zu *Klassenfoto* und *Unter Denkmalschutz* – nur wenige Lebensläufe rekonstruiert und sich deshalb wirklich auf sie einlassen kann. Ausgangspunkt sind Wendepunkte des Lebens: Hochzeitstag, letzter Arbeitstag, Krankenlager. Von solchen Daten, die ohnehin zum Nachdenken einladen, blenden die Filme zurück in die Biographien; besonders erschütternd die Erinnerungen des krebskranken alten Mannes im Klinikum Steglitz, der kurz nach den Dreharbeiten starb.

Fechner, der auch mehrere Filme nach literarischen Vorlagen (vor allem von Kempowski) drehte, hat dem Dokumentarfilm eine Dimension erschlossen, die sonst eher der Literatur oder dem fiktiven «Dokumentarspiel» vorbehalten war: die Geschichte eines Hauses, einer Klasse, einer Person. «Die Fiktion hat Fechner ersetzt durch die Art, wie er das dokumentarische Material kontrolliert, es sammelt, zerlegt und in einer neuen Ordnung wieder zusammensetzt.» (Netenjakob)[40]

Erstaunlich, daß es bisher nur wenige Filme gibt, in denen Frauen ihr Leben erzählen, obwohl Erika Runge mit *Warum ist Frau B. glücklich?* unzeitgemäß früh, schon 1968, einen Prototyp dieses Filmgenres gedreht hat. Als die Frauenbewegung um 1970 herum begann, sich auch in Filmen zu artikulieren, hatte sie sich mit so vielen aktuellen Problemen herumzuschlagen, daß die historische Komponente zunächst zu kurz kam. Selbst Filme über ältere Frauen, zum Beispiel *Antonia: A Portrait of the Woman* von Judy Collins und Jill Godmilow (USA 1974), das Porträt der Dirigentin Antonia Brico, konzentrierte sich auf die Gegenwart. *Union Maids* und *With Babies and Banners* haben auch deswegen soviel Aufsehen erregt, weil sie das bis dahin Versäumte nachholten, wobei sie allerdings mehr an der zu rekonstruierenden Zeit als an den individuellen Lebensläufen der Frauen interessiert waren.

Warum ist Frau B. glücklich? hat bis heute – trotz einer hektischen, fernsehtypischen Kamera – seine Faszination bewahrt. Frau B., Bergarbeiterwitwe, Mutter von sieben Kindern, erzählt temperamentvoll, ohne Beschönigung, von der Armut während der Wirtschaftskrise, vom bescheidenen Glück während des «Dritten Reiches». Politisches Bewußtsein gewann sie erst nach dem Krieg; sie ging in die Gewerkschaft, kam in den Ortsvorstand, arbeitet aber weiterhin als Putz- und Küchenhilfe. Sie steht zu ihrem Leben, möchte nichts missen. In einem Nachtrag teilt Erika Runge mit, daß Frau B. nach den Dreharbeiten am 30. 11. 1967 arbeitslos wurde.

Eine ähnliche Biographie erzählt Jutta Brückner in *Tue recht und scheue niemand* (1975); sie rekonstruiert in diesem Fotofilm das Leben ihrer kleinbürgerlichen Mutter, die aber in jüngster Zeit ihre Resignation überwand, sich politisch engagierte. Für die frühe Zeit, in der es nur wenige persönliche Fotodokumente gibt, verwendet Jutta Brückner Aufnahmen von August Sander, dadurch zugleich die Allgemeingültigkeit dieser Entwicklung betonend.

Zwei Filme, die fast ausschließlich mit Interviews arbeiten, stellen Frauen mit ungewöhnlichen Biographien vor. Der Film *Die Stationen der Lore Diener* von Ulrich Leinweber und Friedhelm Fett (1975) zeichnet die Biographie einer Kommunistin nach, die Auschwitz überlebte, dennoch nach 1945 keine Wiedergutmachung bekam, weil sie sich zur SEW bekannte. *Gertrud Baer* von Michaela Belger (1977) berichtet über die bürgerlich-radikale Frauenbewegung in Deutschland im ersten Jahrhundertdrittel und über die Internationale Frauenliga für Frieden und Freiheit, in deren Zentrale in Genf Gertrud Baer bis ins hohe Alter arbeitete. Gertrud Baer erzählt (mit 85 Jahren) so anschaulich und kämpferisch, daß man bedauert, daß der Film (eine Produktion der Münchener Hochschule für Fernsehen und Film) nicht so lang werden konnte wie *Alphons S.*

Gegengeschichtsschreibung in den USA

Besonders ausgeprägt, vor allem in den siebziger Jahren, ist die filmische Gegengeschichtsschreibung in den USA. Ansätze dazu gab es schon in den sechziger Jahren. So hat zum Beispiel Harold Mayer 1964 in *The Inheritance* die Geschichte der Gewerkschaften in den USA nachgezeichnet, von der Zeit um 1900 bis in die Gegenwart.

1962 montierte Robert Cohen aus Wochenschau- und TV-Aufnahmen eine Chronik des berüchtigten *Committee on Un-American Activities* seit 1938. Die Gesinnungsschnüffelei der fünfziger Jahre, das neben dem Vietnamkrieg schlimmste Trauma der jüngsten amerikanischen Geschichte, ist auch Hintergrund von *Point of Order* von Emile de Antonio und Daniel Talbot (1963), einem der ungewöhnlichsten Filme der Dokumentarfilmgeschichte überhaupt. 1954 hatte es in einem Senatsausschuß eine Anhörung gegeben, an der hohe Vertreter der Armee und Senator Joseph McCarthy teilnahmen. Das Fernsehen hatte 188 Stunden direkt gesendet. In diesen Hearings, in denen McCarthy ein für allemal vor der ganzen Nation als Hexenjäger entlarvt wurde, erwuchs ihm vor allem in Joseph Linden Welch ein liberaler, vernünftiger, witziger und wortgewaltiger Gegenspieler. (Otto Preminger vertraute Welch 1959 eine Hauptrolle in seinem Film *Anatomy of a Murder* an.) Aus den 188 Stunden kondensierten de Antonio und Talbot eine 97-Minuten-Fassung. Die minutiöse Aufzeichnung eines Ereignisses vom zeitgeschichtlichem Rang, die naturgemäß viel Leerlauf enthält, verwandelt sich im Film in ein künstliches Gebilde, ein Drama, oder wie die Autoren sagten, «in eine Art moralischer Western – eine Karikatur auf *Shane,* in der McCarthy Jack Palance und Welch Alan Ladd spielt».[41] Natürlich ist dieses Verfahren fragwürdig, aber in seiner Fragwürdigkeit auch durchsichtig: Es gibt Wortgefechte zwischen McCarthy und seinen Widersachern, die vom Text her wie aus einem Guß erscheinen, in denen aber McCarthy in fast jeder Einstellung eine neue Krawatte oder ein neues Jackett trägt. Wegen der starren Kamerapositionen ließe sich die absolute Künstlichkeit eines solchen aus mehreren Passagen zusammengesetzten Dialogs sonst nicht erkennen. Was *Point of Order* vor allem vermittelt, ist die moralische Kraft der Selbstreinigung der amerikanischen Gesellschaft, eindrucksvoll symbolisiert in der fast alttestamentarischen Verfluchung McCarthys durch Welch. In der Schlußpassage, wenn McCarthy sich weiter herauszureden versucht, will ihm niemand mehr zuhören: Die Mitglieder des Ausschusses verlassen den Saal, McCarthy spricht ins Leere.

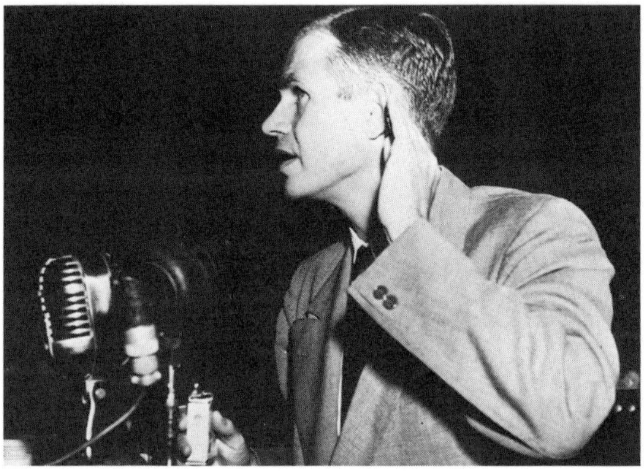

Auch drei der wichtigsten historischen Recherchen der siebziger Jahre, *The Unquiet Death of Julius and Ethel Rosenberg* (*Der unruhige Tod von Julius und Ethel Rosenberg*) von Alvin H. Goldstein (1974), *On Company Business* (*Im Auftrag der Firma*) von Allan Francovich (1978–1980) und *The Trials of Alger Hiss* (*Der Fall Alger Hiss*) von John Lowenthal (1979) verarbeiten das Klima der fünfziger Jahre. Goldstein befragte Beteiligte des Rosenberg-Prozesses; das Ehepaar wurde 1953 – trotz vieler Proteste – wegen angeblicher Atomspionage für die Sowjetunion hingerichtet. *On Company Business* untersucht die Geschichte des CIA seit seiner Gründung Ende der vierziger Jahre, zu Beginn des kalten Krieges. *The Trials of Alger Hiss* rollt den Fall Alger Hiss wieder auf. Die Verurteilung des früheren Roosevelt-Vertrauten im Jahre 1949 signalisierte eine Wende in der amerikanischen Politik; man hielt ihn für überführt, Ende der dreißiger Jahre kommunistischer Spion gewesen zu sein. Da der Fall verjährt war, verurteilte man ihn wegen Meineids. In den Jahrzehnten seitdem sind die Indizien für Hiss' Unschuld immer zwingender geworden, trotzdem kämpfte er zur Zeit der Dreharbeiten – als 75jähriger – immer noch um seine Rehabilitierung.

Die drei Filme sind in ihrer Machart konventionell, sie mischen nach Fernsehart alte Filmausschnitte mit neuen Interviews, enthalten aber so viel und oft neues Material (vor allem der CIA-Film), daß diese Mängel kaum ins Gewicht fallen. Francovich und seine Mitarbeiter haben in staatlichen und privaten Archiven in den USA und Europa geforscht, sie haben selbst 50 Interviews neu gedreht. Sie dokumentieren so gründlich wie möglich die Rolle des CIA beim Staatsstreich in Brasilien (1964), in Chile, in anderen lateinamerikanischen Ländern, in Angola. Sie lassen – als gute Liberale – auch immer die Gegenseite zu Wort kommen, aber die Schlußfolgerungen sind eindeutig. Der Film entstand in der Zeit, da man in den USA – nach Chile und Watergate – die Rolle von CIA und FBI kritisch untersuchte, wo viele ehemalige oder gegenwärtige Mitarbeiter der «Firma» die Flucht nach vorne antraten. Von diesem Bekenntniseifer profitiert auch *On Company Business.* Ein Zeuge im Film sagt, es sei Taktik des CIA gewesen, wenn etwas ruchbar wurde, die Öffentlichkeit selbst zu informieren, um noch gravierendere Enthüllungen zu verhindern. Sind also die vielen bereitwilligen Aussagen im Film auch vom CIA gesteuert?

The Trials of Alger Hiss ist (unter Mitarbeit von Profis) der Film eines Amateurs, des Rechtsprofessors John Lowenthal, den dieser Fall schon lange interessiert hat. Er macht aus der Not eine Tugend: Er weiß als Jurist, welche Leute er zu befragen hat und welche Fragen er ihnen stellen muß. Er führt den Prozeß, der Hiss verweigert wird. Er konfron-

Linke Seite: Ein Opfer: Alger Hiss, Ende der vierziger Jahre, Mitte der siebziger Jahre (aus: *The Trials of Alger Hiss*, John Lowenthal, 1979)

Rechte Seite: Zwei Täter: Joseph McCarthy, 1954 (aus: *Point of Order*, de Antonio/Talbot 1963), Richard Nixon (aus: *Alger Hiss*)

tiert einige Zeugen mit auf Video aufgenommenen Aussagen anderer Zeugen, um die in der Realität nicht mögliche Gegenüberstellung doch zustandezubringen. Darüber hinaus lebt der Film von Wochenschauausschnitten aus den vierziger und fünfziger Jahren, in denen vor allem Richard Nixon, ein fanatischer Verfolger von Alger Hiss, auf unnachahmliche Weise auftritt: salbungsvoll und selbstgerecht. Aufnahmen, die damals Stimmung gegen Hiss und die angeblichen Sympathisanten des Kommunismus in den USA machen sollten und vermutlich auch gemacht haben, stellen jetzt nur noch den Hexenjäger von einst bloß. Ein weiteres Beispiel dafür, wie Filmmaterial in einem anderen zeitlichen und inhaltlichen Kontext seine Wirkung ändert. Leo Hurwitz' Chronik der letzten 50 Jahre der amerikanischen Geschichte, *Dialogue with a Woman Departed* (1980), wird wegen ihrer die Genregrenzen sprengenden Machart im Kapitel 10, Seite 194 behandelt.

In den siebziger Jahren hat man sich im Dokumentarfilm der USA wieder auf die proletarischen Traditionen besonnen. Man hat Filme der dreißiger Jahre wiederentdeckt, vor allem der «Film and Photo League»; man hat sich selbst dieser Zeit zugewandt, wie in *Union Maids* und *With Babies and Banners*; auch *Harlan County USA* von Barbara Kopple (1976) baut in die aktuelle Streikchronik historische Reminiszenzen ein. Man hat aber auch entferntere, scheinbar abseitige Strömungen der Arbeiterbewegung dem Vergessen entrissen. In *The Wobblies* (1979) von Steward Bird und Deborah Shaffer wird an die «International Workers of the World» erinnert, die sich zu Beginn des Jahrhunderts als erste für die neueingewanderten Arbeiter einsetzten. *Free Voice of Labor* schließlich von Steven Fischler und Joel Sucher (1980) verfolgt den Weg der jüdischen Anarchisten in den USA seit der Einwanderung um die Jahrhundertwende bis zur Gegenwart und damit verbunden die Geschichte der jiddischen Zeitung «Freie Arbeiterstimme», die bis 1977 in New York erschien. Symptomatisch, wie sich die Söhne und Töchter dieser Immigranten allmählich vom Anarchismus abwandten, sich der amerikanischen Gesellschaft assimilierten, die ihre Eltern noch bekämpft hatten. So sind es (wie in den *Wobblies*) vor allem alte Menschen, die den Geist der Revolution bewahrt haben. Einer sagt: Viele glauben, die Revolution müsse schnell kommen, wenn das nicht gelinge, resignieren sie bald. In Wirklichkeit muß man ein Leben lang für die Gerechtigkeit kämpfen.

Von der Momentaufnahme zur Chronik

Die Einführung des Originaltons im Dokumentarfilm, die Möglichkeit, Menschen über eine längere Zeit sprechen zu lassen, Alltag zu beobachten, hat neue Methoden auch in den Dokumentarfilm eingebracht, der Geschichte darstellt. Auf der einen Seite: Oral History; auf der anderen Seite: die Chronik.

Um 1970 herum begannen Filmemacher damit, nicht nur punktuell einzelne Ereignisse festzuhalten, sondern Entwicklungen aufzuzeichnen. Vorläufer dieser Tendenz war Winfried Junge, der schon 1961 mit dem Film *Wenn ich erst zur Schule geh'* seinen Golzow-Zyklus startete, ohne damals ahnen zu können, welchen Umfang dieses Projekt einmal annehmen würde. Auch Wildenhahn hat schon bald darauf bestanden, Prozesse zu filmen, ob es sich nun um die Entstehung einer Choreographie von Merce Cunningham handelt (*498, 3rd Avenue*, 1967) oder um die Errichtung eines Silos (*In der Fremde*, 1967).

Eine logische Fortsetzung dieser Langzeitbeobachtungen sind die Chroniken, eine Folge von zum Beispiel fünf Filmen (Wildenhahns *Emden geht nach USA,* 1975/76) oder zwölf Filmen (*Comment Yukong deplaca les montagnes/Yü Gung versetzt Berge* von Joris Ivens/Marceline Loridan über China, 1973–1976).

Ob nun Alltagsbeobachtungen mehr punktuellen Charakters oder Chroniken: Es entstanden Aufnahmen, wie sie aus früheren Jahrzehnten nicht zur Verfügung stehen. Der Ärger von Esfir Schub, es würden vor allem «Paraden, Treffen, Ankünfte, Abreisen, Delegierte» im Bilde festgehalten – sie meinte die Aufnahmen nach dem Bürgerkrieg in der UdSSR, aber ihrer Beobachtung läßt sich auf andere Länder und Zeiten übertragen –, ist erst in den letzten fünfzehn Jahren beseitigt worden. Auch bei der Aufzeichnung großer historischer Ereignisse gibt es jetzt den «Mann auf der Straße», den Romm bei den Bildern aus dem «Dritten Reich» vermißte, man denke nur an die dreiteilige Chronik *La Batalla de Chile* (*Die Schlacht um Chile*) von Patricio Guzman (1973–1979). In dessen zweitem Teil ist zum Beispiel eine längere, sehr prinzipielle Diskussion im Sommer 1973 zwischen einem jüngeren Gewerkschaftsfunkionär, der voller Überzeugung, aber hilflos nach Worten ringend für den legalen Weg Allendes eintritt, und einem älteren, sehr selbstsicheren Arbeiter festgehalten, der die Bewaffnung des Volkes fordert. Daß diese Auseinandersetzung zwischen zwei Leuten aus dem Volk zu einer zentralen Szene des Films werden konnte, liegt nicht nur am politischen Bewußtsein Guzmans und seiner Kollegen, sondern auch an der neuen Dokumentarfilmtechnik, die es erlaubt, bei einem nicht vorhersehbaren Ereignis mehrere Minuten durchzudrehen.

Vielen Filmemachern ist bewußt, daß ihre aktuellen Aufzeichnungen Quellenmaterial für künftige Historiker sind. Guzman schrieb über *Die Schlacht um Chile:* «Unsere Filme sollen so etwas wie das »Gedächtnis« dieses Abschnitts der Geschichte werden. Wir selber wollten dabei die Rolle der Zeugen spielen, die diese historische Situation filmten, die sich inzwischen in eine historische Lektion verwandelt hat.»[42] Wie schnell das gehen kann, läßt sich vor allem am China-Zyklus von Ivens/Loridan ablesen: Obwohl *Yü-Gung versetzt Berge* sich in seinen Aufnahmen ganz auf den Alltag beschränkt, keinerlei spektakuläre Ereignisse enthält, ist der Film, der Europa mit der chinesischen Gegenwart bekannt machen sollte, schon Ende der siebziger Jahre zu einem historischen Dokument über die Zeit der Kulturrevolution geworden.

Alle beobachteten Filme, die seit den sechziger Jahren entstanden sind, Filme, in denen sich die Macher nicht vordrängen – also ein großer Teil der Filme, die in diesem Buch beschrieben werden – sind Material für die Historiker. Je mehr essayistische Elemente in sie eindringen, desto geringer ist ihre Relevanz für eine künftige Geschichtsschreibung; es sei denn, daß gerade dieser Autorenstandpunkt interessiert: wie man in einem bestimmten Augenblick ein bestimmtes Ereignis beurteilt hat. Das gilt zum Beispiel für die kubanische Wochenschau und die Filme von Santiago Alvarez.

Dokumentarfilme erweitern den Bildervorrat, den jeder mit sich in seinem Kopf herumträgt. Sie schaffen Fixpunkte der Konkretion, die das, was man sonst nur aus Büchern kennt, mit Anschauung füllen. Während man sich aber bei Filmen aus der Zeit vor 1960 und bei den aus ihnen gewonnenen Kompilationen in der Regel immer an einzelne Bilder erinnert, hier also ein fließender Übergang von der Fotografie zum Film stattfindet (und diese Filme selbst ja oft mit Fotos arbeiten), erinnert man sich bei Filmen, die mit den Mitteln des Direct Cinema gedreht sind, in der Regel an Entwicklungen und Prozesse. Es werden nicht mehr allein visuelle Reize überliefert, sondern auch Argumentationsketten.

La Batalle de Chile (Patricio Guzman, 1973–1979)

Anmerkungen

1 Zit. nach Forum 1973, Berlin, Blatt 2.
2 In: Möglichkeiten des Dokumentarfilms, Oberhausen 1979, Redaktion Wolfgang Ruf, S. 165–176.
3 Siehe Jay Leyda, Filme aus Filmen, Berlin (DDR) 1967, S. 126.
4 Rotha, zit. bei Leyda, a. a. O., S. 125.
5 Dietrich Kuhlbrodt, Filmkritik, Frankfurt a. M., Nr. 10/1961, S. 486.
6 Zit. nach Kinemathek, Freunde der Deutschen Kinemathek (Hg.), Heft 24, Februar 1966, S. 3.
7 Zit. nach Forum 1972, Berlin, Blatt 39.
8 Zit. nach Filmfest Berlin 1978, Informationsblatt «Nicht schuldig?»
9 Aus dem Text des Films, zit. nach Syberbergs Filmbuch, München 1976, S. 261. Syberberg verweist auf ein NBC-Interview mit Speer am 3. 2. 76, der auf dieselbe Frage antwortete: «Hier? Heute? In Heidelberg? »I would call the police.« Ich würde die Polizei rufen.»
10 Syberbergs Filmbuch, vor allem S. 290 ff.
11 Zit. nach Filmfest Berlin, 1980, «Neue deutsche Filme», Informationsblatt «Lagerstraße Auschwitz».
12 Zit. nach Filmkritik, München, Nr. 2/1978, S. 78.
13 Zit. nach Texte zum Schweizer Film, Nr. 3, Zürich 1980, S. 126.
14 A. a. O., S. 120.
15 Frankfurter Rundschau, 24. 2. 1982, S. 11.
16 Hugh Thomas, Der spanische Bürgerkrieg, 1961 (deutsch 1964); Pierre Broué und Émile Témime, Revolution und Krieg in Spanien, 1961 (deutsch 1968).
17 Siehe Eckhardt Schmidt, Kritik zu «Sterben für Madrid», Film, München, Nr. 9, 1964, S. 39 ff.
18 Zit. nach Filmkritik, München, Nr. 10/1974, S. 469.
19 Zit. nach Filmkritik, Nr. 10/1974, S. 461.
20 Dindo, Filmkritik, München, Nr. 3/1975, S. 120.
21 Zit. nach Forum 1979, Blatt 14.
22 Friedrich Salow, Wolfgang Gersch, Evelin Matschke, Hartmut Albrecht, Filmwissenschaftliche Bibliothek, Berlin (DDR), 1969, S. 259.
23 In: Der Spanische Bürgerkrieg im Film, Freunde der Deutschen Kinemathek (Hg.), Berlin 1975, 3. Aufl. S. 36.
24 Siehe Anmerkung 6.
25 Lutz Niethammer (Hg.), Lebenserfahrung und kollektives Gedächtnis. Die Praxis der «Oral History», Frankfurt a. M. 1980, S. 8.
26 Niethammer, a. a. O., S. 22.
27 Zit. nach Niethammer, a. a. O., S. 190.
28 Syberbergs Filmbuch, S. 259.
29 Alan Rosenthal, The Documentary Conscience, Berkeley 1980, S. 320.
30 Niethammer, a. a. O., S. 350 f.
31 Zit. nach Duisburger Filmwoche, Dokumentation 1978, S. 13.
32 Zit. nach Duisburger Filmwoche, Dokumentation 1979, S. 93.
33 Aus dem Protokoll des Films, teilweise abgedruckt im Zentral Film Verleih, Katalog 78/79, Kapitel 15, S. 15.
34 Gabriele Voss, Christoph Hübner, Duisburger Filmwoche, Dokumentation 1978, S. 20 – der Text des Films ist abgedruckt in: Jaimi Stüber, Textbuch zum Filmzyklus «Lebensgeschichte des Bergarbeiters Alphons S.», Bremen 1980.
35 Voss/Hübner, a. a. O.
36 Peter Voigt, Sonntag, Berlin (DDR), Nr. 6/1977, S. 9.
37 Das gilt insbesondere für *Internationalisten* (1974, mit Erwin Burkert) und *Ohne Arbeit* (1975), in denen er über internationale Solidarität und Arbeitslosigkeit in der BRD nachdenkt.
38 medium, Frankfurt a. M., Nr. 6/1976, S. 17.
39 Netenjakob, a. a. O., S. 17.
40 Fernsehen + Film, Velber, Nr. 4/1970, S. 40. In diesem Heft Protokoll von «Nachrede auf Klara Heydebreck».
41 Zit. nach XIII. Internationale Filmwoche Mannheim, 1964, Programmheft, S. 31.
42 Zit. nach Forum 1976, Blatt 33.

Der lachende Mann (Heynowski & Scheumann, DDR 1966)

8. Dokumentarfilm und Fernsehen

Das Fernsehen war in den letzten zwanzig Jahren der wohl wichtigste Produzent und Käufer von Dokumentarfilmen – es hat den Dokumentarfilm geprägt, im Guten wie im Schlechten. Es hat einen Formenkanon geschaffen, an dem sich gerade die besten Dokumentaristen immer gerieben haben; es hat auch – unterschiedlich in den einzelnen Ländern – politische und gesellschaftliche Markierungen gesetzt. Hier sollen nun einige grundsätzliche Fragen diskutiert und entscheidende Entwicklungen nachgezeichnet werden.

Verfügbarkeit und Allgegenwart

Das Fernsehen ist das dokumentarische Medium schlechthin, noch vor und unter der Ebene des gestalteten Dokumentarfilms. Die aktuellen Nachrichten- und Magazinsendungen, wie schlecht zusammengestellt und kommentiert sie immer sein mögen, suggerieren dem Zuschauer eine Allgegenwart des Weltgeschehens auf seinem Bildschirm. Seitdem Berichte per Satellit «live» aus anderen Erdteilen übertragen werden können, hat sich diese Verfügbarkeit noch verstärkt. Vor allem Ereignisse, die zeitgleich und in voller Länge zugänglich gemacht werden, Fußballspiele oder Bundestagsdebatten, stellen durch ihre Aktualität und – wenn das Ergebnis offen ist – Spannung jeden nachträglich hergestellten Dokumentarfilm in den Schatten. Als während der Westdeutschen Kurzfilmtage 1972 in Oberhausen der Mißtrauensantrag gegen Willy Brandt im Bundestag diskutiert wurde, saßen die Festivalteilnehmer weit häufiger vor dem Monitor als vor der Leinwand.

Die Verfügbarkeit der Welt aber ist auch eine Illusion; die Fernsehanstalten treffen eine rigorose Auswahl. Die Spitzenpolitiker und die sogenannten Experten kommen zu Wort, schon nicht mehr die Hinterbänkler der Parlamente oder gar der «einfache Mann von der Straße»; bei internationalen Konflikten (Vietnam oder El Salvador) und bei nationalen (Streiks, Jugendbewegung) berichten die Fernsehanstalten einseitig oder gar nicht (Friedensdemonstration in Bonn am 10. Oktober 1981); die formale Zubereitung schließlich – ungekürzt und live werden ja in der Regel nur politisch unverdächtige Ereignisse übertragen (Sport, Weltraumfahrt) – ebnet alle Ecken und Kanten ein, allwissende Kommentatoren und Moderatoren machen noch das Ungeheuerlichste verständlich und konsumierbar. Verfügbar also ist die Welt nur der Institution Fernsehen, nicht dem einzelnen Zuschauer. Auch die künftige Vervielfachung des Angebots durch Kabelfernsehen wird daran prinzipiell nichts ändern, sie wird nur das Immergleiche multiplizieren.

Gegen alle diese Praktiken wendet sich der Dokumentarfilm der letzten zwanzig Jahre, indem er Menschen eine Sprache gibt, die sonst nicht zu Wort kommen, indem er das inoffizielle Ereignis gegen das offizielle stellt, indem er in Konfliktsituationen Gegeninformationen liefert. Paradox aber an dieser Situation ist, daß das Fernsehen, das sich gegen bestimmte Teile der Wirklichkeit abschottet, diese Realität doch – wenn auch auf eng umgrenzten Sendeplätzen – ins Programm nehmen muß, um seinen Informationsauftrag zu erfüllen, um nicht ganz in der Routine zu erstarren. Jene Filmemacher aber, die sich auf dieses Geschäft einlassen, sind nie vor der Gefahr gefeit, vom Apparat vereinnahmt zu werden, politisch und ästhetisch. Daß Dokumentarfilme weithin einen so schlechten Ruf haben, verdanken sie – bei ungeübten Zuschauern – ihrer Ähnlichkeit mit Fernsehdokumentationen; manchmal aber haben die Zuschauer gar nicht so unrecht. Die Dokumentaristen finden oft nicht jene Bilder und jene Sprache, die dem allabendlichen TV-Allerlei Widerstand entgegensetzen können. Die Filme müssen der scheinbaren Verfügbarkeit der ganzen Welt einen authentischen Einblick in einen kleinen Bereich der Wirklichkeit gegenüberstellen, nur dadurch gewinnen sie Berechtigung und Interesse.

Dokumentarfilm: Neue Impulse fürs Fernsehen?

Der neue, spontane, mit Originalton gedrehte Dokumentarfilm seit Anfang der sechziger Jahre mußte auf jeden wachen Fernsehredakteur eigentlich wie eine Offenbarung wirken. Endlich konnte er Menschen, in alltäglichen Situationen, auf den Bildschirm bringen. Oder eine Entwicklung dokumentieren, die einige Wochen und Monate dauerte.

In der Bundesrepublik, darauf wurde schon hingewiesen (Kapitel 1 und 4), waren es zuerst die Musik- und Kulturredaktionen, die diese Chance nutzten: der NDR mit Wildenhahn, Leacock oder Seiler, der Bayerische Rundfunk mit Syberberg. Die Politisierung Ende der sechziger Jahre hat dann zu einer größeren Offenheit auch gegenüber kritischen Themen geführt. In einem Rückblick schrieb Rolf Schübel, der zusammen mit Theo Gallehr um 1970 aufschlußreiche lange Dokumentarfilme für verschiedene ARD-Anstalten drehen konnte, im Jahre 1976: «Die gesellschaftliche Situation in der Bundesrepublik war (zumindest in Ansätzen) in Bewegung geraten, jahrzehntelang Tabuiertes wurde (zumindest in Ansätzen) diskutiert, die Studentenbewegung war auf ihrem Höhepunkt. Und so kam es, daß auch durch manche Fernsehredakteursstube ein Hauch von Revolte strich: Da gab es (zumindest in

Ansätzen) eine Bereitschaft, Bestehendes in Frage zu stellen, da war man (zumindest in Ansätzen) offen für Kritik und interessiert an Neuem.»[1]

Ergebnis dieser Offenheit waren zum Beispiel die Schübel/Gallehr-Filme *Der deutsche Kleinstädter* (1968, für den NDR), *Rote Fahnen sieht man besser* (1971, für den WDR und Radio Bremen), *Arbeitskampf* (1972, für den WDR), *Die Aufsteiger-Saga* (1973, für das Dritte Programm des WDR). All diese Filme, die das «Wirtschaftswunder» sehr kritisch unter die Lupe nahmen, argumentierten nur mit Bildern und Tönen, nicht mit einem besserwisserischen Kommentar. Die Menschen vor der Kamera, Arbeiter vor allem, die sonst nicht zu Wort kamen, wurden so lange von der Kamera begleitet, daß ihre Äußerungen für den Zuschauer aus dem ausführlich gezeigten Leben heraus verständlich wurden. Ähnliches galt für die Filme von Klaus Wildenhahn, von *In der Fremde* (1968) bis *Emden geht nach USA* (1975/76, gesendet 1977 in den Dritten Programmen des WDR und NDR).

Bei Schübel/Gallehr und bei Wildenhahn läßt sich eine ähnliche Kurve beobachten: Die Filme werden allmählich vom Ersten ins Dritte Programm verbannt, «und es steht zu befürchten», so Schübel ironisch im schon zitierten Aufsatz, «daß sie in Zukunft noch weiter vertrieben werden, nämlich in filmhistorische Nachschlagewerke». Die von ihm 1976 benannten Gründe für diese Entwicklung haben bis heute Gültigkeit behalten: Er sah einen Wind «von Restauration durch die Gesellschaft und folglich auch durch die Redaktionsstuben» wehen; die Zauberformel «Ausgewogenheit» habe mancher so verstanden, «daß, wenn ein Arbeiter was erzählt, dem Unternehmer dieselbe Redezeit eingeräumt werden muß». «Parteilichkeit im Sinne von »sich jemandes Problemen zuwenden«» sei «zur Zeit wenig gefragt». Manche Redakteure hätten «einfach ein bißchen zu wenig Mut»; vielleicht seien «O(riginal)-Ton-Filme nicht mehr modern» und «lange Dokumentarfilme einfach langweilig».

Als der kritisch-beobachtende Dokumentarfilm noch in Blüte stand, als auch polemische Sendungen wie Roman Brodmans *Polizeistaatsbesuch* (1967) über den Berlin-Trip des Schah und seine Folgen noch möglich waren, hatte ein Regisseur wie Peter Nestler, der die Praktiken des Fernsehens noch rigoroser in Frage stellte als Wildenhahn oder Schübel/Gallehr (siehe Kapitel 4), schon formuliert: «Meine Erfahrungen zu den Möglichkeiten und Grenzen sozialer Dokumentation im TV ist, daß die Grenze wie eine Betonwand ist, und die Möglichkeiten sind die Mißverständnisse. Statt zu zeigen, was ist, was man erfahren hat, zensieren viele sich selbst, finden einen Aufhänger, was exotisches, und von dem, was vor der Kamera war, ist nichts geblieben. Das ist der Anfang des schlechten Gewissens, und hier beginnt der brauchbare Fernsehreporter.»[2] Nestler, nach *Ein Arbeiterclub in Sheffield* (1965, für den Süddeutschen Rundfunk) ohne Auftrag, ging nach Schweden und hat dort, nicht immer ganz ohne Schwierigkeiten, bis heute Filme drehen können.

Trotz aller Kritik und aller Einschränkungen, um 1970 war das bundesrepublikanische Fernsehen, etwa im Verhältnis zu dem in den USA und in Großbritannien, dennoch eine Oase der Liberalität und Kreativität für den Dokumentarfilm. Auch heute noch überragen zumindest einige Filme des «Kleinen Fernsehspiels» des ZDF, etwa Elfi Mikeschs *Was soll'n wir denn machen ohne den Tod* (1980) oder Peter Kriegs *Septemberweizen* (1980) bei weitem das, was Fernsehanstalten anderer Länder produzieren und zeigen.

Das kommerzielle amerikanische Fernsehen, das an die Prinzipien der «Objektivität» und «Ausgewogenheit» glaubt, ist vor allem bei innen- und sozialpolitischen Themen vorsichtig; kritische Dokumentarfilme beispielsweise über die Nahrungsmittelindustrie oder die Banken sind wegen der werbenden Firmen und Sponsoren nicht möglich, meint Rosenthal[3]. Außenpolitisch kann die Unabhängigkeit von der Regierung dagegen gelegentlich gute Ergebnisse zeitigen. Beim Vietnamkrieg ist man zwar weitgehend der offiziellen Politik gefolgt (Kapitel 3), in der Frage der Atomrüstung aber hat sich beispielsweise CBS im Sommer 1981 mit der fünfteiligen Serie *The Defense of the United States* so weit vorgewagt, daß der Bayerische Rundfunk die zwei Folgen, die er erwarb, in seinem Wissenschaftsprogramm mehr versteckte als wirklich sendete, sie auch noch bearbeitete. Herauspräpariert hat die Serie vor allem den Kontrast zwischen neuer Waffentechnologie und altem militärischem Denken. Politiker und Militärs sprechen mit unbeteiligter Kälte, in einem nur technokratischen Jargon, von Millionen einkalkulierten Toten. Der zweite Teil der Serie, *The Nuclear Battlefield,* hat in der Bundesrepublik Bestürzung hervorgerufen, denn im Mittelpunkt des «integrierten Schlachtfelds», auf dem sowohl nukleare wie konventionelle Waffen eingesetzt werden sollen, steht der hessische Ort Hattenbach. Videogruppen haben die Sendung als Band in der BRD nichtkommerziell verliehen.

Ist also die politische Haltung der amerikanischen Networks ambivalent, die Machart der von ihnen produzierten Dokumentationen ist konventionell, der potentielle formale Reichtum bundesdeutscher Fernsehdokumentationen wird selten erreicht, auch nicht im öffentlichen Fernsehen PBS, das unter dem starken Konkurrenzdruck der großen Gesellschaften steht. Die hierzulande bekannten unabhängigen amerikanischen Dokumentarfilme sind fast alle ohne oder sogar gegen das Fernsehen gedreht worden; selbst die Filme von Drew/Leacock, die das Genre erneuerten, angefangen mit *Primary* (1960), sind seinerzeit mit ein- bis zweijähriger Verspätung von ABC gesendet worden, wobei sich allerdings der Abstand zwischen Produktion und Ausstrahlung mit wachsender Gewöhnung an diese neuartige Form der Dokumentation verringerte: *Crisis: Behind a Presidential Commitment* wurde im Oktober 1963 schon wenige Monate nach Entstehung ins Programm genommen.

Im britischen Fernsehen BBC gab es mehr Freiheit zum Experiment, vor allem in den sechziger Jahren; das reichte bis zu den extravaganten Musikdokumentationen von Ken Russell. Das Direct Cinema haben Regisseure und Produzenten wie Richard Cawston, Dennis Mitchell, Jeremy Isaacs oder Norman Swallow durchgesetzt; berühmt wurde etwa Cawstons Cinéma-Vérité-Porträt von Billy Graham, *I'm Going to Ask you to Get out of your Seat* (1966). Ende der sechziger Jahre hat sich bei BBC die Lage verschlechtert. «Der persönlich geprägte Dokumentarfilm wurde verdrängt durch glatte Serien» (Rosenthal)[4]; dagegen hat sich die kommerzielle Station Thames Television den «Ton scharfer Kritik» erhalten.[5] Die Gründe für diese Entwicklung sind nicht auf einen Nenner zu bringen. Die BBC, meint Rosenthal, habe damals einen Zug ins Altehrwürdige bekommen.[6]

Formen der TV-Dokumentation

Das Fernsehen hat eigene Formen der Dokumentation ausgebildet, von denen einige hier beschrieben werden sollen: das Magazin, das Feature, das Interview, die Serie (häufig zu historischen Themen). Alle diese Formen basieren auf dem geschriebenen, bestenfalls gesprochenen Wort. Sie sind deshalb, vor allem das Feature, in der Dokumentarfilmdiskussion zu Schimpfwörtern geworden. Schübel hat in dem schon zitierten Aufsatz aus dem Jahre 1976 die Entstehung eines Features sarkastisch so beschrieben: «Ein Autor hat einen Einfall (oder glaubt es) und geht zu einem Redakteur, der das auch glaubt und ihm einen Auftrag gibt. [. . .] Der Autor geht dann hin und recherchiert – möglichst kurz, denn das Honorar dafür wird normalerweise vom Gesamthonorar abgezogen. Dann setzt er sich hin, denkt schön konzentriert an die Wirklichkeit und bannt sie möglichst hurtig auf's Papier – dieses nennt man treatment oder im Reifestadium Drehbuch. Dabei gilt es, zwei Regeln zu beachten: 1. Grundsätzliche Widersprüche gibt es grundsätzlich nicht (höchstens im Ausland und da kommt es noch sehr drauf an); 2. außerdem bringen sie nur Ärger. Die auf Papier gebannte Wirklichkeit [. . .] wird dann draußen, d. h. außerhalb der Wohnung des Autors »realisiert« [. . .]. [Der Regisseur sagt] den Interviewpartnern, wo sie sich hinzustellen haben und was sich der Autor gedacht hat, daß sie antworten sollen; und dem Kameramann sagt er, daß er schöne Schwenks drehen soll, möglichst mit Bewegung im Bild. Wenn abgedreht ist, gehen besonders interessierte Autoren, Realisatoren und Regisseure sogar noch mit in den Schneideraum, aber eigentlich hat die Cutterin ja auch das Drehbuch zur Hand, und es ist schließlich ihr Beruf, und man könnte nebenher auch gleich den nächsten Film vorbereiten.»[7]

Mag Schübel auch übertrieben, mehr die Parodie eines Features beschrieben haben, das Grundmuster stimmt, es stimmt auch für die Magazine, deren Beiträge oft an einem einzigen Tag hergestellt werden; bei der Sendung sind sie außerdem noch der Klugheit oder Anmaßung eines Moderators ausgeliefert. Die Bilder dieser kurzen Beiträge (und auch der längeren Features) sind oft willkürlich, sind sie ambitioniert, wollen sie häufig Symbole suggerieren. Klaus Wildenhahn, der vor seinen eigenen Filmen als Realisator für «Panorama» arbeitete, hat erzählt, daß er etwa für eine Story zum Thema Kirchensteuer den «Dom», den Rummelplatz von Sankt Pauli, aufgenommen hat. Der wurde dann zum Symbol «für das Treiben der Welt».[8]

Die Verteidiger von Magazinen und Features sagen, diese Sendeformen hätten nichts mit dem Dokumentarfilm zu tun, es seien journalistische Sendungen. Das ist zum Teil richtig. Magazine wie *This Week* (Granada Television) oder *Panorama* (BBC) in England, *Sixty Minutes* (CBS, in den siebziger Jahren produziert von Al Wasserman), *Eye On* (WCBS, von 1973–1979 produziert von Mort Silverstein, eine Serie über Probleme New Yorks) in den USA, sind brillanter Journalismus, mutig, kritisch; aber in Glücksfällen wird auch immer wieder optisch argumentiert – nicht nur verbal – nähern sich also die Magazinbeiträge dem Dokumentarfilm. Das gilt auch in der Bundesrepublik für gute Ausgaben von *Panorama* (NDR), *Monitor* (WDR) oder *Report* (SWF); Qualität und Bereitschaft zur Kontroverse sind dabei weithin abhängig vom Redaktionsleiter und vom jeweiligen politischen Klima in der Bundesrepublik.

Grundsätzlich aber ist der in den sechziger Jahren neu entstandene, beobachtende Dokumentarfilm auch eine Reaktion auf diese von einem vorgegebenen Konzept geprägten dokumentarisch-journalistischen Formen des Fernsehens. Am Weg von Klaus Wildenhahn, der von seinen Panorama-Kollegen auch nach 20 Jahren mit großer Hochachtung sprach,[9] läßt sich das belegen. Seine ersten eigenen Panorama-Beiträge waren Fünf- bis Zehn-Minuten-

Filme über Parteitage der CDU, CSU und SPD, montierte Beobachtungen, ohne Kommentar («Wir haben die Rede von Goppel, dem Ministerpräsidenten, als Leitfaden genommen und dann schließlich jeweils als Gegenbeweis eine Beobachtung aus Bayern dagegengeschnitten»).[10] Diese Methode erregte Aufsehen, führte zu Protesten. Der Höhepunkt dieser Serie, der 18-Minuten-Film *Parteitag 64* über den Parteitag der SPD wurde auf Intervention des neuen Redaktionsleiters Joachim C. Fest nicht gesendet und von den Oberhausener Kurzfilmtagen zurückgezogen.

Solche nicht geplanten, sondern der Realität entrissenen Magazinbeiträge, viel authentischer als am Schreibtisch entworfene, sind auch nach zwanzig Jahren immer noch Ausnahmen; wenn sie gelingen, wie der Panorama-Beitrag von Stefan Aust über die Räumungen von acht Häusern in Westberlin am 22. 9. 1981 und den Tod von Klaus-Jürgen Rattay (gesendet am 29. 9. 1981), beweisen sie ihre unverändert starke Explosivkraft.

Wichtiger Bestandteil der Magazinbeiträge und Features sind Interviews, meist viel zu kurz (berühmt-berüchtigt die Straßenbefragungen), zu vordergründig, nur auf den Effekt bedacht oder an einer Aussage interessiert, die man an dieser Stelle des Features gerade braucht. Dabei ist das Gespräch eine sehr fernsehspezifische Form. Michail Romm hat das genau erkannt, als er über den *Lachenden Mann* von Heynowski und Scheumann (DDR 1966) schrieb: «Über eine Stunde sieht man auf dem Bildschirm die Aufnahme eines Mannes. Dieser Mann ist ein Mörder, ein Söldner aus Tschombés Gefolge, bekannt unter dem Namen »Kongo-Müller«. Mitarbeiter des Fernsehens der DDR nahmen sich ihn vor und interviewten ihn, wobei er sich allmählich betrank. Im Bild ist nur die Großaufnahme Müllers, auch eine Einrichtung ist nicht zu sehen, es ist nicht erkennbar, ob es in einem Zimmer, auf einer Veranda oder in einem Garten ist. Nur Müller. Die Fragen werden außerhalb des Bildes gestellt – die Antworten dagegen im Bild gegeben. Diese Stunde mit dem lächelnden Ungeheuer allein hinterläßt einen unauslöschlichen Eindruck. Das ist reines Fernsehen, absolutes Fernsehen – das, was bis zum Erscheinen des Fernsehens unmöglich war. Das ist eine neue Ästhetik, wenn sich ein so hoher Begriff mit einem so niedrigen Beobachtungsobjekt, wie Müller, verbinden läßt.»[11] Daß H & S ihre eigene Methode, die auf den «mitdenkenden Zuschauer»[12] abzielt, immer wieder unterlaufen (durch Suggestivfragen an den offensichtlich betrunkenen Müller, durch polemisch an der Wirklichkeit vorbeigeführte Zwischenkommentare), sei hier nur angedeutet,[13] unbestritten ist *Der lachende Mann* bis heute die radikalste und konsequenteste Arbeit von H & S geblieben.

Die Faszination durch ein Gesicht, durch einen Menschen, der nachdenkt, spricht, sich in Szene setzt, der etwas zu erzählen weiß, das nicht allgemein bekannt ist, hat in den sechziger Jahren auch andere Fernsehleute gepackt. Sie haben – wie Günter Gaus in der ZDF-Interviewreihe «Zur Person» – Sendeformen geschaffen, die oft noch vor dem gestalteten Dokumentarfilm liegen. Doch auch diese Gesprächssendungen mußten konzentriert und ritualisiert sein, sonst verpuffte ihre Wirkung in der Beliebigkeit. Gaus zum Beispiel war höchstens von hinten zu sehen, im Bild war ausschließlich – von mehreren Kameras aufgenommen – der Interviewte. Gaus fragte, glänzend vorbereitet, präzise, vom Grundsätzlichen ins Private, vom Persönlichen ins Allgemeine vorstoßend. Immer gleich der Schluß: Gestatten Sie eine letzte Frage? Ähnlich zugleich fundierte und zupackende Interviews hat es zumindest im bundesdeutschen Fernsehen seitdem nicht mehr gegeben. Die Dokumentaristen können davon lernen. Das Interesse an solchen Befragungen aber hat bis heute nicht nachgelassen, man denke vor allem an die Oral-History-Filme (Kapitel 7). Durchs Fernsehen daran gewöhnt, finden wir Gesprächsfilme inzwischen auch auf der Leinwand spannend, wenn sie konzentriert sind und ergiebig, etwa *Unversöhnliche Erinnerungen* von Volkenborn/Sicbig/Feindt. Das Gespräch, das sich auf einen Menschen einläßt, ihn nicht nur als Beleg für eine These benutzt, ist gleichwohl in den fernseheigenen Dokumentationen nicht heimisch geworden, obwohl gerade das Fernsehen längere Einstellungen, einen ruhigeren Montagerhythmus vertragen würde. Man findet das erst wieder in der alternativen Videoarbeit (Kapitel 11), die allerdings auf der anderen Seite immer in der Gefahr ist, zu weitschweifige Bänder herzustellen.

Eine fernsehspezifische, nur im Fernsehen mögliche Form der Dokumentation ist die Serie, besonders zu historischen Themen. Am bekanntesten wurden in den siebziger Jahren die englische Produktion *The World at War* (Thames Television, 1974/75), die den Zweiten Weltkrieg in 26 Folgen darstellte (wichtigster Mitarbeiter des Regieteams: John Pett) und die sowjetisch-amerikanische Serie *Der große Vaterländische Krieg* (US-Titel *The Unknown War*), erarbeitet von Roman Karmen noch zur Zeit der Entspannungspolitik 1976, in der Bundesrepublik gesendet 1981 (von 20 auf 15 Folgen gekürzt) unter dem Titel *Der unvergessene Krieg* (in der DDR zwei Jahre vorher als *Die entscheidende Front*).[14]

Bestechend in der Informationsfülle, blieben diese Filme in ihrer Gestaltung gegenüber den historischen Essays von Michail Romm (*Der gewöhnliche Faschismus*) oder Marcel Ophüls (Kapitel 7) doch weit zurück; hier dominierte der Zug zur Vollständigkeit, eine persönliche Vision war nicht gefragt. Allerdings gibt es Unterschiede zwischen beiden Serien: Während *The World at War* gegenüber Vorläufern der fünfziger und sechziger Jahre (*Victory at Sea, Crusade in Europe, The Twentieth Century*) einen erkennbaren Perspektivenwechsel vornahm – der Krieg wurde nun, auch in Interviews, aus der Sicht der kleinen Leute gezeigt –,[15] interessierte sich die sowjetisch-amerikanische Produktion noch immer für strategische Fragen und für Schlachten, obwohl diese ja im Prinzip nicht darstellbar sind: die Kameraleute können in der Regel immer nur das Vorher und das Nachher aufnehmen. Darin hat *Der unvergessene Krieg* auch seine eigentliche Stärke, etwa wenn er die Leiden der Bevölkerung während der Belagerung von Leningrad zeigt (dritte Folge der WDR-Fassung): Menschen ziehen Leichen, die in Papier gewickelt sind, auf Schlitten hinter sich her. Hunger, Kälte, Tod – gefaßt in realistische Bilder, die zu Symbolen werden.

Bundesrepublik siebziger Jahre: Restriktionen, neue Ansätze

Der neue, beobachtende Dokumentarfilm befindet sich in den siebziger Jahren auf dem Rückzug, jedenfalls in den bundesweit ausgestrahlten Programmen. Klaus Wildenhahn beispielsweise, fest angestellt bei der Hauptabteilung Fernsehspiel des NDR, hat seit 1977 keinen Film mehr im Ersten Programm untergebracht; seine neueren Arbeiten, *Der Nachwelt eine Botschaft* (1980) und *Bandonion* I und II (1981), wurden ins Dritte Programm abgedrängt. Aushängeschild der Hauptabteilung ist jetzt Max H. Rehbein (geboren 1918) mit seinem New York-Zyklus *Lefty – Erinnerungen an einen Toten in Brooklyn* (1978), *Marathon in New York* (1980) und *Mann in Eile* (1981), gedreht mit dem Regisseur Jens-Uwe Scheffler, eine Trilogie über die «Hauptstadt der Welt». Rehbein zeigt sie, wo sie am dunkelsten und gewalttätigsten ist, bei den Ärmsten in Brooklyn, er führt die Mittelklasse vor, deren Vertreter sich am Marathonlauf beteiligen, er beobachtet zwei Monate lang den Unternehmensberater John Diebold. New York wird zum Symbol für den Überlebenskampf und Überlebenswillen der Menschen. Die Welt ist zwar in Klassen eingeteilt, aber diese Hierarchie scheint schicksalsbestimmt, sie wird nicht auf ihre Ursachen hin befragt. Die Menschen sind in Rehbeins Filmen Marionetten, die vorher recherchierte und dann auf ihren Symbolwert verdichtete Geschichten spielen: Spannend wird es nur, und auch das gehört zum Konzept, wenn sich doch ein Stück eigene Realität der Personen durchsetzt. Gerade diese methodische Unschärfe, die Inszeniertes mit Beobachtetem mischt, hat den vehement geführten Streit um Rehbeins «Docu-Dramen» angestachelt.[16] Wie wenig Rehbein den Bildern traut (die denen von Werbefilmen stark ähneln), zeigt sich daran, daß er ihnen einen Kommentar überstülpt, pathetisch beispielsweise in *Marathon,* ehrerbietig gegenüber dem Spitzenmanager beim *Mann in Eile.* Dennoch ist dieser letzte Film wohl der stärkste der drei: Diebold läßt sich kaum manipulieren, er stilisiert sich selbst, ungewollt in die richtige Richtung. Selbst die Frankfurter Allgemeine sah in ihm ein «sanftes Monster ohne Kanten» (2. 1. 82).

Es ist durchaus eine Tendenzwende, wenn diese Trilogie, zur besten Sendezeit um 20.15 Uhr ausgestrahlt, zum Dokumentations-Prunkstück der ARD wird. Der abendfüllende Dokumentarfilm hat überregional nur noch im «Kleinen Fernsehspiel» des ZDF eine Heimstatt. In der ARD sind Filme bis 45 Minuten Dauer zur Regel geworden, und selbst die oft nur in den Dritten Programmen. Andererseits hat man neue Dokumentarfilmmodelle entwikkelt, die auch eine Bereicherung sind.

Gemeinsame Grundüberlegung dieser neuen Versuche: An einem kleinen Beispiel größere Entwicklungen sichtbar zu machen, das Detail für das Ganze sprechen zu lassen. Die Südwestfunk-Reihe «Menschen und Straßen» sucht Orte auf, die entweder in der Vergangenheit oder heute Menschen geprägt haben oder prägen. Wichtigster Regisseur der Serie ist der SWF-Redakteur Ebbo Demant (geboren 1943), der beispielsweise 1979 *Lagerstraße Auschwitz* drehte und *Marktplatz Ouagadougou,* 1981 der Geiselbefreiung in Mogadischu nachging (*Flugplatz Mogadischu*), 1982 in *Straße der Hoffnung* am Beispiel einer Straßenbaustelle im Südsudan den Aufeinanderprall zweier Kulturen darstellte, personifiziert durch deutsche Straßenbauer und Einheimische. Das Programm von 1982 macht die Spannweite der Reihe noch deutlicher: Peter Krieg hat die Bahnhofstraße in Zürich porträtiert (*Das Packeissyndrom*), mußte allerdings die TV-Fassung gegenüber der Kinoversion um 15 Minuten kürzen, Michael Mrakitsch hat eine Straße in der israelischen Westbank und ein Palästinenserlager im Libanon beobachtet (*Feindliche Straßen*), die *Teststrecke Boxberg* von Daimler-Benz wird wiederum Ebbo Demant unter die Lupe nehmen.

«Unter deutschen Dächern» von Radio Bremen interessiert sich für Plätze, die den Zustand unserer Gesellschaft reflektieren, etwa für eine neue Passage im Hamburger «Hanse-Viertel» (*Die Konsum-Kathedrale,* Erwin Keusch/Norbert Wiedmer 1981) oder für das Nürnberger «Komm» (*Der Schandfleck,* Gerhard Bott 1982), im März 1981 Schauplatz der spektakulärsten Massenverhaftung in der Geschichte der Bundesrepublik (141 Festnahmen) nach einer

Demonstration mit geringem Sachschaden in der Nürnberger Innenstadt.

So sehr «Menschen und Straßen» und «Unter deutschen Dächern» sich positiv vom bundesdeutschen Fernsehalltag abheben, auch diese Reihen übernehmen sich zum Teil mit der knappen Zeit von 45 Minuten. Ebbo Demant rettet sich in einen (glänzenden) Kommentar; Gerhard Bott mußte sich mit einem zu hastigen Rundgang durch das «Komm» begnügen; sinnvoller wäre sicher gewesen, ein oder zwei Jugendliche einige Wochen lang zu begleiten, statt eines Features (mit erstaunlich und erfreulich klarer politischer Aussage) also wirklich einen Dokumentarfilm zu drehen. Aber ein solches Vorgehen lassen die Arbeitsbedingungen, die das Fernsehen seinen Dokumentaristen einräumt – seien sie angestellt oder als Kleinproduzenten mit der Herstellung eines Films beauftragt –, schon nicht mehr zu. Das Beispiel Wildenhahn ist eine Ausnahme, denn die Hauptabteilung Fernsehspiel kann sehr viel mehr Geld in einen Film investieren. Dokumentationen dagegen müssen in kürzester Zeit gedreht und geschnitten werden; bei Eigenproduktionen der Sender steht der Filmemacher unter der Fuchtel der fernsehüblichen Disposition, bei Auftragsproduktionen kann er nur, wenn er sich selbst und andere ausbeutet, etwas längere Zeiten erkämpfen.[17] Gerade auch unter diesem Gesichtspunkt ist die «Schauplatz»-Serie des WDR vorbildlich. Die Filmemacher haben vier Wochen Drehzeit, die sie auch unterbrechen können – für die kleinen Themen der «Schauplatz»-Reihe fast ideale Verhältnisse.

Der Redakteur Hans Georg Ossenbach, seit 1979 zuständig für die Serie, hat einen Teil seiner Verantwortung delegiert; die Gruppe der etwa 20 Filmemacher, die kontinuierlich mitarbeitet, trifft sich regelmäßig, diskutiert alle Projekte, auch noch im Stadium der Produktion, und nimmt sie am Ende ab – ein Versuch, die Konkurrenzsituation abzubauen.[18] Zur Gruppe gehören unter anderen Dietrich Schubert, Thomas Giefer, Peter Kleinert, Reinald und Anneliese Schnell, Reinhold Böhm, Christiane Gerhards und Gernot Steinweg. Die Themen stammen alle aus der Region Nordrhein-Westfalen; beobachtet werden Arbeitsvorgänge, jeweils in 45 Minuten. *Postamt 2* von Gerhards/Steinweg (1980) untersuchte die Schichtarbeit (Untertitel: «Raus kommst du nur, wenn du kaputtgeschrieben bist»). Dietrich Schubert hat sich dreimal mit der Eifel beschäftigt (*Kronenburg, das stirbt ja doch,* 1980; *365 Tage im Jahr,* 1980; *So wie uns geht es tausend anderen,* 1981) – siehe Kapitel 6. Reinhold Böhm, Wolfgang Brod und Feli-

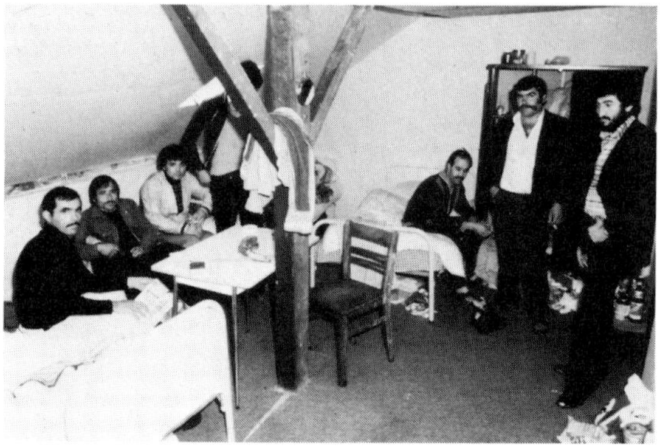

Aus der Schauplatz-Serie des WDR: *Düren – Kemals Duldung* (Thomas Giefer, 1980) – Bilder 1–3; *Grüße aus Çorum – Çorum 'dan selamlar* (Giefer/Ossenbach/Ugurlu, 1981)

citas Winter beobachteten Fahrer und Fahrgäste einer Kölner Straßenbahnlinie (*Linie 12*,1981), Barbara Strauch und Alberto Montani sahen sich in einem *Friseursalon* (1981) um, Reinald und Anneliese Schnell besuchten *Die Altstadt-Glaserei im Hinterhof* (1981). Am Beispiel von jeweils wenigen Personen geben diese Filme einen Einblick in Arbeits- und Privatleben, die nie isoliert voneinander gesehen werden. Die Autoren nehmen sich zurück, lassen die Personen vor der Kamera sprechen. Manche Filme sind Momentaufnahmen, in anderen werden Entwicklungen spürbar – bestimmte Formen der Landwirtschaft zum Beispiel oder kleine Handwerksbetriebe haben sich überlebt.

Das wichtigste Projekt der «Schauplatz»-Reihe hat bisher Thomas Giefer realisiert, der vorher in *Kellers Hof* (1979) vom Ende einer Landwirtschaft in der Eifel berichtet hatte. 1980 drehte er *Kemals Duldung:* In Düren kämpft Kemal aus der Osttürkei um seine Anerkennung als Asylant. Er ist linker Kurde, kann – vor allem nach dem Militärputsch – nicht in seine Heimat zurück. In der BRD scheitert er dennoch am Bürokratismus, er erhält nur eine vorübergehende Duldungsbescheinigung. Ein Jahr später fuhren Giefer, der Redakteur Ossenbach und der Mitautor und Übersetzer Yüksel Ugurlu als Touristen mit einer Super-8-Kamera in Kemals Heimat (*Grüße aus Çorum – Çorum'dan selamlar,* gesendet 1982). Sie besuchen dort Kemals Frau Esme und die drei Töchter, die nicht in die BRD nachkommen dürfen. Deutlich werden die politischen Spannungen in Çorum; nur äußerlich ist es dort ruhig. Esme empfängt einen filmischen Gruß ihres Mannes aus Düren, sie spricht für ihn in die Kamera. In solchen Szenen wird die oft übliche Distanz zwischen Information und Emotion aufgehoben: Sie vermitteln Mitleid und Wut, aber auch politische Einsichten.

Hans-Dieter Grabe

Ein Hauptvorwurf der Dokumentaristen gegen die Fernsehanstalten gilt deren Festhalten an starren Sendeschemata. So muß ein Bericht, eine Dokumentation, ein Dokumentarfilm in der Regel 45 Minuten lang sein, längere (und auch kürzere) Beiträge sind die Ausnahme. Die Langzeitbeobachtung, die gründliche Recherche eines großen Themas, die intensivere Beschäftigung mit Menschen erfordern aber fast immer mehr als eine Dreiviertelstunde Zeit. Auf der anderen Seite sind auch 45-Minuten-Filme oft zu lang; vor allem Interviewfilme werden häufig geschwätzig, wenn die Fähigkeit zum Fragen und Zuhören fehlt. Mehr noch als der Spielfilm erfordert der Dokumentarfilm, der es ja mit authentischen Menschen zu tun hat, menschliche Qualitäten auch beim Filmemacher. Bei den meisten 45-Minuten-Dokumentationen im Fernsehen stellen sich diese Probleme allerdings gar nicht, denn die Filme dieser Länge sind in aller Regel Features, die viel zu umfassende Themen in eine viel zu kurze Sendezeit pressen.

Selten genug gibt es einen schöpferischen Umgang mit der 45-Minuten-Vorgabe. Die Arbeit von Hans-Dieter Grabe, geboren 1937 in Dresden, ausgebildet in Potsdam-Babelsberg, Redakteur der Hauptredaktion Außenpolitik des ZDF, soll hier als Beispiel dienen.

Entscheidend für die Qualität eines halblangen Films ist schon die richtige Themenwahl. Fast alle Filme Grabes sind Porträts einzelner Menschen, höchstenfalls einer kleinen Gruppe, Momentaufnahmen, keine Langzeitbeobachtungen. Im Zentrum steht immer ein Gespräch; die Vergangenheit wird im Dialog erörtert, oft auch im Filmzitat heraufbeschworen. Die meisten Menschen, die Grabe vor die Kamera holt, haben eine gewisse Rolle in der Zeitgeschichte gespielt oder tun das noch. Von 1976 bis 1979 drehte er sieben Filme unter dem Reihentitel «beschrieben und vergessen», seit 1979 sind (bis einschließlich Frühjahr 1982) sechs Filme unter dem Obertitel «Lebenserfahrungen» entstanden. In der ersten Serie hat Grabe beispielsweise *Gisela Bartsch* porträtiert (Untertitel: «Warum haben Sie den Mörder geheiratet?», 1977), *Simon Wiesenthal* (Untertitel: «Ich jagte Eichmann», 1977) oder – 15 Jahre später – Überlebende des Bergwerkunglücks von Lengede (*Das Wunder von Lengede,* Untertitel: «Ich wünsch' keinem, was wir mitgemacht haben», 1979); in der zweiten Serie befragte er neben anderen *Emil Zatopek* (Untertitel: «Dana sagt: Bier macht dumm», 1980), Menschen, die den Bau der Berliner Mauer am 13. 8. 1961 ganz unmittelbar erlebt haben (*Bernauer Straße 1–50,* Untertitel: «Als uns die Haustür zugenagelt wurde», 1981) oder *Fritz Teufel* (Untertitel: «Warum haben Sie nicht geschossen?», 1982).

Die Titel und Untertitel machen klar, daß diese Filme durchaus Fernsehbedürfnisse befriedigen, sogar eine gewisse Lust an der Sensation schwingt mit, aber durch die unübliche Art der Darstellung und Befragung werden Fernseherwartungen auch wieder unterlaufen. Grabe entdeckt hinter den einstigen Mediensensationen die alltäglichen Probleme, die die Menschen damals hatten; er fragt vor allem, wie die Vergangenheit die Menschen heute prägt. Seine Interviews sind präzise und geduldig, sie berücksichtigen ebenso die befragte Person vor der Kamera wie den Zuschauer: Grabe will sich nie im Streitgespräch durchsetzen, er will dem Zuschauer keine Meinung aufzwingen. Darum hat er zum Beispiel Fritz Teufel nicht widersprochen, als der sich zu den Zielen der «Roten Armee Fraktion» bekennt und

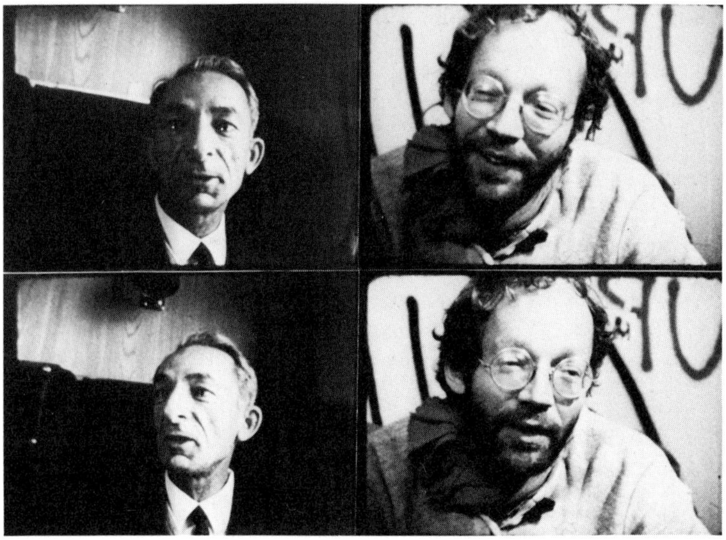

Hans-Dieter Grabe: *Mendel Schainfelds zweite Reise nach Deutschland* (1972, links), *Fritz Teufel* (1982, rechts)

sich seinen Haß gegenüber der Gesellschaftsordnung der Bundesrepublik von der Seele redet – Grabe hat denn auch bei diesem Film zum erstenmal Schwierigkeiten mit dem ZDF bekommen; der Sendetermin wurde verschoben, Grabe mußte ein paar Sekunden herausschneiden.

Andererseits gehen die Gespräche viel tiefer als beim üblichen Fernsehgeplänkel, immer wieder findet Grabe Zugang auch zu existentiellen Bereichen einer Person. Wenn Mendel Schainfeld sich seiner Zeit in einem Nazi-KZ erinnert, wenn er erzählt, daß er das letzte Stück Brot eines eben Gestorbenen genommen hat und dabei weint («Vielleicht hätte es ein anderer nötiger gebraucht als ich»): dann sagt diese Szene aus *Mendel Schainfelds zweite Reise nach Deutschland* (1972) mehr über die psychische Situation eines sogenannten NS-Verfolgten noch nach mehr als fünfundzwanzig Jahren als die Schilderung von grauenhaften Verbrechen. Ähnliche Augenblicke findet man fast in jedem Grabe-Film, ob bei Gisela Bartsch oder den Verschütteten von Lengede und ihren Angehörigen. Grabe gelingt es dabei, dennoch den Eindruck der Indiskretion zu vermeiden, weil diese Augenblicke in den Gesamtzusammenhang des Films eingebunden sind – man lernt die Person über einen längeren Zeitraum kennen und verstehen, der Ausbruch, etwa ins Weinen, wirkt nicht mehr als Sensation, sondern als Katharsis. Die besten Grabe-Filme gehören zu den wenigen Dokumentarfilmen, die ich kenne, die nicht nur informieren, sondern den Zuschauer persönlich fordern.

Dabei sind sie keineswegs unpolitisch; sie machen Politik und gesellschaftliche Zustände verständlich und kritisierbar, sie legen sich quer zu gängigen Ideologien. *Nur leichte Kämpfe im Raum Da Nang* (1970, zusammen mit Carl-Franz Hutterer), der bekannteste seiner vier Vietnamfilme, plädiert für die dort leidenden Menschen. Ein Arzt auf dem deutschen Lazarettschiff «Helgoland» sagt am Ende: keine Ideologie rechtfertigt solche Opfer von Frauen und Kindern, wie sie der Film zeigt, grauenhafte Verletzungen, Tod – wie sieht das erst bei schweren Kämpfen aus? Der Film wurde zum Modell: so wirkt Krieg auf die «nicht betroffene» Bevölkerung. Im Teufel-Film fragt Grabe, ob die Justiz nicht mit zweierlei Maß mißt. Teufel wurde bei der Anti-Schah-Demonstration am 2. Juni 1967 festgenommen; wegen angeblichen Steinewerfens kam er für fünf Monate in Untersuchungshaft. Der Polizist Kurras, der Benno Ohnesorg erschoß, war nicht einen Tag in U-Haft; freigesprochen wurden schließlich beide. Auch dies ein Modell, wie der Staat seine Kritiker zu Feinden macht.

Die Wirkung von Grabes Filmen beruht vor allem auf der Fähigkeit zur Konzentration, zur Beschränkung auf das Wesentliche, ohne deswegen eindimensional schmal zu werden. Es ist sicher kein Zufall, daß mich *Bernauer Straße 1–50,* der mit 72 Minuten bisher längste Film, am wenigsten berührt hat: Hier verlieren sich die Erinnerungen bisweilen ins Ungefähre.

Grabes dokumentarische Arbeit hat nicht die Aufmerksamkeit gefunden, die sie verdient. Obwohl er in zwanzig Jahren 33 Filme gedreht hat, kennen ihn selbst Dokumentarfilm-Spezialisten meist nicht. Der kümmerlichste alternative Verleih scheint immer noch wichtiger zu sein für die Durchsetzung eines Filmemachers als das anonyme Fernsehen. Nur *Tytte Botfeldt/Aufs Sterben freu' ich mich* (1979) ist im Verleih, das bewegende Porträt einer Frau in Dänemark, die seit den fünfziger Jahren Kinder adoptiert und die Adoption vieler anderer Kinder vermittelt hat. Sie hat Krebs, geht sehr gelassen mit ihrer Krankheit um, organisiert bis zuletzt das Leben der großen Familie von ihrem Bett aus – zwei Wochen nach den Dreharbeiten starb sie.

Die Wirkung des Dokumentarfilms im Fernsehen

Sie wird von den Programmdirektoren, Rundfunkräten und Politikern zweifellos überschätzt; nur so lassen sich die immer wieder vorkommenden Programmeingriffe erklären, etwa die Groteske um den Gorleben-Film *Die Herren machen das selber, daß ihnen der arme Mann feyndt wirdt* (Bolbrinker/Westphal/Ziegler 1979) beim WDR im Sommer 1980[19]. Die Filmemacher haben da meist ein sehr viel nüchterneres Verhältnis zum Fernsehen. Peter Heller hat zum Beispiel eine 43-Minuten-Fassung seines Films *Usambara* (1980) für den WDR akzeptiert (und auch eine 20-Minuten-Version für das «Institut für Film und Bild in Wissenschaft und Unterricht»), um die vollständige 71-Minuten-Kinofassung realisieren zu können. Heller empfindet die Wirkung der Fernsehausstrahlung eines solchen Films «vielleicht als neutral und nicht als positiv».[20]

Die Wirkung von Dokumentarfilmen im Fernsehen wird vor allem durch zwei Faktoren gemindert: Auch das Besondere, wenn man den Dokumentarfilm einmal dazurechnen will, wird durch das Allgemeine, das übrige Programm, nivelliert; das Publikum mag groß sein – selbst bei geringer Sehbeteiligung sind es noch ein paar zehntausend (in einem Dritten Programm) oder ein paar hunderttausend (im Ersten und Zweiten Programm) –, es ist aber unspezifisch, in der Regel nicht interessiert an den Themen und Vermittlungsformen des Dokumentarfilms. Wirkung erzielt haben Dokumentarfilme im Fernsehen dagegen im regionalen Bereich, besonders dann, wenn ein Film einen Meinungsstreit auslöst, etwa Wildenhahns Serie *Emden geht nach USA* in Ostfriesland Anfang 1977. Wirkung wäre auch zu erzielen durch Kontinuität, wie sie etwa die «Schauplatz»-Serie anstrebt.

Die Wirkungslosigkeit selbst brisanter Fernsehsendungen, das gilt ja über den Dokumentarfilm hinaus allgemein, liegt schließlich darin begründet, daß die Filme sofort nach der Ausstrahlung im Archiv (und meist auf Nimmerwiedersehen) verschwinden – das ist zum Beispiel auch ein Grund, warum Grabes Arbeit so unbekannt geblieben ist. Dokumentaristen und Programmacher von Filmclubs oder Volkshochschulen wissen ein Lied davon zu singen, wie schwer es ist, eine Fernseheigenproduktion aus dem Archiv herauszuholen. Daß Wildenhahns Gesamtwerk, vom NDR produziert, von der Berliner «Stiftung Deutsche Kinemathek» verliehen werden kann, ist ein Glücksfall. Filmemacher sind, wenn sie es sich finanziell leisten können, immer mehr dazu übergegangen, mit dem Fernsehen nur noch Co-Produktionen herzustellen, die Kinorechte also zu behalten.

Beispiele wie Peter Kriegs *Septemberweizen* (1980) oder die entwicklungspolitischen Filme von Peter Heller zeigen, daß (im Gegensatz zum Spielfilm) die Fernseh-Ausstrahlung einem Dokumentarfilm in der Regel nicht schadet, sondern eher die Funktion eines Trailers hat, der den Film bekannt macht. Hier deutet sich eine Kooperation an, die auszubauen ist.

Anmerkungen

1 Rolf Schübel, Was mir so zu meinen Erfahrungen mit dem deutschen Fernsehen und dem Dokumentarfilm einfällt. Rundfunk und Fernsehen, Hamburg, 1976, Nr. 3 – daraus auch die folgenden Zitate.
2 Zit. nach Filmkritik, Frankfurt, Nr. 7/1969, S. 407.
3 Alan Rosenthal, The New Documentary in Action, Berkeley 1971, S. 15.
4 Alan Rosenthal, The Documentary Conscience, Berkeley 1980, S. 24.
5 Rosenthal, The Documentary Conscience, S. 26.
6 The Documentary Conscience, S. 24.
7 Schübel a. a. O.
8 Klaus Wildenhahn, epd Kirche und Film, Frankfurt a. M., Nr. 1/1980, S. 2.
9 Wildenhahn a. a. O., S. 1 und 2.
10 Wildenhahn a. a. O., S. 2.
11 Zit. nach Ingeborg Münz-Koenen, Fernsehdramatik, Experimente – Methoden – Tendenzen, Berlin (DDR) 1974, S. 217.
12 Gerhard Scheumann/Walter Heynowski, «Der lachende Mann», Werkstattbericht, Film Wissenschaftliche Mitteilungen, Berlin (DDR), Nr. 3/4 – 1966, S. 691.
13 Näheres siehe: Wilhelm Roth, Dokumentaristen. Wege zur Wirklichkeit, in: Film in der DDR, München 1977, S. 175 ff.
14 Siehe Wilhelm Roth, «Der unvergessene Krieg». Die Fernsehserie als Dokumentarfilm: Qualitäten, Schwächen, in: epd Kirche und Film, Nr. 9/1981, S. 30.
15 Siehe Rosenthal, The Documentary Conscience, S. 35–88.
16 Siehe Duisburger Filmwoche, Dokumentation 1980, S. 173 ff.
17 Siehe Roland Keller, Gespräch mit Peter Goedel und Peter Heller, medium, Nr. 12/1980, S. 31 ff.
18 Siehe Gespräch mit Ossenbach, medium, Nr. 1/1981, S. 38 ff.
19 Siehe Henrich v. Nussbaum, medium, Nr. 9/1980, S. 8 ff.
20 Aus einem Gespräch mit Henrik de Boer, epd Kirche und Film, Nr. 2/1981, S. 21.

Die Bauern von Mahembe (Marlies Graf, Schweiz 1975)

9. Dokumentarfilme der Dritten Welt – die siebziger Jahre

Während in den sechziger Jahren der Schwerpunkt der Dokumentarfilmproduktion der Dritten Welt in Lateinamerika lag (Kapitel 2), gab es in den siebziger Jahren viele Zentren. Kaum mehr ein Land, in dem nicht Dokumentarfilme hergestellt wurden: Einen vollständigen Überblick zu gewinnen, ist unmöglich; wir sind angewiesen auf das, was Festivals und alternative Verleiher präsentierten oder was (selten genug) ins Fernsehen kam.

Im letzten Jahrzehnt gab es auch ein verstärktes Feedback aus Europa und den USA. Während Ethnologen schon immer Filme in der Dritten Welt drehten (dem ethnographischen Film ist in diesem Kapitel ein Exkurs gewidmet), haben nun, nach den Anfängen im Vietnamkrieg und in der chilenischen Krise, auch andere Filmemacher mit einer intensiven dokumentarischen Filmarbeit in Lateinamerika, Afrika und Asien begonnen, etwa die Schweden Jan Sandquist, Jan Lindqvist und Peter Torbiörnsson, der Holländer Frank Diamond, die Schweizer Marlies Graf und Peter von Gunten, die Bundesdeutschen Peter Heller und Peter Krieg. Die DDR-Dokumentaristen Heynowski und Scheumann wurden schon erwähnt (Kapitel 2 und 3). Sie hatten sich im Vietnamkrieg und in Chile engagiert; inzwischen haben sie zwei abendfüllende Filme über das verbrecherische Pol-Pot-Regime in Kampuchea gedreht (*Sterben und Auferstehen*/1980, *Die Angkar*/1981), Filme, die ihre wichtige Botschaft wiederum durch eine unerträgliche Effektsucht verdarben.

Hintergrund des verstärkten Interesses vornehmlich europäischer Filmemacher für die Dritte Welt, für den Alltag dort, nicht nur für kriegerische Auseinandersetzungen, ist das gewachsene Bewußtsein für die enge Verzahnung von Industrie- und Entwicklungsländern, ist die Erkenntnis, daß der Nord-Süd-Gegensatz auf die Dauer die Welt wohl mehr beschäftigen und prägen kann als der Ost-West-Konflikt (falls es nicht dessen Protagonisten vorher geschafft haben, sie ganz zu beseitigen). Gewachsen ist auch das Bewußtsein, daß die Dritte Welt nicht eindeutig zu lokalisieren ist, daß sie in unsere hineinragt: So dreht zum Beispiel Third World Newsreel ausdrücklich Filme über New York, über Gefängnisse (*In the Event Anyone Disappears*, 1973), über Textilarbeiterinnen in Chinatown (*From Spikes to Spindles* von Christine Choy, 1978), über den zweieinhalbjährigen, erfolgreichen Kampf gegen die Schließung der Feuerwache in einem polnischen (!) Viertel in Brooklyn (*People's Firehouse Nr. 1* von Paul Schneider, 1979). Auch die Ausbeutung, Unterdrükkung und Ausrottung der Indianer ist nicht auf Süd- und Mittelamerika beschränkt: Hier muß ebenso von den USA und Kanada die Rede sein.

Lateinamerika: Exil und Solidarität

Die siebziger Jahre waren für den Film in Lateinamerika ein schwieriges Jahrzehnt. Der Spielfilm hat zwar in einigen Ländern an Popularität gewonnen, auch durch populärere Formen (so in Brasilien, Venezuela), ist aber, weil der Verleih mehr oder weniger in amerikanischen Händen blieb, «noch immer ein Kino ohne Publikum» (Schumann)[1] – der Dokumentarfilm dagegen geriet in die Krise, ist vor allem durch die Putsche in Chile (1973) und Argentinien (1976) zerstört worden; in beiden Ländern liegt seitdem auch der Spielfilm darnieder. Die Filmemacher mußten ins Exil gehen, wie 1973 auch ihre Kollegen aus Uruguay.

Einen gewissen Aufschwung für den Dokumentarfilm gab es dagegen in Brasilien unter dem Regime von General Geisel, das sich einer unvermuteten Liberalität befleißigte. Erste Ansätze einer neuen, kritischen Dokumentarfilmarbeit kamen nach der «Apertura» von 1976 an die Öffentlichkeit: *Rosinha Brasil 77* von Sergio Peo (1977) zum Beispiel

Verschränkte Arme, stillstehende Maschinen (Sergio de Toledo Segall, Roberto Gervitz, Brasilien 1979)

El Salvador: Another Vietnam (Glenn Silber/Tete Vasconcellos, USA 1981)

zeigte Elendsviertel der Großstädte. Ungewöhnlich der Kompilationsfilm *Libertarios* (*Befreier*, 1976), der beschreibt, «wie sich in den ersten Jahrzehnten dieses Jahrhunderts das Proletariat in Industriezentren wie São Paulo organisierte, wie es erste machtvolle Demonstrationen und Streiks durchführte, wie sich sozialistische und anarchistische Tendenzen mischten».[2] Der abendfüllende Streikfilm *Bracos cruzados, maquinas paradas* (*Verschränkte Arme, stillstehende Maschinen*, 1979) von Sergio de Toledo Segall und Roberto Gervitz über einen Ausstand des Jahres 1978, mit einem Rückblick in die vierziger Jahre, kam nach seiner Uraufführung in den alternativen, von den Nationalen Filmclubs betriebenen Verleih. In Brasilien arbeitet auch der aus Deutschland stammende Wolf Gauer, der zusammen mit seinem Kameramann Jorge Bodanzky Filme vor allem für das ZDF dreht, so 1975 *Iracema*, die Geschichte einer fünzehnjährigen Indianerin, die Prostituierte wird (ein Spielfilm mit Laien) und *Drittes Jahrtausend* (1981), das Porträt eines Abgeordneten, der während einer Wahlreise auf dem Amazonas beobachtet wird. Gauer und Bodanzky, vom Amazonasgebiet fasziniert, sehen in dieser Region «ein Modell für Lebensformen ohne Hypertechnisierung».[3]

Geprägt wurde der Dokumentarfilm in Lateinamerika aber durch den Exodus der Filmemacher aus Chile und Argentinien. Dadurch entstand etwas für die Filmgeschichte Neues: ein Film in der Emigration, nicht nur punktuell, wie während des «Dritten Reiches», sondern getragen von einer breiten internationalen Solidarität. Chilenische Filmemacher gingen nach Kuba und Mexiko, Schweden, Italien, Frankreich und in die Niederlande, in die Bundesrepublik und die DDR, in die USA und die UdSSR. Für die Argentinier war das Auffangbecken nicht so groß: Ihnen – als Peronisten – begegnete man auch mit Mißtrauen. Sie arbeiteten vornehmlich in Mexiko, den USA, Frankreich und dem nachfrankistischen Spanien. Im November 1980 zog Patricio Guzmán, der die dreiteilige Chronik *La Batalla de Chile* (1975–1979) in Kuba fertiggestellt hatte, beim II. Internationalen Festival des Lateinamerikanischen Films in Havanna Bilanz: «Von chilenischen Filmemachern wurden in den sieben Jahren nach dem Militärputsch bis heute insgesamt 137 Filme im Exil oder illegal in der Heimat geschaffen, davon sind 25 Spielfilme, 21 Dokumentarfilme und 91 Kurzfilme beider Gattungen.»[4] Für Humberto Rios, der 1976 Argentinien verlassen hat, ist durch die Kooperation im Exil ein übernationaler, kontinentaler Film entstanden: «Es ging uns dabei nicht um den chilenischen, argentinischen, den kolumbianischen Film, sondern um den lateinamerikanischen. Hierbei konnten wir uns auch auf praktische Beispiele der Kooperation berufen.»[5]

Die großen, auch ästhetisch wegweisenden Filme sind Spielfilme, etwa von Miguel Littin oder Raul Ruiz; die Dokumentaristen dagegen waren von ihren Quellen abgeschnitten, sie waren auf herausgeschmuggeltes Material oder Bilder von amerikanischen und europäischen Kameraleuten angewiesen. Darum ist *Batalla de Chile*, der noch auf selbstgedrehte Aufnahmen zurückgreifen konnte, auch der wichtigste Dokumentarfilm des chilenischen Exils geblieben. Für Argentinien hatten zwei Kurzfilme eine ähnlich große Bedeutung: *Las AAA son las tres armas* (*Die AAA sind die drei Waffen*)[6], produziert von der Gruppe Cine de la Base 1977 in Mexiko (eine deutschsprachige Fassung stellten, unter Mitwirkung von Günter Wallraff, Studenten der DFFB her) und *Communiqué from Argentina*, entstanden 1977 in Santa Monica, Kalifornien, eine Arbeit der Gruppe Lucha Educational Films.

Las AAA ... wurde weit verbreitet, als Gegeninformation zur Fußballweltmeisterschaft in Argentinien 1978. Der Film basiert auf einem Brief des Schriftstellers Rodolfo Walsh an die Militärjunta, geschrieben am ersten Jahrestag des Putsches; Walsh wurde nach dieser mutigen Tat entführt, blieb verschwunden, ist offensichtlich ermordet worden. Die aus den verschiedensten Quellen stammenden, zum Teil inszenierten Bilder lassen – zusammen mit dem Text – die Verfolgung und Liquidierung eines Teils des argentinischen Volkes schmerzhaft spürbar werden: «ein Zustandsbericht, der für Jahre Gültigkeit besitzt, weil er nicht aktuelle Fälle notiert, sondern allgemeine Strukturen eines Terrorregimes darstellt» (Schumann)[7]. *Communiqué from Argentina* ist das Porträt einer Frau – der Untergrundkämpferin Lili Masafero –, die, aus dem Bürgertum stammend, durch das Vorbild von Eva Peron politisiert wurde; sie schreibt einen (fiktiven) Brief an eine Freundin in den USA. Kunstvoll verknüpft der Film die Lebensläufe von Eva Peron und Lili Masafero; er ist eines der ganz wenigen Zeugnisse für die Emanzipation der Frau in Lateinamerika, zugleich reflektiert er die Geschichte des Peronismus in Argentinien.

Wegen der Beschränkungen, denen die Dokumentaristen im Exil unterlagen, stammen die wichtigsten Augenzeugenberichte von europäischen Regisseuren, vor allem von schwedischen TV-Dokumentaristen. Jan Sandquist drehte noch im September 1973 seine Reportage *Santiago de Chile – valtagen stad* (*Vergewaltigte Stadt*). Sandquist spricht mit Gefangenen im Stadion, mit Angehörigen von Verhafteten und einem Mann, der entkommen konnte. «Hier regiert Dokumentation, kühler Kommentar, Faktizität und die Leidenschaft der Reporter, die einem Ereignis auf den Grund gehen wollen» (Peter H. Schröder).[8] Auch Peter Torbiörnsson hat gleich nach dem 11. September 1973 begonnen, in Chile zu drehen: «Ich habe nach dem Putsch dreimal in Chile gefilmt», sagte er 1975, «illegal, mit einer 8-mm-Kamera. Es ist außerordentlich wichtig, daß Informationen nach draußen gelangen, die einen anderen Einblick in die Situation des Landes geben als die offizielle chilenische Berichterstattung. Das wird auch sehr genau von den in der Widerstandsbewegung arbeitenden Chilenen anerkannt, die im Lande tätig sind.»[9] Sein Film *Chile – Zwei Jahre danach* (1975) beschäftigt sich auch mit der Lage der nach Argentinien emigrierten Chilenen, denen es dort, ein Jahr vor dem Umsturz, sehr schlecht geht; sie werden als Extremisten betrachtet, finden keine Arbeit.

Diese Stellvertreterfunktion europäischer Dokumentaristen wird in den Filmen des Schweden Jan Lindqvist besonders deutlich: 1973 stellte er Stadtguerilleros in Montevideo Kamera und Mikrofon zur Verfügung (*Tupamaros*), 1977 porträtierte er einen peruanischen Bauern (*Agripino*). *Tupamaros* wurde zum Selbstzeugnis der Untergrundkämpfer: Sie sprechen, zum Teil im Schattenriß, vor der Kamera; aber auch Gefangene der Tupamaros werden interviewt. Der Film überläßt das Urteil dem Zuschauer, die präzisen Informationen aus dem Uruguay nach dem Putsch sprechen jedoch für sich. *Agripino*, wie *Tupamaros* 50 Minuten lang, ist ein Reisefilm – im Raum und in die Zeit. Agripino hat sich beim Präsidenten in der Hauptstadt über ein Unrecht vergebens beschwert: Er fährt mit dem Bus in sein Heimatdorf im Gebirge zurück. Die spanischen Eroberer haben im 16. Jahrhundert denselben Weg zurückgelegt – das ist dem Film «Anlaß genug, Agripinos Weg mit pointierten Informationen über die Entwicklung des Kolonialismus in Peru zu verbinden» (Ruf).[10]

Der peruanische Kurzfilm blühte Ende der siebziger Jahre auf, als Folge des Filmförderungsgesetzes von 1973, aber im Prinzip brachte dieser Boom, immer im Schatten der Zensur, nur unverbindliches Kunstgewerbe zustande. Zu den wenigen Ausnahmen gehörte *Mana allpayok – ayllu sin tierra* (*Gemeinde ohne Erde*, 1979) von Marta Esteban, einer gebürtigen Spanierin: ein holzschnittartiger Film über eine Landbesetzung durch Bauern. Schumann urteilt über ihn im Vergleich zu *Agripino:* «Er ist nicht so perfekt wie jener, mehr Zeugnis des Kampfes, militantes Kino, doch genauso eindringlich und in der Quintessenz radikaler.»[11]

Auch zum Verständnis der Revolution in Nicaragua und des Bürgerkriegs in El Salvador leisteten europäische und amerikanische Filmemacher einen entscheidenden Beitrag. Der Niederländer Frank Diamond stellte in *Nicaragua, September 1978* «den Volksaufstand in fünf Städten, die Ursachen des Krieges, seine Folgen, die Organisation des Widerstands, die daran beteiligten Bevölkerungsschichten und die Rolle der Kirche» dar.[12] 1980 berichtete er von dem zweiten mittelamerikanischen Aufstand: *El Salvador, Revolutie of dood* (*Revolution oder Tod*). Peter Torbiörnsson drehte 1980 in Co-Produktion mit El Salvador *Uppladningen El Salvador. I skuggan av en revolution* (*El Salvador: Im Schatten einer Revolution*).

Die ersten einheimischen Filme, unterstützt von anderen lateinamerikanischen Dokumentaristen, folgten jeweils ein paar Monate später: In Nicaragua, wo nach dem Sieg der Sandinisten am 19. 7. 79 im September das Filminstitut «Instituto Nicaraguense de Cine» (INCINE) in Managua gegründet worden war, kam im Herbst 1979 *Victoria de un pueblo en armas* (*Sieg eines bewaffneten Volkes*) heraus; ab Dezember 1979 gab es eine Monatsschau (*Noticiero*), die das kubanische Vorbild natürlich nicht erreichte. Weitere Dokumentarfilme über Probleme des Alltags, über Wirtschaft, Kultur, vor allem über die Alphabetisierungskampagne, wurden 1981 in kurzen Abständen gedreht. In El Salvador bildete sich während der Kämpfe die Gruppe «Cero a la Izquierda», die mehrere Dokumentationen herstellte, darunter 1981 den Ein-Stunden-Film *El Salvador – Los primeros frutos*, anderer Titel: *El Salvador – La decisión de vencer* (*Die ersten Früchte* bzw. *Der Entschluß zu siegen*). Im Mai 1980 wurde das «Instituto Cinematográfico de El Salvador Revolucionario» gegründet, das bald seinen ersten Film herausbrachte, *El Salvator: El pueblo vencera* (*Das Volk wird siegen*, 1981). Sehr wichtig, vor allem für die außenpolitischen Aspekte des Falles El Salvador, wurden die Filme des Amerikaners Glenn Silber, die er zusammen mit der Brasilianerin Tete Vasconcellos gedreht hat, *El Salvador: Another Vietnam?*, *El Salvador: The Seeds of Liberty* und *El Salvador: Another Vietnam* (nun ist das Fragezeichen weggefallen), alle 1981 – Filme, die selbstkritisch und polemisch die Einmischung der USA in El Salvador, die Stützung des Duarte-Regimes untersuchten. Auch Kuba, das die Filmemacher in Nicaragua und El Salvador vor allem materiell unterstützt, hat Filme über die Revolution in beiden Ländern gedreht; am bekanntesten wurde der Nicaraguafilm *En tierra de Sandino* (*Im Lande Sandinos*, 1980) von Jesus Diaz.

Nimmt man all diese Filme zusammen, so ergibt sich fast eine Allgegenwart der Kamera: bei Terroranschlägen, bei spektakulären Kämpfen, aber auch im Alltag, hinter der Front (in El Salvador), beim Aufbau einer neuen Gesellschaft (in Nicaragua). Was so gründlich dokumentiert wird, wird aber noch keineswegs ähnlich umfassend verbreitet. Noch immer sind diese Filme auf mutige Fernsehanstalten angewiesen, etwa in Schweden oder den Niederlanden, auf Festivals und auf alternative Verleiher. Den Medienalltag bestimmt weiterhin die Kurzberichterstattung über diese Länder in den großen Fernsehsystemen der USA oder der Bundesrepublik. Dabei haben es die Reportagen von Diamond, Torbiörnsson oder Silber, die auch die Gegenseite, zum Beispiel die Junta in El Salvador und das Bürgertum (und Großbürgertum) zu Wort kommen lassen, noch vergleichsweise leicht, gesendet und verbreitet zu werden, gemessen an den Dokumentationen der Filmemacher aus diesen Ländern selbst. Gerade deren Filme wären aber wichtig, als Selbstzeugnisse. Sie haben längst die Revolutionsrhetorik, nicht aber die Emotion, hinter sich gelassen; weithin unkommentiert berichten sie vom Leben der Revolutionäre, von ihrer Aufbauarbeit, ihrem Alltag, ihren Festen. Noch nach über 20 Jahren, wenn man die kubanische Revolution von 1959 als Ausgangspunkt nimmt, können also die kritischen Dokumentaristen Lateinamerikas das Filmkunstgetto, in das sie bestenfalls gesteckt werden, oder das Alternativgetto der Solidaritätsveranstaltungen nicht sprengen. Dieses Schicksal teilen sie mit anderen Filmemachern der Dritten Welt, etwa der Befreiungsbewegungen in Afrika und Asien. Die offiziellen Medien wahren ihr Monopol (wie sie es ja zum Teil auch gegenüber den einheimischen Dokumentaristen tun – siehe Kapitel 8).

Palästinenser und Arabische Länder

Besonders deutlich wird diese Einseitigkeit der Information bei der Darstellung des Konflikts zwischen Israel und den Palästinensern. Filme aus den arabischen Ländern, obwohl durch Festivals inzwischen bekanntgeworden, werden an die Ränder unserer Medienöffentlichkeit verbannt, und es bedarf schon einer Palästina-Filmwoche, die 1978 durch einige bundesdeutsche Städte wanderte, um Aufmerksamkeit zu erregen. Selbst Filme von Amerikanern und Europäern, die sich Israel kritisch nähern (wie Susan Sontags *Promised Lands,* 1974) oder die Rechte der Palästinenser bekräftigen (*De Palestijnen/Die Palästinenser,* Johan van der Keuken, 1975) werden zum Beispiel von den Fernsehanstalten der Bundesrepublik nicht gesendet.

Wie im Falle Lateinamerikas ist es auch bei Palästina das Wechselspiel zwischen eigener und fremder Sicht, das diesen noch sehr kurzen Abschnitt der Filmgeschichte spannend macht. Auf der einen Seite eint der palästinensische Widerstand die Filmemacher der einzelnen arabischen Länder, er ist «das politische, aber auch ideologisch-gesellschaftliche Schlüsselthema» (Schlegel).[13] Zum anderen waren die häufig technisch überlegenen und manchmal auch ästhetisch innovativeren europäischen und amerikanischen Filme für die palästinensischen Dokumentaristen eine permanente Herausforderung. Während viele palästinensische Filme bis weit in die siebziger Jahre hinein in der Argumentation schematisch, im Stil rhetorisch blieben, haben zum Beispiel Manfred Vosz, Almut Hielscher und Hans-Jürgen Weber schon 1971 in *Palästina*, deutsche Erfahrungen reflektierend, klar zwischen Antisemitismus und Antizionismus unterschieden. Edna Politi hat 1974 in *Für die Palästinenser,* Mario Offenberg in *Der Kampf um den Boden* (1977) oder *Der schwierige Weg nach Palästina* (1978) Aufmerksamkeit auf die antizionistische Opposition in Israel gelenkt. 1975 hat die französische Gruppe «Cinéma Vincennes» in *L'olivier* (*Der Olivenbaum*) umfassend und gründlich das Recht der Palästinenser auf ihren Boden nachgewiesen, dieses Recht nicht einfach als gegeben vorausgesetzt. Van der Keuken hat 1975 die Palästinenser in das Spannungsfeld zwischen den Israelis, von denen sie vertrieben und angegriffen, und den reichen libanesischen Großgrundbesitzern, von denen sie ausgebeutet werden, gestellt. Susan Sontag ließ in *Promised Lands* die unversöhnlichen Gegensätze zwischen Juden und Arabern in Israel, ohne ein eigenes Wort Kommentar, hart aufeinanderprallen. Der Film plädiert nicht für die Palästinenser, wohl aber gegen den Krieg und für die Menschen; er zeigt die psychischen Schäden, die zum Beispiel Soldaten davongetragen haben. Susan Sontag und Van der Keuken vertrauen der Intensität der Bilder; jede aufgesetzte Rhetorik, auch in den Interviews, vermeiden sie. Welche Ausdruckskraft das Bild bei einem Interview gewinnen kann, hat 1975 auch Manfred Vosz in *Lebenslauf* demonstriert: Eine junge Frau, Mitglied der PLO, erzählt aus ihrem Leben, vor allem von ihren vier Verhaftungen durch die Israelis, von den fürchterlichen Folterungen, die sie erdulden mußte. Sie sitzt vor einer halbhohen Mauer, links ein paar Blätter. Die Kamera rückt ganz langsam näher, Schnitte sind durch Schwarzfilm markiert – nichts lenkt vom Gesprochenen ab, kein Zwischenschnitt, kein Schwenk, der Redefluß bricht aus der Frau heraus, sie muß sich von etwas befreien.

Es hat bis in die zweite Hälfte der siebziger Jahre gedauert, bis den palästinensischen Filmemachern selbst ähnlich intensive Filme gelangen. Spät, erst 1967 nach dem Junikrieg, begannen sie mit der Organisation ihres Filmwesens, zuerst in der Foto- und Filmabteilung der Fatah. Heute gibt es unter anderem die Filmabteilung der PLO («Cinema institution»), geleitet von Mustafa Abu Ali, die Filmabteilung der SAMED, der Wirtschaftsorganisation der PLO, geleitet von Chaleb Shaat. Auch in den einzelnen arabischen Ländern entstanden Filme zum Thema Palästina, vor allem in Syrien. Entscheidend für Austausch und Zusammenhalt wurde die Filmclubbewegung – insbesondere in Tunesien, Syrien, dem Libanon –, ein Gegengewicht zu den kommerziellen, in der Regel noch immer vom Ausland gelenkten Verleihsystemen. Das Palästina-Festival, in Bagdad im Zweijahresrhythmus veranstaltet, 1980 zum vierten- und vorläufig letztenmal, diente der Selbstverständigung, es ermöglichte internationale Kontakte. 1982 kam es nicht zustande wegen innerarabischer Schwierigkeiten.

Welche Zukunft der palästinensische Film angesichts des israelischen Angriffs auf den Libanon im Juni 1982 hat, muß dahingestellt bleiben.

Der palästinensische Film ist ein neues Phänomen in der Filmgeschichte: eine Filmproduktion ohne Staat, ohne Zentrum, von Anfang an im Exil, deshalb auch arm, auf Solidarität und Zusammenarbeit angewiesen. Gerade aus dieser Zerstreuung erklärt sich aber auch die bedeutende Rolle des Films: Nach innen trägt er dazu bei, sich über die eigene Lage und Geschichte klarzuwerden, Selbstbewußtsein und Mut zu gewinnen – deswegen werden in den Flüchtlingslagern immer wieder Filme vorgeführt. Nach außen, in die Weltöffentlichkeit hinein (soweit sie sich nicht, wie oben angedeutet, gegen diese Information sperrt), kann die Rechtmäßigkeit des eigenen Standpunkts demonstriert, können die Leiden der Menschen, aber auch ihre Kampfbereitschaft anschaulich gemacht werden. Nur zu verständlich, daß die (in der Regel kurzen) Filme in den ersten Jahren mit einigen wenigen Topoi auskamen: «Die Israelis kommen, schießen auf das Volk, die Feddajin kämpfen gegen sie, und es folgt ein Lied auf den Befreiungskampf der Palästinenser», so selbstkritisch der Regisseur Kassem Hawal, der die Filmsektion der PFLP (Volksfront für die Befreiung Palästinas) leitet, in einem Gespräch.[14] Zerstörte Dörfer, Kinder, die ihre Eltern, Eltern, die ihre Kinder verloren haben, die Menschen in den Flüchtlingslagern und die Kämpfer – aus diesem Material waren die Filme zusammengesetzt, durchaus bewegend, wenn man einen einzelnen sah, monoton, wenn man mit einer ganzen Folge konfrontiert wurde. Zwei Regisseure vor allem, Kaiss al Zubaidi und Chaleb Shaat, haben den palästinensischen Dokumentarfilm aus dieser Erstarrung allmählich herausgeführt. Sie interessierten sich zunehmend für den Alltag der Menschen, sie milderten die Emotion der Filme nicht ab, aber sie blieb nicht alleiniger Träger des Films, sie wurde untermauert durch gründlichere, nicht nur verbale Information und in Analyse überführt. Der Zuschauer wird als Dialogpartner ernst genommen.

Chaleb Shaat, geboren 1935 in Jerusalem, und Kaiss al Zubaidi, geboren 1939 in Bagdad, beide in Europa ausgebildet: Shaat in Wien, wo er in den sechziger Jahren Bühnenbild und Ausstattung studierte und vier Jahre an der Fachrichtung Film der Kunstakademie, Zubaidi an der Hochschule für Film und Fernsehen der DDR (Diplomfilm: *Möwenflug der Jahre,* 1967/68). Sie begannen ihre Filmarbeit in der Heimat um 1970, beide konnten schnell einen Spielfilm herstellen: Shaat 1971 in Ägypten *Ad-lal ala aljanibi al akhar* (*Schatten am anderen Ufer*), über eine Gruppe von Studenten, unter denen ein Palästinenser ist, Zubaidi 1974 in Syrien *Al Yazirly,* einen Film über Kinderarbeit. Zubaidi hat in den folgenden Jahren nicht nur eigene Filme erarbeitet, er war als Cutter auch an den Werken anderer arabischer Filmemacher beteiligt: an zwei Filmen von Omar Amiralay (*Al hayatt al yawmiyah fi qariah suriah/Alltagsleben in einem syrischen Dorf,* 1974, *An thawra/Über eine Revolution,* 1979) oder an Shaats *Yaum al ardh (Tag des Bodens,* 1978). Zubaidi ist schon dadurch eine wichtige Integrationsfigur des arabischen Films. In der zweiten Hälfte der siebziger Jahre drehten Chaleb Shaat und Kaiss al Zubaidi dann jeweils zwei Filme, mit denen sie der Filmarbeit der Palästinenser neue Dimensionen erschlossen.

Shaat, der 1974 nach Beirut ging, produzierte für SAMED 1976 *Al Miftah* (*Der Schlüssel*) und 1978 *Yaum al ardh* (*Tag des Bodens*). Der Halbstundenfilm *Der Schlüssel,* aufgenommen von dem Kameramann Hani Jawharieh (1939 geboren, 1976 im Libanon gefallen; 1967 Mitbegründer der Foto- und Filmorganisation der PLO), provoziert ein Gespräch zwischen Arabern und Juden in Israel, Arabern, die 1948 von Haus und Hof vertrieben wurden – ein alter Mann trägt immer noch seinen Hausschlüssel mit sich – und Juden, die gegen dieses Unrecht protestieren. «Das Gespräch mit progressiven Juden wird nicht in erster Linie gesucht, um von der anderen Seite die Rechtmäßigkeit des eigenen Kampfes bestätigt zu bekommen, sondern um die Notwendigkeit des Dialogs anzudeuten, um zu zeigen, daß der Kampf nicht gegen die Juden gerichtet ist – es geht nicht um eine Auseinandersetzung zwischen den Religionen, sondern um eine genaue Beschreibung geschichtlicher Sachverhalte, um eine überprüfbare und von Klardenkenden unabweisbare Darstellung historischer Zusammenhänge, um die Aufhellung historischer Legenden und politischer Manipulationen» (Richter).[15] *Der Tag des Bodens* ist der 20. März 1977 – für die Araber in Israel ein Gedenktag, weil genau ein Jahr vorher die israelische Armee gegen arabische Bürger vorgegangen war, die für ihre Rechte demonstriert hatten. Der Film stellt Friedensäußerungen beider Seiten einander gegenüber: Arabische Kinder singen vom Frieden, aber auch der israelische Ministerpräsident Begin spricht davon. Es folgen Zeugenaussagen, Augenzeugenberichte, Trauerbekundungen für Menschen, die getötet wurden. «Die Berichte kommen alle zu diesem tragischen Punkt, die Geschichte des Bodenraubs ist auch eine Geschichte der Toten, in der das Schicksal dieses Volkes brennend sichtbar wird» (Richter).[16] Die Demonstration des einen Tages ist kein isoliertes Ereignis, sie ist Teil eines schon lange dauernden, nicht erlahmenden Widerstandskampfes.

Shaat konnte die Aufnahmen zum *Tag des Bodens* nicht selbst in Israel drehen, auch Zubaidi mußte für seine beiden Filme *Hisar Muthad* (*Gegenbelagerung*, 1977) und *Watan alaslak alshaieka* (*Das Stacheldrahtland*, 1980) auf fremdes Bildmaterial zurückgreifen. «Es sind Filme über die besetzten Gebiete und über Israel, die nur dank der Solidarität ungenannter Kameraleute zustande kommen konnten.»[17] Trotzdem hat Zubaidi diesen Kompilationsfilmen eine ganz eigene visuelle Gestalt gegeben. Während Shaat ein Publizist ist, einer, der sehr differenziert argumentiert, muß man Zubaidi einen Poeten nennen, der durch die Montage, in der die Musik eine große Rolle spielt, Bildfolgen zu Symbolen verdichtet. In *Gegenbelagerung*, einem Bericht über die Demonstrationen von Arabern gegen die israelische Armee und Polizei, werden Bilder wiederholt – etwa von einer älteren Frau, die einen Stein gegen israelische Soldaten wirft –, Bilder werden verlangsamt oder erstarren zu Stehkadern. «Der Regisseur baut eine Kette von charakteristischen Situationen, schafft eine innere Dynamik, einen Rhythmus, die uns das Lebensgefühl dieser Leute und ihres Kampfes erschließen» (Richter).[18] Schlegel schlägt als Gattungsbezeichnung für diese Art von Film «poetisch-agitatorische Kompilation» vor.[19]

Stacheldrahtland handelt von der Siedlungspolitik der Israelis. Arabische Bauern, die von ihrem Land vertrieben wurden, und israelische Neusiedler kommen zu Wort, beide ausführlich. Auch die Israelis, zum Teil aus den USA zurückgekehrt, wirken sympathisch; sie fühlen sich als Pioniere. «Man wird Zeuge einer Verblendung, sieht, daß sie Opfer von historischen und ideologischen Manipulationen des Imperialismus geworden sind, diese Legenden verinnerlicht haben, daß für sie ein Zweifel undenkbar erscheint» (Richter).[20] Auch dieser Film, der sich genau auf die Lebensumstände der Menschen einläßt, argumentiert in Bildern. Zubaidi geht es darum, s. Richter, «den Zuschauer an einem Erkenntnisprozeß zu beteiligen, ihn die Schlüsse selbst ziehen, begreifen zu lassen».[21]

In letzter Zeit ist den palästinensischen Dokumentaristen in dem Israeli Amos Gitai (geboren 1950) ein möglicher Gesprächspartner erwachsen; er hat in Israel kritische und deshalb dort stark behinderte Filme über das Verhältnis des Staates zu seinen arabischen Bürgern gedreht. *Wadi Rushmia* (*Das Tal*, 1978) und *Bait* (*Das Haus*, 1980) wurden vom israelischen Fernsehen produziert oder in Auftrag gegeben, aber nicht gesendet. Doch können sie in Universitäten und Kinematheken laufen. Auch die Presse berichtet über sie. *Das Tal* beschwört eine kleine Utopie. In einem Tal östlich von Haifa leben unter ärmlichen Bedingungen drei Paare: ein arabisches Ehepaar, 1948 aus seinem Besitz vertrieben, ein jüdisches Brüderpaar, aus Osteuropa eingewandert, immer auf der Flucht gewesen, ein arabisch-jüdisches Ehepaar, sie eine ungarische Jüdin, er Fischer von Beruf. Das gemeinsame Schicksal des Vertriebenseins hat Solidarität unter ihnen geschaffen, die nicht ohne Probleme ist. Bewegend die beiden Brüder: Vor ein paar Tagen aus nichtigem Anlaß von der israelischen Polizei geschlagen worden, fallen sie, wenn sie davon erzählen, immer wieder in die Vergangenheit; man weiß manchmal nicht, sprechen sie von heute oder von den Konzentrationslagern vor 40 Jahren. Eine ähnliche Modellsituation hat Gitai auch in dem Film *Das Haus* gefunden. Ein

Omar Amiralay: Alltagsleben in einem syrischen Dorf (1974, links), *Die Hühner* (1978, rechts)

Haus wird renoviert: Es erzählen die ursprünglichen arabischen Besitzer, der heutige israelische Eigentümer, der Architekt, die palästinensischen Bauarbeiter – der Staat Israel im kleinen, mit all seinen Konflikten, genau beobachtet mit einer Direct-Cinema-Kamera.

Das Thema des palästinensischen Widerstands, so habe ich schon Hans-Joachim Schlegel zitiert, ist «das politische, aber auch ideologisch-gesellschaftliche Schlüsselthema» für die arabischen Filmemacher. «Doch», schreibt Schlegel weiter, «es mag auch zuweilen zu einem Fluchtpunkt werden, wenn darüber die kritische Sichtung der eigenen Verhältnisse ausfällt, verdrängt wird.»[22] Die arabischen Dokumentaristen haben in ihren eigenen Ländern häufig mit Schwierigkeiten zu kämpfen: «Paradoxerweise behandeln einige arabische Länder Sex-and-Crime-Elemente in Kommerzfilmen trotz aller islamischen Gesetze relativ nachsichtig, greifen aber bei der Behandlung konkreter gesellschaftlicher und ideologischer Fragen recht schnell und rigoros zu Schere und Verbot» (Schlegel).[23] Schlegel nennt als Beispiele unter anderem die beiden ägyptischen Kurzfilme *Al Nil* (*Am Nil*) von Haschim Al-Nahas (1973) und *Waseyat ragol hakiem (Ratschläge eines alten, weisen Mannes zu Problemen der Bildung und des Dorfes*) von Daoub Abd Elsaid (1976) – beide Filme durften in Ägypten nicht gezeigt werden. Opfer der Zensur war aber auch immer wieder Omar Amiralay, der wohl begabteste Dokumentarist der arabischen Länder.

Amiralay, 1944 in Damaskus geboren, an der Pariser Filmhochschule IDHEC ausgebildet, stark beeinflußt in seiner politischen Entwicklung durch das Jahr 1968, hat nach einem Film-Essay über das Euphrattal (1971) von 1972 bis 1974 seinen ersten abendfüllenden Film gedreht, *Al hayatt al yawmiyah fi qariah suriah* (*Alltagsleben in einem syrischen Dorf*). Der Film, der die Landreform kritisch untersuchte, wurde sofort verboten – er ist heute ein internationaler Festivalerfolg. In seinem nächsten Film, *Al dajaj* (*Die Hühner,* 1978), einem 45-Minuten-Film für das Syrische Fernsehen, einem nur scheinbar positiven, tatsächlich aber boshaften Bericht über die mißglückte Hühnerzucht in einem Musterdorf, bedient Amiralay sich einer filmischen Sklavensprache: «Man merkt sehr wohl, daß dieser Film in einem Kontext polizeilicher Repression und der Zensur entstanden ist, weil er Symbole verwendet, die Wirklichkeit auf Umwegen zeigt und niemals mit dem Finger auf die für die Situation Verantwortlichen weist. Wenn man beispielsweise den Mercedes-Stern sieht, weiß man gleich, daß der Staat gemeint ist, denn alle Offiziellen und Offiziere fahren einen Mercedes. Ebenso stellt das »M« des Hotels Meridian das Dienstleistungskapital, den Tourismus dar, usw. Die Wirklichkeit wird also »umgangen«, was im *Alltagsleben* nicht der Fall war», so Amiralay in einem Interview mit den Cahiers du Cinéma (No. 290/91, Paris, Juli/August 1978).[24] Seinen nächsten Film, *An thawra* (*Über eine Revolution*), über den Südjemen (die Volksrepublik Jemen), hat Amiralay ein Jahr später 1979 gedreht, einen halbstündigen, von Wertow und Eisenstein beeinflußten Filmessay über das Modell einer Revolution.

Stärker als alle anderen Dokumentaristen des arabischen Raums gibt Amiralay nicht nur die Wirklichkeit wieder, er interpretiert sie mit genuin filmischen Mitteln. Schon das *Alltagsleben,* eine betont einfache Direct-Cinema-Reportage, arbeitet mit zyklisch wiederkehrenden, symbolischen Bildern, zum Beispiel von Kindern, die am Anfang und am Ende mit toten Gerippen in der Wüste spielen. Vor allem aber ist *Alltagsleben* ein Film über Sprache: Der ideologisch fixierten Sprechweise der Beamten, die die Probleme der kleinen Leute gar nicht mehr erkennen, steht der offene, sehr heftige Sprechstil der Bauern gegenüber, die insbesondere am Ende, nachdem ein Gewerkschaftsvertreter ermordet wurde, nichts mehr zu verlieren haben.

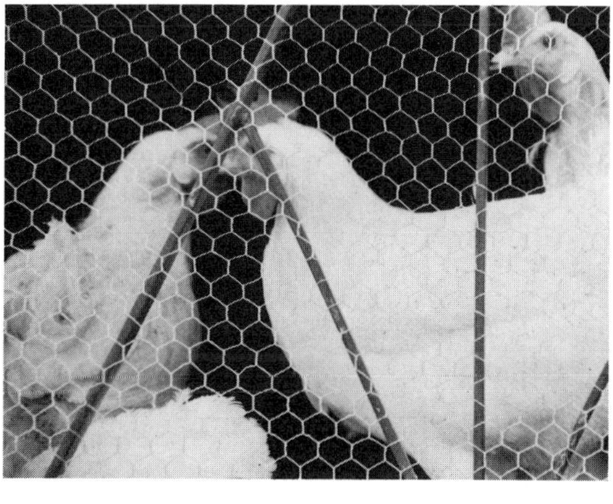

Die Hühner sind artifizieller gestaltet, mit satirischen Elementen: Der Einfall der Hühner in den Ort wird mit Marschtritten unterlegt, die Hühner selbst werden mit Weitwinkel aufgenommen. Bilder wiederholen sich, die erste und die letzte Einstellung einer Sequenz entsprechen einander, ebenso die zweite und die vorletzte. Schließlich sitzen die Hühnerzüchter in einer riesigen, nicht benutzten Halle im Kreis, die Kamera in der Mitte dreht sich, sie sprechen aus dem Off. Zuletzt schließt sich das Tor dieser eigentlich für die Zucht gebauten Halle – nichts geht mehr, das Ende ist da, die Pleite.

Der Film in seiner Künstlichkeit appelliert an das Reflexionsvermögen des Zuschauers, und man muß fragen – und das gilt besonders auch für *Über eine Revolution* –, ob in einer Region, in der es keine Kinotradition gibt, außer Hollywood oder der Hollywoodkopie vom Nil, dem ägyptischen Kommerzfilm, ja die weithin noch vom Analphabetismus geprägt ist, eine solche Filmsprache verstanden wird. Vermutlich ist Amiralays Werk in erster Linie eine Herausfordung für die Cinéasten der arabischen Länder, weniger ein Diskussionsgegenstand für die Masse des Kinopublikums. *Über eine Revolution* geht in seiner extremen Stilisierung noch weiter als die beiden früheren Filme. Amiralay arbeitet mit Kontrastmontagen, die immer subtiler werden. Revolutionspathos einerseits (zum zehnjährigen Bestehen der Volksrepublik Jemen) – Bauern und Fischer andererseits, die nüchtern die alte und die neue Zeit vergleichen. Symbolische Bilder, den Film strukturierend, die allmählich ihre Bedeutung ändern: Ein nackter Fuß, Muskeln an Arm und Schulter – das verweist auf Armut und Sklaverei, bedeutet aber auch Kraft und Aufstand. – Ein Lastenträger lädt sich Steine auf den Rücken: ein Bild der Unterdrükkung. Aber es werden mehr und mehr Steine, die er mühelos balanciert: ein Bild der Stärke und der Revolution. Virtuos spielt Amiralay mit solchen Sinnverschiebungen. Er verwendet nur Bilder aus dem ihn umgebenden Alltag, aber er verwandelt sie, sieht Strukturen in ihnen, die sie allgemeingültig machen.

Dieser fragmentarische Überblick über den arabischen Dokumentarfilm soll nicht beendet werden ohne eine Anmerkung zur Polisario-Bewegung in der Westsahara, und wie sie sich im Film darstellt. Als 1974 Spanien nach 90 Jahren Kolonialherrschaft die westliche Sahara freigab, stritten sich Marokko und Mauretanien um dieses Gebiet; das Wüstenvolk der Sahraui, das sich 1973 in der Polisario-Front politisch organisiert hatte, muße gegen beide Nachbarländer um seine Unabhängigkeit kämpfen. Natürlich konnte es nicht selbst Filme drehen, aber wie in anderen Fällen sprangen Filmemacher anderer Länder solidarisch ein. 1976 dreht der 1936 in Mauretanien geborene Abid Med Hondo *Nous aurons toute la mort pour dormir* (*Wir werden den Tod haben, um zu schlafen*), eine französisch-mauretanische Co-Produktion, 135 Minuten lang. Aufnahmen vom Alltag der Kämpfer werden zur großen Revolutionsoper stilisiert. Konkreter ist ein kleiner Film aus Algerien: *Camp de l'espoir* von B. Boutemen (1980). Wir sehen Schule und Krankenhaus, Kinderspiel und Frauenarbeit, und immer wieder exerzierende Soldaten der Polisario. Auch Europäer haben sich des Themas angenommen: *Sahara occidental: Independance ou génocide?* von Bruno Muel und Théo Robichet (Frankreich 1976) weist nach, daß die Polisario-Front aus dem Vietnamkrieg gelernt hat. Die ungarische Fernsehreportage *Terepjaron a Szaharaban* (*Mit dem Geländewagen in der Sahara*) von Alajos Chrudinak (1979) kann dem europäischen Zuschauer, trotz deutlicher Schwächen (einer hektischen Kamera) wohl am klarsten vermitteln, worum es in der Westsahara geht. Der Reporter bringt zunächst einmal sich selbst in den Film ein, erzählt von Hitze und Kälte, was sie zu essen hatten.

Wir werden den Tod haben, um zu schlafen (Med Hondo, Frankreich/Mauretanien 1976)

Fadjal (Safi Faye, Senegal 1979)

Er interviewt, immer nachsetzend, marokkanische Politiker. Er fragt vor allem, warum die Polisario-Rebellen so an dieser Wüste hängen: Seit Jahrhunderten ist das ihre Heimat, sie sind mit Landschaft und Klima vertraut, können da leben, fühlen sich deswegen auch unbesiegbar. Mir scheinen die stilistisch sehr unterschiedlichen Filme zur Polisario-Front, einer Befreiungsbewegung, die kaum je im Mittelpunkt des Weltinteresses stand, die nie Mode war, ein bemerkenswertes Beispiel zu sein für die Verantwortung des Dokumentaristen denen gegenüber, die ihre Stimme nicht erheben können.

Dokumentarfilm in Schwarzafrika

In Schwarzafrika spielt der Dokumentarfilm bisher eine bescheidene Rolle; nur in den anglophonen Ländern hat sich «unter britischem Einfluß der didaktische Dokumentarfilm entwickelt» (Schoenberner)[25], der aber außerhalb Afrikas unbekannt ist (und auch funktionslos wäre), während in den französischsprachigen Ländern, gefördert durch Entwicklungshilfe aus Paris, durch das «Ministère de la Cooperation», vor allem Spielfilme entstanden.

Die einzige wichtige Ausnahme ist die Senegalesin Safi Faye, die nach einer Tätigkeit als Lehrerin in Dakar 1969 nach Paris kam, in Jean Rouchs *Petit à petit* eine Rolle spielte und Ethnologie studierte. Ihre beiden abendfüllenden Filme *Kaddu Beykat* (*Nachrichten aus dem Dorf,* 1975) und *Fad jal* (*Neuankömmling, arbeite,* 1979) sind ein unmittelbares Ergebnis ihrer Studien. Ursprünglich hat sie die Bauern in ihrem Heimatdorf Fadjal nur befragt; daraus entstand bald die Idee, das Dorfleben im Bild festzuhalten. Dabei ging Safi Faye nicht puristisch vor, sie deutet Spielhandlungen an; in *Kaddu Beykat* eine Liebesgeschichte: Ein junger Mann geht in die Stadt, um das Geld für die Hochzeit zu verdienen, er findet aber keine Arbeit, kehrt zurück, und die Eheschließung findet trotzdem statt; in *Fad jal* rekonstruiert sie verschiedene Episoden aus der Geschichte des Dorfes. Diese inszenierten Passagen sind indes von den beobachtenden kaum zu unterscheiden. Wir werden als Zuschauer in den Rhythmus des alltäglichen Lebens hineingezogen, in den Wechsel der Jahreszeiten, wir sehen Saat und Ernte, Riten und Gebräuche, wir hören die Erzählungen der Alten – Safi Faye zitiert in *Fad jal* den Satz: «In Afrika ist ein Greis, der stirbt, wie eine Bibliothek, die verbrennt.»

Im Mittelpunkt beider Filme steht Safi Fayes große Familie, daraus resultiert die Vertrautheit mit den Personen vor der Kamera. Der erste Film, er hat die Form eines Briefes, der den Zuschauer persönlich anspricht, ist dem Großvater gewidmet, der elf Tage nach Ende der Dreharbeiten starb. Beide Filme sind sehr ruhig fotografiert, häufig in Halbtotalen oder Totalen, in denen ein Vorgang komplett zu sehen ist. Gemessen an *Kaddu Beykat* (in Schwarzweiß) ist allerdings *Fad jal* (in Farbe) schon etwas gefällig, als habe Safi Faye auf europäische Abnehmer Rücksicht genommen – beide Filme liefen im ZDF, das der Regisseurin schließlich einen Auftrag erteilte zu einem Film über afrikanische Studenten in Westberlin («*Was suchst du hier?*», 1980), der etwas ungelenk ausfiel und die Selbstverständlichkeit ihrer afrikanischen Filme vermissen ließ.

Die so unaufgeregten Filme *Kaddu Beykat* und *Fad jal* haben für den Senegal eine immense Sprengkraft: *Kaddu Beykat* wurde verboten. Safi Faye hatte die von der Regierung durchgesetzte Erdnuß-Monokultur kritisiert – sie erschöpft den Boden, macht das Land vom Weltmarkt abhängig. In einem Gespräch mit Erika Richter[26] hat Safi Faye drei Szenen genannt, an denen die Zensur besonders Anstoß nahm: Steuereintreiber tun ihre Arbeit ohne Rücksicht auf Mißernten oder Dürreperioden; die

Kooperativen, an die die Erdnüsse abgeliefert werden, rechnen oft falsch ab, betrügen also die Bauern um einen Teil ihrer Einnahmen; ein Lehrer liest eine Rede des Präsidenten aus einer Zeitung vor, die so hochgestochen ist, daß die Bauern sie nicht verstehen können. Auch für *Fad jal* hat sie (im selben Gespräch) Schwierigkeiten befürchet; sie kritisiert in diesem Film die Verstaatlichung des Bodens – vor allem deshalb, weil man den Bauern, die ihr Land seit Generationen bearbeiten, als Analphabeten aber keine Dokumente besitzen, Sinn und Anwendung des Gesetzes nie verständlich erläutert hat.

Ähnlich authentisch wie Safi Faye, so scheint mir, hat nur noch eine europäische Filmemacherin, die Schweizerin Marlies Graf, das Leben in einem afrikanischen Dorf in einem Dokumentarfilm dargestellt, in *Die Bauern von Mahembe* (1975). Marlies Graf hat den Film gründlich vorbereitet, die Bauern in dem tansanischen Reformdorf Mahembe haben selbst bestimmt, was sie zeigen, was sie sprechen; da das Filmteam ihr Vertrauen gewinnen konnte, sind sie sehr offen, auch in ihrer Selbstkritik: Sie wissen, daß das Ujamaa-Modell der Selbstverwaltung bisher nur unvollständig funktioniert, weil viele Bewohner noch nicht mitmachen; sie sagen aber uns, den europäischen Zuschauern, daß sie auch deswegen Schwierigkeiten haben, weil der Weltmarkt ihnen die Baumwollpreise diktiert. Der Eindruck der Authentizität resultiert vor allem aus einer mit den Filmen Safi Fayes vergleichbaren Kameraarbeit (Fritz E. Maeder) und Montage (Marlies Graf): Die Kamera ist meist auf Augenhöhe, also in der Zuschauer- und Zuhörerposition, der Rhythmus ist gelassen, man nimmt sich Zeit für Beobachtungen auf dem Feld, in der Werkstatt, in der Schule.

Dokumentarfilme aus Schwarzafrika sind sonst nur noch als Dokumente von Befreiungsbewegungen bekannt geworden (oder als Werbung für sie), gedreht häufig von europäischen Filmemachern. So haben beispielsweise 1970 die Franzosen Tobias Engel, René Lefort und Gilbert Igel über Guinea-Bissau informiert (*No Pincha/Vorwärts*); im Mittelpunkt steht ein Interview mit Amilcar Cabral. Unabhängig wurde Guinea-Bissau 1974. Auch Mosambik und Angola wurden nach dem portugiesischen Systemwechsel von 1974 im Jahr 1975 selbständig. Über den Kampf der Frelimo in Mosambik haben Filmteams aus Jugoslawien, China, der Sowjetunion, aus Europa und den USA berichtet. «Diese Dokumente sind außergewöhnlich: kaum vier Jahre nach ihrer Herstellung besitzen sie als wichtige Momente des »Volksgedächtnisses« eine historische Dimension.»[27] Den angolanischen Freiheitskampf haben vor allem französische und kubanische Dokumentaristen begleitet. Die Franzosen Marcel Trillat, Bruno Muel und Antoine Bonfant drehten 1975 *Angola, guerre du peuple* (*Volkskrieg in Angola*); 1976/77 kamen gleich vier kubanische Filme heraus: *La guerra en Angola* (*Der Krieg in Angola*) von Miguel Fleitas, *Angola – Victoria de la esperanza* (*Angola – Sieg der Hoffnung*) von José Massip, eine Geschichte Angolas bis zur Unabhängigkeit, schließlich ein kurzer und ein langer Film von Santiago Alvarez, *Luanda ya no es de San Pablo* (*Luanda gehört nicht mehr Sankt Paulus*) und *Nadie impedira la lluvia* (*Niemand wird den Regen aufhalten*).

Auch über die Befreiungsbewegungen in Namibia, Simbabwe und Eritrea haben europäische Dokumentaristen berichtet, so Helma Schleif und Claudia Alemann über *Namibia* (BRD 1973), die DDR-Fernsehregisseurin Sabine Katins über Simbabwe (*Alles, was du brauchst, ist Freiheit,* 1977 – sie hatte vorher auch Filme über Namibia gedreht), die Italiener Ivo B. Micheli und Elisabeth Mutschlechner über *Eritrea* (1978).

Nach der Befreiung haben die neuen Staaten jeweils sehr schnell nationale Filminstitute gegründet, sie haben kurze Filme fürs Kino und Fernsehen hergestellt, in denen die Maßnahmen der neuen Regierungen erläutert werden – in weitgehend analphabetischen Gesellschaften haben solche Filme eine wichtige Funktion. Während die meisten dieser Filme verständlicherweise nur im Ursprungsland gezeigt werden, wurde ein größerer Filmzyklus aus Angola auch in Europa bekannt, *Presente Angolano/Tempo Mumuila* (*Angolanische Gegenwart/Zeit der Mumuilas*), gedreht für das angolanische Fernsehen in den Jahren 1977/78, fertiggestellt und präsentiert in den Jahren 1979 bis 1981. Die Uraufführungen der einzelnen Teile fanden auf verschiedenen europäischen Festivals statt. Der Regisseur Ruy Duarte, 1941 in Portugal geboren, aber seit 1975 angolanischer Staatsbürger, hatte schon etwa ein Dutzend Filme seit 1975 gemacht, bevor er sich an dieses große Unternehmen wagte: zehn Teile mit insgesamt sechs Stunden Vorführdauer.

Duarte hatte eine schwierige Aufgabe übernommen: Er porträtierte mit ethnographischem Interesse das Volk der Mumuilas, das zur ethnisch-linguistischen Gruppe der Nyaneka-Humbe im Südwesten Angolas gehört, er wollte andererseits den Fortschrittswillen der neuen sozialistischen Regierung dokumentieren. So schilderte er althergebrachte Arbeitsmethoden (etwa das Töpfern), Familiensitten und -riten (etwa die Initiation der Jünglinge) oder die Tätigkeit der Medizinmänner mit Geduld und Sympathie, aber er mußte doch die Gültigkeit dieser Traditionen relativieren. Duarte wollte, wie er in einem Gespräch sagte[28], «nicht versuchen, [. . .] handwerkliche und vorkoloniale Produktionsweisen aufrechtzuerhalten», andererseits «gibt es Formen kollektiver Arbeit, die aus der nationalen Kultur entstehen und die man sehr gut übernehmen und an den Geist eines Programms zur sozialistischen Entwicklung anpassen könnte». Dieser Konflikt durchzieht die ganze Serie. Sie stellt in Teil 2 den überkommenen Arbeitsmethoden Maschinen gegenüber, die den Fortschritt verkörpern. In Teil 5 wird ein Medizinmann durch einen Experten interviewt, der dann auch das Resümee ziehen darf – ein Verfahren, das Jean Rouch nie in den Sinn käme. Fazit: Es geht darum, die alte und die neue Medizin miteinander zu versöhnen.

Duartes Serie, die immer dann am meisten überzeugt, wenn sie sich Zeit nimmt für die Menschen vor der Kamera, zeigt exemplarisch das Dilemma der neuen Nationalstaaten in der Dritten Welt: Der Fortschritt, den man aus wohlerwogenen Gründen anstrebt, wird unweigerlich die authentische Kultur zerstören. Europa und die USA sind schon am Ende dieses Weges angelangt, wie die vielen regionalen Filme erkennen lassen.

Südafrika

Während europäische und amerikanische Filme andere afrikanische Freiheitsbewegungen in der Regel nur relativ kurze Zeit begleiten – meist von dem Augenblick an, wo der Kampf der Entscheidung zutreibt, bis zum Sieg –, dauert der filmische Protest gegen die südafrikanische Apartheidpolitik nun schon zwei Jahrzehnte. Dabei ist in der zweiten Hälfte der siebziger Jahre eine deutliche Intensivierung zu beobachten, besonders nach dem Massaker von Soweto 1976, dem vermutlich mehr als 1000 Menschen zum Opfer fielen; die südafrikanische Polizei hatte 229 Tote zugegeben. Der Aufstand hatte sich entzündet an der Verordnung der Regierung, in den Schulen die Sprache der Weißen, Afrikaans, in den Lehrplan aufzunehmen.

Schon 1958 hatte Lionel Rogosin in dem politisch kompromißlosen, ästhetisch uneinheitlichen dokumentarischen Spielfilm *Come back, Africa* auf die Unterdrückung der Schwarzen aufmerksam gemacht; unter den Darstellern war Miriam Makeba, die später als Sängerin weltberühmt wurde. Rogosin hatte bereits damals, wie alle Filmemacher nach ihm, einen großen Teil der Aufnahmen heimlich machen müssen; er hatte den Behörden gegenüber erklärt, er würde einen Musikfilm drehen. In den sechziger Jahren sind vor allem zwei Filme des im Exil lebenden schwarzen Südafrikaners Lionel N'Gakane, *Vukani, Awake* (1964) und *Jemina And Johnny* (1966), sowie die BBC-Fernsehreportage *Heart of Apartheid* von Hugh Burnett (1969) bekannt geworden, die sich völlig die Sicht der Schwarzen zu eigen machte. Zentrum des filmischen Widerstands war von da an London.

Eine Gruppe um Nana Mahomo hat 1971 und 1976, damals anonym, jene beiden Filme in Südafrika gedreht, in englischer Produktion, die nachhaltiger als wohl alle anderen den unmenschlichen Charakter der Apartheidpolitik enthüllt haben, *End of the Dialogue* (1971) und *Last Grave at Dimbaza* (*Das letzte Grab in Dimbaza*, 1974). Beide argumentieren vor allem optisch, sie arbeiten mit eindringlichen, nie billigen Kontrastmontagen. «Was man wahrnimmt», schrieb Gregor über *Ende des Dialogs*, «das ist der Herrengestus in den gedehnten Bewegungen eines weißen Tennisspielers; Macht und Unterdrükkung, wie sie sich in der Architektur eines Colleges niedergeschlagen haben. Man fragt sich, was wohl in den Köpfen der älteren Leute vorgeht, die auf Parkbänken sitzen, die für Weiße reserviert sind, während ganz nahe von ihnen Schwarze auf Steinen hocken; mit welchen Gefühlen die Reichen ihren Luxus genießen, ob sie etwas dabei empfinden, wenn schwarze Kinder durch den Drahtzaun auf das Wohlleben im Swimming-pool starren.»[29]

Das letzte Grab in Dimbaza (1974)

Dimbaza ist ein Lager für Schwarze, die nicht für die weiße Bevölkerung arbeiten, also für Frauen und Kinder. Die Männer sind meist in der Stadt, oft Hunderte von Kilometern entfernt; die Familien sind elf Monate im Jahr auseinandergerissen. Erschütternd zeigt *Last Grave of Dimbaza* die Armut in dem «Grab» Dimbaza, wo die Kindersterblichkeit extrem hoch ist. Auch ihm gelingt, was Gregor für *End of the Dialogue* konstatierte, daß die «Bilder von Grausamkeit und Unterdrückung nicht als indifferente Zitate aus dem Horrorarsenal der Tagesschau erscheinen, sondern daß persönliches Erleben in ihnen zum Ausdruck kommt, daß man das »Normale« als unnormal und das »Alltägliche« als monströs empfindet.»[30]

Diese Filme, die den Aufstand der Schwarzen als unausweichlich erscheinen lassen, ihn aber noch nicht dokumentarisch belegen – wohl auch, um Widerstandskämpfer nicht zu gefährden –, haben in aller Welt über die wirkliche Lage in Südafrika aufgeklärt. Ihrer Verbreitung stehen weniger Widerstände entgegen als den Berichten über die Palästinenser oder militante Befreiungsbewegungen in Lateinamerika. In der Bundesrepublik allerdings hat es das «Institut für Film und Bild in Wissenschaft und Unterricht» bei der Eindeutschung von *End of the Dialogue* fertiggebracht – ob aus politischer Ahnungslosigkeit oder Ängstlichkeit sei dahingestellt –, den Film nicht nur um ein Drittel zu kürzen, auf 26 Minuten, sondern ihn auch zu entschärfen. Trotz öffentlichen Protests[31] wurde diese verfälschte Fassung noch acht Jahre später von den Landes-, Stadt- und Kreisbildstellen verliehen – Ohnmacht der Filmpublizistik.

Ähnlich intensiv war die Wirkung der Filme des Engländers Anthony Thomas, *Research of Sandra Laing* (*Die Suche nach Sandra Laing*) und *Six Days at Soweto* (beide 1977). Sandra Laing wurde 1956 als Tochter weißer Eltern dunkelhäutig geboren (aufgrund früher schwarzer Vorfahren). Aus der weißen Gesellschaft ausgeschlossen, findet sie erst bei den Schwarzen eine Heimat. *Sechs Tage in Soweto* geht den Gründen für den Aufstand nach und läßt Zeugen seiner brutalen Unterdrückung zu Wort kommen, darunter Kinder, die zu Krüppeln geschlagen wurden. Der Engländer Chris Austin hat in zwei bundesrepublikanischen Produktionen, beide 1980, den Widerstand der Frauen dokumentiert: *Weint nicht, wenn sie unsere Hütten abreißen* und *Ich spreche über mich – Ich bin Afrika* (über die politische Funktion von afrikanischem Volkstheater). Im Gegensatz zu *End of the Dialogue* und *Last Grave at Dimbaza* enthalten die neueren Filme zahlreiche Interviews, wodurch die politische Aussage verbal deutlicher wird; die Filmemacher achten allerdings darauf, daß entweder unbekannte Leute vor der Kamera sprechen, die kaum gefunden werden können, oder prominente Widerstandskämpfer, die dem Regime ohnehin bekannt sind. So hat etwa Frank Diamond, dessen Lateinamerikafilme schon genannt wurden, in seinem *Portrait of Nelson Mandela* – der Film wurde 1978 zum 60. Geburtstag des seit langem eingekerkerten Führers des oppositionellen «African National Congress» (ANC) gedreht – die Familie Mandelas interviewt, und auch seine Freunde und Kampfgenossen.

Die Zuspitzung der Situation in Südafrika, die immer breitere Solidarität, die sich etwa in der Gründung des «South African Audio Visual Information Service» in London äußerte (bekanntester Film: *Apartheid, Sport and Politics* von Michel Kopiloff, zum afrikanischen Boykott der Olympischen Spiele in Montreal 1976), hat schließlich auch zu einem Interesse an der Geschichte des Widerstandes geführt, das sich in einigen Kompilationsfilmen artikulierte. Der Kubaner Rigoberto López hat in *La Lanza de la Nacion* (*Speer der Nation,* 1977) die verschiedenen Widerstandsorganisationen dargestellt, meist anhand historischen Materials, das mit Interviews einer Anti-Apartheidkonferenz 1976 in Havanna kombiniert wurde. Peter Davis schließlich, bekannt geworden durch den Vietnamfilm *Hearts and Minds,* hat in zwei jeweils knapp einstündigen Filmen die Geschichte Südafrikas im 20. Jahrhundert erzählt: in *South Africa: The White Laager* (*Südafrika: Das weiße Lager,* 1977) die Geschichte des weißen Nationalismus von den Burenkriegen bis zur Gegenwart, in *Generations of Resistance* (1980) die Tradition des öffentlichen Protests seit 1900, insbesondere aber seit 1950, seit der Protest auch wirkungsvoll organisiert ist. In beiden Fällen dominiert der erläuternde Kommentar, aber auch das Archivfilmmaterial spricht für sich. Bemerkenswert, daß beide Filme von der UNO zusammen mit TV-Anstalten in Schweden und Kanada produziert wurden, daß die filmische Solidarität offizielle Formen angenommen hat.

Asien: China, Indien, Iran

Dokumentarfilme aus Asien erreichen uns selten, am ehesten noch aus Krisengebieten, zum Beispiel Berichte aus dem Vietnamkrieg. Nur einmal hat ein Filmzyklus weite Verbreitung gefunden, die große Filmserie über die Volksrepublik China von Joris Ivens und Marceline Loridan. So sehr sie von der Neugierde, der Sympathie und dem Stilwillen der beiden Pariser Filmemacher geprägt war, sie war doch auch Ausdruck des chinesischen Selbstverständnisses nach der Kulturrevolution. Auch im materiellen Sinne war sie eine Co-Produktion: Die

Kameramänner und einen großen Teil der Technik stellten die Chinesen. So ist *Comment Yukong deplaça les montagnes* (*Yü Gung versetzt Berge*)[32] auch ein authentischer chinesischer Film. 1973/74 nach langen, gründlichen Vorarbeiten gedreht, 1974 bis 1976 geschnitten (von 120 Stunden auf knapp 12), kam der Film erst heraus, als sich in China die Zeichen für eine Abkehr von der Kulturrevolution mehrten; inzwischen ist er ein historisches Dokument geworden. Trotzdem hat der Zyklus nichts von seiner Bedeutung innerhalb der Geschichte des Dokumentarfilms verloren: Er bleibt die gründlichste und bewegendste Darstellung eines Landes zu einem bestimmten Zeitpunkt.

Ivens/Loridan haben sich auf den Alltag konzentriert, auf *Eine Frau, eine Familie,* auf *Die Generatorenfabrik,* eine durchschnittliche, wie sie betonen, keinen Musterbetrieb, auf *Die Apotheke, Ein Fischerdorf,* schließlich auf die Gewinnung von Erdöl (*Rund um das Erdöl*) – damit sind die fünf abendfüllenden Filme genannt. Zwei Filme sind knapp eine Stunde lang, *Eine Kaserne* und *Eindrücke von einer Stadt – Shanghai;* dazu kommen fünf Miniaturen. Alltagsbeobachtung heißt hier: Beschreibung eines Arbeitsplatzes, Erzählung von Konflikten und Entwicklungen innerhalb einer Gruppe, Versuch, die Wechselbeziehungen zwischen Beruf und Politik zu erkennen. Ein Einblick in das eigentliche Privatleben wird vermieden: So ist beispielsweise die dreißigjährige Kao-Chou-Lan und mit ihr der Film (*Eine Frau, eine Familie*) vornehmlich an ihrer Tätigkeit als Vizepräsidentin der Gewerkschaft ihrer Fabrik und als Schweißerin interessiert; der Umgang mit Mann und Kind spielt eine untergeordnete Rolle. Das Leben, wie es die Filme zeigen, ist von Politik durchdrungen, ist bestimmt von offenen und selbstkritischen Diskussionen, vom Versuch, Demokratie an der Basis zu praktizieren. Es ist geprägt vom Bemühen, Theorie und Praxis miteinander zu vereinen, Stadt und Land einander anzunähern: Darum ziehen die Mitarbeiter der Apotheke oder die Arbeiter der Generatorenfabrik immer wieder auf die Dörfer, um ihre Kenntnisse dort zu verbreiten, aber auch selbst zu lernen.

All dies wird aber nie abstrakt erörtert, sondern gezeigt, lebendig; Geschichten werden erzählt, etwa von dem früheren Besitzer der Apotheke, die jetzt kollektiv geleitet wird, von dem Schüler, der einen Fußball auf einen Lehrer geschossen hat (*Geschichte eines Fußballs*), von *Professor Tsien,* der nach der Kulturrevolution zunächst Zielscheibe der Kritik seiner eigenen Studenten war, bevor er ein «neuer Mensch» wurde. Und so weiter ... in nahezu allen Filmen. Die Theorie der Kulturrevolution wird sinnlich erfahrbar. Auch die reinen Interviews haben einen großen Reichtum an Nuancen.

Joris Ivens war für das Bild zuständig, Marceline Loridan für den Ton. Sie sagte über diese Kooperation: «Er ist noch ein Filmer der Stummfilmzeit, ich gehöre zum Film der zweiten Jahrhunderthälfte, er aber zur ersten Jahrhunderthälfte. Zwei Generationen, zwei Sensibilitäten, verschiedene und sich ergänzende.»[33] Ivens hat mit chinesischen Kameraleuten gearbeitet, vor allem mit Li Tse-Hsiang, der vorher nur die stumme 35-mm-Kamera vom Stativ gewohnt war, das Drehen mit der mobilen 16-mm-Kamera erst lernen mußte, auch die Verwendung langer Einstellungen und der Großaufnahme. Ivens' Geduld als Lehrer prägt die Bilder des Films, die ruhig und konzentriert werden. Der freundschaftlich-unaufgeregte Umgang zwischen Filmteam und den Personen vor der Kamera führt zu einer großen gegenseitigen Offenheit; die Interviewerin Marceline Loridan stellt keine aggressiven Fragen, sondern sucht den Dialog. Möglich wurde diese Zusammenarbeit der Menschen vor und hinter der Kamera nur durch die genauen Kenntnisse, die Ivens, der schon mehrmals in China gedreht hatte, und Loridan mitbrachten – und durch die lange Drehdauer. Während Antonioni seinen Film *China* (1973) aus der Perspektive des Touristen gemacht hat, dem alles fremd ist und bleibt, der Vorurteile eher bestätigt als abbaut, entdecken Ivens/Loridan den Chinesen als wirklichen Menschen, seine Lebendigkeit und Spontaneität, seinen Widerspruchsgeist, seinen Witz, seine Freude an Farben. Kreimeier schrieb 1976: «In der Bewegung der revolutionären Massen wird das Bewußtsein, die Menschlichkeit, die Subjektivität des einzelnen zum geschichtlichen Faktor und gelangt zu politischer Macht.»[34]

Die damals häufig gestellte Frage, ob *Yü Gung versetzt Berge* nicht einfach eine gigantische Propaganda-Show ist, läßt sich ohne genauere Chinakenntnisse nur anhand der Drehmethode beantworten. Die Zurückhaltung von Ivens/Loridan, die Lockerheit ihres Cinéma-Vérité-Stils, schließen verfälschende Eingriffe aus. Es wäre gar nicht denkbar, an zwölf verschiedenen Schauplätzen die Wirklichkeit umzuarrangieren. Die Einschränkung liegt darin, daß es sich um eine Momentaufnahme aus den Jahren 1973/74 handelt, daß wohl der Teil der Bevölkerung, der anders dachte, der die Entwicklung der künftigen Jahre verursachte, vor allem nach Maos Tod, nicht ins Blickfeld rückt. Auf der anderen Seite hat *Yü Gung* eine prinzipielle, nicht an die Aktualität gebundene Bedeutung, kann als Modell für die Dritte Welt verstanden werden. Wie es Medienpädagogen formuliert haben: «Fortschritt heißt auch, eine Sache selbst in die Hand zu nehmen.»[35]

Aus anderen Ländern Asiens (oder gar Südostasiens) kommen nur ganz selten Dokumentarfilme

Ivens und Loridan bei den Dreharbeiten, *Geschichte eines Fußballs*

Comment Yukong deplaça les montagnes (Yü Gung versetzt Berge)

(Joris Ivens/Marceline Loridan, Frankreich 1973–1976)

Überblick über die zwölfteilige Serie:
Le village de pecheurs (Das Fischerdorf) – 85 Minuten
Une caserne (Eine Kaserne) – 52'
Une femme, une famille (Eine Frau, eine Familie) – 101'
Une histoire de ballon (Geschichte eines Fußballs) – 11'

Die Apotheke

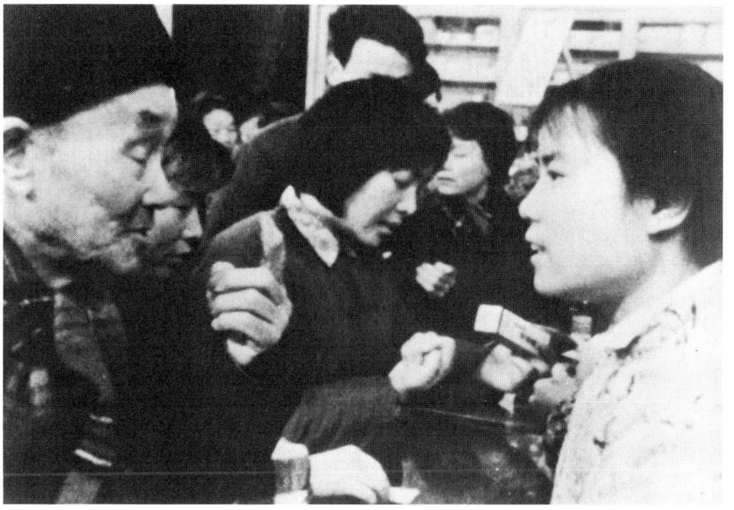

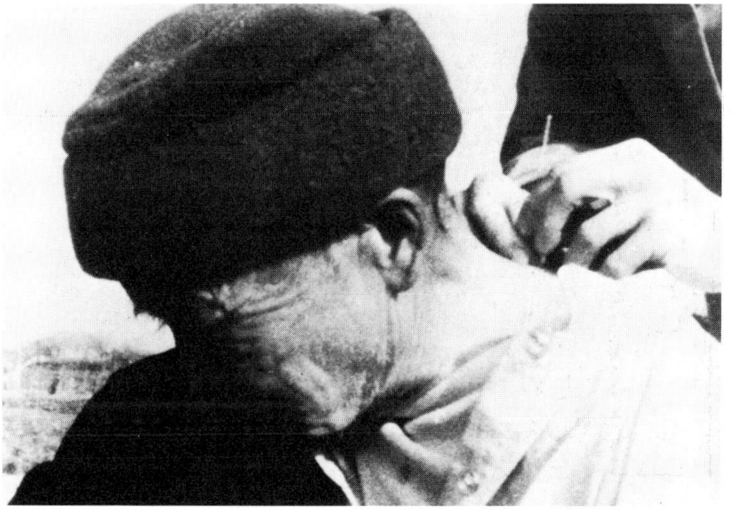

Une repetition à l'opera de Pekin (Probe zu einer Pekingoper) – 30'
Entrainement au cirque de Pekin (Training im Pekinger Zirkus) – 14'
Les artisans (Die Kunsthandwerker) – 13'
L'usine de generateurs (Die Generatorenfabrik) – 120'
La pharmacie (Die Apotheke) – 74'
Impressions d'une ville – Shanghai (Eindrücke von einer Stadt – Shanghai) – 55'
Autour du petrole (Rund um das Erdöl) – 81'
Le professeur Tsien (Professor Tsien) – 12'

Eine Frau, eine Familie

«Es gibt schon Bücher und Zeitschriften voll politischer Analysen über China. Was der Film bringen kann, ist ein Blick genau auf das, was in diesen Texten immer fehlt: das chinesische Volk. Es beim Leben, Arbeiten, Essen, Lachen, Nachdenken zu sehen, das fehlt im Westen ganz

besonders. Doch den Alltag zu zeigen ist vielleicht das Schwierigste in unserem Beruf. Es ist auf jeden Fall das Langwierigste. Man muß manchmal Monate an einem Ort verbringen, ohne daß etwas geschieht.» (Marceline Loridan)

nach Europa; selbst bei einem der größten Filmländer der Erde, Indien, sind unsere Kenntnisse nur punktuell . Häufiger zu sehen waren allein die Filme des französischen Regisseurs Louis Malle, *L'Inde fantôme* (sieben Teile, 1968) und *Calcutta* (1969), die – als Reisefilme konzipiert – sich den Gegensätzen in Indien gegenüber als erstaunlich sensibel erwiesen, die Armut nicht ins Pittoreske verfälschten; dem Zuschauer verweigerten sie «die Besänftigung des eigenen Gewissens» (Pflaum).[36]

Von den indischen Dokumentaristen ist in Europa fast allein Singh Sukhdev, der 1979 erst sechsundvierzigjährig starb, bekannt geworden. Die Erneuerung des indischen Dokumentarfilms um 1970 herum wurde vor allem von ihm vorangetrieben, schon 1965 mit *And Miles to go* (über die Kluft zwischen arm und reich), 1968 mit *An Indian Day*, 1972 mit *Nine Months to Freedom*, einem erschütternden Bericht über den Befreiungskampf in Bangladesch 1971, der drei Millionen Tote gekostet hat; neun Millionen Menschen flohen nach Indien. 1977 zeigt er in *Maha Kumbh* rituelle Massenbäder im Ganges; er fragt nach dem Sinn dieser Zeremonien. G. J. Paulose hat 1974 die harte Arbeit von Frauen auf einer Baustelle ohne moderne Technik (abgesehen von einer Zementmischmaschine) beobachtet (*A Day with the Builders*). Goutam Ghose geht 1976 den Ursachen des Hungers während der Katastrophe in Westbengalen 1974 nach (*Hungry Autumn/Herbst des Hungers*), er findet Ausbeutung und internationale Spekulation.

Alle diese Filme entstanden unter beschränktesten finanziellen Bedingungen, mit einer veralteten Technik, sie mußten einer strengen Zensur abgerungen werden. «Die Zensoren versuchen», sagte Sukhdev in einem Interview, «die kritischen Aussagen der Filme zu eliminieren, zumindest aber abzuschwächen. Dieser Kampf dauert oft viele Monate, denn jeder Filmemacher versucht, seine Arbeit möglichst unbeschädigt durchzubringen.»[37] Unerwünscht sind vor allem Äußerungen und Kommentare, die sich gegen die Regierungspolitik richten, ganz gleich welcher Regierung.

Unbehelligter können da in der Regel Europäer drehen. So haben etwa Heidi Knott und Peter Krieg eine Reihe wichtiger Filme gemacht: *Sangham – Hilfe zur Befreiung* (1977) über die Einrichtung von Sanghams, Bauernvereinigungen, unter den Ärmsten, vor allem den Harijans, den Unberührbaren, in der südindischen Region Telengana. Dort ist auch *Ernte in Telengana – Indische Bauern spielen ein Stück* (1978) angesiedelt, in dem die armen Bauern durch ein Theaterstück an den kommunistischen Aufstand von 1946 bis 1951 in dieser Provinz erinnern; sie stellen die Großgrundbesitzer mit an Brecht gemahnender gestischer Spielweise und satirischer Schärfe dar. In beiden Filmen drängen sich die europäischen Macher nicht vor, die Kommentare geben nur Zusatzinformationen. Im Originalton, der den einheimischen Filmen noch fehlt, können sich die indischen Bauern selbst ausdrücken, unzensiert.

Der Iran, ein weißer Fleck auf der Dokumentarfilmlandkarte, wird hier wegen zweier Filme über das Ende des Schahregimes und die Revolution erwähnt, die zu den großen Dokumentarfilmen der letzten Jahre gehören. 1981 erzählte der in Köln lebende Perser Yoash Tatari in dem zweistündigen Kompilationsfilm *Das Land der Rosen und der Nachtigallen* die Geschichte des Iran seit der Entdeckung des Öls, die Geschichte der Kolonial- und Kapitalinteressen am Persischen Golf. Der Film findet immer wieder zu optischen Signalbildern, die Gruppe Floh de Cologne setzt musikalische Kontrapunkte. Der Film endet mit der Revolution Khomeinis, spart die Zeit danach aus. Im Iran entstand 1979 nach der islamischen Revolution der Film *Djostodjo* (*Die Suche*), eine Fernsehproduktion von Amir Naderi (geboren 1945). Angehörige, meist Frauen, suchen ihre Män-

Die Suche (Amir Naderi, Iran 1979)

ner und Söhne, die bei einem letzten großen Massaker des Schahregimes am 8. September 1978 ums Leben kamen, spurlos verschwunden sind. Die Recherche bringt Schreckliches zutage: Man hat sie in Müllautos abtransportiert, auf Mülldeponien verscharrt, in einen Salzsee geworfen. Der Film braucht keine direkten Bilder des Verbrechens, es genügt die Evozierung der Schauplätze: Endlose Schwenks über die Müllhalden, ein alter Mann wandert über die Berge des Abfalls, im Hintergrund raucht eine Zementfabrik, der See gleißt in der Ferne, Geier und Schakale wühlen im Müll – und dazwischen immer wieder die fragenden, verzweifelten Gesichter der Angehörigen. Der «alptraumhafte Film» (Schütte, Frankfurter Rundschau, 25. 2. 81) «ist Requiem und Beschwörung, Epitaph und Aufruf in einem». Er erinnert Schütte an *Nacht und Nebel:* Ähnlich kunstvoll wie Resnais trifft Amir Naderi vor allem das Unbewußte der Zuschauer. *Die Suche* ist sehr konkret, aber die Bilder werden zugleich zu Symbolen für jedes Terrorregime, das mißliebige Bürger verschleppt, ermordet, verschwinden läßt.

Indianer: Fremde im eigenen Land

Die Ausbeutung und Ausrottung der Indianer ist eines der vielen traurigen Kapitel in der Geschichte der Neuzeit; Kolonialismus und Kapitalismus arbeiteten dabei Hand in Hand. Auch im scheinbar aufgeklärten 20. Jahrhundert hat sich daran nichts geändert. Viele Filme berichten darüber, klagen die Verantwortlichen an. Ob sie nun aus Brasilien, Kolumbien, Mexiko, den USA oder Kanada kommen, die Bilder der Unterdrückung gleichen sich, die Gemeinsamkeiten zwischen einem armen südamerikanischen und einem reichen nordamerikanischen Land sind in diesem Punkt verblüffend groß. Ob die Indios in den kolumbianischen Filmen von Marta Rodriguez/Jorge Silva (Kapitel 2) am Rande des Existenzminimums leben oder die Montagnais-Indianer in Arthur Lamothes Serie *Chronik der Indianer des Nordostens von Quebec* Autos und Fernseher haben, ihre Position in der Gesellschaft ist dieselbe, eine marginale, ständig bedrohte. Ob die Indios in *Planas* (1971) von Rodriguez/Silva aus ihrem Gebiet vertrieben werden oder die Familie Jourdain bei Lamothe ihr Jagdgebiet plötzlich nicht mehr betreten darf, ein Schlagbaum über die Straße verwehrt den Zugang: Es ist immer die Industrie oder ein multinationaler Konzern, der das bewirkt, eine Erdölgesellschaft in Kolumbien, eine ITT-Tochter in Kanada. Ob in Nord- oder in Südamerika: Die Indianer werden gettoisiert, in Reservate verbannt; sie sind im Laufe der Jahrhunderte dezimiert worden, das schreckliche Wort Völkermord trifft den Tatbestand. «Fünf Millionen Indios lebten in der Region, aus der Brasilien entstanden ist, und sprachen mehr als tausend verschiedene Sprachen», sagt der Erzähler in Zelito Vianas *Terra dos Indios* (*Land der Indios,* 1979), «heute leben 200 000 Indios in einigen wenigen Reservaten.»[38]

Die Filmemacher haben von Brasilien bis Kanada aus diesen Fakten überall dieselben Schlüsse gezogen: Sie drehen nicht Filme über Indianer, sondern mit ihnen, sie beteiligen sie, machen sie zu Mitautoren. So schreibt ein brasilianischer Kritiker über die Interview-Methode in *Terra dos Indios:* Der Guarani-Indio Marçal «benimmt sich nicht wie einer, der für einen Film interviewt wird, sondern wie jemand, der einen Film macht . . . Marçal benutzt das Ausdrucksmittel des weißen Mannes, um sich zu erklären, um mit einem Male viele Personen gleichzeitig anzusprechen, um der ganzen Welt mitzuteilen, wie der Indio leidet.»[39] Und Arthur Lamothe berichtet über die Interviews mit seiner Hauptfigur, dem älteren Indianer Marcel Jourdain: «Ich habe ihm gesagt, Sie müssen alles sagen, was sie wollen, Sie haben die Chance, das an die jungen Indianer, die späteren, weiterzugeben, und auch an die Weißen

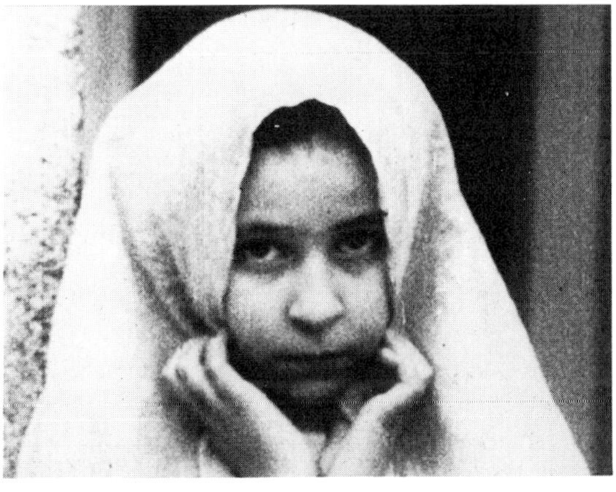

WIDE LONG LOAD
ARRÊT
STOP

ARRÊT
STOP

Chronik der Indianer aus dem Nordosten von Quebec

Linke Spalte: *Es hieß, dies sei unser Land*, Teil 1

Rechte Spalte: *Im Winterlager, wo das Netz ausgelegt wird*

Chronique des Indiens du Nord-Est du Québec/Chronik der Indianer aus dem Nordosten von Quebec. Zwölf Filme, 1973-1980. Übersicht über die Gesamtserie:

I. Kauapishit miam kuakuatsheu etentakuess/Carcajou et le péril blanc/Carcajou und die weiße Gefahr

Mistashipu (La grande rivière/Der große Fluß)
Einleitungs-Film, der grundlegende Informationen vermittelt: Besitz an den Flüssen und am Boden, System der Reservate. 79 Minuten

Ntesi nana shepen 1 (On disait que c'était notre terre 1/Es hieß, dies sei unser Land 1)
Lebensbedingungen der Indianer in Sept-Iles. Verlust der Traditionen. Vertreibung der Indianer aus den Wäldern. 63 Minuten

Ntesi nana shepen 2
Dialog über die Ausbeutung der Indianer. Die Übermittlung des Wissens: Marcel Jourdain bringt seinem kleinen Neffen bei, wie man im Wald Fallen stellt. 81 Minuten

Ntesi nana shepen 3
Monolog Marcel Jourdains über den Bären, über die Entfremdung der Indianer und die Verantwortung der Weißen: eine politische Rede, die die Struktur des Denkens der Amerindianer deutlich macht. 55 Min.

Ntesi nana shepen 4
Der wirtschaftliche, politische, soziale und historische Kontext der Enteignung der Indianer. Kolonisation und Kapital. Eine Lektion in Ökologie und Moral für die Weißen. 57 Minuten

Kuestetsheskamit (L'autre monde/Die andere Welt)
Einführung in die indianische Theologie. Rituale, die heute noch praktiziert werden. Fremdheit der westlichen Religionen für die indianische Kultur. 55 Minuten

Patshiantshiuapa mak mistijussiupapa (Le passage des tentes aux maisons/Von den Zelten zu den Häusern)
Die zwangsweise Umsiedlung der Indianer, die die Verpflanzung von einer Lebensweise (der der Indianer) in die andere (die der Weißen) bedeutet. 55 Minuten

Pakuashipu (La rivière sèche/Der trockene Fluß)
Zwei Tage in einem indianischen Sommerlager. Die Antithese zum Leben in den Häusern des Reservats. 55 Minuten

II. Innu asi/La terre de l'homme/Das Land des Menschen

Ninan nitassinan (Notre terre/Unser Land)
Die Kehrseite der Geschichte, gesehen mit den Augen der Kolonisierten. Drei Montagnais-Indianer erzählen. 140 Minuten (zwei Teile)

Pukuanipanan (Campement d'hiver où est tendu le filet/Im Winterlager, wo das Netz ausgelegt wird)
Die Technik des Fischfangs unter dem Eis; Rituale des Fisch-Essens und dessen Bedeutung in der Kultur der Amerindianer. 101 Minuten

Mushuau innu (L'homme de la toundra/Der Mann aus der Tundra)
Ausgehend von der Herstellung eines Paars Schneeschuhe behandelt dieser Film Fragen des Bodens, der Vorahnungen, der Träume, der Wissenschaft und der Erziehung. 85 Minuten

Inniun nipatakanu (Ethnocide dé libéré?/Bewußter Völkermord?)
Das Erziehungssystem, wie es von der Regierung von Quebec für die indianischen Kinder festgelegt wurde. 98 Minuten

von Sept-Iles, die Ihnen mit Verachtung begegnen. Und dann habe ich ihm das Wort gegeben. Und er spricht.»[40] Diese Partnerschaft hat Konsequenzen: «Ich zeige ihn (Jourdain) mit Respekt vor seinem Wort, nicht indem ich hier und da schneide.» Lamothe vertuscht nie, daß es sich um eine künstliche, arrangierte Situation handelt: «Wenn ich eine Frage stelle, lasse ich sie drin. Ich will dem Zuschauer nicht vormachen, ich sei nicht vorhanden. Für mich gehört die Kamera zur Dramaturgie. [. . .] Wenn man die Indianer vom Tod sprechen sieht, merkt der Zuschauer, daß sie vor der Kamera stehen. Außerdem sprechen die Indianer manchmal in die Kamera hinein. Das vertusche ich nicht.» Die Autorenschaft der Indianer geht so weit, daß Lamothe sich beim Drehen auf Abenteuer einläßt: «In einem meiner Filme spricht Marcel Jourdain vom Bären. Er erzählt mir vor dem Drehen nicht, was er sagen wird. Ich nehme alles, was er sagen wird, direkt auf. Ich wußte vor dem Drehen nicht einmal, daß er vom Bären sprechen würde.»

Ähnlich ist die Beziehung zwischen Paul Leduc und den Otomi-Indianern in dem mexikanischen Film (in kanadischer Co-Produktion) *Etnocidio/ Notas sobre el Mezquital* (*Völkermord/Notizen über das Mezquital*, 1976). *Etnocidio* ist einer der reflektiertesten Filme über Indianer. Die Aussagen der Otomis hat Leduc in eine strenge Ordnung gebracht, in ein ABC. Beim Stichwort Demokratie wird die Farce eines Wahlkampfes gezeigt, beim Stichwort Fabrik die Beteiligung eines Priesters an einem Unternehmen analysiert. Einige der Kapitel sind in sich geschlossene Kurzfilme, andere werden erst im Gesamtzusammenhang des Films verständlich. Wenn die Indianer erzählen, steht meist das ganze Dorf mit vor der Kamera. Dieses Arrangement kam zwar zunächst aus Zufall zustande; die Dorfbewohner sahen bei den Aufnahmen einfach zu, Leduc hat es aber dann als Leitmotiv benutzt. Die Nicht-Sprechenden wirken wie Zeugen, die Aussagen der Sprechenden bekommen dadurch etwas Endgültiges. Es wird klar, wie bei Vianas und Lamothe, daß die Indianer ein Vermächtnis formulieren.

Am eindrücklichsten, am reichsten in der Vielfalt der Mitteilungen und Beobachtungen, ist diese Funktion des Films bei Lamothe ausgebildet. Die Serie, an der Lamothe nun schon seit 1974 arbeitet, *Chroniques des Indiens du Nord-Est du Québec/Chronik der Indianer aus dem Nordosten von Quebec*, enthält zwei Zyklen (siehe Seite 175): *Kauapishit miam kuakatsheu etentakuess* ist unter dem französischen Titel *Carcajou et le peril blanc* (*Carcajou und die weiße Gefahr*) bekannt geworden – Carcajou ist ein böser Geist, an dessen Stelle inzwischen der weiße Mann getreten ist. Der zweite Zyklus heißt *Innu asi* (*La terre de l'homme/Das Land des Menschen*). Das Gesamtprojekt ist etwa zwanzig Stunden lang. Lamothe stützt sich auf die Erzählungen und den Erzählgestus der Indianer, vor allem von Marcel Jourdain und seiner Familie, aber er ist auch ein genauer Beobachter. Mit einer Geduld, die dem indianischen Lebensgefühl nahekommt, zeigt er alltägliche Beschäftigungen: wie Marcel Jourdain seinem Neffen das Aufstellen einer Falle vormacht und und erklärt; wie man jagt und Brot backt; wie man unter dem Eis Fische fängt; wie man Schneeschuhe herstellt. Lamothe zeigt, wie diese Tätigkeiten das Familienleben bestimmen, besonders das Verhältnis zu den Kindern. Und schließlich wird an diesen alltäglichen Verrichtungen die enge Verbindung zur Natur sichtbar, spürbar – «diese Menschen sind Teil der Natur» (Schaub).[41]

Aber die Bedrohung ist immer vorhanden. Bulldozer brechen durch den Wald, reiche Amerikaner fliegen am Wochenende zum Angeln ein. Die Regierung will die Indianer zwingen, entweder Kanadier zu werden oder in den Reservaten zu leben – eine begrenzte Selbstverwaltung, wie die Indianer sie anstreben, als eigene Provinz innerhalb der kanadischen Konföderation, lehnt sie ab. Diese Bedrohungen sind in den Erzählungen der Indianer immer gegenwärtig. Sie werden reflektiert, auf die eigene Lebensweise bezogen. Nostalgie kommt nie auf.

Wenn die kanadischen Indianer sich in Kleinkriegen mit den Behörden aufreiben, dann scheinen die Indianer der USA, wenigstens punktuell, in noch härtere Konflikte verwickelt. Das ist wohl der Grund dafür, daß gerade über die Probleme US-amerikanischer Indianer auch Ausländer Filme gedreht haben (dazu kommt die leichtere Zugänglichkeit, vor allem gemessen an Lateinamerika). So hat Heidi Knott, geborene Amerikanerin, aber an der DFFB in Berlin ausgebildet, 1974 mit dem Film *Die Kinder von Wounded Knee* die Auseinandersetzungen um Wounded Knee, die an das Massaker von 1890 erinnern sollten, beobachtet; sie kombiniert alte Fotos mit neuen Aufnahmen (Kamera Peter Krieg). 1974 hat der junge Amerikaner Joel L. Friedman die Lage der Westlichen Schoschone-Indianer in Nevada analysiert (*Broken Treaty at Battle Mountain*). *Der gebrochene Vertrag von Battle Mountain* stammt aus dem 19. Jahrhundert; danach will die Regierung den Indianern heute pro Acre einen Preis von 1,05 Dollar bezahlen, den Preis von vor 100 Jahren. Die Indianer sind uneins gegenüber diesem Angebot. Allen Protesten zum Trotz läßt eine Regierungsbehörde Tausende von Pinien abholzen, die den Indianern heilig sind. In *Sacrifice Area* (*Das geopferte Land*, 1980) von den Niederländern Ernie Damen und Otto Schuurman werden die Indianer der «Black Hills» in South Dakota von ihrem Land vertrieben, weil dort Uran gefunden wurde. Zwei Prinzipien stehen sich unversöhnlich gegenüber, den Konflikt von *Broken Treaty* noch verschärfend: die Naturgläubigkeit der Indianer, die Ausbeutungsmentalität der Unternehmer, eines multinationalen Konzerns. Die brutal niedergewalzten Wälder in *Broken Treaty*, die kahlen Hügellandschaften, denen jedes Leben ausgetrieben ist in *Sacrifice Area*, sind Symbolbilder unserer Zeit; wenn man sie sieht, dann springt der Funke über: Man erkennt, daß die Zerstörung einer scheinbar exotischen Indianerlandschaft uns alle betrifft, als Zeichen, wozu Industrie und Behörden fähig sind, wenn sie keinen (nennenswerten) Widerstand erwarten. Aber die US-amerikanischen Indianer haben sich inzwischen organisiert, in dem «American Indian Movement» (AIM). Wounded Knee ist ein Beispiel.

Erste und Dritte Welt

Filme europäischer und amerikanischer Dokumentaristen über die Dritte Welt gehorchten zeitweise auch bestimmten Moden. Es war beispielsweise – ungeachtet der Ernsthaftigkeit dieser Filmarbeit – schick und progressiv, sich für den Befreiungskampf der Vietnamesen zu begeistern und für das Chile Allendes; man konnte damit auch von eigenen Problemen ablenken. Wie eng Erste und Dritte Welt miteinander verzahnt sind, gerade auch wenn es nicht um Kriege und Krisen geht, sondern um den Alltag, daß die wirtschaftliche Ausbeutung der armen Länder nicht nur von amerikanischen Konzernen und Multis betrieben wird, sondern auch von europäischen Ländern und ihren Firmen, die angeblich keine kolonialen Interessen mehr haben – darauf haben, zunächst vereinzelt, dann vermehrt, erst Filme der siebziger Jahre aufmerksam gemacht.

Bananera Libertad (1971) von dem Schweizer Peter von Gunten (geboren 1941) war wohl der erste Film, der am Beispiel von Paraguay, Peru und Guatemala die Abhängigkeit kleiner Länder der Dritten Welt vom Welthandel analysierte, den Welthandel als neue, besondere Form der Ausbeutung definierte, eine Ausbeutung, von der der europäische Konsument kräftig profitiert. Von Guntens weitere Filme *El Grito del Pueblo* (*Der Schrei des Volkes*, 1977) und *Terra roubada* (*Geraubte Erde*, 1980) setzen sich auf desillusionierende Weise mit den Begriffen Fortschritt und Entwicklung auseinander: Im ersten Film sind es ausgerechnet die armen Bauern im Hochland von Peru, die den landwirtschaftlichen Genossenschaften, nach dem Militärputsch von 1968 von oben verordnet, weichen müssen; Priester der «Theologie der Befreiung» engagieren sich für diese Campesinos. *Terra roubada* zeigt die verheerenden Wirkungen eines entwicklungspolitischen Prestigeobjekts: Über 100 000 Menschen werden wegen des riesigen Sobradinho-Staudamms im Nordosten Brasiliens ohne ausreichende Entschädigung heimatlos; Ziel dieses gigantischen Unternehmens ist die Gewinnung von Strom und die Erzeugung von Zuckerrohr in einer Monokultur (für Alkoholbenzin – Verträge gibt es mit Fiat und VW). Von Guntens neuere Filme agitieren nicht, sie lassen – distanziert fotografiert – kühl die Fakten sprechen, sie geben den betroffenen Bauern das Wort, die sich mit großer Klarheit äußern. In *Bananera Libertad* hatte noch der Autorenkommentar dominiert – kein Wunder bei einem Film, der Neuland betrat.

In der Bundesrepublik haben sich, zum Teil mit unterschiedlicher Methode und Zielrichtung, vor allem Hans Rolf Strobel, Peter Heller und Peter Krieg mit den Wechselbeziehungen zwischen Erster und Dritter Welt beschäftigt. Strobel, geboren 1929, Mitverfasser und Mitunterzeichner des Oberhausener Manifests, hat in Anlehnung an die Pädagogik von Paulo Freire einige kürzere und längere Dokumentarfilme über Alphabetisierungskampagnen und Selbsthilfeaktionen in der Dritten Welt gedreht: zum Beispiel *Schritte ins Reich der Freiheit* (1978) über Peru und Tansania (die Teile sind auch einzeln als Kurzfilme verfügbar) und *Das ABC ist subversiv* (1980) über Nicaragua. Strobel hat sich rigoros von dem Standpunkt entfernt, der Europäer könne, und sei es in noch so guter Absicht, die Armen und Unwissenden in der Dritten Welt belehren. Er zeigt, daß die Menschen in diesen Ländern sich selbst helfen; auch als Filmemacher vermeidet er jede kolonialistische, besserwisserische Attitüde.

Diese Haltung bestimmt auch die Arbeit von Peter Heller (geboren 1946), der nach seinem Studium an der Münchener Hochschule für Fernsehen und Film und nach einigen Fernsehpraktika, unter anderem in Kolumbien und Malaysia, Anfang der siebziger Jahre begonnen hat, entwicklungspolitische Filme zu drehen. Als er für *Usambara* den «Journalistenpreis Entwicklungspolitik 1980» bekam, sagte er bei der Entgegennahme der Auszeichnung, im Mittelpunkt seiner Filmarbeit solle «die Problematisierung der Beziehungen unseres Landes zur sogenannten Dritten Welt stehen. Die Struktur dieser Beziehungen spiegelt die Wirklichkeit unserer eigenen Gesellschaft bildhaft wider. Darum also »entwicklungspolitische« Filme – *unsere* Entwicklung ist das eigentliche Thema.»[42] Vor allem in seiner Trilogie über Tansania, *Die Liebe zum Imperium* (1978), *Usambara – Das Land wo Glauben Bäume versetzen soll* (1980) und *Mbogos Ernte oder Die Teilung der Welt* (1980) ist er dieser Absicht gerecht geworden. Wichtig an dem Zitat ist der Verweis auf «unser Land». In einem Beitrag für die Zeitschrift Film &

Mbogos Ernte oder Die Teilung der Welt (Peter Heller, 1980).

Der Produzent (links), das Endprodukt (rechts)

TV Kameramann (Nr. 7/1981) schrieb Heller, in den Dritte-Welt-Filmen, mit denen Basisgruppen hierzulande arbeiteten, seien die bösen Kolonialisten immer Franzosen, Engländer und Spanier gewesen, und die multinationalen Konzerne von heute kämen aus den USA und Großbritannien; er fragt: «Hatte unser mächtiges Wirtschaftswunderland seinen Aufstieg denn auch nicht im Ansatz auf Kosten der armen Welt geschaffen? Oder war hier die schon sprichwörtliche deutsche Verdrängung eigener Geschichte und ihrer Zusammenhänge wieder einmal still am Werk?»

Heller verknüpft also die Geschichte Deutschlands und die Gegenwart der Bundesrepublik mit der Dritten Welt, mit einer bestimmten Region, dem ehemaligen Deutsch-Ostafrika, dem jetzigen Tansania, und er beginnt diese dreiteilige Untersuchung bei den Wurzeln, dem deutschen Kolonialismus in der zweiten Hälfte des 19. Jahrhunderts. *Die Liebe zum Imperium* konzentriert sich am Beispiel von Dr. Carl Peters, einem Vorträumer des deutschen Kolonialismus und zugleich einer seiner besten Kassierer, auf die Jahre von 1884 bis 1907. *Usambara* rekonstruiert die Rolle der deutschen Mission und denkt über Entwicklungshilfe heute nach. *Mbogos Ernte* untersucht die Abhängigkeit Tansanias vom Weltmarkt am Beispiel der Baumwolle: Wer verdient wieviel an den Jeans, die in der Bundesrepublik getragen werden?

Man könnte die drei Filme am ehesten Essays nennen, in denen der Autor sich indes nicht im Kommentar ausdrückt (der beschränkt sich auf die notwendigsten Informationen), sondern in der Auswahl und Anordnung des Materials. Am schwierigsten war die Quellenlage bei der *Liebe zum Imperium:* Heller mußte den Film fast ausschließlich aus Fotos montieren, die zudem aus der Perspektive der Kolonialisten aufgenommen sind; durch sehr überlegt eingesetzte Zooms und Schwenks, sowie durch Originaltext- und -musikzitate der Zeit werden die Bilder lesbar, wird ihre Ambivalenz erkennbar. Das alles geschieht ohne jede Aufgeregtheit, mit der Souveränität dessen, der sich nach insgesamt fünfjährigem Quellenstudium seiner Sache sicher ist: «Eine große Ruhe liegt über dem Film. Es bleibt viel Raum für eigene Gedanken» (Alf Mayer).[43] So kann er es auch riskieren, ohne unglaubwürdig zu werden, authentische Bilder in eine ironisch-fiktive Perspektive zu rücken: Szenen aus dem kaiserlichen Deutschland, angeblich gesehen von einem afrikanischen Kundschafter.

In *Usambara* hatte Heller das Glück, das auch Dokumentaristen manchmal brauchen: Er fand in Afrika zwei alte Damen, Nachkommen einstiger deutscher Missionare, die 1973 erneut nach Tansania gegangen waren, um sich nun selbstlos an Entwicklungsprojekten zu beteiligen; wie ihre Vorväter sind sie dabei naiv und erkennen noch immer nicht, daß sie damit, wenn auch ungewollt, kolonialistischen Zielen dienen. Ein junger afrikanischer Bauer widerspricht deshalb ihrem Engagement. Trotzdem begegnet Heller den beiden Frauen mit großen Respekt; wie in der *Liebe zum Imperium* werden die Schlußfolgerungen den Zuschauern überlassen.

Blieben die Parallelen zur Gegenwart im ersten Film unausgesprochen, wenn auch erkennbar, liegen sie im zweiten auf der Hand, wo das Gestern und Heute aneinander gespiegelt werden, so ist der dritte, *Mbogos Ernte*, ganz von der Aktualität her konzipiert. Hier sind es vor allem Interviews mit Einkäufern, Managern und Pressesprechern, mit den Baumwollbauern, insbesondere mit Mbogo, die den Weg der Erkenntnis markieren. Wenn Mbogo vorrechnet, daß er nur drei Schilling pro Kilo Baumwolle erhält, aber 15 brauche, ist jeder Zuschauer angesprochen: Wäre er bereit, für seine Jeans mehr zu bezahlen? Gerade an solchen Gebrauchsgegenständen wird klar, wie sehr jeder einzelne, wie fortschrittlich gesonnen er auch sein mag, an der Ausbeutung der Rohstoffe der Dritten Welt partizipiert.

Der Franzose Luc Moullet hat diesen Tatbestand in seinem außerordentlichen zweistündigen Essayfilm *Genese d'un repas* (*Genese einer Mahlzeit,* 1978) dargestellt. Ob der Thunfisch aus Senegal, die Banane aus Ecuador: Der französische Arbeiter, der selbst um seine Rechte kämpfen muß, profitiert von den niedriggehaltenen Lohnkosten in Afrika und Lateinamerika. Moullet bezieht auch sich selbst in den Ausbeutungsprozeß mit ein: Vermarktet er nicht als Filmemacher, selbst in einem so kritisch reflektierenden Werk, die Armut der Dritten Welt? Eine Frage, die auch Peter Heller in der schon zitierten Rede bewegt. Die Antwort kann nur der einzelne Film sein, seine Methode, das heißt seine Ethik. Nicht die Elendsbilder, die vielleicht einen perversen Reiz haben können, dürfen den Film bestimmen, auch wenn sie nötig sind; notwendig sind Informationen über die Verursacher des Elends, etwa jene Spekulanten, die lieber 30 Prozent der Bananenernte wegwerfen, um den Preis zu halten, statt sie an die einheimische Bevölkerung abzugeben. Wichtig ist es, nicht als allwissender dogmatischer Lehrer aufzutreten, sondern die Menschen der Dritten Welt, die man filmt, ernst zu nehmen, wie das Peter von Gunten in *El Grito del Pueblo* und *Terra roubada* getan hat, Peter Heller in seinen Afrikafilmen, Heidi Knott und Peter Krieg in ihren Indienfilmen *Sangham* und *Ernte in Telengana.*

Die gelungensten Filme zum Nord-Süd-Konflikt leben aus dieser Spannung: den Betroffenen, ganz im Sinne Wildenhahns, das Wort zu geben, sie zu Mitautoren zu machen, auf der anderen Seite mit dem erworbenen politischen und filmischen Instrumentarium die Verhältnisse zu analysieren, die Materialien zu einem Essay zu organisieren.

An den Filmen von Peter Krieg (geboren 1947) und Heidi Knott (geboren 1949) läßt sich dieses Spannungsverhältnis besonders gut ablesen. Sie lassen sich auf die Menschen ein, deren Leben sie zeigen, die Bauern in Indien, die Barfußärzte in Guatemala (*Saat der Gesundheit,* 1976) und Mosambik (*Medizin der Befreiung,* 1978), sie lenken aber dann den Zuschauer durch einen sehr sorgfältigen Kommentar. Diese Filme begnügen sich nicht mit der Beobachtung, sie sind aber auch noch keine Essays; sie entsprechen eher dem Feature. Ihren Reiz beziehen sie aus ihren Themen, sie wirken auch. *Medizin der Befreiung* hat beigetragen zur Diskussion über «alternative Krankenhäuser, alternative Gesund-

Genese einer Mahlzeit (Luc Moullet, 1978). Von oben: Mittagessen in Frankreich; Thunfischfang und Verpakkung in Dakar; Frühstück der Hafenarbeiter in Ecuador

Septemberweizen (Peter Krieg, 1980). Die Weizenernte, die Weizenbörse (in Chicago)

heitssysteme bei uns: was können wir von der Dritten Welt lernen?» (Peter Krieg)[44] Noch effektvoller waren Filme, die sich direkt an Adressaten in Europa wandten: *Flaschenkinder* (1975) attackierte die Firma Nestle, die in Afrika künstliche Babynahrung propagierte und weithin durchsetzte, obwohl das bei den Kindern dort zu Unterernährung und Durchfall, manchmal zum Tod führte – dieser Film hat auch, als Warnung, in der Dritten Welt eine außerordentlich wichtige Funktion. *Patenkinder* (1979) schließlich stellt das gute Gewissen von Leuten hierzulande in Frage, die Patenschaften in der Dritten Welt übernommen haben: Die Kinder werden dort oft aus intakten Familien herausgerissen, in Heime gesteckt, die nicht selten profitorientiert sind; sie werden auch ausgebildet, aber falsch, sie lernen Dinge, die sie auf dem Lande nicht brauchen können, die aber für die Stadt nicht ausreichen. Eine Kurzfassung des Films war 1979 im TV-Magazin «Monitor» gelaufen, erregte Aufsehen, wurde heftig diskutiert.

Den Schritt zum Essay vollzogen Peter Krieg und Heidi Knott schließlich mit *Septemberweizen* (1980), einer Filmcollage in sieben Kapiteln, die in Seminaren auch einzeln vorgeführt werden können. Hier wurden nun «viel mehr eigene Anstrengungen» der Zuschauer verlangt, sie müssen sich diesen Film «selbst zusammensortieren». Die Dritte Welt ist nicht das Hauptthema des Films, und doch erklärt *Septemberweizen* sehr genau die hoffnungslose Lage der armen Länder, die vom Weltmarkt abhängig sind. Demonstriert wird vor allem, wie die USA durch die Weizenbörse in Chicago die Getreidepreise nicht nur für das eigene Land bestimmen, daß man Länder und Kontinente durch Lieferung oder Nicht-Lieferung von Weizen, durch Erhöhung oder Senkung der Preise an sich binden kann. Der Film argumentiert auf verschiedenen Ebenen, ohne eine Gebrauchsanweisung zu liefern. Ein Pfarrer in einem Weizenfeld trägt, verteilt über den ganzen Film, die Geschichte von Joseph in Ägypten und seiner Weizenpolitik vor; Experten erläutern die Weizenherstellung und die Gesetze des Marktes; beobachtende Aufnahmen zeigen den Weg des Weizens von der Ernte bis zum Verbraucher; tatsächliche oder aus der Wirklichkeit abgeleitete Nachrichten aus aller Welt und Werbesprüche der Getreidehersteller weiten den Horizont, stellen globale Zusammenhänge her.

Bemerkenswert, daß die entwicklungspolitische Filmarbeit, soweit sie öffentliche Förderung fand, vor allem von den Kirchen unterstützt wurde, während die Fernsehanstalten (Ausnahme: das ZDF bei *Septemberweizen*) sich eher zurückhielt. Filmemacher wie Peter Krieg oder Peter Heller legen allerdings Wert darauf, die Rechte an ihren Filmen zu behalten, denn selbst fördernde Institutionen neigen manchmal dazu, wenn sie das Ergebnis sehen, die Filme dann der Öffentlichkeit vorenthalten zu wollen. Typisch ist etwa der Konflikt, daß eine kirchliche Stelle einen Film unterstützt, eine andere ihn unterdrücken will; so hat sich beispielsweise der Ausschuß für entwicklungsbezogene Bildung und Publizistik (ABP) der evangelischen Kirche, der schon *Septemberweizen* mitfinanzierte, mit 20 Prozent an den Herstellungskosten von *Usambara* beteiligt, was die «Vereinigte Evangelische Mission» nicht hinderte, nach der Uraufführung eine bundesweite Kampagne gegen den Film zu starten, die aber – wie oft bei solchen Aktionen – den Film erst richtig bekannt gemacht hat.

Exkurs: Der ethnographische Film

Der ethnographische Film ist gewiß ein Teil des Dokumentarfilms. Dennoch müssen hier ein paar Hinweise genügen, denn der ethnographische Film hat auch eine eigene Geschichte, er gehorcht eigenen Gesetzen. In der Regel für wissenschaftliche Institutionen gedreht, hat er eine noch geringere Öffentlichkeit als der Dokumentarfilm; selbst die meisten Festivals vernachlässigen ihn; nur in Florenz (Festival dei Popoli) und Paris (Cinéma du Réél) hat er eine feste Heimstatt. Von seinen Regisseuren ist nur Jean Rouch wirklich durchgesetzt; aber das heißt noch lange nicht, daß seine Filme überall und regelmäßig zu sehen wären. Über den ethnographischen Film umfassend schreiben zu wollen, hieße also, Recherchen anstellen und dann einen Platz beanspruchen zu müssen, die den Rahmen dieses Buches sprengen würden.

Der Begriff «Ethnographischer Film» ist hier dennoch schon verwendet worden, vor allem im Kapitel 6. Er meint erstens Filme eines bestimmten Sujets, Filme, die entlegene, hinter der zivilisatorischen Entwicklung zurückgebliebene Gebiete porträtieren (z. B. *Vilarinho das Furnas*) oder Berufe noch einmal im Bild festhalten, die vom Aussterben bedroht sind (die Filme von Yersin); zweitens eine Methode, die «teilnehmende Beobachtung», wie Jean Rouch den ethnographischen Film definiert hat. Das heißt die Überwindung der Distanz zwischen dem Filmemacher und den Menschen, die er aufnimmt, die Teilnahme des Kameramanns (und seit Vervollkommung der Originaltontechnik auch des Tonmanns) an Ereignissen, Festen, Ritualen, «einen Tanz zu improvisieren, in dem die Kamera genauso lebendig wird wie die Leute, die sie filmt. [. . .] Diesen fremdartigen Zustand der Umwandlung, in dem sich der Filmemacher dann befindet, habe ich in Analogie zum Phänomen der Besessenheit als »cinétrance« bezeichnet» (Rouch)[45]. Zur teilnehmenden Beobachtung gehört auch das Feedback, das schon Flaherty provoziert hatte, als er seinen *Nanook of the North* (1922) drehte: Er führte die Aufnahmen seinem Protagonisten vor, daraus entwickelten sich Dialog und Beteiligung. Auch Rouch hat dieses Verfahren immer wieder angewandt und ist aufgrund solcher Vorführungen immer wieder zu Dreharbeiten eingeladen worden, auch zu Zeremonien, die sonst keinem Weißen zugänglich waren. Teilnehmende Beobachtung also als Methode definiert auch die Arbeit von Klaus Wildenhahn, von Joris Ivens in Vietnam oder China, von Arthur Lamothe bei den Indianern Kanadas. Geht man noch einen Schritt weiter, daß die Gefilmten eines Tages die Kamera selbst in die Hand nehmen sollen (was Rouch mindestens in der Tendenz postuliert), dann trifft sich der ethnographische Film mit der Filmtheorie des Mai 68 (*Die Kamera in der Fabrik*) und einer sich langsam entwickelnden Super-8- und Videopraxis (Kapitel 11).

Dennoch unterscheidet sich der ethnographische Film, wie ihn Rouch versteht, von der Verwendung des Begriffs in den eben genannten Zusammenhängen: Er ist eine Fortschreibung ethnographischer Studien, wie sie früher schriftlich oder vielleicht mit dem Tonbandgerät gemacht wurden (und wie sie natürlich bis heute weiterbetrieben werden, als Feldstudien, der längeren, intensiven Beschäftigung mit einer Region, einem Stamm, einem Dorf), und er bezieht sich immer auf fremde Kulturen, genauer: auf «primitive», in denen noch ursprüngliche, magische, vor-rationale Zustände aufbewahrt sind. Daraus gewinnt der ethnographische Film seine Spannung, die Dialektik zwischen Nähe (die partizipierende Kamera) und Fremdheit: «Die Instrumentalisierung der Fremdheit wird zum Mittel der Erkenntnis: Das Auge des Fremden sieht Dinge, die das eigene, auf Bekanntes gerichtet, niemals wahrnehmen könnte» (Heike Behrend).[46] Aber auch hier gibt es eine dialektische Volte, denn «das Auge des Ethnographen und die Perspektive seines Blickes sind festgelegt durch seine Herkunft. Sie setzt ihm »entstellende Prismen« in den Kopf. In der Konfrontation mit den Blicken der anderen, der Fremden, und ihrem Lachen, muß er feststellen, daß nicht allein seine Fragen falsch gestellt sind, sondern auch seine Sichtweise nur eine unter vielen möglichen ist. Fremderkenntnis verschränkt sich mit Selbsterkenntnis, und aus der Erkenntnis anderer Lebensformen mag die Kritik der eigenen Verhältnisse nicht lange warten.»

Dieses Wechselspiel zwischen Nähe und Fremdheit ist nicht nur in den verschiedenen Kulturen begründet, es hat auch politische Wurzeln. Die Ethnographie war ja ein Ziehkind des Kolonialismus; sie hat sich – unterschiedlich bei den einzelnen Forschern – erst allmählich aus dieser Vormundschaft gelöst. Im Werk Jean Rouchs gibt es unter anderem zwei sehr unterschiedliche Zeugnisse für diesen Tatbestand. In dem berühmten Film *Les maîtres fous* (gedreht 1954/55) dokumentiert Rouch «das Besessenheitsritual der Hauka, einer Sekte, die ursprünglich am Niger entstand, sich dann aber vor allem unter Wanderarbeitern, die nach Ghana und an die Elfenbeinküste zogen, verbreitete» (Heike Behrend)[47]. Diese «Herren des Wahnsinns», die sich Gouverneur, General oder Lokomotive nennen, sind nichts anderes als Verkörperungen von Exponenten des Kolonialismus. In *Petit à petit* (1969), einem inszenierten Film, wendet Rouch das Thema ins Ironische. Ein afrikanischer Ethnograph reist nach Paris, um Feldforschungen über die dort lebenden Menschen zu betreiben. «Vor besonders interessanten Eingeborenen bleibt er stehen und betrachtet sie gründlich und beharrlich. Die Pariser sind häßlich, folgert er, sie sind entweder zu mager oder zu fett, wirklich sehr häßlich. Auch sind sie traurig. Ohne Zweifel leiden sie alle an einer tödlichen

Les maîtres fous (Jean Rouch, 1957)

Krankheit, und das wissen sie.»[48] Gut ein Jahrzehnt später, nachdem das Gespür für die Unwirtlichkeit der Städte, gewachsen ist; da man endlich gemerkt hat, wie die Menschen durch dieses Leben deformiert werden, kann man sagen: Der Witz ist, dieser afrikanische Ethnograph hat ja recht.

Jean Rouch hat an manchen Filmen mehrere Jahre lang gearbeitet. In *La chasse au lion à l'arc* (1967), über die aussterbende Kunst der Löwenjagd mit Pfeil und Bogen, sind Aufnahmen aus sieben Jahren eingeflossen: aufs gründlichste werden die Vorbereitung und die Jagd selbst dargestellt. Spürbar wird aber auch Rouchs eigene Leidenschaft für die Jagd, seine Teilnahme, seine Obsession. Rouchs größtes Werk ist sein *Sigui*-Zyklus, gedreht über acht Jahre seit 1966 (*Sigui année zéro*) bis *Segui 1973 – L'auvent da la circoncision:* Rouch dokumentiert das Schöpfungsritual der Dogon in Mali, das nur alle sechzig Jahre stattfindet und dann sieben Jahre dauert; ein Weißer hatte noch nie daran teilgenommen, selbst die Einheimischen dürfen ihm nicht ganz beiwohnen. Überliefert wird der «Sigui» von den alten Männern, die als Kinder schon einmal dabei waren. Die Uraufführung der kompletten Fassung fand im Frühjahr 1981 in Paris statt: «Als das zehnstündige Opus [. . .] der Fachwelt vorgeführt wurde, waren die Ethnologen, Lévi-Strauss voran, betroffen, ja erschüttert; viele hatten das Überleben eines so komplexen Rituals nicht mehr für möglich gehalten», schrieb Günter Metken in der «Süddeutschen Zeitung» (7./8. 11. 81).

Neben Rouchs Werk, etwa 80 Filme in 35 Jahren, verblaßt die übrige ethnographische Filmarbeit. Zu nennen wären etwa drei Amerikaner: John Marshall mit seiner *Kalahari*-Serie (u. a. *The Hunters* und *Bitter Melons,* gedreht in den fünfziger Jahren, z. T. erst später herausgebracht, *Bitter Melons* 1972), Robert Gardner, an *The Hunters* beteiligt, der kriegerische Auseinandersetzungen zwischen Stämmen in Neuguinea im Bild festhielt (*Dead Birds,* 1969)[49] oder das Leben der Hamar im Südwesten Äthiopiens (*Rivers of Sand,* 1974), schließlich Timothy Asch, der zusammen mit dem Anthropologen Napoleon Chagnon über viele Jahre den Stamm der Yanomamo-Indianer im Süden Venezuelas beobachtete (u. a. *Myth of Naro* oder *The Ax Fight,* beide 1975). In der Bundesrepublik hat jüngst Michael Oppitz Aufsehen erregt mit seinem Viereinhalb-Stunden-Film *Schamanen im Blinden Land* (1980), der über drei Jahre hinweg bei den Magar in

Nepal gedreht wurde, eine Untersuchung des magischen Heilverfahrens im Himalaya. Die Tätigkeit der Schamanen wird einerseits als ganz alltägliche erkannt und beschrieben, andererseits als großes Schauspiel, vor allem bei der Initiation eines neuen Schamanen, an dem das ganze Dorf teilnimmt. Die überraschende Popularität dieses Films, zumindest unter Studenten, verweist auf ein neues Phänomen: Angesichts der Krisen der Industriegesellschaft «hat das öffentliche Interesse an der Ethnologie rapide zugenommen», viele Alternativbewegungen «erhoffen sich von der Ethnologie die Erforschung alternativer Denk- und Existenzweisen und damit die theoretische Fundierung ihrer Kritik an der eigenen Kultur».[50] Die Ethnographie, damit auch der ethnographische Film, wird in Anspruch genommen (und damit überfordert) für Fragen unserer Gesellschaft.

Anmerkungen

1 Peter B. Schumann, Kino in Lateinamerika. Thesen zur ökonomischen Situation, medium, Frankfurt a. M., Nr. 6/1980.
2 Schumann, epd Kirche und Film, Frankfurt a. M., Nr. 4/1978, S. 2.
3 Zit. nach Frankfurter Rundschau, 13. 8. 81, S. 8.
4 Zit. nach Film und Fernsehen, Berlin (DDR), Nr. 9/1981, S. 23.
5 Zit. nach Film und Fernsehen, Nr. 5/1980, S. 30.
6 Zum Titel: «Was bereits unter Isabel Perón die sogenannte Antikommunistische Allianz Argentiniens, abgekürzt mit den berüchtigten AAA, verübte, übernahmen nach dem Putsch die Mörderbanden der drei Waffengattungen, deren höchste Repräsentanten die Junta bilden» (Schumann in: Oberhausen, Bericht 1978, S. 252).
7 Oberhausen, Bericht 1978, S. 252.
8 Oberhausen, Bericht 1974, S. 102.
9 Zit. nach Leipziger Dokumentarfilmwoche, Protokoll 1975, S. 108.
10 Oberhausen, Bericht 1977, S. 208.
11 Oberhausen, Bericht 1980, S. 47.
12 Schumann, medium, Nr. 2/1982, S. 32.
13 Hans-Joachim Schlegel in: Der afrikanisch-arabische Film. Dokumentation zur Retrospektive der XXVII. Internationalen Filmwoche Mannheim, 1978, S. 150.
14 Zit. nach Filmwissenschaftliche Beiträge (FWB), Berlin (DDR), Nr. 3/1980, S. 50.
15 Rolf Richter in FWB, a. a. O., S. 56.
16 Rolf Richter a. a. O., S. 57.
17 Rolf Richter a. a. O., S. 59.
18 A. a. O., S. 60.
19 Oberhausen, Bericht 1979, S. 68.
20 Richter a. a. O., S. 61.
21 A. a. O., S. 62.
22 Schlegel, Dokumentation Mannheim 1978, S. 150.
23 Schlegel a. a. O., S. 148.
24 Zit. nach Forum des jungen Films, Berlin 1979, Informationsblatt 32.
25 In: Hans Günther Pflaum, Jahrbuch Film 81/82, München 1981, S. 49.
26 FWB, a. a. O., S. 216.
27 Alfonso Gumucio Dragon, Forum, Berlin 1981, Blatt 37.
28 Zit. nach Forum, Berlin 1981, Blatt 38.
29 Oberhausen, Bericht 1971, S. 26.
30 A. a. O., S. 27.
31 Hans Günther Pflaum, Filmkorrespondenz, Köln, Nr. 3/1973, S. 1 f.
32 Erklärung des Titels, nach Mao Tse-tung: «Yü Gung, ein alter Mann will – in den alten Zeiten – im Norden Chinas mit seinen Söhnen zwei Berge abtragen, die den Weg nach Süden versperren. Als er verlacht wird, verweist er auf die Kinder und Enkelkinder. »Diese Berge sind zwar hoch, aber sie können nicht mehr höher werden; um das, was wir sie abtragen, werden sie niedriger: Warum sollen wir sie da nicht abtragen können?« Das rührte Gott, und er schickte zwei seiner Boten auf die Erde, die beiden Berge auf dem Rücken davonzutragen. Unser Gott ist niemand anders als die Volksmassen Chinas.»
33 Frauen und Film, Berlin, Nr. 9/Oktober 1976, S. 51.
34 Klaus Kreimeier, Joris Ivens, Berlin 1976, S. 112.
35 Medienhandbuch Dritte Welt. Film und Tonbildreihen, hg. vom Gemeinschaftswerk der Evangelischen Publizistik, Frankfurt a. M., Wuppertal 1981, S. 152.
36 Süddeutsche Zeitung, 4. 3. 1977.
37 Film und Fernsehen, Nr. 11/1979, S. 40.
38 Zit. nach Forum, Berlin 1981, Blatt 45.
39 José Carlos Avellar, Forum a. a. O.
40 Zit. nach Forum, Berlin 1976, Blatt 25 – daraus auch die folgenden Zitate.
41 Martin Schaub, Tagesanzeiger-Magazin, Zürich, 3. 2. 1979.
42 Zit. nach «Deutschland in Afrika», Pressemappe zu einer Filmtrilogie von Peter Heller, Verleihgenossenschaft der Filmemacher, München 1981.
43 medium, Nr. 10/78, S. 32.
44 Zit. nach Wilhelm Roth, Verschiedene Methoden des Lernens. Porträt Peter Krieg und Heidi Knott. In: Hans Günther Pflaum, Jahrbuch Film 81/82, München 1981, S. 124 – daraus auch die folgenden Zitate.
45 Zit. nach Kinemathek, Berlin, Nr. 56, Juni 1978, S. 12. Der dort in deutscher Übersetzung abgedruckte Aufsatz von Jean Rouch, «Die Kamera und der Mensch» (englisch 1975) ist die beste knappgefaßte Einführung in den ethnographischen Film.
46 epd Kirche und Film Nr. 4/1982, S. 15 – daraus auch das folgende Zitat.
47 Berliner Hefte, Zeitschrift für Kultur und Politik, Berlin, September 1979, S. 58.
48 Heike Behrend, Berliner Hefte a. a. O., S. 60.
49 Siehe Robert Gardners Erfahrungsbericht «Chronicles of the Human Experience: Dead Birds (1969)» in: Richard Meran Barsam (Hg.), Nonfiction Film, Theory and Criticism. New York 1976, S. 342 ff.
50 Sylvia M. Schomberg-Scherff in epd Kirche und Film, Nr. 4/1982, S. 15.

La Soufrière (Werner Herzog, 1976)

10. Grenzüberschreitungen und Mischformen

Was ist ein Dokumentarfilm? Über diese Frage ist sehr schnell Einigkeit zu erzielen – oder gar nicht. Als Dokumentarfilm anerkannt wird in der Regel ein Film, der Ereignisse abbildet, die auch ohne die Anwesenheit der Kamera stattgefunden hätten, in dem reale Personen in ihrem Alltag auftreten – ein Film also, der sich an das Gefundene hält (nicht an das Erfundene), der die «physische Realität» (Kracauer) rettet, sie für die künftigen Generationen aufbewahrt.

Der gängige Einwand: Jede Filmaufnahme ist eine Inszenierung, unabhängig davon, ob reale Personen oder Schauspieler zu sehen sind; es gibt also keinen Unterschied zwischen Dokumentarfilm und Spielfilm. Ein Film ist ein Film, hinter seinem Erscheinungsbild, es mag noch so authentisch wirken, steht eine Vielzahl künstlerischer Entscheidungen.

Dieser Streit, so akademisch oder spitzfindig er manchmal ausgetragen wird, hat doch die Sensibilität für die unterschiedlichen Formen des dokumentarischen Films erhöht. Die Diskussion über Grenzüberschreitungen des Genres und über Mischformen hat das Gespräch über den Dokumentarfilm in den letzten Jahren befruchtet, dogmatische Positionen wurden abgebaut: Den Dokumentarfilm, wenn es ihn gibt – und davon möchte ich weiter ausgehen, denn zumindest die Methoden der Annäherung an die Wirklichkeit, wie sie in diesem Buch beschrieben werden, unterscheiden sich von denen des Spielfilms –, bestimmt heute ein Reichtum an Formen, wie er noch vor einem Jahrzehnt undenkbar war.[1] Daneben gibt es, das kann hier nur an wenigen Beispielen angedeutet werden, alle jene Mischformen, hin zum Spielfilm und Experimentalfilm, die schon seit Jahrzehnten einen Teil gerade des avancierten Films prägen.

Der dokumentarische Essay

Eine der traditionsreichsten Grenzüberschreitungen des dokumentarischen Films ist der Essay. Er entstand aus der Erkenntnis, daß Bilder oft zuwenig sagen oder zweideutig sind, daß es eines Kommentares bedarf, um sie zum Sprechen zu bringen. So sieht man etwa in Chris Markers *Description d'un combat* (*Beschreibung eines Kampfes,* 1960), einem Film über Israel, in einer längeren Szene ein «optisch wenig ergiebiges Sujet»[2]: «Ein weites Feld, im Hintergrund öde Hügel. In niedrigem Flug zieht ein Sportflugzeug seine Kreise. Einzelheiten sind nicht erkennbar.» Der Kommentar aber erläutert: «Und so, wie man beim Durchröntgen alter Gemälde manchmal ein noch älteres Gemälde entdeckt, so würde man hier unter diesen Feldern einen See entdecken, einen malariaverseuchten sumpfigen See, Huleh genannt, der dieses ganze nördliche Gebiet bedeckte und in dessen Gestrüpp Gewehrschüsse ertönten . . .» Der Kommentar erinnert an die ersten jüdischen Siedler, die Waffen gegen Überfälle brauchten, Mittel gegen Malaria, die einen Sumpf bebauen mußten und nicht wußten, wie man das macht. «Da sagte jemand: »Wir brauchen ein Wunder.« Sofort waren alle beruhigt. Denn wenn die Juden auch keine Erfahrung in Dingen der Landwirtschaft, des Waffenführens und des Bauens haben, in Wundern kennen sie sich aus. Jetzt wird Ordnung in das Wunder gebracht.»

Diese Passage ist typisch für das essayistische Werk von Marker (etwa *Dimanche à Pékin,* 1955 oder *Lettre de Sibérie,* 1958): Der sehr literarisch geformte Text stellt Beziehungen her, erschließt eine historische Dimension, mitunter eine eschatologische. Andererseits degradiert er, glanzvoll, assoziationsreich, die Bilder manchmal zu Stichwortgebern. So war es sinnvoll, die Texte der Filme in zwei Büchern zu sammeln[3], und es ist mehr als ein Gag, daß in die Edition auch zwei «imaginäre» Filme aufgenommen wurden (*L'Amérique rêve,* 1959, *Soy Mexico,* 1965); bei der Lektüre fällt der Unterschied kaum auf: Die Bilder aus den gedrehten und zu den nichtgedrehten Filmen sind nur eine Folie, vor der sich der Text um so strahlender abhebt.

Auch Romms *Gewöhnlicher Faschismus* gehört zu diesem Typus des dokumentarischen Essays, doch wäre hier der Text ohne das Bild sinnlos: Romm reagiert auf die Nazi-Aura der Aufnahmen, er macht ihren Propagandacharakter klar, will den Zuschauer gegen deren Wirkung immunisieren.

Diesen vom Kommentar bestimmten Filmen stehen in den siebziger und achtziger Jahren Essays gegenüber, die das volle Instrumentarium des neuen dokumentarischen Films und seiner Technik nutzen, die auf mehreren Ebenen argumentieren, die Beobachtung, Interview, Kommentar und manchmal auch inszenierte Passagen nebeneinander- und gegeneinanderstellen, deren Sinn sich erst aus der Montage ergibt; oft werden dem Zuschauer die Schlußfolgerungen überlassen. In Kapitel 7 wurden zahlreiche Beispiele genannt, von *Früchte der Arbeit* bis *Es ist kalt in Brandenburg.* Diese Form des Essays setzt sich immer mehr durch, bei allen wichtigen Themen, etwa den Nord-Süd-Filmen *Genèse d'un repas* oder *Septemberweizen.* Auch komplizierte Zusammenhänge erschließen sich durch diese Methode. Claude Champion zum Beispiel erzählt in *Quand il n'y a plus d'Eldorado* (*Wenn es Eldorado nicht mehr gibt,* 1980) die Geschichte Lateinamerikas seit 1492; er arbeitet mit Grafiken, Zeichnungen, Fotos (von Luc Chessex), mit überlieferten Erzählungen der Vergangenheit und Originaltonerzählungen von heute; das Material wird zum Teil tricktechnisch verfremdet, mit Geräuschen unterlegt. In nur 57 Minuten gelingt es Champion, die Entstehung des Nord-Süd-Konflikts und seine heutige Ausprägung verständlich zu machen.

Der Essayfilm der letzten Jahre nähert sich immer mehr der Collage. Die von Alexander Kluge geprägten Kollektivfilme *Deutschland im Herbst* (1977, mit Brustellin, Sinkel, Fassbinder, Mainka, Reitz, Rupé, Cloos und Schlöndorff) und *Der Kandidat* (1980, mit Aust, von Eschwege, Schlöndorff) sind aufschlußreiche, auch problematische Beispiele. In *Deutschland im Herbst* wird, ausgehend von zwei Beerdigungen (Schleyer; Baader, Ensslin, Raspe), der Zustand der Bundesrepublik im Herbst 1977 beschrieben: Die Angst vor Terroristen und die «Sympathisanten»-Hetze bestimmen das Klima. *Der Kandidat* ist ein Porträt von Franz Josef Strauß vor der Wahl von 1980. Die dokumentarischen Passagen, die den zweiten Film beherrschen – im ersten gibt es auch zahlreiche inszenierte Episoden (die stärkste ist eine Selbstbefragung und Selbstentblößung Fassbinders) –, konzentrieren sich auf das Nebenbei, das Davor und Danach der offiziellen Ereignisse, sie ironisieren und konterkarieren die übliche TV-Berichterstattung. Sie konfrontieren die (mindestens teilweise) verordnete Trauer über Schleyer mit der spontanen (von der Polizei mißtrauisch beobachteten) für die Toten von Stammheim; sie zeigen Strauß und Albrecht nebeneinander auf einem engen Sofa, den ängstlich-bürokratischen Niedersachsen und den vitalen Bayern, das Interview selbst zeigen sie nicht mehr. Neben solchen Funden gibt es auch viel Belangloses, Feuilletonistisches, vor allem im *Kandidat*. Während *Deutschland im Herbst* die Atmosphäre der Zeit, Angst und Wut, Trauer und Hysterie durch die gebrochene Form sehr gut einfängt, greift der Essay über Strauß gerade in seinen geschichtsphilosophisch angelegten Passagen zu kurz: Der Assoziationenreichtum Kluges führt zu einer gewissen Beliebigkeit. Das dokumentarische Material wird stellenweise seines Wirklichkeitscharakters so weit entkleidet, daß man sich fragt, ob es diesen Strauß überhaupt gibt.

Zu den avanciertesten dokumentarischen Essays der siebziger Jahre gehörten zwei Untersuchungen über das Kino. Urs Graf, Hans Stürm und Mathias Knauer beobachteten in *Cinéma mort ou vif?* (*Kino/Film, tot oder lebendig?*, 1977) die Entstehung von Alain Tanners *Jonas,* Silvano Agosti, Marco Bellocchio, Sandro Petraglia und Stefano Rulli (das Team von *Nessuno o tutti*) porträtierten in *La macchina cinema* (*Die Maschine Kino*, 1978) Menschen, die vom Kino träumen, obwohl sie nie in ihm Fuß fassen konnten: Filmamateure, Kleindarsteller, Leute, die in einem Film Erfolg hatten, sogar berühmt wurden, aber inzwischen längst vergessen sind.

Beide Filme arbeiten ohne Kommentar (*Cinéma mort ou vif?* hat allerdings Zwischentitel), sie montieren vor allem Beobachtungen und Gespräche ineinander. Ausgangspunkt für *Cinéma mort ou vif?* ist die Szene 46 von *Jonas,* in der die Hauptpersonen des Films zum erstenmal zusammentreffen: Aus der Analyse der Kameraarbeit oder der Verwendung der Musik ergeben sich grundsätzliche Fragen – kann Tanner seine radikale Ästhetik in einem noch immer kommerziellen Film verwirklichen? Interviews mit Tanner, dem Kameramann Renato Berta oder Yves Gasser, dem Produzenten, machen die Widersprüche bewußt. Die Kritik, die Graf (bei aller Solidarität) an Tanner übt, artikuliert sich vor allem in der Ästhetik seines eigenen Films, der, als Dokumentarfilm mit weit weniger Geld hergestellt, die Ansprüche an das Publikum höherschrauben kann (in der öffentlichen Wirkung aber hinter Tanner zurückbleibt).

Der fünfteilige, für das italienische Fernsehen RAI hergestellte Film *La macchina cinema* (Gesamtlänge 268 Minuten) ist in seinen einzelnen Szenen sehr einfach gedreht, aber die vielen Beobachtungen in Provinzdörfern oder in Cinecittà fügen sich zusammen zu einem illusionslosen, nie vorher gesehenen Bild des Kinos, einem Panorama, in dem die Menschen, die von dieser Traummaschine fasziniert sind, mit Sympathie, ja liebevoller Zuneigung gezeichnet werden. Der Film endet in einem ganz materiellen und zugleich symbolischen Bild der Zerstörung: Filmreste werden in einer Maschine zu Brei zermalmt, der allerdings Ausgangsmaterial für neues Filmmaterial ist – der Kreislauf der Träume kann aufs neue beginnen.

Johan van der Keuken

Essays und Collagen könnte man auch die Filme Johan van der Keukens nennen, aber das sind Hilfsbegriffe. Der niederländische Filmemacher, geboren 1938 in Amsterdam, läßt sich durch Jazz inspirieren, durch Malerei, er zitiert Gedichte; er dreht autobiographische Filme, Filme über Europa und die Dritte Welt; er interessiert sich für Ökologie und alternative Lebensweisen. Er arbeitet meist für die kleine holländische Fernsehanstalt V.P.R.O. (Freisinniger Protestantischer Rundfunk), durch ihre ungewöhnliche Erzählweise aber durchbrechen seine Filme die übliche TV-Ästhetik.

Schon die kleineren Filme der sechziger Jahre zeigten eine persönliche Handschrift, überzeugten durch die Meisterschaft im oft überraschenden Zusammenfügen von Bild und Ton; Fingerübungen für die künftige Arbeit waren sie insofern, als van der Keuken an diesen kurzen Filmen (zwischen 5 und 40

Der flache Dschungel (Johan van der Keuken, Niederlande 1978)

Minuten) erproben konnte, was er dann in den siebziger Jahren auf die Großform (bis zu zweieinhalb Stunden) anwandte; auch politisch hat van der Keuken sich in dieser Zeit radikalisiert.

Zunächst hatte er Künstler porträtiert: zweimal den Dichter und Maler Lucebert (*Lucebert, dichter – schilder,* 1962, *Een film voor Lucebert/Ein Film für Lucebert,* 1967), einmal den Jazzmusiker Ben Webster (*Big Ben/Ben Webster in Europe,* 1967; auch Behinderte, die er beobachtete (*Blind kind,* 1964, *Herman Slobbe/Blind kind II,* 1966), ähneln Künstlern, weil sie eine bestimmte Eigenschaft zu besonderer Meisterschaft entwickeln müssen. Die siebziger Jahre sind beherrscht von seinem *Triptychon Nord-Süd* mit den Filmen *Dagboek* (*Tagebuch,* 1972), *Het witte kasteel* (*Das weiße Schloß,* 1973) und *De nieuwe ijstijd* (*Die Neue Eiszeit,* 1974), welchen weitere Filme zum Thema folgten: *De meester en de reus* (*Der Meister und der Riese,* 1980) und *De weg naar het zuiden* (*Der Weg nach dem Süden,* 1981). Ausgangspunkt ist immer Holland, dem jeweils mindestens ein Land der Dritten Welt gegenübergestellt wird. In den Niederlanden oder den Nachbarländern angesiedelt sind *De platte jungle* (*Der flache Dschungel,* 1978) über die Zerstörung des Wattenmeers an der Nordsee und *De Beeldenstrom* (*Der Bildersturm,* 1982), eine Bilanz der alternativen Bewegung am Beispiel des «Melkweg» (Milchstraße), einem Treffpunkt der «Szene».

Der Stil dieser Filme überrascht durch einen Wechsel von Spontaneität und Strenge. Van der Keuken beschreibt ihn mit Hilfe von Analogien. Es gebe eine kalte, statische Kameraführung und eine warme, bewegte. «Es gibt die kadrierten Sachen und es gibt die frei bewegten Sachen. Ich habe einmal gesagt, es gibt Hitchcock *und* es gibt Ivens. Es gibt für mich Mondrian *und* Jackson Pollock.» Auf *Die Neue Eiszeit* angewandt: «Für die holländischen Teile habe ich nach einer strengen Kadrierung gesucht. Da ist eine Art von gegebenem Raum, in dem Leute leben und gewissermaßen auch eingesperrt sind. Im peruanischen Teil ist die Kamera freier und mehr zwischen den Menschen.»[4] Diese Prinzipien ergeben sich auch aus den gefilmten Gegenständen: In Holland wird Überfluß produziert (Eis), in Peru durchwühlen die Menschen den gerade abgeladenen Müll. Doch auch dieses Land bewahrt Relikte der Ersten Welt: Ein langer Zoom geht von den Slums über eine Mauer auf einen Tennisplatz.

Van der Keukens Filme entsprechen der Bewegung des Jazz: «Jazz ist viel dynamischer als eine andere Art von Musik, weil er sich im Kontakt mit dem Publikum entwickelt. Für mich fängt auch ein Film irgendwo an, er entwickelt sich, aber man weiß nicht immer, in welche Richtung. Dies ist eine der musikalischen Seiten eines Films.»[5] Darum ist für van der Keuken der Begriff der Improvisation grundlegend: «Ich bin ein improvisierender Filmemacher. Improvisieren, das gibt es auch bei Bildern. Für mich ist *improvisierend* und *nicht-improvisierend* ein weit wichtigerer Gegensatz als zum Beispiel *dokumentarisch* und *fiktional*.»[6] Die Improvisation geht so weit, daß van der Keuken Bilder in mehreren Filmen verwendet, in jeweils neuen Zusammenhängen, wie musikalische Erfindungen im Jazz. Improvisation heißt aber nicht Unordnung und Chaos, auch sie gehorcht bestimmten Grundmustern, wie in der Musik, hier vor allem denen der Analogie und des Kontrastes. Oft wird auch innerhalb der Analogie der Widerspruch herausgearbeitet, und das Mittel ist nicht selten der Schock.

In dem kleinen Film *Het leesplankje* (*Die Lesestunde*, 1973) wird Kindern durch die Verbindung von Wort und Bild das Lesen beigebracht. Beispiel: Feuer. Zuerst im Lesebuch (ein kleiner Ofen), dann in der unmittelbaren Umgebung (Brand in Amsterdam), dann brennt der Palast Allendes, dann werden Soldaten zum Schießen aufgerufen, schließlich explodiert ein Flugzeug im Comic strip. Solche Reihungen und Variationen funktionieren auch in langen Filmen. Den *Flachen Dschungel* durchzieht ein Refrain: «Früher gab es hier auch noch ...», nämlich alle möglichen Tiere und Pflanzen; jetzt hat sich nur noch ein Wurm gehalten im Wattenmeer, über ihm Düsenjäger, in seiner Nachbarschaft Atomkraftwerke. Der Refrain mündet in eine Coda: Van der Keuken zählt auf, welche Meeres- und Landtiere hier früher existierten – «naja, ich wüßte sowieso nicht, wie sie aussehen». Dies der lakonische letzte Satz.

Der Weg nach dem Süden beschreibt eine Reise im Sommer 1980; auch hier Variationen desselben Grundmusters. Hausbesetzer in Amsterdam; Afrikaner in Paris; Gebirgsbauern in den französischen Alpen, die bald die einzigen in der Gegend sein werden; eine alte Italienerin afrikanischer Herkunft in Rom; Fabrikarbeiter in Kalabrien; Menschen in der überfüllten Stadt Kairo: Unbehauste alle, Heimatlose, Rebellierende oder Resignierte, alle auf der Suche nach Wohnung und Geborgenheit. In Kairo ein Bild aus der Vogelperspektive: ein Bahnhof, Neuankömmlinge krabbeln, nachdem der Zug abgefahren ist, über die Geleise, Nachschub für die Slums. Kontraste, unaufdringlich, aber sprechend, auch im kleinen, in der einzelnen Einstellung: Während Sadat im Rundfunk über die Abhängigkeit anderer arabischer Länder von Moskau spricht, sieht man ein Schaufenster mit Schweizer Uhren.

Johan van der Keukens Filme sehen die Welt komplex, sie schärfen die Sinne; für eine direkte politische Aktion sind sie (außer vielleicht *De Palestijnen/Die Palästinenser*, 1975) kaum zu gebrauchen. Sie versuchen vielmehr, «eine politische, wirtschaftliche, geistige Struktur aufzudecken»[7], das sichert ihnen Interesse über die kurzfristige Aktualität hinaus.

Man könnte van der Keukens Filme auch Experimentalfilme nennen; sie probieren immer wieder Neues aus, überraschen immer wieder aufs neue. Bei manchen Regisseuren kann man sagen, wenn man einen Film kennt, kennt man alle, bei Van der Keuken kennt man nur die, die man wirklich gesehen hat.

Experimentalfilme

Wenn ich nun hier einen Abschnitt über Experimentalfilme einfüge, bin ich mir bewußt, wie vorläufig und fragmentarisch er ausfallen muß – den-

Geschichte der Nacht (Clemens Klopfenstein, Schweiz 1978)

noch scheint mir dieser Hinweis angesichts der Annäherung der Genres (bis zu ihrer teilweisen Auflösung) wichtig. Experimentalfilme sind dem Dokumentarfilm oft näher als viele Spielfilme, weil auch sie es nicht mit inszenierten Geschichten zu tun haben, sondern mit gefundenem, vorgefundenem Material, das sie allerdings anders arrangieren als der normale Dokumentarfilm. Bevorzugte Sujets sind Städte und Landschaften, mit Menschen tun sich auch experimentelle Filme schwer (trotz einer neuen Tendenz zum narrativen Film in jüngster Zeit).

In *Real Italian Pizza* von David Rimmer (Kanada 1971) sieht man den Eingang zu einer Pizzeria zu verschiedenen Tages- und Jahreszeiten, in verschiedenen Filmgeschwindigkeiten (normal, Zeitlupe, Zeitraffer). In einer knappen Viertelstunde entsteht mit experimentellen Mitteln die Außenansicht einer normalen Pizzeria in einer durchschnittlichen amerikanischen Großstadt; ein dokumentarisches Bild, komprimiert.

Mamma Hemmers geht mit ihrem Pastor zum letzten Mal über'n Heinrichplatz: Kreuzberg adiö von Rosemarie Schneider-Mohamed, eine Produktion der DFFB (1981): in acht Minuten 16 Einstellungen, ein paar Straßen um den Heinrichplatz in Berlin-Kreuzberg, Bilder der Zerstörung, Ruinen, Graffiti, ärmliche Schaufenster, abgeblätterte Fassaden, und doch Leben. Schließlich: ein Neubau, eine sanierte Straße, steril. Die Titelfiguren kommen nicht vor, sie stammen aus einem Roman von Peter Paul Zahl, aber es ist sozusagen ihr abschiednehmender Blick, der unseren lenkt. Auch hier Konzentration, äußerste Verknappung.

In *Geschichte der Nacht* von Clemens Klopfenstein (Schweiz 1978) entsteht aus dokumentarischen Bildern, die in achtzehn Ländern aufgenommen wurden, eine synthetische Nacht in einer synthetischen Stadt: Das Authentische schlägt ins Halluzinatorische um. Auch sein Reisefilm *Transes* (1981) folgt diesen Prinzipien: Es geht nicht mehr darum, welche Landschaften durchfahren werden, es geht um die Idee der Bewegung. In *11 x 14* (1976) reist James Benning durch die USA, durch ein zersiedeltes, von Autobahnen und Tankstellen beherrschtes Amerika; einige Personen, die sich geheimnisvoll durch die Bilder bewegen, verstärken den Eindruck von Einsamkeit und Isolation – Benning setzt die Welt des Malers Edward Hopper im Film fort. Auch Bennings *Grand Opera* (1979) ist ein Road Movie, das die Landschaftsaufnahmen, quer über den Kontinent gefilmt, strukturellen Prinzipien unterordnet.

Der Hamburger Rüdiger Neumann hat diese Art von Formalismus zur Vollendung gebracht. In *Zufalls-Stadt* (1978) und *Zufalls-Horizonte* (1980), beide 45 Minuten lang, gibt Neumann eine nach den Gesetzen des Zufalls bestimmte Topographie

Zufalls-Stadt (Rüdiger Neumann, 1978)

der Bundesrepublik; der erste Film enthält 4714 Einstellungen von 98 Standpunkten aus; die Kamera ist auf Augenhöhe, nach jedem Ruck um 15 Grad blickt sie einmal nach oben, einmal nach unten, wodurch die Bewegung unterbrochen wird, während der Ton, kurz danach am Drehort aufgenommen, Kontinuität suggeriert. Der zweite Film zeigt je 24 Blicke von 88 Orten, ist also nach der hektischen *Zufalls-Stadt* ein ruhigerer Film; die Kamera bleibt immer auf derselben Höhe, der Augenhöhe, so daß die auch hier vorhandenen 15-Grad-Rucke wesentlich fließender wirken. In beiden Filmen, wie auch im Hamburg-Porträt *What is Charm?* (1980, 50 Minuten), wird das Alltägliche, Banale aufgenommen, das Auswechselbare: Dennoch entsteht gerade dadurch ein typisches, durchaus angemessenes Bild der Bundesrepublik, ihrer Architektur (vor allem der Un-Architektur der Nachkriegszeit) und ihrer Landschaften. In *Zufalls-Stadt* bleiben nur ein paar historische Bauwerke in Erinnerung, die Landschaften von *Zufalls-Horizonte* sind insgesamt schöner, scheinen oft noch unverwechselbar – auch unzerstört –, aber auf der Tonspur hört man Autos und Flugzeuge. Die Blicke auf Hamburg in *What is Charm?* wirken unabsichtlicher, sie wiederholen sich, bis sie allmählich durch das Gedicht von Marcia Bronstein abgelöst werden, das dem Film den Titel gibt.

Versucht man diese Zufallsauswahl von Filmen zu verallgemeinern, dann ließe sich sagen, daß die Filme, die zwischen Experimentalfilm und Dokumentarfilm stehen, die Städte oder Landschaften auf den Begriff zu bringen suchen, daß sie durch Verdichtung Symbole schaffen wollen, daß diese Filme aus der sonst in diesem Buch behandelten Geschichte des Dokumentarfilms herausfallen, weil sie nicht mehr mit Menschen zu tun haben, höchstens indirekt, indem sie die Umwelt zeigen, in der Menschen zu leben gezwungen sind. Ja eigentlich handeln diese Filme von der Abwesenheit der Menschen: Auch die Pizzeria bei David Rimmer ist ja letztlich ein ungastliches Loch.

Es gibt natürlich Ausnahmen. Jean-Marie Straub und Danièle Huillet gelingt es beispielsweise auch in leeren oder scheinbar nur durch Zufall belebten Einstellungen (in *Geschichtsunterricht*, 1972, die Autofahrten durch Rom, in *Zu früh/zu spät*, 1981, Fahrten und Schwenks in Paris, Frankreich und Ägypten), die Anwesenheit von Menschen zu evozieren, nämlich ihre Geschichte; sie schaffen ohne Kommentar, was Marker mit seinen Texten versucht: frühere Schichten freizulegen und damit auch das Leben früherer Generationen.

Dokumentarische Avantgardefilme, die Menschen beschreiben, lassen sich überhaupt nicht systematisieren. *Unsere Afrikareise* (1966) von Peter Kubelka, eine Bild-Ton-Collage über eine Exkursion österreichischer Provinzler, oder *Toilette* von Friederike Pezold (1979), die systematische Erforschung des eigenen Körpers, von einer Videokamera kontrolliert und von einer zweiten Kamera aufgenommen, was haben sie miteinander gemein? Nur so viel, daß wir durch sie, trotz einer starken Formalisierung, sehr viel – aber auch Fragmentarisches – über Menschen erfahren, einmal über eine Gruppe, einmal über ein Individuum, daß also unsere Neugier befriedigt wird – oder noch weiter angestachelt.

Dokumentarfilme von Spielfilmregisseuren

Viele Spielfilmregisseure haben gelegentlich oder immer wieder Dokumentarfilme gedreht. Das konnten Auftragsarbeiten sein (Bertoluccis *La via del petrolio/Der Weg des Petroleums*, 1966), autobiographische Notizen (Martin Scorseses Film über seine Eltern, *Italianamerican*, 1975), es konnten Vorarbeiten sein, die das soziale Umfeld oder Schauplätze von Spielfilmen erkundeten (Pasolinis *Comizi d'amore/Das Gastmahl der Liebe*, 1963; *Sopralluoghi in Palestina per «Il vangelo secondo matteo»/Ortsbesichtigung in Palästina für «Das Erste Evangelium – Matthäus»*, 1964; *Appunti per una orestiade africana/Skizzen für eine afrikanische Orestie*, 1969). Meist aber drücken sich in den Dokumentarfilmen dieselben Themen, Träume und Obsessionen aus wie in den Spielfilmen, etwa bei Herzog, Rosa von Praunheim, Schroeter oder Wenders – und in diesen Filmen vermischen sich selbstverständlich die Genres.

Werner Herzog hat zum Beispiel das Thema der Behinderung und des Außenseitertums auch in *Land des Schweigens und der Dunkelheit* (1971) behandelt, in dem Porträt der taubblinden Fini Straubinger, und die Behutsamkeit, mit der er es tut, kann hilfreich sein für die Interpretation der Fiktionsfilme mit ähnlich Behinderten (*Auch Zwerge haben klein angefangen*, 1970, *Jeder für sich und Gott gegen alle*, 1974, der Film über Kaspar Hauser). Der Skispringer Walter Steiner (*Die große Ekstase des Bildschnitzers Steiner*, 1974) ist einer aus der Reihe jener Titanen und Träumer, die in *Aguirre* (1972) und *Fitzcarraldo* (1982) ihre Vollendung gefunden haben. In *La Soufrière* (1976) wartet Herzog auf den Ausbruch des Vulkans gleichen Namens auf Guadeloupe, auf jene Katastrophe, die sich im *Herz aus Glas* ankündigte, zumindest aber auf jene Abenteuer, die die beiden Urwaldfilme *Aguirre* und *Fitzcarraldo* bestimmten. Doch Angst und Hoffnung trügen, der Ausbruch findet nicht statt, die Filmexpedition wird zum Dokument eines «pathetisch-komischen Scheiterns»[8] (Wetzel).

Auch die Menschen in Rosa von Praunheims

Dokumentarfilmen könnten Figuren in seinen Spielfilmen sein (und umgekehrt); seine Filme sind ohnehin keinem Genre mehr exakt zuzuordnen. Die Personen in dem Frankfurt-Film *Der 24. Stock* (1977) sind geschädigt durch die Isolation im Hochhaus; sie sind aber auch Originale, wie Rosa sie so liebt. Der zweite, politischere Teil, der Lösungsvorschläge enthält, ist übrigens vom Hessischen Rundfunk, dem Auftraggeber des Films, nicht gesendet worden. Mit der *Armee der Liebenden* (1979) führt Rosa von Praunheim die Auseinandersetzung mit der Homosexualität weiter, auch der eigenen, die seit *Nicht der Homosexuelle ist pervers, sondern die Situation, in der er lebt* (1972) seine Filme mitbestimmt. *Todesmagazin* (1979), vom ZDF wegen angeblicher Geschmacklosigkeit nicht gesendet, montiert Gespräche und Beobachtungen über das Sterben und den Tod; bei allem scheinbaren Unernst (Untertitel: «Wie werde ich ein Blumentopf?») ein radikaler Film. Wie in allen gelungenen Filmen Rosas eine Spannung zwischen Komik und Pathos, Trivialität und Dringlichkeit.

Wenn Spielfilmregisseure einen Dokumentarfilm drehen, bedeutet dies meist eine – auf den ersten Blick überraschende – Intensivierung der Subjektivität. *Nick's Film. Lightning over Water* von Wim Wenders (1980), der Bericht über das Sterben von Nicholas Ray, ist zugleich eine Reflexion über die Beziehung zwischen dem alten und dem jungen Regisseur, eine Selbstbefragung Wenders'. Der Film ist nicht indiskret, er beruht auf einer Verabredung zwischen den beiden Männern; um ihm den Geruch des Voyeurismus endgültig zu nehmen, hat Wenders nach der ersten, 1980 in Cannes vorgestellten eher dokumentarischen Fassung eine zweite erarbeitet, die das Element der Inszenierung betont.

Werner Schroeters Bericht über das Theaterfestival in Nancy, *Die Generalprobe* (1980), ist eine sehr persönliche Collage, in der Ereignisse des Festivals, Erlebnisse Schroeters in Deutschland (kurz vorher war seine «Salome»-Inszenierung in Augsburg abgesagt worden), Hoffnungen und Ängste des Regisseurs eine sehr eigene Mischung eingehen. Aus Aufführungen zitiert Schroeter Augenblicke der Einsamkeit, der Trauer, der Gewalt und manchmal – selten genug – der Zärtlichkeit, zumindest der Suche nach ihr. Diese Sequenzen korrespondieren mit seinen Meditationen über «Heimat» und «Sehnsucht», über die Kälte, die im Deutschland der siebziger Jahre herrscht. Entstanden ist eine Selbstinszenierung des Künstlers, anmaßend und hochfahrend sich selbst und seine Obsessionen feiernd, aber auch maßstabsetzend in der Komposition optischer und akustischer Zeichen – nicht nur durch die Musikmontage (von Mahler bis Puccini) mit dem übrigen Werk Schroeters eng verbunden.

Regisseure wie Herzog, Schroeter, Praunheim oder Wenders nehmen also eine Umwertung des Begriffs Dokumentarfilm vor: Er ist für sie kein Hort der Objektivität, sondern die Chance zu einer radikal persönlichen Selbstdarstellung. Zum Teil treten sie selbst in diesen Filmen auf; dennoch verzichten sie nicht ganz auf die Maske der Fiktion: Die Kameraführung und Elemente der Inszenierung nähern sie ihren anderen Filmen an. Das gilt auch umgekehrt, *Fitzcarraldo* ist auf weite Strecken ein Dokumentarfilm.

Christian Rischert

Eine besondere Stellung im Film der Bundesrepublik der letzten fünfzehn Jahre nimmt Christian Rischert ein, geboren 1936, der, obwohl er nur zwei Spielfilme gedreht hat (*Kopfstand, Madam!*, 1966; *Lena Rais*, 1979), durch sie bekannter wurde als durch die zahlreichen Dokumentarfilme, die meist – in der Regel 45 Minuten lang – für den Bayerischen Rundfunk hergestellt wurden; ein weiteres Indiz (siehe Grabe) für die unterschiedliche Wirkungsgeschichte von Fernsehen und Kino.[9]

Richert hat durchaus fernsehtypische Sujets behandelt, hat zum Beispiel eine Serie über Essen und Restaurants gedreht: Er erfüllt die Aufträge und unterwandert sie zugleich. In *Der Paradiesgarten* (1977) zeigt Rischert zwei alte Männer, die für die Gäste, die zum Restaurant «Cipriani» auf einer der Inseln Venedigs kommen, die Boote festmachen. Der Film spricht davon, «wie sie ihr Essen, das sie von zu Hause mitbringen müssen, in der Küche des berühmten Restaurants aufwärmen dürfen, um es dann in einer entfernten Ecke zu sich zu nehmen.»[10] Der Film zeigt aber auch die Scherze der Achtzigjährigen, ihren Lebenswillen. In *Die Feinschmecker* (1979) sieht man, wie Menschen auf einer Sennhütte, die ohne die Segnungen der Zivilisation leben, Käse herstellen, ein naturreines Produkt. «Und dann der Kommentar Rischerts, der den Blick der Kamera verdeutlicht: Daß – ohne daß man es riecht, schmeckt, tastet, sieht oder hört – Gift- und Militärstoffe bereits alles zerstört haben. Daß die Zerstörung, als Giftbazillus, schon wirkt, wo wir naiven Konsumenten noch die Reinheit des Natürlichen wähnen.»[11]

Auch in einem seiner neuesten Filme, *Ein Orchester* (1981), einem 90-Minuten-Bericht über die Arbeit des Bayerischen Staatsorchesters, werden die Zuschauererwartungen erfüllt und zugleich unterlaufen: Man erlebt Proben, Gespräche mit den Dirigenten Wolfgang Sawallisch, Karl Böhm und Gustav Kuhn. Aber unter der Hand wird aus der Reportage ein Essay über Demokratie innerhalb einer überschaubaren Gruppe, die auf eine Autorität, den Dirigenten, fixiert ist.

Manchmal wurde Rischert auch in einem unmittelbareren Sinne politisch, etwa in *Ich war beim Caudillo, Franziska* (1969, zusammen mit Franziska Bronnen), einem Filmessay in Briefen über das damals noch faschistische Spanien. Und manchmal ging er den Auftraggebern zu weit – zwei Filme wurden nicht gesendet: *Die Politik der Bundesrepublik Deutschland* (1968) und *Einzelhaft* (1972), ein Film, den Rischert ausnahmsweise für den Süddeutschen Rundfunk Stuttgart gedreht hatte.

Seine beiden wichtigsten (und mit über 100 Minuten längsten) Dokumentarfilme stellte Rischert fürs Kino her, wo sie auch einen begrenzten Erfolg hatten: *Der Tod des Fischers Marc Leblanc* (1976) und *Venedig* (1977). Der *Fischer Leblanc* knüpft an ein Spielfilmprojekt an, in dem der Fischer Marc, mit dem Rischert befreundet war, eine Rolle hätte spielen sollen, einen «kraftvollen Heroen», eine Gegenfigur zu einem Stadtmenschen, der an die Küste der Normandie kommt. Am ersten Drehtag beging Marc Selbstmord.

Rischert war erschüttert, hat nach einigen Monaten versucht, hinter das Geheimnis dieses Todes zu kommen. Er befragte Verwandte und Freunde, fand eine Reihe von Motiven: Krankheit, Verschlossenheit, wirtschaftliche Schwierigkeiten als Besitzer eines eigenen Schiffes. «Rischert hat aus diesen Antworten freilich keinen Interviewfilm gefertigt, der am Ende dann eine »Lösung« präsentieren und den toten Fischer zum Opfer irgendeines Systems erklären würde – dafür stand ihm Marc offensichtlich schon persönlich viel zu nah. Eine nicht oder schwer sprachlich zu fassende Komponente kommt hinzu: sehr behutsam spürt der Film Atmosphären der Landschaft auf, Stimmungen und auch die Spuren der Geschichte, die verfallenen Bollwerke der Nazis an der Küste, Schiffswracks, Bilder der Bedrohung und Zerstörung, die vielleicht alle irgendwie zu einem psychischen Klima beigetragen haben, das zu Marc Leblancs Katastrophe führte.»[12] Immer wieder reflektiert Rischert auch seine Recherchen, seine Stellung innerhalb des Films und zu Marc.

Dieses Moment großer Bewußtheit, der souveräne Umgang mit allen technischen und ästhetischen Möglichkeiten des Films, zeichnet Rischerts Filmarbeit insgesamt aus. Auch einem so nostalgieträchtigen Thema wie *Venedig* drückte er diesen Stempel auf. Er interessierte sich vor allem für die Menschen, die das historische Venedig erhalten, die Restaurateure, Ingenieure und Arbeiter, und für diejenigen, die dem Touristen die Stadt erschließen, die Gondoliere. Er zieht mit der letzten Ausgabe der Zeitung «Gazettino», die bisher in einem Palast hergestellt wurde, nach Mestre und beobachtet das Leben dort, in neuen Wohnblocks und im Schatten der Industrie. Zuletzt kehrt er zurück ins alte Venedig, zeigt und diskutiert die Dialektik von Absterben und Hoffnung, verteidigt das «Prinzip Venedig», die südländische Art der Existenz, gegen die normierte, entfremdete Art zu leben, die Europa sonst bestimmt. Der Film, der die ganze Schönheit Venedigs noch einmal sichtbar macht (Kamera Michael Ballhaus), wird zu einem Essay, in dem Rischert sich immer wieder direkt zu Wort meldet, auch durch den Kommentar. Die Begegnungen mit Menschen haben eine große Dichte, sie sind aber so knapp gehalten wie möglich. Die Personen sind Individuen, aber sie stehen auch für etwas. Die Methode Rischerts wird ganz deutlich, wenn man sich überlegt, was etwa Wildenhahn aus dem Thema gemacht hätte. Vermutlich hätte er den Weg einer Gruppe von Druckern des «Gazettino» über einige Wochen hinweg verfolgt, hätte Porträts von großem Reiz geschaffen, Abläufe gezeigt. Rischert dagegen interessiert sich für das Paradogmatische, von Zufällen Befreite; darum arbeitet er auch mit Licht und Stativ und läßt einzelne Abläufe wiederholen.

Der dokumentarische Spielfilm

Der dokumentarische Spielfilm ist die am weitesten verbreitete Mischform zwischen Dokumentarfilm und Spielfilm. Unter diesen Begriff kann man große Teile der Filmgeschichte subsumieren, fast alle Filme, die nicht im Studio entstanden sind: Western, in denen Viehherden durch Flüsse getrieben werden und Schauspieler tatsächlich jene Leistungen vollbringen müssen, die ihnen die Story vorschreibt; den italienischen Neorealismus, der nach dem Krieg auf die Straßen ging und sich seine Geschichten aus dem Alltag holte; die französische «Neue Welle», die sich bewußt vom «Kino der Qualität» absetzte, sich in das quirlende Leben der Städte stürzte; den «neuen deutschen Film», der – schon aus Armut – auf die Studios verzichtete und sich der vom Kino der Adenauerzeit übersehenen Realität der Bundesrepublik annahm; das Kino der Dritten Welt, das selbst in der großen, expressiven Geste (etwa eines Glauber Rocha) eine dokumentarische Grundierung hat – bedingt durch Armut und Ausbeutung. Nicht, daß der Film das Studio verläßt, ist also entscheidend, obwohl dies schon ein wichtiges Indiz ist, sondern daß ein Film neue Geschichten erzählt.

Spannend für die Fragestellungen dieses Buches werden die Filme dann, wenn sie sich dokumentarischer Methoden bedienen (oder sie simulieren). Bei den frühen Filmen von Věra Chytilová (geboren 1929) zum Beispiel, bei *Strop* (*Die Decke,* 1961), der

Beschreibung eines Tages im Leben eines Mannequins, das lieber studieren möchte, bei *Pytel blech* (*Ein Sack Flöhe,* 1962), Beobachtungen im Mädcheninternat eines Textilbetriebs, hat man immer den Eindruck, daß die dokumentarischen Mittel, vor der Einführung der Cinéma-Vérité-Technik in der ČSSR, noch nicht ausreichten, um einen Dokumentarfilm zu drehen – diese «Schwäche» wird aber glanzvoll kaschiert. Věra Chytilovás nächster Film, *O necem jiném* (*Von etwas anderem,* 1963), das ineinanderverschränkte Doppelporträt einer Spitzenturnerin und einer Hausfrau, ist demgegenüber – so dokumentarisch er sich gibt – ein ausgeklügelter Spielfilm, der bei den Turnübungen zum Teil nur einzelne Körperteile zeigt, bei der Hausfrau Vorgänge rafft; demonstriert wird, wie Frauen funktionieren.

Läßt sich also an den ersten Filmen der Chytilová eine Sehnsucht nach dem authentischen Dokumentarfilm feststellen, so unternimmt Godard in denselben Jahren alles, die dokumentarischen Techniken zu desavouieren, ihren Illusionscharakter zu enthüllen, vorzuführen, daß sie lügen. In *masculin-féminin* (1966) zum Beispiel gibt es eine Sequenz, in der die Kamera einem nervösen Paar mehrere Minuten lang (ohne Schnitt) durch ein Restaurant folgt, mal vor, mal hinter ihm ist: Paradoxerweise entsteht dadurch, weil wir wissen, daß alles inszeniert ist, der Eindruck absoluter Künstlichkeit – als wolle Godard das Leacocksche Direct Cinema ad absurdum führen. In einer anderen Szene desselben Films befragt Léaud ein Mädchen, das gerade «Miß 19 Jahre» geworden ist; er fragt auch inquisitorisch nach ihrer politischen Meinung oder nach ihrer Haltung zu Verhütungsmitteln. Später wird in einem Kommentar gesagt: derartige soziologische Interviews seien immer unehrlich, weil sie nach Meinungen fragten und nicht nach dem, was die Menschen im Alltag tun. Das spontane Interview bringe gar nichts, man müsse es gründlich vorbereiten, die Befragten müßten vor der Kamera vor allem erzählen können.

In diesem Spannungsfeld zwischen dem Wunsch nach dokumentarischer Authentizität und der Kritik an der angeblich unehrlichen dokumentarischen Methode steht der dokumentarische Spielfilm, und diese Auseinandersetzungen, die etwa auch Kluge gepflegt hat,[13] wirken auf den Dokumentarfilm zurück, der sich seiner Methoden bewußter geworden ist.

Während Rudolf Thome am Beispiel von *Made in Germany und USA* (1974) und *Tagebuch* (1975) eine Theorie des dokumentarischen Spielfilms entwikkelt hat,[14] eines Films ohne Drehbuch, sogar ohne feste Story, in dem die Schauspieler ihre Dialoge im Augenblick erfinden müssen, bei dem sich allerdings die gefilmten Wirklichkeitsausschnitte mit der Zeit zu «Reihen» fügen werden, die aber durch Unvorhergesehenes noch umgestoßen, neu geordnet werden können, während Thome also für diese spontane Art der Filmherstellung plädiert, hat Kluge, zum Beispiel in seinem zusammen mit Edgar Reitz gedrehten Frankfurt-Film *In Gefahr und größter Not bringt der Mittelweg den Tod* (1974) Dokumentarisches und Fiktives so abgefeimt miteinander gemischt, daß das eine das andere in Frage stellt. Will Thome vor allem das Leben simulieren – die Filme werden dadurch sehr lang, bis zu zweieinhalb Stunden –, so will Kluge durch das kunstvolle Ineinander von Dokument und Fiktion den Zuschauer mißtrauisch machen gegenüber der scheinbar gesicherten Wirklichkeit.

Autobiographisches – Der Mut zum Privaten

Der Dokumentarfilm hat die Herausforderung, die im Aufbrechen der Genregrenzen liegen, angenommen, viele Beispiele in diesem Buch zeigen das. Er hat darüber hinaus aber eine Grenze überschritten, die bisher unüberwindbar schien, vom öffentlichen Leben zum Privatleben, und er hat die Zuschauer damit mehr schockiert als mit all den Mischformen, von denen bisher die Rede war.

Wenn einzelne Personen dargestellt werden, auch in ihrer privaten Umgebung – so die bisherige allgemeine Überzeugung –, dann nur im Blick auf ihr öffentliches Wirken oder ihre gesellschaftliche Funktion. Das kann zum Beispiel Arbeitslosigkeit oder Erziehungsfragen einschließen, Eheprobleme oder Fragen der Sexualität dagegen nur um den Preis des Voyeurismus. Diese Themen seien dem Spielfilm vorbehalten.

Eine ganze Reihe von Filmen haben dieses Tabu inzwischen gebrochen; oft ist der Ansatz ein autobiographischer. In den USA hat beispielsweise Amalia Rothschild in *Nana, Mom and Me* (1974) ihr Verhältnis zu Mutter und Großmutter dargestellt, sie hat dabei kritisch über die Rolle der Mutter nachgedacht; Maxi Cohen hat in *Joe and Maxi* (1977) das Verhältnis zu ihrem Vater und seinen plötzlichen Krebstod zum Thema eines Films gemacht; Mark Rance hat seine Mutter beim Versuch eines Berufswechsels mit der Kamera begleitet und diese Erfahrung zu einem unbarmherzigen Film verarbeitet (*Mom,* 1978).

In der Bundesrepublik war jüngst das «Dritte Reich» Hintergrund für zwei autobiographische Dokumentarfilme. Jeanine Meerapfel hat die Geschichte ihrer Familie, ihr eigenes Leben und das Leben anderer Juden heute in Westberlin untersucht vor dem Hintergrund des deutschen Faschismus und des (zumindest latent) immer noch vorhandenen Antisemitismus der Gegenwart (*Im Land meiner Eltern,* 1981). Diese als Parallelfilm zu ihrem Spielfilm *Malou* (1980) entstandene gefühlsstarke, aber nicht sentimentale autobiographische Skizze wird zur Reflexion über das Verhältnis unserer Gesellschaft zu Minderheiten: Hazel Rosenstrauch, eine Freundin Jeanines, spricht den entscheidenden Satz: «Es gibt heutzutage wesentlich Schlimmeres, als Jude in Deutschland zu sein» – und sie meint damit zum Beispiel die Türken. Noch aufregender vielleicht der Film *Mein Vater* (1982) von Fritz Poppenberg: das Porträt eines alten Bauern, der autoritätshörig und rechtsradikal war und ist – und doch eben der Vater des Filmemachers. «Ich erinnere mich, wie er uns Vogelnester mit kleinen getupften Eiern gezeigt hat und uns verboten hat sie zu berühren, weil die Vogeleltern von Menschenhand Berührtes nicht mehr annehmen.» Das ist die eine Seite; die andere, daß der Vater es zwar bedauern würde, der Polizei aber keinen Vorwurf machte, wenn sein Sohn bei einer Demonstration erschossen würde. Fritz Poppenberg beobachtet genau, aber zurückhaltend, er diffamiert seinen Vater nicht. Die Ambivalenz dieses Porträts, das für eine ganze Generation steht, konnte wohl nur der Sohn sichtbar machen; einem außenstehenden Regisseur hätte der Vater als Monster erscheinen müssen.

Andere Regisseure haben auch in ihren autobiographischen Filmen dem üblichen Tabu wieder Tribut gezollt, sie haben ihre eigene Geschichte als Teil der Geschichte ihres Landes, ihrer Generation oder ihrer ethnischen Gruppe verstanden, haben private Aspekte weitgehend ausgespart. Jonas Mekas beispielsweise hat zwischen 1949 und 1963 das Leben der litauischen Immigranten in New York aufgenommen, zu denen er gehörte, und den Beginn des New American Cinema, das er mit initiierte, und er hat dieses Material, als er es 1976 unter dem Titel *Diaries, Notes and Sketches, Volume 1, Reel 1–6,* (Untertitel: *Lost Lost Lost*) publizierte, mit einem persönlichen, aber nicht privaten Kommentar versehen, den Reflexionen eines Filmemachers («. . . ich war da, das Kamera-Auge, ich war der Zeuge, ich zeichnete es alles auf, und ich weiß nicht, ob ich singe oder weine»)[15] – aber alle tatsächlichen oder vermeintlichen Indiskretionen vermieden.

Leo Hurwitz setzte 1980 in *Dialogue with a Woman Departed* (*Dialog mit einer Verstorbenen*) seiner Frau Peggy Lawson ein Denkmal, aber man erfährt nicht einmal, woran sie 1971, erst 44 Jahre alt, gestorben ist. Der fast vierstündige Film, in acht Jahren entstanden, wird zur Reflexion über die amerikanische Geschichte in diesen Jahrzehnten, gespiegelt an der Beziehung eines Paares, das immer zur linken, oft unterdrückten Minderheit in den USA gehörte, er wird zu einem Zeugnis des Mutes. Hurwitz, Filmemacher seit Anfang der dreißiger Jahre, kann eigene Filme zitieren, die auch ein Teil seines Lebens sind, um seine und Peggy Lawsons Erinnerungen heraufzubeschwören. Was er zitiert, sind aber unser aller Erinnerungen. Haben wir überhaupt noch Erinnerungen, die nicht durch Film geprägt sind? Ist nicht alles vermittelt? Wie verschränken sich eigene Erinnerungen und Filmbilder? Wenn Hurwitz fragt, ob Peggy Lawson sich an Ereignisse erinnern kann, die sich vor ihrem bewußten Leben abspielten, kann die Antwort nur ja sein. Seitdem es den Film gibt, haben wir ein nach rückwärts verlängertes, künstliches Gedächtnis.

Mekas und Hurwitz haben die Diskretion gewahrt, die man vom Dokumentarfilm erwartet; aber selbst wenn man die autobiographischen Skizzen von Amalia Rothschild, Maxi Cohen, Mark Rance, Jeanine Meerapfel oder Fritz Poppenberg als Maßstab nimmt, dann sind einige Filme der späten

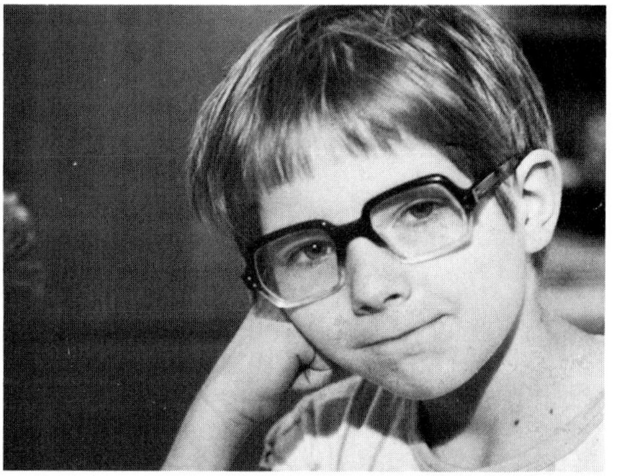

Helga Reidemeister: *Von wegen «Schicksal»* (1979). Irene Rakowitz reagiert am Schneidetisch auf ihre Tochter Carmen; Konstantin, genannt Bulli, acht Jahre alt

siebziger Jahre, die nicht von Familienangehörigen gedreht wurden, noch immer ein Schock. Ich denke an *Au bout de mon âge* (Georges Dufaux, Kanada 1976), *Von wegen «Schicksal»* von Helga Reidemeister (BRD 1979), *Behinderte Liebe* von Marlies Graf (Schweiz 1979) und *Was soll'n wir denn machen ohne den Tod* von Elfi Mikesch (BRD 1980): sie formulieren den neuen Anspruch des Dokumentarfilms, Privates darzustellen, auf besonders radikale Weise.

Au bout de mon âge erzählt von einem pflegebedürftigen alten Mann, der in das Krankenhaus eingeliefert wird, wo er sterben wird; er wehrt sich gegen die Hospitalisierung, er versteht nicht mehr, daß seine Frau mit der Pflege wirklich überfordert ist, er durchschaut aber sehr wohl die beschwichtigenden Redensarten der Ärzte und Krankenschwestern – mit der Rigorosität eines Mannes, der nichts mehr zu verlieren hat, schneidet er ihnen oft das Wort ab. Stärkste Szene für mich ein Augenblick, in dem Verwirrung und Klarheit zur Deckung kommen. «Ich will mich umbringen», sagt er, «gestern wußte ich noch ein großartiges Mittel, jetzt habe ich es vergessen.»

Im Mittelpunkt des Films *Von wegen «Schicksal»* steht Irene Rakowitz, die sich nach 22 Jahren Ehe hat scheiden lassen. Sie hat ein sehr schwieriges Verhältnis zu ihren Kindern, den Töchtern Susanne (19), Carmen (18) und Astrid (14) und zu dem achtjährigen Sohn Bulli. Alles was sie im Leben hat einstecken müssen, gibt sie als Unterdrückung an ihre Kinder weiter, und die antworten ihr mit Haß.

In Marlies Grafs Film erzählen vier Behinderte, zwei Frauen und zwei Männer, mit einer nie vorher auf der Leinwand erlebten Offenheit von ihren Bedürfnissen nach Zärtlichkeit und Sexualität, von ihrem Wunsch nach Partnerschaft. Elfi Mikesch zeigt ein paar Frauen in einem Hamburger Altersheim; sie nimmt dem Alter nichts von seinem Schrecken, aber sie macht auch den Lebenswillen, der in diesen Frauen steckt, sichtbar. Vor allem zwei von ihnen, Käthe und Traute, haben ein zärtliches, inniges Verhältnis zueinander. Ungeschützt, wie der Achtzigjährige im Krankenhaus, wie Irene Rakowitz, wie die Behinderten, geben auch diese Frauen sich preis – ihre Gebrechlichkeit, ihre Liebe.

Alle diese Filme bewegen den Zuschauer, sei es, daß er sich wehrt gegen die lieblose Art, in der in *Von wegen «Schicksal»* Mutter und Kinder miteinander umgehen, sei es, daß er seine eigene Existenz in die dargestellten Leben projiziert, seine seelischen Wunden mit den körperlichen Verkrüppelungen vergleicht, an sein eigenes Alter denkt. Die Filme bewegen mehr als üblicherweise Dokumentarfilme, aber

Marlies Graf: *Behinderte Liebe* (Schweiz 1979). Im oberen Bild in der Mitte, sitzend: Marlies Graf

auch stärker als Spielfilme – daß sie von realen Menschen handeln, macht sie irritierend, gibt ihnen eine überwältigende Intensität.

Entstehungsgeschichte und Drehmethode der Filme sind ähnlich. Helga Reidemeister und Marlies Graf sind nicht die ausschließlichen Autoren ihrer Filme. Die Initiative zu *Behinderte Liebe* ging von einer Gruppe von Behinderten und Nichtbehinderten aus, die sich zwei Jahre lang an Wochenenden und im Urlaub traf, miteinander diskutierte: über Schule, Arbeit und Wohnsituation, über Beziehungen und Sexualität. Schließlich bat sie Marlies Graf um Hilfe. Auch dann dauerte der Selbstfindungsprozeß der Gruppe und der Regisseurin noch längere Zeit: «Wir begannen, gemeinsam zu suchen, der Film wurde zu einem Prozeß des Suchens für alle.»[16] Diese Vertrautheit ist im Film deutlich zu spüren. Sie ermöglicht eine Radikalität in Bild und Wort – ohne je ins Voyeuristische zu verfallen –, die das Thema aus der Sphäre des Mitleids herauslöst. «Leute, die dem Tod bewußter gegenüberstehen, haben sehr stark das Bedürfnis, sich auf die für sie wesentlichen Dinge zu konzentrieren» (Marlies Graf).[17]

Auch Irene Rakowitz ist die Mitautorin ihres Films. Sie und Helga Reidemeister kennen sich schon lange, vor allem durch Mieterinitiativen im Märkischen Viertel.[18] Das Problem des Films liegt darin, daß diese Entstehungsgeschichte nicht dargestellt wird, daß im Verlauf des Films weder die Funktion von Irene Rakowitz noch die von Helga Reidemeister ganz klar wird. Die Regisseurin mischt sich manchmal ein, manchmal nicht, manchmal wird sie – obwohl sie ihre Protagonistin ja schon so lange kennt – von der Vehemenz der Ausbrüche dennoch überrumpelt. So erscheint im Film manchmal als Voyeurismus, was für Irene Rakowitz ein Prozeß der Selbsterkenntnis ist: Sie ist ja, wenn der Film gedreht wird, dabei, sich von ihrem bisherigen Leben zu lösen, zu sich zu kommen. Vielen Zuschauern wird das auch klar; daß sie manchen dennoch als Monster erscheint, kann man nicht dem Betrachter allein anlasten, es liegt auch an den Unklarheiten des Films.

So unterschiedlich beide Filme auch sind, eines machen sie auf vergleichbare Weise klar: Dokumentarfilme, die in private Bereiche eindringen, scheinen nur möglich durch eine intensive Mitarbeit der Dargestellten, die über das in Dokumentarfilmen sonst schon Übliche und Notwendige weit hinausgeht. Solche Filme können also – überspitzt gesagt – nur von den Betroffenen selbst gedreht werden, unter Assistenz eines Filmteams, das auch aus Familienangehörigen bestehen kann. Bleibt also das Tabu weiterbestehen, ist Privates im Dokumentarfilm nicht darstellbar?

Elfi Mikesch: *Was soll'n wir denn machen ohne den Tod* (1980). Im Garten: Der alte Mann erzählt von einem Abenteuer mit einer Klapperschlange

Eine andere, wiederum unterschiedliche Antwort geben die Filme von Georges Dufaux und Elfi Mikesch. Die alten Leute, die sie porträtieren, sind zwar zu einer Mitarbeit, nicht aber einer Mitautorenschaft fähig. Die Verantwortung liegt allein beim Filmemacher. Dufaux hat einen vergleichsweise konventionellen Film gedreht. Was für *Au bout de mon âge* einnimmt, ihn möglich macht, sind Diskretion, Sympathie, Liebe; entstanden ist ein großes humanes Dokument. Auch Elfi Mikesch geht in der Darstellung der Menschen sehr behutsam vor, sie setzt aber optisch und akustisch sehr eigenständige Akzente, die den Film dem Experimentalfilm und dem Spielfilm annähern.

Oft trennt sie Bild und Ton, so daß die Frauen ohne Kamerabelästigung sprechen können. Die Bilder schaffen Assoziationsräume: Fotos, Nippes, Vasen, Gläser, Geschirr erinnern an das Leben, das vergangen ist, Vorhänge, die im wechselnden Licht im Wind flattern, an die Vergänglichkeit des Lebens. Kreisbewegungen der Kamera signalisieren die Ausweglosigkeit. Andere Bildsymbole sind nicht so eindeutig; zur Erzählung eines Traums sieht man einen Stuhl, unwirklich beleuchtet auf dem Balkon.

Elfi Mikesch, die selbst die Kamera führt und ein paarmal aus dem Off mit Fragen zu hören ist, hat ein optisch-akustisches Gedicht geschaffen aus Bildern, Gesprächen, Zitaten, Musik. Vorgefundenes und Arrangiertes gehen ineinander über, sind nicht zu trennen. Die alten Leute werden – jenseits aller karitativen Zuwendung – ernst genommen, auch in ihren Träumen und Wünschen. Elfi Mikesch wird – wie schon in ihrem früheren Film über jugendlich-bürgerliche Phantasien, *Ich denke oft an Hawaii* (1978) – zum Medium dieser Träume. Sie antwortet mit ihrer Subjektivität auf die Subjektivität dieser Frauen. *Was soll'n wir denn machen ohne den Tod* ist ein Film über psychische Innenräume, ein Film mit dokumentarischem Ansatz (reale Leute in alltäglichen Situationen), der aber letztlich alle Genrezuordnungen ad absurdum führt.

Die Zuwendung zum Privaten hat auch einen politischen Aspekt. Ist es Zufall, daß die meisten der in diesem Abschnitt beschriebenen Filme von Frauen gedreht sind? Für die meisten gilt, was Helke Sander über *Von wegen «Schicksal»* sagte: «Das ist ja bisher noch nie dagewesen, daß ein Dokumentarfilm mit solch einer Radikalität das Psychische von innen nach außen kehrt.»[19] In einer gründlichen Analyse des Reidemeister-Films hat sie den Mut, Privates im Dokumentarfilm darzustellen, mit der Entwicklung der Frauenbewegung in Verbindung gebracht. «Es ist zunächst ein Schock, ein Stück Privatheit dokumentiert zu sehen. Dies ist immer noch außergewöhnlich für die Medien und erst durch die neue Frauenbewegung, also seit etwa zehn Jahren, möglich gemacht worden. Um über das Massenphänomen Frauenbewegung überhaupt, positiv oder negativ, berichten zu können, kam man nicht umhin, Dinge zu thematisieren, die bisher zur geschützten Privatsphäre gehörten.»[20] Solche Themen sind zum Beispiel: §-218-Kampagnen, Sexualität, Fragen der Abtreibung, aber auch der Geburt, der Familie oder der Mutterschaft. Indes: Auch Frauen, die Filme über solche Themen drehen, diskutieren immer wieder, wie weit sie in Dokumentarfilmen gehen dürfen. Amalia Rothschild zum Beispiel hat nach *Nana, Mom and Me* gesagt, daß sie das Mutter-Tochter-Verhältnis jetzt weiter in einem Spielfilm erforschen möchte, weil der Dokumentarist eine Verantwortung für den privaten Bereich und die Würde der Menschen trage, über die er Filme dreht, er also eine bestimmte Grenze nicht überschreiten könne.[21]

Anmerkungen

1 Siehe Ulrich Gregor, Was heißt «dokumentarisch»? Annäherungen an eine Begriffsbestimmung. In: Freunde der Deutschen Kinemathek (Hg.), Der Dokumentarfilm – ein Modellseminar, Berlin 1978, S. 25 ff.
2 Dieses und die folgenden Zitate aus der Kritik von Hans Stempel, Filmkritik, Nr. 3/1963, S. 124 f.
3 Chris Marker, Commentaires, 1 und 2, Paris 1961 und 1967.
4 Zit. nach Filmkritik, Nr. 6/1980, S. 213.
5 Zit. nach Filmfaust, Nr. 15, Oktober 1979, S. 26.
6 Filmkritik, a. a. O., S. 221.
7 Filmfaust, a. a. O., S. 24.
8 Kraft Wetzel in: Jansen/Schütte (Hg.), Werner Herzog, München 1979, S. 125 – dort auch Ausführliches über das Verhältnis Dokumentation-Fiktion bei Herzog.
9 Die erste gründliche Beschäftigung mit Rischert bei Grob/Jochum in: Filme, Nr. 4/1980, S. 20 ff.
10 Grob/Jochum, a. a. O., S. 28.
11 A. a. O., S. 24.
12 H. G. Pflaum, Filmdienst, Köln, Nr. 5/1979, S. 16 f.
13 Kluge/Eder, Ulmer Dramaturgien. Reibungsverluste, München 1980, bes. S. 51 ff. und 129 ff.
14 In: Filmkritik Nr. 5/1977, S. 226 ff.
15 Zit. nach Forum des jungen Films, Berlin 1976, Infoblatt 14.
16 Marlies Graf in Filmcooperative Zürich (Hg.), Materialien zum Film, Zürich o. J. (1979).
17 A. a. O.
18 Gemeinsame Publikationen in: Kursbuch 27 (1972) und 37 (1974).
19 In: Frauen und Film, Berlin, Nr. 20, Mai 1979, S. 24.
20 Helke Sander, Die Madonna mit der Kreissäge in: Nabakowski, Sander, Gorsen, Frauen in der Kunst, Frankfurt a. M. 1980, 1. Bd., S. 65.
21 Bei Rosenthal, The Documentary Conscience, Berkeley 1980, S. 425.

Paßt bloß auf! (Medienwerkstatt Freiburg, 1981)

11. Super-8 und Video – die dokumentarischen Medien der Zukunft?

Schon gut zehn Jahre nach der technischen und inhaltlichen Erneuerung des Dokumentarfilms um 1960 durch die leichten, leise laufenden 16-mm-Kameras und die Originaltonausrüstung begann durch Super-8 und vor allem Video eine weitere Revolutionierung der dokumentarischen Arbeit, zunächst fast im Verborgenen. Denn S-8-Filme und Videobänder werden meist von Leuten hergestellt, die, weil sie sich bewußt vom 16- und 35-mm-Film absetzen, ihre Arbeiten nur in einem kleineren Kreis zeigen, ihre Diskussionen in spezialisierten Publikationen führen. Das Internationale Forum des Jungen Films war meines Wissens das erste Festival, das – ab 1973 – auch Videobänder zeigte.

Mit dem Anwachsen der Bürgerinitiativen, denen sie oft verbunden sind, mit dem Erscheinen der Jugendbewegung 1980/81 fanden S-8 und Video dann auch in einer größeren Öffentlichkeit Beachtung; sie waren nicht mehr ausschließlich auf ihre eigenen Veranstaltungen und Treffen angewiesen. Trotzdem werden einige der besten 8-mm-Filme und Videobänder weiterhin auf 16 mm umkopiert, um eine größere Verbreitung zu erreichen, so etwa der S-8-Film *Wer keinen Mut zum Träumen hat, hat keine Kraft zum Kämpfen* von der Berliner Medienwerkstatt (1980) oder das Videoband *Züri brännt* vom Videoladen Zürich (1981).

Was leisten S-8 und Video, was können sie dem traditionellen Dokumentarfilm abnehmen, wo sind sie ihm überlegen, wo unterlegen? Diese Fragen müßten gründlich diskutiert werden; das kann hier am Ende dieses Buches nur an ausgewählten Beispielen geschehen. Die Entwicklung dieser beiden neuen dokumentarischen Ausdrucksmöglichkeiten in den letzten Jahren weltweit darzustellen, erforderte eine eigene umfangreiche Publikation. Wichtig aber ist mir, auf diese neue Verfahren wenigstens hinzuweisen, auch angesichts der Beobachtung, daß beispielsweise in der Bundesrepublik Dokumentaristen und Videoleute sich noch kaum gegenseitig wahrnehmen.

Super-8: Vom Amateurfilm zum Mittel alternativer Medienarbeit

Ein 8-mm-Film, der die reine Amateurpraxis überwindet, hat sich in der Bundesrepublik nach 1970 allmählich herausgebildet. Durch die Studentenbewegung waren viele der jungen Amateurfilmer, zum Teil organisiert im «Bund deutscher Filmamateure» (BDFA), politisiert worden. So regten sich auch im BDFA oppositionelle Kräfte, sie wurden aber wieder integriert. Aus diesem Grund entstand 1975 schließlich die «Filmwerkstatt» (FWS), zuerst mit dem BDFA noch locker verbunden, ab 1976 selbständig. Auch in der FWS gab es verschiedene Fraktionen, aber die «basisorientierte Arbeit»[1] setzte sich letztlich durch. Das regelmäßige «Rundschreiben» (RS), erstmals erschienen im Juni 1975, diente dem Austausch von Informationen, wurde zum Diskussionsforum. Bald wurde auch ein Verleih vorbereitet, der im Frühjahr 1979 zu arbeiten begann, sich aber schon 1980 wieder auflöste und im neuen 8-mm-Verleih «Gegenlicht» aufging, der auch die Filme anderer Gruppen im Programm hat. Der Katalog, im November 1980 erschienen, enthält 43 Filme, vor allem zu den Themen Umwelt, Atomkraftwerke, aber auch Polizei, Staat, Repression. 1981 kamen etwa ein Dutzend Filme dazu, besonders zum Thema Hausbesetzungen. Der Schweizer Katalog der «Vereinigung für den unabhängigen Film» enthält (Ausgabe 1978/79) gut 120 Filme, der Nachtrag (1981) etwa 30, fast alles S-8-Produktionen, unter ihnen auch Spielfilme und Experimentalfilme, die «Gegenlicht» nicht verleiht.

Der Hauptreiz von Super-8 liegt im günstigen Preis; eine brauchbare Kameraausrüstung (stumm) gibt es schon für etwa 1.000 DM, mit Ton kostet sie einige hundert Mark mehr. Auch die übrige Ausstattung und das Filmmaterial sind entsprechend preiswert. Trotzdem sind S-8-Filme, werden sie professionell hergestellt, kaum billiger als 16-mm-Filme, denn etwa 75 Prozent der Herstellungskosten eines Films verschlingen Löhne und Honorare. Die meisten S-8-Filmer allerdings stört das nicht, sie wollen ja nichtkommerziell, unabhängig, außerhalb der eingefahrenen Produktionsmechanismen arbeiten. Sie setzen fort, was schon bei vielen 16-mm-Dokumentarfilmen angelegt war: Filmen wird zu einem Teil der politischen Praxis, die Arbeit in einer Bürgerinitiative und das Filmen dieser Arbeit werden zu einer Einheit. Während beim 16-mm-Film (wegen der höheren Kosten) die Spezialisierung – hier die Filmemacher, dort die politisch Aktiven – meist aufrechterhalten wird, kann sie beim 8-mm-Film aufgehoben werden. Viele derer, die eine der einfach zu bedienenden Kameras in die Hand nehmen, sind tatsächlich Amateure, wollen auch gar nicht Profis werden (manche natürlich schon); trotzdem haben ihre Filme mit dem üblichen Amateur-Hobbyfilm nichts mehr gemein.

Die Filme entstehen fast durchweg im Kollektiv, auch die Hierarchien beim Drehen und Fertigstellen des Films sind aufgehoben. Diese unorthodoxe Handhabung des Mediums setzt sich beim Vertrieb fort. Die Vorführungen finden im kleinen Kreis statt, sie sind einfach und billig zu organisieren; nicht in Kinos, sondern in Kneipen hat der 8-mm-Film seine Heimstatt gefunden. Bürgerinitiativen zum Beispiel sehen sich Filme an, die sie selbst betreffen oder in denen sie über die Aktivitäten anderer Gruppen informiert werden. So werden etwa die Konflikte in Zürich oder Berlin, Brokdorf oder Gorleben durch viele kleine Veranstaltungen weithin bekannt gemacht. Filme können aktivieren. Zumindest sind sie Auslöser für Gespräche.

Diesen Vorteilen stehen auch Nachteile gegenüber. Der S-8-Filmer ist den Marktstrategien der Kamera- und Zubehörhersteller (vor allem Kodak) ausgeliefert; zum Beispiel sind die neueren Kameras, die mehr technischen Aufwand bieten, störungsanfälliger als ältere Modelle. Der S-8-Film besteht aus Umkehrmaterial: Bearbeitet und oft beschädigt wird also das Original, nicht eine Arbeitskopie; Kopien verlieren sehr an optischer Brillanz. Auch die Originaltonqualität ist der des 16-mm-Films nicht ebenbürtig, darum retten sich viele S-8-Filmer in den Kommentar. Wer einwandfreie 16-mm-Filme gewohnt ist, wird von vielen S-8-Streifen enttäuscht sein. Im 8-mm-Film dominiert der Inhalt, technische Perfektion ist zweitrangig.

Andererseits baut der billige 8-mm-Film auch Hemmschwellen ab: Er erlaubt es, sich dem kleinen, unscheinbaren Ereignis zuzuwenden, für das der 16-mm-Film angeblich zu schade und vielleicht zu teuer wäre. Für eine filmische Autobiographie beispielsweise ist S-8 bestens geeignet. Berühmt wurde das Filmtagebuch von Joseph Morder (*Le Lapin a deux tetes,* 1981), der schon 1967 begonnen hatte, bis 1976 stumm, seinen Alltag aufzunehmen. Der unspektakuläre Film *Tor 2* von Klaus Wildenhahn, Jutta Uhl, Rainer Komers, Gabriele Voss und Christoph Hübner über den Silvesterabend 1978/79 während des Stahlarbeiterstreiks wäre in 16 mm vielleicht gar nicht gedreht worden.

Schließlich kann die vergleichsweise kleine 8-mm-Kamera dem Gefilmten schneller noch als bei 16 mm die Befangenheit nehmen. Wenn zudem der Mann oder die Frau hinter der Kamera zum Kreis der Betroffenen gehören, mit denen oder über die ein Film gedreht wird, dann verliert sich bald jede Unsicherheit angesichts der Dreharbeiten. Hier liegen Chancen für den 8-mm-Film, die bisher noch zu wenig genutzt wurden.

Video: Die Umfunktionierung eines Mediums

Was hier für Super-8 festgestellt wird, gilt auch für Video, aber noch zugespitzter, radikaler. Video ist (nicht in der Anschaffung, aber im Material und dessen Verarbeitung) noch weit billiger als S-8; es ist vor allem weit schneller, jedes Band, das ja Bild *und* Ton speichert, kann sofort nach der Aufnahme vorgeführt werden. Video erfordert noch weniger als S-8 den Spezialisten; es ist im richtig verstandenen Sinn des Wortes ein «demokratisches» Medium; der «Prozeß» ist wichtig (Aufnahme, Bearbeitung, Vorführung), nicht mehr das «Werk». Jedenfalls gilt das für die dokumentarische Arbeit mit Video, experimentelle Videobänder, oft von bildenden Künstlern hergestellt, gehorchen anderen Gesetzen.

Dabei war Video (wie S-8) von der Industrie nie für eine alternative Medienarbeit gedacht. S-8 wurde für Amateure auf den Markt gebracht, die Familie und Urlaub im Bild festhalten wollen. Videokameras und -monitore sollten der Überwachung dienen, stationär zum Beispiel auf Flughäfen, in Banken oder Kaufhäusern, mobil bei Demonstrationen; sie werden im Unterricht verwendet (Lernergebnisse können sofort kontrolliert und korrigiert werden). Videorecorder sollen dem Besitzer eine permanente Verfügbarkeit von Information und Unterhaltung suggerieren (Aufzeichnen von Fernsehsendungen, Lernprogrammen aller Art, Kassetten von Kinofilmen unmittelbar nach der Uraufführung); tatsächlich verhelfen sie den Recorderherstellern (vor allem aus Japan) und den Anbietern von Bändern aller Art (den Softwareproduzenten) zu außergewöhnlichen Umsätzen. Ungeachtet dieser Unternehmerstrategie enthält die Videotechnik Voraussetzungen für eine alternative, emanzipatorische Verwendung. Videomacher haben diese Chancen seit etwa 1970 konsequent genutzt.

Entscheidend sind zunächst die geringen Kosten: Eine tragbare Halbzollanlage (Portapak), die von Gruppen und Initiativen am häufigsten benutzt wird, mit Kamera und eingebautem Mikrofon, Recorder, Netzgerät und Akku kostet etwa 5.000 DM; eine Stunde Bandmaterial um 60 DM (eine Stunde S-8 einschließlich Entwicklung ungefähr das Vierfache); will man kopieren, braucht man zwei Recorder, eine Kopie von einer Stunde Dauer kostet wiederum etwa 60 DM, eine Kopie in S-8 etwa 1.000 DM. Videokopien sind bis zur etwa vierten Generation technisch akzeptabel.[2] Gruppen, die mit Hochschulinstituten verbunden sind, haben oft einen noch höheren Standard, denn dort sind in den siebziger Jahren häufig sehr teure Geräte angeschafft worden.

Wie Tonbänder können auch Videobänder mehrfach, bis zu 50mal, verwendet werden. So entsteht bei der Aufnahme eine, gemessen an der bisherigen Filmgeschichte, völlig neue Situation: Die Menge des Film-/Videomaterials spielt keine Rolle mehr, plötzlich ist es möglich, alles aufzunehmen. Alberto Grifi, der 1972/73 zusammen mit Massimo Sarchielli ein Elf-Stunden-Band über das Mädchen *Anna* herstellte – genauer, er hatte mit 16-mm-Film begonnen, war dann zu Video übergewechselt –, hat diesen Schritt von Film zu Video beschrieben: «Nachdem ich die Kosten der Zeit und des Filmma-

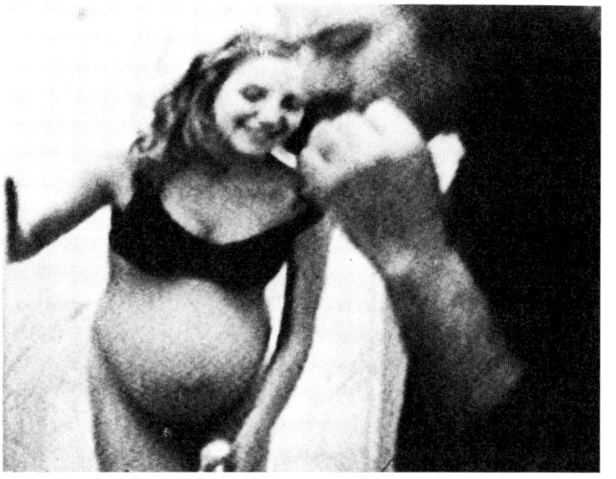

Anna (Alberto Grifi, Massimo Sarchielli, 1972–1973)

terials berechnet hatte, fing ich auch an, die Zeit und die Kosten der menschlichen Beziehungen zu kalkulieren, die ich drehte. Vermittels der Autorität, die uns die Regie gab, versuchte ich unbewußt, die Entwicklung einer zwischenmenschlichen Beziehung vorauszusehen, anzuregen, zu bestimmen oder zu bremsen, die sich spontan in der Gruppe entwikkelte, und zwar in Abhängigkeit von der Qualität des Filmmaterials, das uns zur Verfügung stand ... Mit dem Videogerät wurden alle Erwägungen wirtschaftlicher Art hinfällig [...]; wir drehten ständig. Und wir stellten fest, daß die »besonders bedeutenden« Momente nur die Bedeutungen der herrschenden Ideologie sind: Stereotypen. Das »Banale«, das wir beim Drehen zunächst zurückwiesen, ist das, was das Kapital zensuriert, denn jedes Banale ist ganz einfach die Realität: das, was im Gegensatz zur Darstellung authentisch ist. Authentisch.»[3]

Anna bezeichnet für den italienischen Kritiker Adriano Aprà «den Anfang einer neuen »Kunst«»[4]; man könnte auch sagen, das Cinéma Vérité ist hier erst zur Vollendung gekommen. Ganz im Sinne Rouchs wirkt die Kamera als Katalysator: Anna hält in minutenlangen, ungeschnittenen Einstellungen stumme Zwiesprache mit der Kamera, die Personen werden durch die Tatsache der zeitungebundenen Aufnahme offensichtlich aktiviert.[5] Diese kommunikative, inspirierende Funktion von Video wird besonders anschaulich an dem Band *Marco Paolo* des Schweizers Tobias Wyss (1981). Zwei Brüder, der eine lebt in den USA, der andere in der Schweiz, treten mit Hilfe von Tobias Wyss in einen Videodialog: Wyss führt einem Bruder die Bänder vor, die er vom anderen aufgenommen hat, dabei beobachtet er ihn und zeigt diese Aufnahmen wiederum dem ersten Bruder usw. Das auf diese Weise künstlich zustande gekommene Gespräch der beiden (ungleichen und in ihrem Wesen doch sehr ähnlichen) Brüder intensiviert sich von Mal zu Mal, bis es am dramatischen Höhepunkt umkippt und damit die Beschränkung von Video deutlich macht: Der in den USA eher alternativ lebende Paolo hört konservative Meinungen früherer Freunde, die ihn empören; er weint; mehrere Minuten lang zeigt ihn die Kamera ohne einen Schnitt. Die Frau von Marco erkennt sehr richtig, als sie diese Einstellung später sieht, warum es zu Paolos Ausbruch kommen mußte – er konnte sich gegen diese ihm auf mechanische Weise zugespielten Äußerungen nicht direkt, etwa in einer heftigen Diskussion, wehren, also blieb ihm nur die hilflos schluchzende Abwehr.[6]

Was hier am Beispiel von *Anna* und *Marco Paolo,* zwei ganz auf Individuen abgestellten Magnetaufzeichnungen, angedeutet wird, gilt auch für Bänder, die sich mit Gruppen und Gruppen-Prozessen befassen. Sie aktivieren die Menschen, hinter der Kamera und vor der Kamera, sie machen Probleme bewußt, spitzen Fragestellungen zu (der weinende Paolo). Darum ist Video beispielsweise in der Jugendarbeit (etwa bei Gefährdung durch Drogen), in der Stadtteilarbeit, zur Selbstverständigung innerhalb einer Bürgerinitiative, zunehmend unverzichtbar geworden. Diese katalytische Funktion hat Video aber auch innerhalb der Gesellschaft: Es ist das ideale Medium der Gegeninformation, der Infragestellung scheinbar gesicherter Tatbestände und Aussagen. Der Fernsehberichterstattung über Demonstrationen, Streiks oder Häuserbesetzungen kann es, und das sehr schnell, die eigene Sicht entgegenstellen, kann so die Diskussion provozieren. Daß dies zu selten geschieht, liegt an der noch zu geringen öffentlichen Wirkung von Video: Vorführung und Gespräch finden ja in der Regel in einem geschlossenen Kreis statt.

Was hier skizziert wird, ist der Idealfall, vielleicht sogar eine Utopie. Selbstverständlich sind die meisten Videobänder frustrierend schlecht (wie auch sehr viele S-8-Filme), sind langatmig, tatsächlich banal, bleiben an der Oberfläche, schaffen nicht den qualitativen Sprung zur Intensivierung eines Geschehens. Mir geht es aber darum, auf die Möglichkeiten von Video hinzuweisen, auch wenn sie häufig nicht realisiert werden. Zumindest theoretisch sind Videoaufzeichnungen dem 16-mm-Film in vielem überlegen: Da ein Band sofort nach der Aufnahme vorgeführt werden kann, weil Kopierwerk, Anlegen des Tons usw. sich erübrigen, hat ein Betroffener vor der Kamera viel größere Chancen als beim 16-mm-Dokumentarfilm, auf den Film einzuwirken. Dort kann er in der Regel erst den Rohschnitt sehen. Videoaufnahmen dagegen können, wenn sie mißlungen sind, sofort wiederholt werden; nie steht jemand unter dem Zeitdruck, in den nächsten zwei oder drei Minuten entscheidende Sätze sagen zu müssen. Das Klima bei der Aufnahme ändert sich dadurch völlig. Darum werden Videopassagen auch zunehmend in 16-mm-Filme eingebaut, etwa in *Kollegen* von Urs Graf und dem Züricher Filmkollektiv (1979), einer Reflexion über Fehlentwicklungen innerhalb der Schweizer Gewerkschaft.

Videoaufnahmen kann einer, auch bei schlechten Lichtverhältnissen, grundsätzlich allein drehen; allerdings empfiehlt sich ein zweiter Mitarbeiter, der über ein Zusatzmikrofon Ton aufnimmt, denn der Ton über das in die Kamera eingebaute Mikro ist nicht besonders gut. Jedenfalls: Was Direct-Cinema-Regisseuren wie Leacock oder Wildenhahn vorschwebte, ist mit Video verwirklicht (Leacock drehte deshalb in den siebziger Jahren auch auf Video), die Bildqualität bleibt allerdings hinter der des 16-mm-Films noch weit zurück. Poetische Verdichtungen, Symbole und Metaphern waren in Video bisher kaum denkbar. Änderungen allerdings deuten sich an: Seitdem nicht mehr mechanisch, sondern elektronisch geschnitten wird, seitdem auch dem halbprofessionellen Videomacher alle optischen Tricks zur Verfügung stehen, sind Montagen möglich geworden (zum Beispiel in *Züri brännt,* 1980): Bilder können zu Zeichen werden. Die Großbildprojektion, die sich in den nächsten Jahren vermutlich durchsetzen wird, wird eine optische Intensität schaffen, die Video bisher fehlte. Welche Aufgaben Video dem herkömmlichen 16-mm-Dokumentarfilm dann abnehmen kann, hat die Jugendbewegung in Zürich und Berlin mit einigen Bändern (und S-8-Filmen) in jüngster Zeit bereits demonstriert.

Video militant und People's Video

Video hat aber die militanten Filmemacher schon von Anfang an fasziniert. Sie litten am Trauma des Jahres 68, «als wir sehr viel Filmmaterial zusammengetragen haben, das aber nie beziehungsweise nicht rechtzeitig veröffentlicht wurde. Die *Ciné tracts* [...] hätten sofort gezeigt werden müssen; sie kamen aber nicht vor September 68 heraus! Weshalb? Weil die Kopierwerke stillstanden»,[7] so Hélène Chatelain von der französischen Gruppe «Vidéo Out». Einer der ersten, der die Bedeutung von Video erkannte, war Jean-Luc Godard. Über das erste Sony-Gerät sagte er schon 1968: «Man wird damit eine Nachrichtensendung machen können, jeder bei sich, das ist der wichtigste Punkt.» Er sieht sofort den Zusammenhang zwischen Technik und Politik: «Es gibt kein Entwickeln, keine Zensur.»[8]

In kurzer Zeit entstanden in Frankreich zahlreiche politisch motivierte Videogruppen, neben «Vidéo Out» unter anderem «Vidéo OO», «Les Cent fleurs», «Vidéa», «Mon Oeil» oder «SLON-Vidéo». Sie haben sich, wie vorher und weiterhin bis heute die Filmemacher, in Konflikte eingemischt, haben Gegeninformationen gesammelt und unter die Leute gebracht, sie haben berichtet über Streiks und Fabrikbesetzungen (LIP), über die Probleme der Bauern, über die Frauenbewegung, über den Kampf gegen Atomkraftwerke. Im Rückblick ist allerdings die Euphorie der Pionierzeit verflogen. Entgegen dem theoretischen Ansatz gelang es damals kaum, Betroffene, also Amateure, an der Videoarbeit zu beteiligen. Daran hat sich bis heute, auch international, wenig geändert: Gruppen, die kontinuierlich (und erfolgreich) arbeiten, kommen in der Regel um eine Professionalisierung nicht herum.

Immerhin ist der Kontakt zu den Betroffenen oft doch sehr eng, vor allem dann, wenn nicht einmalige Ereignisse aufgezeichnet werden, sondern der Alltag mit all seinen Problemen über einen längeren Zeitraum hinweg beobachtet wird. Das geschah oder geschieht vor allem bei der Stadt- oder Stadtteilarbeit. Bekannt wurde die «Vidéo-Gazette» in Grenoble (1972–1976), wurden People's Videogruppen in den USA und Kanada, die ihre Bänder zum Teil auch über lokale Fernsehsender verbreiteten. Mitte der siebziger Jahre waren beispielsweise in New York «Harlem Community Video» und «Downtown Community TV Center» aktiv – beide gingen auf die Straßen, in die Parks («Downtown Community TV Center» mit einem Videobus) und zeigten Bänder über die Probleme der dort lebenden Bevölkerung, für Schwarze, Puertorikaner, Chinesen oder auch Juden. «Survival Arts Media» hat ein Kabelsystem in einem Krankenhaus aufgebaut, hat Programme über medizinische Versorgung verbreitet, dabei auch die gesellschaftlichen Ursachen von Krankheiten diskutiert. Die «Videofreex», auf einer Farm in der Nähe von Woodstock angesiedelt, produzierten für die Bewohner ihres Dorfes jeden Samstagabend ein lokales Live-TV-Programm, das auch vorproduzierte Bänder enthielt; während der Sendung konnten die Zuschauer anrufen oder auch selbst ins Studio kommen. Ähnliche Versuche sind unter anderen aus Kanada, Großbritannien, Österreich (Video Initiative Graz) und der Bundesrepublik (Medienpädagogik-Zentrum Hamburg/Hamburger Stadtjournal, Medienoperative Berlin, Düsseldorfer Monatsschau, Kölner Wochenschau etc.) bekannt, allerdings ist ihnen der Zugang zum Fernsehen in der Regel verwehrt. Über lokale oder regionale Grenzen ist diese alternative Medienarbeit bisher kaum je hinausgedrungen; erst die neue Jugendbewegung hat einen nationalen und internationalen Austausch von Bändern und Filmen bewirkt.

Die Jugendbewegung

Während die Filmemacher des Mai 68 wegen des teuren 16-mm-Materials oft innerhalb von Institutionen produzierten (Filmhochschulen, Gewerkschaften), sind die Dokumentaristen der «neuen» Jugendbewegung dank der billigen Medien Super-8 und Video weitgehend unabhängig. Dank der Schnelligkeit von Video können sie zum erstenmal auch wirklich in die Vorgänge eingreifen, nicht nur am Ort, sondern überregional. Dadurch entsteht Solidarität, Bewußtsein von Gemeinsamkeit und Stärke: Kontakte werden geknüpft von Zürich nach Freiburg i. Br., von Freiburg nach Berlin, von Berlin nach Amsterdam usw. Natürlich tragen dazu auch die konventionellen Medien bei, Zeitungen (die alternative «Tageszeitung» – taz), Flugblätter, Broschüren. Aber ohne die Infrastruktur der Medienwerkstätten, Jugendzentren, Kneipen und Kinos in besetzten Häusern (in Berlin 1981 etwa ein halbes Dutzend), wäre der Zusammenhalt der «Szene» viel lockerer, gefährdeter, bedrohter von den Ordnungsmächten. Als zum Beispiel bei den Schweizer Filmtagen im Januar 1981 die Filmfassung von *Züri brännt* (Videoladen Zürich) uraufgeführt wurde, war das Videoband längst über die Schweiz hinaus bekannt. Als die Polizei am 8. März 1981 den Schwarzwaldhof in Freiburg räumte, konnte die Medienwerkstatt der Stadt einen Videofilm über das Ereignis bereits einen Tag später vorführen, wenige Tage später kursierten 20 Kopien in der Bundesrepublik. Als es am 25. Juni 1981 zur großen Konfrontation zwischen Demonstranten und Polizei vor dem Schöneberger Rathaus in Berlin kam, wurde schon kurze Zeit später das Videoband *Es lummert* in den Kulturzentren und Kneipen der Szene gezeigt. So springen Informationen über. 1968 war man noch, wollte man sofort etwas wissen, auf Rundfunk und Fernsehen angewiesen, jetzt halten die Gegeninformationen mit den offiziellen Schritt.

Der Jugendprotest schwelte schon lange; er ist verbunden mit der Ökologie – und Anti-Atomkraft-Bewegung –, darum gehört *Wer keinen Mut zum Träumen hat, hat keine Kraft zum Kämpfen*, der lockere und gleichwohl genaue Super-8-Bericht über das Umweltfest 1978 in Berlin, hergestellt von der Medienwerkstatt Berlin, in diesen Zusammenhang (auch als Kontrastbeispiel zu Video, denn am Film wurde lange gearbeitet, er kam erst 1980 heraus). Ins öffentliche Bewußtsein trat die neue Jugendbewegung schließlich mit der spektakulären Opernhaus-Demonstration und der anschließenden Straßenschlacht am 30. Mai 1980 in Zürich und mit den Hausbesetzungen 1980/81 in Berlin. Die Züricher «Bewegung» mit ihrer Forderung nach einem Autonomen Jugendzentrum und der Häuserkampf wurden auch zu den zentralen Themen der Filme und Bänder.

In Zürich gab es zu Beginn der Unruhen zwei aktive Videogruppen: die Ethnologen der Universität und den Videoladen. Das «Krawall»-Band der Ethnologen, das am 4. Juni von 3000 Leuten bei einer Vollversammlung im Volkshaus gezeigt worden war, ließ Erziehungsdirektor Gilgen am 6. Juni verbieten. Heinz Nigg, Spiritus rector der Videoarbeit der Ethnologen, verlor seinen Lehrauftrag. Die Pflicht, die Ereignisse zu registrieren, lag nun ganz beim Videoladen: «Seither filmten wir fast pausenlos.»[9] In schneller Folge entstanden zwei Bänder: *Jugendrevolte 1980 – ein Zwischenbericht* und *Pressebehinderung durch die Züricher Polizei*, einfach gestaltete Bänder einer solidarischen Berichterstattung. Zur Hauptaufgabe des Videoladens wurde dann die Montage von *Züri brännt*, dem Haupt- und Schlüsselwerk der Bewegung.

Von 100 Stunden Bildmaterial auf 90 Minuten konzentriert, dank eines Trickmischers mit allen technischen Raffinessen spielend (Überblendungen, Doppelbelichtungen, Solarisationen, Zwischentitel, Sprechblasen usw.), wird *Züri brännt* zu einem Pamphlet, das Dokumentarisches und Satirisches, Lyrik und Musik zu einer völlig neuen Mischung zusammenzwingt, in dem nur die Aufnahmen selbst zum Teil noch in einer konventionellen TV-Ästhetik verharren. Aber diese Bilder sind nur ein Bestandteil des Werks, sie sind verfremdet, in neue Zusammenhänge gebracht. Ganz entscheidend ist dabei der Text, der den Untergrund nach oben spült gegen die peinlich sauberen Betonwüsten: «Doch unten, wo der Verputz zu bröckeln beginnt, wo verschämte Rinnsale Kleenex-sauberer Menschenärsche zu stinkenden Kloaken zusammenfließen, da leben die Ratten, wild wuchernd und fröhlich, schon lange. Sie sprechen eine neue Sprache. Und wenn diese Sprache durchbricht, ans Tageslicht stößt, wird gesagt nicht mehr getan sein, schwarz auf weiß nicht mehr klipp und klar sein, alt und neu wird ein Ding sein. Krüppel, Schwule, Säufer, Junkies, Spaghettifresser, Neger, Bombenleger, Brandstifter, Vagabunden, Knackis, Frauen und alle Traumtänzer werden zusammenströmen zur Verbrennung der Väter.»

Züri brännt ist sicher das virtuoseste, in seiner formalen Radikalität ungewöhnlichste Videoband in der bisherigen politischen Videopraxis, vergleichbar eher experimentellen Bändern. Gerade dadurch aber bringt es die anarchistische Phantasie, die weit über die konkrete Kritik an einzelnen Erscheinungen der Gesellschaft hinausgreift, vollendet zum Ausdruck. Ähnlich prägnant, aber spielerischer das zweite Hauptwerk der Züricher «Bewegung», der S-8-Film *Zwischen Betonfahrten* (1980) von Pius Morger. In zwei Stunden werden dokumentarische und inszenierte Szenen, Melancholie und Aufsässigkeit, frech und wirkungssicher gemischt. Die Personen der Szene spielen sich selbst; der erste Teil des Films endet mit einem Dutzend nackter Hintern, die gegen die Kamera gereckt werden.

Beide Filme, obwohl im Kino gelaufen (*Züri brännt* auf 16 mm umkopiert), blieben in ihrer Wirkung aber auf die sympathisierende Öffentlichkeit beschränkt; Wirkung tat eine Fernsehsendung, die in beiden Filmen zitiert wird: Am 15. 7. 1980 wurde im CH-Magazin des Schweizer Fernsehens über die Jugendproteste diskutiert. Eingeladen waren auch zwei Vertreter der Bewegung. Sie kamen, bürgerlich-wohlanständig gekleidet, nannten sich «Herr und Frau Müller» und überholten die Politiker rechts: Tränengas sei viel zu harmlos, es müsse schon Napalm sein, die Polizei sei dem Ansturm nicht mehr gewachsen, die Armee müsse her, um die Revolution in der Schweiz zu verhindern. Die Sendung löste einen Sturm der Entrüstung aus, die Redebeiträge von «Herrn und Frau Müller» waren typisch für die Jugendbewegung: Hohn und Haß gegen die bürgerliche Wohlstandsgesellschaft, die Verweigerung jeden Gesprächs. Als die Schweizer Massenzeitung «Blick» Name und Adresse von «Frau Müller» veröffentlichte, wurde diese telefonisch und brieflich beschimpft und mit Mord bedroht. Im Winter 1981/82 hat ein weiterer S-8-Film, diesmal aus der Punkszene, die Linie von *Züri brännt* und *Zwischen Betonfahrten* fortgesetzt: *Heute und danach* von Christoph Müller, eine Vision des Dritten Weltkrieges, die ihr Bildmaterial vor allem im Zürich der Gegenwart findet.

Zentren der Auseinandersetzung zwischen Jugendlichen und den Behörden waren in der Bundesrepublik Freiburg i. Br. und Berlin, und da es in beiden Städten auch schon vorher gutorganisierte Videogruppen gab – die Medienwerkstatt in Freiburg, die Medienoperative in Berlin (auch an der

Züri brännt (Videoladen Zürich, 1980)

DFFB entstanden zunehmend interessante Bänder) –, wurden beide Städte auch zu Zentren der alternativen Medienarbeit in der Bundesrepublik. Höhepunkt war das Jahr 1981. Mit dem Abflauen des Häuserkampfs, ausgelöst auch durch das (taktische?) Zurückweichen der Politiker, kam ab Herbst 1981 auch die Videoarbeit ins Stocken. Über die Frankfurter Startbahn West, den großen Konfliktstoff des Winters 1981/82, sind Videobänder nicht bekannt geworden, wohl aber Filme (siehe Kapitel 5); auch die Friedensbewegung hat noch kaum Filme und Videobänder hervorgebracht – das Thema ist, wenn man über den nur emotionalen Appell hinauskommen und auch die weltpolitischen Perspektiven berücksichtigen will, vermutlich zu groß und kompliziert. Auch Kluge, Schlöndorff und Fassbinder, die seit der Bonner Friedensdemonstration am 10. Oktober 1981 mit dem Sujet beschäftigt waren, konnten im Frühjahr 1982 noch nicht sagen, ob sie den Film fertigstellen werden.[10] Gleichwohl arbeiteten sie am Projekt weiter; der Tod Fassbinders hat den Film wieder in Frage gestellt.

Die Medienwerkstatt Freiburg arbeitet seit 1978. Sie war und ist 1982 wiederum am Kampf gegen das geplante Atomkraftwerk Wyhl beteiligt. Ihre Bänder zum Häuserkampf, *Z'Friburg in d'r Stadt, sufer isch's un glatt* (sufer = sauber), *Paßt bloß auf! – Ein Film aus der Kultur von unten* oder *Nachrichten über eine Veränderung – Kriminalisierung einer Bewegung* (alle 1981) gehen weit über die simple Reportage hinaus. Die Freiburger bauen dichte Montagegewebe, sie beobachten und inszenieren, sie agitieren und kommentieren, zum Originalton treten Musik und Text, ironisch wenden sie die Worte gegen das Bild oder die Bilder gegen die Texte. Im Laufe der Zeit haben sie ein großes (im Frühjahr 1981 zeitweise von der Polizei beschlagnahmtes) Archiv aufgebaut. Ihre Bänder sind also nicht kurzatmig nur der Aktualität verpflichtet, sie können, wenn sie über eine neue Räumung berichten, Vergleiche zu früheren Polizeieinsätzen ziehen, im jeweils aktuellen Ereignis das Prinzipielle sichtbar machen. Einen besonderen Stellenwert hat das Band *Paßt bloß auf!*: Es ist ein optisches Treatment für ein «Kleines Fernsehspiel» des ZDF, 30 Minuten lang. Die Kultur von unten, die Kultur der Jugendbewegung, der Hausbesetzer, ist eine Kultur der Spontaneität – polemisch gerichtet gegen die Sterilität der Gesellschaft, und das Videoband ist selbst Teil dieser Kultur. Auch das abendfüllende Band wurde bis Ende 1981 fertiggestellt, von der Redaktion des «Kleinen Fernsehspiels» abgenommen, die Sendung indes bis in den August 1982 geschoben: Je länger sich die Ausstrahlung verzögert, desto mehr wird das Band zum historischen Dokument. Das Fernsehen zeigt – wie das Beispiel lehrt – authentische Bilder aus der Jugendbewegung

Medienwerkstatt Freiburg: *Z'Friburg in d'r Stadt, sufer isch's un glatt* (1981)

INge STAND & BErta SETZER (Petra Goldmann, Dunda Scheel, Evelyn Schwenke, 1981). Erzählen und Renovieren – vom Monitor abfotografiert

erst, wenn sie harmlos geworden sind. Die alternativen Bewegungen brauchen also weiterhin ihre eigenen Medien.

Wichtigster Videohersteller in Berlin ist die Medienoperative, die 1977 gegründet wurde. Stadtteilarbeit, Jugendarbeit sind die Schwerpunkte ihrer Tätigkeit; sie ist dabei auch auf öffentliche Finanzierung angewiesen (die die Freiburger nicht bekamen und bekommen, außer einmal für Aufzeichnungen des sommerlichen Theaterfestivals in der Stadt). Trotz dieser partiellen Abhängigkeit hat sich die Medienoperative 1981 stark für die Hausbesetzerszene engagiert, durch eigene Bänder, Vorführungen und Verleih. Aktuelle Berichte, sehr schnell und gezielt eingesetzt, unterlaufen zum Beispiel die SFB-Fernsehberichterstattung (die allerdings am 22. und 23. September 1981, nach der Räumung von acht Häusern und dem Tod von Klaus-Jürgen Rattay, über alle Erwarten unvoreingenommen geriet). Am wichtigsten war wohl das Band *INge STAND & BErta SETZER* von Petra Goldmann (1981), das – ganz unprätentiös – beobachtet, wie Frauen in einem besetzten Haus leben, wie sie reparieren, daß sie auch Angst haben: bei Demonstrationen, vor einer Räumung. Zwei Frauen aus dem Haus, Dunda Scheel und Evelyn Schwenke, zeichnen mit Petra Goldmann zusammen für das Band verantwortlich. Die Ruhe und Gelassenheit bei den Aufnahmen und Gesprächen überträgt sich auf den Zuschauer; er merkt plötzlich, wie falsch das Bild ist, das das Fernsehen, selbst in wohlwollenden Sendungen, von den Hausbesetzern zeichnet. Ähnliche Gegeninformationen gewinnt man durch die beiden Bänder des DFFB-Studenten Gottlieb Renz, das kurze Band *22. September*, über eine Räumung und den Tod von Klaus-Jürgen Rattay, und *Wo die Angst ist, da geht's lang*, Episoden aus einem besetzten Haus vom Frühjahr bis zum Herbst 1981 (60 Minuten), gedreht zusammen mit Tamara Cybulski und Bettina van Nes.

Vergleicht man die Filme und Videobänder der Jugendbewegung Anfang der achtziger Jahre mit denen von 1968, dann fällt auf, daß sie sehr viel konkreter sind, daß sie sich nicht in globalen Diskussionen verheddern, daß sie keinen Theorieüberschuß haben. Sie wenden sich radikaler als die 68er von der Gesellschaft ab, den langen Marsch durch die Institutionen werden sie (jedenfalls nach den Filmen zu urteilen) nicht antreten, ihre Hauptforderung ist Autonomie. Und doch sind sie nicht so unpolitisch, wie ihnen oft unterstellt wird: Sie schaffen Gegenbilder zu den genormten Werten und Verhaltensweisen – Spontaneität gegen Bürokratie, Phantasie gegen Geld. Durch ihre Fragen polarisieren sie die Gesellschaft.

Die Film- und Videomacher sind sehr den aktuellen Ereignissen und Stimmungen ausgeliefert, ihre Arbeit wirkt ja wie ein Seismograph. Nach der Euphorie des Jahres 1981 haben sie Schwierigkeiten, intern (der Konflikt zwischen Profis und Amateuren unter den Videogruppen: die einen wollen Geld für ihre Bänder, die anderen lehnen das ab) und nach außen: Wenn die Bewegung ins Stocken gerät, stagniert auch die Medienarbeit. Im Frühjahr 1982 laufen in den Berliner Besetzerkinos hauptsächlich Unterhaltungsfilme (natürlich sozialkritische). Wichtig aber ist, daß nun Personen, die mit Video umgehen können, und Geräte vorhanden sind. Beim nächsten Konflikt werden die Videomacher sofort zur Stelle sein.

Anmerkungen

1 Ulrich Pfau/Gerhard Schuhmacher, Fertighaus oder Baustelle? Zur Situation des 8-mm-Films, Teil II, medium, Frankfurt a. M., Heft 3/1980, S. 44.
2 Siehe Carl-Ludwig Rettinger, Lieber Video in der Hand als Film im Kopf, Berlin 1980, S. 59 und 109.
3 Zit. nach Forum 1975, Infoblatt 19.
4 Forum 1975, Infoblatt 19.
5 Anna existiert in drei Fassungen: Video, ¼ Zoll Akai, 1973, 11 Stunden; Video, ½ Zoll, 4½ Stunden; Film, 16 mm, (1975 überspielt), 3½ Stunden.
6 Siehe Urs Jaeggi, Marco Paolo, Video-Forschungsreihe ins Innere, Zoom-Filmberater, Bern, Nr. 1/1982, S. 24 ff.
7 Zit. nach Filmkritik, München, Nr. 6/1976, S. 269.
8 Zit. nach Filmkritik, a. a. O., S. 245.
9 Markus Sieber, Medienarbeit als eine Form sozialen Handelns, Cinema, Zürich, Nr. 3/1980, S. 12.
10 K. Eder/P. Hamm, Gespräch mit Kluge und Schlöndorff, epd Kirche und Film, Frankfurt , Nr. 3/1982, S. 6 ff.

Filmographien

Die folgenden Filmographien sind aus Platzgründen nicht systematisch angelegt; es werden also nicht zu jedem Film und jedem Filmemacher die gleichen Daten mitgeteilt: manchmal sind die Mitarbeiter wichtig, in einem anderen Fall die Auftraggeber usw. - Bei ausländischen Filmen in englischer oder französischer Sprache werden die Titel nur übersetzt, wenn auch die deutschen Titel eingeführt sind (das gilt für das ganze Buch), die Titel in anderen Sprachen werden in der Regel übersetzt. - Bei Filmen, die über einen längeren Zeitraum als ein Jahr hergestellt wurden, wird nur das Jahr der Fertigstellung genannt, das in der Regel auch mit dem Jahr der Uraufführung identisch ist. Verzögerungen der Uraufführung aus politischen Gründen (Zensur) werden, soweit sie bekannt sind, mitgeteilt.

Die Filmographien von Joris Ivens und Jean Rouch fehlen, beide haben einen großen Teil ihres Werkes vor 1960 gedreht, beide Filmographien sind leicht zugänglich (Ivens z. B. in: Joris Ivens, Die Kamera und ich, Hamburg 1974; der China-Zyklus ist vorne im Kapitel 9 aufgeschlüsselt auf S. 168; Rouch in: Filmkritik, Nr. 1/1978 oder: Kinemathek, herausgegeben von den Freunden der Deutschen Kinemathek Berlin, Nr. 56, Juni 1978); weitere Filmographien vor allem bei: Pflaum/Prinzler, Film in der Bundesrepublik Deutschland, München 1979; Jansen/Schütte (Hg.), Film in der DDR, München 1977 und Film in der Schweiz, München 1978; Peter B. Schumann, Handbuch des lateinamerikanischen Films, Berlin/Frankfurt 1982; in den Informationsblättern des Internationalen Forums des Jungen Films, Berlin, 1971 ff.

Die *Längen* sind in Minuten angegeben; wenn genauere Angaben nicht zu ermitteln waren, ist in der Regel wenigstens vermerkt: k = kurzer Film bis ca. 30 Min., m = mittellanger Film bis ca. 60 Min., l = Film über ca. 60 Min. In vielen Fällen war nicht eindeutig zu klären, ob ein Film mit 24 Bildern pro Sekunde oder mit 25 B/Sek. gedreht wurde. Im Normalfall kann man davon ausgehen: Wo fürs Kino gedreht wird (Dritte Welt, Sozialistische Länder), wird mit 24 B/Sek. gedreht; wenn das Fernsehen Auftraggeber ist, mit 25 B/Sek. In den sechziger Jahren wird noch viel mit 24 B/Sek. gearbeitet, in den siebziger Jahren mit 25 B/Sek. Aber es ist denkbar, daß mit 24 B/Sek. gedreht, jedoch mit 25 B/Sek. vorgeführt wird, und sogar der umgekehrte Fall kommt vor.

Abkürzungen: B = Buch, BMWI = Bundesministerium für Wissenschaft, BMZ = Bundesministerium für wirtschaftliche Zusammenarbeit, BR = Bayerischer Rundfunk, DFFB = Deutsche Film- und Fernsehakademie, Berlin, dt. = deutsch, Ep. = Eigenproduktion, Exf. = Experimentalfilm, Fsp. = Fernsehspiel, FWU = Institut für Film und Bild in Wissenschaft und Unterricht, K = Kamera, KL = Kinolänge, LZB = Landeszentrale für politische Filmarbeit in Düsseldorf, NDR = Norddeutscher Rundfunk, P = Produzent, R = Regie, S = Schnitt, SL = Sendelänge, Spf. = Spielfilm, SWF = Südwestfunk, T. = Teil, Tl = Titel, WDR = Westdeutscher Rundfunk

Carlos Alvarez

Geboren 1943 in Bucaramanga/Kolumbien. Filmkritiker ab 1962, Dozent für Fotografie an der Universität von Bogotá ab 1967, Filme ab 1968 (Regie, Buch, Kamera, meist auch Schnitt); Mitarbeit bei anderen Filmen (z.B. Kamera und Schnitt bei *Un día yo pregunté/Eines Tages fragte ich*, 1970, von Julia de Alvarez, seiner Frau). Nach *Qué es la Democracia?* im Juli 1972 Verhaftung des Filmteams, auch seiner schwangeren Frau, wegen «Zugehörigkeit zu einer terroristischen Vereinigung» und «Rebellion»; nach mehreren ergebnislosen Kriegsgerichtsprozessen und 19 Monaten Haft im Frühjahr 1974 bedingte Freilassung. 1975, nach erneuter kurzer Haft, Exil in Mexiko, 1976/77 als Stipendiat des Deutschen Akademischen Austauschdienstes in Berlin, 1977 Rückkehr nach Kolumbien, erneut Dozent für Fotografie und visuelle Kommunikation. Mitarbeiter der holländischen TV-Anstalt Ikon. Seit 1978 eine Reihe von Auftragsarbeiten für unterschiedliche Organisationen, darunter Sportfilme für das kolumbische Sportinstitut. Wieder Filmkritiker. 1982 Fertigstellung eines Buches über den kolumbianischen Kurzfilm: «El cortometraje columbiano entre 1970 y 1980».

1968 *Asalto* (*Angriff*) - 9
1970 *Colombia 70* (*Kolumbien 70*) - 5
1971 *Camilo Torres*, unvollendet; *Qué es la Democracia?* (*Was ist Demokratie?*) - 42
1975 *Los hijos del subdesarrollo* (*Die Kinder der Unterentwicklung*) - 45; *Strip-tease* - k
1978 *Introducción a Camilo* - k (die Mutter von Camilo Torres berichtet über ihren Sohn); *Desencuentros* - k (über die Katholische Kirche in Lateinamerika)

Omar Amiralay

Geboren 1944 in Damaskus (Syrien). Studium in Damaskus, von 1965 bis 1970 in Paris, an der Filmhochschule IDHEC (1968) und am Conservatoire Indépendent du Cinéma (1969/70).

1970 *Nuhawwalu sudd al-Furât* (*Essai sur un barrage dans la vallée de l'Euphrate;* dt.T.: *Der Euphrat-Plan* – Festival Leipzig 71), P: Syrisches Fernsehen

1974 *Al hayatt al yawmiyah fi qariah suriyah* (*Alltagsleben in einem syrischen Dorf*), P: Generalorganisation für Film, Syrien 1972–74, S: Kaiss al Zubaidi – 90

1978 *Al dajaj* (*Die Hühner*), P: Syrisches Fernsehen – 45

1980 *An thawra* (*Über eine Revolution*), P: Generalorganisation für Film, Aden (Volksrepublik Jemen), S: Kaiss al Zubaidi – 30

1982 Film über Beirut für das Französische Fernsehen (in Arbeit)

Les Blank

Geboren 1935 in Tampa, Florida. Verschiedene Studien, Seefahrt, Arbeitslosigkeit. Filmausbildung an der University of Southern California, Mitarbeit an Werbefilmen. Les Blank macht immer die Kamera selbst, meist auch den Schnitt. Wichtigste Mitarbeiter: bis einschließlich 1971 Skip Gerson (Ton, manchmal auch Buch und Regie), seitdem Maureen Gosling (Ton, manchmal Schnitt) und Chris Strachwitz, Inhaber von «Arhoolie Records», spezialisiert auf Musik ethnischer Minderheiten in den USA (Beratung, manchmal Ton, gelegentlich Produktion).

1960 *Running Around Like a Chicken With His Head Cut Off* – 3

1964 *Pleasure Faire* – 20

1965 *Dizzy* – 22

1968 *God Respects Us When We Work But Loves Us When We Dance* – 20; *The Blues Accordin' to Lightnin' Hopkins* – 31; *The Sun's Gonna Shine* – 10

1970 *Christopher Tree* – 10

1971 *A Well-Spent Life* – 44; *Spend It All* – 41

1973 *Dry Wood* – 34; *Hot Pepper* – 54

1974 *A Poem Is a Naked Person* – 90

1976 *Chulas Fronteras* – 58

1978 *Always For Pleasure* – 58

1979 *Del Mero Corazon* (*Direkt vom Herzen*) – 60

1980 *Garlic Is As Good As Ten Mothers* (*Knoblauch ist so gut wie zehn Mütter*) – 58; *Werner Herzog Eats His Shoe* (*Werner Herzog ißt seinen Schuh*) – 26

1982 *Sprout Wings And Fly* – 29; *A Burden of Dreams* (*Die Last der Träume*) – 94 (Werner Herzogs Dreharbeiten in Peru); *«In Heaven There Is No Beer?»* – 58

Jürgen Böttcher

Geboren 1931 in Frankenberg (Sachsen), Dokumentarfilmregisseur und Maler. Ab 1949 Kunststudium in Dresden, ab 1955 Regiestudium an der Deutschen Hochschule für Filmkunst in Potsdam-Babelsberg. Seit 1961 Regisseur im DEFA-Studio für Wochenschau und Dokumentarfilme, jetzt: DEFA-Studio für Dokumentarfilme. Arbeitet mit den wichtigsten Kameraleuten der DDR, Christian Lehmann, Wolfgang Randel, Wolfgang Dietzel, Werner Kohlert.

1960 *Notwendige Lehrjahre,* K: Peter Brandt, Diplomfilm

1962 *Drei von vielen,* zus. mit Heinz Fischer, Heinz Müller, K: Lehmann, Walfried Labuszewski, Horst Orgel – 11; *Ofenbauer,* K: Hans Dumke, Gerhard Münch, Lehmann u.a. – 15; *Im Pergamon-Museum,* K: Lehmann – 19

1963 *Silvester,* K: Lehmann, Hans-Eberhard Leupold u.a. – 10; *Stars,* K: Lehmann – 20; *Charlie und Co.,* K: Lehmann – 14

1964 *Barfuß und ohne Hut,* K: Lehmann – 26

1965 *Kindertheater,* K: Lehmann – 27; *Karl-Marx-Stadt – Gegenwärtiger Bericht und Erinnerung an Chemnitz,* K: Horst Orgel, Günter Bressler – 22

1966 *Jahrgang 45,* Spf., B: Klaus Poche, Böttcher, K: Roland Gräf – nicht aufgeführt

1967 *Der Sekretär,* K: Randel – 29; *Wir waren in Karl-Marx-Stadt,* K: Randel, Lehmann, Dietzel, Nicola Pawloff – 34; *Fest der Freundschaft,* K: Randel, Lehmann, Dietzel, Pawloff – 25

1967/69 *Tierparkfilm,* K: Lehmann – 19

1968 *Ein Vertrauensmann,* K: Kohlert – 19

1969 *Arbeiterfamilie,* K: Kohlert – 31

1970 *Der Oktober kam,* mit Koepp, Nickel, Rocha, Ulbrich, Ziebell unter Leitung von Karl Gass – 72; *Dialog mit Lenin,* K: Kohlert, Archiv – 32

1971 *Song International,* K: Kohlert, Randel, Dietzel – 45

1972 *Wäscherinnen,* K: Kohlert – 23; *Zum Beispiel Rewatex,* K: Kohlert – 26

1973 *Wer die Erde liebt,* zus. mit Uwe Belz, Harry Hornig, Leitung: Joachim Hellwig – 72

1974 *Erinnere dich mit Liebe und Haß,* zus. mit Rolf Liebmann, K: Kohlert u.a., Archiv – 40; *Weggefährten,* Autorenkollektiv unter Leitung von Rolf Schnabel, Mitarbeit Böttcher – 68; *Die Mamais,* K: Lehmann – 21

1976 *Großkochberg – Garten der öffentlichen Landschaft,* K: Kohlert, Michael Zausch – 16; *Im Lohmgrund,* K: Thomas Plenert – 27

1977 *Ein Weimarfilm,* K: Kohlert – 63; *Murieta,* K: Lehmann – 14

1978 *Martha,* K: Dietzel – 54 (gekürzte Version: 46)

1981 *Potter's Stier* – 17, *Venus nach Giorgione* – 22, *Frau am Klavichord* – 15, K: Plenert – Exf.-Triptychon

Safi Faye

Geboren im Dorf Fadial im Senegal. 1963–1969 als Lehrerin für Französisch in Dakar. Bekanntschaft mit Jean Rouch, eine Rolle in seinem Film *Petit à petit* (1969). 1969 bis 1972 Studium der Ethnologie in Paris, Promotion; zur selben Zeit Studium an der Filmhochschule IDHEC. 1978/79 als Stipendiatin des Deutschen Akademischen Austauschdienstes in Berlin, 1980/81 in New York. Eigene Produktionsfirma in Dakar (Safi-Film).

1972 *La Passante* – 10 (nach einem Gedicht von Baudelaire)
1975 *Kaddu Beykat* (*Nachrichten aus dem Dorf;* bekannt unter dem franz. Tl: *Lettre paysanne*) – 95
1979 *Fad, jal* (*Neuankömmling, arbeite*) – 106; *Goob na ñu/ La récolte est finie* (*Erntezeit*) – 30
1980 *Man sa yay* (*Ich Deine Mutter;* dt. Sende-Tl.: *Was suchst du hier?*), P: im Auftrag des ZDF – 59
1981 *Les ames au soleil/Souls under the sun,* P: für United Nations New York – 27; *Selbé et tant d'autres* (dt. Sende-Tl: *Ein Dorf im Senegal*), P: für Unicef Genf/ Faustfilm München – 30

Hans-Dieter Grabe

Geboren 1937 in Dresden. Von 1955 bis 1959 Studium an der Regie-Fakultät der Deutschen Hochschule für Filmkunst in Potsdam-Babelsberg, Beginn der Spezialisierung auf Dokumentarfilm. 1960 bis 1962 freier Mitarbeiter beim Fernsehen des Bayerischen Rundfunks, Beiträge vorwiegend für Tagesschau und Regionalprogramm. Danach als Redakteur beim ZDF in Mainz, Autor und Regisseur gesellschaftspolitischer Magazinbeiträge und Dokumentarfilme.
1963 *Wohlfahrt in Waffen. Ein Bericht über das neutrale Schweden,* mit Dieter Schröder – 44
1964 *Die Befreiten. Österreicher in der Neutralität,* mit György Sebestyén – 44
1965 *Kuwait. Ein Scheichtum stürzt ins 20. Jahrhundert* – 36
1966 *Hoffnung – fünfmal am Tag. Beobachtungen auf einem Zonengrenz-Bahnhof* – 30; *Auslandsschulen: mangelhaft. Bericht über ein deutsches Versäumnis* – 44; *Die «Helgoland» in Vietnam* – 28
1967 *Und da erschrak die Monarchie. Bericht über den Aufstieg des dänischen Kommunistenführers Aksel Larsen* – 30
1968 *Die Trümmerfrauen von Berlin* – 40; *Lava* (Bericht vom Ätna) – 29; *Hinter schwedischen Gardinen. Über Experimente und Reformen in Schwedens Strafvollzug,* mit Per Mustelin (auch K) – 37
1969 *Herr Thörnblom möchte an die Front. Über schwedische UN-Soldaten,* mit Mustelin (auch K) – 30
1970 *Kämpfen wofür. Über die Fortsetzung des Vietnam-Krieges,* K: Carl-Franz Hutterer – 39; *20 Meilen vor Saigon. Über Roger Leonard, ehemaliger Fremdenlegionär, Deserteur, Gefangener des Vietcong, z. Zt. Hühnerzüchter,* mit Hutterer (auch K) – 44; *Nur leichte Kämpfe im Raum Da Nang.* (Bericht vom Hospitalschiff «Helgoland»), mit Hutterer (auch K) – 44; *«Es gibt schwierige Vaterländer, eins davon ist Deutschland.» Gustav Heinemann in Holland, Dänemark, Norwegen* – 44
1972 *Alternativen. Versuchskaninchen? 1,5 Millionen Briten in Neuen Städten,* K: Fritz Adam – ca. 45; *Mendel Schainfelds zweite Reise nach Deutschland,* K: Adam – 43; *Wer schießt auf Ralf Bialla? Warum läßt Ralf Bialla auf sich schießen?,* K: Helmut Harder, Horst Bendel – 42
1974 *Hilfeschreie. Selbstmord, Selbstmordversuch – Gespräche mit Lebensmüden,* K: Adam – 42
1975 *Sanh und seine Freunde. Beobachtung einer Rückkehr nach Vietnam* – 44
1976 *Barry Meeker oder Ich war bloß der Pilot,* K: Adam – 30 (dieser Film und die sechs folgenden unter dem Reihentitel «beschrieben und vergessen»)
1977 *Mehmet Turan oder Noch ein Jahr, noch ein Jahr,* K: Adam – 44; *Gisela Bartsch oder Warum haben Sie den Mörder geheiratet?,* K: Harder, Jörg Schömmel – ca. 45; *Georgios Mangakis – Lehren aus Folter, Zuchthaus und Exil,* K: Harder, Schömmel – ca. 43
1978 *Simon Wiesenthal oder Ich jagte Eichmann,* K: Adam, Bendel – 46; *Jan-Erik Olsson oder Die Bestie vom Norrmalmstorg* – 45
1979 *Das Wunder von Lengede oder Ich wünsch' keinem, was wir mitgemacht haben,* K: Hutterer – 44; *Tytte Botfeldt: Aufs Sterben freu' ich mich,* K: Bendel – 44 (dieser Film und die folgenden unter dem Reihentitel «Lebenserfahrungen»)
1980 *Dragutin Trumbetaš oder Liebe machen, bitte!,* K: Adam – 44; *Emil Zatopek oder Dana sagt: Bier macht dumm,* K: Bendel – 50
1981 *Dora Koster – Prostituierte,* K: Bendel – 44; *Bernauer Straße 1–50 oder Als uns die Haustür zugenagelt wurde,* K: Bendel – 72
1982 *Fritz Teufel oder Warum haben Sie nicht geschossen?,* K: Bendel – 52
In Arbeit: Film über deutschen Widerstandskämpfer gegen den Faschismus; Porträt der Solidarnosć-Delegation, die am 13.12.81 von der Ausrufung des Kriegsrechts in Bremen überrascht wurde

Patricio Guzmán

Geboren 1941 in Santiago de Chile. Studium der Geschichte, Geographie und Philosophie. Arbeit in einer Werbeagentur. 1965 Eintritt ins Filminstitut der Universidad Catolica de Chile in Santiago. 1966–1969 Studium an der spanischen Filmschule EOC in Madrid. 1971 Leiter der Dokumentarfilmabteilung von Chile-Films. 1973 mit einem Team Dreharbeiten für *La batalla de Chile;* nach dem Putsch verhaftet, einige Zeit im Stadion von Santiago. Nach der Freilassung Emigration nach Kuba, wo er den Zyklus *La batalla de Chile* fertigstellte.
1965 *Viva la libertad* – kurzer Trickfilm; *Elektroshow* – k; *Artesania popular* – k
1967 *Escuela de sordomudos* – k
1968 *La tortura* – k; *Imposibrante* – k
1969 *El paraiso ortopedico,* Spf. – m; *Opus 6* – k
1971 *Chile, elecciones municipales* – k; *El primer año* (*Das erste Jahr*) – 107
1972 *Comandos comunales* – k
1973 *La respuesta de octubre* (*Die Antwort des Oktober*) – 60; *Manuel Rodríguez,* Spf., unvollendet
1973-1979 *La batalla de Chile: La lucha de un pueblo sin armas* (*Die Schlacht um Chile: Der Kampf eines unbewaffneten Volkes*)
1974 T.1: *La insurrección de la burgesía* (*Der Aufstand der Bourgeoisie*) – 90
1976 T.2: *El golpe de estado* (*Der Staatsstreich*) – 90

1979 T.3: *El poder popular* (*Die Volksmacht*) – 83
1982 *La rosa de los vientos,* erster abendfüllender Spf.

Peter Heller

Geboren 1946 in Prag. Seit 1960 in der Bundesrepublik, 1967 Abitur, Ausbildung als Fotograf, 1969 Beginn des Studiums an der Hochschule für Fernsehen und Film (HFF) in München. Ab 1970 Praktika und Mitarbeit bei verschiedenen Fernsehanstalten (Bayerischer Rundfunk, Bogotá, Kuala Lumpur, Schweizer Fernsehen). 1972 Diplom an der HFF. Danach Kurzfilm- und Magazinbeiträge für Schweizer Fernsehen, WDR und BR. Eigenproduktionen seit 1975. Langjährige Mitarbeit in Dritte-Welt-Basisgruppen; Mitbegründer des Medienausschusses der Entwicklungspolitischen Gruppen, Mitarbeit u.a. in der AG Dokumentarfilm und der Verleihgenossenschaft der Filmemacher.

1973 *Honoré Daumier, Heile Welt und Dritte Welt* (beide für BR); *Mama und Papa,* mit Bückner – 20 (für FWU)
1974 *Sie dienen Allah und den Deutschen,* mit Bückner – 25 (FWU); *Soziales Lernen* – 70 (BMWI); *Die zweite Chance* – 45 (für SWF)
1975 *Das Geschäft mit der Party,* mit Bückner – 26 (FWU); *Wagnis und Gewinn,* Ep. – 28 (1. Fassung Abschlußfilm an der HFF 1972); *Sozialarbeiter oder Freizeitmanager* – k (FWU); *RCFP* – k (BMWI)
1976 *Herren im eigenen Land,* mit H. Risz – 22 (FWU); *Nepp mit Popp* – k (FWU)
1977 *Sklaven im eigenen Land,* mit R. Dhunjibuoy – 27 (BMZ); *Arm würd' ich nicht sagen* – 28 (FWU)
1979 *Die Liebe zum Imperium,* Ep. – 73; *Vitamin A – wie Apartheid* – 6, *Das Goldene Zeitalter* – 9, beide mit R. Barthelmes; *Guten Tag Deutschland* – 30 (WDR und LZB); *Der ungleiche Handel* k (FWU); *Die Urwälder unserer Kindheit* – k (FWU)
1980 *Usambara, das Land wo Glaube Bäume versetzen soll* – 71 (WDR und Ep.); *Mbogos Ernte oder Die Teilung der Welt,* Ep. – 68
1981 *Der da ist tot und der beginnt zu sterben,* mit Wolf Reuter, Ep. – 78
1982 *Der vergessene Führer – Aufstieg und Fall des Medienzaren Alfred Hugenberg,* zwei Teile, WDR und LZB – 120

Walter Heynowski und Gerhard Scheumann (H & S)

Walter Heynowski, geboren 1927 in Ingolstadt. Journalistische Tätigkeit ab 1946, zuerst in Westdeutschland, ab 1948 in Ostberlin. 1949 Chefredakteur des «Frischen Wind» (ab 1950 «Eulenspiegel»). 1956 zum Deutschen Fernsehfunk, 1959–63 stellv. Intendant und Programmdirektor, ab 1963 Autor und Regisseur im DEFA-Studio für Wochenschau und Dokumentarfilme. Seit 1965 gemeinsame Filmarbeit mit Gerhard Scheumann. 1969 Gründung des «Studios H & S». Vor der Zusammenarbeit mit Scheumann 22 eigene Filme, darunter *Mord in Lwow* (1959, über Vertriebenenminister Oberländer), *Aktion J.* (1961, über Globke), *Brüder und Schwestern* (1963, Vergleich BRD-DDR), *O.K.* (1965, Text Scheumann, über Doris S., die aus der DDR in die BRD ging und zurück), *Kommando 52* (1965, erster Film über Kongo-Müller). Genaue Liste, wie die von Scheumann, in Jansen/Schütte (Hg.), Film in der DDR, München 1977.

Gerhard Scheumann, geboren 1930 in Ortelsburg (Ostpreußen). Journalistische Tätigkeit ab 1949, 1960–1966 Redaktionsleiter beim Deutschen Fernsehfunk. Verschiedene Sendereihen. Vier Filme vor der Zusammenarbeit mit Heynowski.

Gemeinsame Filme: Die langen Filme wurden produziert im Auftrag des Deutschen Fernsehfunks (= ab 1971 Fernsehen der DDR), die kurzen in der Regel als Kinofilme. Festes Mitarbeiterteam: die Dramaturgen Robert Michel und Wolfgang von Polentz, Kamera: Hans-Eberhard Leupold (bis 1968), Peter Hellmich, Horst Donth, Winfried Goldner, Schnitt: Traute Wischnewski.

1965 *Auf Wiedersehen* – 8
1966 *Der lachende Mann* – 67; *Wink vom Nachbarn,* mit Harry Hornig – 44; *Ehrenmänner* – 9; *Grüße von West nach Ost* – 12; *PS zum Lachenden Mann,* mit Peter Voigt – 56; *400 cm³* – 6; *Heimweh nach der Zukunft – Max Steenbeck erzählt* – 61
1967 *Geisterstunde* – 79; *Der Zeuge* – 52; *Der Fall Bernd K.,* mit Peter Voigt – 35
1968 *Piloten im Pyjama,* T.1: *Yes, Sir,* T.2: *Hilton Hanoi,* T.3: *Der Job,* T.4: *Die Donnergötter*
1969 *Der Präsident im Exil* – 94
1970 *Der Mann ohne Vergangenheit* – 72
1971 *Bye-Bye Wheelus* – 78
1972 *Remington Cal. 12* – 15
1973 *Mitbürger* – 7
1974 *Der Krieg der Mumien* – 93; *Psalm 18* – 6; *Ich war, ich bin, ich werde sein* – 80
1975 *El golpe blanco* (*Der weiße Putsch*) – 70; *Geldsorgen* – 6; *Meiers Nachlaß* – 21; *Eine Minute Dunkel macht uns nicht blind* – 69
1976 *Die Teufelsinsel* – 65; *Eintritt kostenlos* – 11; *Der erste Reis danach* – 60; *Ich bereue aufrichtig* – 60
1977 *Die eiserne Festung* – 60
1978 *Die Toten schweigen nicht* – 76; *Am Wassergraben* – 16; *Im Feuer bestanden* – 75
1979 *Ein Vietnamflüchtling* – 4; *Die fernen Freunde nah* – 44; *Phoenix* – 69
1980 *Kampuchea – Sterben und auferstehen* – 89; *Fliege, roter Schmetterling* – 18
1981 *Die Angkar* – 91; *Exercises* – 6

Christoph Hübner – siehe RuhrFilmZentrum

Johan van der Keuken

Geboren 1938 in Amsterdam. Fotograf (erstes Buch «Wir sind 17», 1955), Filmkritiker (1960/61 für «De Haagse Post»), Filmemacher. Studium an der Pariser Filmschule IDHEC 1956–1958. Gelegentlich Kameramann für Filme anderer Regisseure. Fast immer Kamera in den eigenen Filmen (Ausnahmen siehe unten). Wichtigste Mitarbeiter: Chris Brouwer (Ton, z.T. Produktion), Willem Breuker

(Musik), Dick Visser (Montage der meisten Filme bis 1970), Fred van Dijk (Montage der meisten Filme nach 1970). Die meisten Filme für V.P.R.O. (Freisinniger Protestantischer Rundfunk).

1960 *Paris à l'Aube*, mit James Blue, Derry Hall – 10; *Een zondag* (*Ein Sonntag*) – 14

1962 *Yrrah* – 5; *Tajiri* – 10; *Opland* – 12; *Lucebert, dichter – schilder* (*Dichter – Maler*) – 16 (4 Filme über Künstler)

1963 *Even stilte* (*Ein Moment Stille*) – 10; *De oude dame* (*Die alte Dame*), Spf., K: Prosper Dekeukeleire – 25

1964 *Indische jongen* (*Indischer Junge*) – 40; *Blind kind* (*Blindes Kind*) – 24

1965 *Beppie* – 38; *Vier Muren* (*Vier Wände*) – 22

1966 *Herman Slobbe/Blind kind II* (*Blindes Kind II*) – 27

1967 *Een film voor Lucebert* (*Ein Film für Lucebert*) – 20; *Big Ben/Ben Webster in Europe* – 32

1968 *De Tijd Geest* (*Der Zeitgeist*) – 42; *De poes* (*Die Katze*) – 5

1970 *De snelheid 40–70* (*Velocity 40–70*), K: mit Mat van Hensbergen – 25; *Beauty* – 25

1972 Triptychon Nord-Süd 1: *Dagboek* (*Tagebuch*) – 80 (gedreht in Kamerun, Marokko, Holland)

1973 *Bert Schierbeek/De deur* (*Die Tür*) – 11; Triptychon Nord-Süd 2: *Het witte kasteel* (*Das weiße Schloß*) – 76 (gedreht in Spanien, USA, Holland); *Vietnam-Opera* – 11; *De muur* (*Die Mauer*) – 9; *Het leesplankje* (*Die Lesestunde*) – 11

1974 Triptychon Nord-Süd 3: *De nieuwe ijstijd* (*Die neue Eiszeit*) – 75 (gedreht in Peru und Holland); *Vakantie van de filmer* (*Ferien des Filmemachers*) – 38

1975 *De Palestijnen* (*Die Palästinenser*) – 45 (für das niederländische Palästina-Komittee)

1976 *Voorjaar* (*Frühling*), fünf Porträts, das 4. «Doris Schwert/Frankfurt» – 80

1978 *De platte jungle* (*Der flache Dschungel*) – 90 (für die niederländische Gesellschaft zur Rettung des Wattenmeeres)

1980 *De Meester en de Reus* (*Der Meister und der Riese*) – 70 (gedreht in Tunesien und Holland)

1981 *De weg naar het zuiden* (*Der Weg nach dem Süden*) – 143 (gedreht in Holland, Frankreich, Italien, Ägypten)

1982 *De beeldenstorm* (*Der Bildersturm*) – 85

Volker Koepp

Geboren 1944 in Stettin. 1962 Abitur. Maschinenschlosserlehre mit Facharbeiterabschluß. Studium an der TU Dresden. 1966 bis 1969 Studium an der Deutschen Hochschule für Filmkunst in Potsdam-Babelsberg. Seit 1970 Regisseur im DEFA-Studio für Dokumentarfilme. Seit *Grüße aus Sarmatien* alle Filme (mit einer Ausnahme) mit dem Kameramann Christian Lehmann.

1970 *Der Oktober kam*, siehe Böttcher; *Junge Leute* – 15; *Die Rolle des Meisters im System der sozialistischen Betriebswirtschaft* – 23

1971 *Schuldner* – 11; *Treffpunkt Kino*, Folgen 10–12, TV-Sendungen – je 45

1972 *Treffpunkt Kino*, Folgen 1–6, 8, 10 – je 48; *Grüße aus Sarmatien* – 14

1973 *Teddy* – 25; *Gustav J.* – 19

1974 *Slatan Dudow* – 33

1975 *Er könnte ja heute nicht schweigen* – 31; *Mädchen in Wittstock*, K: Michael Zausch – 20

1976 *Wieder in Wittstock* – 22; *Das weite Feld* – 35

1977 *«Ich erinnere mich noch»* – 15; *Hütes-Film* – 34

1978 *Wittstock III* – 32; *Am Fluß* – 32

1979 *Tag für Tag* – 31

1980 *Haus und Hof* – 30

1981 *Leben und Weben* (Wittstock IV) – 28

1982 *In Rheinsberg* – 29

June Kovach/Alexander J. Seiler

June Kovach, geboren 1932 in Chicago. 1949–1961 Konzertpianistin. Seit 1961 Filmarbeit als Cutterin, Tonmeisterin und Mitautorin von Seiler.

1974 *Wer einmal lügt oder Viktor und die Erziehung*, B-Mitarbeit: Seiler, P: für BR, K: Sebastian C. Schroeder – 70

1981 *Gutknechts Traum*, TV-Spf. – 58

Alexander J. Seiler, geboren 1928 in Zürich. Studium der Philosophie, Literatur, Soziologie in Basel, Paris, München. Journalist. Promotion in Wien. Filmemacher seit 1961, 1962 Gründung der Seiler + Gnant-Filmproduktion. 1971 Gründung der Nemo-Film; 1981 Auflösung der Nemo, Ausscheiden von acht Mitgliedern, unter dem Namen Zyklop-Film AG weitergeführt von Seiler, Kovach, und Philippe Pilliod. Vielfältige filmpolitische und publizistische Aktivitäten.

1961 *Auf weißem Grund*, S-Mitarbeit: Kovach – 10

1962 *In wechselndem Gefälle*, mit Rob Gnant, S: Seiler, Kovach – 12

1964 *Entwicklungshilfe* – 10; *Siamo Italiani. Die Italiener*, mit Gnant, Kovach – 79

1966 *Mixturen*, mit Gnant – 17; *Im Lauf des Jahres*, mit Gnant, S, Ton: Kovach, Seiler 25

1967 *... via Zürich*, mit Gnant, B- und S-Mitarbeit: Kovach – 13; *Musikwettbewerb*, mit Gnant, Kovach, P: für NDR – 72

1968 *Fifteen*, mit Gnant, Kovach, P: für BR III – 20

1971 *Unser Lehrer*, B-Mitarbeit, Kommentar, Sprecher: Peter Bichsel, P: für Schweizer Fernsehen – 48

1976 *Die Früchte der Arbeit*, S: Kovach, K: Schroeder – 146

1980 *Der Handkuss – Ein Märchen aus der Schweiz*, TV-Spf. nach der Erzählung «Der Schloßherr aus England» von Friedrich Glauser, S: Kovach – 57

1981 *Zorn oder Männersache*, TV-Spf. nach Motiven von Otto F. Walter, innerhalb der Serie «Die sieben Todsünden» des Schweizer Fernsehens, K: Thomas Mauch – 58

1982 *Ludwig Hohl – Ein Film in Fragmenten* – 73

Peter Krieg

Geboren 1947 in Schwäbisch Gmünd. Eigentlich Willi Gladitz, Bruder der Filmemacherin Nina Gladitz. 1970–1973 Studium an der DFFB, seither freier Filmemacher in

Freiburg i. Br. Eigene Produktionsfirma: Teldok, ab 1982 Barfuß-Film. Co-Produzenten werden in der Filmographie genannt. Meist sein eigener Kameramann. Ton meist Heidi Knott. In der Regel zeichnen sie gemeinsam für die Filme verantwortlich. – Heidi Knott, geboren 1949 in Los Angeles. 1971–1974 Studium an der DFFB, seither in Freiburg. Eigener Film: 1974 *Die Kinder von Wounded Knee,* K: Krieg, P: Teldok/DFFB – 30

1973 *Fischkrieg – David besiegt Goliath,* P: Teldok/DFFB – 40
1973 *Hof für die Pachteinnahme* – 12
1974 *Wunder aus eigener Kraft,* P: Teldok/Gesellschaft für Verständigung und Freundschaft mit China e.V. – 32
1975 *Flaschenkinder* – 26
1976 *Saat der Gesundheit* – 42
1977 *Sangham – Hilfe zur Befreiung,* P: Teldok/Brot für die Welt – 30; *Der Politiker und die Bauern* – 15
1978 *Medizin der Befreiung,* P: Teldok/Weltgesundheitsorganisation WHO – 30; *Ernte in Telengana* – 46; *Angepaßte Technologie,* mit Prof. Amulya Reddy – 30
1979 *Patenkinder,* P: Teldok/WDR – 30 (Kurzfassung in «Monitor»)
1980 *Septemberweizen,* Musik: Rolf Riehm, P: Teldok/ZDF – 96
1982 Arbeit am Filmzyklus *Berichte von einem verlassenen Planeten.* Film 1: *Der Traum vom Überleben,* K: David Slama, P: für ZDF/Kleines Fernsehspiel – ca. 50; Film 2: *Das Packeis Syndrom,* K: Otmar Schmid, P: für SWF-Serie «Menschen und Straßen», Reportage über Bahnhofstraße Zürich – 60 (SWF-Version 43)
In Vorbereitung: Abendfüllender «Science Faction»-Film für den Zyklus

Richard Leacock

Geboren 1921 auf den Kanarischen Inseln. Aufgewachsen in England, ab 1938 in den USA. Studium in Harvard, Physik. Im Zweiten Weltkrieg Kriegsberichterstatter. Nach dem Krieg Mitarbeit an zahlreichen Dokumentarfilmen von Flaherty, Louis de Rochemont, John Ferno, Willard van Dyke. In den fünfziger Jahren Entwicklung der neuen Dokumentarfilmtechnik zusammen mit Robert Drew von Time-Life. Zur Gruppe gehörten außerdem vor allem D. A. Pennebaker, Al Maysles und Terence Macartney-Filgate. Ab 1963 Trennung von Drew; Firma zusammen mit Pennebaker, aber keine gemeinsamen Filme. Seit 1969 Leiter des Film-Departments am Massachusetts Institute of Technology (MIT) in Cambridge, Mass. In den siebziger Jahren auch Arbeit mit Video.

Die folgende Filmographie ist als einzige nicht komplett, sie ist dennoch authentisch. Sie stammt von Leacock mit der Bemerkung: Filme, die ich für die wichtigsten in meiner Entwicklung halte. Bis 1970 könnte sie ergänzt werden durch die Filmographie bei G. Roy Levin, Documentary Explorations, New York 1971, S. 195 ff. Ab 1970 kenne ich keine vergleichbare Quelle. Leacock war (mit einer Ausnahme) immer Kameramann. Die Gesamtverantwortung bei den einzelnen Filmen ist unterschiedlich, zur Drew-Gruppe siehe S. 13. Filme, bei denen sich Leacock Filmmaker oder Director nennt, stehen hier ohne Zusatz; hat er eine andere Funktion im Film, wird sie genannt. Auch die amerikanischen Filmografien enthalten keine Längenangaben. Die Drew-Filme sind immer etwa eine Stunde lang, auch der Strawinsky-Film hat diese Länge. *Happy Mother's Day* ist ungefähr 30 Minuten lang.

1935 *Canary Bananas*
1941 Sequenzen von *To Hear My Banjo Play,* K
1948 *Louisiana Story,* R: Robert Flaherty, K
1954 *Jazz Dance,* R: Roger Tilton, K: Leacock, Cameron; *Toby and the Tall Corn*
1958 *Bernstein in Israel*
1959 *Bullfight at Malaga,* mit Drew
1960 *Primary,* mit Drew, Pennebaker, Maysles, Macartney-Filgate; *On the Pole,* mit Drew-Gruppe; *Yanki No!,* mit Drew-Gruppe
1961 *Petey and Johnny,* mit Drew-Gruppe
1962 *The Chair,* mit Drew-Gruppe
1963 *Crisis: Behind a Presidential Commitment,* mit Drew-Gruppe; *Happy Mother's Day,* mit Joyce Chopra
1964 *A Stravinsky Portrait,* mit Rolf Liebermann
1966 *Portrait of Van Cliburn*
1967 *Monterey Pop,* R: Pennebaker, K; *Lulu,* mixed media, für Sarah Caldwell
1968 *Hickory Hill,* mit George Plimpton
1969 *Chiefs,* mit Noel E. Parmentel Jr.
1970 *Queen of Apollo*
1972 *Tread,* für Merce Cunningham, mit Sandy D'Annunzio
1973 *A Conversation With Louise Brooks,* K: Sandy d'Annunzio
1974 *A Visit to Monica*
1975 *Visit to Norman*
1977 *Isabella Stewart Gardner,* mit Pamela Wise
1978 *Des oeufs a la coque; Centerbeam,* mit Jon Rubin; *Murals Without Walls: The Rediscovered Aviation Murals of Arshille Gorky,* mit Rachel Strickland
1980 *Light Coming Through: A Portrait of Maud Morgan,* mit Nancy Raine; *Four Solos for Four Women,* Choreographie: Amy Greenfield, Video: Leacock
1981 *Rebuilding an Old Japanese House,* mit Rachel Strickland
1982 *Community of Praise*
In Arbeit: *Niels Bohr: On Understanding Quantum Physics,* mit Glorianna Davenport u. Victor Weisskopf; *Louise Brooks,* mit Susan Woll

Erwin Leiser

Geboren 1923 in Berlin. 1938 Emigration nach Stockholm. 1950–1958 Feuilletonredakteur des «Morgon Tidningen». Seit 1961 in Zürich. Von 1966 bis 1969 künstlerischer Direktor der DFFB Berlin. Eigene Firma: Erwin Leiser-Filmproduktion. Neben zeitgeschichtlichen Filmen einen Zyklus von Künstler-Filmen seit 1973. Kurzporträts für das Monatsmagazin des Schweizer Fernsehens: über Carl Bucher (1975), Carl Fredrik Reutswärd (1976), Hermann A. Sigg (1977), Friedrich Dürrenmatt als Maler (1978), Dürrenmatt und Varlin (1979), Hans Fischli (1979).

Seit 1975 Mitarbeit an den meisten Filmen: Vera Leiser.
1960 *Den blodiga tiden* (*Die blutige Zeit;* dt. Tl: *Mein Kampf*), P: Minerva-Film, Stockholm - 122
1961 *Eichmann und das Dritte Reich,* P: Präsens-Film, Zürich - 89
1963 *Wähle das Leben,* P: Hans Deutsch, Leiser - 55
1968 *Deutschland erwache!* P: Leiser (und bei allen folgenden Filmen) - 90
1972 *Keine Welt für Kinder* - 90 (kürzere Fassung: 50); *Opfer der Gewalt* - 25
1973 *Ich lebe in der Gegenwart,* Ton: Barbara Kopple - 45 (über Hans Richter)
1974 *Von Bebel zu Brandt* - 45
1975 *Ellis Larkins,* Ton: Barbara Kopple - 8; *Weil sie Frauen sind* - 58; *Frauen in der dritten Welt* - 54
1976 *Die Welt des Fernando Botero* - 30
1977 *Bram van Velde* - 25; *Edward Kienholz* - 47
1978 *Männer im besten Alter* - 58; *Die versunkenen Welten des Roman Vishniac* - 42
1979 *Willem de Kooning und das Unerwartete* - 50; *De Kooning malt* - 35
1981 *Arshile Gorky* - 12; *Die Leidenschaften des Isaac Bashevis Singer* - 45; *Stille Stellen - Der Schweizer Künstler Hans Fischli* - 45; *Raphael Soyer - Wanderer durch New York* - 28
1982 *Leben nach dem Überleben* - 60; *Lügen Bilder wirklich nicht?* (in der ZDF-Reihe «betrifft: Fernsehen») - 30
In Arbeit: *Das furchtlose Auge - Die amerikanische Fotografin Berenice Abbott* (ca. 30); *Botero als Bildhauer* (ca. 30); *Alltag im Dritten Reich* (Arbeitstitel), mit Eberhard Itzenplitz (ca. 100)

Chris Marker

Geboren 1921 in Ourga. Studium der Philosophie, im Zweiten Weltkrieg im Maquis. Kolumnist und Filmkritiker (alternierend mit André Bazin) der linkskatholischen Zeitschrift «Esprit»; Mitarbeiter der «Cahiers du Cinéma». Reise- und Essayfilme in den fünfziger und sechziger Jahren. Mit der Gründung der Gruppe SLON 1967 (ab 1973/74 Iskra) wird Marker zur Zentralfigur des militanten Kinos in Frankreich; er hat viele Filme mitgeprägt, auch wenn er nicht ausdrücklich in Erscheinung trat. Wichtig auch als Bearbeiter von Filmen aus der Dritten Welt, z.B. *El primer año* von Guzman (1971).
1950 *Les statues meurent aussi,* mit Alain Resnais - 32 (von der Zensur zehn Jahre lang zurückgehalten)
1952 *Olympia 52* - k
1955 *Dimanche à Pékin* - 22
1958 *Lettre de Sibérie* - 80
1960 *Description d'un combat* (*Beschreibung eines Kampfes*) - 60
1961 *Cuba si* - 60 (verfälschte, gekürzte ZDF-Version: *Die verkaufte Revolution/Castros Verrat an Cuba* - 45)
1962 *Le joli mai,* K: Pierre Lhomme - 165; *La jetée,* dt. Tl: *Am Rande des Rollfelds,* «Foto-Roman», Science-fiction - 28
1965 *Le mystère Koumiko* - 54
1966 *Si j'avais quatre dromadaires* - 50
1967 *Loin du Vietnam,* R.: Godard, Ivens, Klein, Lelouch, Resnais, Varda, S: Marker - 115; *La sixième face du Pentagone,* mit François Reichenbach - 28
1968 *A bientot j'espère,* mit Mario Marret - 43
1969 *Le deuxième proces d'Arthur London* (*Der zweite Prozeß Arthur London*) - 30; *Jour de tournage; Les mots ont un sens* (*Die Worte haben einen Sinn*) 20
1970 *Carlos Marighela* - 17; *La Bataille des dix millions* (*Die Schlacht der zehn Millionen*) Co-P: I.C.A.I.C., Havanna, K: Santiago Alvarez, Noticieros - 53; *Die Kamera in der Fabrik,* P: für NDR - 90;
1971 *Le train en marche* - 32 (über A. Medwedkin)
1972 *Vive la Baleine,* mit Mario Ruspoli
1973 *L'ambassade* - 20
1974 *La solitude du chanteur de fond* - 60
1975 *La spirale,* R: Armand Mattelart, Jacqueline Meppiel, Valerie Mayoux, Mitarbeit: Marker, Silvio Tendler, Pierre Flament - 1
1977 *Le fond de l'air est rouge,* T.1: *Les mains fragiles* (1. Du Viet-nam à la mort du Che, 2. Mai 68 et tout ça), T.2: *Les mains coupées* (1. Du printemps de Prague au programme commun, 2. Du Chili à - quoi, au fait?) - 242 (dt. Tl.: *Rot ist die blaue Luft,* SL: zweimal 90)
1981 *Junkopia* - k
1982 *Sunless* (in Arbeit) - ca. 100

Peter Nestler

Geboren 1937 in Freiburg i. Br. Fabrikarbeit, Volontariat in Hamburger Exportfirma, zwei Jahre zur See gefahren. Münchener Kunstakademie: Malerei, Siebdruck. Nebenrollen in Spielfilmen (*Schwarzer Kies* von Käutner, 1960, *Abschied* von Lilienthal, 1965). 1966 Auswanderung nach Stockholm, weil keine Produktionsmöglichkeiten mehr in der BRD. Ab 1968 fest angestellt bei Sveriges Radio (Zweiter Kanal); vorwiegend Bearbeitung von Sendungen für das Kinder- und Jugendprogramm, daneben eigene Filme, ab 1967 meist mit Zsóka Nestler.
1962 *Am Siel,* mit Kurt Ulrich - 13
1963 *Aufsätze,* mit Ulrich - 10
1964 *Mülheim* (*Ruhr*), mit Reinald Schnell - 13; *Ödenwaldstetten,* mit Ulrich - 36
1965 *Rheinstrom,* mit Schnell - 13; *Ein Arbeiterclub in Sheffield* (Sende-Tl.: *Menschen in Sheffield*), K: Dirk Alvermann - 43; *Von Griechenland,* mit Schnell - 28
1967 *I Ruhromradet* (*Im Ruhrgebiet*), mit Zsóka Nestler, Schnell - 34
1968 *Sightseeing,* Text: Peter Weiss - 10; *Samhällelig Förbrytelse* (*Gesellschaftliches Verbrechen*), Video - 7; *Greker i Sverige* (*Griechen in Schweden*), K: Kurt Cronwall - 28
1969 *I Budapest* (*In Budapest*), mit Zsóka Nestler - 10; *Glunt* - 10; *Upp för Donau* (*Die Donau rauf*), mit Zsóka Nestler (und von jetzt an bei allen Filmen) - 28; *Hur bygger man en orgel?* (*Wie baut man eine Orgel?*) - 24
1970 *Varför är det krig?* (*Warum ist Krieg?*) - 16; *Hur gör man glas?/Hantverksmässig* (*Wie macht man Glas?*)/ *Handwerksmäßig*) - 24; *Hur gör man glas?/Maskinell*

(*Wie macht man Glas?/Maschinell*) – 24; *Att vara zigenare* (*Zigeuner sein*) – 47
1971 *Far de komma igen?* (*Dürfen sie wiederkommen?*), Film über Neofaschismus in der BRD, nicht gesendet – 46; *Om boktryckets uppkomst* (*Über das Aufkommen des Buchdrucks*) – 24; *Boktryck offset* (*Buchdruck Offset*) – 24
1972 *Bilder fran Vietnam* (*Bilder von Vietnam*) – 24; *Om papperets historia/Del 1* (*Über die Geschichte des Papiers/Teil 1*) – 24; *Om papperets historia/Del 2* (*Über die Geschichte des Papiers/Teil 2*) – 25; *Fos-sur-mer* – 24
1973 *Spanien!*, P: WDR, mit Taisto Jalamo – 44; *En skola i Ungern* (*Eine Schule in Ungarn*) – 24
1974 *Tyg/Del 1* (*Stoff/Teil 1*) – 29; *Tyg/Del 2* (*Stoff/Teil 2*) – 28; Film über Chile – Beitrag zu einem Jugendmagazin, nicht gesendet – 23
1975 *Bergshantering/Järnhantering* (*Erzbergbau/Eisenherstellung*), 3 Teile, je 29
1976 *Pinets dockor* (*Pinets Puppen*) – 15
1977 *Utlänningar/Del 1/Batar och kanoner* (*Ausländer/Teil 1/Schiffe und Kanonen*) – 44
1978 *Utlänningar/Del 2/Le Rom* (*Ausländer/Teil 2/Zigeuner*) – 19; *Utlänningar/Del 3/Iranier* (*Ausländer/Teil 3/Iranier*) – 29; *Utlänningar/Del 4/Iranier/Fortsättning* (*Ausländer/Teil 4/Iranier/Fortsetzung* – 29; *... nagot om USA's Indianer* (*... etwas über die Indianer der USA*) – 13
1979 ff. «Einführungen» zu anderen Filmen (z.B. von Zeichnungen der Eskimos oder zu ihrer Geschichte)
1981 *Ar freden författningsfientlig?* (*Ist der Frieden verfassungsfeindlich?*), mit Kushan Romarc, K: Lars Hallengren – 60; *Ar freden ...* T. 2, Video – ca. 16; *Mi país – mitt land* (*Mein Land*) – 7; für Sendung «Hiroshima framför oss?» (Hiroshima vor uns?) Kurzfilm von Zeichnungen/gemalten Bildern und von schwedischen Kindern gelesenen Zeugenaussagen der «Children of the A-Bomb» – 5
1982 *Victor Jaras barn* (*Victor Jaras Kinder*), K: Göran Undén – T.1: 23, T.2: 19

Marcel Ophüls

Geboren 1927 in Frankfurt a.M., Sohn des Regisseurs Max Ophüls (eigentlich Oppenheimer) und der Schauspielerin Hilde Wall. 1933 Exil, zuerst in Frankreich, ab 1940 in den USA. Dort Schule und Studium (ab 1947); Abschluß an der Sorbonne in Paris. Von 1951 bis 1955 Assistenz u.a. bei John Huston (*Moulin Rouge*) und Max Ophüls (*Lola Montès*). Ab 1957 Hör- und Fernsehspiele für den Südwestfunk Baden-Baden, noch unter dem Namen Marcel Wall. Danach in Frankreich, von 1965 bis 1968 beim französischen Fernsehen ORTF in Paris (vor allem Magazinbeiträge). Nach dem Mai 1968 entlassen, da er sich mit der Protestbewegung solidarisiert hatte. Ab 1979 wieder in Paris. In der Filmographie sind die Längen der fürs Fernsehen produzierten Dokumentarfilme mit 25 Bildern in der Sekunde gemessen.
1957 *Groschenballade* – 20
1958 *Darf ich mitspielen? Ein Zirkusspiel*, Fsp., nach Marcel Archard; während der Proben abgebrochen; *Standpunkte* nach A. Polgar – 10; *Das Pflichtmandat*, Fsp., nach John C. Mortimer, live gesendet, nicht aufgezeichnet – 56
1960 *Matisse ou le talent du bonheur* – 50
1962 *München*, Spf., dt. Episode aus *L'amour à vingt ans/Liebe mit zwanzig* – 19; die anderen Episoden von Truffaut, Renzo Rossellini, Ishihara, Wajda
1963 *Peau de banane* (*Heißes Pflaster*), Spf. – 97
1964 *Faites vos jeux, Mesdames* (*Ab heute wieder Niederschläge*), Spf., – 79
1967 *Till Eulenspiegel*, Fsp., zwei Teile, P: ZDF, R: Martin Frič, B: Ophüls – 170; *Munich ou la paix pour cent ans*, T.1: *La faiblesse des bons*, T.2: *Le malice des mechants* (*Hundert Jahre ohne Krieg oder das Münchner Abkommen von 1938*), P: ORTF – franz. SL: 200, dt. SL: 130 (in einem Teil)
1969 *Le chagrin et la pitié* (*Der Kummer und das Mitleid*). *Chronique d'une ville français sous l'occupation*, dt. Tl: *Das Haus nebenan. Chronik einer französischen Stadt im Kriege*. T.1: *L'effondrement* (*Clermont-Ferrand und die Niederlage*), T.2: *Le choix* (*Clermont-Ferrand und der Widerstand*), BRD (NDR)/Schweiz – franz. KL: 256; dt. SL: 110 (T.1) und 109 (T.2) – UA: TV-BRD 1969; Kino Frkr.: 1971; TV Frkr.: 1981
1970 *Clavigo*, Studioaufzeichnung (NDR) der Kortner-Inszenierung am Deutschen Schauspielhaus Hamburg – 128; *Die Ernte von My Lai, Auswirkungen eines Massakers*, P: NDR – 45; *Auf der Suche nach meinem Amerika*, P: NDR, 2 Teile – 75, 72; *Zwei ganze Tage*, P: Studio Hamburg, Fsp. nach Sacha Guitry – 74
1972 *A Sense of Loss*, USA/Schweiz – 132
1976 *The Memory of Justice*, T.1: *Nuremberg and the Germans*, T.2: *Nuremberg and the other Places* (*Nicht schuldig?*), USA/BRD/GB – 278 – zum Rechtsstreit um den Film siehe S. 124 f.
1980 *Kortnergeschichten. Über den Schauspieler und Regisseur Fritz Kortner – ein Porträt*, P: NDR – 45
1982 *Yorktown – le sens d'une victoire* – 87

RuhrFilmZentrum

Gegründet 1978 in Witten an der Ruhr von Christoph Hübner und Gabriele Voss, zusammen mit Werner Ružička, Thomas Janßen u. a., als Zentrum für regionale Filmarbeit, Aufgaben: Produktion von Filmen im Ruhrgebiet, u. a. des Filmzyklus *Prosper/Ebel – Chronik einer Zeche und ihrer Kolonie;* Aufbau eines regionalen Verleihs; Unterstützung dokumentarischer Amateurfilmarbeit.
Christoph Hübner, geboren 1948 in Heidelberg, abgebrochenes Jurastudium. HFF München 1971 bis 1975, danach Dozent an der Filmklasse der Hochschule für Bildende Künste Hamburg, 1978 Umzug ins Ruhrgebiet.
Gabriele Voss, geboren 1948 in Hagen/Westfalen, Studium der Germanistik und Soziologie in Heidelberg und München, Dr.phil. 1976 in Hamburg. Lehrtätigkeit u.a. in Hamburg und Oldenburg. Buchveröffentlichung: «Die Kunst, die Welt zu zeigen», 1980. Seit 1978 im Ruhrgebiet.

Gemeinsame Filme von Gabriele Voss und Christoph Hübner vor Gründung oder außerhalb des RuhrFilmZentrums:
1971 *Prag-Film,* P: HFF – S-8, aufgeblasen auf 16 – 24
1973 *Drei Ansichten einer Stadt,* P: HFF – 76
1974 *Huckinger März,* Spf., P: HFF und Sozialistische Jugend «Die Falken», Bezirk Niederrhein – 85
1976 *Vom Alltag einer Krise,* P: HFF – 62
1978 *Lebensgeschichte des Bergarbeiters Alfons S.,* P: Institut für Filmgestaltung Ulm, Hübner-Filmproduktion, acht Teile, ca. je 30 (Videofassung: 22 Stunden)
1979 *Tor 2,* zusammen mit Wildenhahn, Jutta Uhl, Rainer Komers, Helmut Herbst, Super-8, aufgeblasen auf 16 – 31

Filme des RuhrFilmZentrums: Zyklus *Prosper/Ebel – Chronik einer Zeche und ihrer Kolonie*
1980 *Die Einführung,* R: Gabriele Voss, Christoph Hübner, Theo Janßen, P: für WDR-Schauplatz – SL: 45, KL: 65 (1982); *Hier ist ja auch ein Arbeitsleben der Frauen,* R: G. Voss, Christa Donner, P: für WDR-Schauplatz – SL: 45, KL: 40 (1982)
1981 *Die Einwanderer,* R: G. Voss, Ch. Hübner, P: für ZDF – 84; *Matte Wetter – Arbeit unter Tage,* R: Ružička, Janßen, P: mit LZB – 64
1982 *Inmitten von Deutschland,* R: G. Voss, Ch. Hübner, P: mit Mitteln des Kuratoriums Junger dt. Film u. d. NRW-Filmförderung – 120

Außerhalb des Zyklus
1980 *Grüße vom Nachbarn Karl,* R: Ch. Hübner – 18
1982 *Räumung und Abriß des Hauses Auguststraße Nr. 5,* R: G. Voss, Ch. Hübner – 21

Alexander J. Seiler – siehe Kovach

Gerhard Scheumann – siehe Heynowski

Dietrich Schubert

Geboren 1940 in Görlitz. Aufgewachsen im Allgäu und im Rheinland. Mittlere Reife. Zwei Jahre zur See gefahren. Fotografenlehre. Ab 1966 Kamera- und Regieassistenz. Erste eigene Filme. Seit 1968 freier Filmemacher, eigene Filmproduktion, meist im Auftrag von Fernsehanstalten. Häufig sein eigener Kameramann.
1966 *Soldat* – 3
1967 *A & Z,* Exf. – 9
1968 *Wir sind stärker geworden* – 33; *Demonstrantenselbstschutz* – 7
1969 *Schafft 2, 3, 4 – Cine Journale,* TV-Sendung (NDR) – 45
1970 *Bertolucci/Taviani/Bene,* TV-Sendungen (WDR) – je 30
1971 *Zerstörungen,* mit Edith Schmidt, G. Boege – 45; *Wir haben ja doch keine Chance,* K: Arne Houben – 15
1972 *Schön ist die Jugendzeit,* mit Edith Schmidt – 45
1973 *Lieder gegen rechts,* K: Houben – 45; *Warum die Mehrheit schweigt,* mit Jürgen Alberts, Sven Kunze – 30; *Wenn Wallraff kommt,* mit Robert Hartmann – 45
1974 *Jugend auf dem Lande,* K: Alberto Montani – 30; *Die Zeit ist für die Lieder und gegen die Panzer,* mit Klaus Salge – SL: 60, KL: 90
1975 *Bruder Lucas,* K: S. und Montani –30; *Malteserhof,* K: Karsten H. Müller – 30; *Kommunikation am Arbeitsplatz,* mit Alberts, K: S. und Jürgen Paul – 30; *Die Betriebszeitung,* mit Jürgen Alberts – 30
1976 *Was fange ich mit dem Fernsehen an?,* K: Müller – 30; *Klatsch und Gerücht,* Spf., K: Müller – 30; *Widerstand und Verfolgung in Köln 1933–1945,* K: Montani, Wilfried Kaute – 93; *Bisher haben wir ja immer nur gearbeitet. Ein Arbeiter wird Rentner,* K: Müller – 86
1977 *Die Chemiearbeiterstadt. Wohnen in Halle-Neustadt/DDR,* mit Katharina Schubert, K: Müller – 45
1978 *Ich bin 18 Jahre alt und lebe in der DDR,* mit K. Sch., K: Müller – 45; *... mein Vater war Bergmann. Auf der Suche nach alten Liedern im Ruhrgebiet* (1), K: Müller – 45
1979 *Das ist des Arbeitsmannes Los. Auf der Suche nach alten Liedern im Ruhrgebiet* (2), K: Dietmar Kalinowski – 82; *Da hab ich ja noch Glück gehabt. Eine Studentin wird Lehrerin,* K: Müller – 80
1980 *Steck lieber mal was ein. Ein Schüler wird Lehrling,* mit K. Sch., K: Müller u. Frieder Wagner – 90; *Nachforschungen über die Edelweißpiraten,* K: Yoash Tatari, Kalinowski – 90; *Kronenberg – das stirbt ja doch ganz aus. Sanierung durch Fremdenverkehr?,* mit K. Sch., K: Tatari, Kalinowski – 45; *365 Tage im Jahr* – 45
1981 *Ein Film über den dichter werdenden Nebel im deutschen Winterwald* – 17; *So wie uns geht es tausend anderen* – 45
1982 *Es geht um mehr als nur ums Überleben* – 14
Projekt: *Standortbestimmung* (Arbeitstitel, Spf.)

Gisela Tuchtenhagen – siehe Wildenhahn

Gabriele Voss – siehe RuhrFilmZentrum

Klaus Wildenhahn/Gisela Tuchtenhagen

Klaus Wildenhahn, geboren 1930 in Bonn. Aufgewachsen in Berlin, Studium der Soziologie, Publizistik und Politologie in Westberlin und USA, 1954 abgebrochen. Bis 1958 in London, vorwiegend als Krankenpfleger. Seit 1959 beim NDR, zuerst bei der «Fernsehlotterie», ab 1960 als Realisator bei «Panorama», seit 1964 fest angestellt in der Abteilung Fernsehspiel. Wichtigste Mitarbeiter: Rudolf Körösi (K), Herbert Selk (Ton). 1968 bis 1972 Dozent an der DFFB Berlin, 1971 bis 1980 Zusammenarbeit mit Gisela Tuchtenhagen (Mitautorin, Kamera). Macht in seinen Filmen seit 1968 in der Regel den Ton.

Gisela Tuchtenhagen, geboren 1943 in Varchmin (Pommern). Studium der Fotografie 1966 bis 1968. Studium an der DFFB 1968 bis 1971. Ab 1977 Lehrauftrag für Dokumentarfilm an der DFFB. Seit 1980 Ausbildung als Krankenschwester.

Filme von Gisela Tuchtenhagen (ohne Wildenhahn)
1969 *Requiem für eine Firma,* mit Horst Schwaab – 72;
1972 *Was ich von Maria weiß,* Abschlußfilm DFFB – 18; *Macht die Pille frei?,* R: Helke Sander, Sarah Schumann, K: G. T. – 60 (Kurzfass. 43)

1978 *Sing, Iris – Sing,* R: mit Monika Held, P: NDR – 90
1979 *Lütte Lüüd üm' Grootnömarkt rüm,* R: G. T., P: NDR, plattdeutscher Film – 45
1980 *Schneide, aber schneide nicht tief,* R: Eva Hofmann, K: G. T. – 45

Filme von Klaus Wildenhahn (soweit nicht anders angegeben: für NDR)

1961 *Der merkwürdige Tod des Herrn Hammarskjöld,* Autor: Gösta von Uexküll – 43
1962 *Der Tod kam wie bestellt,* Autor: Gert von Paczensky – 43
1963 *Zwischen 3 und 7 Uhr morgens,* mit Heinz Wulkow, (K.), Herbert Selk – 9
1964 Panorama-Beiträge über die Parteitage von SPD, CDU, CSU, mit Rudi Lauschke, Rudolf Körösi, Selk – je ca. 5; *Parteitag 64,* mit Lauschke, Körösi, Selk, für Panorama, nicht gesendet, 1. öffentliche Aufführung 1980 – 18
1965 *Bayreuther Proben,* mit Körösi, Jürgen Keller, Selk – 67 (Kurzfass. 31); *Eine Woche Avantgarde für Sizilien,* mit Körösi, Selk – 41; *Smith, James O.,* mit Körösi, Selk, 2 Teile – 43, 55
1966 *John Cage,* mit Körösi, Selk – 56
1967 *498, Third Avenue,* mit Körösi, Selk – 79; *In der Fremde,* mit Körösi, Selk – 78 (Kurzf. 63)
1968 *Heiligabend auf St. Pauli,* K: Hans-Joachim Theuerkauf – 49; *Harlem Theater,* K: Christian Schwarzwald – 110 (Kurzf. 60)
1969 *Der Reifenschneider und seine Frau,* K: Roland Hehn, P: DFFB – 64; *Institutssommer,* K: Michael Busse – 88
1970 *Wochenschau II und III,* P: DFFB, mit Busse, Gardi und Rolf Deppe, Thomas Mitscherlich, Cristina Perincioli, H. H. Prinzler, Gisela Tuchtenhagen – 26, 60
1971 *Der Tagesspiegel,* K: Rolf Deppe, zwei Teile, nur 1. Teil gesendet – 92, 72; *Der Hamburger Aufstand Oktober 1923,* mit Reiner Etz, G. T., P: DFFB, 3 Teile: 40, 43, 32
1972 *Harburg bis Ostern,* mit Stephan von Ballaer, G. T. – 75
1974 *Die Liebe zum Land,* T.1: *Familienbetrieb mit 64 Stück Milchvieh,* T.2: *Drei Treckerfahrer, ein Melker und ihre Frauen,* mit Thomas Hartwig, G. T. – 74, 70; *Fünf Bemerkungen zum Dokumentarfilm,* mit G. T., Angelika Wittlich, P: WDR – 45
1975 *Der Mann mit der roten Nelke,* mit G. T. – 60
1976 *Emden geht nach USA,* T.1: *Abbauen, Abbauen* – 59, T.2: *Wir können so viel* – 60, T.3: *Voll rein* – 57, T.4: *Und nun kommst du* – 57, P: NDR/WDR, mit G. T.; *Im Norden das Meer, im Westen der Fluß, im Süden das Moor, im Osten Vorurteile,* mit G. T., P: NDR/WDR – 63
1979 *Tor 2,* mit Jutta Uhl, Rainer Komers, Helmut Herbst, Christoph Hübner, Gabriele Voss, Super-8, auf 16 mm aufgeblasen – 31
1980 *Der Nachwelt eine Botschaft,* mit G. T. – 103 (Kurzf. 45)
1981 *Bandonion I: Deutsche Tangos, Bandonion II: Tango im Exil,* mit Günter Westerhoff (B-Mitarbeit), Rainer Komers (K) – 52, 45
1982 Film über Pina Bausch und Wuppertal (in Arbeit)

Frederick Wiseman

Geboren 1930 in Boston. 1951 Bachelor of Arts, 1954 Abschluß des Jurastudiums. Juraprofessor in Boston. Produziert 1963 *The Cool World* von Shirley Clarke. Unabhängiger Filmemacher ab 1967. Eigene Firma Zipporah Films in Boston. Die meisten Filme mit dem Kameramann William Brayne (Ausnahmen sind genannt). Ton und Schnitt bei allen Filmen: Wiseman. Alle Filme schwarzweiß. Längen: gemessen in 24 Bildern/Sekunde.

1967 *Titicut Follies,* Co-Regie und K: John Marshall – 87
1968 *High School,* K: Richard Leiterman – 75
1969 *Law and Order* – 81
1970 *Hospital* – 84
1971 *Basic Training* – 89
1972 *Essene* – 86
1973 *Juvenile Court* – 144
1974 *Primate* – 105
1975 *Welfare* – 113
1976 *Meat* – 113
1977 *Canal Zone* – 176
1978 *Sinai Field Mission* – 127
1979 *Manoeuvre,* K: John Davey – 115
1980 *Model,* K: John Davey – 129
1982 *Serafita's Diary,* Spf.

Bibliographie

Allgemein

ERIK BARNOUW, Documentary. A History of the Non-Fiction-Film, New York 1974
RICHARD MERAN BARSAM, Nonfiction Film, A Critical History, London 1974
RICHARD MERAN BARSAM (Ed.), Nonfiction Film. Theory and Criticism, New York 1976
FREUNDE DER DEUTSCHEN KINEMATHEK, Redaktion: Wilhelm Roth, Der Dokumentarfilm – ein Modellseminar. Berlin 1978
ULRICH GREGOR, Geschichte des Films ab 1960, München 1979
LEWIS JACOBS, The Documentary Tradition, 2nd Edition, New York 1979
G. ROY LEVIN, Documentary Explorations. 15 Interviews with Film-Makers, New York 1971
ALAN ROSENTHAL, The New Documentary in Action: A Casebook in Film Making, Berkeley 1971
ALAN ROSENTHAL, The Documentary Conscience. A Casebook in Film Making, Berkeley 1980
WESTDEUTSCHE KURZFILMTAGE OBERHAUSEN, Redaktion: Wolfgang Ruf, Möglichkeiten des Dokumentarfilms, Oberhausen 1979
KLAUS WILDENHAHN, Über synthetischen und dokumentarischen Film. Zwölf Lesestunden, Frankfurt a.M. 1975

Zeitschriften

Cinema, Zürich
epd-Kirche und Film, Frankfurt a.M.
Film und Fernsehen, Berlin (DDR)
Filmfaust, Frankfurt a.M.
Filmkritik, München
Frauen und Film, Berlin
medium, Frankfurt a.M.
Zoom, Bern

Festival-Informationen und -Berichte

Duisburger Film-Woche, Dokumentationen
Festival International de Cinema, Nyon, Programmhefte
Internationale Leipziger Dokumentar- und Kurzfilmwochen für Kino und Fernsehen, Protokolle
Internationales Forum des Jungen Films, Berlin, Informationsblätter
Westdeutsche Kurzfilmtage, Oberhausen, Berichte

Kapitel 1

MICK EATON (Ed), Anthropology – Reality – Cinema. The Films of Jean Rouch, London 1979
M. ALI ISSARI, DORIS A. PAUL, What is Cinéma Vérité? Metuchen (N. J.), London 1979
STEPHEN MAMBER, Cinema Verite in America: Studies in Uncontrolled Documentary, Cambridge, Mass. und London 1974
LOUIS MARCORELLES, Living Cinema. New Directions in Contemporary Film-Making, London 1973

Kapitel 2 und 9

CLAUDE MICHEL CLUNY, Dictionnaire des nouveaux cinémas arabes. Paris 1978
GUY HUNNEBELLE, Guide des films anti-impérialistes, Paris 1975
GUY HUNNEBELLE, KHEMAIS KHAYATI, La Palestine et le cinéma, Paris 1977
GUY HUNNEBELLE, CATHERINE RUELLE, Cinéastes d'Afrique noir, Paris 1978
GUY HUNNEBELLE, ALFONSO GUMUCIO-DAGRÓN, Les Cinémas de L'Amérique latine, Paris 1981
ECKART JAHNKE, MANFRED LICHTENSTEIN, Kubanischer Dokumentarfilm, Berlin (DDR) 1974
PETER B. SCHUMANN (Hg.), Kino und Kampf in Lateinamerika. Zur Theorie und Praxis des politischen Kinos, München 1976
PETER B. SCHUMANN, Kino in Kuba, 1959–1979. Oberhausen/Frankfurt a.M. 1980
PETER B. SCHUMANN, Handbuch des Lateinamerikanischen Films. Berlin/Frankfurt a.M. 1982

Kapitel 4 und 6

WILHELM ROTH, Dokumentaristen. Wege zur Wirklichkeit. In: Jansen/Schütte (Hg.), Film in der DDR, München 1977
WILHELM ROTH, Die Kehrseite der Medaille. Schweizer Dokumentaristen sehen ihr Land. In: Jansen/Schütte (Hg.), Film in der Schweiz, München 1978

Kapitel 7

JAY LEYDA, Filme aus Filmen. Eine Studie über den Kompilationsfilm, Berlin (DDR) 1967

Kapitel 11

HEINZ NIGG, GRAHAM WADE, Community Media. Community communication in the UK: video, local TV, film, and photography, Zürich 1980
CARL-LUDWIG RETTINGER, Lieber Video in der Hand als Film im Kopf, Berlin 1980

Verleiherverzeichnis

Bundesrepublik

Basis-Film Verleih, Güntzelstr. 60, 1000 Berlin 31 (Schwerpunkt: Dokumentarfilme aus der BRD)
Cine Terz, Buschstr. 18, 5300 Bonn 1 (Dritte Welt)
CON, Westerdeich 38, 2800 Bremen (Dritte Welt)
Freunde der Deutschen Kinemathek, Welserstr. 25, 1000 Berlin 30 (Dritte Welt, viele wichtige Einzelfilme aus den USA und Europa)
Stiftung Deutsche Kinemathek, Pommernallee 1, 1000 Berlin 19 (Wildenhahn, Nestler, Filme der DFFB)
Unidoc, Dantestr. 29, 8000 München 19 (DDR, Arbeitskampf)
Verleihgenossenschaft der Filmemacher, Alfonsstr. 1, 8000 München 19 (Nord-Süd-Filme, Filme für Bürgerinitiativen)
Zentral-Film-Verleih, Friedensallee 7, 2000 Hamburg 50 (Arbeitskampf, Filme für Bürgerinitiativen)

Österreich

Filmladen, Mariahilferstr. 58/7, 1070 Wien (Auswahl aus dem Angebot der BRD-Verleiher)

Schweiz

Filmcooperative Zürich, Josefstr. 106, 8031 Zürich (Eigenproduktionen des Filmkollektivs, Schweizer Filme)
Film-Pool des Schweizerischen Filmzentrums, Münstergasse 18, 8001 Zürich (Schweizer Filme)
SABZ: Schweizerische Arbeiterbildungszentrale, Monbijoustr. 61, 3000 Bern 23 (Arbeitswelt)
Selecta-Film, Rue de Locarno 8, 1700 Fribourg (Dritte Welt, Schweizer Filme)
Zoom, Saatwiesenstr. 22, 8600 Dübendorf (Dritte Welt, Schweizer Filme)

Fotonachweis

Freunde der Deutschen Kinemathek: 62
Archiv des Autors: 24
Westdeutscher Rundfunk: 23
Norddeutscher Rundfunk: 18
Westdeutsche Kurzfilmtage: 13
Defa: 13
Petra Goldmann: 8
Archiv Ulrich Gregor: 7
Schweizerisches Filmzentrum: 7
RuhrFilmZentrum: 6
Archiv Peter B. Schumann: 6
Institut für Filmgestaltung Ulm: 6
Marlies Graf: 5
Elfi Mikesch: 5
Hans-Dieter Grabe: 4
Christoph Wenk: 4
Drew Ass.: 4
Peter Nestler: 4
National Film Board of Canada: 4
Flower Films: 4
Medienwerkstatt Freiburg: 3
Filmkraft Peter Heller: 2
Teldok: 2
Gerhard Schoenberner, Der gelbe Stern: 1
Chronos Film: 1
Staatliches Filmarchiv der DDR: 1

Redaktioneller Hinweis

Einige kurze Passagen des Buches sind, zum Teil verändert, den Aufsätzen des Autors «Die Kehrseite der Medaille. Schweizer Dokumentaristen sehen ihr Land», in Jansen/Schütte (Hg.), Film in der Schweiz, München 1978, und «Mut zum Privaten», in: Hans Günther Pflaum (Hg.), Jahrbuch Film 80/81, München 1980, entnommen, die beide im Hanser Verlag erschienen sind.

Register

Das Register erschließt alle unmittelbar mit der Produktion von Filmen befaßten Personen und Arbeitsgruppen sowie alle Originaltitel der Filme und alle im Buch wiedergegebenen Übersetzungen der Filmtitel. Die in den Anmerkungen und im Anhang genannten Personen und Filme wurden nicht erfaßt. Die Artikel der, die, das, ein, eine, the, a, le, les, un, une, il sind bei den Filmtiteln nachgestellt. Kursiv gesetzte Ziffern verweisen auf Abbildungen.

Personen und Arbeitsgruppen

Achúgar, Walter 36
Agosti, Silvano 98, 186
Aguilera, Miguel Angel 42
Alaimo, Louise 96
Alea, Tomás Gutierrez 28 f.
Alemann, Claudia 95 f., 164
Ali, M. A. 158
Al-Nahas, Haschim 161
Alvarez, Carlos 38 ff., 41
Alvarez, Julia de 38, 40
Alvarez, Santiago 28 ff., 33, 44, 56, 142, 164
Amiralay, Omar 159, 161 f.
Ammann, Peter 71
Anderson, Lindsay 10
Anderson, Michael 99
Antonio, Emile de 53, 139 f.
Antonioni, Michelangelo 167
Anzola, Alfredo J. 37
Armendáriz, Montxo 108
Asch, Timothy 182
Ashur, Geri 96
Aust, Stefan 16, 148, 186
Austin, Chris 166

Baake, Franz 123
Baer, Gertrud 96, 139
Balanchine, George 15
Balmaceda, Fernando 42
Ballhaus, Michael 192
Banchero, Marcos 37
Barjol, Jean-Michel 109
Bauer, Jochen 123
Becker, Lutz 124
Bednarczyk, Jerzy 78
Beerekamp, Hans 115
Belger, Michaela 96, 139
Bellochio, Marco 98, 186
Benning, James 189
Bergmann, David 127
Berliner Medienwerkstatt 199
Berta, Renato 186
Bertolucci, Bernardo 190
Bertram, Hans 119
Beyeler, Susanne 68 ff., 94, 100
Bichsel, Peter 72
Bird, Steward 141
Birri, Fernando 32, 35
Bittorf, Wilhelm 68
Bizzari, Alvaro 71, 97
Blank, Les 107, 109, 113 ff., *113*
Boadella, Albert 115
Bocchetti, Alessandra 47
Bodansky, Jorge 156
Böhm, Reinhold 150
Böhmer, Lucas Maria 68
Bolbrinker, Niels-Christian 100, 153
Bonfant, Antoine 164
Bossak, Jerzy 25, 121
Bott, Gerhard 149 f.
Böttcher, Jürgen 21 ff., 45, 60, 73, 76, 79, 88, 111
Boutemen, B. 162
Brandt, Henry 23, 70
Brauer, Max 24
Brault, Michel 18, ff.
Braun, Gerhard 94, 127
Brico, Antonia 96
Brod, Wolfgang 150
Brodman, Roman 146
Bronnen, Franziska 192
Bruck, Jerry 53 ff.
Brückner, Jutta 139
Brustellin, Alf 185
Brzozowski, Andrzej 122
Buñuel, Louis 40
Burnett, Charles 97
Burnett, Hugh 165
Busse, Michael 68, 93
Bütler, Heinz 71

Cabral, Amilcar 164
Cahn, Guillermo 42
Camino, Jaime 131, 133
Campos, Antonio 108 f.
Capps, Mary 136
Carvajal, Samuel 42
Cassard, Philippe 107
Cassavete, John 10
Castro, David 53
Cawston, Richard 147
Cespedes, Leonardo 42
Chaskel, Pedro 41 f., 44
Chabrol, Claude 10
Champion, Claude 109 ff.
Chaplin, Charles 29
Chapsal, Madeleine 130
Chatelain, Hélène 202
Chodakowski, Andrzej 104
Chopra, Joyce 15, 96
Choy, Christine 155
Chrudinak, Alaios 162
Chytilová, Věra 77, 97, 104, 192
Cine de la Base 35, 156
Cine Experimental de la Universidad de Chile 41
Cine Liberación 33
Cine Urgente 37
Cinelutte 91
Cinema Action 92 f., 116
Cinema Militante di Milano 102
Cinema Vincennes 158
Clarke, Shirley 95
Cloos, Hans Peter 186
Cohen, Maxi 193 f.
Cohen, Richard 98
Cohen, Robert 139
Cohn-Vossen, Richard 74, 137
Collettivo Femminista di Cinema 95 f.
Collins, Judy 96, 139
Conradt, Gerd 50 ff., 100
Cortázar, Octavio 29
Coutard, Raoul 18
Cozarinsky, Edgardo 129 f.
Craft, Robert 15
Crump, Paul 11, 13
Csányi, Miklós 79
Cunningham, Merce 25, 141
Cybulski, Tamara 206

Damen, Ernie 176
Daopoulos, Rony 95
Dárday, Istrán 79
Dassin, Jules 10
Davis, David 101
Davis, Peter 53, 166
Demant, Ebbo 127, 149 f.
Déveley, Louis 110
Di Giola, Herbert 113
Diaz, Jesus 157
Diamond, Frank 155, 157 f., 166
Dickinson, Margaret 136
Dietzel, Wolfgang 88
Dindo, Richard 111, 129 ff.
Doffini, Giovanni 108
Donner, Christa 115 f.

Downtown Community TV Center 202
Drasin, Dan 66
Drew, Robert 9, ff., 12 ff., 21, 23 f., 61 ff., 81, 147
Duarte, Ruy 164
Dufaux, Georges 195, 197
Dus, Zygmunt 105
Düsseldorfer Monatsschau 203

Ehrlich, Jacques 127
Eisenstein, Sergei M. 28, 31, 33, 161
Eisler, Hanns 119
Elek, Judit 78 f.
Elsaid, Daoub Abd 161
Ender, Hans Jürgen 112
Engel, Morris 10
Engel, Tobias 164
Engström, Ingemo 95, 128 f.
Enzensberger, Hans Magnus 131
Eschwege, Alexander von 16, 186
Espinosa, Julio García 28 f.
Estaban, Marta 157
Etz, Rainer 94, 134, *134*
Eustache, Jean 67, 109

Falk, Feliks 104
Farocki, Harun 50 ff.
Fassbinder, Rainer Werner 186, 205
Faye, Safi 163 f.
Fechner, Eberhard 133, 138
Feindt, Johann 138, 148
Feldman, Simón 32
Ferno, John 130
Fest, Joachim C. 124
Fett, Friedhelm 139
Fields, Connie 136
Filmer, Werner 94
Filmkollektiv Zürich 101
Filmwerkstatt 199
Firestone, Cinda 99
Fischler, Steven 141
Flaherty, Robert J. 11, 20
Fleischmann, Peter 68
Fleitas, Miguel 164
Flores, Carlos 42 f.
Flütsch, Johannes 68 ff., 72, 102
Fraga, Jorge 28 f.
Francovich, Allan 140
Forman, Milos 104
Förster, Wieland 74
Fox, Beryl 54
Freyes, Ellen 18
Frickel, Thomas 101
Friedman, Joel L. 176
Fröhlich, Sabine 101

Gallehr, Theo 61, 94, 145 f.
Ganda, Oumarou 16 f.
Gardner, Robert 182
Gass, Karl 22, 67, 73
Gasser, Yves 186
Gauer, Wolf 156
Gaus, Günter 148
Gerhards, Christiane 150
Gervitz, Roberto 156
Gessner, Peter 51
Getino, Octavio 32 ff., 38
Gförer, Jörg 94
Giefer, Thomas 49 f., 91, 109, 150 f.
Gilic, Vlatko 80
Giral, Sergio 29
Gitai, Amos 160
Gladitz, Nina 100
Gleyzer, Raymundo 36, 44
Godard, Jean Luc 10, 13, 17 f., 49 f., 57, 193, 202
Godmilow, Jill 96, 113, 139
Goedel, Peter 69
Goldmann, Petra 206
Goldstein, Alvin H. 140
Gómez, Manuel Octavio 28
Gómez, Sara 28 f.
Golik, Kreso 79
Gonseth, Frédéric 111
Gosling, Maureen 114
Gouri, Haim 127
Goutam Ghose 172
Grabe, Hans Dieter 151 ff.
Gradowski, Krzysztof 78
Graf, Marlis 71, 97, 155, 164, 195 f., *195*
Graf, Urs 99, 186, 202
Gray, Lorraine 96, 136
Green, Felix 54
Gregoretti, Ugo 94
Grey, Mike 97
Grierson, John 19
Grifi, Alberto 200
Groulx, Gilles 19
Gruppe Iskra 44 ff.
Gruppe Novemberfilm 102
Guerra, Ruy 27
Guevara, Alfredo 28
Gunten, Peter von 155, 177, 179
Guttner, Hans Andreas 70
Guzmán, Patricio 43, 45, 142, 156
Gyarmathy, Livia 79

Hadzismajlorić, Vefik 80
Hampton, Fred 97
Hanck, Frauke 78
Hancock, David 113
Handler, Mario 36 ff.
Hanig, Josh 101
Harlem Community Video 202
Hartwig, Thomas 102
Hassler, Jürg 47
Hecht, Werner 137
Held, Martin 122
Helle, Klaus 68 ff., 102
Heller, Peter 105, 153, 155, 177 ff., 180
Herbst, Helmut 93
Herman, Villi 71, 108, 128
Herrendoerfer, Christian 124
Herrera, Manuel 29
Herrmann, Konrad 108, 112
Herzog, Werner 190 f.
Heuser, Regine 69, 101
Heynowski, Walter 43, 45, 56, 67, 137, 148, 155
Hielscher, Almut 158
Hildebrandt, Dieter 123
Hitchcock, Alfred 187
Hoffman, Jerzy 10
Holland, Agnieszka 104
Hollenstein, Roman 71
Hondo, A.M. 162
Hörbiger, Christiane 61
Hörmann, Günther 48 ff., 93
Hübner, Christoph 88, 93, 115 f., 132, 136 f., 200
Hübner, Douglas 41
Hudlin, Warrington 98
Hudson, Sarah 15
Huillet, Danièle 190
Hurwitz, Leo 95, 141, 194
Hutterer, Carl-Franz 152
Ichikawa, Kon 21
Igel, Gilbert 164
Imhoof, Markus 99
INCINE 157
Isaacs, Jeremy 147
Ivens, Joris 9, 18, 47, 54 ff., *55*, 57, 66, 89, 107, 130, 142, 181, 187
Iversen, Fritz 88

Jackson, George 99
Jacob, Mario 37
Jacobs, Paul 99, 101
Jacusso, Nino 71
Jaffe, Patrícia 15
Jahn, Hartmut 100
Janßen, Karl-Heinz 123
Janßen, Theo 115 f.
Jawharieh, Hani 159
Jaworski, Tadeusz 22, 122, 124
Jendly, Roger 128 f.
Jennings, Humphrey 9
Jori, Bruno 23
Jung, Wolfgang 94
Junge, Winfried 22, 67, 75, 86, 141
Jurácek, Pavel 104
Jutkewitsch, Sergej 119

Kallweit, Marlis 69, 102
Kamieńska, Irena 104
Kant, Uwe 75
Kappeler, Friedrich 72
Karabasz, Kazimierz 10, 22, 77
Karmen, Roman 130 f., 148
Karnick, Hannes 94, 137
Kartemquin-Kollektiv 115
Kasper, Barbara 94
Katins, Sabine 164
Kazan, Elia 10
Kaźmiercak, Waclaw 121
Keller, Dan 101
Keller, Mary 136
Kettelhack, Andreas 98
Keuken, Johan van der 158, 186 ff.
Keusch, Erwin 149
Kieślowski, Krzysztof 78, 104
Kilencedik Emelet 79
King, Allan 20 f.
Klein, James 95 f., 132, 136
Klein, William 57
Kleinert, Peter 150
Klimas, L. 105
Klingman, Larry 132
Klopfenstein, Clemens 189
Kluge, Alexander 16, 49, 109, 186, 205
Knaudt, Ulrich 50
Knauer, Mathias 93, 186
Knott, Heidi 172, 176, 179 f.
Koenig, Wolf 19
Koepp, Volker 67, 73 f., 79, 86, 88, 103, 107, 112, 137
Kohlert, Werner 86
Kölner Wochenschau 203
Komers, Rainer 93, 200
Königstein, Horst 115
Kopiloff, Michel 166
Kopple, Barbara 95
Körösi, Rudolf 24 f., 61, 86
Kovach, June 67, 72
Kraak, Florence 102
Krauze, Antoni 104
Krieg, Peter 88, 146, 149, 153, 155, 172, 176 f., 179 f.
Krieg, Walter 94

Kroiter, Roman 19
Kroke, Wolfgang 127
Kubelka, Peter 114, 190
Kuhn, Rodolfo 32

Ladd, Alan 140
Lamothe, Arthur 67, 173
Lanaz, Lucienne 111
Landau, Saul 99, 101
Langjahr, Erich 102
Lawaetz, Gudie 59
Le Garrec, Nicole 107
Leacock, Richard *8*, 9 ff., 18, 23, 25, 61 ff., 67, 81, 87 f., 114, 145, 147, 202
Leder, Dietrich 88
Leduc, Paul 176
Lefort, Rene 164
Legnazzi, Remo 108, 116
Lehmann, Christian 21, 74, 86, 112
Leinweber, Ulrich 139
Leiser, Erwin 95, 123
Leupold, Hans-Eberhard 75, 86
Lelouch, Claude 57
«Les Cent fleurs» 202
Levine, Joseph 15
Liebmann, Rolf 45
Lindqvist, Jan 155, 157
Lipanjska Gibanja 23
Lipscomb, James 13
Lipscomb, Mance 114
Ljubojev, Petar 80
Littin, Miguel 42
Lohner, Helmut 61
Lökkeberg, Vibeke 95
Lomnicki, Jan 73
López, Rigoberto 166
Loridan, Marceline 18, 55, 66, 142, 166 ff.
Lovejoy, Samuel Holden 101
Lowenthal, John 140
Luart, Yolande du 96
Lyon, Danny 44

Maeder, F. E. 164
Mahomo, Nana 165
Mai-Kollektiv 93
Maier, Karl 63
Mainka, Maximiliane 109, 186
Majewski, Janusz 22, 121
Makassejew, Boris 130
Makeba, Miriam 165
Malle, Louis 172
Mallet, Maria Luisa 42
Mannstaedt, Per 100
Marcovelles, Louis 14, 19 f.
Marker, Chris 10, 18, 44, 51, 89, 91, 185
Marshall, John 182
Martí, José 30 f.
Marti, Walter 71
März, Rainer 68 ff. 94
Marzyński, Marian 22
Massip, José 28, 164
Maurer, Monica 93
Mayer, Harold 139
Maysles, Albert 9, 13, 15, 86
Maysles, David 15
Medienoperative Berlin 203, 206
Medienpädagogik-Zentrum Hamburg/ Hamburger Stadtjournal 203
Medienwerkstatt Freiburg 101, 205
Medvedkin, Alexander 91
Meerapfel, Jeanine 193 f.
Meienberg, Niklaus 129
Mekas, Adolfas 44
Mekas, Jonas 194
Méndez, Imanol 108
Menzel, Jiri 104
Mertens, Reni 71
Mészáros, Márta 79
Micheli, J. 164
Mikesch, Elfi 96, 146, 196 f.
Millett, Kate 96
Minow, Hans Rüdiger 49
Mitrotti, Mario 41
Mitchell, Dennis 147
Mitscherlich, Thomas 68 f.
Miyajima, Yoshio 46, *46*
Mnouchkine, Ariane 137
Mogulesco, Miles 96, 132, 136
Moign, Jean Francois la 102
«Mon Oeil» 202
Montani, Alberto 151
Moore, Dan 11, 13, *13*
Morder, Joseph 200
Morger, Pius 204
Morr, Jost von 123
Moullet, Luc 179
Mrakitsch, Michael 149
Muel, Bruno 162, 164
Mühe, Christa 137
Müller, Christoph 204
Müller, Hans-Dieter 48 ff.
Mund, Karlheinz 74, 112, 137
Munk, Andrzej 10
Murer, Fredi M. 111
Murray, Peter 113 f.
Mutschlechner, Elisabeth 164

Naderi, Amir 172 f.
Nes, Bettina van 206
Nestler, Peter 63 ff., 66, 88, 131 ff., 146
Neumann, Rüdiger 189
N'Gakane, Lionel 165
Nickel, Gitta 22, 74, 96, 112, 137
Nigg, Heinz 203
Nikolić, Zivko 80
Noldan, Sven 119
Novitch, Miriam 127

Oehme, Gunter 101
Offenberg, Mario 158
Ogawa, Shinsuke 100
Oinkadak, Denboran 108
Ophüls, Marcel 124 f., 127, 136, 148
Ophüls, Max 124
Oppermann, Ingrid 96
Oppitz, Michael 182
Osborn, K. Barton 56
Osheroff, Abe 132
Ossenbach, Hans Georg 150
Ott, Rainer 127

Paczensky, Gert von 24
Palance, Jack 140
Paolo, Marco 201
Papić, Krsto 79
Para, Violetta 37
Pasolini, Pier Paolo 109, 190
Patino, Basilio Martin 130
Pauli, Constantin 133
Paulose, G. P. 172
Pedersen, Vibeke 96
Pennebaker, D. A. 9 ff., 12 f., 15, 62
Peo, Sergio 155
Perrault, Pierre 19
Peters, Jü 68, 93
Petraglia, Sandro 98, 186
Pett, John 148
Pezold, Friederike 190
Pinkus, Gertrud 71
Piwowski, Marek 78
Politi, Edna 158
Popov, Stole 80
Poppelberg, Fritz 194
Praunheim, Rosa von 190 f.
Preminger, Otto 139

Radek, Udo 102
Rakowitz, Irene *194*, 195 f.
Ramírez, Alvaro 41 f.
Rance, Marc 194
Ray, Nicholas 190
Reichenbach, François 51
Reichert, Julia 95 f., 132, 136
Reidemeister, Helga 97, 196
Renz, Gottlieb 206
Reisz, Karel 10
Reitz, Edgar 49, 109, 149, 186
Resnais, Alain 57, 119
Richardson, Tony 10
Richter, Wolfgang 94, 137
Riefenstahl, Leni 119, 122
Rimmer, David 189 f.
Ríos, Héctor 42
Rios, Humberto 156
Rischert, Christian 69, 191 f.
Robichet, Théo 162
Robinson, Peter 98
Rocha, Glauber 27, 36, 192
Rodríguez, Marta 26, 38, 40, 173
Rogosin, Lionel 10, 20, 165
Romm, Michail 119, 121 f., 126, 132, 136, 148
Ronay, Esther 136
Rouch, Jean 9 f., 16 ff., 20, 109, 163, 181 f., 200
Roud, Richard 91
Rosenstrauch, Hazel 194
Rosenthal, Kurt 49
Rossif, Frédéric 130
Rotha, Paul 121, 123
Rothschild, Amalie 96, 193 f., 197
Roy, Tula 71
Rubbo, Michael 54
RuhrFilmZentrum 115 ff.
Rulli, Stefano 98, 186
Runge, Erika 134, 139
Rupé, Catja 186
Ruspoli, Mario 16
Russell, Ken 147
Ružička, Werner 115 f.
Ryden, Hope 13

San Francisco Newsreel 96
Sander, Helke 50, 95, 197
Sanders-Brahms, Helma 80, 115
Sandquist, Jan 154, 156
Santos, Nelson Pereira dos 27
Sanz, Luis Alberto 42, 44
Sapianín, Claudio 42
Sarchielli, Massimo 200
Schettler, Jens-Uwe 149
Scheiblauer, Mimi 71
Scheumann, Gerhard 43, 45, 56, 67, 137, 148, 156
Schleif, Helma 164
Schlöndorff, Volker 16, 186, 205
Schlumpf, Hans-Ulrich 72
Schmidt, Edith 93
Schneider, Paul 155

Schneider, René 44
Schneider, Wolfganz 101
Schneider-Mohamed, Rosemarie 189
Schnell, Anneliese 150 f.
Schnell, Reinald 150 f.
Schnell, Robert Wolfgang 64
Schocher, Christian 72
Schoendorffer, Pierre 47
Schorm, Evald 104
Schreiber, Eduard 74
Schröder, Peter H. 104
Schroeter, Werner 190 f.
Schub, Esfir 142
Schübel, Rolf 61, 94, 145 ff.
Schubert, Dietrich 49, 70, 87, 109, 128, 135, 150
Schubert, Katharina 70
Schubert, Peter 109
Schulthess, Armand 72
Schumacher, Iwan P. 71
Schumann, Sarah 95
Schuster, Lothar 94
Schuurman, Otto 176
Schwaab, Horst 51
Schwellensattl, Joseph 109
Segall, Sergio de Toledo 156
Segin, Bernd 102
Segrave, Brigid 136
Seiler, Alexander J. 16, 23 f., 61, 71, 87, 129, 135 f., 145
Selk, Herbert 61
Sergent, Jean-Pierre 55
Shaat, Chaleb 158 ff.
Shaffer, Deborah 141
Shner, Zvi 127
Shuker, Gregory 130
Siebig, Karl 138, 148
Siegel, Allan 99
Silber, Glenn 156 f.
Silber, Rolf 101
Silva, Jorge 38, 40, 173
Silverstein, Mort 147
Sinkel, Bernhard 186
Skanata, Krsto 22 f.
Skolimowski, Jerzy 104
Skórzewski, Edward 10
Slesicki, Wladyslaw 10
SLON 91, 202
SLON-Vidéo 202
Smeaton, Michael 101
Smith, Judy 96
Spáta, Jan 79, 104
Solanas, Fernando 33 ff., 38
Soler, Lorenzo 102
Son, Thuy 56
Sontag, Susan 158
Sorrin, Ellen 96
Soschynski, Andreas 100
Steinweg, Gernot 150
Stelzer, Manfred 68 ff., 94
Stöckl, Ula 95
Stoll, Jerry 51, 53
Stone, David C. 44
Stone, Barbara 44
Storp, Dieter 94
Strachwitz, Chris 114
Strand, Paul 95
Straub, Jean-Marie 64, 190
Strauch, Barbara 151
Strick, Joseph 52
Strobel, Hans Rolf 23, 177
Stürm, Hans 93, 128, 186
Stürm, Nina 93
Sucher, Joel 141
Sukhdev, Singh 172
Swallow, Norman 147
Syberberg, Hans Jürgen 61, 126 f., 132, 138, 145

Talbot, Daniel 139 f.
Tanner, Alain 186
Tatari, Yoash 172
Tejeda, Carlos Ortíz 44
Terra, Eduardo 36 f.
Thalbach, Katharina 129
Theuring, Gerhard 128 f.
Thomas, Anthony 166
Thome, Rudolf 193
Thorndike, Andrew 121
Thorndike, Annelie 121
Tichawsky, Heinrich 23
Torbiörnsson, Peter 155 ff.
Torre-Nilsson, Leopoldo 27
Touré, Petit 17
Tremblay, Alexis 20
Trevelyan, Haumphrey 136
Tricontinental Film Center 43 f.
Trillat, Marcel 164
Truffaut, Francois 10
Tuchtenhagen, Gisela 51, 62 ff., 86, 134, *134*

Uexküll, Gösta von 24
Ugurlu, Yüksel 151
Uhl, Jutta 93, 200
Ulive, Ugo 37
Unité de Production Cinema Bretagne 107

Vachek, Karel 104
Vallejo, Gerardo *34*, 35
Varda, Agnès 57
Vas, Judit 79
Vasconcellos, Tete 157
Vautier, René 107 f., 116
Veuve, Jacqueline 109
Viana, Zelito 173
Vidéa 202
Vidéo-Gazette 202
Video Initiative Graz 203
Video OO 202
Vidéo Out 202
Videoladen Zürich 103, 199, 203
Viglietti, Daniel 37
Vogeler, Rüdiger 129
Voigt, Wilfried 101
Volkenborn, Klaus 94, 127, 138, 148
Voss, Gabriele 88, 93, 136, 200
Vosz, Manfred 158

Wajda, Andrzej 10, 104
Wallraff, Günter 156
Walsh, Rodolfo 156
Weber, Hans-Jürgen 158
Wehle, Theodor 108
Weigel, Helene 137
Weill, Claudia 96
Weis, Aribert 69
Weisenborn, Christian 67, 69
Weiss, David Loeb 97
Wenders, Wim 190 f.
Wendländische Filmkooperative 100
Wertow, Dsiga 10, 16, 89, 161
Westphal, Bernd G. 100, 153
Whitehead, Peter 61
Wiedmer, Norbert 149
Wierzbicki, Krzysztof 105
Wildenhahn, Klaus 12, 14, 16, 23 ff., 51, 61 ff., 64, 66 ff., 86 ff., 93, 97, 115, 134, *134*, 137, 142, 145 ff., 153, 179, 181, 200, 202
Willis, Jack 101
Willutzki, Max 50, 102
Winniger, Edouard 111
Winter, Felicitas 151
Winterfilm-Kollektiv 52
Wirsing, Christoph 71
Wiseman, Frederick 12, 52, 80 ff., 86 ff.
Wiszniewski, Wojciech 104
Wittenberg, David 93
Wochenschau-Gruppe 51
Woite, Lothar 102
Wolf, Steffen 104
Wulfes, Michael 67, 69
Wyss, Tobias 201

Yarhaus, Bill 99
Yersin, Yves 107, 109 ff., 181

Zajaczkowski, Andrzej 104
Ziarnik, Jerzy 121 f.
Ziegler, Roswitha 100, 153
Ziewer, Christian 50
Zilnik, Zelimir 22 f.
Zubaidi, Kaiss al 159
Züricher Filmkollektiv 202

Deutsche Filmtitel

AAA sind die drei Waffen, die 156
Abc ist subversiv, das 177
Adjektiv Frau, das 95
Adolph-Passage 115
Adoption, die 79
Aguirre 190
Aktiver Streik an der Universität Frankfurt 50
Aktualisierung der Politik und Doktrin für die Machtübernahme 35
Allein 79
Allein machen sie dich ein 69
Alles, was du brauchst, ist Freiheit 164
Alltag des Gestapomanns Schmidt 121
Alltagsfilm Prosper/Ebel 116
Alltagsleben in einem syrischen Dorf 159, 161
Alpkäserei im Jura 109
Alte Erinnerungen 131
Altstadt-Glaserei im Hinterhof 151
Am Fluß 112
Am Nil 161
Am Siel 64
Amateur, der 78
Angola, Sieg der Hoffnung 164
Angolanische Gegenwart/Zeit der Mumuilas 164
Angkar, die 155
Anmut sparet nicht noch Mühe 65, 67
Anna 200 f., *200*
Antwort des Oktober, die 43
Apotheke, die 167 f., *168*
Arbeiter '80 104 f.
Arbeiterclub in Sheffield 64, 146
Arbeiterinnen 104
Arbeitskampf 146
Arbeitskräfte gesucht, wir bieten 71, 108
Arbeitskräfte ja – Menschen nein 71
Arbeitslosen, die 23
Archäologie 122
Argentinien – Mai 69 34 ff.
Armee der Liebenden 191
Asse 73
Auch Zwerge haben klein angefangen 190
Aufsätze 63 f.
Aufsteiger-Saga, die 146

Bangnolo – Dorf zwischen Rot und Schwarz 23 ff., *24*
Bandonion I und II 149
Bau des Pfades Truong Song, der 56
Bauern der zweiten Festung, die 100
Bauern von Mahembe, die *154*, 164
Bayreuther Proben 25
Befreier 156
Befreites Frankreich 119
Behinderte Liebe 71, *195*, 196
Bei der Mahlzeit 80
Ben Webster in Europa 187
Bergrutsch 27
Berlin, 2. Juni 1967 49
Bernauer Straße 1-50 151 f.
Bernstein in Israel 11
Beschreibung eines Kampfes 185
Betriebsschließung – Betriebsverlagerung 94
Bildersturm, der 187
Bisher haben wir ja immer nur gearbeitet! Ein Arbeiter wird Rentner 70
Blues Accordin' to Lightnin' Hopkins 114
Blutige Zeit, die 121
Brecht und die Macht der Manipulateure 50
Bringt Eure Köpfe mit/Das Ruhrgebiet nach dem Ende der Steinkohlenzeit 68
Bürger im Widerstand 101

Careajou und die weiße Gefahr 176
Chile – Zwei Jahre danach 157
China 167
Chronik der Indianer des Nordostens von Quebec 173 (Übersicht über die Gesamtserie), 175 f.
Chronik von Prugiaso 108
Comedian Harmonists 138

Da hab ich ja noch Glück gehabt. Eine Studentin wird Lehrerin 70
Das ist des Arbeitsmannes Los/Auf der Suche nach alten Liedern im Ruhrgebiet 2 135
Das ist unser Land 28
Decke, die 192
Den Umständen entsprechend 79
Der Nachwelt eine Botschaft 87, 137
Deutsche Kleinstädter, der 147
Deutschland im Herbst 100, 186
Dezember 1979 74
Dialog mit einer Verstorbenen 194
Die Herren machen das selber, daß ihnen der arme Mann feyndt wird/Gorleben 1977-1979 100, 153
Dingslebener Bilderbogen 112
Direkt vom Herzen 114
DK-Filme 1 und 2 50
Donau rauf, die 66
Donnergötter, die 56
Drei Geschichten 98
365 Tage im Jahr 70, 109, 150
Dritte Welt, Dritter Weltkrieg 29
Drittes Jahrtausend 156
Du sollst Dich nie vor einem lebenden Menschen bücken! – Willi Bleicher 137
Du und mancher Kamerad 121
Du wirst nicht mehr auszuwandern brauchen 42
Düren – Kemals Duldung *150*, 151
Dürfen sie wiederkommen? 64
Durruti – Biographie einer Legende 131

Eichmann und das Dritte Reich *120*, 121
Eindrücke von einer Stadt – Shanghai 167 f.
Einen Groschen 32
Einführung, die – Jugendliche im Bergbau 116
Eintracht Borbeck 69
Einwanderer, der 116 f., *116*
Einzelhaft 192
Eiserne Festung, die 56
El Salvador: Im Schatten einer Revolution 157
Elf Jahr alt 75
11 x 14 89
Emden geht nach USA 62 ff., 66, 86 ff., *87*, 115, 142, 146, 153
Emigration 71
Emil Zatopek 151
Ende einer Straße/Kein Knappenchor singt 68
Entscheidende Front, die 148
Entschluß zu siegen, der 157
Erbauer 79
Erinnere dich in Liebe und Haß 45
Eritrea 164
Ernte in Telengana – Indische Bauern spielen ein Stück 172, 179
Erste Jahr, das 43
Erste Prüfung, die 105
Erste Reis danach, der 56
Ersten Früchte, die 157
Erster Fall – Der Mensch 22
Erschießung des Landesverräters Ernst S. 129
Es heißt, dies sei unser Land, Teil 1 *174*
Es ist kalt in Brandenburg 128 f., *128*, 185
Es ist nicht die Stunde zu weinen 44
. . . es kommt darauf an, sie zu verändern 95
Es lummert 203
Exkursion nach Vueltabajo 29

Fahne, die wir erheben, die 37
Fall Alger Hiss, der 140, *141*
Fall der Dynastie Romanow 119
Familie Villano kehrt nicht zurück 70
Feierabend 22, 73
Feindliche Straßen 149
Feinschmecker, die 191
Fenster, das 80
Feuertaufe 119
Film für Lucebert, ein 187
Filmreste 105
Fischerdorf, das 168
Fitzcarraldo 190 f.
Flache Dschungel, der 187 f.
Flaschenkinder 180
Fleischers Album 121 f.
Flöz Dickebank/Wir sind mittlerweile wachgeworden *68*, 69, 103
Fluchtweg nach Marseille 128 f.
Flugplatz Mogadischu 149
Frau, eine Familie, eine 167 f., *171*
Frauen – Schlußlichter der Gewerkschaft 96
Freiheit des Ausdrucks 115
Freut Euch des Lebens 71
Frieden, der 34
Friseursalon 151
Fritz Kortner spricht Monologe für eine Schallplatte 61
Fritz Teufel 151, *152*
Früchte der Arbeit 67, 71, 87, 129, 135, *135*, 185
Fünfter Akt, Siebte Szene. Fritz Kortner probt Kabale und Liebe 61
Für die Palästinenser 158

Gastmahl der Liebe, das 190
Gebrochene Vertrag von Battle Mountain, der 176 f.
Geburt eines Schiffes 73
Gegen die Vernunft und durch die Gewalt 44
Gegen Spekulanten 69, 102
Gegenbelagerung 160
Gegenmacht international 94
Geheime Reichssache 123
Gelbe Stern, der 123
Geldsorgen 45
Gemeinde ohne Erde 157
Generalprobe, die 190
Generalversammlung 28
Genese einer Mahlzeit 179, *179*
Generatorenfabrik, die 167 f., *171*

Genosse Präsident 42
Genossinnen und Genossen 44
Geopferte Land, das 176 f.
Geraubte Erde 177, 179
Geschichte der Nacht 188, *188*
Geschichte eines Fußballs 167 f., *168*
Geschichte eines Kampfes 28
Geschichten aus den Hunsrückdörfern 109
Geschichtsunterricht 190
Gestapomann Schmidt 122
Gewerkschaftsfrauen 136
Gewöhnliche Faschismus, der 52, 119, 121 ff., 126, 148, 185
Gilsteinofen entsteht, ein 110
Gisela Bartsch 151
Glückselig 79
Gösgen 101
Granada, Granada, o mein Granada 131 f.
Große Ekstase des Bildschnitzers Steiner, die 190
Große Vaterländische Krieg, der 148
Große Weg, der 119
Größte Wunsch, der 104
Grundordnungsdebatte 1 und 2 50
Grüße aus Çorum *150*, 151
Grüße aus Sarmatien 112
Gustav, J. 74, 137

Hamburger Aufstand Oktober 1923 134, *134*
Harburg bis Ostern 62
Haus, das 160
Haus nebenan, das 124
Häuserkämpfe 102
Heimkehr eines Schiffes 22
Heimposamenterei 111
Herbst der Gammler 68
Herbst des Hungers 172
Herz aus Glas 190
Herzensschwund 78, *78*
Hessischer Herbst 101
Heute und danach 204
Heuwetter 112
Hier ist ja auch ein Arbeitsleben der Frauen 116
Hier Strauß 16
Hilton Hanoi 56
Hitler – Eine Karriere 124
Hitler töten 128
Höchste Gut einer Frau ist ihr Schweigen, das 71
Huckinger März 115
Hühner, die *160*, 161 f.
Hüte-Film 112

Ich bin ein Fritz 137
Ich bin ein Sohn Amerikas . . . und ihm bin ich verpflichtet 31, 44
Ich bereue aufrichtig 56
Ich denke oft an Hawaii 197
Ich hab' nicht lange gelebt 78
Ich möchte Bundesrat werden 71
Ich oder wir 51
Ich sprach mit einem Mädchen 75
Ich spreche über mich – Ich bin Afrika 166
Ich war beim Caudillo, Franziska 192
Ich war, ich bin, ich werde sein 45
Ich war Kapo 122, 124
Ihr Sonnabend 77
Im Auftrag der Firma 140
Im Land meiner Eltern 194
Im Lande Sandinos 157
Im Lohmgrund 74
Im Ruhrgebiet 64, 133 f.
Im Winterlager, wo das Netz ausgelegt wird 175
In der Fremde 25, 61 ff., *62*, 66, 141, 146
In der Spinnerei von Lörinc 79
In Gefahr und größter Not bringt der Mittelweg den Tod 193
In gewisser Hinsicht 29
In Ruhe sterben 79
In Zufalls-Stadt 189 f., *189*
Industrielle Reservearmee, die 80
INge STAND & BErta SETZER 206, *206*
Irre, die loszubinden sind 98
Institutssommer 62 ff.
Italiener, die 23

Jahr des Frantisek W., das 22, 77
Jahr mit den Bergbauern am Waldberg, ein 109
Jeder für sich und Gott gegen alle 190
Jemina And Johnny 165
Job, der 56
Josef Kilian 104
Judas 80
Jugendrevolte 1980 – ein Zwischenbericht 203

Kaiseraugst 73, 100
Kalahari-Serie 182
Kalldorf gegen Mannesmann 69, 94
Kamera in der Fabrik, die 59, 91, 181
Kampf der Lip-Arbeiter, der 93
Kampf eines unbewaffneten Volkes, der 43
Kampf ist nicht zu Ende, der 96
Kampf um den Boden, der 158
Kampf um 11% 69, 93
Kandidat, der 16, 186
Kaputtgeschrieben/Ein Arbeiterjubiläum 68
Kaserne, eine 167 f.
Keine Pause für Löffler 75
Keine Startbahn West – Eine Region wehrt sich 101
Keine Startbahn West/Trilogie des Widerstands 101
Keiner oder alle 98
Kellershof – Vom Ende einer Landwirtschaft 109, 151
Kenya, Africa 14
Kinder der Unterentwicklung, die 38, *38*
Kinder von Furna, die 72
Kinder von Wounded Knee, die 176
Kino/Film, tot oder lebendig 186
Klarem Himmel und lachendem Herrn ist nicht zu trauen 109
Klassenfoto 133, 138 f.
Knoblauch ist so gut wie zehn Mütter 114
Knotenpunkt, der 79
Köhler von Navarra, die 108
Kollegen 202
Konsum – Kathedrale, die 149
Kontinent Hoffnung 108
Kopfstand, Madam! 191
Krawall 47
Krieg der Mumien, der 45
Krieg einer Einzelnen, der 130
Krieg in Angola, der 164
Krieger, weggetreten 22
Kronenberg, das stirbt ja doch 109, 150
Kumpf, der 109
Kunsthandwerker, die 168
Kurz vor dem Tode 78

Lachende Mann, der 67, *144*, 148
Lagerstraße Auschwitz 127 f., 149
Land der Indios 173
Land der Rosen und der Nachtigallen, das 172
Land des Menschen, das 176
Land des Schweigens und der Dunkelheit 190
Landarbeiter 40
Lange Jammer, der 102
Lange Weg zum Zorn, der 102
Leben Adolf Hitlers, das 121, 124
Leben nach der Wolke – Seveso, das 101
Leben und Weben 73 ff., 75
Lebensdaten 139
Lebensgeschichte des Bergarbeiters Alphons S. 115, 132, 136 f., 139
Lebenslauf 158
Lebensläufe 67, 75 ff., 86
Lefty – Erinnerungen an einen Toten in Brooklyn 149
Lehmhütte, die 107
Lena Rais 191
Lenin im Jahr 1918 122
Lenin im Oktober 122
Lesestunde, die 188
Letzte Grab in Dimbaza, das 165 f.
Letzten Heimposamenter, die 109, *110*, 111
Leute von Lich-Stein-Straß', die 69
Liebe zum Imperium, die 177 f.
Liebe zum Land, die 62
Lieber heute aktiv als morgen radioaktiv 100 f.
Linie 12 151
Lip – Die Fabrik ist da, wo die Arbeiter sind 93
Luanda gehört nicht mehr Sankt Paulus 164

Macht die Pille frei? 95
Mädchen in Wittstock 67
Made in Germany und USA 193
Mai 68 59
Malou 194
Mamma Hemmers geht mit ihrem Pastor zum letzten Mal über'n Heinrichplatz: Kreuzberg adiö 189
Mamais 73
Mann in Eile 149
Mann seltener Art, ein 137
Marathon in New York 149
Marktplatz Ouagadougou 149
Martha 74, 88, 111
Maschine Kino, die 186
Matte Wetter 117 f.
Maulwürfe der Revolution 51
Mbogos Ernte oder Die Teilung der Welt 177 f., *178*
Medizin der Befreiung 179
Mehr Atomkraftwerke 100
Mein Kampf 123
Mein Vater 194
. . . mein Vater war Bergmann/Auf der Suche nach alten Liedern im Ruhrgebiet 1 135
Meint ihr, damit läßt sich der Fortschritt aufhalten 101
Meister und der Riese, der 187

Mendel Schainfelds zweite Reise nach Deutschland 152, *152*
Merkwürdige Tod des Herrn Hammarskjöld, der 24
Methoden 79
Mexiko, die eingefrorene Revolution 44
Mir gefallen die Studenten *36*, 37
Mit dem Geländewagen in der Sahara 162
Mit dem Volke malen 42
Mitarbeiterin, die 137
Mitbürger 45
Mittlere Reife 68
Monarch 69
Mondfalle, die 20
Möwenflug der Jahre 159
Müde kehrt ein Wanderer zurück 72
Mülheim-Ruhr 63 ff.
Museum 121 f.
Musikanten 22, 77
Musikwettbewerb 16

Nach einem Jahr – Beobachtungen in einer ersten Klasse 75
Nachforschungen über die Edelweißpiraten 128, 134
Nachrichten aus dem Dorf 163
Nachrede auf Klara Heydebreck 130, 138
Nachrichten über eine Veränderung – Kriminalisierung einer Bewegung 205
Nacht und Nebel 119
Nachwelt eine Botschaft, der 149
Naive Maler in der Ostschweiz 111
Namibia 164
Narbe, die 78
Natürliche Energie 100
Neuankömmling, arbeite *163*, 163
Neue Eiszeit, die 187
Neue Schule, die 29
Neun Leben hat die Katze 95
Neun Monate 79
Neun Tage eines Jahres 122
Neunte Etage 79
79 Lenze 30
Nicaragua, September 1978 157
Nick's Film. Lightning over Water 191
Nicht der Homosexuelle ist pervers, sondern die Situation, in der er lebt 191
Nicht schuldig? 125 f.
Niemand wird den Regen aufhalten 164
Notizen aus dem Altmühltal 23
Nur gemeinsam sind wir stark 94
Nur leichte Kämpfe im Raum Da Nang 152

Ödenwaldstetten 64
Ofenbauer 22, 73
Oktober 31
Oktober aller, der 31
Olivenbaum, der 158
Orchester, ein 191
Ortsbesichtigung von Palästina für «Das erste Evangelium – Matthäus» 190

Packeissyndrom, das 149
Palästinenser, die 158, 189
Paradiesgarten, der 191
Parteitag 64 24, 61, 66, 86, 148
Paßt bloß auf! *198*, 205
Patenkinder 180
Paul Dessau – Studie über die aufbauende Unzufriedenheit eines Komponisten 74
Peron, die Justizialistische Revolution 35
Phoenix 56
Piloten im Pyjama 56
Planas – Dokument einer Ausrottung 40
Politik der Bundesrepublik Deutschland, die 192
Polizeistaatsbesuch 146
Postamt 2 150
Probenarbeit beim Living-Theatre 61
Problem des Fleisches, das 37
Professor Tsien 167 f.
Profis 69
Preis, den Chile zahlen mußte, der 42
Pressebehinderung durch die Züricher Polizei 203
Prosper Ebel – Chronik einer Zeche und ihrer Siedlung 115 f.
Prüfung 75
Psalm 18 45
Psychodrama 78

Quelle, die 22

Rabauken und Narren 43
Radfahrer 115
Rasen ihrer Träume, der 67, 70
Ratschläge eines alten weisen Mannes zu Problemen der Bildung und des Dorfes 161
Redende Köpfe 78
Reportage über Lota 42
Requiem für eine Firma 51
Requiem für 500 000 121
Revolution 27
Revolution oder Tod 157
Rondo 99
Rosie, die Schweißerin 136
Rote Fahnen sieht man besser 61, 94, 146
Rückkehr nach Hause 71
Ruhestörung – Ereignisse in Berlin 1967 48, *48*
Rund um das Erdöl 167 f.

Saat der Gesundheit 179
Sack Flöhe, ein 193
Saisonarbeiter, der 71
Sangham – Hilfe zur Befreiung 172, 179
Santa Teresa 37
Schade, daß Beton nicht brennt 102 f.
Schamanen im Blinden Land 183
Schandfleck, der 149
Schatten am anderen Ufer 159
Schießmeisters Safers Wohnrecht 80
Schlacht um Berlin 123
Schlacht um Chile, die 43, 142, *142*
Schlüssel, der 159
Schrei dieses Volkes, der 44, 177
Schritte in die Zeit 108
Schritte ins Reich der Freiheit 177
Schwangerenfürsorge 29
Schwarze Film, der 23
Schwarze Gärten 80
Schweizer im Spanischen Bürgerkrieg 130 ff.
Schwierige Weg nach Palästina, der 158
Schülerfilm 1 51
Schülerfilm 2 (Maulwürfe der Revolution) 51
Schülerfilm 3 51
Schülerfilm 4 (Ich oder wir) 51
Sechs Tage in Soweto 166
Sechzehn müßte man sein 78
Sekretär 74
Septemberweizen 88, 146, 153, 180, *180*
17. Breitengrad 47, 55, *55*
Sieg der Ordnung 102
Sieg eines bewaffneten Volkes 157
Sieg im Westen 119
Simon Wiesenthal 151
Sing, Iris, sing 62, 86
Singt Euren Zorn 46, *46*
Skizzen für eine afrikanische Orestie 190
Spanien! 64, 131 f.
Speer der Nation 166
Spuren der Gerechtigkeit 124
So wie uns geht es tausend anderen 109, 150
Sommer in Narita 100
Sonderzüge 79
Song International 45
. . . sonst steht ja der Betrieb hier still 94
Staatsfeinde? Deutsche Kommunisten aus fünf Generationen im Widerstand 133
Staatsstreich, der 43
Stacheldrahtland, das 160
Stationen der Lore Diener, die 139
Steck' lieber mal was ein. Ein Schüler wird Lehrling 70, 87
Sterben für Madrid 130
Sterben und Auferstehen 155
Stiertreiben in Sincelejo 41
Stoßzeiten 105
Strahlende Zukunft 100, *101*
Straße der Hoffnung 149
Straßen im Widerstand 127, 134
Streik 33
Streik ist keine Sonntagsschule 73, 93
Struga – Bilder einer Landschaft 108, 112
Studentenstreik 23
Stunde der Feuer, die 33
Subjektive Faktor, der 50
Suche, die 172 f., *172*
Suche nach Sandra Laing, die 166
Südafrika: Das weiße Lager 166
Süßmuth e.V. 94

Tag des Bodens 159 f.
Tag für Tag 74
Tag mehr, ein 80
Tagebuch 186, 193
Tagesspiegel, der 62 f.
Tal, das 160
Talentprobe 69
Tay Ho – Das Dorf in der 4. Zone 96
Terror auch im Westen 50, 91
Teststrecke Boxberg 149
Teufelsinsel, die 56
Theaterarbeit am Berliner Ensemble 61
Theodor Fontane: Wanderungen durch die Mark 112
Tiger sprang und tötete, aber er wird sterben . . . er wird sterben . . ., der 44
Tischler, der 104
Titicut Folies 80
Tod den Invasoren 29
Tod des Fischers Marc Leblanc, der 192
Tod des Joe J. Jones, der 29
Tod kam wie bestellt, der 24
Todesmagazin 191
Toilette 190
Tonschnitzer von Migola, der 110
Tor 2 93, 200
Training im Pekinger Zirkus 168
Traum von einer Sache, der 100 f.
Trinken und nicht trinken 42
Triptychon Nord-Süd 187

Triumph des Willens 119, 121 f.
Tu Luc Van Doan – Aus eigener Kraft 96
Tue recht und scheue niemand 139
Turek erzählt 137
Tytte Botfeldt/Aufs Sterben freu' ich mich 152

Über eine Revolution 159, 161 f.
Über Holger Meins, 26.10.41 – 9.11.74 – ein Versuch, unsere Sicht heute 100
Überschwemmten, die 32
Und der Himmel wurde im Sturm genommen 31, *31*
Und die Nacht wurde zum Regenbogen 31
Und eines Tages fragte ich . . . 40
Und ich wurde Lehrer 29
. . . und wenn wir nicht wollen? Oder: wer saniert hier wen? 102, *103*
Unruhige Tod von Julius und Ethel Rosenberg, der 140
Unser Lehrer 72, *72*
Unsere Afrikareise 190
Unsere Steine 50
Unsere Stimme von Erde, Erinnerung und Zukunft 40
Unter Denkmalschutz 133, 138 f.
Unterernährung bei Kindern 41
Untergang der Graf Bismarck 68
Unternehmen Teutonenschwert 121
Unvergessene Krieg, der 148 f.
Unversöhnliche Erinnerungen 138, 148
Urlaub auf Sylt 121
Ursula oder das unwerte Leben 71
Usambara – Das Land, wo Glauben Berge versetzen soll 177 f., 180

Venedig 192
Vergewaltigte Stadt 156
Verglichen mit früher 71
Verräter, die 35
Verschränkte Arme, stillstehende Maschinen 155 f.
Vier Brücken, die 31
24. Stock, der 191
Volk und seine Gewehre, das 55
Volk wird siegen, das 157
Völkermord/Notizen über das Mezquital 176
Volkskrieg in Angola 164
Volksküchen 34, *34*
Volksmacht, die 43
Von der Revolte zur Revolution 49
Von 3 bis 22 79
Von etwas anderem 193
Von Griechenland 64, *65*, 86
Von Überstunden und freiwilligem Arbeitseinsatz 29
Von wegen «Schicksal» *194*, 195, 197
Vorwärts 164

Wahlen 37
Wahlverwandschaften 104
Warum ist Frau B. glücklich? 134, 139
Was gilt der Mensch 78
Was ist Demokratie? 38
Was soll'n wir denn machen ohne den Tod 146, 196 f.
«Was suchst Du hier?» 163
Wäscherinnen *60*, 73, 79
Weg des alten Reales bis zu seinem Tod, der 35
Weg des Hans Monn, der 98
Weg des Petroleums, der 190
Wege und Mauern 99
Weg nach dem Süden,der 187 f.
Weint nicht, wenn sie unsere Hütten abreißen 166
Weiße Putsch, der 45
Weiße Schloß, das 187
Weite Feld, das 112
Weiter Weg 69
Wenn das Volk erwacht 43 f.
Wenn es Eldorado nicht mehr gibt 185
Wenn ich erst zur Schule geh' 67, 75
Wenn man vierzehn ist 75
Wer einmal lügt . . . oder Viktor und die Erziehung 67, 72
What is Charm? 190
Wer keinen Mut zum Träumen hat, hat keine Kraft zum Kämpfen 199, 203
Werkstattschule, die 29
Wie, warum und wozu ermordete man einen General? 44
Widerstand und Verfolgung in Köln 1933-1945 128, 134
Wieder in Wittstock 73, *74*, 76
Wiedersehen mit Heinrich Goebel 94
Winifred Wagner und die Geschichte des Hauses Wahnfried von 1914-1975 126 f., *127*, 132, 138
Wir Bergler in den Bergen sind eigentlich nicht schuld, daß wir da sind *106*, 111
Wir erobern unser Land 42
Wir haben nie gespürt, was Freiheit ist 69
Wir haben es geschafft 94
Wir halten den Betrieb besetzt 94
Wir sind stärker geworden 49
Wir waren vorbereitet . . . in den Streik zu treten 93
Wir werden den Tod haben, um zu schlafen 162, *162*
Wir wollen Blumen und Märchen bauen 102
Wittstock III 73, *75*
Wittstock-Tetralogie 73, 79, 103, 112
Woche Avantgarde für Sizilien, eine 61, 67
Wochenschau II 51
Wochenschau III 51
Wohnung, die 28
Wohnung oder Scheiße 42
Wunder von Lengede, das 151

Yü Gung versetzt Berge 142, 166, *168* f.

Zärtlichkeit und Zorn *69*, 72
Zeugnis 41
Zeugnisse aus Tucumán 35
Zeugnisse des Wiederaufbaus 35
Z'Friburg in d'r Stadt, sufer isch's un glatt 205, *205*
Ziegeleiarbeiter *26*, 40
Zigeuner sein 66
Zu den Ereignissen in Spanien 130
Zufalls-Horizonte 189
Zu früh / zu spät 190
Zum Beispiel Caracoles 42
Zum ersten Mal 29
Zur Besserung der Person 71
Zur Wohnungsfrage 102
Züri brännt 103, 199, 202 ff., *204*
Zwei Protokolle 100
Zweite Anfang, der 116
Zwischen Betonfahrten 204
Zwischen drei und sieben Uhr morgens 25

Ausländische Filmtitel

AAA son las tres armas, las 156
A Lörencei fonóban 79
Abandoned Children 44
Abort 95
Actualización Politica y Doctrinaria para la Toma del Poder 35
Ad-lal ala aljanibi al akhar 159
Aggetivo/donna, la 95
Agripino 157
Al dajdaj *160*, 161 f.
Al Grito de este Pueblo 44
Al hayatt al yawmiyah fi qariah suriah 159, 161
Al Miftah 159
Al Nil 160
Al Yazirly 159
Alamanya Alamanya - Germania Germania 70, 88
Album Fleischera 121 f.
All Quiet on the Western Front 119
Almadraba Atuneira 108
Always for Pleasure *113*, 114
Amator 78
American Revolution, the 53
American Revolution 2 97
Amerique rêve, le 185
Amuhuelai - mi 42
An thawra 159, 161 f.
Anatomy of a Murder 139
And Miles to go 172
Anderson Platoon, the 47
Angela Davis: Portrait of a Revolutionary 96
Angola, guerre du peuple 164
Angola - Victoria de la esperanza 164
Antonia: A Portrait of the Woman 96, 139
Apartheid, Sport and Politics 166
Apollon 94
Apunti per una orestiade africana 190
Aqui México 27
Archeologia 122
Argentina - Mayo 69 34 ff., 97
Arise Ye Workers 93
Artisans, les 168
Asamblea General 28
Asylum 98
Atención Prental 29
Att vara zigenare 66
Attica 99
Au bout de mon âge 195, 197
Autour du petrole 168
Ax Fight, the 182
Aysa 27

Bait 160
Bananera Libertad 177
Bandera que Levantamos, la 37
Basic Training 52, 80 f.
Bataille des dix millions, la 44, *44*
Batalla de Chile, la 27, 43 ff., *44*, 142, *142*, 156
Beau Serge, le 10
Big Ben 187
Bitter Melons 182
Blind kind 187
Blizna 78
Boldogság 79
Borinage 9
Braccia si, homini no 71
Bracos, cruzados maquinas paradas 156
Break and Enter 102
Broken Treaty at Battle Mountain 176 f.
Bui Van Nhu 56
Bylem kapo 122

Calcutta 172
Camino Hacia la Muerte del Viejo Reales, el 35
Camizi d'amore 190
Camp de l'espoir 162
Campaign Manager 16
Campesinos 40
Canal Zone 80
Carcajou et le peril blanc 176
Carlos 37
Casa o mierda 42, 102
Caserne, une 168
Caudillo 130
Ce que disait Allende 45
Cerchiamo per subito operai, offriamo 71, 108
Chair, the 11 ff.
Chagrin et la pitié, le 124 f.
Chasse au lion à l'arc, la 182
Chat dans le sac, le 19
Chester Grimes 113
Chicago Maternity Center Story 115
Children Were Watching, the 11 f.
Chili 45
Chircales *26*, 40
Chronique des Indiens du nord-est du Quebec 67, 175 f.
Chronique d'un été 17 ff., *17*
Chochon, le 109
Chulas Fronteras 114
Ciel, la terre, le 54
Cinéma mort ou vif? 186
Cinemateca del Tercer Mundo 36 ff.
Ciné tracts 57, 202
Cloches de vaches, les 110
Columbia 70 40
Columbia Revolt, the 92, *92*
Come Back, Africa 10, 165
Comment Yukong deplaca les montagnes 66, 142, 166
Committee on Un-American Activities 139
Compagneras and Compagneros 44
Compañero Presidente 42, 47
Cómo, por qué y para qué se Asesina a un General? 44
Communicados Cinematográficos 35
Communiqué from Argentina 156
Condamnés a Réussier 100
Connection, the 95
Contra la Razón y por la Fuerza 44
Corralejas de Sincelejo 41
Çorum 'dan selamlar 150 f.
Cool World, the 95
Crisis: Behind a Presidential Commitment 12, *13*, 147
CRNE BASTE 80
CRNI Film 22 f.
Crusade in Europe 149
Cuando despierta el pueblo 43 f.
Cuatro Puentes, los 31
Cuba Si 18, 44
Cvor 79

Dae 80
Dagboek 187
Daini toride no hito-bito 100
Dan Vise 80
Dark Spring 95
Day with the Builders, a 172
De América Soy Hijo . . . y a'Ella Me Debo 31
De Beeldenstrom 187
De Cierta Manera 29
De meester en de reus 187
De nieuwe ijstijd 187
De Palestijnen 158
De platte jungle 187
De weg naar het zuiden 187
Dead Birds 182
Defense of the United States 146
Del Mero Corazon 114
Den blodiga tiden 121
Descomedidos y Chascones 43
Desnutrición Infantil 41
Della Conoscenza 47
Description d'un combat 18, 185
Dialoque with a Woman Departed 141, 194 f.
Diaries, Notes and Sketches, Volumne 1, Reel 1-6 194
Dimanche à Pekin 18, 185
Dix-septième parallèle, le 47, 54 ff., *55*
Djostodjo 172 f., *172*
Don't Look Back 15
Dreams and Nightmares 132
Dry Wood 114
Duwayne Masure 113
Dworzec 78

Eddie 12
Een film voor Lucebert 187
81st Blow, the 127
El Golpo Blanco 45
El Grito 27
El Grito del Pueblo 177, 179
El Mégano 28
El Octubre de Todos 31
El Poder Popular 43
El Primer Año 27, 43, 45
El Problema de la Carne 36 f.
El Salvador: Another Vietnam 155, 157
El Salvador: El pueblo vencera 157
El Salvador - La decisión de vencer 157
El Salvador - Los primeros Prutos 157
El Salvador, Revutie of dood 157
El Salvador: The Seeds of Liberty 157
El Sueldo de Chile 42
El Tigre Saltó y Mató, pero Morira . . . Morira 44
Elecciones 37
En tierra de Sandino 157
End of the Dialogue 165 f.
Entrainement au cirque de Pekin 168
Entre Ponerle y no Ponerle 42
Escuela Santa Maria de Iquique 42
Escuela Taller, la 29
Esta Tierra nuestra 28
Estampida, la 56
Essene 80
Etnocidio/Notar sobre el Mezquital 176
Every Day Except Christmas 10
Excursión a Vueltabajo 29

Facture d'orgué, la 111
Fadjal *163*, 163
Far de komma igen? 64
Femme, une, une famille 168
Femö 1971 96
Feu, fumée, saucisse 111
Fietsen 115
Fighting the Bill 93

Fires Were Started 9
Flere Atomkraftvaerker 100
Flins 68/69 58
Football 12, 14
498, 3rd Avenue 25, 61 f., 66 f., 141
Free Voice of Labor 141
From Spiker to Spindles 155

Gadajace Glowny 78
Garlic is as Good as Ten Mothers 114
Generations of Resistance 166
Genese d'un repas 179, *179*, 185
Gimme Shelter 15
Girón 29
Godziny Szczyta 105
Golden Gloves 19
Golpe de Estado, el 43
Grand Opera 189
Grenada, Grenada, Grenada moja 131 f.
Growing up Female: As Six Become One 95 f.
Guerra en Angola, la 164
Guerre d'un seul homme, la 129
Guerra Olvidada, la 30, 56

Hands Up 104
Hanoi, Martens 13 30, 56
Happy Mother's Day 14, *14*, 15 f., 66
Harlan Country USA 95, *95*, 141
Harlem Theater 61, 97
Hearts and Minds *52*, 53, 95, 166
Heart of Apartheid 165
Hearth of Spain, the 130
Herman Slobbe/Blind kind II 187
Herminda da la Victoria 41
Het leesplankje 188
Het witte kasteel 187
High School 80 f.
Hijos del Subdesarrollo, los 38, *38*, 40
Hisar Muthad 160
Histoire de ballon, une 168
Historia de una Batalla 28
Hospital 80
Hot Pepper 114
Hungry Autumn 172
Hunters, the 182
Hurry Tomorrow 98 f.

I. F. Stone's Weekly 53, *53*
I'm Going to Ask you to Get out of your Seat 147
I Ruhromradet 64
Ikari O Utae 47
Il Valore della donna è il suo silenzio 71
Impressions d'une ville – Shanghai 168
In Continuo 80
In the Event Anyone Disappears 155
In the Year of the Pig 53
Inconnus de la terre, les 16
Inde fantome, la 172
Indian Day, an 172
Inheritance, the 139
Innu asi 176
Inside North Vietnam 54
Interviews with My Lai Veterans 52, 54, 56
Istenmezejan 1972-73 78
Italianamerican 190

J'ai le telephone 72
Jail, the 99, *99*, 101
Janie's Janie 96
Joe and Maxi 193
Joli Mai, le 18
Jonas 186
Joyce at 34 96
Juda 80
Juvenile Court 80, *84*, *85*

Kaddu Beykat 163
Kauapishit miam kuakatsheu etentukuess 176
Keep On Rockin' 15
Kilenc honap 79
Killer of Sheep 97
Kovatschev 79
K Sobytijam w Ispanii 130

La Hora de los Hornos 27, 32 ff., *32*, 35 f., 97
La Lucha de un Pueblo sin Armas 43
La Maccina cinema 186
La Muerte de Joe J. Jones 29
La Nueva Escuela 29
La Paz 34
La Respuesta de Octubre 43
La via del petrolio 190
La vieja memoria 131, 133
La Vivienda 28
Lapin a deux tetes, le 200
Largo viaje haeia la ira, el 102
Las Hurdes 40
Last Grave at Dimbaza 165 f.
Law and Order 12, 80 f., *82*, 83
Lettre de Sibérie 18, 185
Lanza de la Nacion, la 166
Liber Arce – Liberarse 37
Libertavios 156
Libertat d' expresió, la 115
Life and Times of Rosie the Riveter, the 136
Lions Love 95
Lip 92 f.
Lipanjska Gibanja 23
Littin 45
Little Fugitive, the 10
Ljubav 80
Lo Stagionale 71, 97
Loin du Vietnam 57
Lonely Boy 19
Los Innundados 32
Los Traidores 35
Lotta delle case 102
Lotta non e finita 96
Louisiana Story 11
Lovejoy's Nuclear War 101
Luanda ya no es de San Pablo 164
Lucebert, dichter, schilder 187

Magány 79
Maha Kumbh 172
Maîtres fous, les 181, *182*
Maman et la putain, la 67
Mana allpayok – aylla sin tierra 157
Maneuvers 80
Married Couple, a 20 f.
Masculin-féminin 193
Matlosa 108
Matti da slegare 98
Me Gustan los Estudiantes *36*, 37
Meat 80 f.
Meddig El Az Ember 78
Meet Marlon Brando 15
Memory of Justice, the 124 ff., 132 f.
México, la Revolución Congelada 44
Miheztartas végett 79
Mills of Gods: Viet Nam 54
Miner's Film, the 92
Mistons, les 10
Mo duong Truong Son 56
Model 81
Modern Times 29
Módszerek 79
Moi, un noir 16 f.
Momma Don't Allow 10
Montery Pop 15
Moulin Déveley sis à Quielle, le 109, 111
Mourir à Madrid 130
Muerte al Invasor 29
Murder of Fred Hampton 97
Muzeum 121 f.
Muzykanci 22, 77
My Country Occupied 44
Myth of Naro 182

Nadie impedira la lluvia 164
Nafarrako Ikaraskiñak 108
Nana, Mom and Me 96, 193, 197
Nanook of the North 181
Narodziny statku 73
Naturlig Energi 100
Ne laissons pas les morts enterrer les morts 127
Nessuno o tutti 98 f., *98*, 186
New Day Films 96
New York Newsreel 104
Nezaposleni Ljudi 23
Nie Pozylem Dlugo 78
Nine Month to Freedom 172
Njevetsi Prani 104
No es Hora de Llorar 44
No Pincha 164
No Vietnamese Ever Called Me Nigger 51, 97
Notabene Mezzogiorno 23
Noticiari de Barcelona 115
Nous aurons toute la mort pour dormir 162, *162*
Now 30
Nuclear Battlefield, the 146
Nuestra Voz de Tierra, Memoria y Futura 40
Nutuayin Mapu 42
Nŭit et Brouillard 119
Nyugodtan meghalni 79

O Dreamland 10
O necem jiném 193
Obyknowennyj faschism 119, 121 ff., 126
Olivier, le 158
Od 3 do 22 79
Ollas Populares 34, *34*
On Company Business 140
On the Bowery 10, 20
On the Pole 12
Only the Beginning 52
Opus Jazz 22
Örokbefogadás 79
Oser Lutter – oser vaincre 58
Oswoboshdjonnaja Franzija 119

Padenije dinastii Romanowych 119
Paisà 9
Panier à viande, le 109
Paul Jacobs and the Nuclear Gang 101
Pentagon Papers, the 53
Perón, la Revolución Justicialista 35
People's Firehouse Nr. 1 155
Peter and Jane Flint 113

Petit à petit 163, 181
Peuple et ses fusils, le 54 ff.
Pharmacie, la 168
Pierwszy egzamin 105
Pintando con el Pueblo 42
Planas – Testimonio de un Etnocidio 40, 173
Point of Order 139 f.
Popovich Brothers of South Chicago, the 113
Por Primera Véz 29
Portrait of Jason 95
Portrait of Nelson Mandela 166
Pour la suite du monde 20, *20*
Powszedni dzièn Gestapowca Schmidta 121
Presente Angolano/Tempo Mumuila 164
Presons, les 115
Primary 11 f., *12*, 13 ff., 86, 147
Primate 80
Professeur Tsien, le 168
Promised Lands 158
Prozor 80
Prvi padez covek 22
Pyramide humaine, la 17
Pytel blech 193

Quand il n'y a plus d' Eldorado 185
Quand tu disais Valery 107
Que es la Democracia? 38 ff.
Quint City, U.S.A. 14

Ratnice, Voljno 22
Raquetteurs, les 19
Red Italian Pizza 189
Règne du jour, la 20, *20 f.*
Repetition à l'opera de Pekin, une 168
Reprise du travail aux usines Wonder 58, *58*
Reportaje a Lota 42
Republicans – The New Breed 16
Requiem dla 500 000 121
Research of Sandra Laing 166
Respice finem 79
Revolutioń 27
Ritorno a casa 71
Rivers of Sand 182
Robotnicy '80 104
Rok Franka W. 22, 77
Roma – città aperta 9
Rosière de Pessac, la 67
Rosinha Brasil 155
Röster Fran Ruhr 133

Sacrifice Area 176 f.
Sad Song of Yellow Skin 54
Sahara occidental: Independance ou génocide 162
Salt of the Earth 94
San Gottardo 108
Sanrizuka no natsu 100
Santiago de Chile – val – tagen stad 156
Scènes de grêve en Vendée 93
Scinki 1970-1981 105
Selling of the Pentagon, the 53
79 Primaveras 30, 33, 56
Shadows 10
Showman 16
Siamo Italiani 23 ff., 71
Sigui année zéro 182
Sigui 1973 – l'auvent da la circoncision 182
Simonow, Konstantin 131
Sinai Field Mission 80
Six Days at Soweto 166
Sixième face du Pentagone, la 51
Skid Row 20
Smith, James O. 25
Sobota Grazyny A.i. Jerzego T. 77
Sobre Horas Extras y Trabajo Voluntario 29
Sochaux, 11 juin 68 59
Song of the Canary 101
Sons and Daughters 51
Soprakuoghi in Palestina per «il vangelo secondo matteo» 190
Soufrière, la 184, 190
South Africa: The White Laager 166
Soy Mexico 185
Spanish Earth, the 9, 130 f.
Specijalni Vlakovi 79
Spend It All 114
Sprizneni volbou 104
Stanarsko pravo lagumasa Sofera 80
Stolarz 104
Stravinsky Portrait, a 15 f., 19, 67
Stroiteli 79
Strop 192
Street Corner Stories 98
Suisse s'interroge, la 70
Sunday 66
Sun's Gonna Shine 114
Szesnascie miec lat 78

Teach Our Children 99
Temps du ghetto 130
Tercer Mundo, Tercera Guerra Mundial 29
Terra dos Indios 173
Terra roubada 177, 179
Terre de l'homme 176
Terepjaron a Szaharaban 162
Testimonio 41
Testimonios de la Reconstrucción 35
Testimonios de Tucumán 35
Third World Newsreel 99
Three Lives 96
Time of the Locust 51
Tire Dié 32
Toby 11
Train en Marche, le 91
Train rouge, le 71
Transes 189
Tre storie 98
Trials of Alger Hiss, the 140 f.
Tri-Pri 107
Trois quarts de la vie, les 59
Tupamaros 157
TVENEZUELA 37
Twentieth Century, the 149

U.C.S. Struggle, the 93
Ukamau 27
Un Día yo Pregunté 40
Union Maids 96, 132 f., *134*, 136, 139, 141
Unknown War, the 148
Unos Pocos Caracoles 42
Unquiet Death of Julius and Ethel Rosenberg 140
Upp för Donau 66
Upper Clyde Skipbuilders 93
Uppladningen El Salvador I skuggan av en revolution 157
Uramai 108
Usambara 153
Usine de generateurs, la 168
Venceremos 42
Vermont Conversation: The Politics of Survival 113
Vermont People 113
24 su 24 108
Victory at Sea 149
Victoria de un pueblo en armas 157
Vilarinho das Furnas 108 f., 181
Village de pecheurs, le 168
22 de Mayo 37
Voigt, Peter 137
Voitures d'eau, les 20 f, *21*
Vringsveedeles Triptychon 115
Vukani, Awake 165

Wabblies, the 141
Wadi Rushimia 160
Warrendale 20 f.
Waseyat raqol hakiem 161
Watan alaslak alshaieka 160
We Are the Lambeth Boys 10
We Demand Freedom 99
Weddings and Babies 10
Welfare 80
Welikij put 119
Well-Spent Life, a 114
Werner Herzog Eats His Shoe 113
What's Happening! The Beatles in the U.S.A. 15
Wholly Communion 61
Why Vietnam 51
Why we fight 119
Winter Soldier 52, 54, 56, 95
With Babies and Banners 96, 136, 139, 141
Woman's Film, the 96
Women of the Rhondda 136
World at War, the 148 f.
World in Action, the 119

Y el Cielo Fue Tomado por Asalto 31
Y la Noche se Hizo Arcoiris 31
Y Me Hice Maestro 29
Yanki No! 11
Yaum al ardh 159
Yes, Sir 56
Young Lords, the 102

Zanim doszlo do śmierci 78
Zanik Serca 78
Zródlo 22